2018年版

中国科技期刊引证报告（扩刊版）

北京万方数据股份有限公司

科学技术文献出版社
SCIENTIFIC AND TECHNICAL DOCUMENTATION PRESS
·北 京·

图书在版编目(CIP)数据

2018年版中国科技期刊引证报告：扩刊版 / 北京万方数据股份有限公司编著. —北京：科学技术文献出版社，2018.10

ISBN 978-7-5189-4890-1

Ⅰ. ①2… Ⅱ. ①北… Ⅲ. ①科技期刊—期刊索引—中国—2017 Ⅳ. ①Z89：N55

中国版本图书馆CIP数据核字（2018）第241206号

2018年版中国科技期刊引证报告（扩刊版）

策划编辑：周国臻　　责任编辑：周国臻　张　丹　　责任出版：张志平

出 版 者　科学技术文献出版社
地　　址　北京市复兴路15号　邮编　100038
编 务 部　（010）58882938，58882087（传真）
发 行 部　（010）58882868，58882870（传真）
邮 购 部　（010）58882873
网　　址　www.stdp.com.cn
发 行 者　科学技术文献出版社发行　全国各地新华书店经销
印 刷 者　北京时尚印佳彩色印刷有限公司
版　　次　2018年10月第1版　2018年10月第1次印刷
开　　本　787×1092　1/16
字　　数　774千
印　　张　33.25
书　　号　ISBN 978-7-5189-4890-1
定　　价　180.00元

2018年版中国科技期刊引证报告（扩刊版）

主任编委　戴国强

副主任编委　郭铁成　武夷山　乔晓东　蒋勇青　张玉华
潘云涛　郑彦宁　曾建勋　庞景安　姚长青
宋培元　张　勇　马　峥　赵　捷　王　异

编写人员　俞征鹿　许晓阳　郭　玉　田瑞强　翟丽华
王海燕　高继平　苏　成　宋　扬　王　璐
王运红　贾　佳　杨　帅　郑雯雯　王梦云
李　悦　王　双　冉伟灵　石　慧　陈佳琪
崔　通　苏　鹏　杨　帅　刘亚丽　魏佳丽
孙荣楠　李潇丽　吴书琼　杨代庆　李旭林
王　星　池国强　崔士康　张建伟　刘敏健
肖　涵　李学慧　杨桂先　杨　希　何　洁
王　娜　沈　丹　周双拾　刘祥屹　李伏香
李　惠　孙　硕　张亮亮　李　芸　宋　绵
马　赛　冯　蕊　刘世平　陈　艳　信友月

2018年版中国科技期刊引证报告（扩刊版）

通信地址：北京市海淀区复兴路15号　100038
北京万方数据股份有限公司
网址：www.wanfangdata.com.cn
电话：010-58882754
传真：010-58882642
电子信箱：qikan@wanfangdata.com.cn

前　　言

为了更加科学地建立期刊综合评价指标体系，更加完整地统计期刊的被引用计量指标，更加高效地进行期刊文献计量和评价工作，使期刊统计分析结果具有更大的影响力，使核心期刊遴选具有更强的说服力，推进知识服务系统的发展，中国科学技术信息研究所科学计量与评价研究中心与北京万方数据股份有限公司合作，联合编制出版《中国科技期刊引证报告（扩刊版）》。

《中国科技期刊引证报告（扩刊版）》基本囊括了我国出版的学术技术类科学技术期刊和理论研究性社会科学期刊，是一种专门用于期刊引用分析研究的重要检索评价工具。从中可以清楚地了解期刊引用和被引用的情况，以及引用效率、引用网络、期刊自引等数据的统计分析。同时，还可以方便地定量评价期刊的相互影响和相互作用，正确评估某种期刊在科学交流体系中的作用和地位，确定高被引作者群等。

《中国科技期刊引证报告（扩刊版）》的出版，是我国期刊界和知识界的一件大事，是《中国科技期刊引证报告（核心版）》的扩展和补充。《中国科技期刊引证报告（扩刊版）》将全方位、完整地提供我国期刊的评估数据，为国家择优支持期刊评定，以及为国家期刊管理部门和地方的期刊管理部门提供科学管理依据，有力地填补我国关于期刊评价数据不全的空白，因此是一项非常重要的科学评价基础工程建设。

《2018年版中国科技期刊引证报告（扩刊版）》，还需不断完善和充实，适时进行指标的增补和修订。衷心希望《中国科技期刊引证报告（扩刊版）》能成为广大读者检索查询的友好助手和得力工具，热忱期待《中国科技期刊引证报告（扩刊版）》能成为社会评价期刊发展状况的参考依据。

在整个编写过程中，尽管力求严格规范，细致准确，精益求精，但由于一些实际情况，例如期刊的更名合并、大学学报版本更迭、期刊引用文献著录不规范、期刊缩简写各异或期刊类目复杂等，给我们的编制工作带来很大困难。因此错误和疏漏在所难免，诚望广大读者不吝赐教，批评指正。

北京万方数据股份有限公司

2018年10月

主要计量指标统计（6667种期刊）

指标	平均值	统计数字
总被引频次	1581 次/刊	≥1000 次以上的期刊为 2634 种
影响因子	0.711	≥1 的期刊共 1415 种
即年指标	0.144	260 种期刊为 0.000
基金论文比	0.464	226 种期刊无基金论文
海外论文比	0.033	≥0.2 的期刊共 172 种（英文版 138 种） 2290 种期刊无海外论文
他引率	0.92	
平均作者数	2.8 人/篇	
平均引文数	15.00	
来源文献量	395	
地区分布数	20	
机构分布数	200	

目　录

1　编制说明

《中国科技期刊引证报告（扩刊版）》是依托中国科学技术信息研究所国家工程技术数字图书馆“知识服务”系统，在“万方数据——数字化期刊群”基础上，结合中国科技论文与引文数据库（CSTPCD），以中国正式出版的各学科6667种中英文期刊（其中，社会科学类期刊2380种，自然科学类期刊4287种；英文版期刊246种）为统计源期刊，暂不包括少数民族语种期刊和港、澳、台地区出版的期刊。对全部期刊的引文数据，严格按题名、作者、刊名、年、卷、期、页等进行分项切分后，进行规范化处理和有效链接，经统计分析、编制而成。现将编制过程中的具体处理方法做如下说明。

1.1　总体设计说明

《中国科技期刊引证报告（扩刊版）》按年编卷出版，每版以上一年度在中国出版的中英文版期刊论文引文数据为统计依据。本报告包括：期刊被引用计量指标、来源期刊计量指标，以及期刊名称类目索引。限于篇幅暂未编排各个学科期刊扩展总被引频次和扩展影响因子的分类排序表。为了便于读者多用途、多层次地查询和评价期刊，将在中国科学技术信息研究所国家工程技术数字馆网站（http://www.istic.ac.cn）上采用多种形式的排序格式，包括全部期刊名称字顺排序、学科内期刊名称排序、全部期刊评价指标排序和来源期刊总排序等，以帮助读者综合全面地评价分析期刊，迅速有效地检索出所需要的期刊统计信息。期刊被引用计量指标和来源指标是本报告的主体部分。

《中国科技期刊引证报告（扩刊版）》为《中国科技期刊引证报告（核心版）》提供所有来源期刊的统计基础数据，两者同属一宗，为姊妹篇。所以，两者编制体例和统计原则完全一致。《中国科技期刊引证报告（扩刊版）》包含了《中国科技期刊引证报告（核心版）》所列中国科技核心期刊的期刊来源计量指标、期刊被引计量指标，但由于引文统计样本的差异，两者对应的计量指标会有所不同。

期刊的合并、歧化和新增是社会发展的必然趋势，在对各期刊被引用数据进行统计的过程中，尽量按编者所掌握的情况做出归并。

1.2　期刊评价指标的选择

为了全面、准确、公正、客观地评价和利用期刊，《中国科技期刊引证报告（扩刊版）》在与国际评价体系保持一致的基础上，结合中国期刊的实际情况，选择了18项计量指标，基本涵盖和描述了期刊的各个方面。这些指标包括：

（1）期刊引用计量指标：扩展总被引频次、扩展影响因子、扩展学科扩散指标、扩展学科影响指标、扩展引用刊数、扩展即年指标、扩展他引率、扩展被引半衰期和扩展H指数。

（2）来源期刊计量指标：来源文献量、平均引文数、平均作者数、地区分布数、机构分布数、海外论文比、基金论文比、文献选出率和引用半衰期。

其中，期刊引用计量指标主要显示该期刊被读者使用和重视的程度，以及在科学交流中的地位和作用，是评价期刊质量优劣的重要依据和客观标准。

来源期刊计量指标通过对来源文献方面的统计分析，全面描述了该期刊的学术水平、编辑状况和科学交流程度，也是评价期刊的重要依据。

由于目前国内所有数据库多数都采用镜像包库方式服务和使用，与网上点击率和全文下载量相关的社会使用期刊情况数据难以完全统计，即便列出也是以点带面，所以暂不列相关网络使用的计量指标。

1.3 期刊的学科分类

为了更方便读者使用，《2018版中国科技期刊引证报告（扩刊版）》在期刊分类体系上采用《2018版中国科技期刊引证报告（核心版）》的分类体系，将6667种期刊分别归类到152个学科类别。由于很多期刊的研究内容是跨学科的，同时，新的学科不断涌现，给期刊的分类造成很大困难，有时很难准确反映期刊的学科内容。这里的分类是仅按一种分类编排的，不妥之处敬请读者批评指正，以便我们不断修正完善。

1.4 各类指标的编排

《中国科技期刊引证报告（扩刊版）》分为3部分，其中，期刊被引用计量指标和来源指标是本报告的主体部分。

（1）期刊被引指标（按刊名字顺索引表）——一个主表，包含6667种期刊的各项引用数据。指标包括扩展总被引频次和扩展H指数等9项指标。为保证数据的公正性和客观性，期刊引文数据仅取文献类型为期刊的引文条目进行统计，剔出与刊名相同或部分相同的非期刊引文条目。不包括内部期刊发表论文的引文，更不包括在境外出版的中文期刊或非法出版的期刊发表论文的引文。

（2）期刊来源指标（按刊名字顺索引表）——一个主表，包含6667种期刊来源文献的各项指标数据。指标包括来源文献量、基金论文比、文献选出率和引用半衰期等9项指标。为保证数据的客观性和公正性，来源期刊数据仅取期刊正式刊期中的数据，而增刊、专辑、专刊和特刊等数据未予采用。

（3）期刊名称类目索引包括期刊的名称、学科分类和各项被引用数据、来源文献数据所在页码等信息。

1.5 特殊情况的规范化处理

（1）目前，期刊改名的现象很多，尤其是随着大学的合并与升格，学报更名的现象更为普遍。例如，《东北工学院学报》改为《东北大学学报》等。本报告所刊统计数据一律按新刊名计算引文数据。

（2）对于引文中采用中英文对照格式，即在一条中文引文之后又列出其英文翻译的参考文献者，一律按一条引文处理。对于一篇论文后重复引用一篇文章者，一律按一条引文处理。

（3）计算被引半衰期时，有些新加入统计源的期刊被引用数据太少无法计算，因此会出现个别无数值现象。而对于一些半衰期大于等于10年的期刊，则表示为“≥10”。

（4）在计算影响因子时，由于某些期刊或前两年数据不全，或新创办而不可能有前两年数据，所以无法计算影响因子值。

（5）由于部分期刊被引指标很低，报告出版时，未予统计归入。有需要者，请与北京万方数据股份有限公司联系。

2　使用说明

《中国科技期刊引证报告（扩刊版）》是基于论文引文统计而编制的专用于中国期刊分析与评价的科学计量工具。

作为科学计量工具，本报告可用于定量分析和科学评价期刊的学术特征和学科地位，较为客观地反映期刊发展的趋势和规律，为科研管理和决策提供依据。因此，本报告在期刊分析评价和科学计量学研究与应用等方面具有其他检索评价工具无法取代的独特功能。正确使用和充分开发本报告，可以使其成为科研工作者、期刊编辑部、图书情报人员、科研管理者和科学计量学家的得力助手和有效工具。

现将本报告的主要功能和使用方法进行如下介绍。

2.1　主要功能

《中国科技期刊引证报告（扩刊版）》应用引文分析方法及各种量化指标，可以清楚地表明：

- 在某一学科领域内，哪些期刊学术影响力最大；
- 某一种期刊被引用了多少次；
- 某一种期刊出版后多久被引用；
- 某一种期刊引用其他期刊多少次；
- 某一种期刊在学科中的学术指标所在位置。

根据使用者的工作性质，本报告可以给使用者不同的有益提示。例如：

• 科研人员：帮助您确定相关领域的核心期刊并发表您的论文，提高您论文的知名度，让更多的同行专家了解、引用、评价您的论文；

• 期刊编辑：帮助您与同类刊物相比较并评估本刊的地位，从而确定本刊的编辑和出版策略；

• 科研管理人员：帮助您科学地评价期刊，为您开展期刊评比和择优资助提供决策依据；

• 图书情报人员：帮助您更有效地管理馆藏期刊文献，确定核心期刊，合理运用有限的期刊订购预算；

• 科学计量学家：帮助您开展期刊评价研究和文献老化研究，以及学科的科学评估。

2.2　查阅方法

2.2.1　期刊引用数据的查阅

如果读者需要了解期刊被引用的情况，可查阅期刊被引指标按类刊名字顺索引表，找到待检索的期刊，从中查阅到该期刊的各项被引用指标数据，包括扩展总被引频次、扩展影响因子、扩展学科扩散指标、扩展学科影响指标、扩展即年指标、扩展他引率、扩展引用刊数、扩展被引半衰期和扩展H指数。

如果在字顺索引表中难以检索到需查阅的期刊，可通过期刊名称类目索引，确定该期刊的学科分类，然后再依上述步骤查阅。

2.2.2 来源期刊数据的查阅

如果读者需要了解来源期刊的有关指标数据，可查阅期刊来源指标按类刊名字顺索引表，查阅到该期刊来源文献的多项指标数据，包括来源文献量、平均引文数、平均作者数、地区分布数、机构分布数、海外论文比、基金论文比、文献选出率和引用半衰期。

如果在字顺索引表中难以检索到需查阅的期刊，可通过期刊名称类目索引，确定该期刊的学科分类，然后再依上述步骤查阅。

2.2.3 期刊在学科内学术指标位置的查阅

如果读者希望了解期刊在其学科领域中的地位，可查询期刊被引指标按类刊名字顺索引表，查阅本学科期刊的扩展影响因子或扩展总被引频次值，进行分析对比，自行确定该期刊按这两项指标排序的学科位置。还可以对照各学科平均扩展总被引频次和平均扩展影响因子值，了解由于学科不同所造成的指标差异的整体情况。

2.3 评价方法

利用《中国科技期刊引证报告（扩刊版）》评价期刊有两种方式，即单一指标评价和综合指标评价。具体方法如下：

2.3.1 单一指标评价

单一指标评价主要是指按照扩展影响因子和扩展总被引频次这两个国际通行评价指标，对期刊进行评价。这时可通过对期刊的扩展影响因子和扩展总被引频次进行对比排序，确定该期刊在同类期刊中所处的位置，从而对该期刊的学术影响力和学科地位进行评价和评估。

单一指标评价也可以通过期刊来源指标按类刊名字顺索引表对期刊的编辑状况、交流范围、论文质量和老化速率等情况进行分析、比较、统计和评估。

2.3.2 综合指标评价

由于期刊评价工作是一项非常复杂的工作，涉及领域广，学科差异大，影响因素多，因此单一指标往往难以全面、准确地评价期刊的学术水平和学科地位，这时一般需要通过综合指标评价，以使期刊评价更加客观、全面和准确。

要进行期刊的综合指标评价，首先需要建立期刊综合评价指标体系，利用数学方法确定各指标的权重值，然后求出期刊的综合指标排序值，最终得到期刊综合指标的排序。

这种期刊评价方法已被广泛地推广和使用，中国科学技术信息研究所已经建立期刊综合评价指标体系，可以利用该体系的指标值，通过层次分析法和模糊隶属度转化，确定各学科指标的权重值，最终得出每一个期刊的综合指标排序值，完成对期刊的评价。

3 期刊学科分类表

A01 自然科学综合
A02 自然科学综合大学学报
A03 自然科学师范大学学报
B01 数学
B02 信息科学与系统科学
B03 力学
B04 物理学
B05 化学
B06 天文学
B07 地球科学综合
B08 大气科学
B09 地球物理学
B10 地理学
B11 地质学
B12 海洋科学、水文学
B13 生物学基础学科
B14 生态学
B15 植物学
B16 昆虫学、动物学
B17 微生物学、病毒学
B18 心理学
C01 农业综合
C02 农业大学学报
C03 农艺学
C04 园艺学
C05 土壤学
C06 植物保护学
C07 林学
C08 畜牧、兽医科学
C09 草原学
C10 水产学
D01 医学综合
D02 医药大学学报
D03 基础医学
D05 临床医学综合
D06 临床诊断学
D07 保健医学
D08 内科学综合
D09 呼吸病学、结核病学
D10 消化病学
D11 血液病学、肾脏病学
D12 内分泌病学与代谢病学、风湿病学
D13 感染性疾病学、传染病学
D14 外科学综合
D15 普通外科学、胸外科学、心血管外科学
D16 心血管病学
D17 泌尿外科学
D18 骨外科学
D19 烧伤外科学、整形外科学
D20 妇产科学
D21 儿科学
D22 眼科学
D23 耳鼻咽喉科学
D24 口腔医学
D25 皮肤病学
D26 性医学
D27 神经病学、精神病学
D28 核医学、医学影像学
D29 肿瘤学
D30 护理学
D31 预防医学与公共卫生学综合
D32 流行病学、环境医学
D33 优生学、计划生育学
D34 军事医学与特种医学
D35 卫生管理学、健康教育学
D36 药学
D37 中医学
D38 中医药大学学报
D39 中西医结合医学
D40 中药学
D41 针灸、中医骨伤
E01 工程与技术科学基础学科
E02 工程技术大学学报
E03 信息与系统科学相关工程与技术
E04 生物工程
E05 农业工程
E06 生物医学工程学
E07 测绘科学技术
E08 材料科学综合
E09 金属材料
E10 矿山工程技术
E11 冶金工程技术
E12 机械工程设计
E13 机械制造工艺与设备
E14 动力工程
E15 电气工程
E16 能源科学综合
E17 石油天然气工程
E18 核科学技术
E19 电子技术
E20 光电子学与激光技术
E21 通信技术

E22 计算机科学技术
E23 化学工程综合
E24 高聚物工程
E25 精细化学工程
E26 应用化学工程
E27 仪器仪表技术
E28 兵器科学与技术
E29 纺织科学技术
E30 食品科学技术
E31 建筑科学与技术
E32 土木工程
E33 水利工程
E34 交通运输工程
E35 公路运输
E36 铁路运输
E37 水路运输
E38 航空、航天科学技术
E39 环境科学技术及资源科学技术
E40 安全科学技术
F01 管理学
H01 社会科学综合
H02 社会科学综合大学学报
H03 社会科学师范大学学报
J01 马克思主义
J02 哲学
J03 宗教学
K01 语言学综合
K03 外国语言学
K04 中国文学
K05 外国文学
K06 艺术学
K08 历史学
K10 考古学
L01 经济学综合
L02 经济大学学报
L04 国民经济学、管理经济学、数量经济学
L05 会计学、审计学
L06 生态农业经济学
L08 工商业经济学
L10 财政学、金融学、保险学
M01 政治学综合
M02 政治大学学报
M03 行政学
M04 国际政治学、外交学
M05 法学综合
M07 部门法学、刑事侦查学、司法鉴定学
M08 军事学
N01 社会学综合
N02 人口学、劳动科学
N04 民族学与文化学
N05 新闻学与传播学
N06 图书馆学、文献学
N07 情报学
N08 档案学、博物馆学
P01 教育学综合
P03 学前教育学、普通教育学
P04 高等教育学
P05 成人教育学、职业技术教育学
P07 体育科学
Q07 统计学

4　名词解释

为方便读者查阅和使用，现将《中国科技期刊引证报告（扩刊版）》中所使用的期刊评价指标的理论意义和具体算法简要解释如下：

扩展总被引频次：指该期刊自创刊以来所登载的全部论文在统计当年被引用的总次数。这是一个非常客观实际的评价指标，可以显示该期刊被使用和受重视的程度，以及在科学交流中的地位和作用。

扩展影响因子：这是一个国际上通行的期刊评价指标，是E·加菲尔德于1972年提出的。由于它是一个相对统计量，所以可公平地评价和处理各类期刊。通常，期刊影响因子越大，它的学术影响力和作用也越大。具体算法为：

$$扩刊影响因子 = \frac{该期刊前两年发表论文在统计当年被引用的总次数}{该期刊前两年发表论文总数}$$

扩展即年指标：这是一个表征期刊即时反应速率的指标，主要描述期刊当年发表的论文在当年被引用的情况。具体算法为：

$$扩刊即年指标 = \frac{该期刊当年发表论文在统计当年被引用的总次数}{该期刊当年发表论文总数}$$

扩展他引率：指该期刊全部被引次数中，被其他刊引用次数所占的比例。具体算法为：

$$扩展他引率 = \frac{被其他刊引用的次数}{期刊被引用的总次数}$$

扩展引用刊数：引用被评价期刊的期刊数，反映被评价期刊被使用的范围。

扩展学科扩散指标：指在统计源期刊范围内，引用该刊的期刊数量与其所在学科全部期刊数量之比。

$$扩展学科扩散指标 = \frac{引用刊数}{所在学科期刊数}$$

扩展学科影响指标：指期刊所在学科内，引用该刊的期刊数占全部期刊数量的比例。

$$扩展学科影响指标 = \frac{所在学科内引用被评价期刊的数量}{所在学科期刊数}$$

扩展被引半衰期：指该期刊在统计当年被引用的全部次数中，较新一半是在多长一段时间内发表的。被引半衰期是测度期刊老化速度的一种指标，通常不是针对个别文献或某一组文献，而是对某一学科或专业领域的文献的总和而言的。

扩展H指数：指该期刊在统计当年被引的论文中，至少有h篇论文的被引频次不低于h次。

来源文献量：指来源期刊在统计当年发表的全部论文数，它们是统计期刊引用数据的来源。

文献选出率：按统计源的选取原则选出的文献数与期刊的发表文献数之比。

参考文献量：指来源期刊论文所引用的全部参考文献数，是衡量该期刊科学交流程度和吸收外部信息能力的一个指标。

平均引文数：指来源期刊每一篇论文平均引用的参考文献数。

平均作者数：指来源期刊每一篇论文平均拥有的作者数，是衡量该期刊科学生产能力的一个指标。

地区分布数：指来源期刊登载论文所涉及的地区数，按全国31个省（自治区、直辖市）计(不包括港澳台)。这是衡量期刊论文覆盖面和全国影响力大小的一个指标。

机构分布数：指来源期刊论文的作者所涉及的机构数。这是衡量期刊科学生产能力的另一个指标。

海外论文比：指来源期刊中，海外作者发表论文占全部论文的比例。这是衡量期刊国际交流程度的一个指标。

基金论文比：指来源期刊中，各类基金资助的论文占全部论文的比例。这是衡量期刊论文学术质量的重要指标。

引用半衰期：指该期刊引用的全部参考文献中，较新一半是在多长一段时间内发表的。通过这个指标可以反映出作者利用文献的新颖度。

5　2017年中国科技期刊被引指标

按类刊名字顺索引

学科代码	期刊名称	扩展总被引频次	扩展影响因子	扩展即年指标	扩展他引率	扩展引用刊数	扩展学科影响指标	扩展学科扩散指标	扩展被引半衰期	扩展H指标
A01	High Technology Letters	75	0.164	0.033	0.85	56	0.05	0.69	4.6	2
A01	Journal of Systems Science and Systems Engineering	168	0.406	0.025	0.85	101	0.04	1.25	6.8	5
A01	Progress in Natural Science Materials International	378	0.209	0.046	0.98	270	0.04	3.33	8.7	4
A01	安徽科技	295	0.122	0.014	0.99	196	0.19	2.42	5.6	3
A01	创新科技	617	0.444	0.064	0.96	342	0.23	4.22	2.9	5
A01	创新时代	75	0.089	0.026	1.00	59	0.05	0.73	2.4	2
A01	大众科技	2409	0.341	0.059	0.99	875	0.35	10.80	5.3	7
A01	大自然	86	0.034	0.009	1.00	71	0.02	0.88	≥10	2
A01	电大理工	212	0.202	0.090	0.95	137	0.07	1.69	3.7	3
A01	福建分析测试	339	0.314	0.091	0.98	214	0.05	2.64	6.5	4
A01	甘肃科技	3684	0.390	0.131	0.98	1135	0.32	14.01	4.9	9
A01	甘肃科技纵横	1633	0.705	0.315	0.99	518	0.20	6.40	3.5	8
A01	甘肃科学学报	596	0.410	0.011	0.85	359	0.11	4.43	6.3	4
A01	高技术通讯	628	0.389	0.034	0.94	376	0.19	4.64	7.8	5
A01	高科技与产业化	362	0.402	0.080	1.00	246	0.16	3.04	4.5	5
A01	广东科技	4556	0.702	0.227	1.00	662	0.30	8.17	5.0	13
A01	广西科学	525	0.594	0.093	0.87	275	0.10	3.40	6.3	5
A01	广西科学院学报	438	0.697	0.204	0.96	289	0.09	3.57	7.3	5
A01	贵州科学	587	0.343	0.052	0.97	314	0.09	3.88	7.8	5
A01	杭州科技	118	0.778	0.073	1.00	82	0.09	1.01	3.0	3
A01	河北省科学院学报	205	0.227	0.017	0.99	162	0.07	2.00	8.0	5
A01	河南科学	1283	0.331	0.104	0.92	717	0.19	8.85	4.8	6
A01	黑龙江科学	4540	0.527	0.199	0.99	650	0.27	8.02	3.0	13
A01	江苏科技信息	1656	0.382	0.140	0.98	651	0.30	8.04	2.6	6
A01	江西科学	686	0.306	0.065	0.96	445	0.14	5.49	6.8	5
A01	科技传播	9501	0.532	0.168	0.98	1012	0.38	12.49	3.8	16
A01	科技创新导报	19048	0.596	0.116	0.99	1927	0.48	23.79	4.5	19
A01	科技创新与生产力	922	0.250	0.104	0.98	461	0.28	5.69	4.2	6
A01	科技促进发展	832	0.606	0.071	0.98	282	0.17	3.48	6.5	7
A01	科技导报	3364	0.621	0.130	0.97	1559	0.41	19.25	5.5	10
A01	科技广场	1460	0.331	0.048	0.97	605	0.28	7.47	5.2	7

学科代码	期刊名称	扩展总被引频次	扩展影响因子	扩展即年指标	扩展他引率	扩展引用刊数	扩展学科影响指标	扩展学科扩散指标	扩展被引半衰期	扩展H指标
A01	科技通报	2108	0.521	0.146	0.96	927	0.32	11.44	3.7	8
A01	科技与创新	7868	0.586	0.231	0.99	1262	0.43	15.58	3.0	13
A01	科技与经济	626	0.648	0.068	0.98	344	0.20	4.25	4.5	5
A01	科技中国	26	–	0.005	1.00	21	0.02	0.26	6.0	1
A01	科技资讯	20425	0.558	0.155	0.99	1804	0.51	22.27	4.6	19
A01	科技纵览	20	–	0.000	0.95	19	0.01	0.23	2.6	1
A01	科学(上海)	1328	0.926	0.132	1.00	346	0.22	4.27	9.5	5
A01	科学大众(科学教育)	3502	0.320	0.156	1.00	444	0.14	5.48	3.3	10
A01	科学大众(小诺贝尔)	5	0.000	0.000	1.00	4	–	0.05	7.5	1
A01	科学通报	9551	1.203	0.177	0.98	1894	0.44	23.38	9.8	19
A01	内江科技	2151	0.203	0.068	0.99	628	0.23	7.75	6.0	5
A01	内蒙古科技与经济	3539	0.277	0.089	0.98	882	0.36	10.89	4.4	6
A01	前沿科学	171	0.458	0.273	0.89	122	0.06	1.51	5.8	4
A01	厦门科技	148	0.235	0.037	0.95	114	0.06	1.41	4.6	4
A01	山东科学	477	0.354	0.042	0.97	338	0.15	4.17	6.2	4
A01	山西科技	891	0.303	0.122	1.00	433	0.26	5.35	5.3	5
A01	石河子科技	373	0.477	0.025	0.99	155	0.07	1.91	4.1	4
A01	实验科学与技术	2549	0.764	0.096	0.92	612	0.28	7.56	4.8	8
A01	实验室科学	2672	0.881	0.127	0.86	611	0.22	7.54	4.7	9
A01	天津科技	612	0.295	0.112	0.97	351	0.17	4.33	3.6	4
A01	通讯世界	9451	0.619	0.295	0.95	582	0.30	7.19	1.9	12
A01	武夷科学	169	0.312	0.048	0.91	104	0.02	1.28	≥10	3
A01	西藏科技	727	0.234	0.094	0.96	382	0.22	4.72	5.3	4
A01	现代信息科技	9	–	0.024	0.56	3	0.01	0.04	0.0	1
A01	阴山学刊(自然科学版)	359	0.397	0.299	0.91	207	0.11	2.56	2.8	4
A01	中国发明与专利	611	0.290	0.078	0.87	248	0.17	3.06	4.2	4
A01	中国高校科技	1712	0.796	0.318	0.90	570	0.33	7.04	3.5	8
A01	中国高新科技	6	–	0.014	1.00	5	0.01	0.06	0.0	1
A01	中国基础科学	320	0.295	0.000	0.99	234	0.17	2.89	9.4	5
A01	中国科技论文	1335	0.440	0.031	0.82	717	0.11	8.85	3.9	6
A01	中国科技史杂志	334	0.164	0.020	0.96	165	0.06	2.04	≥10	4
A01	中国科技术语	306	0.434	0.106	0.82	163	0.10	2.01	5.5	4
A01	中国科技信息	6633	0.338	0.114	1.00	1516	0.41	18.72	6.6	10

学科代码	期刊名称	扩展总被引频次	扩展影响因子	扩展即年指标	扩展他引率	扩展引用刊数	扩展学科影响指标	扩展学科扩散指标	扩展被引半衰期	扩展H指标
A01	中国科技纵横	2620	0.098	0.024	0.99	583	0.25	7.20	3.6	6
A01	中国科学基金	765	0.956	0.179	0.86	404	0.23	4.99	6.1	7
A01	中国科学院院刊	2209	2.544	0.415	0.97	1057	0.42	13.05	4.6	14
A01	中国西部	172	0.063	0.016	0.98	104	0.02	1.28	1.9	2
A01	专利代理	11	–	0.000	1.00	8	0.01	0.10	2.2	1
A01	自然科学史研究	486	0.462	0.080	0.92	210	0.05	2.59	≥10	4
A01	自然杂志	930	0.649	0.097	1.00	637	0.22	7.86	9.6	8
A02	Journal of Zhejiang University Science A: Applied Physics & Engineering	625	0.455	0.092	0.87	350	0.08	2.43	7.3	5
A02	Wuhan University Journal of Natural Sciences	142	0.196	0.026	0.94	104	0.03	0.72	7.3	3
A02	安徽大学学报(自然科学版)	398	0.434	0.067	0.96	286	0.19	1.99	6.6	4
A02	安徽科技学院学报	738	0.625	0.054	0.82	384	0.08	2.67	5.4	4
A02	宝鸡文理学院学报(自然科学版)	179	0.292	0.061	0.93	138	0.06	0.96	5.2	3
A02	北华大学学报(自然科学版)	1145	0.881	0.392	0.94	547	0.17	3.80	4.0	9
A02	北京城市学院学报	439	0.520	0.262	0.99	251	0.04	1.74	4.4	5
A02	北京大学学报(自然科学版)	2380	1.145	0.258	0.98	972	0.37	6.75	7.9	11
A02	北京联合大学学报(自然科学版)	450	0.669	0.400	0.97	322	0.09	2.24	6.2	6
A02	渤海大学学报(自然科学版)	318	0.789	0.094	0.83	189	0.08	1.31	5.0	4
A02	常州大学学报(自然科学版)	267	0.354	0.084	0.92	194	0.06	1.35	5.5	3
A02	成都大学学报(自然科学版)	412	0.404	0.046	0.96	311	0.09	2.16	5.8	4
A02	赤峰学院学报(自然科学版)	6476	0.575	0.188	0.99	1147	0.24	7.97	2.8	16
A02	重庆工商大学学报(自然科学版)	768	0.496	0.136	0.91	471	0.17	3.27	4.7	6
A02	重庆科技学院学报(自然科学版)	806	0.335	0.048	0.98	404	0.10	2.81	6.1	6
A02	重庆理工大学学报(自然科学版)	1611	0.668	0.075	0.91	736	0.28	5.11	5.1	6
A02	德州学院学报	361	0.195	0.015	0.99	263	0.08	1.83	6.0	4
A02	佛山科学技术学院学报(自然科学版)	311	0.311	0.075	0.98	237	0.05	1.65	6.1	3
A02	服装学报	453	0.418	0.086	0.98	318	0.19	2.21	5.5	6
A02	福州大学学报(自然科学版)	788	0.395	0.094	0.98	488	0.15	3.39	6.9	5
A02	复旦学报(自然科学版)	647	0.514	0.072	0.97	463	0.17	3.22	8.2	5
A02	广西大学学报(自然科学版)	1281	0.653	0.064	0.84	604	0.19	4.19	5.3	7
A02	广西民族大学学报(自然科学版)	400	0.530	0.012	0.96	257	0.06	1.78	6.8	4
A02	广州大学学报(自然科学版)	382	0.236	0.023	0.96	283	0.08	1.97	7.3	4
A02	贵阳学院学报(自然科学版)	224	0.391	0.075	0.98	163	0.07	1.13	4.2	4

学科代码	期刊名称	扩展总被引频次	扩展影响因子	扩展即年指标	扩展他引率	扩展引用刊数	扩展学科影响指标	扩展学科扩散指标	扩展被引半衰期	扩展H指标
A02	贵州大学学报(自然科学版)	561	0.307	0.075	0.93	343	0.22	2.38	5.6	4
A02	哈尔滨商业大学学报(自然科学版)	630	0.321	0.113	0.94	410	0.08	2.85	6.8	5
A02	海南大学学报(自然科学版)	409	0.341	0.017	0.94	269	0.08	1.87	8.6	5
A02	合肥学院学报(综合版)	323	0.200	0.017	0.98	228	0.10	1.58	5.4	5
A02	河北北方学院学报(自然科学版)	625	0.453	0.073	0.96	372	0.10	2.58	4.2	5
A02	河北大学学报(自然科学版)	474	0.455	0.071	0.92	333	0.08	2.31	6.8	5
A02	河北工程技术高等专科学校学报	252	0.331	0.084	0.99	129	0.01	0.90	5.1	4
A02	河北科技大学学报	634	0.791	0.244	0.84	360	0.11	2.50	4.5	4
A02	河南大学学报(自然科学版)	698	0.515	0.189	0.88	447	0.12	3.10	6.3	6
A02	河南教育学院学报(自然科学版)	370	0.318	0.080	0.95	221	0.04	1.53	6.2	5
A02	河南科技大学学报(自然科学版)	724	0.719	0.200	0.85	408	0.17	2.83	5.6	5
A02	河南科技学院学报(自然科学版)	559	0.535	0.068	0.97	323	0.06	2.24	6.8	4
A02	黑龙江大学自然科学学报	417	0.401	0.087	0.91	274	0.16	1.90	6.4	5
A02	湖北大学学报(自然科学版)	397	0.425	0.060	0.95	294	0.10	2.04	5.8	5
A02	湖北科技学院学报	1881	0.401	0.065	1.00	636	0.10	4.42	4.0	8
A02	湖北民族学院学报(医学版)	606	0.688	0.122	0.92	270	0.03	1.88	4.3	4
A02	湖北民族学院学报(自然科学版)	437	0.440	0.057	0.95	264	0.13	1.83	6.8	5
A02	湖北文理学院学报	429	0.259	0.075	0.97	292	0.08	2.03	4.9	4
A02	湖南工程学院学报(自然科学版)	211	0.241	0.086	0.95	163	0.03	1.13	6.1	3
A02	湖南科技学院学报	2030	0.329	0.063	0.99	761	0.08	5.28	5.8	7
A02	湖南文理学院学报(自然科学版)	255	0.393	0.084	0.87	180	0.09	1.25	5.8	4
A02	华北理工大学学报(自然科学版)	357	0.225	0.077	0.99	258	0.05	1.79	8.4	4
A02	华北水利水电大学学报(自然科学版)	825	0.727	0.057	0.89	401	0.10	2.78	6.3	6
A02	华侨大学学报(自然科学版)	575	0.463	0.164	0.87	356	0.15	2.47	5.4	4
A02	怀化学院学报	980	0.252	0.047	0.95	502	0.10	3.49	6.7	4
A02	黄山学院学报	540	0.344	0.066	0.97	325	0.08	2.26	5.5	4
A02	惠州学院学报	405	0.285	0.067	0.92	261	0.06	1.81	6.6	3
A02	吉林大学学报(理学版)	954	0.516	0.125	0.82	463	0.31	3.22	5.0	7
A02	吉首大学学报(自然科学版)	399	0.344	0.044	0.94	270	0.14	1.88	6.6	4
A02	集美大学学报(自然科学版)	342	0.271	0.030	0.97	214	0.07	1.49	7.4	4
A02	济南大学学报(自然科学版)	427	0.376	0.105	0.97	293	0.08	2.03	7.2	5
A02	暨南大学学报(自然科学与医学版)	1016	1.144	0.180	0.96	548	0.09	3.81	5.0	8
A02	佳木斯大学学报(自然科学版)	537	0.222	0.036	0.96	355	0.17	2.47	5.9	4

学科代码	期刊名称	扩展总被引频次	扩展影响因子	扩展即年指标	扩展他引率	扩展引用刊数	扩展学科影响指标	扩展学科扩散指标	扩展被引半衰期	扩展H指标
A02	嘉兴学院学报	526	0.488	0.120	0.98	325	0.12	2.26	6.6	4
A02	嘉应学院学报	490	0.232	0.054	0.91	305	0.07	2.12	5.4	4
A02	江汉大学学报(自然科学版)	402	0.518	0.131	0.98	287	0.09	1.99	5.1	4
A02	金陵科技学院学报	333	0.306	0.083	0.93	208	0.02	1.44	7.9	4
A02	九江学院学报(自然科学版)	273	0.350	0.075	1.00	175	0.07	1.22	3.4	4
A02	昆明理工大学学报(自然科学版)	853	0.502	0.103	0.96	539	0.14	3.74	7.9	6
A02	兰州大学学报(自然科学版)	1498	0.804	0.048	0.90	668	0.26	4.64	7.2	7
A02	丽水学院学报	469	0.381	0.143	0.98	290	0.05	2.01	5.6	4
A02	辽东学院学报(自然科学版)	232	0.453	0.036	0.89	167	0.06	1.16	6.1	3
A02	辽宁大学学报(自然科学版)	321	0.633	0.088	0.94	233	0.08	1.62	6.2	4
A02	辽宁工程技术大学学报(自然科学版)	2626	0.852	0.070	0.88	792	0.29	5.50	6.6	9
A02	辽宁科技学院学报	380	0.296	0.097	0.99	229	0.03	1.59	3.9	4
A02	辽宁师专学报(自然科学版)	463	0.466	0.094	0.89	222	0.04	1.54	5.5	4
A02	聊城大学学报(自然科学版)	286	0.472	0.025	0.83	180	0.10	1.25	5.2	3
A02	鲁东大学学报(自然科学版)	273	0.470	0.109	0.87	192	0.10	1.33	6.3	4
A02	闽江学院学报	343	0.267	0.072	0.99	249	0.05	1.73	5.7	4
A02	南昌大学学报(理科版)	506	0.538	0.036	0.81	295	0.10	2.05	5.7	5
A02	南华大学学报(自然科学版)	313	0.335	0.071	0.90	226	0.05	1.57	7.0	4
A02	南京大学学报(自然科学版)	1106	0.753	0.043	0.95	544	0.19	3.78	≥10	7
A02	南京体育学院学报	1308	0.834	0.080	0.93	318	0.13	2.21	5.4	7
A02	南开大学学报(自然科学版)	395	0.267	0.090	0.97	297	0.12	2.06	7.4	5
A02	南通大学学报(自然科学版)	213	0.274	0.047	0.90	151	0.10	1.05	6.6	4
A02	内蒙古大学学报(自然科学版)	519	0.273	0.067	0.95	298	0.08	2.07	9.8	4
A02	内蒙古民族大学学报(自然科学版)	735	0.376	0.125	0.95	391	0.10	2.72	5.7	5
A02	内蒙古农业大学学报(自然科学版)	1214	0.458	0.069	0.92	500	0.14	3.47	7.6	6
A02	宁波大学学报(理工版)	419	0.274	0.071	0.92	290	0.11	2.01	7.3	4
A02	宁夏大学学报(自然科学版)	396	0.346	0.051	0.98	289	0.08	2.01	8.3	4
A02	攀枝花学院学报	385	0.293	0.070	0.99	251	0.05	1.74	5.9	4
A02	萍乡学院学报	318	0.253	0.046	0.93	179	0.02	1.24	4.7	3
A02	莆田学院学报	337	0.337	0.083	0.79	204	0.06	1.42	4.9	3
A02	齐齐哈尔大学学报(自然科学版)	346	0.252	0.172	0.97	249	0.12	1.73	5.7	4
A02	青岛大学学报(自然科学版)	208	0.270	0.010	0.94	166	0.06	1.15	6.5	3
A02	青岛科技大学学报(自然科学版)	479	0.377	0.149	0.82	279	0.09	1.94	6.5	4

学科代码	期刊名称	扩展总被引频次	扩展影响因子	扩展即年指标	扩展他引率	扩展引用刊数	扩展学科影响指标	扩展学科扩散指标	扩展被引半衰期	扩展H指标
A02	青海大学学报(自然科学版)	541	0.371	0.050	0.96	366	0.07	2.54	7.6	4
A02	厦门大学学报(自然科学版)	1353	0.440	0.154	0.96	725	0.26	5.03	≥10	8
A02	山东大学学报(理学版)	798	0.371	0.082	0.93	441	0.34	3.06	5.7	6
A02	山西大同大学学报(自然科学版)	377	0.274	0.085	0.98	290	0.06	2.01	4.9	4
A02	山西大学学报(自然科学版)	479	0.378	0.055	0.95	319	0.11	2.22	7.4	4
A02	陕西科技大学学报	878	0.435	0.076	0.93	503	0.16	3.49	5.9	4
A02	汕头大学学报(自然科学版)	139	0.352	0.103	0.96	105	0.03	0.73	5.9	3
A02	上海大学学报(自然科学版)	589	0.458	0.131	0.93	395	0.07	2.74	6.8	6
A02	上海理工大学学报	659	0.488	0.051	0.94	401	0.13	2.78	6.6	6
A02	邵阳学院学报(自然科学版)	192	0.338	0.077	0.91	140	0.02	0.97	6.4	3
A02	沈阳大学学报(自然科学版)	561	0.698	0.122	0.77	312	0.08	2.17	5.6	4
A02	石河子大学学报(自然科学版)	920	0.567	0.169	0.88	442	0.14	3.07	7.0	5
A02	四川大学学报(自然科学版)	1095	0.774	0.124	0.70	460	0.22	3.19	4.7	5
A02	苏州科技大学学报(自然科学版)	133	0.389	0.017	0.91	103	0.08	0.72	3.8	3
A02	塔里木大学学报	365	0.206	0.014	0.97	240	0.05	1.67	8.6	4
A02	台州学院学报	310	0.232	0.018	0.98	205	0.06	1.42	7.4	4
A02	泰山学院学报	328	0.255	0.038	0.92	217	0.06	1.51	6.6	3
A02	温州大学学报(自然科学版)	189	0.113	0.031	0.99	151	0.05	1.05	≥10	3
A02	五邑大学学报(自然科学版)	109	0.130	0.113	0.98	91	0.03	0.63	6.6	3
A02	武汉大学学报(理学版)	941	0.777	0.088	0.97	574	0.23	3.99	6.0	7
A02	西安文理学院学报(自然科学版)	378	0.271	0.112	0.97	263	0.09	1.83	5.8	4
A02	西北大学学报(自然科学版)	1517	0.526	0.124	0.96	748	0.24	5.19	8.5	7
A02	西北民族大学学报(自然科学版)	235	0.289	0.039	0.96	190	0.05	1.32	6.4	3
A02	西昌学院学报(自然科学版)	493	0.364	0.068	0.98	305	0.09	2.12	5.0	4
A02	西南大学学报(自然科学版)	2666	0.708	0.137	0.90	879	0.38	6.10	6.4	7
A02	西南民族大学学报(自然科学版)	803	0.598	0.105	0.96	483	0.22	3.35	6.5	5
A02	湘潭大学自然科学学报	478	0.962	0.120	0.85	266	0.10	1.85	4.0	6
A02	新疆大学学报(自然科学版)	325	0.367	0.035	0.92	226	0.04	1.57	8.4	4
A02	新乡学院学报	299	0.195	0.037	0.98	207	0.06	1.44	3.6	4
A02	宿州学院学报	928	0.228	0.040	0.98	493	0.10	3.42	4.9	6
A02	烟台大学学报(自然科学与工程版)	216	0.237	0.441	0.96	156	0.07	1.08	7.0	4
A02	延安大学学报(自然科学版)	349	0.292	0.035	0.96	233	0.12	1.62	7.3	5
A02	延边大学学报(自然科学版)	205	0.322	0.056	0.91	140	0.09	0.97	6.4	4

学科代码	期刊名称	扩展总被引频次	扩展影响因子	扩展即年指标	扩展他引率	扩展引用刊数	扩展学科影响指标	扩展学科扩散指标	扩展被引半衰期	扩展H指标
A02	盐城工学院学报(自然科学版)	130	0.197	0.050	0.98	112	0.02	0.78	7.2	3
A02	扬州大学学报(自然科学版)	271	0.312	0.043	0.91	193	0.07	1.34	7.2	4
A02	宜春学院学报	1083	0.302	0.087	0.97	581	0.17	4.03	5.7	6
A02	云南大学学报(自然科学版)	1341	0.659	0.101	0.89	652	0.20	4.53	7.4	6
A02	云南民族大学学报(自然科学版)	328	0.297	0.039	0.93	236	0.16	1.64	5.4	4
A02	长春大学学报(自然科学版)	704	0.423	0.137	0.99	416	0.14	2.89	5.3	5
A02	长江大学学报(自科版)	1898	0.417	0.070	0.98	840	0.19	5.83	4.1	6
A02	浙江大学学报(理学版)	916	0.573	0.075	0.97	610	0.21	4.24	7.7	7
A02	浙江科技学院学报	415	0.451	0.049	0.96	272	0.03	1.89	6.7	4
A02	浙江理工大学学报(自然科学版)	675	0.478	0.070	0.95	390	0.10	2.71	6.0	4
A02	浙江万里学院学报	387	0.294	0.085	0.98	253	0.03	1.76	6.1	3
A02	镇江高专学报	358	0.372	0.152	0.98	212	0.02	1.47	4.7	4
A02	郑州大学学报(理学版)	352	0.406	0.099	0.81	223	0.10	1.55	5.5	4
A02	中北大学学报(自然科学版)	491	0.276	0.023	0.96	337	0.14	2.34	7.6	4
A02	中国科学技术大学学报	784	0.257	0.039	0.97	509	0.19	3.53	8.3	6
A02	中国科学院大学学报	714	0.618	0.062	0.98	444	0.15	3.08	5.7	6
A02	中国人民公安大学学报(自然科学版)	485	0.373	0.114	0.95	235	0.03	1.63	7.2	4
A02	中南民族大学学报(自然科学版)	449	0.566	0.110	0.79	259	0.09	1.80	4.4	4
A02	中山大学学报(自然科学版)	1701	0.648	0.097	0.91	861	0.27	5.98	9.7	7
A02	中央民族大学学报(自然科学版)	440	0.438	0.145	0.97	314	0.08	2.18	7.6	5
A03	安徽师范大学学报(自然科学版)	687	0.367	0.057	0.95	426	0.23	5.46	7.6	6
A03	安庆师范大学学报(自然科学版)	425	0.396	0.029	0.96	286	0.14	3.67	5.6	4
A03	北京师范大学学报(自然科学版)	1140	0.565	0.059	0.97	609	0.28	7.81	8.2	9
A03	重庆师范大学学报(哲学社会科学版)	339	0.233	0.000	0.99	240	0.06	3.08	8.9	4
A03	重庆师范大学学报(自然科学版)	787	0.505	0.132	0.91	456	0.26	5.85	5.2	5
A03	东北师大学报(哲学社会科学版)	2494	0.973	0.236	0.98	1010	0.32	12.95	5.5	11
A03	东北师大学报(自然科学版)	623	0.456	0.017	0.94	408	0.24	5.23	8.8	6
A03	福建师范大学学报(自然科学版)	628	0.453	0.143	0.97	442	0.17	5.67	7.0	6
A03	阜阳师范学院学报(自然科学版)	242	0.278	0.064	0.96	177	0.09	2.27	5.1	3
A03	广西师范大学学报(哲学社会科学版)	906	0.503	0.086	0.98	507	0.13	6.50	7.4	5
A03	广西师范大学学报(自然科学版)	462	0.337	0.076	0.87	288	0.15	3.69	7.5	3
A03	广西师范学院学报(自然科学版)	365	0.358	0.040	0.97	257	0.10	3.29	7.6	4
A03	贵州师范大学学报(社会科学版)	595	0.344	0.142	0.99	405	0.10	5.19	7.4	4

学科代码	期刊名称	扩展总被引频次	扩展影响因子	扩展即年指标	扩展他引率	扩展引用刊数	扩展学科影响指标	扩展学科扩散指标	扩展被引半衰期	扩展H指标
A03	贵州师范大学学报(自然科学版)	685	0.593	0.154	0.87	397	0.17	5.09	6.2	6
A03	哈尔滨师范大学自然科学学报	463	0.267	0.078	0.93	331	0.14	4.24	5.9	4
A03	海南师范大学学报(社会科学版)	549	0.218	0.008	0.99	302	0.04	3.87	5.7	5
A03	海南师范大学学报(自然科学版)	349	0.376	0.118	0.95	243	0.12	3.12	6.3	4
A03	杭州师范大学学报(社会科学版)	562	0.364	0.053	0.99	401	0.10	5.14	8.8	4
A03	杭州师范大学学报(自然科学版)	463	0.345	0.070	0.95	341	0.08	4.37	6.8	4
A03	河北师范大学学报(哲学社会科学版)	665	0.299	0.026	0.99	431	0.12	5.53	8.4	5
A03	河北师范大学学报(自然科学版)	480	0.308	0.087	0.93	341	0.24	4.37	9.1	4
A03	河南师范大学学报(自然科学版)	732	0.408	0.096	0.93	463	0.17	5.94	6.1	5
A03	湖北第二师范学院学报	967	0.298	0.059	0.99	483	0.01	6.19	5.6	5
A03	湖北师范大学学报(自然科学版)	361	0.377	0.052	0.96	223	0.08	2.86	5.8	4
A03	湖南师范大学自然科学学报	414	0.373	0.090	0.92	286	0.09	3.67	6.4	4
A03	华东师范大学学报(自然科学版)	889	1.218	0.092	0.98	531	0.14	6.81	5.3	8
A03	华南师范大学学报(自然科学版)	709	0.651	0.085	0.90	438	0.23	5.62	6.2	7
A03	华中师范大学学报(自然科学版)	894	0.558	0.139	0.96	580	0.26	7.44	6.0	5
A03	淮北师范大学学报(哲学社会科学版)	694	0.258	0.049	0.99	363	0.08	4.65	6.4	4
A03	淮北师范大学学报(自然科学版)	241	0.307	0.068	0.98	169	0.12	2.17	5.7	3
A03	淮阴师范学院学报(自然科学版)	192	0.208	0.045	0.98	144	0.06	1.85	5.7	3
A03	吉林师范大学学报(人文社会科学版)	609	0.566	0.086	1.00	356	0.12	4.56	6.4	5
A03	吉林师范大学学报(自然科学版)	499	0.393	0.040	0.86	307	0.21	3.94	6.1	4
A03	江苏师范大学学报(哲学社会科学版)	746	0.384	0.067	0.99	483	0.14	6.19	6.9	5
A03	江苏师范大学学报(自然科学版)	249	0.500	0.043	0.96	192	0.18	2.46	6.5	5
A03	江西师范大学学报(哲学社会科学版)	817	0.930	0.336	0.99	451	0.12	5.78	4.8	6
A03	江西师范大学学报(自然科学版)	528	0.494	0.093	0.84	309	0.21	3.96	5.6	4
A03	廊坊师范学院学报(自然科学版)	431	0.398	0.071	0.96	260	0.08	3.33	4.5	4
A03	辽宁师范大学学报(社会科学版)	945	0.778	0.150	0.96	487	0.17	6.24	6.8	6
A03	辽宁师范大学学报(自然科学版)	446	0.374	0.112	0.89	282	0.21	3.62	8.2	4
A03	闽南师范大学学报(自然科学版)	276	0.239	0.036	0.97	196	0.05	2.51	7.5	4
A03	牡丹江师范学院学报(自然科学版)	361	0.308	0.078	0.94	215	0.08	2.76	6.1	3
A03	南京师大学报(社会科学版)	1405	0.815	0.216	0.99	796	0.19	10.21	9.5	8
A03	南京师大学报(自然科学版)	552	0.559	0.031	0.98	394	0.21	5.05	7.5	5
A03	南京师范大学学报(工程技术版)	219	0.370	0.074	0.95	172	0.04	2.21	6.2	4
A03	内蒙古师范大学学报(哲学社会科学版)	760	0.309	0.053	0.97	417	0.09	5.35	8.8	4

学科代码	期刊名称	扩展总被引频次	扩展影响因子	扩展即年指标	扩展他引率	扩展引用刊数	扩展学科影响指标	扩展学科扩散指标	扩展被引半衰期	扩展H指标
A03	内蒙古师范大学学报(自然科学汉文版)	451	0.329	0.028	0.92	298	0.18	3.82	6.0	4
A03	宁德师范学院学报(自然科学版)	303	0.275	0.059	0.99	192	0.06	2.46	6.6	3
A03	青海师范大学学报(自然科学版)	364	0.377	0.050	0.98	275	0.04	3.53	7.0	5
A03	曲阜师范大学学报(自然科学版)	348	0.415	0.084	0.97	255	0.15	3.27	5.8	5
A03	山东师范大学学报(人文社会科学版)	847	0.662	0.169	0.98	530	0.12	6.79	≥10	5
A03	山东师范大学学报(自然科学版)	387	0.176	0.027	0.98	281	0.12	3.60	≥10	4
A03	山西师大学报(社会科学版)	1167	0.522	0.076	0.99	620	0.14	7.95	6.2	6
A03	山西师范大学学报(自然科学版)	492	0.350	0.011	0.99	328	0.17	4.21	6.9	3
A03	陕西师范大学学报(自然科学版)	872	0.547	0.050	0.96	528	0.21	6.77	7.1	6
A03	上海师范大学学报(自然科学版)	335	0.301	0.016	0.93	255	0.10	3.27	8.6	4
A03	沈阳师范大学学报(社会科学版)	1037	0.387	0.085	0.98	474	0.13	6.08	5.8	5
A03	沈阳师范大学学报(自然科学版)	641	0.504	0.153	0.93	386	0.15	4.95	5.5	5
A03	首都师范大学学报(社会科学版)	1089	0.513	0.087	0.99	653	0.17	8.37	8.8	6
A03	首都师范大学学报(自然科学版)	751	0.563	0.150	0.97	517	0.31	6.63	7.5	6
A03	四川师范大学学报(社会科学版)	989	0.851	0.185	0.97	581	0.06	7.45	6.5	8
A03	四川师范大学学报(自然科学版)	605	0.400	0.060	0.80	313	0.35	4.01	6.8	5
A03	太原师范学院学报(自然科学版)	232	0.155	0.034	0.98	193	0.13	2.47	8.3	4
A03	天津师范大学学报(社会科学版)	589	0.509	0.027	0.99	419	0.13	5.37	9.1	6
A03	天津师范大学学报(自然科学版)	343	0.420	0.054	0.90	220	0.10	2.82	6.3	5
A03	西北师大学报(社会科学版)	1295	0.955	0.277	0.98	705	0.21	9.04	7.6	6
A03	西北师范大学学报(自然科学版)	670	0.446	0.060	0.97	447	0.23	5.73	7.2	6
A03	西华师范大学学报(哲学社会科学版)	524	0.319	0.092	0.97	337	0.09	4.32	9.3	4
A03	西华师范大学学报(自然科学版)	353	0.196	0.038	0.96	221	0.09	2.83	≥10	4
A03	西南师范大学学报(自然科学版)	2650	0.877	0.184	0.90	1042	0.37	13.36	4.5	9
A03	新疆师范大学学报(自然科学版)	343	0.464	0.017	0.99	238	0.10	3.05	7.4	4
A03	信阳师范学院学报(自然科学版)	484	0.412	0.180	0.82	309	0.15	3.96	5.2	4
A03	伊犁师范学院学报(自然科学版)	118	0.209	0.038	0.92	100	0.03	1.28	4.7	3
A03	云南师范大学学报(自然科学版)	423	0.557	0.099	0.88	266	0.13	3.41	6.6	5
A03	长春师范大学学报(人文社会科学版)	865	0.341	0.103	0.98	448	0.10	5.74	4.3	4
A03	长春师范大学学报(自然科学版)	821	0.300	0.101	0.99	453	0.10	5.81	4.7	4
A03	浙江师范大学学报(社会科学版)	699	0.488	0.082	0.98	427	0.14	5.47	8.4	5
A03	浙江师范大学学报(自然科学版)	334	0.285	0.153	0.94	244	0.13	3.13	8.2	4
B01	Acta Mathematica Scientia	285	0.190	0.032	0.69	91	0.42	1.82	6.1	3

学科代码	期刊名称	扩展总被引频次	扩展影响因子	扩展即年指标	扩展他引率	扩展引用刊数	扩展学科影响指标	扩展学科扩散指标	扩展被引半衰期	扩展H指标
B01	Acta Mathematica Sinica	351	0.219	0.033	0.86	111	0.58	2.22	7.3	3
B01	Acta Mathematicae Applicatae Sinica	137	0.128	0.022	0.93	89	0.48	1.78	8.1	2
B01	Algebra Colloquium	62	–	0.043	0.89	34	0.28	0.68	9.5	2
B01	Analysis in Theory and Applications	20	0.049	0.000	0.60	12	0.12	0.24	8.0	1
B01	Applied Mathematics A Journal of Chinese Universities,B	91	0.149	0.000	0.92	59	0.34	1.18	6.8	3
B01	Chinese Annals of Mathematics,Series B	148	0.063	0.000	0.95	70	0.44	1.40	9.0	3
B01	Chinese Quarterly Journal of Mathematics	99	0.044	0.000	0.69	49	0.24	0.98	6.8	3
B01	Communications in Mathematical Research	40	0.026	0.027	1.00	30	0.26	0.60	≥10	2
B01	Frontiers of Mathematics in China	107	0.112	0.077	0.87	62	0.50	1.24	5.2	2
B01	Journal of Computational Mathematics	152	0.208	0.000	0.86	75	0.46	1.50	9.9	3
B01	Journal of Mathematical Research with Applications	170	0.046	0.000	0.95	105	0.34	2.10	≥10	3
B01	Journal of Mathematical Study	77	0.111	0.083	0.96	65	0.22	1.30	9.3	2
B01	Journal of Partial Differential Equations	28	0.020	0.000	0.71	16	0.22	0.32	≥10	1
B01	Journal of Systems Science and Complexity	226	0.190	0.207	0.71	114	0.34	2.28	5.6	3
B01	Numerical Mathematics Theory, Methods and Applications	38	0.130	0.071	0.68	21	0.18	0.42	5.5	2
B01	Science China(Mathematics)	704	0.348	0.042	0.92	230	0.70	4.60	8.0	4
B01	纯粹数学与应用数学	249	0.311	0.100	0.90	118	0.24	2.36	6.3	4
B01	大学数学	918	0.410	0.049	0.81	299	0.20	5.98	7.3	5
B01	高等数学研究	471	0.207	0.095	0.85	197	0.12	3.94	7.6	5
B01	高等学校计算数学学报	118	0.213	0.000	0.94	71	0.22	1.42	≥10	3
B01	高校应用数学学报 A 辑	178	0.260	0.039	0.93	117	0.30	2.34	7.8	3
B01	计算数学	267	0.444	0.000	0.94	128	0.32	2.56	≥10	5
B01	模糊系统与数学	913	0.339	0.061	0.83	325	0.16	6.50	8.2	7
B01	南京大学学报(数学半年刊)	33	0.161	0.000	0.97	28	0.08	0.56	≥10	3
B01	数理统计与管理	1547	1.163	0.216	0.87	718	0.18	14.36	6.8	9
B01	数学大世界(上旬版)	169	0.119	0.049	1.00	60	0.04	1.20	1.3	3
B01	数学大世界(下旬版)	178	0.129	0.045	0.99	59	0.06	1.18	1.3	3
B01	数学大世界(中旬版)	210	0.156	0.048	0.99	59	0.06	1.18	1.3	3
B01	数学的实践与认识	3595	0.418	0.066	0.88	1268	0.40	25.36	5.3	9
B01	数学教学通讯	668	0.126	0.057	1.00	131	0.10	2.62	3.2	5

学科代码	期刊名称	扩展总被引频次	扩展影响因子	扩展即年指标	扩展他引率	扩展引用刊数	扩展学科影响指标	扩展学科扩散指标	扩展被引半衰期	扩展H指标
B01	数学教学研究	353	0.166	0.055	0.97	124	0.08	2.48	6.3	4
B01	数学教育学报	2563	2.193	1.236	0.77	324	0.20	6.48	6.3	9
B01	数学进展	288	0.211	0.033	0.95	152	0.48	3.04	9.4	4
B01	数学年刊 A 辑	222	0.125	0.000	0.93	98	0.40	1.96	≥10	3
B01	数学通报	1315	0.809	0.169	0.89	228	0.22	4.56	6.8	8
B01	数学物理学报	401	0.318	0.000	0.89	165	0.56	3.30	7.7	4
B01	数学小灵通(1–2 年级)	4	0.002	0.000	1.00	3	–	0.06	6.0	1
B01	数学小灵通(3–4 年级)	3	0.005	0.004	1.00	2	–	0.04	1.5	1
B01	数学小灵通(5–6 年级)	5	0.009	0.006	1.00	3	–	0.06	2.5	1
B01	数学学报	627	0.311	0.043	0.96	197	0.52	3.94	≥10	6
B01	数学杂志	433	0.249	0.048	0.62	153	0.42	3.06	6.2	4
B01	应用概率统计	207	0.265	0.061	0.94	126	0.24	2.52	≥10	3
B01	应用数学	318	0.289	0.061	0.91	161	0.42	3.22	5.9	5
B01	应用数学学报	445	0.351	0.000	0.97	197	0.50	3.94	6.8	5
B01	应用数学与计算数学学报	96	0.165	0.000	0.94	75	0.16	1.50	7.4	3
B01	运筹学学报	197	0.303	0.040	0.87	112	0.22	2.24	5.5	4
B01	运筹与管理	1705	0.724	0.050	0.89	556	0.16	11.12	5.4	7
B01	中国科学(数学)	615	0.266	0.064	0.98	320	0.60	6.40	≥10	5
B02	Control Theory and Technology	130	0.323	0.000	0.95	82	0.46	6.31	6.5	3
B02	复杂系统与复杂性科学	502	0.802	0.115	0.87	229	0.46	17.62	6.3	7
B02	控制理论与应用	2598	1.198	0.140	0.88	600	0.77	46.15	5.7	12
B02	控制与决策	4811	1.464	0.151	0.91	925	1.00	71.15	5.4	16
B02	系统工程	2713	0.746	0.038	0.95	905	0.85	69.62	7.0	10
B02	系统工程理论与实践	7391	1.553	0.073	0.92	1500	0.85	115.38	6.6	17
B02	系统工程学报	1554	1.317	0.038	0.88	517	0.69	39.77	6.4	10
B02	系统管理学报	1371	1.031	0.086	0.83	468	0.69	36.00	5.4	7
B02	系统科学与数学	725	0.301	0.025	0.89	338	0.85	26.00	6.1	8
B02	信息与电脑	3606	0.466	0.096	0.97	622	0.15	47.85	2.4	10
B02	信息与控制	1056	1.218	0.074	0.83	416	0.62	32.00	6.3	7
B02	中国科学(信息科学)	1336	2.009	0.182	0.97	566	0.46	43.54	3.6	13
B03	Acta Mechanica Sinica	270	0.188	0.000	0.96	142	0.81	8.88	5.8	4
B03	Acta Mechanica Solida Sinica	204	0.413	0.061	0.80	94	0.94	5.88	5.9	3

学科代码	期刊名称	扩展总被引频次	扩展影响因子	扩展即年指标	扩展他引率	扩展引用刊数	扩展学科影响指标	扩展学科扩散指标	扩展被引半衰期	扩展H指标
B03	Journal of Rock Mechanics and Geotechnical Engineering	294	0.642	0.048	0.72	105	0.19	6.56	3.7	4
B03	Theoretical & Applied Mechanics Letters	75	0.236	0.148	0.76	46	0.69	2.88	3.2	2
B03	动力学与控制学报	294	0.509	0.036	0.78	141	0.56	8.81	4.9	5
B03	固体力学学报	700	0.702	0.060	0.96	319	0.62	19.94	7.5	6
B03	计算力学学报	1158	0.542	0.051	0.87	447	0.75	27.94	7.8	6
B03	力学季刊	693	0.805	0.071	0.70	293	0.69	18.31	7.4	5
B03	力学进展	1415	2.435	0.500	0.99	571	0.88	35.69	≥10	12
B03	力学学报	1864	1.603	0.279	0.84	511	0.94	31.94	6.8	7
B03	力学与实践	1148	0.593	0.079	0.87	500	0.69	31.25	8.6	6
B03	实验力学	834	0.519	0.117	0.89	393	0.56	24.56	7.4	6
B03	医用生物力学	781	1.048	0.097	0.71	271	0.50	16.94	4.5	6
B03	应用力学学报	978	0.445	0.079	0.93	434	0.81	27.12	7.3	5
B03	应用数学和力学	916	0.798	0.092	0.83	379	0.75	23.69	6.6	7
B03	振动工程学报	1493	0.787	0.063	0.92	480	0.69	30.00	7.6	7
B04	Chinese Journal of Acoustics	158	0.520	0.105	0.91	38	0.11	0.84	4.8	4
B04	Chinese Physics B	3550	0.588	0.136	0.53	457	0.69	10.16	3.6	6
B04	Chinese Physics C	425	0.178	0.076	0.54	72	0.42	1.60	4.2	2
B04	Chinese Physics Letters	1689	0.358	0.102	0.80	340	0.73	7.56	5.8	3
B04	Communications in Theoretical Physics	400	0.185	0.028	0.67	132	0.40	2.93	6.2	4
B04	Frontiers of Physics	122	0.253	0.100	0.48	37	0.18	0.82	3.4	3
B04	Journal of Thermal Science	231	0.295	0.028	0.90	119	0.11	2.64	6.1	3
B04	Plasma Science and Technology	585	0.648	0.080	0.55	114	0.33	2.53	3.4	3
B04	Science China Physics,Mechanics & Astronomy	951	0.894	0.183	0.80	282	0.53	6.27	4.3	6
B04	波谱学杂志	324	0.550	0.070	0.65	144	0.04	3.20	6.5	4
B04	大学物理	1148	0.427	0.088	0.79	308	0.29	6.84	9.0	7
B04	低温物理学报	144	0.128	0.025	0.80	69	0.09	1.53	7.3	3
B04	低温与超导	746	0.400	0.037	0.79	252	0.22	5.60	5.2	5
B04	低温与特气	231	0.243	0.014	0.88	116	0.09	2.58	8.3	3
B04	发光学报	1169	0.952	0.146	0.80	293	0.36	6.51	3.5	6
B04	高压物理学报	499	0.336	0.077	0.86	187	0.27	4.16	6.3	5
B04	光散射学报	297	0.390	0.060	0.79	134	0.18	2.98	6.0	5
B04	光学学报	5365	1.542	0.235	0.80	676	0.51	15.02	4.3	9

学科代码	期刊名称	扩展总被引频次	扩展影响因子	扩展即年指标	扩展他引率	扩展引用刊数	扩展学科影响指标	扩展学科扩散指标	扩展被引半衰期	扩展H指标
B04	光子学报	2285	0.853	0.108	0.86	511	0.42	11.36	5.0	7
B04	核聚变与等离子体物理	158	0.117	0.037	0.64	51	0.20	1.13	7.8	3
B04	红外与毫米波学报	846	0.564	0.054	0.90	322	0.29	7.16	7.0	6
B04	计算物理	493	0.581	0.024	0.75	243	0.31	5.40	6.6	4
B04	量子电子学报	556	0.625	0.054	0.65	187	0.29	4.16	5.2	5
B04	量子光学学报	101	0.194	0.038	0.73	42	0.20	0.93	5.7	2
B04	气体物理	2	–	0.000	1.00	2	–	0.04	7.0	1
B04	强激光与粒子束	2117	0.436	0.092	0.82	398	0.53	8.84	5.3	6
B04	热科学与技术	391	0.624	0.076	0.74	184	0.16	4.09	6.8	4
B04	声学技术	832	0.477	0.020	0.92	369	0.22	8.20	7.5	6
B04	声学学报	1171	0.679	0.056	0.76	295	0.24	6.56	9.2	6
B04	物理	840	0.221	0.073	0.96	443	0.62	9.84	≥10	5
B04	物理测试	446	0.605	0.037	0.67	159	0.04	3.53	6.7	4
B04	物理教学探讨	677	0.255	0.100	0.84	130	0.09	2.89	5.4	5
B04	物理实验	937	0.764	0.242	0.69	229	0.24	5.09	6.4	6
B04	物理通报	626	0.150	0.028	0.87	215	0.11	4.78	5.2	4
B04	物理学报	9712	0.920	0.145	0.85	1242	0.87	27.60	5.0	10
B04	物理学进展	233	0.421	0.091	1.00	153	0.31	3.40	≥10	5
B04	物理与工程	610	0.546	0.124	0.89	248	0.24	5.51	5.5	6
B04	现代物理知识	143	0.106	0.000	1.00	110	0.22	2.44	≥10	3
B04	现代应用物理	70	0.296	0.070	0.69	32	0.09	0.71	2.8	3
B04	应用光学	1070	0.520	0.047	0.79	317	0.31	7.04	6.0	6
B04	应用声学	581	0.736	0.089	0.91	312	0.20	6.93	8.0	4
B04	原子核物理评论	196	0.190	0.015	0.86	92	0.27	2.04	7.8	3
B04	原子与分子物理学报	431	0.523	0.078	0.43	107	0.33	2.38	3.3	4
B04	真空与低温	323	0.280	0.072	0.78	155	0.20	3.44	8.0	4
B04	中国科学(物理学 力学 天文学)	783	0.464	0.106	0.89	372	0.53	8.27	5.6	6
B04	Light: Science & Applications	12	–	0.000	0.83	7	1.00	7.00	2.2	1
B05	Chemical Research in Chinese Universities	638	0.792	0.161	0.71	180	0.62	4.50	3.1	3
B05	Chinese Chemical Letters	1365	0.779	0.163	0.63	312	0.90	7.80	3.6	4
B05	Chinese Journal of Chemical Physics	213	0.185	0.027	0.80	121	0.32	3.02	7.0	3
B05	Chinese Journal of Chemistry	822	0.877	0.057	0.68	185	0.88	4.62	3.9	3
B05	Chinese Journal of Polymer Science	513	0.633	0.143	0.70	111	0.42	2.78	3.6	3

学科代码	期刊名称	扩展总被引频次	扩展影响因子	扩展即年指标	扩展他引率	扩展引用刊数	扩展学科影响指标	扩展学科扩散指标	扩展被引半衰期	扩展H指标
B05	Chinese Journal of Structural Chemistry	551	0.456	0.087	0.38	110	0.38	2.75	3.3	5
B05	Frontiers of Chemical Science and Engineering	125	0.228	0.300	0.70	58	0.22	1.45	4.2	2
B05	Science China(Chemistry)	937	0.709	0.085	0.81	287	0.85	7.18	4.5	4
B05	催化学报	2381	1.026	0.196	0.89	412	0.78	10.30	6.1	6
B05	大学化学	1227	0.962	0.387	0.79	324	0.40	8.10	5.7	7
B05	电化学	372	0.560	0.025	0.87	165	0.45	4.12	6.8	4
B05	分析测试学报	3403	1.506	0.226	0.86	691	0.55	17.27	5.8	10
B05	分析化学	5111	1.631	0.210	0.91	1033	0.72	25.82	6.6	10
B05	分析科学学报	1233	0.633	0.141	0.87	435	0.57	10.88	5.9	5
B05	分析试验室	2967	1.111	0.203	0.86	666	0.55	16.65	6.0	7
B05	分子催化	827	2.386	0.508	0.64	186	0.45	4.65	4.2	6
B05	分子科学学报	308	0.415	0.071	0.81	183	0.40	4.58	5.3	4
B05	高等学校化学学报	3276	0.999	0.208	0.82	821	0.95	20.52	6.1	7
B05	高分子通报	1807	0.798	0.197	0.95	504	0.65	12.60	6.7	7
B05	高分子学报	1689	0.870	0.186	0.87	402	0.70	10.05	6.4	7
B05	功能高分子学报	438	0.635	0.056	0.87	206	0.28	5.15	9.2	5
B05	光谱学与光谱分析	6582	0.879	0.102	0.94	1334	0.75	33.35	5.9	11
B05	广州化学	255	0.277	0.074	0.96	177	0.15	4.42	6.9	4
B05	合成化学	566	0.338	0.030	0.75	222	0.62	5.55	5.8	4
B05	化学分析计量	1034	0.556	0.124	0.88	397	0.40	9.93	5.5	6
B05	化学进展	2874	1.006	0.115	0.96	886	0.92	22.15	7.5	13
B05	化学试剂	901	0.339	0.058	0.88	348	0.62	8.70	5.9	4
B05	化学通报(印刷版)	1295	0.560	0.117	0.93	548	0.82	13.70	7.3	6
B05	化学学报	2693	1.844	0.365	0.89	662	0.98	16.55	6.8	7
B05	化学研究	489	0.554	0.115	0.81	234	0.40	5.85	5.0	4
B05	化学研究与应用	1546	0.584	0.047	0.80	549	0.68	13.72	5.5	6
B05	色谱	3614	1.744	0.226	0.88	673	0.52	16.82	5.6	10
B05	无机化学学报	2042	0.738	0.253	0.78	485	0.85	12.12	5.7	6
B05	物理化学学报	2817	0.821	0.142	0.87	666	0.88	16.65	6.5	7
B05	影像科学与光化学	221	0.488	0.056	0.86	134	0.35	3.35	5.1	4
B05	应用化学	1301	0.582	0.055	0.92	493	0.65	12.32	7.3	5
B05	有机化学	2409	1.086	0.227	0.66	422	0.82	10.55	4.9	5
B05	质谱学报	795	1.224	0.275	0.91	317	0.38	7.92	6.1	7

学科代码	期刊名称	扩展总被引频次	扩展影响因子	扩展即年指标	扩展他引率	扩展引用刊数	扩展学科影响指标	扩展学科扩散指标	扩展被引半衰期	扩展H指标
B05	中国科学(化学)	1571	0.515	0.068	0.97	666	0.90	16.65	8.1	10
B05	中国无机分析化学	617	1.436	0.280	0.70	189	0.22	4.72	3.6	7
B06	Research in Astronomy and Astrophysics	245	0.201	0.000	0.71	63	0.83	10.50	4.4	2
B06	空间科学学报	503	0.296	0.053	0.83	200	0.67	33.33	8.9	5
B06	时间频率学报	90	0.339	0.000	0.86	54	0.67	9.00	6.0	3
B06	天文学报	262	0.551	0.032	0.66	91	1.00	15.17	5.9	4
B06	天文学进展	161	0.319	0.000	0.95	82	0.83	13.67	≥10	5
B06	天文研究与技术-国家天文台台刊	223	0.515	0.090	0.53	72	0.50	12.00	5.8	3
B07	Frontiers of Earth Science	167	0.389	0.109	0.92	113	0.50	5.65	4.2	3
B07	Journal of Arid Land	277	0.667	0.078	0.81	119	0.35	5.95	3.3	3
B07	Journal of Earth Science	528	0.670	0.263	0.75	159	0.70	7.95	5.0	4
B07	Sciences in Cold and Arid Regions	125	0.153	0.000	0.74	67	0.20	3.35	4.7	3
B07	成都理工大学学报(自然科学版)	1856	0.897	0.096	0.97	393	0.80	19.65	9.6	10
B07	大地测量与地球动力学	2299	0.741	0.091	0.86	363	0.40	18.15	6.8	9
B07	地球化学	2703	1.089	0.260	0.97	346	0.75	17.30	≥10	15
B07	地球环境学报	150	0.676	0.035	0.79	87	0.15	4.35	3.0	3
B07	地球科学	4465	2.709	0.219	0.80	495	0.90	24.75	7.2	14
B07	地球科学进展	4989	1.807	0.178	0.95	1002	0.95	50.10	9.5	17
B07	地球科学与环境学报	1148	1.338	0.306	0.95	390	0.75	19.50	6.9	7
B07	地球信息科学学报	1945	1.396	0.178	0.93	588	0.40	29.40	5.1	10
B07	地球学报	3510	2.084	2.717	0.83	479	0.90	23.95	7.7	14
B07	地球与环境	1530	0.938	0.159	0.95	537	0.75	26.85	8.2	9
B07	地学前缘	7328	3.082	0.587	0.94	649	1.00	32.45	8.7	20
B07	东华理工大学学报(自然科学版)	716	0.662	0.100	0.92	281	0.55	14.05	7.4	5
B07	复杂油气藏	236	0.331	0.027	0.94	102	0.25	5.10	4.9	3
B07	吉林大学学报(地球科学版)	3791	1.460	0.262	0.91	587	0.85	29.35	6.7	12
B07	矿物岩石地球化学通报	1766	0.994	0.205	0.91	348	0.75	17.40	8.3	11
B07	中国科学(地球科学)	6421	1.259	0.427	0.96	760	0.85	38.00	9.7	19
B08	Advances in Atmospheric Sciences	1432	0.698	0.198	0.89	204	0.88	6.00	8.6	8
B08	Advances in Climate Change Research	96	0.274	0.353	0.81	53	0.26	1.56	4.2	2
B08	Atmospheric and Oceanic Science Letters	235	0.385	0.129	0.91	69	0.50	2.03	4.8	3
B08	Journal of Meteorological Research(JMR)	464	0.618	0.074	0.77	113	0.82	3.32	5.6	4
B08	暴雨灾害	920	1.347	0.114	0.80	169	0.91	4.97	5.7	7

学科代码	期刊名称	扩展总被引频次	扩展影响因子	扩展即年指标	扩展他引率	扩展引用刊数	扩展学科影响指标	扩展学科扩散指标	扩展被引半衰期	扩展H指标
B08	大气科学	4059	1.680	0.219	0.92	380	1.00	11.18	≥10	14
B08	大气科学学报	1773	1.087	0.105	0.87	341	0.94	10.03	8.2	9
B08	大气与环境光学学报	291	0.448	0.053	0.93	141	0.41	4.15	6.2	5
B08	干旱气象	1778	2.007	0.175	0.79	312	0.91	9.18	4.3	9
B08	高原气象	4425	1.690	0.100	0.79	384	1.00	11.29	7.5	11
B08	高原山地气象研究	823	2.200	0.083	0.74	180	0.94	5.29	5.1	6
B08	广东气象	1133	1.029	0.168	0.65	202	0.85	5.94	6.4	6
B08	贵州气象	547	0.561	0.153	0.71	146	0.47	4.29	5.9	4
B08	海洋气象学报	331	0.367	0.231	0.92	135	0.50	3.97	7.6	3
B08	黑龙江气象	177	0.172	0.014	0.95	107	0.38	3.15	7.3	2
B08	内蒙古气象	283	0.296	0.045	0.79	118	0.47	3.47	6.7	3
B08	气候变化研究进展	1455	1.385	0.250	0.93	416	0.94	12.24	6.6	12
B08	气候与环境研究	1846	1.180	0.079	0.94	381	0.97	11.21	8.8	12
B08	气象	5558	2.334	0.281	0.83	529	1.00	15.56	7.1	15
B08	气象科技	2730	1.295	0.140	0.78	470	0.94	13.82	6.8	9
B08	气象科技进展	353	0.470	0.060	0.86	136	0.79	4.00	4.3	6
B08	气象科学	1673	0.859	0.043	0.85	340	0.97	10.00	7.5	8
B08	气象学报	3693	1.900	0.250	0.94	444	1.00	13.06	≥10	16
B08	气象研究与应用	1704	1.510	0.211	0.48	250	0.85	7.35	5.6	7
B08	气象与环境科学	1361	3.243	0.085	0.81	296	0.88	8.71	4.3	9
B08	气象与环境学报	1569	1.121	0.140	0.80	373	0.91	10.97	5.6	9
B08	气象与减灾研究	421	1.000	0.100	0.82	168	0.71	4.94	6.9	5
B08	气象灾害防御	105	0.204	0.026	0.89	57	0.32	1.68	8.4	3
B08	热带气象学报	1824	0.875	0.071	0.85	274	0.94	8.06	8.6	9
B08	沙漠与绿洲气象	823	1.342	0.090	0.75	197	0.76	5.79	5.4	5
B08	陕西气象	381	0.412	0.123	0.86	159	0.62	4.68	6.4	4
B08	应用气象学报	3574	2.105	0.333	0.86	481	1.00	14.15	≥10	13
B08	浙江气象	190	0.321	0.026	0.86	87	0.50	2.56	7.3	4
B09	Applied Geophysics	443	0.921	0.190	0.76	106	0.22	5.89	5.2	4
B09	Earthquake Science	223	0.215	0.000	0.97	59	0.72	3.28	7.8	4
B09	Journal of Palaeogeography	91	0.977	0.320	0.68	25	0.06	1.39	2.6	3
B09	地球物理学报	12711	2.449	0.597	0.70	698	0.94	38.78	6.6	20
B09	地球物理学进展	5214	1.191	0.124	0.70	567	0.94	31.50	6.1	12

学科代码	期刊名称	扩展总被引频次	扩展影响因子	扩展即年指标	扩展他引率	扩展引用刊数	扩展学科影响指标	扩展学科扩散指标	扩展被引半衰期	扩展H指标
B09	地震	1092	0.802	0.074	0.91	132	0.89	7.33	9.7	7
B09	地震地磁观测与研究	958	0.395	0.031	0.74	118	0.89	6.56	8.4	5
B09	地震地质	2268	1.373	0.256	0.88	240	0.89	13.33	≥10	10
B09	地震工程学报	1434	1.045	0.100	0.77	267	0.83	14.83	4.9	7
B09	地震工程与工程振动	2435	0.539	0.038	0.93	442	0.83	24.56	≥10	8
B09	地震学报	2070	0.917	0.060	0.93	229	0.94	12.72	≥10	9
B09	地震研究	1011	0.742	0.122	0.86	172	0.89	9.56	8.1	6
B09	华北地震科学	442	0.533	0.103	0.96	117	0.78	6.50	≥10	5
B09	华南地震	512	0.917	0.075	0.83	118	0.78	6.56	7.1	5
B09	内陆地震	365	0.299	0.164	0.82	71	0.78	3.94	7.6	4
B09	世界地震工程	1099	0.405	0.041	0.93	300	0.78	16.67	9.0	7
B09	灾害学	2062	1.489	0.204	0.87	645	0.83	35.83	5.6	9
B09	中国地震	991	0.766	0.049	0.94	141	0.89	7.83	≥10	7
B10	Advances in Polar Science	52	0.060	0.310	0.40	14	0.04	0.30	5.2	2
B10	Chinese Geographical Science	535	0.712	0.049	0.90	235	0.50	5.11	5.4	6
B10	Geoscience Frontiers	248	0.418	0.300	0.63	65	0.11	1.41	3.8	4
B10	Geospatial Information Science	88	0.109	0.029	0.82	53	0.13	1.15	9.6	2
B10	International Journal of Sediment Research	244	0.578	0.017	0.66	95	0.13	2.07	6.4	4
B10	Journal of Geographical Sciences	996	1.291	0.172	0.89	297	0.52	6.46	4.9	8
B10	Journal of Mountain Science	450	0.371	0.104	0.68	161	0.35	3.50	4.1	5
B10	冰川冻土	4232	1.538	0.196	0.81	617	0.59	13.41	7.3	10
B10	测绘地理信息	970	0.891	0.107	0.83	302	0.37	6.57	4.8	7
B10	地理科学	7702	3.260	0.180	0.92	1253	0.70	27.24	5.6	19
B10	地理科学进展	6550	4.717	0.660	0.95	1279	0.67	27.80	5.6	21
B10	地理信息世界	905	0.835	0.134	0.90	294	0.35	6.39	4.5	8
B10	地理学报	13013	4.242	0.407	0.96	1514	0.78	32.91	7.6	31
B10	地理研究	9384	4.230	0.480	0.93	1372	0.74	29.83	6.4	23
B10	地理与地理信息科学	2699	1.288	0.167	0.95	881	0.74	19.15	7.8	11
B10	地域研究与开发	3326	1.682	0.258	0.84	902	0.61	19.61	5.5	11
B10	干旱区地理	3133	1.975	0.108	0.82	668	0.63	14.52	6.0	11
B10	干旱区研究	2731	1.217	0.207	0.85	526	0.54	11.43	6.8	10
B10	国土与自然资源研究	848	0.400	0.133	0.97	461	0.48	10.02	6.7	5
B10	国土资源导刊	544	0.400	0.091	0.97	220	0.24	4.78	≥10	4

学科代码	期刊名称	扩展总被引频次	扩展影响因子	扩展即年指标	扩展他引率	扩展引用刊数	扩展学科影响指标	扩展学科扩散指标	扩展被引半衰期	扩展H指标
B10	国土资源科技管理	787	0.722	0.192	0.98	357	0.41	7.76	6.1	5
B10	国土资源情报	557	0.479	0.184	0.94	285	0.33	6.20	5.6	5
B10	华北国土资源	381	0.236	0.067	0.92	167	0.17	3.63	4.8	5
B10	华东地质	510	1.145	0.075	0.86	159	0.20	3.46	8.7	6
B10	经济地理	11257	3.466	0.294	0.92	1445	0.72	31.41	5.2	21
B10	南方国土资源	371	0.279	0.026	0.97	166	0.22	3.61	≥10	4
B10	热带地理	1611	1.301	0.232	0.94	634	0.54	13.78	6.5	8
B10	热带地貌	13	–	0.000	1.00	8	0.07	0.17	≥10	2
B10	山地学报	1856	1.036	0.142	0.95	536	0.61	11.65	9.4	8
B10	山东国土资源	1376	0.959	0.317	0.50	242	0.26	5.26	3.9	6
B10	上海国土资源	687	1.027	0.184	0.78	266	0.28	5.78	4.8	6
B10	湿地科学	1607	1.695	0.234	0.72	375	0.35	8.15	4.6	10
B10	湿地科学与管理	316	0.533	0.055	0.95	175	0.09	3.80	6.5	3
B10	世界地理研究	996	1.179	0.107	0.94	442	0.46	9.61	5.7	7
B10	西部资源	1187	0.662	0.300	0.45	184	0.15	4.00	2.7	8
B10	云南地理环境研究	595	0.412	0.046	0.97	368	0.43	8.00	8.9	4
B10	浙江国土资源	271	0.157	0.038	1.00	139	0.13	3.02	5.2	4
B10	中国国土资源经济	1045	0.816	0.210	0.82	330	0.41	7.17	4.3	6
B10	中国沙漠	4659	1.538	0.163	0.85	651	0.59	14.15	7.1	10
B10	资源导刊	223	0.034	0.028	1.00	133	0.17	2.89	8.1	3
B10	资源导刊·信息化测绘版	1	–	0.000	1.00	1	–	0.02	0.0	1
B10	资源环境与工程	740	0.279	0.087	0.94	296	0.30	6.43	7.0	5
B11	Acta Geologica Sinica	1378	1.053	0.235	0.68	161	0.69	2.52	4.4	5
B11	Chinese Journal of Geochemistry	155	0.121	0.022	0.92	82	0.30	1.28	8.9	2
B11	Earthquake Engineering and Engineering Vibration	262	0.339	0.000	0.78	96	0.05	1.50	7.1	3
B11	Earthquake Research in China	58	0.047	0.000	1.00	16	0.09	0.25	≥10	2
B11	Global Geology	44	0.182	0.032	0.98	31	0.16	0.48	4.5	1
B11	Science China(Earth Sciences)	3064	0.784	0.307	0.91	402	0.75	6.28	8.1	10
B11	安徽地质	423	0.327	0.026	0.91	158	0.45	2.47	9.0	5
B11	沉积学报	4704	1.519	0.193	0.95	347	0.78	5.42	≥10	14
B11	沉积与特提斯地质	945	0.543	0.019	0.90	187	0.64	2.92	≥10	8
B11	城市地理	1594	0.202	0.023	0.99	286	0.03	4.47	2.4	9

学科代码	期刊名称	扩展总被引频次	扩展影响因子	扩展即年指标	扩展他引率	扩展引用刊数	扩展学科影响指标	扩展学科扩散指标	扩展被引半衰期	扩展H指标
B11	城市地质	290	0.660	0.106	0.90	139	0.28	2.17	4.2	4
B11	大地构造与成矿学	2057	1.173	0.169	0.94	220	0.72	3.44	8.8	11
B11	地层学杂志	1049	1.054	0.184	0.88	165	0.70	2.58	≥10	8
B11	地下水	1383	0.283	0.057	0.88	443	0.41	6.92	5.4	6
B11	地质调查与研究	665	0.625	0.044	0.97	168	0.67	2.62	9.3	8
B11	地质科技情报	2460	0.927	0.154	0.88	440	0.84	6.88	7.9	8
B11	地质科学	2147	0.872	0.270	0.96	273	0.77	4.27	≥10	11
B11	地质力学学报	851	0.701	0.239	0.84	266	0.69	4.16	9.9	6
B11	地质论评	5523	4.177	0.827	0.86	411	0.86	6.42	9.0	16
B11	地质通报	5797	1.149	0.209	0.94	501	0.89	7.83	8.3	18
B11	地质学报	9329	3.678	0.689	0.83	462	0.89	7.22	7.8	22
B11	地质学刊	839	0.642	0.096	0.79	269	0.62	4.20	6.7	5
B11	地质与勘探	3548	2.236	0.283	0.77	371	0.77	5.80	7.9	10
B11	地质与资源	769	0.332	0.110	0.93	196	0.73	3.06	8.5	5
B11	地质灾害与环境保护	625	0.503	0.038	0.96	268	0.31	4.19	9.7	6
B11	地质找矿论丛	895	0.480	0.084	0.96	188	0.72	2.94	≥10	6
B11	地质装备	142	0.186	0.018	0.93	79	0.11	1.23	5.9	4
B11	第四纪研究	3391	2.066	0.150	0.68	469	0.70	7.33	9.4	11
B11	防灾减灾学报	287	0.364	0.029	0.86	83	0.17	1.30	9.2	4
B11	福建地质	276	0.175	0.000	0.82	107	0.31	1.67	≥10	3
B11	高校地质学报	2418	0.975	0.139	0.98	312	0.84	4.88	≥10	16
B11	高原地震	199	0.423	0.019	0.93	67	0.23	1.05	6.5	3
B11	工程地质学报	3098	1.351	0.145	0.81	526	0.52	8.22	7.4	11
B11	古地理学报	1999	1.553	0.298	0.91	226	0.72	3.53	8.0	12
B11	古脊椎动物学报	424	0.286	0.042	0.78	73	0.28	1.14	≥10	4
B11	古生物学报	854	0.552	0.400	0.81	114	0.50	1.78	≥10	5
B11	贵州地质	775	0.510	0.061	0.88	191	0.58	2.98	≥10	6
B11	国际地震动态	484	0.126	0.052	0.89	136	0.16	2.12	9.3	4
B11	华南地质与矿产	620	0.531	0.023	0.95	131	0.56	2.05	≥10	5
B11	化工矿产地质	313	0.322	0.150	0.96	142	0.52	2.22	≥10	4
B11	吉林地质	540	0.216	0.000	0.90	181	0.48	2.83	8.5	4
B11	矿床地质	4907	1.974	0.308	0.88	241	0.72	3.77	8.4	18
B11	矿物岩石	1389	0.920	0.115	0.94	278	0.69	4.34	≥10	9

学科代码	期刊名称	扩展总被引频次	扩展影响因子	扩展即年指标	扩展他引率	扩展引用刊数	扩展学科影响指标	扩展学科扩散指标	扩展被引半衰期	扩展H指标
B11	山西地震	215	0.277	0.130	0.90	61	0.11	0.95	9.3	3
B11	陕西地质	219	0.230	0.050	0.96	96	0.45	1.50	≥10	3
B11	石油实验地质	2789	2.426	0.195	0.88	238	0.70	3.72	7.2	10
B11	世界地震译丛	32	0.000	0.000	1.00	23	0.06	0.36	≥10	2
B11	世界地质	1159	0.811	0.126	0.80	298	0.72	4.66	6.5	8
B11	四川地震	171	0.321	0.023	0.92	65	0.17	1.02	8.9	3
B11	四川地质学报	640	0.315	0.057	0.93	245	0.70	3.83	7.8	4
B11	微体古生物学报	458	0.538	0.053	0.71	85	0.36	1.33	≥10	4
B11	物探化探计算技术	807	0.347	0.092	0.92	232	0.45	3.62	8.0	6
B11	物探与化探	2575	1.015	0.270	0.86	408	0.75	6.38	7.0	8
B11	西北地质	1346	0.596	0.119	0.93	230	0.72	3.59	7.9	10
B11	现代地质	3088	1.321	0.185	0.91	412	0.80	6.44	7.8	10
B11	新疆地质	1334	0.477	0.052	0.93	213	0.67	3.33	≥10	8
B11	岩矿测试	1958	1.216	0.262	0.93	455	0.66	7.11	6.6	9
B11	岩石矿物学杂志	2132	1.128	0.148	0.92	318	0.70	4.97	8.3	13
B11	岩石学报	14354	2.335	0.537	0.78	321	0.80	5.02	7.8	28
B11	铀矿地质	1141	1.045	0.050	0.92	172	0.64	2.69	≥10	8
B11	云南地质	627	0.223	0.063	0.93	164	0.58	2.56	≥10	5
B11	中国地质	4351	1.787	0.195	0.90	435	0.89	6.80	7.3	16
B11	中国地质调查	245	1.400	0.360	0.52	67	0.38	1.05	1.9	5
B11	中国岩溶	1460	1.174	0.143	0.77	338	0.48	5.28	9.0	7
B11	中国地质灾害与防治学报	1642	1.191	0.103	0.91	405	1.00	405.00	9.9	9
B12	Acta Oceanologica Sinica	499	0.337	0.018	0.84	163	0.71	5.26	4.5	3
B12	China Ocean Engineering	374	0.528	0.011	0.81	142	0.55	4.58	6.7	4
B12	Journal of Ocean University of China	305	0.293	0.042	0.90	152	0.61	4.90	4.5	3
B12	Journal of Oceanology and Limnology	630	0.365	0.082	0.88	183	0.71	5.90	6.0	4
B12	Marine Science Bulletin	64	0.133	0.067	0.97	44	0.42	1.42	≥10	2
B12	海岸工程	424	0.730	0.051	0.94	186	0.68	6.00	9.5	5
B12	海洋地质前沿	764	0.588	0.052	0.93	241	0.58	7.77	6.1	5
B12	海洋地质与第四纪地质	1942	0.679	0.100	0.88	317	0.81	10.23	9.9	9
B12	海洋工程	897	0.448	0.069	0.93	303	0.68	9.77	9.3	6
B12	海洋工程装备与技术	63	0.285	0.043	0.89	37	0.06	1.19	2.5	2
B12	海洋湖沼通报	835	0.520	0.000	0.96	304	0.81	9.81	9.0	5

学科代码	期刊名称	扩展总被引频次	扩展影响因子	扩展即年指标	扩展他引率	扩展引用刊数	扩展学科影响指标	扩展学科扩散指标	扩展被引半衰期	扩展H指标
B12	海洋技术学报	728	0.496	0.032	0.93	332	0.84	10.71	7.8	5
B12	海洋经济	152	0.398	0.106	0.92	95	0.13	3.06	4.4	3
B12	海洋开发与管理	1270	0.648	0.110	0.84	431	0.61	13.90	4.8	5
B12	海洋科学	2433	0.699	0.017	0.83	548	0.81	17.68	8.5	6
B12	海洋科学进展	863	0.581	0.074	0.93	274	0.77	8.84	9.8	7
B12	海洋通报	1328	0.733	0.056	0.88	406	0.90	13.10	8.6	6
B12	海洋信息	108	0.296	0.045	0.93	72	0.26	2.32	6.6	3
B12	海洋学报(中文版)	2272	0.892	0.161	0.93	435	0.94	14.03	≥10	8
B12	海洋学研究	523	0.479	0.000	0.97	217	0.68	7.00	8.9	5
B12	海洋与湖沼	2585	0.853	0.101	0.93	451	0.84	14.55	9.4	8
B12	海洋预报	536	0.452	0.045	0.77	155	0.71	5.00	7.8	5
B12	湖泊科学	2752	1.472	0.158	0.88	510	0.45	16.45	7.2	11
B12	极地研究	445	0.687	0.036	0.84	159	0.45	5.13	8.0	6
B12	热带海洋学报	1119	0.507	0.086	0.95	299	0.84	9.65	9.1	7
B12	水文	1457	0.856	0.071	0.94	379	0.45	12.23	8.0	8
B12	水文地质工程地质	2754	1.021	0.147	0.89	594	0.35	19.16	8.9	9
B12	盐湖研究	454	0.321	0.000	0.85	192	0.16	6.19	≥10	4
B12	应用海洋学学报	828	0.521	0.127	0.92	268	0.74	8.65	≥10	5
B12	中国海洋大学学报(自然科学版)	2258	0.559	0.063	0.96	663	0.84	21.39	8.5	7
B13	Acta Biochimica et Biophysica Sinica	763	0.681	0.149	0.95	425	0.50	8.85	5.0	4
B13	Asian Herpetological Research	46	0.188	0.000	0.72	18	0.06	0.38	5.2	2
B13	Cell Research	1962	1.294	0.679	0.96	623	0.60	12.98	4.8	12
B13	Frontiers in Biology	61	0.163	0.000	0.93	49	0.12	1.02	7.8	2
B13	Genomics、Proteomics & Bioinformatics	145	0.612	0.213	0.86	107	0.25	2.23	3.3	3
B13	Journal of Genetics and Genomics	1203	0.735	0.138	0.97	415	0.50	8.65	≥10	6
B13	Journal of Molecular Cell Biology	341	0.675	0.098	0.96	234	0.38	4.88	6.3	4
B13	Journal of Zhejiang University Science B: Biomedicine & Biotechnology	838	1.028	0.256	0.92	497	0.27	10.35	4.7	5
B13	Protein & Cell	410	0.767	0.238	0.91	246	0.42	5.12	3.4	4
B13	Science China(Life Sciences)	1025	0.912	0.495	0.84	424	0.54	8.83	3.6	5
B13	The Journal of Biomedical Research	241	0.643	0.087	0.98	184	0.06	3.83	3.6	4
B13	工业微生物	399	0.735	0.015	0.83	173	0.15	3.60	9.4	4
B13	湖南生态科学学报	237	0.319	0.000	0.98	174	0.06	3.62	7.4	4

学科代码	期刊名称	扩展总被引频次	扩展影响因子	扩展即年指标	扩展他引率	扩展引用刊数	扩展学科影响指标	扩展学科扩散指标	扩展被引半衰期	扩展H指标
B13	基因组学与应用生物学	1477	0.731	0.084	0.79	456	0.31	9.50	2.9	6
B13	激光生物学报	564	0.581	0.022	0.90	316	0.12	6.58	6.5	5
B13	热带生物学报	410	0.448	0.026	0.98	239	0.15	4.98	6.6	5
B13	人类学学报	895	0.676	0.098	0.75	136	0.04	2.83	≥10	6
B13	生理科学进展	969	0.804	0.067	0.99	522	0.33	10.88	6.5	7
B13	生理学报	678	0.759	0.098	0.95	370	0.29	7.71	5.8	5
B13	生命的化学	721	0.523	0.022	0.97	429	0.44	8.94	7.2	4
B13	生命科学	1288	0.671	0.080	0.99	659	0.48	13.73	5.6	7
B13	生命科学研究	528	0.477	0.032	0.92	314	0.25	6.54	6.6	4
B13	生命世界	368	0.122	0.024	1.00	225	0.17	4.69	≥10	3
B13	生物安全学报	254	0.607	0.167	0.82	107	0.04	2.23	4.1	5
B13	生物产业技术	171	0.640	0.157	0.87	117	0.10	2.44	2.8	3
B13	生物多样性	3262	1.701	0.453	0.90	583	0.31	12.15	8.1	14
B13	生物化工	99	0.446	0.088	0.95	65	0.02	1.35	1.4	3
B13	生物化学与生物物理进展	1241	0.586	0.174	0.97	656	0.52	13.67	8.3	9
B13	生物技术	868	0.344	0.092	0.97	408	0.31	8.50	9.0	5
B13	生物技术进展	351	0.833	0.106	0.97	208	0.17	4.33	3.6	7
B13	生物技术通讯	867	0.420	0.024	0.98	475	0.35	9.90	6.4	5
B13	生物物理学报	419	0.175	0.000	1.00	297	0.23	6.19	9.2	5
B13	生物信息学	153	0.282	0.000	0.92	109	0.10	2.27	7.4	3
B13	生物学通报	1561	0.307	0.051	0.93	628	0.40	13.08	≥10	7
B13	生物学杂志	1198	0.672	0.047	0.92	533	0.40	11.10	7.0	7
B13	生物资源	739	0.462	0.038	0.98	365	0.21	7.60	9.3	6
B13	水生生物学报	2575	1.051	0.165	0.90	408	0.23	8.50	8.6	8
B13	现代电生理学杂志	174	0.685	0.023	0.96	113	0.02	2.35	4.0	3
B13	遗传	2353	1.234	0.190	0.95	713	0.44	14.85	7.8	10
B13	中国科学(生命科学)	1118	0.783	0.168	0.95	556	0.38	11.58	5.0	9
B13	中国生物化学与分子生物学报	1001	0.654	0.120	0.89	475	0.40	9.90	5.5	6
B13	中国细胞生物学学报	1052	0.463	0.118	0.96	534	0.33	11.12	4.9	7
B13	中国野生植物资源	1593	0.843	0.073	0.98	528	0.17	11.00	9.7	8
B13	中国应用生理学杂志	968	0.975	0.178	0.80	409	0.19	8.52	4.6	7
B13	中学生物教学	508	0.281	0.087	0.87	113	0.06	2.35	3.0	4
B13	蛛形学报	60	0.218	0.038	0.90	30	0.04	0.62	≥10	2

学科代码	期刊名称	扩展总被引频次	扩展影响因子	扩展即年指标	扩展他引率	扩展引用刊数	扩展学科影响指标	扩展学科扩散指标	扩展被引半衰期	扩展H指标
B14	Journal of Resources and Ecology	230	0.425	0.026	0.91	138	0.36	12.55	4.9	4
B14	三峡生态环境监测	8	–	0.026	0.88	7	0.09	0.64	1.4	1
B14	生态毒理学报	1456	0.903	0.063	0.80	413	0.55	37.55	4.6	8
B14	生态环境学报	7895	1.770	0.186	0.95	1178	0.91	107.09	7.0	18
B14	生态科学	1357	0.841	0.070	0.94	531	0.82	48.27	7.1	8
B14	生态学报	29063	2.608	0.437	0.91	1617	0.91	147.00	6.8	28
B14	生态学杂志	8964	1.439	0.162	0.93	1063	0.91	96.64	7.2	15
B14	水生态学杂志	1168	0.766	0.102	0.96	322	0.73	29.27	8.4	6
B14	应用生态学报	16931	2.570	0.307	0.92	1180	0.82	107.27	7.6	19
B14	中国微生态学杂志	3286	1.399	0.172	0.92	764	0.09	69.45	4.0	9
B15	Journal of Integrative Plant Biology	1804	0.494	0.304	0.98	448	1.00	34.46	≥10	8
B15	Journal of Systematics and Evolution	923	0.587	0.200	0.94	254	0.85	19.54	≥10	6
B15	Molecular Plant	978	0.975	0.339	0.89	187	0.85	14.38	3.9	7
B15	Plant Diversity	1674	0.507	0.260	0.98	407	1.00	31.31	≥10	9
B15	广西植物	1667	0.713	0.135	0.94	458	0.77	35.23	8.6	5
B15	热带亚热带植物学报	1089	0.624	0.174	0.97	352	0.77	27.08	9.2	7
B15	西北植物学报	5680	0.944	0.145	0.94	664	0.77	51.08	8.4	12
B15	亚热带植物科学	715	0.590	0.049	0.97	296	0.54	22.77	8.4	6
B15	植物科学学报	1558	1.100	0.184	0.91	404	0.69	31.08	≥10	7
B15	植物生理学报	4407	1.351	0.113	0.90	558	0.69	42.92	≥10	11
B15	植物生态学报	6742	2.707	0.344	0.95	638	0.77	49.08	9.2	20
B15	植物学报	2790	0.899	0.210	0.97	570	0.69	43.85	≥10	12
B15	植物研究	1442	0.749	0.032	0.93	366	0.85	28.15	8.9	6
B16	Current Zoology	895	0.131	0.286	0.94	261	0.77	20.08	≥10	6
B16	Entomotaxonomia	184	0.239	0.125	0.65	58	0.38	4.46	≥10	3
B16	Insect Science	271	0.369	0.042	0.89	100	0.31	7.69	4.8	4
B16	Zoological Research	999	0.280	0.333	0.95	305	0.85	23.46	≥10	6
B16	动物分类学报	496	0.289	0.080	0.98	149	0.77	11.46	≥10	4
B16	动物学杂志	1335	0.441	0.047	0.90	347	0.46	26.69	≥10	6
B16	昆虫学报	2461	0.862	0.154	0.89	377	0.54	29.00	9.2	7
B16	实验动物科学	665	0.406	0.011	0.92	297	0.46	22.85	7.6	6
B16	兽类学报	787	0.591	0.043	0.74	147	0.46	11.31	≥10	5
B16	四川动物	1221	0.410	0.052	0.90	371	0.77	28.54	7.9	5

学科代码	期刊名称	扩展总被引频次	扩展影响因子	扩展即年指标	扩展他引率	扩展引用刊数	扩展学科影响指标	扩展学科扩散指标	扩展被引半衰期	扩展H指标
B16	野生动物学报	520	0.385	0.031	0.75	139	0.38	10.69	8.4	3
B16	应用昆虫学报	2795	0.894	0.070	0.92	419	0.62	32.23	7.7	10
B16	中国实验动物学报	915	0.960	0.082	0.91	367	0.31	28.23	5.2	7
B17	Virologica Sinica	332	0.383	0.366	0.91	173	0.82	15.73	7.7	4
B17	病毒学报	903	0.987	0.188	0.94	286	0.82	26.00	5.2	7
B17	国际病毒学杂志	715	1.665	0.212	0.97	224	0.55	20.36	2.7	7
B17	菌物学报	2087	1.425	0.401	0.72	389	0.45	35.36	6.8	11
B17	微生物学报	2229	0.920	0.096	0.96	593	0.55	53.91	7.3	9
B17	微生物学免疫学进展	595	0.845	0.147	0.92	282	0.64	25.64	4.4	6
B17	微生物学通报	3671	1.167	0.257	0.93	853	0.82	77.55	6.6	11
B17	微生物学杂志	1185	0.714	0.098	0.95	543	0.64	49.36	7.3	7
B17	中国病毒病杂志	387	0.881	0.163	0.86	184	0.55	16.73	3.8	7
B17	中国病原生物学杂志	2217	1.301	0.164	0.77	504	0.73	45.82	4.0	8
B17	中华实验和临床病毒学杂志	1195	1.000	0.227	0.91	355	0.64	32.27	4.6	8
B18	心理发展与教育	2832	2.169	0.318	0.95	675	1.00	61.36	7.8	13
B18	心理技术与应用	311	0.610	0.198	0.95	120	0.82	10.91	2.8	5
B18	心理科学	5668	0.989	0.103	0.96	1226	1.00	111.45	≥10	17
B18	心理科学进展	5590	1.610	0.168	0.95	1321	1.00	120.09	6.8	18
B18	心理学报	5248	1.653	0.288	0.95	1160	1.00	105.45	9.7	20
B18	心理学探新	968	0.571	0.085	0.96	455	1.00	41.36	7.7	9
B18	心理与行为研究	1115	0.801	0.198	0.96	478	1.00	43.45	5.4	8
B18	应用心理学	802	0.768	0.237	0.93	397	1.00	36.09	≥10	8
B18	中国临床心理学杂志	4883	1.751	0.222	0.88	904	1.00	82.18	6.6	16
B18	中国心理卫生杂志	6641	2.351	0.177	0.95	1084	1.00	98.55	8.4	20
B18	中小学心理健康教育	549	0.114	0.036	0.83	196	0.45	17.82	5.2	4
C01	Agricultural Science & Technology	841	0.196	0.025	0.96	374	0.46	3.40	4.0	4
C01	Frontiers Agricultural Science and Engineering	19	0.138	0.000	0.89	18	0.04	0.16	2.7	1
C01	Journal of Integrative Agriculture	1290	0.573	0.141	0.91	387	0.44	3.52	4.8	5
C01	安徽农学通报	4930	0.293	0.078	0.97	967	0.76	8.79	6.0	7
C01	安徽农业科学	23754	0.504	0.102	0.96	2487	0.83	22.61	6.3	13
C01	北方农业学报	1399	0.375	0.127	0.96	376	0.67	3.42	7.4	5
C01	东北农业科学	967	0.524	0.124	0.90	316	0.64	2.87	7.6	6
C01	福建农业科技	865	0.263	0.050	0.97	311	0.59	2.83	5.5	4

学科代码	期刊名称	扩展总被引频次	扩展影响因子	扩展即年指标	扩展他引率	扩展引用刊数	扩展学科影响指标	扩展学科扩散指标	扩展被引半衰期	扩展H指标
C01	福建农业学报	1648	0.796	0.073	0.94	471	0.56	4.28	5.6	8
C01	甘肃农业	1223	0.364	0.086	0.99	446	0.48	4.05	4.6	6
C01	甘肃农业科技	1837	0.614	0.103	0.66	321	0.64	2.92	5.2	6
C01	干旱地区农业研究	4009	1.062	0.106	0.93	563	0.68	5.12	7.5	10
C01	高等农业教育	2477	1.188	0.231	0.87	649	0.26	5.90	4.7	9
C01	古今农业	279	0.239	0.000	0.96	167	0.20	1.52	≥10	4
C01	广东农业科学	5788	0.669	0.071	0.98	1135	0.79	10.32	5.6	8
C01	广西农学报	542	0.370	0.000	0.97	228	0.51	2.07	6.5	4
C01	贵州农业科学	4053	0.613	0.116	0.95	872	0.74	7.93	5.8	8
C01	河北农业科学	1840	0.554	0.108	0.90	511	0.65	4.65	7.6	7
C01	河南农业	1528	0.196	0.103	0.98	449	0.60	4.08	3.4	5
C01	河南农业科学	3710	0.936	0.226	0.92	665	0.70	6.05	6.0	8
C01	核农学报	3395	1.495	0.317	0.76	494	0.60	4.49	4.5	8
C01	黑龙江农业科学	2116	0.350	0.091	0.95	532	0.69	4.84	6.0	6
C01	湖北农业科学	5909	0.453	0.088	0.95	1262	0.75	11.47	4.8	7
C01	湖南农业	198	0.055	0.023	1.00	123	0.27	1.12	4.7	2
C01	湖南农业科学	2677	0.546	0.082	0.96	674	0.72	6.13	5.6	7
C01	华北农学报	3728	1.086	0.150	0.95	509	0.69	4.63	7.9	10
C01	吉林农业	2365	0.273	0.123	0.98	466	0.52	4.24	2.9	8
C01	江苏农业科学	8264	0.681	0.093	0.89	1279	0.77	11.63	4.2	10
C01	江苏农业学报	2343	1.221	0.140	0.94	524	0.65	4.76	5.5	9
C01	江西农业学报	3291	0.719	0.122	0.96	791	0.74	7.19	6.4	7
C01	辽宁农业科学	955	0.517	0.154	0.92	338	0.61	3.07	8.4	6
C01	南方农业	2626	0.449	0.159	0.94	524	0.65	4.76	2.1	8
C01	南方农业学报	3344	1.238	0.166	0.95	680	0.69	6.18	4.7	8
C01	宁夏农林科技	1300	0.276	0.047	0.92	441	0.65	4.01	5.9	4
C01	农产品质量与安全	899	1.473	0.413	0.87	265	0.48	2.41	3.7	8
C01	农村百事通	253	0.067	0.020	1.00	144	0.28	1.31	5.8	3
C01	农村电气化	699	–	0.121	0.96	167	0.05	1.52	4.5	5
C01	农村科技	545	0.121	0.046	0.97	185	0.42	1.68	5.0	3
C01	农村科学实验	125	0.098	0.013	0.99	76	0.20	0.69	2.5	2
C01	农电管理	249	–	0.098	1.00	78	0.05	0.71	3.3	4
C01	农技服务	3131	0.304	0.075	0.93	509	0.65	4.63	2.5	7

学科代码	期刊名称	扩展总被引频次	扩展影响因子	扩展即年指标	扩展他引率	扩展引用刊数	扩展学科影响指标	扩展学科扩散指标	扩展被引半衰期	扩展H指标
C01	农家科技(上旬刊)	312	0.127	0.016	0.96	126	0.22	1.15	2.7	3
C01	农家科技(下旬刊)	915	0.060	0.009	0.95	180	0.25	1.64	2.5	4
C01	农家致富顾问	340	0.109	0.024	0.94	88	0.18	0.80	1.8	3
C01	农学学报	1310	0.720	0.204	0.97	468	0.70	4.25	3.8	6
C01	农业工程技术	441	–	0.078	0.95	179	0.36	1.63	1.5	4
C01	农业科技管理	1349	1.131	0.362	0.63	302	0.50	2.75	4.5	7
C01	农业科技通讯	2330	0.255	0.066	0.91	405	0.76	3.68	4.7	5
C01	农业科技与信息	2748	0.281	0.163	0.99	526	0.65	4.78	2.1	8
C01	农业科学研究	555	0.347	0.062	0.99	294	0.44	2.67	9.0	6
C01	农业生物技术学报	1441	0.741	0.202	0.90	382	0.41	3.47	5.7	6
C01	农业网络信息	1351	0.406	0.143	0.97	544	0.47	4.95	4.4	6
C01	农业与技术	6246	0.466	0.150	0.95	763	0.70	6.94	2.5	11
C01	农业灾害研究	366	0.218	0.032	0.97	198	0.35	1.80	3.6	4
C01	农业展望	903	0.937	0.210	0.84	343	0.58	3.12	3.2	6
C01	农业知识(瓜果菜)	76	0.044	0.000	1.00	52	0.15	0.47	5.6	2
C01	农业知识(科学养殖)	89	0.076	0.006	1.00	61	0.11	0.55	4.4	2
C01	农业知识(致富与农资)	97	0.038	0.019	1.00	64	0.17	0.58	5.5	2
C01	青海农技推广	137	0.218	0.059	0.99	85	0.27	0.77	4.9	4
C01	青海农林科技	373	0.246	0.097	0.98	180	0.39	1.64	7.6	3
C01	热带农业科学	1585	0.566	0.100	0.90	453	0.55	4.12	6.1	6
C01	山地农业生物学报	795	0.408	0.064	0.92	357	0.47	3.25	8.1	5
C01	山东农业科学	2922	0.733	0.120	0.94	565	0.71	5.14	5.8	8
C01	山西农业科学	3107	0.852	0.258	0.79	592	0.73	5.38	5.4	9
C01	陕西农业科学	2113	0.464	0.088	0.92	582	0.70	5.29	5.9	6
C01	上海农业科技	1140	0.234	0.049	0.98	302	0.57	2.75	6.0	4
C01	上海农业学报	1193	0.485	0.063	0.95	433	0.63	3.94	7.8	6
C01	世界农业	2770	0.861	0.203	0.86	778	0.70	7.07	3.9	9
C01	四川农业科技	632	0.324	0.073	0.94	226	0.52	2.05	5.3	4
C01	特产研究	521	0.446	0.082	0.98	251	0.26	2.28	≥10	5
C01	天津农林科技	317	0.291	0.055	0.87	133	0.35	1.21	5.8	3
C01	天津农业科学	1573	0.635	0.150	0.95	502	0.60	4.56	4.1	6
C01	西北农业学报	3601	0.677	0.078	0.96	624	0.69	5.67	7.3	8
C01	西南农业学报	4032	0.825	0.096	0.93	662	0.69	6.02	5.9	8

学科代码	期刊名称	扩展总被引频次	扩展影响因子	扩展即年指标	扩展他引率	扩展引用刊数	扩展学科影响指标	扩展学科扩散指标	扩展被引半衰期	扩展H指标
C01	西藏农业科技	148	0.333	0.000	0.89	70	0.23	0.64	7.2	2
C01	现代农村科技	1322	0.176	0.099	0.98	350	0.49	3.18	3.0	6
C01	现代农业	1163	0.172	0.062	0.99	382	0.58	3.47	4.5	5
C01	现代农业科技	13254	0.324	0.116	0.85	1327	0.85	12.06	5.1	14
C01	现代农业研究	902	0.208	0.031	0.98	211	0.37	1.92	3.8	5
C01	乡村科技	769	0.169	0.082	0.97	159	0.31	1.45	1.5	4
C01	新疆农业科技	459	0.210	0.037	0.88	166	0.46	1.51	6.7	3
C01	新疆农业科学	2707	0.655	0.097	0.91	519	0.67	4.72	6.4	8
C01	新农村	232	0.118	0.022	1.00	143	0.24	1.30	4.9	3
C01	新农村(黑龙江)	573	0.076	0.011	0.98	173	0.32	1.57	3.5	3
C01	新农业	428	0.116	0.047	1.00	210	0.40	1.91	4.7	4
C01	云南农业	623	0.181	0.072	0.95	200	0.45	1.82	4.4	4
C01	云南农业科技	527	0.183	0.072	0.96	209	0.50	1.90	8.1	3
C01	浙江农业科学	2657	0.550	0.119	0.93	644	0.73	5.85	4.8	7
C01	浙江农业学报	2045	0.781	0.098	0.94	587	0.65	5.34	5.0	8
C01	中国农技推广	723	0.320	0.090	0.99	213	0.59	1.94	5.0	6
C01	中国农民合作社	207	0.220	0.087	1.00	112	0.16	1.02	2.7	4
C01	中国农史	868	0.847	0.169	0.85	321	0.22	2.92	≥10	5
C01	中国农学通报	17096	0.883	0.126	0.94	1643	0.81	14.94	6.4	16
C01	中国农业科技导报	2144	1.354	0.263	0.97	670	0.72	6.09	5.7	12
C01	中国农业科学	14949	2.409	0.462	0.95	1018	0.84	9.25	7.0	23
C01	中国农业气象	2341	1.620	0.253	0.89	433	0.62	3.94	7.3	9
C01	中国农业文摘-农业工程	65	–	0.129	1.00	41	0.14	0.37	1.2	3
C01	中国农业信息	2423	0.604	0.127	1.00	447	0.67	4.06	2.8	7
C01	中国农业资源与区划	2936	2.125	0.224	0.70	655	0.62	5.95	3.1	11
C01	中国热带农业	631	0.502	0.022	0.93	194	0.42	1.76	5.0	5
C01	中国生态农业学报	5560	2.066	0.372	0.95	780	0.71	7.09	6.7	14
C02	Journal of Northeast Agricultural University	73	0.158	0.000	0.97	56	0.11	1.60	5.1	2
C02	安徽农业大学学报	1380	0.559	0.038	0.98	507	0.71	14.49	7.3	6
C02	北京农学院学报	745	0.527	0.129	0.97	374	0.51	10.69	8.1	5
C02	北京农业职业学院学报	455	0.687	0.244	0.66	206	0.09	5.89	3.6	4
C02	东北农业大学学报	2485	0.952	0.170	0.91	678	0.89	19.37	6.6	9
C02	福建农林大学学报(自然科学版)	1199	0.614	0.097	0.96	449	0.60	12.83	9.2	6

学科代码	期刊名称	扩展总被引频次	扩展影响因子	扩展即年指标	扩展他引率	扩展引用刊数	扩展学科影响指标	扩展学科扩散指标	扩展被引半衰期	扩展H指标
C02	甘肃农业大学学报	1581	0.634	0.099	0.89	490	0.57	14.00	7.4	6
C02	河北农业大学学报	1582	0.582	0.116	0.97	576	0.74	16.46	9.9	7
C02	河南农业大学学报	1401	0.576	0.077	0.95	506	0.63	14.46	9.6	7
C02	黑龙江八一农垦大学学报	909	0.762	0.135	0.82	327	0.34	9.34	5.0	5
C02	湖南农业大学学报(自然科学版)	1719	0.758	0.160	0.95	501	0.69	14.31	8.7	8
C02	华南农业大学学报	1598	1.058	0.171	0.98	506	0.63	14.46	8.9	7
C02	华中农业大学学报	1958	1.103	0.184	0.96	557	0.74	15.91	9.0	8
C02	吉林农业大学学报	1786	1.092	0.295	0.87	553	0.80	15.80	8.6	7
C02	吉林农业科技学院学报	446	0.392	0.088	1.00	275	0.20	7.86	4.8	4
C02	江西农业大学学报	2314	0.879	0.116	0.95	608	0.63	17.37	7.9	7
C02	辽宁农业职业技术学院学报	486	0.472	0.136	0.97	255	0.14	7.29	5.4	4
C02	南京农业大学学报	2283	1.124	0.240	0.92	568	0.80	16.23	7.7	9
C02	青岛农业大学学报(自然科学版)	514	0.300	0.105	0.97	257	0.34	7.34	≥10	5
C02	山东农业大学学报(自然科学版)	1364	0.513	0.206	0.99	590	0.63	16.86	9.6	6
C02	山东农业工程学院学报	1149	0.430	0.133	1.00	477	0.03	13.63	2.9	6
C02	山西农业大学学报(自然科学版)	988	0.626	0.196	0.97	423	0.54	12.09	7.6	5
C02	上海交通大学学报(农业科学版)	827	0.465	0.036	0.95	387	0.57	11.06	8.6	6
C02	沈阳农业大学学报	1866	0.776	0.100	0.95	531	0.77	15.17	9.8	9
C02	四川农业大学学报	968	0.728	0.089	0.99	411	0.40	11.74	9.5	5
C02	天津农学院学报	350	0.474	0.028	0.87	217	0.29	6.20	7.2	4
C02	西北农林科技大学学报(自然科学版)	4910	0.854	0.168	0.97	983	0.89	28.09	7.4	10
C02	新疆农业大学学报	670	0.407	0.014	0.97	297	0.40	8.49	8.8	4
C02	信阳农林学院学报	316	0.190	0.058	1.00	223	0.09	6.37	6.0	3
C02	延边大学农学学报	421	0.591	0.063	0.90	195	0.31	5.57	6.6	4
C02	扬州大学学报(农业与生命科学版)	890	0.809	0.207	0.87	280	0.49	8.00	8.8	6
C02	云南农业大学学报(自然科学)	1849	0.733	0.137	0.96	534	0.63	15.26	7.9	8
C02	浙江大学学报(农业与生命科学版)	1469	0.782	0.045	0.99	530	0.66	15.14	≥10	7
C02	中国农业大学学报	3080	1.170	0.165	0.96	808	0.83	23.09	6.9	10
C02	仲恺农业工程学院学报	297	0.300	0.100	0.97	185	0.20	5.29	8.2	4
C03	Chinese Journal of Oil Crop Sciences	2	–	0.038	1.00	2	–	0.05	1.0	1
C03	Rice Science	163	0.342	0.111	0.90	80	0.26	1.86	6.2	3
C03	The Crop Journal	97	0.345	0.276	0.86	49	0.28	1.14	2.7	2
C03	北方水稻	625	0.297	0.056	0.94	164	0.42	3.81	7.0	5

学科代码	期刊名称	扩展总被引频次	扩展影响因子	扩展即年指标	扩展他引率	扩展引用刊数	扩展学科影响指标	扩展学科扩散指标	扩展被引半衰期	扩展H指标
C03	茶叶	657	0.902	0.079	0.85	188	0.12	4.37	9.3	7
C03	大豆科技	437	0.241	0.077	0.89	141	0.28	3.28	8.1	5
C03	大豆科学	1855	0.704	0.089	0.82	317	0.51	7.37	8.0	6
C03	大麦与谷类科学	300	0.235	0.090	0.91	101	0.30	2.35	6.9	3
C03	分子植物育种	1911	0.687	0.096	0.82	320	0.65	7.44	5.6	8
C03	福建茶叶	3720	0.872	0.109	0.32	370	0.19	8.60	1.6	9
C03	福建稻麦科技	273	0.251	0.116	0.83	85	0.37	1.98	5.1	3
C03	福建热作科技	355	0.277	0.026	0.94	153	0.26	3.56	9.4	4
C03	甘蔗糖业	439	0.487	0.080	0.83	128	0.28	2.98	7.6	5
C03	耕作与栽培	843	0.334	0.027	0.95	221	0.60	5.14	9.8	5
C03	广西糖业	194	0.352	0.098	0.89	71	0.21	1.65	6.9	3
C03	麦类作物学报	2997	0.958	0.156	0.85	322	0.53	7.49	7.2	9
C03	棉花科学	323	0.765	0.232	0.59	73	0.16	1.70	3.6	5
C03	棉花学报	1340	1.336	0.226	0.86	219	0.47	5.09	8.5	7
C03	农业研究与应用	525	0.473	0.061	0.97	219	0.42	5.09	7.0	4
C03	热带农业科技	451	0.480	0.064	0.92	154	0.33	3.58	≥10	6
C03	热带作物学报	2891	0.808	0.104	0.89	512	0.60	11.91	5.2	8
C03	特种经济动植物	468	0.152	0.028	1.00	232	0.12	5.40	8.8	3
C03	亚热带农业研究	451	0.453	0.096	0.98	210	0.33	4.88	8.9	5
C03	玉米科学	3497	1.201	0.185	0.90	358	0.65	8.33	8.8	11
C03	杂交水稻	1132	0.535	0.087	0.84	163	0.51	3.79	8.1	7
C03	植物遗传资源学报	2514	1.342	0.170	0.86	357	0.63	8.30	5.7	11
C03	中国茶叶	997	0.535	0.100	1.00	236	0.26	5.49	7.8	6
C03	中国稻米	1329	0.803	0.096	0.86	228	0.53	5.30	5.7	8
C03	中国粮食经济	207	0.221	0.096	1.00	132	0.02	3.07	3.2	4
C03	中国麻业科学	543	0.559	0.176	0.76	156	0.35	3.63	9.3	6
C03	中国棉花	1235	0.602	0.096	0.80	169	0.42	3.93	6.8	6
C03	中国水稻科学	2131	1.170	0.164	0.95	288	0.60	6.70	9.0	9
C03	中国糖料	855	0.782	0.125	0.69	138	0.35	3.21	4.8	6
C03	中国油料作物学报	1933	0.976	0.157	0.92	317	0.60	7.37	7.8	9
C03	中国种业	1910	0.516	0.262	0.73	285	0.74	6.63	5.3	7
C03	种业导刊	433	0.433	0.252	0.73	115	0.23	2.67	5.4	4
C03	种子	2941	0.546	0.056	0.85	443	0.79	10.30	6.9	7

学科代码	期刊名称	扩展总被引频次	扩展影响因子	扩展即年指标	扩展他引率	扩展引用刊数	扩展学科影响指标	扩展学科扩散指标	扩展被引半衰期	扩展H指标
C03	种子科技	785	0.247	0.187	0.95	197	0.44	4.58	2.7	5
C03	种子世界	502	0.132	0.029	0.99	155	0.40	3.60	6.2	4
C03	作物学报	7697	1.852	0.348	0.95	468	0.81	10.88	8.5	16
C03	作物研究	1367	0.900	0.153	0.94	326	0.60	7.58	5.5	7
C03	作物杂志	2111	1.088	0.269	0.91	354	0.74	8.23	6.1	9
C04	Landscape Architecture Frontiers	30	0.543	0.149	0.97	20	0.07	0.48	1.5	2
C04	北方果树	580	0.250	0.026	0.97	185	0.48	4.40	8.4	5
C04	北方园艺	7327	0.608	0.125	0.91	835	0.86	19.88	5.6	8
C04	茶叶科学	1689	1.531	0.097	0.94	337	0.26	8.02	7.9	9
C04	东南园艺	361	0.200	0.062	0.94	145	0.36	3.45	9.1	4
C04	广东园林	616	0.427	0.107	0.92	204	0.19	4.86	7.2	5
C04	果树学报	3779	1.614	0.191	0.90	402	0.71	9.57	7.8	10
C04	河北果树	443	0.110	0.022	0.98	141	0.43	3.36	8.7	3
C04	河北林果研究	575	0.286	0.048	0.98	246	0.31	5.86	≥10	4
C04	花卉	357	0.238	0.034	0.94	87	0.14	2.07	1.7	4
C04	花生学报	611	0.692	0.118	0.91	151	0.24	3.60	9.0	6
C04	吉林蔬菜	501	0.228	0.060	0.99	170	0.29	4.05	4.6	4
C04	辣椒杂志	225	0.301	0.023	0.95	90	0.26	2.14	7.2	4
C04	落叶果树	702	0.234	0.081	0.95	189	0.43	4.50	8.2	4
C04	南方园艺	415	0.356	0.090	0.93	147	0.43	3.50	6.5	4
C04	人参研究	438	0.556	0.159	0.87	185	0.10	4.40	5.8	4
C04	山西果树	491	0.200	0.040	0.97	167	0.40	3.98	7.6	3
C04	上海蔬菜	573	0.177	0.057	0.98	179	0.50	4.26	6.4	4
C04	食用菌	1383	0.608	0.118	0.90	269	0.36	6.40	7.0	6
C04	食用菌学报	848	0.848	0.054	0.93	212	0.26	5.05	7.9	6
C04	蔬菜	665	0.232	0.118	0.95	201	0.40	4.79	5.0	4
C04	西北园艺(果树)	210	0.078	0.022	1.00	91	0.33	2.17	6.3	2
C04	西北园艺(综合)	349	0.159	0.056	1.00	138	0.48	3.29	7.6	3
C04	现代园艺	7994	0.513	0.214	0.91	567	0.69	13.50	2.8	13
C04	烟草科技	3304	1.233	0.131	0.87	389	0.26	9.26	8.0	10
C04	烟台果树	267	0.171	0.052	0.99	114	0.40	2.71	7.4	3
C04	园艺学报	6094	1.181	0.137	0.93	519	0.83	12.36	8.5	11
C04	园艺与种苗	1184	0.319	0.041	0.95	305	0.50	7.26	7.0	7

学科代码	期刊名称	扩展总被引频次	扩展影响因子	扩展即年指标	扩展他引率	扩展引用刊数	扩展学科影响指标	扩展学科扩散指标	扩展被引半衰期	扩展H指标
C04	长江蔬菜	2004	0.258	0.051	0.85	338	0.57	8.05	6.0	6
C04	浙江柑橘	195	0.218	0.107	0.92	85	0.31	2.02	7.7	3
C04	中国瓜菜	935	0.654	0.175	0.69	185	0.45	4.40	5.0	5
C04	中国果菜	721	0.402	0.101	0.90	261	0.55	6.21	5.4	4
C04	中国果树	1313	0.663	0.142	0.91	250	0.50	5.95	8.0	5
C04	中国果业信息	267	0.274	0.105	0.94	136	0.38	3.24	5.6	3
C04	中国马铃薯	1101	0.888	0.236	0.89	211	0.31	5.02	8.1	6
C04	中国南方果树	1602	0.630	0.147	0.82	286	0.57	6.81	6.2	6
C04	中国食用菌	1293	0.461	0.097	0.91	299	0.33	7.12	8.6	6
C04	中国蔬菜	3097	0.684	0.268	0.89	400	0.55	9.52	6.5	9
C04	中国烟草科学	2500	1.348	0.215	0.91	252	0.24	6.00	7.9	10
C04	中国烟草学报	1824	0.987	0.088	0.93	295	0.21	7.02	7.4	10
C04	中国园艺文摘	2392	0.316	0.085	0.95	458	0.74	10.90	4.2	8
C05	An International Journal Pedosphere	990	0.665	0.243	0.93	293	0.89	32.56	8.0	6
C05	土壤	3660	1.764	0.126	0.90	592	0.89	65.78	7.5	12
C05	土壤通报	4837	0.946	0.130	0.95	676	0.89	75.11	9.3	13
C05	土壤学报	6572	2.752	0.451	0.94	725	0.89	80.56	9.2	17
C05	土壤与作物	125	0.716	0.136	0.87	78	0.44	8.67	3.5	5
C05	植物医生	352	0.118	0.029	0.99	142	0.22	15.78	6.1	3
C05	植物营养与肥料学报	7328	2.713	0.438	0.94	505	0.78	56.11	7.0	18
C05	中国土地科学	4125	2.875	0.472	0.87	691	0.33	76.78	5.8	15
C05	中国土壤与肥料	2464	1.310	0.167	0.93	403	0.67	44.78	7.6	11
C06	广西植保	177	0.233	0.000	0.90	93	0.69	5.81	7.5	3
C06	湖北植保	293	0.244	0.098	0.94	118	0.75	7.38	4.9	3
C06	环境昆虫学报	863	0.628	0.082	0.86	230	0.75	14.38	4.9	6
C06	农药	2544	0.717	0.109	0.85	444	1.00	27.75	7.3	8
C06	农药科学与管理	934	0.621	0.037	0.93	274	0.81	17.12	6.0	6
C06	农药学学报	1306	1.100	0.217	0.90	311	0.88	19.44	6.2	6
C06	生物灾害科学	365	0.432	0.149	0.90	179	0.75	11.19	5.0	4
C06	世界农药	440	0.488	0.050	0.95	165	0.75	10.31	6.6	5
C06	现代农药	636	0.657	0.071	0.87	203	0.75	12.69	6.0	6
C06	杂草学报	618	0.933	0.047	0.88	170	0.69	10.62	7.6	5
C06	植物保护	3227	0.985	0.185	0.93	429	1.00	26.81	7.1	11

学科代码	期刊名称	扩展总被引频次	扩展影响因子	扩展即年指标	扩展他引率	扩展引用刊数	扩展学科影响指标	扩展学科扩散指标	扩展被引半衰期	扩展H指标
C06	植物保护学报	2051	1.160	0.158	0.89	296	1.00	18.50	7.8	8
C06	植物病理学报	1621	0.810	0.274	0.95	279	0.75	17.44	≥10	7
C06	植物检疫	898	0.528	0.058	0.81	233	0.75	14.56	7.7	6
C06	中国生物防治学报	1526	1.393	0.231	0.90	292	0.62	18.25	6.1	9
C06	中国植保导刊	1824	0.770	0.230	0.91	323	1.00	20.19	5.2	9
C07	Forest Ecosystems	61	0.056	0.000	1.00	50	0.15	0.67	9.2	2
C07	Journal of Forestry Research	457	0.342	0.053	0.89	180	0.49	2.40	7.5	4
C07	安徽林业科技	263	0.214	0.114	0.93	121	0.41	1.61	5.4	4
C07	桉树科技	241	0.513	0.049	0.84	92	0.40	1.23	5.8	4
C07	北京林业大学学报	3548	1.228	0.103	0.94	698	0.84	9.31	9.6	10
C07	东北林业大学学报	3677	0.823	0.140	0.94	708	0.81	9.44	7.2	8
C07	防护林科技	1346	0.270	0.093	0.89	335	0.75	4.47	4.8	5
C07	风景园林	804	0.992	0.289	0.81	227	0.32	3.03	4.2	6
C07	福建林业	81	0.167	0.011	0.96	56	0.17	0.75	3.2	2
C07	福建林业科技	1393	0.382	0.133	0.96	367	0.72	4.89	8.7	5
C07	甘肃林业科技	360	0.288	0.074	0.90	160	0.45	2.13	≥10	3
C07	广西林业	155	0.054	0.027	1.00	69	0.21	0.92	6.7	3
C07	广西林业科学	642	0.505	0.081	0.89	190	0.57	2.53	8.4	5
C07	贵州林业科技	367	0.340	0.060	0.92	162	0.53	2.16	≥10	4
C07	河南林业科技	335	0.220	0.026	0.95	157	0.45	2.09	8.5	3
C07	黑龙江生态工程职业学院学报	846	0.316	0.099	1.00	410	0.39	5.47	4.2	7
C07	湖北林业科技	584	0.337	0.078	0.94	216	0.64	2.88	5.6	4
C07	湖南林业科技	949	0.612	0.085	0.85	278	0.71	3.71	7.1	5
C07	华东森林经理	281	0.268	0.091	0.92	124	0.56	1.65	6.9	3
C07	吉林林业科技	444	0.247	0.075	0.94	177	0.59	2.36	8.6	4
C07	江苏林业科技	609	0.461	0.039	0.92	222	0.68	2.96	8.8	5
C07	经济林研究	1886	1.832	0.120	0.85	338	0.71	4.51	5.6	9
C07	辽宁林业科技	693	0.457	0.071	0.91	220	0.64	2.93	7.9	5
C07	林产工业	706	0.605	0.149	0.82	211	0.55	2.81	5.3	5
C07	林区教学	671	0.139	0.035	0.99	267	0.04	3.56	4.5	5
C07	林业调查规划	1080	0.486	0.084	0.91	352	0.80	4.69	6.8	5
C07	林业工程学报	1937	1.032	0.255	0.94	454	0.81	6.05	6.5	8
C07	林业机械与木工设备	744	0.489	0.219	0.81	258	0.43	3.44	6.1	5

学科代码	期刊名称	扩展总被引频次	扩展影响因子	扩展即年指标	扩展他引率	扩展引用刊数	扩展学科影响指标	扩展学科扩散指标	扩展被引半衰期	扩展H指标
C07	林业建设	269	0.351	0.069	0.89	130	0.47	1.73	5.3	4
C07	林业勘查设计	284	0.172	0.018	0.98	136	0.45	1.81	6.5	3
C07	林业勘察设计	308	0.723	0.028	0.92	116	0.53	1.55	6.3	3
C07	林业科技	624	0.383	0.219	0.95	242	0.67	3.23	9.6	4
C07	林业科技情报	875	0.804	0.076	0.88	204	0.33	2.72	4.6	6
C07	林业科学	6440	1.478	0.149	0.96	712	0.87	9.49	8.3	14
C07	林业科学研究	3012	1.011	0.182	0.93	437	0.80	5.83	≥10	9
C07	林业与环境科学	925	0.728	0.176	0.82	241	0.69	3.21	7.6	5
C07	林业资源管理	1249	0.790	0.123	0.92	333	0.80	4.44	6.5	6
C07	绿色科技	3702	0.430	0.123	0.81	788	0.67	10.51	3.0	9
C07	木材工业	755	0.934	0.441	0.84	168	0.40	2.24	6.8	6
C07	南方林业科学	735	0.440	0.063	0.93	235	0.64	3.13	8.2	4
C07	南京林业大学学报(自然科学版)	2788	1.146	0.272	0.93	653	0.80	8.71	7.8	8
C07	内蒙古林业	248	0.094	0.044	1.00	121	0.31	1.61	6.8	3
C07	内蒙古林业调查设计	594	0.189	0.119	0.97	212	0.55	2.83	5.7	4
C07	内蒙古林业科技	323	0.197	0.048	0.96	151	0.47	2.01	≥10	4
C07	热带林业	262	0.372	0.034	0.93	115	0.29	1.53	7.2	4
C07	森林防火	244	0.235	0.071	0.84	81	0.39	1.08	8.1	3
C07	森林工程	1369	1.490	0.269	0.92	468	0.59	6.24	3.7	7
C07	森林与环境学报	1167	1.150	0.235	0.92	301	0.80	4.01	9.4	7
C07	山东林业科技	1031	0.379	0.068	0.96	347	0.79	4.63	8.3	6
C07	山西林业	223	0.317	0.053	0.98	88	0.27	1.17	4.4	4
C07	山西林业科技	355	0.298	0.146	0.93	161	0.49	2.15	7.6	3
C07	陕西林业科技	797	0.366	0.076	0.86	246	0.61	3.28	6.9	4
C07	世界林业研究	1747	0.921	0.155	0.97	456	0.85	6.08	9.1	9
C07	世界竹藤通讯	283	0.562	0.111	0.70	96	0.37	1.28	5.6	4
C07	水资源开发与管理	305	0.607	0.138	0.86	120	0.15	1.60	2.6	5
C07	四川林业科技	908	0.458	0.031	0.87	277	0.71	3.69	7.4	5
C07	西北林学院学报	3929	1.248	0.190	0.80	685	0.87	9.13	6.2	9
C07	西部林业科学	1006	0.644	0.062	0.92	302	0.67	4.03	5.8	7
C07	西南林业大学学报	1124	0.816	0.079	0.93	371	0.75	4.95	6.4	6
C07	新疆林业	151	0.148	0.023	1.00	87	0.17	1.16	8.1	3
C07	浙江林业科技	964	0.584	0.082	0.93	287	0.73	3.83	8.8	5

学科代码	期刊名称	扩展总被引频次	扩展影响因子	扩展即年指标	扩展他引率	扩展引用刊数	扩展学科影响指标	扩展学科扩散指标	扩展被引半衰期	扩展H指标
C07	浙江农林大学学报	1859	1.014	0.163	0.95	487	0.77	6.49	7.2	8
C07	中国城市林业	501	0.820	0.148	0.88	196	0.49	2.61	5.3	5
C07	中国林副特产	1046	0.267	0.052	0.95	331	0.59	4.41	7.8	5
C07	中国林业经济	414	0.435	0.099	0.96	203	0.44	2.71	3.7	5
C07	中国森林病虫	776	0.635	0.042	0.91	199	0.60	2.65	9.5	5
C07	中国园林	4678	1.487	0.236	0.92	660	0.67	8.80	7.5	14
C07	中南林业调查规划	415	0.434	0.048	0.94	168	0.51	2.24	8.6	4
C07	中南林业科技大学学报	3644	1.528	0.285	0.86	746	0.80	9.95	5.1	8
C07	竹子学报	550	0.440	0.032	0.84	158	0.51	2.11	≥10	5
C08	Avian Research	47	0.220	0.030	0.87	17	0.01	0.17	5.2	2
C08	Journal of Animal Science and Biotechnology	140	0.632	0.032	0.94	60	0.22	0.61	2.9	3
C08	北方蚕业	183	0.270	0.056	0.80	65	0.15	0.66	6.0	3
C08	北方牧业	409	0.136	0.059	1.00	137	0.58	1.38	4.7	4
C08	蚕桑茶叶通讯	221	0.251	0.068	0.97	104	0.13	1.05	6.7	3
C08	蚕桑通报	235	0.195	0.031	0.94	82	0.15	0.83	9.0	3
C08	蚕学通讯	148	0.255	0.000	0.93	66	0.13	0.67	6.2	2
C08	蚕业科学	1381	0.733	0.131	0.77	295	0.26	2.98	6.6	7
C08	草食家畜	535	0.634	0.027	0.92	163	0.55	1.65	7.1	4
C08	草学	682	0.386	0.070	0.95	225	0.49	2.27	9.0	4
C08	草原与草业	259	0.301	0.068	0.98	124	0.24	1.25	8.7	3
C08	畜禽业	1286	0.203	0.109	0.98	216	0.75	2.18	4.7	5
C08	当代畜禽养殖业	760	0.223	0.080	0.97	147	0.63	1.48	2.9	5
C08	动物医学进展	2959	0.839	0.135	0.91	599	0.75	6.05	5.9	8
C08	动物营养学报	4776	1.416	0.244	0.77	432	0.77	4.36	4.2	12
C08	福建畜牧兽医	551	0.291	0.065	0.95	154	0.63	1.56	5.7	5
C08	甘肃畜牧兽医	961	0.278	0.113	0.98	173	0.67	1.75	1.9	5
C08	广东蚕业	191	0.190	0.028	0.90	77	0.14	0.78	5.2	3
C08	广东饲料	357	0.301	0.090	0.99	144	0.49	1.45	5.2	4
C08	广东畜牧兽医科技	270	0.305	0.086	0.97	120	0.56	1.21	6.4	3
C08	广西蚕业	280	0.650	0.190	0.69	66	0.12	0.67	5.4	4
C08	广西畜牧兽医	331	0.190	0.044	0.95	134	0.58	1.35	6.0	3
C08	贵州畜牧兽医	402	0.296	0.050	0.97	155	0.56	1.57	6.1	3
C08	国外畜牧学-猪与禽	401	0.127	0.045	1.00	135	0.55	1.36	5.3	3

学科代码	期刊名称	扩展总被引频次	扩展影响因子	扩展即年指标	扩展他引率	扩展引用刊数	扩展学科影响指标	扩展学科扩散指标	扩展被引半衰期	扩展H指标
C08	河南畜牧兽医(市场版)	88	0.054	0.004	1.00	56	0.32	0.57	5.3	2
C08	河南畜牧兽医(综合版)	307	0.057	0.014	0.99	109	0.53	1.10	9.1	3
C08	黑龙江动物繁殖	240	0.129	0.043	0.98	89	0.46	0.90	7.3	3
C08	黑龙江畜牧兽医(上半月)	3382	0.536	0.129	0.94	638	0.81	6.44	4.2	5
C08	黑龙江畜牧兽医(下半月)	683	0.155	0.041	0.92	258	0.63	2.61	2.4	3
C08	湖北畜牧兽医	881	0.323	0.093	0.98	155	0.65	1.57	3.6	6
C08	湖南饲料	169	0.165	0.056	1.00	89	0.39	0.90	6.7	3
C08	湖南畜牧兽医	253	0.256	0.054	0.95	106	0.54	1.07	5.0	4
C08	吉林畜牧兽医	665	0.201	0.069	0.97	179	0.67	1.81	4.8	5
C08	家畜生态学报	1479	0.691	0.101	0.92	321	0.73	3.24	5.6	6
C08	家禽科学	829	0.280	0.090	0.97	186	0.59	1.88	7.4	4
C08	江苏蚕业	170	0.273	0.109	0.84	45	0.09	0.45	6.6	4
C08	江西农业	654	0.275	0.115	0.99	166	0.20	1.68	1.4	5
C08	江西饲料	181	0.286	0.051	0.99	102	0.43	1.03	7.6	3
C08	江西畜牧兽医杂志	288	0.177	0.026	0.98	116	0.59	1.17	6.8	3
C08	今日畜牧兽医	499	0.138	0.134	0.96	123	0.64	1.24	4.4	3
C08	今日养猪业	163	0.121	0.071	1.00	66	0.37	0.67	3.7	3
C08	经济动物学报	405	0.750	0.096	0.76	146	0.40	1.47	7.2	5
C08	科技视界	9598	0.289	0.050	0.99	1487	0.19	15.02	3.0	12
C08	蜜蜂杂志	365	0.046	0.009	0.82	123	0.13	1.24	8.4	3
C08	青海草业	207	0.330	0.026	0.96	113	0.20	1.14	8.4	3
C08	青海畜牧兽医杂志	590	0.290	0.071	0.93	170	0.62	1.72	7.7	4
C08	山东畜牧兽医	1007	0.182	0.059	0.98	211	0.69	2.13	4.4	4
C08	上海畜牧兽医通讯	856	0.310	0.065	0.98	225	0.75	2.27	6.0	4
C08	兽医导刊	1152	0.112	0.027	0.82	169	0.67	1.71	2.4	5
C08	四川蚕业	109	0.118	0.055	0.94	45	0.12	0.45	4.8	2
C08	四川畜牧兽医	635	0.157	0.060	0.99	195	0.70	1.97	7.3	3
C08	饲料博览	908	0.347	0.072	0.91	235	0.67	2.37	6.5	5
C08	饲料工业	2849	0.684	0.068	0.92	449	0.78	4.54	7.2	7
C08	饲料广角	498	0.193	0.074	1.00	188	0.58	1.90	6.6	4
C08	饲料研究	1625	0.492	0.112	0.92	321	0.74	3.24	6.1	6
C08	饲料与畜牧・规模养猪	56	0.064	0.034	0.98	34	0.26	0.34	3.6	2
C08	饲料与畜牧・新饲料	483	0.266	0.160	0.98	172	0.51	1.74	6.1	4

学科代码	期刊名称	扩展总被引频次	扩展影响因子	扩展即年指标	扩展他引率	扩展引用刊数	扩展学科影响指标	扩展学科扩散指标	扩展被引半衰期	扩展H指标
C08	现代牧业	251	–	0.000	1.00	175	0.36	1.77	6.9	3
C08	现代畜牧科技	1872	0.135	0.074	0.98	252	0.72	2.55	4.1	4
C08	现代畜牧兽医	747	0.459	0.216	0.87	188	0.67	1.90	5.8	5
C08	新疆畜牧业	622	0.297	0.093	0.94	172	0.53	1.74	5.1	5
C08	畜牧兽医科技信息	1923	0.272	0.129	0.96	269	0.71	2.72	3.4	7
C08	畜牧兽医科学(电子版)	121	–	0.130	0.84	24	0.12	0.24	0.0	2
C08	畜牧兽医学报	2535	0.825	0.128	0.90	332	0.74	3.35	6.3	8
C08	畜牧兽医杂志	1176	0.321	0.150	0.88	249	0.78	2.52	5.4	5
C08	畜牧与兽医	2480	0.527	0.082	0.95	386	0.77	3.90	5.8	7
C08	畜牧与饲料科学	2353	0.446	0.120	0.93	489	0.81	4.94	5.7	7
C08	养禽与禽病防治	300	0.041	0.000	0.98	102	0.53	1.03	9.0	3
C08	养殖与饲料	847	0.250	0.095	0.98	213	0.69	2.15	4.5	4
C08	养猪	1025	0.484	0.145	0.86	152	0.62	1.54	5.2	4
C08	云南畜牧兽医	295	0.192	0.070	0.99	100	0.58	1.01	6.8	4
C08	浙江畜牧兽医	294	0.198	0.028	0.98	115	0.58	1.16	6.7	3
C08	中国蚕业	539	0.902	0.324	0.73	105	0.14	1.06	4.6	5
C08	中国草食动物科学	999	0.568	0.140	0.93	209	0.63	2.11	6.8	5
C08	中国畜禽种业	2002	0.265	0.115	0.96	222	0.74	2.24	3.2	6
C08	中国动物保健	790	0.234	0.122	0.99	192	0.68	1.94	4.0	5
C08	中国动物传染病学报	529	0.562	0.067	0.93	158	0.52	1.60	6.1	5
C08	中国动物检疫	1645	0.705	0.270	0.84	281	0.72	2.84	4.9	7
C08	中国蜂业	519	0.125	0.032	0.79	149	0.16	1.51	6.7	4
C08	中国工作犬业	118	0.031	0.038	1.00	51	0.25	0.52	6.3	2
C08	中国家禽	2671	0.709	0.118	0.78	297	0.74	3.00	5.8	9
C08	中国奶牛	1432	0.513	0.089	0.88	239	0.69	2.41	6.1	6
C08	中国牛业科学	803	0.368	0.089	0.90	173	0.58	1.75	6.8	5
C08	中国禽业导刊	283	0.022	0.005	0.99	114	0.45	1.15	≥10	2
C08	中国兽药杂志	1133	0.573	0.125	0.91	324	0.66	3.27	6.6	6
C08	中国兽医科学	1586	0.612	0.087	0.87	270	0.65	2.73	7.4	5
C08	中国兽医学报	2307	0.832	0.119	0.84	376	0.74	3.80	5.2	7
C08	中国兽医杂志	2125	0.363	0.053	0.93	348	0.74	3.52	6.9	6
C08	中国饲料	1795	0.596	0.165	0.95	374	0.73	3.78	7.3	7
C08	中国畜牧兽医	4648	1.020	0.186	0.83	569	0.81	5.75	5.4	9

学科代码	期刊名称	扩展总被引频次	扩展影响因子	扩展即年指标	扩展他引率	扩展引用刊数	扩展学科影响指标	扩展学科扩散指标	扩展被引半衰期	扩展H指标
C08	中国畜牧兽医文摘	2786	0.283	0.107	0.88	277	0.75	2.80	2.5	6
C08	中国畜牧业	724	0.184	0.038	1.00	216	0.61	2.18	4.4	4
C08	中国畜牧杂志	3136	0.856	0.192	0.94	483	0.78	4.88	5.9	8
C08	中国养兔	246	0.314	0.019	0.82	85	0.40	0.86	6.6	3
C08	中国预防兽医学报	1722	0.745	0.137	0.91	254	0.66	2.57	6.6	8
C08	中国猪业	555	0.432	0.165	0.81	127	0.53	1.28	4.0	5
C08	中兽医学杂志	738	0.410	0.052	0.97	162	0.60	1.64	3.4	4
C08	中兽医医药杂志	748	0.358	0.039	0.95	280	0.64	2.83	7.8	4
C08	猪业科学	1063	0.317	0.108	0.92	220	0.68	2.22	6.0	5
C09	草地学报	2650	0.995	0.123	0.84	378	0.83	63.00	6.1	8
C09	草业科学	5005	1.836	0.267	0.78	603	0.83	100.50	6.4	11
C09	草业学报	5336	1.887	0.227	0.89	584	0.83	97.33	5.6	13
C09	草原与草坪	1054	0.646	0.067	0.83	258	0.83	43.00	7.8	6
C09	中国草地学报	2200	1.456	0.159	0.81	341	0.83	56.83	7.9	8
C10	大连海洋大学学报	1172	0.933	0.094	0.83	267	0.79	9.21	6.7	6
C10	淡水渔业	1215	0.657	0.160	0.91	238	0.79	8.21	8.9	6
C10	当代水产	231	0.111	0.025	1.00	122	0.69	4.21	9.5	3
C10	广东海洋大学学报	803	0.625	0.126	0.90	323	0.79	11.14	7.9	5
C10	海洋渔业	827	1.000	0.038	0.88	156	0.76	5.38	7.1	5
C10	海洋与渔业·水产前沿	25	0.017	0.005	1.00	22	0.21	0.76	4.5	1
C10	河北渔业	568	0.166	0.032	0.95	228	0.79	7.86	5.9	4
C10	河南水产	125	0.287	0.030	0.75	66	0.45	2.28	4.9	4
C10	黑龙江水产	142	0.151	0.015	1.00	70	0.45	2.41	5.8	2
C10	江西水产科技	174	0.111	0.017	0.97	115	0.72	3.97	8.4	3
C10	科学养鱼	777	0.145	0.035	1.00	199	0.79	6.86	5.0	4
C10	南方水产科学	1105	1.246	0.128	0.83	205	0.79	7.07	5.3	7
C10	齐鲁渔业	291	0.053	0.004	0.98	110	0.76	3.79	≥10	4
C10	上海海洋大学学报	1331	0.639	0.113	0.94	333	0.72	11.48	7.4	6
C10	水产科技情报	528	0.400	0.158	0.94	177	0.76	6.10	9.1	4
C10	水产科学	1557	0.837	0.035	0.90	269	0.79	9.28	7.8	6
C10	水产学报	3341	1.060	0.146	0.91	368	0.79	12.69	7.1	9
C10	水产学杂志	407	0.556	0.030	0.89	136	0.72	4.69	7.0	5
C10	水产养殖	499	0.237	0.056	0.92	161	0.76	5.55	6.1	4

学科代码	期刊名称	扩展总被引频次	扩展影响因子	扩展即年指标	扩展他引率	扩展引用刊数	扩展学科影响指标	扩展学科扩散指标	扩展被引半衰期	扩展H指标
C10	渔业科学进展	1448	0.853	0.061	0.87	237	0.72	8.17	7.9	7
C10	渔业现代化	882	0.821	0.225	0.83	251	0.79	8.66	6.9	6
C10	渔业信息与战略	447	0.580	0.125	0.93	163	0.76	5.62	7.5	4
C10	渔业研究	447	0.596	0.058	0.90	181	0.79	6.24	6.6	4
C10	浙江海洋学院学报(自然科学版)	672	0.299	0.022	0.95	272	0.76	9.38	8.2	5
C10	中国水产	946	0.465	0.107	1.00	268	0.79	9.24	7.2	5
C10	中国水产科学	2373	1.153	0.103	0.92	296	0.79	10.21	8.1	8
C10	中国渔业经济	713	0.515	0.043	0.87	225	0.76	7.76	6.5	5
C10	中国渔业质量与标准	250	0.587	0.135	0.87	128	0.69	4.41	4.1	4
D01	Chinese Medical Journal	5711	1.185	0.283	0.92	1026	0.79	8.62	4.8	9
D01	Chinese Medical Sciences Journal	232	0.606	0.070	1.00	182	0.24	1.53	5.6	4
D01	Frontiers of Medicine	370	0.898	0.439	0.97	248	0.29	2.08	4.0	4
D01	安徽医学	5177	1.689	0.242	0.93	725	0.76	6.09	3.7	12
D01	安徽医药	7759	1.676	0.279	0.94	961	0.82	8.08	3.7	13
D01	白求恩医学杂志	2316	1.059	0.218	0.99	459	0.62	3.86	3.4	9
D01	包头医学	632	0.864	0.235	1.00	187	0.32	1.57	2.8	5
D01	北京医学	2577	1.027	0.294	0.97	685	0.81	5.76	3.5	8
D01	重庆医学	20491	1.821	0.315	0.98	1240	0.88	10.42	3.6	23
D01	大众医学	26	0.002	0.000	1.00	19	–	0.16	≥10	2
D01	当代医学	28029	1.258	0.446	0.89	1060	0.84	8.91	3.6	17
D01	当代医药论丛	11633	0.805	0.159	0.98	571	0.69	4.80	2.5	10
D01	东南国防医药	1501	1.134	0.297	0.87	444	0.56	3.73	3.7	8
D01	甘肃医药	1486	0.689	0.108	0.99	411	0.54	3.45	3.2	7
D01	高原医学杂志	384	0.325	0.038	0.90	145	0.25	1.22	8.0	4
D01	广东医学	15156	1.738	0.275	0.97	1058	0.87	8.89	3.9	21
D01	广西医学	4807	1.223	0.288	0.99	759	0.77	6.38	3.9	10
D01	广州医药	1246	1.000	0.183	0.96	405	0.53	3.40	3.8	6
D01	贵州医药	2875	1.176	0.267	0.92	567	0.67	4.76	2.8	8
D01	国际医药卫生导报	6393	1.003	0.182	0.90	678	0.70	5.70	3.3	10
D01	哈尔滨医药	1635	1.132	0.240	1.00	367	0.56	3.08	3.5	7
D01	海军医学杂志	1165	0.921	0.229	0.94	368	0.55	3.09	3.6	6
D01	海南医学	11995	1.532	0.304	0.94	903	0.82	7.59	3.5	16
D01	河北医学	9313	2.308	0.379	0.99	704	0.76	5.92	3.3	18

学科代码	期刊名称	扩展总被引频次	扩展影响因子	扩展即年指标	扩展他引率	扩展引用刊数	扩展学科影响指标	扩展学科扩散指标	扩展被引半衰期	扩展H指标
D01	河北医药	13366	1.854	0.407	0.98	908	0.81	7.63	3.5	15
D01	河南医学研究	6187	1.193	0.269	0.94	567	0.65	4.76	2.1	10
D01	黑龙江医学	2878	0.815	0.198	0.98	568	0.70	4.77	3.4	8
D01	黑龙江医药	3398	1.013	0.226	0.90	598	0.61	5.03	3.3	10
D01	黑龙江医药科学	2456	1.070	0.114	0.78	513	0.56	4.31	3.5	7
D01	华南国防医学杂志	1448	0.786	0.134	0.96	475	0.63	3.99	3.6	6
D01	华西医学	3999	0.977	0.241	0.95	791	0.74	6.65	4.0	10
D01	华夏医学	1395	0.672	0.090	0.99	434	0.53	3.65	4.1	6
D01	淮海医药	1546	0.796	0.296	0.99	400	0.55	3.36	3.2	6
D01	基础医学与临床	1782	0.797	0.151	0.93	658	0.61	5.53	3.9	7
D01	吉林医学	20604	1.087	0.250	0.99	952	0.87	8.00	3.9	14
D01	继续医学教育	3358	0.794	0.297	0.93	602	0.59	5.06	2.5	10
D01	江苏医药	6418	0.977	0.211	0.95	818	0.82	6.87	3.5	9
D01	江西医药	3338	0.903	0.221	0.74	553	0.71	4.65	3.7	8
D01	交通医学	907	0.524	0.079	0.99	391	0.50	3.29	4.3	5
D01	解放军医学杂志	3176	2.139	0.307	0.92	738	0.70	6.20	4.7	12
D01	解放军医药杂志	3684	2.409	0.317	0.93	616	0.72	5.18	3.1	12
D01	空军医学杂志	769	1.592	0.200	0.81	226	0.34	1.90	2.8	7
D01	内蒙古医学杂志	2595	0.715	0.122	1.00	529	0.68	4.45	3.5	6
D01	宁夏医学杂志	2275	0.687	0.113	0.97	591	0.66	4.97	4.0	5
D01	齐鲁医学杂志	978	0.532	0.071	0.95	408	0.47	3.43	5.0	4
D01	青岛医药卫生	974	1.036	0.254	0.96	290	0.48	2.44	3.5	6
D01	青海医药杂志	1143	0.340	0.041	0.97	339	0.45	2.85	4.8	4
D01	人民军医	2724	0.564	0.136	0.81	583	0.69	4.90	4.0	7
D01	山东医药	19347	1.587	0.273	0.97	1090	0.83	9.16	3.8	16
D01	山西医药杂志	6243	1.099	0.269	0.98	761	0.76	6.39	2.9	11
D01	陕西医学杂志	6552	1.622	0.403	0.91	717	0.77	6.03	3.4	12
D01	伤害医学(电子版)	68	0.240	0.020	0.71	33	0.04	0.28	3.4	3
D01	上海医学	1787	0.600	0.046	0.99	599	0.64	5.03	5.9	9
D01	上海医药	2310	0.726	0.242	0.97	621	0.61	5.22	3.6	8
D01	世界复合医学	129	0.633	0.117	0.98	87	0.13	0.73	2.1	3
D01	世界睡眠医学杂志	202	0.592	0.085	0.88	123	0.18	1.03	2.7	5
D01	首都食品与医药	2043	0.435	0.172	0.99	508	0.48	4.27	3.0	6

学科代码	期刊名称	扩展总被引频次	扩展影响因子	扩展即年指标	扩展他引率	扩展引用刊数	扩展学科影响指标	扩展学科扩散指标	扩展被引半衰期	扩展H指标
D01	四川医学	5555	1.346	0.235	0.99	759	0.78	6.38	4.4	13
D01	天津医药	2909	1.275	0.230	0.97	724	0.71	6.08	3.9	9
D01	微创医学	1936	1.014	0.149	0.95	475	0.61	3.99	3.8	6
D01	武警医学	1986	0.819	0.131	0.91	551	0.71	4.63	3.7	7
D01	西北国防医学杂志	1075	0.478	0.066	0.97	372	0.57	3.13	4.4	6
D01	西部医学	6425	2.135	0.318	0.96	743	0.82	6.24	3.7	14
D01	西南国防医药	3655	1.129	0.184	0.98	671	0.74	5.64	3.5	9
D01	西南军医	1714	0.678	0.212	0.99	533	0.69	4.48	5.5	6
D01	现代生物医学进展	11283	1.261	0.195	0.95	1260	0.84	10.59	3.3	15
D01	现代实用医学	4280	0.893	0.144	0.99	703	0.74	5.91	3.4	8
D01	现代医学	1971	0.816	0.125	0.93	521	0.66	4.38	3.4	7
D01	协和医学杂志	475	0.527	0.095	0.99	285	0.42	2.39	4.0	5
D01	新疆医学	1773	0.544	0.132	0.90	454	0.56	3.82	3.6	6
D01	新医学	1783	1.063	0.166	0.91	545	0.65	4.58	5.5	8
D01	医学理论与实践	10351	1.073	0.345	0.99	875	0.79	7.35	2.9	10
D01	医学新知杂志	336	0.290	0.069	1.00	183	0.29	1.54	4.8	3
D01	医学研究生学报	3367	1.679	0.419	0.85	773	0.71	6.50	4.1	11
D01	医学研究杂志	3595	0.893	0.179	0.98	849	0.78	7.13	4.1	9
D01	医学与法学	278	0.500	0.061	0.92	149	0.17	1.25	2.8	4
D01	医学争鸣	343	0.718	0.110	0.74	153	0.23	1.29	3.0	6
D01	医学综述	13351	1.455	0.259	0.99	1175	0.86	9.87	3.7	16
D01	医药论坛杂志	2908	0.408	0.091	0.98	598	0.67	5.03	4.4	6
D01	医药前沿	12301	0.289	0.090	0.97	759	0.77	6.38	2.3	6
D01	医用气体工程	42	–	0.300	0.19	5	0.02	0.04	1.2	3
D01	英国医学杂志(中文版)	62	0.018	0.000	1.00	51	0.08	0.43	≥10	2
D01	右江医学	1455	0.921	0.130	0.97	383	0.54	3.22	4.3	7
D01	云南医药	595	0.281	0.099	0.99	292	0.41	2.45	3.9	3
D01	浙江实用医学	684	0.679	0.056	0.99	313	0.45	2.63	4.1	5
D01	浙江医学	3282	1.159	0.193	0.95	625	0.76	5.25	2.9	9
D01	中国当代医药	18435	1.385	0.296	0.96	1017	0.88	8.55	3.6	16
D01	中国高等医学教育	7279	1.019	0.151	0.93	813	0.60	6.83	4.7	12
D01	中国急救复苏与灾害医学杂志	1583	0.684	0.128	0.91	381	0.61	3.20	3.7	7
D01	中国继续医学教育	16422	1.105	0.253	0.88	730	0.82	6.13	1.9	12

学科代码	期刊名称	扩展总被引频次	扩展影响因子	扩展即年指标	扩展他引率	扩展引用刊数	扩展学科影响指标	扩展学科扩散指标	扩展被引半衰期	扩展H指标
D01	中国煤炭工业医学杂志	4291	1.762	0.206	0.96	610	0.71	5.13	3.2	13
D01	中国实用医刊	5968	1.016	0.182	0.98	635	0.77	5.34	2.8	8
D01	中国实用医药	35273	1.075	0.263	0.98	1168	0.91	9.82	3.2	15
D01	中国现代医生	16677	1.660	0.264	0.96	973	0.87	8.18	3.7	17
D01	中国现代医学杂志	7982	1.676	0.230	0.97	1036	0.87	8.71	3.8	4
D01	中国乡村医药	2981	0.547	0.151	0.99	486	0.59	4.08	2.9	6
D01	中国研究型医院	78	0.392	0.185	0.76	47	0.09	0.39	1.6	3
D01	中国医疗保险	1014	0.797	0.254	0.78	259	0.18	2.18	2.9	7
D01	中国医疗管理科学	383	1.325	0.380	0.93	157	0.23	1.32	2.3	5
D01	中国医学创新	14883	1.379	0.298	0.94	912	0.82	7.66	3.8	14
D01	中国医学前沿杂志(电子版)	3544	1.850	0.303	0.93	651	0.71	5.47	3.2	16
D01	中国医学人文	78	0.132	0.024	0.88	50	0.09	0.42	1.9	3
D01	中国医药导报	21929	2.082	0.333	0.96	1278	0.87	10.74	4.1	22
D01	中国医药导刊	7148	1.974	0.410	0.99	719	0.78	6.04	3.8	13
D01	中国医药科学	11078	1.460	0.213	0.98	897	0.84	7.54	3.2	13
D01	中国医药指南	44847	0.922	0.244	0.96	1280	0.89	10.76	3.6	14
D01	中国医院建筑与装备	582	0.464	0.123	0.75	161	0.09	1.35	4.1	4
D01	中华医学信息导报	461	0.325	0.052	1.00	272	0.39	2.29	3.7	5
D01	中华医学杂志	13270	1.917	0.330	0.96	1179	0.92	9.91	4.4	21
D01	中华重症医学电子杂志	57	0.649	0.071	0.84	40	0.12	0.34	1.5	3
D01	中南医学科学杂志	1196	1.193	0.190	0.96	449	0.55	3.77	3.6	8
D01	中日友好医院学报	937	1.054	0.163	0.99	423	0.57	3.55	4.0	7
D01	中外医学研究	19704	1.378	0.378	0.94	893	0.81	7.50	3.0	13
D01	中医药管理杂志	5952	0.906	0.243	0.84	624	0.64	5.24	2.5	10
D01	转化医学杂志	495	1.510	0.115	0.96	204	0.26	1.71	2.5	4
D02	Journal of Huazhong University of Science and Technology(Medical Science)	972	1.079	0.138	0.93	481	0.56	5.29	4.0	7
D02	安徽卫生职业技术学院学报	1269	0.688	0.158	0.91	325	0.23	3.57	3.0	6
D02	安徽医科大学学报	3152	1.143	0.191	0.95	749	0.69	8.23	3.8	12
D02	蚌埠医学院学报	4154	1.418	0.141	0.98	659	0.59	7.24	3.3	11
D02	包头医学院学报	2972	0.792	0.192	0.99	568	0.37	6.24	2.4	9
D02	北京大学学报(医学版)	3015	1.759	0.343	0.98	885	0.73	9.73	4.6	14
D02	滨州医学院学报	634	0.584	0.119	0.99	313	0.24	3.44	4.2	4

学科代码	期刊名称	扩展总被引频次	扩展影响因子	扩展即年指标	扩展他引率	扩展引用刊数	扩展学科影响指标	扩展学科扩散指标	扩展被引半衰期	扩展H指标
D02	成都医学院学报	1392	1.165	0.250	0.99	470	0.33	5.16	3.7	7
D02	承德医学院学报	1122	0.674	0.345	0.99	421	0.24	4.63	3.6	5
D02	重庆医科大学学报	2533	0.912	0.105	0.98	739	0.71	8.12	5.1	10
D02	川北医学院学报	1573	1.528	0.248	0.95	469	0.41	5.15	2.9	8
D02	大连医科大学学报	1004	1.081	0.077	0.99	453	0.48	4.98	4.4	8
D02	第二军医大学学报	2367	1.007	0.188	0.97	820	0.63	9.01	5.5	10
D02	第三军医大学学报	5037	1.242	0.211	0.96	1003	0.81	11.02	4.5	12
D02	东南大学学报(医学版)	1579	1.234	0.192	0.96	558	0.47	6.13	3.7	8
D02	福建医科大学学报	655	0.955	0.133	0.99	386	0.33	4.24	5.0	5
D02	复旦学报(医学版)	1575	1.152	0.121	0.99	653	0.59	7.18	5.0	9
D02	赣南医学院学报	1618	0.673	0.079	0.97	493	0.30	5.42	4.2	6
D02	广东药科大学学报	1359	0.874	0.139	0.96	520	0.31	5.71	5.1	8
D02	广东医科大学学报	1531	0.801	0.056	0.97	521	0.43	5.73	4.5	7
D02	广西医科大学学报	3287	1.554	0.315	0.96	687	0.55	7.55	3.6	10
D02	广州医科大学学报	929	0.990	0.063	0.99	370	0.25	4.07	3.5	6
D02	贵州医科大学学报	1852	1.078	0.205	0.93	542	0.54	5.96	3.0	8
D02	哈尔滨医科大学学报	1242	1.051	0.085	0.99	478	0.42	5.25	4.6	8
D02	海南医学院学报	7973	3.108	0.455	0.94	699	0.63	7.68	2.5	17
D02	河北医科大学学报	3506	1.518	0.377	0.87	620	0.64	6.81	3.4	11
D02	河南大学学报(医学版)	406	0.661	0.092	0.98	242	0.19	2.66	4.8	5
D02	河南科技大学学报(医学版)	617	0.645	0.149	0.98	298	0.21	3.27	4.8	6
D02	河南医学高等专科学校学报	1039	0.640	0.139	0.99	333	0.18	3.66	3.5	5
D02	菏泽医学专科学校学报	490	0.490	0.138	0.96	221	0.18	2.43	4.4	4
D02	湖北科技学院学报(医学版)	1100	0.892	0.258	0.98	313	0.16	3.44	2.9	8
D02	湖北医药学院学报	662	0.450	0.076	0.90	329	0.20	3.62	5.1	5
D02	湖南师范大学学报(医学版)	2165	2.240	0.267	0.88	427	0.36	4.69	2.6	11
D02	华北理工大学学报(医学版)	1371	0.423	0.161	1.00	507	0.40	5.57	5.4	5
D02	华中科技大学学报(医学版)	1622	1.168	0.106	0.99	637	0.64	7.00	4.5	11
D02	吉林大学学报(医学版)	2037	1.163	0.208	0.96	684	0.52	7.52	4.5	8
D02	吉林医药学院学报	794	0.651	0.230	0.99	433	0.23	4.76	3.6	6
D02	济宁医学院学报	620	0.849	0.095	0.95	357	0.19	3.92	4.1	5
D02	江苏大学学报(医学版)	652	0.717	0.078	0.97	356	0.26	3.91	4.6	5
D02	解放军医学院学报	2278	1.094	0.234	0.90	678	0.56	7.45	3.8	8

学科代码	期刊名称	扩展总被引频次	扩展影响因子	扩展即年指标	扩展他引率	扩展引用刊数	扩展学科影响指标	扩展学科扩散指标	扩展被引半衰期	扩展H指标
D02	锦州医科大学学报	1286	1.061	0.175	1.00	440	0.35	4.84	3.4	7
D02	昆明医科大学学报	3535	1.372	0.176	0.93	706	0.54	7.76	3.5	11
D02	兰州大学学报(医学版)	646	1.322	0.236	0.87	314	0.21	3.45	4.0	6
D02	牡丹江医学院学报	1696	0.929	0.202	0.98	501	0.33	5.51	3.4	7
D02	南昌大学学报(医学版)	2102	0.907	0.095	0.98	589	0.60	6.47	4.6	10
D02	南方医科大学学报	4916	1.646	0.257	0.97	1011	0.85	11.11	5.0	13
D02	南京医科大学学报(自然科学版)	2045	0.702	0.058	0.94	687	0.63	7.55	4.7	6
D02	南通大学学报(医学版)	913	0.593	0.070	0.99	389	0.29	4.27	4.4	5
D02	内蒙古医科大学学报	1281	1.626	0.170	0.90	461	0.40	5.07	3.6	7
D02	宁夏医科大学学报	2789	1.031	0.089	0.97	636	0.48	6.99	3.7	9
D02	齐齐哈尔医学院学报	13727	1.120	0.222	0.99	963	0.78	10.58	3.2	13
D02	黔南民族医专学报	275	0.328	0.053	0.98	159	0.11	1.75	4.0	3
D02	青岛大学医学院学报	962	0.573	0.035	0.94	466	0.34	5.12	5.1	5
D02	山东大学学报(医学版)	1915	1.049	0.352	0.95	681	0.65	7.48	4.0	4
D02	山东医学高等专科学校学报	642	0.676	0.269	1.00	268	0.12	2.95	3.5	5
D02	山西医科大学学报	1984	0.958	0.134	0.98	662	0.56	7.27	4.0	8
D02	山西职工医学院学报	675	0.609	0.102	0.99	246	0.19	2.70	3.5	5
D02	汕头大学医学院学报	227	0.347	0.011	0.99	180	0.13	1.98	4.9	4
D02	上海交通大学学报(医学版)	2932	0.896	0.152	0.99	867	0.75	9.53	5.1	10
D02	沈阳药科大学学报	1623	0.565	0.098	0.97	489	0.30	5.37	8.2	9
D02	沈阳医学院学报	536	0.963	0.236	0.95	264	0.16	2.90	3.0	6
D02	首都医科大学学报	2316	1.838	0.267	0.97	729	0.62	8.01	4.3	12
D02	四川大学学报(医学版)	2008	1.072	0.207	0.98	742	0.68	8.15	4.7	9
D02	泰山医学院学报	2324	0.916	0.246	0.99	525	0.37	5.77	2.8	9
D02	天津医科大学学报	940	0.645	0.160	0.99	442	0.35	4.86	5.2	6
D02	同济大学学报(医学版)	991	0.607	0.069	0.92	471	0.41	5.18	6.0	6
D02	皖南医学院学报	956	0.887	0.199	0.98	384	0.32	4.22	3.7	7
D02	潍坊医学院学报	369	0.439	0.057	0.99	226	0.18	2.48	3.8	3
D02	温州医科大学学报	1195	0.825	0.144	0.91	469	0.40	5.15	3.9	7
D02	武汉大学学报(医学版)	1652	0.973	0.305	0.98	571	0.53	6.27	4.0	8
D02	武警后勤学院学报(医学版)	1385	0.530	0.025	0.98	492	0.42	5.41	4.8	6
D02	西安交通大学学报(医学版)	1676	1.484	0.315	0.99	604	0.55	6.64	4.1	9
D02	西南医科大学学报	796	0.689	0.053	0.99	385	0.27	4.23	4.8	5

学科代码	期刊名称	扩展总被引频次	扩展影响因子	扩展即年指标	扩展他引率	扩展引用刊数	扩展学科影响指标	扩展学科扩散指标	扩展被引半衰期	扩展H指标
D02	湘南学院学报(医学版)	348	0.487	0.029	1.00	206	0.13	2.26	4.4	4
D02	新疆医科大学学报	2773	1.014	0.294	0.93	747	0.55	8.21	4.1	9
D02	新乡医学院学报	2320	1.508	0.353	0.91	545	0.44	5.99	3.2	10
D02	徐州医科大学学报	1003	0.610	0.053	0.98	388	0.41	4.26	4.0	5
D02	延安大学学报(医学科学版)	545	0.941	0.135	0.99	243	0.21	2.67	3.8	5
D02	延边大学医学学报	366	0.332	0.018	0.98	207	0.13	2.27	5.9	4
D02	右江民族医学院学报	2019	0.898	0.110	0.91	520	0.42	5.71	4.0	6
D02	长治医学院学报	697	0.697	0.065	0.99	294	0.19	3.23	4.1	6
D02	浙江大学学报(医学版)	828	0.905	0.040	0.99	469	0.41	5.15	5.0	7
D02	郑州大学学报(医学版)	1974	1.298	0.165	0.95	674	0.60	7.41	4.2	9
D02	中国高原医学与生物学杂志	260	0.339	0.039	0.95	170	0.11	1.87	6.6	3
D02	中国药科大学学报	1229	0.908	0.065	0.95	450	0.30	4.95	9.2	6
D02	中国医科大学学报	3208	1.958	0.304	0.99	744	0.67	8.18	3.8	13
D02	中国医学科学院学报	2054	1.719	0.176	0.99	732	0.71	8.04	5.3	13
D02	中南大学学报(医学版)	2693	1.643	0.243	0.98	814	0.70	8.95	4.4	12
D02	中山大学学报(医学科学版)	1919	1.551	0.238	0.98	623	0.59	6.85	4.6	11
D02	遵义医学院学报	793	0.802	0.128	0.83	347	0.27	3.81	4.8	5
D03	Biomedical and Environmental Sciences	747	0.709	0.150	0.95	401	0.28	9.33	4.9	6
D03	Cellular & Molecular Immunology	617	1.126	0.467	0.95	291	0.30	6.77	4.3	5
D03	Chinese Journal of Biomedical Engineering	13	0.019	0.000	1.00	12	–	0.28	4.9	1
D03	分子诊断与治疗杂志	346	0.598	0.081	0.95	206	0.19	4.79	4.2	5
D03	国际免疫学杂志	616	0.686	0.135	0.87	299	0.26	6.95	3.9	5
D03	国际生物制品学杂志	109	0.218	0.015	0.92	70	0.07	1.63	7.1	3
D03	国际遗传学杂志	190	0.125	0.000	0.99	144	0.09	3.35	9.9	3
D03	寄生虫病与感染性疾病	300	0.385	0.087	0.89	112	0.07	2.60	6.8	4
D03	寄生虫与医学昆虫学报	154	0.402	0.049	0.91	67	0.12	1.56	7.5	3
D03	解剖科学进展	589	0.427	0.070	0.88	306	0.21	7.12	4.7	4
D03	解剖学报	685	0.668	0.085	0.82	297	0.35	6.91	4.9	4
D03	解剖学研究	575	0.410	0.098	0.91	288	0.28	6.70	5.7	5
D03	解剖学杂志	937	0.375	0.098	0.83	366	0.30	8.51	6.0	5
D03	临床心身疾病杂志	2473	1.806	0.106	0.77	383	0.12	8.91	2.8	5
D03	免疫学杂志	1270	0.768	0.230	0.83	515	0.37	11.98	4.4	7
D03	神经解剖学杂志	530	0.540	0.074	0.90	268	0.30	6.23	4.3	5

学科代码	期刊名称	扩展总被引频次	扩展影响因子	扩展即年指标	扩展他引率	扩展引用刊数	扩展学科影响指标	扩展学科扩散指标	扩展被引半衰期	扩展H指标
D03	实验动物与比较医学	305	0.241	0.031	0.86	155	0.16	3.60	8.6	3
D03	数理医药学杂志	3506	1.066	0.358	0.92	657	0.19	15.28	2.3	9
D03	四川解剖学杂志	399	0.455	0.015	0.99	221	0.23	5.14	5.7	4
D03	四川生理科学杂志	522	0.739	0.456	0.90	283	0.19	6.58	4.8	6
D03	微循环学杂志	640	0.908	0.206	0.97	301	0.21	7.00	5.1	5
D03	细胞与分子免疫学杂志	2189	0.935	0.162	0.91	651	0.56	15.14	4.0	8
D03	现代免疫学	543	0.734	0.121	0.88	271	0.28	6.30	5.6	5
D03	医学分子生物学杂志	267	0.368	0.055	0.98	192	0.12	4.47	≥10	3
D03	医院管理论坛	1724	1.183	0.186	0.92	374	0.12	8.70	3.6	8
D03	中国比较医学杂志	1359	0.699	0.142	0.87	483	0.28	11.23	6.0	7
D03	中国病理生理杂志	3613	0.765	0.239	0.84	768	0.60	17.86	4.8	8
D03	中国寄生虫学与寄生虫病杂志	1491	1.546	0.145	0.70	245	0.21	5.70	5.5	12
D03	中国健康心理学杂志	7613	1.602	0.254	0.80	1055	0.14	24.53	4.8	12
D03	中国临床解剖学杂志	1809	0.833	0.161	0.91	474	0.37	11.02	7.1	7
D03	中国免疫学杂志	2574	1.146	0.175	0.94	698	0.47	16.23	3.6	10
D03	中国血液流变学杂志	813	0.558	0.000	0.99	334	0.21	7.77	5.2	5
D03	中国医学工程	4239	0.668	0.183	1.00	610	0.23	14.19	3.2	7
D03	中国医学物理学杂志	1024	0.718	0.165	0.94	404	0.16	9.40	4.4	6
D03	中国组织化学与细胞化学杂志	541	0.566	0.123	0.96	320	0.23	7.44	5.4	5
D03	中华病理学杂志	2204	0.978	0.260	0.91	556	0.37	12.93	5.1	10
D03	中华解剖与临床杂志	643	0.880	0.066	0.95	263	0.14	6.12	3.5	5
D03	中华临床实验室管理电子杂志	103	0.568	0.135	0.89	66	0.07	1.53	2.5	3
D03	中华微生物学和免疫学杂志	1021	0.758	0.119	0.91	414	0.35	9.63	4.7	6
D03	中华细胞与干细胞杂志(电子版)	127	0.655	0.029	0.82	69	0.05	1.60	2.6	2
D03	中华医学遗传学杂志	1381	0.597	0.063	0.83	347	0.28	8.07	4.9	6
D03	中华诊断学电子杂志	272	1.031	0.157	0.79	129	0.09	3.00	2.6	6
D03	转化医学电子杂志	1679	0.964	0.171	0.95	321	0.09	7.47	2.2	7
D05	创伤与急危重病医学	399	1.077	0.268	0.96	175	0.36	2.97	2.6	5
D05	创伤与急诊电子杂志	107	0.521	0.040	1.00	77	0.20	1.31	2.8	3
D05	当代临床医刊	1250	0.952	0.217	1.00	197	0.20	3.34	1.7	8
D05	临床和实验医学杂志	8974	1.928	0.344	0.95	893	0.83	15.14	3.7	17
D05	临床荟萃	3461	1.139	0.231	0.96	695	0.78	11.78	5.0	9
D05	临床急诊杂志	1308	0.977	0.174	0.94	406	0.68	6.88	3.0	7

学科代码	期刊名称	扩展总被引频次	扩展影响因子	扩展即年指标	扩展他引率	扩展引用刊数	扩展学科影响指标	扩展学科扩散指标	扩展被引半衰期	扩展H指标
D05	临床军医杂志	3434	1.387	0.267	0.98	668	0.68	11.32	3.9	10
D05	临床输血与检验	1395	1.270	0.197	0.91	298	0.44	5.05	3.6	7
D05	临床误诊误治	3416	1.346	0.207	0.91	644	0.76	10.92	3.7	7
D05	临床医药实践	2176	0.851	0.335	0.99	521	0.64	8.83	4.0	8
D05	临床医药文献电子杂志	13163	0.699	0.095	0.95	675	0.71	11.44	1.9	11
D05	临床与病理杂志	1636	1.121	0.134	0.97	588	0.66	9.97	2.6	10
D05	岭南急诊医学杂志	971	0.767	0.079	0.98	306	0.51	5.19	3.4	5
D05	全科医学临床与教育	1319	0.836	0.238	0.95	425	0.56	7.20	3.8	8
D05	蛇志	784	0.579	0.098	0.97	266	0.29	4.51	3.6	5
D05	实用临床医学	3617	0.989	0.167	0.99	596	0.68	10.10	4.1	9
D05	实用临床医药杂志	21356	3.106	0.552	0.94	856	0.81	14.51	2.8	22
D05	实用疼痛学杂志	428	0.444	0.059	0.88	177	0.27	3.00	5.5	4
D05	实用医技杂志	3611	0.558	0.204	0.99	690	0.68	11.69	4.8	6
D05	实用医学杂志	17912	2.002	0.270	0.94	1097	0.88	18.59	4.0	18
D05	实用医院临床杂志	3846	1.396	0.267	0.95	695	0.80	11.78	3.8	11
D05	世界临床医学	3462	0.369	0.123	0.98	363	0.56	6.15	1.6	6
D05	现代临床医学	1146	1.012	0.310	1.00	403	0.56	6.83	4.0	6
D05	现代医药卫生	9617	0.974	0.223	0.97	1061	0.76	17.98	3.7	11
D05	医师在线	26	–	0.006	1.00	19	0.03	0.32	1.7	1
D05	医学临床研究	5175	1.075	0.149	0.91	658	0.78	11.15	3.6	9
D05	医学研究与教育	878	0.848	0.121	0.95	398	0.27	6.75	4.6	6
D05	疑难病杂志	3616	2.092	0.531	0.92	615	0.73	10.42	3.1	11
D05	浙江临床医学	4373	1.001	0.179	0.98	639	0.73	10.83	2.6	9
D05	中国激光医学杂志	487	0.851	0.160	0.90	204	0.42	3.46	4.8	4
D05	中国急救医学	4395	3.343	0.208	0.96	643	0.81	10.90	3.7	13
D05	中国临床实用医学	758	0.729	0.168	0.97	296	0.46	5.02	3.5	5
D05	中国临床新医学	2324	1.140	0.245	0.87	483	0.56	8.19	3.5	8
D05	中国临床研究	4143	1.596	0.263	0.98	661	0.76	11.20	3.2	10
D05	中国临床医生杂志	4924	2.321	0.516	0.91	718	0.85	12.17	3.1	14
D05	中国临床医学	2146	1.103	0.164	0.95	589	0.78	9.98	4.7	8
D05	中国美容整形外科杂志	1370	0.798	0.182	0.88	272	0.39	4.61	3.9	6
D05	中国全科医学	20106	2.578	0.533	0.96	1270	0.88	21.53	4.2	23
D05	中国社区医师	10488	0.737	0.310	0.99	760	0.75	12.88	2.2	9

学科代码	期刊名称	扩展总被引频次	扩展影响因子	扩展即年指标	扩展他引率	扩展引用刊数	扩展学科影响指标	扩展学科扩散指标	扩展被引半衰期	扩展H指标
D05	中国输血杂志	4796	1.365	0.215	0.81	448	0.53	7.59	4.4	10
D05	中国疼痛医学杂志	3077	2.162	0.288	0.88	518	0.61	8.78	4.0	15
D05	中国现代医药杂志	2498	0.839	0.178	0.99	608	0.66	10.31	4.3	7
D05	中国医刊	3883	1.902	0.333	0.94	680	0.78	11.53	3.3	11
D05	中国医疗美容	1519	0.935	0.201	0.84	243	0.36	4.12	2.3	6
D05	中国医师进修杂志	4092	1.146	0.251	0.94	632	0.83	10.71	4.4	8
D05	中国医师杂志	3710	1.170	0.169	0.91	686	0.78	11.63	3.4	7
D05	中国医药	4049	1.789	0.366	0.94	613	0.73	10.39	3.1	9
D05	中国真菌学杂志	567	0.885	0.117	0.87	228	0.22	3.86	4.8	5
D05	中国综合临床	2892	1.422	0.187	0.93	552	0.75	9.36	3.8	8
D05	中华急诊医学杂志	4668	1.784	0.272	0.88	681	0.80	11.54	4.4	12
D05	中华全科医师杂志	1891	1.064	0.216	0.92	527	0.69	8.93	3.9	8
D05	中华全科医学	11392	2.930	0.551	0.98	933	0.88	15.81	3.5	19
D05	中华危重病急救医学	5511	3.274	0.596	0.86	681	0.81	11.54	4.3	16
D05	中华危重症医学杂志(电子版)	852	1.789	0.188	0.84	327	0.58	5.54	3.3	8
D05	中华医学美学美容杂志	1016	0.985	0.183	0.75	220	0.37	3.73	4.7	6
D05	中华灾害救援医学	572	0.839	0.196	0.85	207	0.27	3.51	2.4	5
D06	磁共振成像	1036	1.356	0.106	0.86	300	0.40	15.00	2.9	7
D06	国际检验医学杂志	10007	1.080	0.249	0.92	928	0.95	46.40	3.5	11
D06	罕少疾病杂志	568	0.632	0.200	0.91	231	0.50	11.55	4.2	5
D06	检验医学	3362	2.000	0.245	0.93	635	0.80	31.75	3.9	12
D06	检验医学与临床	12295	1.566	0.441	0.97	933	0.95	46.65	3.2	14
D06	临床检验杂志	1620	0.823	0.160	0.89	483	0.80	24.15	4.8	6
D06	临床检验杂志(电子版)	199	0.532	0.167	0.67	67	0.40	3.35	1.3	3
D06	临床与实验病理学杂志	2659	0.846	0.129	0.85	573	0.90	28.65	4.2	7
D06	实验与检验医学	2189	1.097	0.212	0.73	447	0.80	22.35	4.0	7
D06	实用检验医师杂志	581	1.913	0.308	0.80	140	0.45	7.00	2.9	7
D06	现代检验医学杂志	1689	1.000	0.174	0.78	395	0.80	19.75	3.9	6
D06	现代诊断与治疗	12501	0.956	0.126	0.97	706	0.65	35.30	2.8	11
D06	循证医学	749	0.702	0.062	1.00	354	0.35	17.70	6.3	7
D06	医学检验与临床	608	0.374	0.046	0.99	244	0.55	12.20	4.2	4
D06	诊断病理学杂志	1351	0.715	0.090	0.92	408	0.85	20.40	4.2	6
D06	诊断学理论与实践	797	0.596	0.094	0.97	399	0.85	19.95	5.9	6

学科代码	期刊名称	扩展总被引频次	扩展影响因子	扩展即年指标	扩展他引率	扩展引用刊数	扩展学科影响指标	扩展学科扩散指标	扩展被引半衰期	扩展H指标
D06	中国实验诊断学	6392	1.350	0.231	0.98	859	0.90	42.95	3.6	14
D06	中国循证医学杂志	3962	1.603	0.265	0.95	814	0.50	40.70	5.2	16
D06	中华检验医学杂志	3395	1.655	0.259	0.94	630	0.80	31.50	5.2	11
D06	中华实用诊断与治疗杂志	5338	1.814	0.292	0.86	751	0.70	37.55	4.0	14
D07	保健文汇	247	0.054	0.038	0.97	60	0.22	1.00	0.0	2
D07	大家健康(上旬版)	935	–	0.072	0.98	142	0.25	2.37	1.2	4
D07	大家健康(下旬版)	8022	0.408	0.064	0.99	510	0.42	8.50	2.7	6
D07	大家健康(中旬版)	5773	0.356	0.046	0.98	398	0.37	6.63	2.6	6
D07	大众健康	58	0.022	0.007	1.00	43	0.03	0.72	5.2	1
D07	东方食疗与保健	798	0.122	0.026	0.99	150	0.22	2.50	1.8	3
D07	儿童与健康	34	0.023	0.011	0.91	24	0.03	0.40	2.6	2
D07	国际老年医学杂志	422	0.912	0.052	0.93	234	0.27	3.90	4.1	5
D07	家庭健康	8	0.005	0.000	1.00	7	0.03	0.12	5.0	1
D07	家庭医学	103	0.025	0.002	1.00	79	0.10	1.32	5.9	2
D07	家庭医学(下)	46	0.024	0.000	1.00	38	0.03	0.63	3.7	2
D07	家庭医药	295	0.141	0.023	0.99	102	0.20	1.70	1.4	2
D07	健康博览	40	0.048	0.000	1.00	33	0.05	0.55	2.9	1
D07	健康前沿	673	0.207	0.037	0.98	131	0.23	2.18	1.4	4
D07	健康人生	14	0.038	0.008	1.00	14	0.02	0.23	2.7	1
D07	健康世界	40	0.071	0.018	1.00	32	0.08	0.53	2.4	2
D07	健康向导	35	0.044	0.000	1.00	26	0.02	0.43	4.4	2
D07	健康研究	1105	0.755	0.213	0.94	345	0.32	5.75	3.2	6
D07	康复(健康家庭)	7	0.005	0.005	1.00	6	–	0.10	3.5	1
D07	老年医学与保健	700	0.837	0.206	0.87	283	0.37	4.72	3.7	6
D07	临床研究	2596	0.331	0.139	0.99	370	0.33	6.17	2.0	6
D07	实用老年医学	1904	1.123	0.164	0.92	487	0.50	8.12	3.4	7
D07	双足与保健	289	0.045	0.102	0.73	58	0.18	0.97	0.0	3
D07	现代养生(下半月版)	1770	0.183	0.032	0.98	258	0.30	4.30	2.5	4
D07	中国保健营养	7670	0.240	0.048	0.91	452	0.38	7.53	1.6	6
D07	中国初级卫生保健	3456	0.967	0.180	0.98	614	0.47	10.23	4.0	9
D07	中国康复	2340	1.747	0.269	0.94	490	0.45	8.17	4.6	9
D07	中国康复理论与实践	5149	1.738	0.383	0.90	773	0.53	12.88	5.3	13
D07	中国康复医学杂志	7109	2.710	0.420	0.95	814	0.53	13.57	4.8	18

学科代码	期刊名称	扩展总被引频次	扩展影响因子	扩展即年指标	扩展他引率	扩展引用刊数	扩展学科影响指标	扩展学科扩散指标	扩展被引半衰期	扩展H指标
D07	中国老年保健医学	1834	0.828	0.248	0.99	430	0.45	7.17	3.6	7
D07	中国老年学杂志	35685	2.009	0.382	0.96	1409	0.55	23.48	3.6	23
D07	中国疗养医学	3092	0.943	0.228	0.93	527	0.47	8.78	3.3	8
D07	中国临床保健杂志	2118	1.476	0.424	0.85	474	0.42	7.90	4.0	7
D07	中国听力语言康复科学杂志	442	0.479	0.065	0.76	154	0.13	2.57	5.6	4
D07	中国医疗器械信息	1570	0.628	0.122	0.95	468	0.35	7.80	2.6	6
D07	中华保健医学杂志	1350	1.211	0.253	0.96	424	0.43	7.07	3.9	8
D07	中华老年病研究电子杂志	34	0.358	0.027	0.94	30	0.07	0.50	2.4	2
D07	中华老年多器官疾病杂志	1413	1.095	0.243	0.89	419	0.43	6.98	3.6	8
D07	中华老年骨科与康复电子杂志	248	2.892	0.458	0.75	90	0.15	1.50	1.6	7
D07	中华老年医学杂志	3891	1.928	0.206	0.94	690	0.53	11.50	3.8	14
D07	中华物理医学与康复杂志	4498	2.009	0.247	0.90	608	0.50	10.13	4.6	12
D07	中老年保健	45	0.042	0.007	1.00	35	0.03	0.58	6.2	1
D07	祝您健康	29	0.022	0.014	1.00	25	0.03	0.42	6.2	2
D07	自我保健	14	0.025	0.007	1.00	11	–	0.18	4.0	1
D08	South China Journal of Cardiology	19	0.074	0.000	0.89	16	0.07	1.14	4.2	1
D08	临床内科杂志	2120	1.095	0.137	0.90	564	0.57	40.29	4.1	8
D08	内科	2325	1.419	0.248	0.91	425	0.36	30.36	3.1	9
D08	内科急危重症杂志	1232	1.257	0.174	0.92	394	0.36	28.14	3.8	8
D08	内科理论与实践	517	0.505	0.074	0.97	302	0.29	21.57	5.4	5
D08	实用糖尿病杂志	687	0.378	0.106	0.96	268	0.36	19.14	4.7	4
D08	糖尿病天地	32	0.045	0.000	1.00	28	0.07	2.00	5.2	2
D08	糖尿病新世界	5728	0.851	0.160	0.76	391	0.36	27.93	2.2	10
D08	糖尿病之友	16	0.011	0.000	1.00	12	0.07	0.86	8.0	1
D08	中国肛肠病杂志	537	0.165	0.063	0.70	147	0.14	10.50	5.0	4
D08	中国实用内科杂志	4423	1.545	0.167	0.99	809	0.71	57.79	5.2	13
D08	中华内科杂志	6631	2.101	0.418	0.98	872	0.71	62.29	5.8	28
D08	中华心脏与心律电子杂志	101	0.294	0.050	0.98	75	0.21	5.36	3.1	4
D09	国际呼吸杂志	2414	0.723	0.130	0.95	535	1.00	76.43	4.3	8
D09	结核病与肺部健康杂志	280	1.080	0.130	0.84	98	0.57	14.00	2.7	5
D09	临床肺科杂志	8543	1.666	0.457	0.95	705	1.00	100.71	4.1	13
D09	中国防痨杂志	3703	1.989	0.556	0.82	433	1.00	61.86	4.5	14
D09	中国呼吸与危重监护杂志	1707	1.095	0.171	0.95	476	1.00	68.00	5.2	11

学科代码	期刊名称	扩展总被引频次	扩展影响因子	扩展即年指标	扩展他引率	扩展引用刊数	扩展学科影响指标	扩展学科扩散指标	扩展被引半衰期	扩展H指标
D09	中华肺部疾病杂志(电子版)	1663	1.657	0.175	0.84	424	0.86	60.57	3.1	10
D09	中华结核和呼吸杂志	8315	2.487	0.305	0.95	790	1.00	112.86	5.8	27
D10	肝脏	1758	0.996	0.149	0.90	449	0.74	23.63	3.6	8
D10	国际消化病杂志	979	1.045	0.215	0.95	386	0.79	20.32	4.5	6
D10	临床肝胆病杂志	4288	1.965	0.422	0.87	663	0.89	34.89	2.8	15
D10	临床消化病杂志	1121	1.402	0.164	0.99	392	0.95	20.63	4.1	7
D10	实用肝脏病杂志	2237	2.086	0.335	0.83	465	0.79	24.47	3.4	10
D10	世界华人消化杂志	6353	–	0.211	0.96	863	1.00	45.42	4.6	10
D10	胃肠病学	2566	1.343	0.193	0.97	544	0.95	28.63	5.3	14
D10	胃肠病学和肝病学杂志	3301	1.209	0.223	0.96	628	1.00	33.05	3.9	12
D10	现代消化及介入诊疗	2865	2.650	0.252	0.91	466	0.68	24.53	2.5	14
D10	中国肝脏病杂志(电子版)	722	1.546	0.117	0.91	301	0.53	15.84	2.9	8
D10	中华肝脏病杂志	4083	2.384	0.352	0.94	660	0.74	34.74	5.7	19
D10	中华肝脏外科手术学电子杂志	416	1.073	0.235	0.78	172	0.53	9.05	2.8	4
D10	中华结直肠疾病电子杂志	475	1.028	0.169	0.91	212	0.21	11.16	2.5	6
D10	中华胃食管反流病电子杂志	95	0.762	0.000	0.81	57	0.32	3.00	2.6	4
D10	中华消化病与影像杂志(电子版)	316	0.940	0.078	0.97	186	0.53	9.79	2.9	4
D10	中华消化内镜杂志	3222	1.503	0.202	0.93	476	1.00	25.05	4.7	12
D10	中华消化杂志	4117	1.664	0.266	0.97	647	1.00	34.05	5.2	19
D10	中华胰腺病杂志	670	0.720	0.065	0.93	278	0.53	14.63	4.4	7
D11	国际输血及血液学杂志	367	0.472	0.048	0.93	185	0.62	23.12	4.3	4
D11	临床肾脏病杂志	697	0.810	0.110	0.94	273	0.50	34.12	3.4	5
D11	临床血液学杂志	986	1.117	0.086	0.92	333	0.75	41.62	3.8	5
D11	血栓与止血学	1307	1.886	0.233	0.84	362	0.62	45.25	2.5	8
D11	中国实验血液学杂志	2332	1.241	0.143	0.87	531	0.75	66.38	3.7	9
D11	中国血液净化	2934	1.801	0.261	0.94	453	0.62	56.62	4.5	13
D11	中华肾脏病杂志	2200	1.217	0.099	0.95	519	0.50	64.88	5.2	11
D11	中华血液学杂志	2649	1.364	0.240	0.90	524	0.88	65.50	4.4	14
D12	风湿病与关节炎	1631	1.338	0.331	0.70	284	0.40	28.40	3.1	9
D12	国际内分泌代谢杂志	972	0.861	0.097	0.99	423	0.80	42.30	7.0	7
D12	中国骨质疏松杂志	4146	1.955	0.271	0.87	603	0.90	60.30	3.9	13
D12	中国糖尿病杂志	4668	1.888	0.343	0.97	711	0.70	71.10	4.0	17
D12	中华肥胖与代谢病电子杂志	60	0.567	0.098	0.73	31	0.20	3.10	1.6	3

学科代码	期刊名称	扩展总被引频次	扩展影响因子	扩展即年指标	扩展他引率	扩展引用刊数	扩展学科影响指标	扩展学科扩散指标	扩展被引半衰期	扩展H指标
D12	中华风湿病学杂志	2412	0.676	0.100	0.96	562	0.60	56.20	7.1	12
D12	中华骨质疏松和骨矿盐疾病杂志	1019	1.647	0.319	0.93	360	0.90	36.00	5.0	10
D12	中华临床免疫和变态反应杂志	441	0.692	0.030	0.97	253	0.40	25.30	5.2	5
D12	中华内分泌代谢杂志	4155	1.518	0.248	0.97	715	0.90	71.50	4.9	17
D12	中华糖尿病杂志	2326	1.524	0.227	0.93	537	0.90	53.70	3.5	12
D13	Infection International（Electronic Edition)	18	0.184	0.036	1.00	10	–	0.83	1.9	1
D13	传染病信息	848	1.058	0.279	0.89	324	1.00	27.00	4.9	7
D13	感染、炎症、修复	272	0.617	0.115	0.88	151	0.17	12.58	4.2	4
D13	国际流行病学传染病学杂志	475	0.578	0.078	0.96	247	0.58	20.58	4.4	5
D13	微生物与感染	286	0.563	0.098	0.99	187	0.58	15.58	4.6	5
D13	新发传染病电子杂志	4	–	0.014	0.00	1	0.08	0.08	1.3	1
D13	中国感染控制杂志	3092	2.874	0.413	0.90	512	0.67	42.67	3.0	12
D13	中国感染与化疗杂志	2563	3.076	0.412	0.94	483	0.92	40.25	3.4	17
D13	中华传染病杂志	1742	1.132	0.109	0.94	465	0.75	38.75	5.3	10
D13	中华临床感染病杂志	815	1.315	0.217	0.97	327	0.83	27.25	3.6	9
D13	中华实验和临床感染病杂志(电子版)	1567	1.863	0.132	0.93	435	0.75	36.25	3.2	9
D13	中华医院感染学杂志	27759	2.294	0.484	0.91	1051	1.00	87.58	3.8	20
D14	Bone Research	66	0.812	0.067	0.85	43	0.03	1.39	2.3	3
D14	Hepatobiliary & Pancreatic Diseases International	591	0.721	0.163	0.96	252	0.55	8.13	5.1	4
D14	肠外与肠内营养	2059	2.682	0.247	0.95	488	0.52	15.74	4.6	11
D14	国际麻醉学与复苏杂志	1677	1.070	0.100	0.80	411	0.55	13.26	4.0	8
D14	国际外科学杂志	1413	1.120	0.249	0.94	468	0.74	15.10	3.3	6
D14	国际移植与血液净化杂志	186	0.270	0.038	0.98	113	0.13	3.65	5.1	3
D14	河南外科学杂志	3205	0.926	0.275	0.95	390	0.45	12.58	2.9	7
D14	局解手术学杂志	2183	1.156	0.233	0.94	529	0.55	17.06	3.9	8
D14	临床麻醉学杂志	6959	2.535	0.302	0.96	631	0.68	20.35	4.2	18
D14	临床普外科电子杂志	112	0.507	0.014	0.99	76	0.16	2.45	2.5	4
D14	临床外科杂志	2270	1.038	0.219	0.91	501	0.74	16.16	4.0	8
D14	岭南现代临床外科	771	0.677	0.108	0.96	277	0.48	8.94	3.7	5
D14	麻醉安全与质控	11	–	0.126	0.55	7	0.03	0.23	0.0	2
D14	器官移植	275	0.693	0.134	0.85	141	0.32	4.55	2.8	4
D14	实用妇科内分泌电子杂志	3320	0.730	0.045	0.93	298	0.10	9.61	2.0	7

学科代码	期刊名称	扩展总被引频次	扩展影响因子	扩展即年指标	扩展他引率	扩展引用刊数	扩展学科影响指标	扩展学科扩散指标	扩展被引半衰期	扩展H指标
D14	实用器官移植电子杂志	390	1.134	0.130	0.74	101	0.19	3.26	2.7	6
D14	外科理论与实践	871	0.609	0.075	0.95	367	0.61	11.84	6.5	7
D14	外科研究与新技术	268	0.877	0.096	0.95	118	0.16	3.81	2.8	4
D14	浙江创伤外科	2868	1.229	0.216	0.90	443	0.35	14.29	2.8	9
D14	中国内镜杂志	5425	2.750	0.549	0.92	579	0.52	18.68	3.9	14
D14	中国伤残医学	8321	0.496	0.152	0.98	667	0.45	21.52	3.3	7
D14	中国实用外科杂志	6790	2.584	0.477	0.92	731	0.90	23.58	4.8	19
D14	中国微创外科杂志	6356	3.105	0.495	0.93	611	0.81	19.71	3.9	16
D14	中国现代手术学杂志	769	0.829	0.232	0.93	294	0.42	9.48	4.6	6
D14	中华麻醉学杂志	3591	1.239	0.110	0.92	551	0.68	17.77	4.6	13
D14	中华内分泌外科杂志	670	0.793	0.141	0.90	243	0.42	7.84	3.5	6
D14	中华器官移植杂志	689	0.452	0.023	0.84	213	0.29	6.87	4.9	5
D14	中华实验外科杂志	3589	0.705	0.069	0.87	684	0.77	22.06	3.4	9
D14	中华外科杂志	5530	2.553	0.605	0.97	783	0.94	25.26	6.6	17
D14	中华显微外科杂志	3222	2.256	0.274	0.66	330	0.39	10.65	4.4	12
D14	中华移植杂志(电子版)	214	0.780	0.036	0.91	122	0.19	3.94	4.3	6
D14	中国体外循环杂志	426	0.892	0.065	0.82	154	1.00	154.00	4.3	5
D15	腹部外科	634	0.755	0.133	0.88	241	0.47	7.09	4.3	5
D15	腹腔镜外科杂志	2893	1.393	0.413	0.88	382	0.53	11.24	4.6	9
D15	肝癌电子杂志	76	0.575	0.261	0.46	33	0.12	0.97	1.8	3
D15	肝博士	25	0.061	0.012	1.00	22	–	0.65	3.8	1
D15	肝胆外科杂志	1516	1.782	0.162	0.95	348	0.44	10.24	3.7	10
D15	肝胆胰外科杂志	1513	1.588	0.291	0.92	338	0.44	9.94	3.8	9
D15	结直肠肛门外科	1533	1.465	0.111	0.85	309	0.29	9.09	4.3	7
D15	临床心电学杂志	682	0.531	0.031	0.94	229	0.15	6.74	6.0	6
D15	实用心电学杂志	572	0.991	0.212	0.88	194	0.18	5.71	3.7	5
D15	心电图杂志(电子版)	69	0.207	0.000	0.77	35	0.15	1.03	3.6	2
D15	心电与循环	242	0.246	0.092	0.90	123	0.18	3.62	4.4	3
D15	心血管外科杂志(电子版)	61	0.435	0.003	1.00	46	0.09	1.35	3.0	3
D15	血管与腔内血管外科杂志	170	0.886	0.145	0.79	83	0.18	2.44	1.5	4
D15	中国普通外科杂志	4518	2.134	0.417	0.89	568	0.65	16.71	3.8	14
D15	中国普外基础与临床杂志	2889	1.094	0.197	0.92	547	0.74	16.09	4.4	10
D15	中国现代普通外科进展	2496	1.642	0.203	0.91	459	0.68	13.50	3.2	10

学科代码	期刊名称	扩展总被引频次	扩展影响因子	扩展即年指标	扩展他引率	扩展引用刊数	扩展学科影响指标	扩展学科扩散指标	扩展被引半衰期	扩展H指标
D15	中国心脏起搏与心电生理杂志	860	0.684	0.041	0.83	269	0.15	7.91	5.8	6
D15	中国胸心血管外科临床杂志	1701	0.921	0.192	0.87	409	0.47	12.03	4.2	10
D15	中国血管外科杂志(电子版)	488	0.988	0.085	0.90	196	0.35	5.76	3.8	7
D15	中华肝胆外科杂志	2312	1.570	0.167	0.94	442	0.47	13.00	4.1	11
D15	中华普通外科学文献(电子版)	797	1.356	0.306	0.91	323	0.59	9.50	3.6	6
D15	中华普通外科杂志	3424	1.395	0.145	0.90	564	0.71	16.59	4.4	12
D15	中华普外科手术学杂志(电子版)	1101	1.642	0.333	0.81	288	0.56	8.47	2.7	8
D15	中华腔镜外科杂志(电子版)	953	1.247	0.112	0.90	285	0.56	8.38	4.0	8
D15	中华乳腺病杂志(电子版)	855	1.193	0.146	0.91	308	0.32	9.06	4.4	8
D15	中华疝和腹壁外科杂志(电子版)	1300	1.430	0.239	0.80	217	0.38	6.38	3.4	9
D15	中华胃肠内镜电子杂志	92	0.769	0.023	0.82	58	0.12	1.71	2.5	3
D15	中华胃肠外科杂志	5133	2.203	0.302	0.94	605	0.71	17.79	4.2	15
D15	中华消化外科杂志	3249	3.234	0.602	0.92	487	0.65	14.32	2.8	17
D15	中华胸部外科电子杂志	77	0.545	0.113	0.96	61	0.09	1.79	2.1	3
D15	中华胸心血管外科杂志	1795	0.913	0.084	0.94	414	0.41	12.18	4.4	10
D15	中华血管外科杂志	27	–	0.100	0.63	14	0.09	0.41	1.4	3
D15	足踝外科电子杂志	42	0.176	0.000	0.79	24	0.03	0.71	2.9	2
D16	国际心血管病杂志	742	1.004	0.219	0.95	316	0.86	15.05	4.2	6
D16	临床心血管病杂志	2075	1.083	0.217	0.90	476	0.95	22.67	3.8	8
D16	岭南心血管病杂志	1113	0.857	0.142	0.97	357	0.81	17.00	3.7	7
D16	实用心脑肺血管病杂志	6948	2.704	0.347	0.98	624	0.76	29.71	3.7	13
D16	心肺血管病杂志	1845	1.263	0.249	0.83	466	0.81	22.19	3.8	8
D16	心脑血管病防治	1197	1.138	0.168	0.95	384	0.62	18.29	3.7	7
D16	心血管病学进展	1697	0.910	0.183	0.99	517	0.90	24.62	5.6	9
D16	心血管康复医学杂志	1654	1.243	0.250	0.94	402	0.76	19.14	4.2	9
D16	心脏杂志	815	0.623	0.223	0.96	374	0.86	17.81	4.1	5
D16	中国动脉硬化杂志	2366	1.451	0.285	0.89	551	0.86	26.24	4.0	10
D16	中国分子心脏病学杂志	315	0.352	0.069	0.97	197	0.76	9.38	5.5	4
D16	中国介入心脏病学杂志	1358	1.448	0.235	0.91	353	0.95	16.81	3.3	10
D16	中国心血管病研究	1663	1.021	0.142	0.91	437	0.86	20.81	3.8	7
D16	中国心血管杂志	979	1.307	0.143	0.93	361	0.86	17.19	3.9	8
D16	中国循环杂志	5054	3.416	0.454	0.91	713	1.00	33.95	3.0	16
D16	中国循证心血管医学杂志	2697	1.818	0.348	0.93	494	0.95	23.52	2.6	13

学科代码	期刊名称	扩展总被引频次	扩展影响因子	扩展即年指标	扩展他引率	扩展引用刊数	扩展学科影响指标	扩展学科扩散指标	扩展被引半衰期	扩展H指标
D16	中华高血压杂志	4453	1.957	0.214	0.90	662	0.90	31.52	5.8	17
D16	中华老年心脑血管病杂志	5152	2.194	0.388	0.97	646	0.90	30.76	3.6	15
D16	中华心律失常学杂志	738	0.960	0.168	0.79	214	0.90	10.19	4.4	8
D16	中华心血管病杂志	9080	3.049	0.390	0.97	811	1.00	38.62	6.4	29
D17	国际泌尿系统杂志	1064	0.734	0.118	0.97	358	0.89	39.78	3.5	6
D17	临床泌尿外科杂志	2313	0.768	0.156	0.95	449	0.78	49.89	5.6	8
D17	泌尿外科杂志(电子版)	189	0.380	0.000	0.97	110	0.67	12.22	3.9	3
D17	肾脏病与透析肾移植杂志	1421	1.184	0.135	0.97	422	0.67	46.89	5.3	8
D17	微创泌尿外科杂志	530	1.270	0.185	0.92	173	0.78	19.22	2.9	5
D17	现代泌尿外科杂志	1890	1.118	0.175	0.94	401	0.89	44.56	3.8	10
D17	中华泌尿外科杂志	4011	1.942	0.242	0.87	533	0.78	59.22	4.7	15
D17	中华腔镜泌尿外科杂志(电子版)	1184	1.390	0.165	0.87	277	0.78	30.78	4.6	8
D17	中华肾病研究电子杂志	307	0.763	0.147	0.92	174	0.22	19.33	3.2	5
D18	骨科	480	1.266	0.342	0.97	194	0.53	10.21	2.6	6
D18	骨科临床与研究杂志	21	–	0.211	0.90	18	0.32	0.95	0.0	2
D18	国际骨科学杂志	1143	1.312	0.207	0.97	396	0.95	20.84	5.1	8
D18	脊柱外科杂志	779	1.156	0.108	0.90	257	0.74	13.53	4.6	7
D18	颈腰痛杂志	1558	1.323	0.153	0.96	373	0.68	19.63	4.6	8
D18	临床骨科杂志	2510	1.470	0.202	0.89	358	0.95	18.84	3.6	9
D18	生物骨科材料与临床研究	847	1.254	0.197	0.92	253	0.63	13.32	3.2	8
D18	实用骨科杂志	3115	1.456	0.278	0.94	439	0.95	23.11	3.8	10
D18	实用手外科杂志	806	0.900	0.065	0.62	168	0.42	8.84	3.3	5
D18	中国骨科临床与基础研究杂志	366	1.139	0.096	0.99	185	0.58	9.74	3.5	5
D18	中国骨与关节损伤杂志	6597	1.987	0.251	0.91	494	1.00	26.00	3.9	14
D18	中国骨与关节杂志	1223	1.193	0.179	0.96	356	0.95	18.74	3.2	8
D18	中国脊柱脊髓杂志	3972	1.956	0.230	0.94	486	0.84	25.58	5.2	14
D18	中华创伤骨科杂志	3943	2.274	0.298	0.93	452	1.00	23.79	4.5	11
D18	中华骨科杂志	5452	2.824	0.455	0.90	586	1.00	30.84	6.0	16
D18	中华骨与关节外科杂志	1190	2.345	0.168	0.95	334	0.89	17.58	3.1	11
D18	中华关节外科杂志(电子版)	1975	1.611	0.398	0.89	415	0.89	21.84	3.9	11
D18	中华肩肘外科电子杂志	185	0.892	0.063	0.82	90	0.47	4.74	2.7	4
D18	中华手外科杂志	2743	1.410	0.116	0.68	307	0.84	16.16	5.7	10
D19	Chinese Journal of Traumatology	454	0.680	0.118	0.96	227	0.62	17.46	4.6	5

学科代码	期刊名称	扩展总被引频次	扩展影响因子	扩展即年指标	扩展他引率	扩展引用刊数	扩展学科影响指标	扩展学科扩散指标	扩展被引半衰期	扩展H指标
D19	创伤外科杂志	2169	1.526	0.284	0.93	451	0.92	34.69	3.8	9
D19	中国矫形外科杂志	7663	2.067	0.292	0.93	673	0.77	51.77	4.5	15
D19	中国美容医学	6438	1.083	0.203	0.88	697	0.69	53.62	5.2	10
D19	中国烧伤创疡杂志	525	1.115	0.097	0.59	127	0.15	9.77	5.1	6
D19	中国修复重建外科杂志	3367	1.209	0.280	0.94	606	0.92	46.62	4.8	10
D19	中华创伤杂志	3653	1.779	0.439	0.91	544	0.85	41.85	4.5	11
D19	中华烧伤杂志	1619	1.374	0.319	0.83	386	0.85	29.69	4.3	8
D19	中华损伤与修复杂志(电子版)	1199	1.337	0.135	0.94	364	0.85	28.00	4.0	8
D19	中华整形外科杂志	1335	1.287	0.080	0.89	299	0.85	23.00	5.1	7
D19	组织工程与重建外科杂志	537	1.009	0.078	0.95	219	0.62	16.85	3.5	5
D20	妇产与遗传(电子版)	111	0.327	0.017	0.97	77	0.45	7.00	3.7	3
D20	国际妇产科学杂志	1719	1.318	0.283	0.98	461	1.00	41.91	4.0	9
D20	母婴世界	1551	0.140	0.020	0.96	167	0.18	15.18	1.9	4
D20	实用妇产科杂志	6585	2.609	0.330	0.99	633	1.00	57.55	4.3	21
D20	现代妇产科进展	2937	1.601	0.268	0.97	531	1.00	48.27	4.0	13
D20	中国妇产科临床杂志	2109	1.550	0.311	0.98	449	1.00	40.82	4.4	10
D20	中国实用妇科与产科杂志	5671	2.770	0.462	0.92	655	1.00	59.55	4.6	15
D20	中华产科急救电子杂志	204	0.590	0.000	0.95	120	0.82	10.91	3.6	4
D20	中华妇产科杂志	6660	3.881	0.415	0.98	690	1.00	62.73	4.5	25
D20	中华妇幼临床医学杂志(电子版)	2007	2.203	0.269	0.98	448	1.00	40.73	3.6	11
D20	中华围产医学杂志	2277	1.776	0.267	0.93	442	1.00	40.18	3.6	13
D21	Chinese Journal of Neonatology	1805	2.101	0.184	0.92	361	0.88	21.24	4.1	10
D21	World Journal of Pediatrics	205	1.025	0.087	0.96	119	0.76	7.00	3.5	3
D21	发育医学电子杂志	107	0.457	0.281	0.55	42	0.35	2.47	2.0	4
D21	国际儿科学杂志	1139	0.987	0.085	0.86	356	0.82	20.94	3.5	6
D21	临床儿科杂志	3838	1.576	0.115	0.98	672	0.94	39.53	4.8	15
D21	临床小儿外科杂志	954	0.716	0.160	0.77	281	0.76	16.53	4.3	5
D21	中国当代儿科杂志	3436	1.952	0.362	0.97	630	1.00	37.06	3.9	14
D21	中国儿童保健杂志	4130	1.523	0.271	0.92	689	0.88	40.53	4.2	9
D21	中国实用儿科杂志	3355	1.567	0.195	0.94	636	0.94	37.41	5.5	12
D21	中国小儿急救医学	1628	1.078	0.160	0.91	359	0.82	21.12	3.8	8
D21	中国小儿血液与肿瘤杂志	426	0.756	0.068	0.96	216	0.65	12.71	4.5	4
D21	中国循证儿科杂志	1077	1.710	0.151	0.97	393	0.88	23.12	4.8	9

学科代码	期刊名称	扩展总被引频次	扩展影响因子	扩展即年指标	扩展他引率	扩展引用刊数	扩展学科影响指标	扩展学科扩散指标	扩展被引半衰期	扩展H指标
D21	中国中西医结合儿科学	1943	1.401	0.236	0.87	360	0.71	21.18	3.8	7
D21	中华儿科杂志	6743	2.533	0.348	0.98	798	1.00	46.94	6.0	27
D21	中华实用儿科临床杂志	6201	1.430	0.173	0.96	788	1.00	46.35	5.1	13
D21	中华小儿外科杂志	2092	1.067	0.120	0.83	431	1.00	25.35	4.9	8
D21	中医儿科杂志	1034	0.761	0.145	0.96	226	0.24	13.29	5.1	7
D22	国际眼科杂志	5519	1.412	0.318	0.88	578	1.00	57.80	3.9	10
D22	临床眼科杂志	1250	1.051	0.166	0.96	306	1.00	30.60	4.0	6
D22	眼科	734	0.533	0.112	0.92	230	1.00	23.00	6.0	4
D22	眼科新进展	2545	1.344	0.185	0.93	401	1.00	40.10	3.8	3
D22	中国斜视与小儿眼科杂志	551	0.855	0.070	0.89	162	1.00	16.20	5.6	6
D22	中华实验眼科杂志	1759	1.073	0.170	0.86	354	1.00	35.40	4.4	9
D22	中华眼底病杂志	1584	1.468	0.160	0.92	283	1.00	28.30	4.2	10
D22	中华眼科医学杂志(电子版)	286	0.977	0.104	0.98	137	0.90	13.70	3.1	5
D22	中华眼科杂志	3435	1.073	0.172	0.92	478	1.00	47.80	6.0	14
D22	中华眼视光学与视觉科学杂志	926	0.626	0.083	0.89	246	1.00	24.60	4.3	6
D22	中国实用眼科杂志	3051	0.974	0.062	0.94	393	1.00	393.00	4.9	10
D23	Journal of Otology	19	0.089	0.000	0.84	10	0.22	0.56	5.1	1
D23	World Journal of Otorhinolaryngology-Head and Neck Surgery	5	0.071	0.051	1.00	3	0.06	0.17	1.2	1
D23	国际耳鼻咽喉头颈外科杂志	350	0.392	0.093	0.98	183	0.56	10.17	7.6	4
D23	国际眼科纵览	337	0.326	0.095	0.95	151	0.39	8.39	7.5	4
D23	临床耳鼻咽喉头颈外科杂志	3800	0.995	0.159	0.89	590	0.72	32.78	4.2	8
D23	山东大学耳鼻喉眼学报	949	0.960	0.201	0.93	312	0.72	17.33	3.9	3
D23	实用防盲技术	178	0.547	0.083	0.99	99	0.22	5.50	3.5	3
D23	听力学及言语疾病杂志	1760	1.216	0.195	0.89	373	0.61	20.72	4.8	9
D23	眼科学报	177	0.477	0.018	0.99	86	0.28	4.78	4.8	3
D23	中国耳鼻咽喉颅底外科杂志	1118	1.174	0.252	0.85	339	0.61	18.83	4.0	7
D23	中国耳鼻咽喉头颈外科	1944	1.303	0.118	0.90	438	0.67	24.33	4.7	9
D23	中国眼耳鼻喉科杂志	836	0.919	0.203	0.97	278	0.78	15.44	4.1	6
D23	中国医学文摘-耳鼻咽喉科学	311	0.445	0.089	0.89	140	0.50	7.78	4.9	5
D23	中华耳鼻咽喉头颈外科杂志	4627	1.895	0.367	0.94	609	0.78	33.83	6.3	17
D23	中华耳科学杂志	1509	1.450	0.189	0.83	327	0.67	18.17	4.0	9
D23	中华眼外伤职业眼病杂志	1469	0.653	0.065	0.80	246	0.50	13.67	4.8	5

学科代码	期刊名称	扩展总被引频次	扩展影响因子	扩展即年指标	扩展他引率	扩展引用刊数	扩展学科影响指标	扩展学科扩散指标	扩展被引半衰期	扩展H指标
D23	中医眼耳鼻喉杂志	101	0.304	0.011	0.99	65	0.28	3.61	2.9	3
D24	International Journal of Oral Science	149	0.603	0.094	0.93	90	0.68	3.60	4.9	3
D24	北京口腔医学	684	0.990	0.156	0.86	232	0.84	9.28	4.6	5
D24	国际口腔医学杂志	1254	1.017	0.208	0.98	384	0.92	15.36	4.8	7
D24	华西口腔医学杂志	1664	1.176	0.285	0.96	409	0.92	16.36	5.2	8
D24	口腔材料器械杂志	311	0.961	0.130	0.85	142	0.80	5.68	4.1	4
D24	口腔颌面外科杂志	959	1.014	0.113	0.97	302	0.96	12.08	5.0	6
D24	口腔颌面修复学杂志	625	1.011	0.134	0.90	194	0.80	7.76	4.4	6
D24	口腔疾病防治	998	1.102	0.179	0.87	263	0.88	10.52	3.7	5
D24	口腔生物医学	146	0.373	0.040	0.96	92	0.56	3.68	4.2	4
D24	口腔医学	1726	0.934	0.218	0.92	367	0.92	14.68	4.3	7
D24	口腔医学研究	2019	0.915	0.156	0.82	415	0.92	16.60	4.7	7
D24	临床口腔医学杂志	1721	0.861	0.140	0.94	398	0.92	15.92	4.4	6
D24	全科口腔医学电子杂志	1304	0.518	0.058	0.90	206	0.40	8.24	2.1	7
D24	上海口腔医学	1135	0.947	0.093	0.95	334	0.92	13.36	4.6	6
D24	实用口腔医学杂志	1901	1.097	0.114	0.89	396	0.96	15.84	4.7	7
D24	现代口腔医学杂志	749	0.677	0.177	0.97	279	0.96	11.16	7.6	5
D24	牙体牙髓牙周病学杂志	1391	1.025	0.153	0.94	340	0.92	13.60	4.6	8
D24	中国口腔颌面外科杂志	665	0.721	0.090	0.92	249	0.84	9.96	5.2	6
D24	中国口腔医学继续教育杂志	18	0.051	0.000	1.00	14	0.24	0.56	5.5	1
D24	中国口腔种植学杂志	468	1.111	0.173	0.96	163	0.80	6.52	4.7	5
D24	中国实用口腔科杂志	1522	1.177	0.190	0.92	350	0.92	14.00	4.2	7
D24	中华口腔医学研究杂志(电子版)	466	0.659	0.125	0.95	210	0.84	8.40	4.4	5
D24	中华口腔医学杂志	2140	1.213	0.317	0.93	420	0.96	16.80	5.9	9
D24	中华口腔正畸学杂志	427	0.692	0.000	0.90	120	0.80	4.80	5.7	5
D24	中华老年口腔医学杂志	757	1.243	0.138	0.88	220	0.76	8.80	4.3	7
D25	国际皮肤性病学杂志	568	0.463	0.116	0.98	257	1.00	32.12	5.9	5
D25	临床皮肤科杂志	2253	0.526	0.062	0.86	454	1.00	56.75	6.3	7
D25	皮肤性病诊疗学杂志	865	0.978	0.129	0.88	274	0.88	34.25	4.1	6
D25	实用皮肤病学杂志	691	0.805	0.132	0.89	239	0.88	29.88	3.5	6
D25	中国艾滋病性病	2842	1.447	0.300	0.82	353	0.75	44.12	4.0	11
D25	中国麻风皮肤病杂志	1524	0.584	0.104	0.94	404	1.00	50.50	4.8	6
D25	中国皮肤性病学杂志	3349	0.598	0.105	0.87	534	1.00	66.75	5.4	9

学科代码	期刊名称	扩展总被引频次	扩展影响因子	扩展即年指标	扩展他引率	扩展引用刊数	扩展学科影响指标	扩展学科扩散指标	扩展被引半衰期	扩展H指标
D25	中华皮肤科杂志	2940	0.868	0.147	0.93	528	1.00	66.00	6.1	15
D26	Asian Journal of Andrology	767	0.473	0.190	0.92	294	1.00	73.50	4.7	6
D26	中国男科学杂志	1274	0.838	0.049	0.88	335	1.00	83.75	5.4	7
D26	中国性科学	4176	1.898	0.291	0.83	552	0.75	138.00	2.8	11
D26	中华男科学杂志	2769	1.480	0.242	0.83	501	1.00	125.25	4.9	9
D27	Chinese Neurosurgical Journal	2	0.038	0.000	1.00	2	0.02	0.05	2.0	1
D27	Neural Regeneration Research	1221	0.641	0.130	0.91	407	0.65	10.18	2.9	5
D27	Neuroscience Bulletin	437	0.541	0.255	0.89	257	0.55	6.42	5.0	4
D27	Shanghai Archives of Psychiatry	1077	0.669	0.509	0.96	381	0.40	9.52	≥10	8
D27	Translational Neuroscience and Clinics	12	0.196	0.029	0.50	6	0.08	0.15	1.7	1
D27	癫痫与神经电生理学杂志	331	0.330	0.073	0.89	172	0.35	4.30	6.2	3
D27	癫痫杂志	24	0.084	0.113	0.50	10	0.05	0.25	1.1	1
D27	国际精神病学杂志	1919	1.878	0.365	0.86	385	0.32	9.62	2.5	9
D27	国际脑血管病杂志	1255	1.108	0.242	0.73	345	0.55	8.62	4.2	6
D27	国际神经病学神经外科学杂志	1183	1.224	0.127	0.92	417	0.68	10.42	4.3	8
D27	精神医学杂志	1704	1.513	0.176	0.91	387	0.40	9.68	4.4	8
D27	立体定向和功能性神经外科杂志	408	0.597	0.021	0.88	171	0.45	4.28	4.5	4
D27	临床精神医学杂志	2189	1.017	0.199	0.98	520	0.40	13.00	6.1	9
D27	临床神经病学杂志	2081	1.397	0.167	0.96	499	0.80	12.48	4.4	11
D27	临床神经外科杂志	942	1.367	0.197	0.89	283	0.50	7.08	3.4	7
D27	脑与神经疾病杂志	1018	0.856	0.200	0.98	367	0.72	9.18	4.2	7
D27	神经病学与神经康复学杂志	255	–	0.162	0.95	160	0.30	4.00	5.3	5
D27	神经疾病与精神卫生	984	0.795	0.153	0.88	329	0.60	8.22	4.4	6
D27	神经损伤与功能重建	1386	1.435	0.169	0.88	405	0.65	10.12	3.1	8
D27	四川精神卫生	870	0.907	0.141	0.92	287	0.38	7.18	3.6	6
D27	中风与神经疾病杂志	2182	0.897	0.169	0.97	536	0.75	13.40	4.4	8
D27	中国临床神经科学	940	1.035	0.155	0.96	391	0.70	9.78	4.4	8
D27	中国临床神经外科杂志	1860	0.719	0.178	0.89	400	0.68	10.00	5.0	7
D27	中国脑血管病杂志	1559	1.584	0.446	0.95	389	0.62	9.72	4.1	9
D27	中国神经精神疾病杂志	2701	1.556	0.145	0.95	616	0.90	15.40	5.7	12
D27	中国神经免疫学和神经病学杂志	957	1.130	0.099	0.95	342	0.62	8.55	4.7	8
D27	中国实用神经疾病杂志	13473	1.282	0.453	0.95	772	0.80	19.30	3.1	12
D27	中国微侵袭神经外科杂志	1404	0.882	0.331	0.79	340	0.50	8.50	4.4	7

学科代码	期刊名称	扩展总被引频次	扩展影响因子	扩展即年指标	扩展他引率	扩展引用刊数	扩展学科影响指标	扩展学科扩散指标	扩展被引半衰期	扩展H指标
D27	中国现代神经疾病杂志	1432	1.158	0.240	0.89	454	0.82	11.35	4.2	9
D27	中国卒中杂志	1671	1.314	0.248	0.96	470	0.70	11.75	3.9	10
D27	中华行为医学与脑科学杂志	3916	1.600	0.366	0.85	760	0.65	19.00	5.8	11
D27	中华精神科杂志	1685	1.620	0.606	0.92	429	0.57	10.72	8.0	10
D27	中华神经创伤外科电子杂志	250	1.009	0.273	0.94	139	0.35	3.48	1.8	5
D27	中华神经科杂志	7504	3.543	0.426	0.96	729	0.88	18.23	7.6	28
D27	中华神经外科疾病研究杂志	1421	1.110	0.179	0.89	411	0.57	10.28	4.0	8
D27	中华神经外科杂志	3717	1.465	0.190	0.85	550	0.75	13.75	4.9	12
D27	中华神经医学杂志	2763	1.554	0.144	0.90	536	0.80	13.40	4.2	11
D27	卒中与神经疾病	1053	1.263	0.078	0.98	353	0.55	8.82	4.1	8
D28	标记免疫分析与临床	2196	1.579	0.221	0.90	480	0.32	17.14	2.6	9
D28	放射学实践	3350	1.290	0.234	0.90	516	0.93	18.43	4.4	9
D28	分子影像学杂志	218	0.468	0.184	0.99	149	0.14	5.32	2.3	3
D28	功能与分子医学影像学杂志(电子版)	152	0.516	0.109	0.72	67	0.32	2.39	3.1	3
D28	国际放射医学核医学杂志	303	0.380	0.061	0.88	163	0.61	5.82	5.2	3
D28	国际医学放射学杂志	919	1.395	0.330	0.90	306	0.86	10.93	4.0	6
D28	介入放射学杂志	3636	1.850	0.278	0.86	560	0.79	20.00	4.2	12
D28	临床超声医学杂志	2352	0.975	0.134	0.95	459	0.82	16.39	3.9	8
D28	临床放射学杂志	4157	1.053	0.145	0.93	566	0.86	20.21	4.5	10
D28	实用放射学杂志	5100	1.131	0.107	0.83	570	0.93	20.36	4.3	9
D28	实用医学影像杂志	1049	0.890	0.120	0.99	319	0.86	11.39	3.6	5
D28	现代医用影像学	1245	0.850	0.098	0.96	292	0.57	10.43	2.6	6
D28	医学影像学杂志	5923	1.463	0.196	0.90	623	1.00	22.25	3.6	13
D28	影像诊断与介入放射学	681	0.930	0.071	0.95	271	0.71	9.68	4.0	5
D28	中国CT和MRI杂志	4809	2.573	0.483	0.82	508	0.82	18.14	2.8	14
D28	中国超声医学杂志	4703	1.670	0.159	0.88	533	0.89	19.04	4.1	12
D28	中国介入影像与治疗学	1312	1.056	0.299	0.86	373	0.82	13.32	4.1	7
D28	中国临床医学影像杂志	2777	1.311	0.151	0.98	516	0.96	18.43	4.2	11
D28	中国数字医学	2781	1.363	0.270	0.82	509	0.14	18.18	3.0	10
D28	中国体视学与图像分析	243	0.351	0.071	0.82	166	0.11	5.93	6.5	3
D28	中国医学计算机成像杂志	1274	1.458	0.093	0.94	351	0.86	12.54	4.4	7
D28	中国医学影像技术	5631	1.092	0.212	0.90	702	0.96	25.07	5.7	10
D28	中国医学影像学杂志	2869	1.699	0.123	0.92	522	0.89	18.64	4.1	10

学科代码	期刊名称	扩展总被引频次	扩展影响因子	扩展即年指标	扩展他引率	扩展引用刊数	扩展学科影响指标	扩展学科扩散指标	扩展被引半衰期	扩展H指标
D28	中华超声影像学杂志	2951	1.158	0.104	0.92	479	0.86	17.11	4.9	10
D28	中华放射学杂志	5256	1.739	0.342	0.92	640	0.93	22.86	6.2	13
D28	中华核医学与分子影像杂志	1227	1.224	0.246	0.78	311	0.75	11.11	4.4	7
D28	中华介入放射学电子杂志	192	0.858	0.377	0.83	107	0.36	3.82	2.3	3
D28	中华医学超声杂志(电子版)	2639	1.681	0.109	0.93	460	0.79	16.43	4.5	11
D29	Cancer Biology & Medicine	187	1.010	0.283	0.93	126	0.57	3.41	2.6	3
D29	Chinese Journal of Cancer	1514	0.835	0.237	0.93	546	0.92	14.76	9.1	9
D29	Chinese Journal of Cancer Research	863	2.747	0.500	0.95	362	0.86	9.78	2.9	9
D29	Oncology and Translational Medicine	181	0.098	0.000	0.91	132	0.46	3.57	6.9	3
D29	癌变・畸变・突变	515	0.594	0.082	0.92	300	0.38	8.11	5.6	4
D29	癌症进展	1380	1.190	0.157	0.94	453	0.76	12.24	3.1	7
D29	白血病・淋巴瘤	559	0.344	0.163	0.79	195	0.51	5.27	4.2	3
D29	国际肿瘤学杂志	792	0.512	0.056	0.98	367	0.49	9.92	4.0	5
D29	临床肿瘤学杂志	2983	1.334	0.185	0.97	666	0.89	18.00	4.7	15
D29	实用癌症杂志	4003	1.583	0.298	0.95	595	0.81	16.08	2.8	11
D29	实用肿瘤学杂志	550	0.488	0.133	0.98	291	0.57	7.86	5.4	4
D29	实用肿瘤杂志	1392	1.531	0.308	0.88	451	0.62	12.19	4.4	8
D29	现代泌尿生殖肿瘤杂志	372	0.595	0.028	0.93	179	0.27	4.84	3.8	5
D29	现代肿瘤医学	6486	1.195	0.294	0.92	817	0.86	22.08	3.3	11
D29	消化肿瘤杂志(电子版)	230	0.690	0.125	0.91	127	0.24	3.43	3.7	4
D29	中国癌症防治杂志	547	0.823	0.137	0.95	264	0.43	7.14	4.1	6
D29	中国癌症杂志	2665	2.317	0.270	0.99	638	0.81	17.24	4.4	14
D29	中国肺癌杂志	2221	2.347	0.593	0.94	549	0.84	14.84	4.4	13
D29	中国肿瘤	4184	3.341	1.379	0.93	773	0.89	20.89	3.9	20
D29	中国肿瘤临床	4078	2.269	0.320	0.99	722	0.86	19.51	4.1	14
D29	中国肿瘤临床与康复	3159	1.630	0.303	0.89	496	0.68	13.41	2.9	10
D29	中国肿瘤生物治疗杂志	814	1.042	0.151	0.88	328	0.51	8.86	3.8	8
D29	中国肿瘤外科杂志	716	0.940	0.145	0.89	271	0.51	7.32	3.9	6
D29	中华放射肿瘤学杂志	1967	1.050	0.173	0.85	356	0.68	9.62	5.2	11
D29	中华肿瘤防治杂志	4246	2.097	0.174	0.92	717	0.84	19.38	3.9	11
D29	中华肿瘤杂志	3541	2.132	0.397	0.93	687	0.92	18.57	4.6	14
D29	肿瘤	1738	0.831	0.189	0.93	580	0.84	15.68	5.5	7
D29	肿瘤代谢与营养电子杂志	211	1.081	0.204	0.77	105	0.35	2.84	2.3	5

学科代码	期刊名称	扩展总被引频次	扩展影响因子	扩展即年指标	扩展他引率	扩展引用刊数	扩展学科影响指标	扩展学科扩散指标	扩展被引半衰期	扩展H指标
D29	肿瘤防治研究	1927	1.245	0.225	0.97	549	0.84	14.84	3.8	8
D29	肿瘤基础与临床	1027	0.835	0.126	0.91	381	0.54	10.30	4.4	5
D29	肿瘤学杂志	1580	1.126	0.244	0.98	473	0.73	12.78	3.9	8
D29	肿瘤研究与临床	1234	0.900	0.207	0.91	393	0.70	10.62	3.6	6
D29	肿瘤药学	716	1.307	0.208	0.97	302	0.38	8.16	3.5	6
D29	肿瘤影像学	549	0.801	0.158	0.99	232	0.24	6.27	5.0	5
D29	肿瘤预防与治疗	559	1.188	0.184	0.86	245	0.43	6.62	4.1	5
D30	Chinese Nursing Research	13	0.167	0.000	1.00	12	0.15	0.44	2.1	1
D30	Nursing of Integrated Traditional Chinese and Western Medicine	1312	1.227	0.249	0.97	200	0.81	7.41	1.6	6
D30	当代护士(上旬刊)	1441	0.678	0.165	0.89	216	0.96	8.00	1.6	5
D30	当代护士(下旬刊)	5935	0.823	0.208	0.87	425	0.96	15.74	3.6	8
D30	当代护士(中旬刊)	5529	0.720	0.186	0.94	429	0.96	15.89	3.8	8
D30	国际护理学杂志	13138	1.605	0.452	0.98	525	0.96	19.44	3.5	17
D30	护理管理杂志	7815	3.028	0.426	0.90	559	1.00	20.70	4.4	18
D30	护理实践与研究	16449	1.894	0.339	0.95	702	0.96	26.00	4.2	16
D30	护理学报	9428	2.186	0.399	0.92	717	1.00	26.56	4.5	16
D30	护理学杂志	18382	2.823	0.425	0.91	877	1.00	32.48	4.4	20
D30	护理研究	24426	2.088	0.490	0.95	995	1.00	36.85	4.0	17
D30	护理与康复	4435	1.313	0.244	0.93	478	0.96	17.70	4.3	11
D30	护士进修杂志	21269	2.744	0.480	0.98	769	1.00	28.48	4.5	29
D30	解放军护理杂志	10004	2.123	0.235	0.97	697	1.00	25.81	4.8	17
D30	临床护理杂志	2738	1.475	0.321	1.00	428	0.96	15.85	4.8	11
D30	齐鲁护理杂志	18873	1.885	0.374	0.97	696	1.00	25.78	4.0	16
D30	全科护理	12647	1.089	0.245	0.97	690	0.96	25.56	3.9	12
D30	上海护理	2264	1.989	0.413	0.99	385	0.96	14.26	4.1	8
D30	天津护理	1810	0.943	0.194	0.91	310	0.96	11.48	3.8	7
D30	现代临床护理	4617	2.276	0.271	0.94	474	1.00	17.56	4.9	13
D30	循证护理	217	1.381	0.189	0.94	90	0.70	3.33	1.7	5
D30	中国护理管理	10210	3.325	0.475	0.97	671	1.00	24.85	4.2	22
D30	中国临床护理	1554	1.806	0.423	0.95	290	0.96	10.74	2.8	8
D30	中国实用护理杂志	19386	2.780	0.448	0.97	710	1.00	26.30	5.1	19
D30	中华护理教育	3363	2.164	0.277	0.93	432	1.00	16.00	3.8	12

学科代码	期刊名称	扩展总被引频次	扩展影响因子	扩展即年指标	扩展他引率	扩展引用刊数	扩展学科影响指标	扩展学科扩散指标	扩展被引半衰期	扩展H指标
D30	中华护理杂志	24680	7.103	0.707	0.98	952	1.00	35.26	5.4	37
D30	中华现代护理杂志	18427	1.875	0.315	0.90	737	1.00	27.30	3.8	16
D31	Chronic Diseases and Translational Medicine	9	0.111	0.029	0.89	9	0.02	0.19	1.9	1
D31	安徽预防医学杂志	563	0.427	0.110	0.93	253	0.57	5.38	5.0	4
D31	保健医学研究与实践	875	1.023	0.293	0.95	313	0.30	5.22	2.9	6
D31	毒理学杂志	742	0.601	0.050	0.94	340	0.45	7.23	7.3	6
D31	公共卫生与预防医学	2123	1.590	0.297	0.76	469	0.79	9.98	3.8	9
D31	国外医学(医学地理分册)	511	1.012	0.466	0.81	227	0.34	4.83	3.6	5
D31	海峡预防医学杂志	1090	0.409	0.066	0.90	370	0.70	7.87	5.0	4
D31	河南预防医学杂志	747	0.443	0.109	0.93	307	0.66	6.53	4.1	4
D31	华南预防医学	1071	0.732	0.132	0.94	310	0.77	6.60	4.9	7
D31	疾病监测与控制	1315	0.523	0.183	0.98	425	0.77	9.04	2.7	6
D31	疾病预防控制通报	1003	0.675	0.161	0.79	297	0.64	6.32	5.2	5
D31	江苏卫生事业管理	1447	0.572	0.324	0.84	324	0.30	6.89	3.4	5
D31	解放军预防医学杂志	2465	1.885	0.150	0.75	492	0.64	10.47	2.4	7
D31	口岸卫生控制	299	0.371	0.042	0.82	110	0.32	2.34	5.2	3
D31	临床医学工程	5386	1.342	0.281	0.99	687	0.60	14.62	3.3	10
D31	上海预防医学	1481	0.731	0.154	0.91	459	0.77	9.77	4.6	6
D31	实用预防医学	6198	1.713	0.280	0.90	889	0.91	18.91	4.4	12
D31	首都公共卫生	519	1.047	0.137	0.94	191	0.70	4.06	4.0	5
D31	微量元素与健康研究	1553	0.666	0.175	0.99	607	0.64	12.91	6.2	8
D31	现代预防医学	14049	1.516	0.229	0.91	1456	0.89	30.98	4.6	15
D31	营养学报	2072	0.876	0.136	0.97	679	0.70	14.45	9.4	10
D31	应用预防医学	937	0.830	0.113	0.87	260	0.62	5.53	4.0	5
D31	预防医学	3190	1.561	0.267	0.87	668	0.87	14.21	3.4	9
D31	预防医学论坛	1512	0.679	0.119	0.80	367	0.72	7.81	4.3	5
D31	预防医学情报杂志	1667	0.833	0.152	0.90	423	0.81	9.00	4.4	6
D31	职业卫生与应急救援	657	0.644	0.148	0.84	211	0.47	4.49	3.9	5
D31	中国城乡企业卫生	1023	0.347	0.146	0.97	338	0.55	7.19	2.5	4
D31	中国辐射卫生	1059	0.467	0.046	0.84	295	0.45	6.28	5.6	5
D31	中国公共卫生	7899	1.874	0.222	0.89	1300	0.87	27.66	5.5	14
D31	中国公共卫生管理	1600	0.709	0.154	0.92	433	0.81	9.21	4.2	6
D31	中国基层医药	8524	1.242	0.334	0.93	691	0.43	14.70	3.6	11

学科代码	期刊名称	扩展总被引频次	扩展影响因子	扩展即年指标	扩展他引率	扩展引用刊数	扩展学科影响指标	扩展学科扩散指标	扩展被引半衰期	扩展H指标
D31	中国慢性病预防与控制	3317	1.695	0.332	0.96	647	0.83	13.77	4.5	13
D31	中国民康医学	6808	0.911	0.097	0.98	687	0.60	14.62	3.6	9
D31	中国实用乡村医生杂志	1038	0.238	0.083	0.99	359	0.38	7.64	4.4	10
D31	中国食品药品监管	184	0.242	0.045	1.00	103	0.17	2.19	4.5	3
D31	中国卫生	367	0.463	0.086	1.00	162	0.26	3.45	2.1	4
D31	中国卫生产业	12370	0.966	0.230	0.95	869	0.77	18.49	3.1	11
D31	中国卫生工程学	796	0.557	0.142	0.88	289	0.68	6.15	4.3	5
D31	中国卫生事业管理	3962	1.955	0.346	0.83	693	0.74	14.74	4.3	12
D31	中国消毒学杂志	3430	1.158	0.172	0.82	527	0.64	11.21	3.8	8
D31	中国校医	1672	0.563	0.145	0.96	486	0.70	10.34	3.9	6
D31	中国冶金工业医学杂志	1510	0.500	0.135	0.98	351	0.43	7.47	2.9	5
D31	中国预防医学杂志	2026	1.010	0.276	0.97	600	0.83	12.77	5.0	9
D31	中华疾病控制杂志	4838	2.371	0.401	0.88	761	0.81	16.19	3.8	15
D31	中华临床营养杂志	976	1.040	0.108	0.94	337	0.34	7.17	5.8	8
D31	中华卫生应急电子杂志	210	0.854	0.140	0.71	94	0.15	2.00	2.2	4
D31	中华预防医学杂志	4289	1.949	0.575	0.92	850	0.89	18.09	5.2	19
D32	工业卫生与职业病	827	0.656	0.115	0.92	241	0.45	10.95	6.1	5
D32	环境与健康杂志	3193	0.794	0.091	0.87	843	0.82	38.32	6.9	11
D32	环境与职业医学	1685	0.864	0.119	0.92	522	0.68	23.73	4.8	6
D32	疾病监测	3002	1.468	0.336	0.94	429	0.91	19.50	4.8	14
D32	热带病与寄生虫学	398	0.959	0.063	0.81	147	0.55	6.68	3.4	5
D32	热带医学杂志	2648	1.041	0.136	0.87	600	0.86	27.27	3.7	7
D32	医学动物防制	1834	0.631	0.114	0.80	388	0.82	17.64	4.0	5
D32	职业与健康	5664	0.860	0.132	0.87	861	0.91	39.14	4.1	9
D32	中国地方病防治杂志	2017	0.495	0.071	0.95	469	0.73	21.32	3.5	8
D32	中国工业医学杂志	1034	0.582	0.163	0.90	311	0.55	14.14	5.6	6
D32	中国国境卫生检疫杂志	585	0.585	0.055	0.73	159	0.59	7.23	6.4	5
D32	中国媒介生物学及控制杂志	1797	1.240	0.116	0.77	247	0.73	11.23	5.8	9
D32	中国热带医学	3271	1.272	0.314	0.87	677	0.95	30.77	4.4	8
D32	中国人兽共患病学报	2042	1.075	0.189	0.87	461	0.73	20.95	5.6	7
D32	中国血吸虫病防治杂志	2046	1.512	0.284	0.66	245	0.68	11.14	4.7	10
D32	中国职业医学	1747	1.316	0.341	0.82	381	0.59	17.32	4.8	7
D32	中华地方病学杂志	1924	0.977	0.145	0.73	309	0.73	14.05	5.5	10

学科代码	期刊名称	扩展总被引频次	扩展影响因子	扩展即年指标	扩展他引率	扩展引用刊数	扩展学科影响指标	扩展学科扩散指标	扩展被引半衰期	扩展H指标
D32	中华劳动卫生职业病杂志	2215	0.758	0.119	0.85	460	0.68	20.91	5.4	8
D32	中华流行病学杂志	7959	2.750	0.428	0.95	1009	0.95	45.86	6.0	22
D32	中华卫生杀虫药械	824	0.604	0.076	0.59	133	0.55	6.05	4.6	5
D33	Reproductive and Developmental Medicine	47	0.116	0.000	1.00	31	0.42	2.58	5.9	1
D33	国际生殖健康/计划生育杂志	906	1.139	0.265	0.98	343	0.83	28.58	4.3	6
D33	生殖医学杂志	2007	1.682	0.285	0.85	400	0.83	33.33	3.4	9
D33	中国妇幼保健	26228	2.039	0.377	0.91	1015	0.83	84.58	3.6	20
D33	中国妇幼健康研究	4710	2.395	1.080	0.88	570	0.83	47.50	2.2	11
D33	中国妇幼卫生杂志	674	0.815	0.159	0.97	241	0.75	20.08	3.3	5
D33	中国计划生育和妇产科	1598	1.646	0.325	0.97	355	0.83	29.58	2.7	9
D33	中国计划生育学杂志	3384	2.882	0.368	0.96	527	0.83	43.92	3.4	16
D33	中国生育健康杂志	860	0.930	0.143	0.97	303	0.67	25.25	3.4	7
D33	中国优生与遗传杂志	3217	0.664	0.145	0.86	580	0.83	48.33	4.4	7
D33	中华生殖与避孕杂志	1885	1.728	0.216	0.87	414	0.83	34.50	4.0	11
D34	Military Medical Research	43	0.377	0.115	0.93	36	0.25	4.50	2.5	2
D34	法医学杂志	797	0.503	0.076	0.74	248	0.38	31.00	5.8	5
D34	航天医学与医学工程	568	0.544	0.100	0.83	274	0.50	34.25	8.5	5
D34	军事医学	1195	0.648	0.124	0.94	524	0.62	65.50	4.2	9
D34	中国法医学杂志	1033	0.463	0.043	0.81	258	0.25	32.25	5.7	5
D34	中华放射医学与防护杂志	1425	0.902	0.144	0.89	369	0.38	46.12	4.6	7
D34	中华航海医学与高气压医学杂志	683	0.532	0.094	0.79	233	0.38	29.12	4.8	5
D34	中华航空航天医学杂志	419	0.345	0.029	0.64	100	0.50	12.50	8.4	3
D35	高校医学教学研究(电子版)	229	0.803	0.263	0.84	90	0.20	1.80	2.9	4
D35	基础医学教育	2935	1.264	0.425	0.87	444	0.50	8.88	3.9	9
D35	解放军医院管理杂志	2913	0.900	0.171	0.89	472	0.72	9.44	4.4	8
D35	生活与健康	9	0.013	0.000	1.00	7	0.02	0.14	8.5	1
D35	特别健康	262	0.062	0.031	0.98	76	0.08	1.52	0.0	2
D35	卫生软科学	1092	0.771	0.209	0.94	382	0.76	7.64	4.2	6
D35	卫生研究	2453	0.915	0.146	0.95	772	0.40	15.44	7.2	9
D35	现代医院	5215	1.310	0.277	0.86	731	0.72	14.62	3.8	10
D35	现代医院管理	1386	1.425	0.184	0.96	341	0.72	6.82	3.8	8
D35	心理医生	3518	0.230	0.054	0.96	299	0.18	5.98	1.6	5
D35	医疗卫生装备	3794	0.709	0.141	0.87	681	0.56	13.62	4.8	8

学科代码	期刊名称	扩展总被引频次	扩展影响因子	扩展即年指标	扩展他引率	扩展引用刊数	扩展学科影响指标	扩展学科扩散指标	扩展被引半衰期	扩展H指标
D35	医学教育研究与实践	3148	1.056	0.208	0.94	584	0.68	11.68	4.8	9
D35	医学与哲学	6388	1.424	0.305	0.90	1128	0.82	22.56	4.2	11
D35	浙江医学教育	481	0.701	0.096	0.96	200	0.32	4.00	3.5	6
D35	智慧健康	134	0.326	0.061	0.94	61	0.16	1.22	0.0	3
D35	中国病案	3576	1.456	0.328	0.78	489	0.72	9.78	3.5	9
D35	中国健康教育	4273	2.199	0.279	0.92	662	0.62	13.24	4.0	14
D35	中国农村卫生	2792	0.499	0.171	0.99	354	0.52	7.08	2.1	6
D35	中国农村卫生事业管理	2734	0.756	0.241	0.93	544	0.62	10.88	3.5	8
D35	中国社会医学杂志	1512	1.119	0.201	0.92	507	0.62	10.14	4.4	9
D35	中国食品卫生杂志	2028	1.488	0.225	0.95	480	0.26	9.60	5.5	10
D35	中国卫生法制	304	0.343	0.112	0.93	152	0.38	3.04	4.6	4
D35	中国卫生监督杂志	668	0.507	0.075	0.89	196	0.40	3.92	5.3	5
D35	中国卫生检验杂志	8538	0.924	0.212	0.81	1133	0.52	22.66	4.5	9
D35	中国卫生经济	4193	1.858	0.435	0.89	641	0.76	12.82	4.2	11
D35	中国卫生人才	403	0.396	0.063	0.99	193	0.66	3.86	3.3	4
D35	中国卫生统计	3695	1.347	0.194	0.86	885	0.76	17.70	4.7	11
D35	中国卫生信息管理杂志	1193	1.685	0.198	0.78	296	0.58	5.92	3.4	10
D35	中国卫生政策研究	2045	1.947	0.265	0.93	522	0.72	10.44	3.8	13
D35	中国卫生质量管理	1832	1.330	0.191	0.84	386	0.64	7.72	4.0	9
D35	中国卫生资源	1154	1.415	0.320	0.95	335	0.70	6.70	3.9	8
D35	中国学校卫生	7471	1.556	0.200	0.78	895	0.64	17.90	4.7	12
D35	中国医疗器械杂志	763	0.719	0.112	0.94	290	0.26	5.80	5.5	6
D35	中国医疗设备	4471	1.023	0.260	0.81	705	0.62	14.10	3.9	8
D35	中国医学教育技术	1727	1.540	0.411	0.92	499	0.54	9.98	3.4	9
D35	中国医学装备	3796	1.351	0.335	0.82	639	0.70	12.78	3.2	9
D35	中国医院	3591	1.871	0.350	0.93	551	0.70	11.02	3.7	11
D35	中国医院管理	6550	2.943	0.424	0.91	711	0.78	14.22	4.2	16
D35	中国医院统计	944	0.820	0.269	0.69	264	0.52	5.28	4.5	5
D35	中华健康管理学杂志	933	1.259	0.167	0.91	346	0.52	6.92	3.9	8
D35	中华医学教育探索杂志	2624	0.897	0.103	0.91	486	0.60	9.72	6.1	7
D35	中华医学教育杂志	1729	0.743	0.059	0.88	350	0.68	7.00	5.4	8
D35	中华医学科研管理杂志	695	0.735	0.051	0.67	170	0.56	3.40	4.4	5
D35	中华医院管理杂志	4108	2.026	0.481	0.86	530	0.78	10.60	4.8	12

学科代码	期刊名称	扩展总被引频次	扩展影响因子	扩展即年指标	扩展他引率	扩展引用刊数	扩展学科影响指标	扩展学科扩散指标	扩展被引半衰期	扩展H指标
D35	中外女性健康研究	4426	0.420	0.176	0.97	306	0.32	6.12	1.7	6
D36	Acta Pharmaceutica Sinica B	81	0.476	0.103	0.78	43	0.18	0.63	2.3	2
D36	Acta Pharmacologica Sinica	1702	1.009	0.395	0.95	618	0.71	9.09	6.4	6
D36	Chinese Journal of Natural Medicines	1053	0.826	0.119	0.96	378	0.66	5.56	7.6	7
D36	Journal of Chinese Pharmaceutical Sciences	463	0.576	0.039	0.92	220	0.47	3.24	5.2	4
D36	Journal of Pharmaceutical Analysis	66	0.194	0.000	0.88	48	0.13	0.71	3.7	2
D36	北方药学	6714	0.878	0.222	0.98	673	0.76	9.90	2.7	10
D36	儿科药学杂志	1888	1.091	0.208	0.96	415	0.66	6.10	4.1	8
D36	福建医药杂志	2099	0.674	0.115	0.99	525	0.40	7.72	4.1	6
D36	国际药学研究杂志	1104	1.031	0.184	0.96	501	0.76	7.37	4.9	9
D36	国外医药(抗生素分册)	633	1.062	0.056	0.98	265	0.62	3.90	4.4	7
D36	海峡药学	7254	0.744	0.132	0.97	866	0.88	12.74	4.1	10
D36	华西药学杂志	1783	0.676	0.144	0.91	526	0.78	7.74	6.8	8
D36	家庭用药	27	0.007	0.000	1.00	22	0.04	0.32	5.8	1
D36	解放军药学学报	1050	0.539	0.067	0.96	403	0.72	5.93	6.2	7
D36	今日药学	1266	0.706	0.227	0.88	365	0.81	5.37	4.7	5
D36	抗感染药学	995	0.570	0.100	0.92	290	0.66	4.26	2.6	7
D36	临床合理用药杂志	20012	1.003	0.304	0.97	926	0.81	13.62	3.1	12
D36	临床药物治疗杂志	1004	1.371	0.218	0.94	381	0.65	5.60	3.7	8
D36	实用药物与临床	4215	1.486	0.236	0.99	629	0.78	9.25	3.8	14
D36	世界临床药物	1254	0.843	0.165	0.99	470	0.78	6.91	4.7	7
D36	天津药学	1286	1.144	0.176	0.99	453	0.69	6.66	4.9	7
D36	西北药学杂志	2032	1.389	0.226	0.83	526	0.75	7.74	4.4	9
D36	现代药物与临床	3532	2.053	0.438	0.94	667	0.76	9.81	2.8	13
D36	药品评价	1380	0.906	0.209	0.93	380	0.71	5.59	3.4	7
D36	药物不良反应杂志	1336	0.797	0.106	0.94	378	0.79	5.56	6.4	9
D36	药物分析杂志	4438	1.270	0.160	0.90	680	0.87	10.00	5.8	10
D36	药物流行病学杂志	1347	0.980	0.291	0.97	349	0.71	5.13	3.8	7
D36	药物评价研究	1724	2.269	0.415	0.91	454	0.63	6.68	2.8	12
D36	药物生物技术	661	0.615	0.126	0.87	361	0.50	5.31	6.2	5
D36	药学服务与研究	1002	0.823	0.139	0.95	350	0.74	5.15	5.2	7
D36	药学进展	838	0.882	0.135	0.99	394	0.81	5.79	5.2	7
D36	药学实践杂志	1056	0.728	0.064	0.98	411	0.72	6.04	5.8	7

学科代码	期刊名称	扩展总被引频次	扩展影响因子	扩展即年指标	扩展他引率	扩展引用刊数	扩展学科影响指标	扩展学科扩散指标	扩展被引半衰期	扩展H指标
D36	药学学报	4280	1.469	0.304	0.93	852	0.91	12.53	6.9	10
D36	药学研究	1419	0.810	0.153	0.94	524	0.79	7.71	4.8	7
D36	药学与临床研究	1251	0.907	0.184	0.99	445	0.75	6.54	4.7	8
D36	医药导报	4180	1.120	0.183	0.95	783	0.88	11.51	4.9	10
D36	中国处方药	3935	0.946	0.299	0.98	509	0.71	7.49	2.3	9
D36	中国海洋药物	651	0.600	0.034	0.89	233	0.24	3.43	8.8	5
D36	中国合理用药探索	939	1.144	0.107	0.98	326	0.76	4.79	3.8	6
D36	中国抗生素杂志	1770	1.140	0.200	0.91	557	0.78	8.19	5.2	10
D36	中国临床药理学与治疗学	2350	1.151	0.205	0.96	627	0.78	9.22	4.9	10
D36	中国临床药理学杂志	6868	2.828	0.342	0.95	748	0.84	11.00	2.6	20
D36	中国临床药学杂志	626	0.716	0.074	0.96	267	0.66	3.93	5.4	5
D36	中国现代药物应用	23018	1.175	0.328	0.98	976	0.81	14.35	2.9	15
D36	中国现代应用药学	2814	1.162	0.267	0.88	633	0.84	9.31	4.3	8
D36	中国新药与临床杂志	1953	1.132	0.203	0.94	517	0.88	7.60	6.1	8
D36	中国新药杂志	5138	1.065	0.181	0.93	951	0.93	13.99	5.1	13
D36	中国药房	14261	1.637	0.450	0.90	1186	0.94	17.44	3.5	14
D36	中国药理学通报	6000	2.378	0.456	0.78	916	0.88	13.47	4.7	13
D36	中国药理学与毒理学杂志	1319	1.020	0.092	0.97	505	0.72	7.43	4.2	8
D36	中国药品标准	506	0.366	0.031	0.97	185	0.57	2.72	6.9	5
D36	中国药师	5132	1.239	0.214	0.91	740	0.90	10.88	3.7	11
D36	中国药事	2269	1.117	0.184	0.93	550	0.82	8.09	5.1	9
D36	中国药物化学杂志	540	0.335	0.010	0.95	232	0.49	3.41	8.0	4
D36	中国药物经济学	5264	1.018	0.309	0.99	608	0.66	8.94	3.0	10
D36	中国药物警戒	1963	1.066	0.146	0.88	426	0.76	6.26	4.8	9
D36	中国药物滥用防治杂志	652	0.573	0.162	0.89	255	0.60	3.75	4.8	6
D36	中国药物评价	467	0.836	0.144	0.93	226	0.59	3.32	3.5	6
D36	中国药物依赖性杂志	747	0.668	0.020	0.87	268	0.35	3.94	5.9	6
D36	中国药物应用与监测	1243	1.786	0.239	0.89	363	0.71	5.34	3.9	9
D36	中国药物与临床	5120	1.241	0.267	0.99	785	0.62	11.54	3.2	10
D36	中国药学杂志	5495	1.228	0.173	0.94	959	0.93	14.10	6.6	11
D36	中国药业	10754	1.383	0.350	0.95	975	0.85	14.34	3.9	14
D36	中国医药工业杂志	1943	0.722	0.118	0.88	489	0.76	7.19	5.9	7
D36	中国医院药学杂志	7104	1.903	0.332	0.93	897	0.90	13.19	4.2	14

学科代码	期刊名称	扩展总被引频次	扩展影响因子	扩展即年指标	扩展他引率	扩展引用刊数	扩展学科影响指标	扩展学科扩散指标	扩展被引半衰期	扩展H指标
D36	中国医院用药评价与分析	4157	1.717	0.308	0.92	511	0.79	7.51	2.7	13
D36	中南药学	2084	0.799	0.166	0.87	533	0.82	7.84	4.4	8
D37	Chinese Journal of Integrative Medicine	1053	0.958	0.243	0.90	361	0.75	5.31	4.6	5
D37	Journal of Acupuncture and Tuina Science	464	1.164	0.291	0.88	160	0.69	2.35	4.2	4
D37	Journal of Traditional Chinese Medicine	832	1.106	0.047	0.97	306	0.75	4.50	4.2	6
D37	World Journal of Acupuncture-Moxibustion	263	0.704	0.017	0.96	116	0.60	1.71	4.3	4
D37	按摩与康复医学	2622	0.422	0.136	0.97	380	0.74	5.59	2.9	5
D37	北京中医药	3163	0.801	0.116	0.97	442	0.99	6.50	5.9	9
D37	福建中医药	1136	0.395	0.058	0.99	307	0.93	4.51	6.5	5
D37	光明中医	7142	0.743	0.209	0.91	551	0.96	8.10	3.9	8
D37	广西中医药	1221	0.756	0.109	0.99	295	0.88	4.34	5.2	5
D37	国际中医中药杂志	1583	0.624	0.146	0.97	425	0.85	6.25	4.4	6
D37	国医论坛	931	0.469	0.159	0.97	238	0.90	3.50	5.4	4
D37	河北中医	5672	1.200	0.210	0.98	529	0.97	7.78	4.4	9
D37	河北中医药学报	776	1.185	0.250	0.98	259	0.84	3.81	5.0	6
D37	河南中医	6814	0.979	0.195	0.93	554	0.99	8.15	3.8	9
D37	黑龙江中医药	1023	0.407	0.005	1.00	283	0.93	4.16	4.8	5
D37	湖北中医杂志	3080	0.692	0.123	0.99	457	0.96	6.72	4.9	7
D37	湖南中医杂志	3861	0.653	0.140	0.97	528	0.96	7.76	3.3	8
D37	环球中医药	3331	1.429	0.189	0.96	489	0.96	7.19	3.4	10
D37	吉林中医药	4389	1.400	0.197	0.92	513	0.94	7.54	4.9	9
D37	家庭中医药	63	0.053	0.020	1.00	57	0.28	0.84	6.1	1
D37	江苏中医药	4041	1.029	0.181	0.98	505	0.99	7.43	6.0	9
D37	江西中医药	2141	0.525	0.112	0.97	406	0.97	5.97	6.0	6
D37	辽宁中医杂志	9183	1.291	0.179	0.96	661	0.99	9.72	4.8	11
D37	内蒙古中医药	12229	0.548	0.159	0.97	748	0.97	11.00	3.8	9
D37	山东中医杂志	2625	0.692	0.223	0.97	422	0.97	6.21	5.7	6
D37	山西中医	2004	0.660	0.148	0.99	365	0.96	5.37	4.8	6
D37	陕西中医	8654	1.687	0.393	0.91	623	0.97	9.16	4.2	10
D37	上海中医药杂志	4000	1.034	0.211	0.95	537	0.99	7.90	7.1	9
D37	时珍国医国药	11902	0.822	0.105	0.97	1184	0.99	17.41	6.1	12
D37	实用中西医结合临床	3216	1.070	0.129	0.99	477	0.94	7.01	3.2	9
D37	实用中医内科杂志	3806	0.648	0.203	0.98	446	0.97	6.56	4.3	7

学科代码	期刊名称	扩展总被引频次	扩展影响因子	扩展即年指标	扩展他引率	扩展引用刊数	扩展学科影响指标	扩展学科扩散指标	扩展被引半衰期	扩展H指标
D37	实用中医药杂志	3805	0.637	0.153	0.98	493	0.96	7.25	3.7	7
D37	世界科学技术-中医药现代化	3262	1.101	0.077	0.93	655	0.93	9.63	4.3	10
D37	世界中医药	5019	2.188	0.292	0.96	585	0.97	8.60	2.6	10
D37	四川中医	6210	0.896	0.153	0.93	518	0.99	7.62	4.2	8
D37	天津中医药	2175	1.091	0.218	0.97	392	0.96	5.76	6.0	7
D37	西部中医药	4658	1.209	0.171	0.92	571	0.97	8.40	3.9	12
D37	现代中医临床	998	0.867	0.179	0.97	264	0.90	3.88	5.0	7
D37	现代中医药	1458	0.793	0.103	0.90	317	0.90	4.66	5.5	6
D37	新疆中医药	1283	0.560	0.092	0.97	350	0.84	5.15	5.0	5
D37	新中医	7166	0.723	0.162	0.98	563	0.99	8.28	4.7	7
D37	云南中医中药杂志	3220	0.721	0.119	0.97	486	0.94	7.15	4.3	7
D37	针刺研究	2406	2.584	0.187	0.87	336	0.91	4.94	5.8	10
D37	中国民间疗法	2088	0.349	0.101	0.98	361	0.93	5.31	3.9	4
D37	中国民族民间医药	8265	0.688	0.123	0.98	840	0.96	12.35	3.8	9
D37	中国民族医药杂志	1870	0.358	0.089	0.88	357	0.71	5.25	5.7	5
D37	中国中医基础医学杂志	5533	0.799	0.103	0.96	590	0.97	8.68	5.9	8
D37	中国中医急症	10389	1.798	0.297	0.94	630	0.97	9.26	4.1	11
D37	中国中医眼科杂志	955	0.814	0.100	0.91	269	0.78	3.96	4.9	6
D37	中国中医药科技	3599	1.070	0.145	0.98	590	0.93	8.68	3.9	8
D37	中国中医药现代远程教育	8468	0.757	0.151	0.95	784	0.96	11.53	4.0	13
D37	中国中医药信息杂志	5257	1.176	0.233	0.97	712	0.99	10.47	5.6	9
D37	中华中医药学刊	10089	1.492	0.213	0.95	912	0.99	13.41	4.9	12
D37	中华中医药杂志	12581	1.372	0.217	0.88	879	0.99	12.93	4.3	16
D37	中药药理与临床	4183	1.222	0.107	0.95	658	0.93	9.68	5.0	9
D37	中医临床研究	11399	0.988	0.186	0.92	654	0.97	9.62	2.9	12
D37	中医外治杂志	1642	0.872	0.160	0.95	308	0.90	4.53	5.2	5
D37	中医文献杂志	443	0.238	0.000	0.96	167	0.74	2.46	9.2	3
D37	中医学报	5853	1.337	0.245	0.93	654	0.96	9.62	4.0	10
D37	中医研究	2777	0.828	0.093	0.98	457	0.97	6.72	4.9	7
D37	中医药导报	6088	0.930	0.109	0.93	677	0.96	9.96	4.2	8
D37	中医药临床杂志	3605	0.873	0.112	0.89	471	0.97	6.93	4.3	8
D37	中医药通报	708	0.734	0.189	0.96	218	0.88	3.21	4.8	5
D37	中医药文化	227	0.312	0.120	0.94	106	0.47	1.56	7.0	3

学科代码	期刊名称	扩展总被引频次	扩展影响因子	扩展即年指标	扩展他引率	扩展引用刊数	扩展学科影响指标	扩展学科扩散指标	扩展被引半衰期	扩展H指标
D37	中医药信息	3601	2.002	0.665	0.91	525	0.96	7.72	4.2	11
D37	中医药学报	3628	2.024	0.450	0.91	555	0.97	8.16	4.4	11
D37	中医杂志	10439	2.120	0.306	0.96	699	0.99	10.28	5.3	17
D38	安徽中医药大学学报	1683	1.102	0.170	0.97	418	0.95	19.90	5.7	7
D38	北京中医药大学学报	4532	1.782	0.205	0.98	603	1.00	28.71	8.3	13
D38	成都中医药大学学报	1394	1.312	0.133	0.98	395	0.95	18.81	5.2	7
D38	甘肃中医药大学学报	1065	0.496	0.111	0.98	335	0.76	15.95	5.3	6
D38	广西中医药大学学报	1495	0.814	0.115	0.99	456	0.86	21.71	4.5	6
D38	广州中医药大学学报	2754	1.678	0.434	0.98	510	0.95	24.29	4.5	10
D38	贵阳中医学院学报	3407	1.075	0.261	0.95	546	0.95	26.00	4.5	13
D38	湖北中医药大学学报	1950	1.392	0.184	0.97	449	0.86	21.38	3.4	8
D38	湖南中医药大学学报	3993	2.607	0.290	0.93	606	0.90	28.86	4.1	11
D38	江西中医药大学学报	1390	0.587	0.076	0.99	421	0.90	20.05	6.6	7
D38	康复学报	1060	1.608	0.145	0.93	340	0.81	16.19	6.4	7
D38	辽宁中医药大学学报	7665	1.183	0.274	0.94	819	1.00	39.00	4.3	10
D38	南京中医药大学学报	2675	1.896	0.345	0.99	512	0.90	24.38	5.3	10
D38	山东中医药大学学报	1865	0.779	0.226	0.97	382	0.90	18.19	7.4	7
D38	山西中医学院学报	883	0.633	0.087	0.99	311	0.76	14.81	4.7	5
D38	陕西中医药大学学报	1691	0.795	0.154	0.86	338	0.90	16.10	5.6	6
D38	上海中医药大学学报	1616	1.227	0.121	0.94	407	0.86	19.38	5.8	8
D38	天津中医药大学学报	968	1.010	0.188	0.96	312	0.81	14.86	5.8	6
D38	云南中医学院学报	1281	1.032	0.096	0.96	371	0.90	17.67	4.6	6
D38	长春中医药大学学报	4550	1.596	0.270	0.96	595	0.95	28.33	4.1	9
D38	浙江中医药大学学报	3386	1.069	0.186	0.96	599	0.95	28.52	5.1	9
D39	Journal of Integrative Medicine	1656	0.534	0.102	0.99	444	0.73	29.60	7.9	9
D39	深圳中西医结合杂志	6276	0.899	0.140	0.99	535	0.87	35.67	2.3	10
D39	世界中西医结合杂志	4374	1.478	0.266	0.98	594	0.87	39.60	3.9	15
D39	现代中西医结合杂志	22940	2.459	0.517	0.97	985	1.00	65.67	3.8	21
D39	中国中西医结合耳鼻咽喉科杂志	1026	1.288	0.131	0.92	299	0.27	19.93	3.5	7
D39	中国中西医结合急救杂志	2923	2.760	0.461	0.88	438	0.60	29.20	3.8	12
D39	中国中西医结合皮肤性病学杂志	1330	1.032	0.173	0.97	320	0.40	21.33	4.7	6
D39	中国中西医结合肾病杂志	4037	1.243	0.141	0.90	525	0.60	35.00	4.6	10
D39	中国中西医结合外科杂志	2001	1.549	0.226	0.96	468	0.60	31.20	3.9	9

学科代码	期刊名称	扩展总被引频次	扩展影响因子	扩展即年指标	扩展他引率	扩展引用刊数	扩展学科影响指标	扩展学科扩散指标	扩展被引半衰期	扩展H指标
D39	中国中西医结合消化杂志	2605	1.231	0.251	0.97	430	0.67	28.67	4.2	13
D39	中国中西医结合影像学杂志	1526	1.070	0.187	0.93	379	0.67	25.27	3.5	7
D39	中国中西医结合杂志	8716	1.959	0.267	0.97	820	1.00	54.67	6.3	19
D39	中西医结合肝病杂志	1224	1.146	0.144	0.96	331	0.73	22.07	5.0	7
D39	中西医结合心脑血管病杂志	8247	1.704	0.266	0.94	677	0.73	45.13	3.4	14
D40	Chinese Herbal Medicines	218	0.788	0.340	0.97	92	0.80	9.20	3.3	3
D40	天然产物研究与开发	3740	0.911	0.172	0.94	793	1.00	79.30	6.2	9
D40	现代中药研究与实践	1146	0.682	0.075	0.96	406	0.90	40.60	7.0	6
D40	中草药	13390	2.196	0.353	0.86	1160	1.00	116.00	5.7	18
D40	中成药	8461	1.541	0.232	0.93	934	1.00	93.40	5.1	13
D40	中国实验方剂学杂志	15543	1.448	0.492	0.92	1087	1.00	108.70	4.6	15
D40	中国现代中药	1940	0.903	0.060	0.94	554	0.90	55.40	4.6	9
D40	中国中药杂志	16654	2.154	0.415	0.92	1297	1.00	129.70	5.4	19
D40	中药材	7729	1.124	0.108	0.95	1011	1.00	101.10	6.8	13
D40	中药新药与临床药理	2304	1.107	0.205	0.96	513	1.00	51.30	6.6	9
D41	农垦医学	522	0.427	0.056	0.99	257	0.30	2.16	4.5	5
D41	上海针灸杂志	5355	1.752	0.349	0.92	422	0.83	70.33	4.5	9
D41	针灸临床杂志	4858	1.670	0.197	0.95	430	0.83	71.67	5.5	9
D41	中国骨伤	4242	2.150	0.533	0.88	550	1.00	91.67	4.5	11
D41	中国针灸	8479	2.057	0.324	0.94	540	1.00	90.00	6.3	15
D41	中国中医骨伤科杂志	2938	1.259	0.203	0.90	410	1.00	68.33	4.8	9
D41	中医正骨	4017	2.125	0.357	0.89	460	1.00	76.67	4.0	11
E01	CT 理论与应用研究	542	0.717	0.295	0.92	260	0.07	2.99	4.4	5
E01	Nano Research	955	–	0.121	0.53	177	0.05	2.03	2.6	5
E01	Science China Technological Sciences	1588	0.665	0.151	0.83	553	0.14	6.36	5.5	5
E01	包装工程	7315	1.363	0.170	0.65	884	0.22	10.16	4.2	12
E01	包装世界	515	0.307	0.075	0.96	183	0.11	2.10	4.0	5
E01	包装学报	378	0.879	0.128	0.79	142	0.10	1.63	4.0	5
E01	包装与设计	55	0.224	0.033	0.96	28	0.05	0.32	3.7	1
E01	标准科学	853	0.404	0.095	0.90	421	0.23	4.84	5.1	5
E01	测试技术学报	394	0.358	0.044	0.97	250	0.20	2.87	7.5	4
E01	成组技术与生产现代化	113	0.238	0.000	0.90	81	0.05	0.93	6.4	3
E01	船舶标准化工程师	109	0.187	0.092	0.94	69	0.05	0.79	3.4	2

学科代码	期刊名称	扩展总被引频次	扩展影响因子	扩展即年指标	扩展他引率	扩展引用刊数	扩展学科影响指标	扩展学科扩散指标	扩展被引半衰期	扩展H指标
E01	船舶标准化与质量	46	0.118	0.000	0.96	34	0.08	0.39	3.2	2
E01	大众标准化	215	0.265	0.055	1.00	127	0.07	1.46	6.1	3
E01	电信工程技术与标准化	859	0.632	0.246	0.92	179	0.06	2.06	3.7	5
E01	福建质量管理	1188	–	0.003	0.99	257	0.10	2.95	1.7	9
E01	福建质量技术监督	61	0.059	0.013	1.00	44	0.06	0.51	3.6	2
E01	工程爆破	886	0.854	0.053	0.84	176	0.08	2.02	6.6	6
E01	工程地球物理学报	1469	1.254	0.212	0.75	347	0.15	3.99	6.0	8
E01	工程建设	455	0.364	0.283	0.99	182	0.08	2.09	5.3	5
E01	工程建设与设计	3828	0.822	0.412	0.98	455	0.15	5.23	1.9	13
E01	工程科学学报	2617	0.715	0.071	0.94	719	0.23	8.26	7.2	8
E01	工程力学	6448	1.161	0.204	0.85	835	0.30	9.60	6.5	12
E01	工程数学学报	434	0.392	0.036	0.96	252	0.02	2.90	8.0	5
E01	工程与建设	1010	0.365	0.008	0.97	272	0.14	3.13	5.7	6
E01	工程与试验	212	0.159	0.000	0.92	156	0.11	1.79	6.9	3
E01	工程质量	1258	0.638	0.164	0.98	270	0.16	3.10	4.3	7
E01	工具技术	1197	0.255	0.039	0.80	335	0.20	3.85	7.9	5
E01	工业工程	868	0.465	0.045	0.95	397	0.14	4.56	6.4	5
E01	工业计量	464	0.379	0.070	0.97	175	0.21	2.01	5.5	3
E01	工业设计	1067	0.471	0.093	0.97	286	0.15	3.29	2.2	8
E01	航空标准化与质量	284	0.253	0.000	0.96	143	0.16	1.64	8.0	3
E01	航天标准化	95	0.200	0.073	0.84	57	0.09	0.66	7.4	2
E01	河北工业科技	593	0.740	0.304	0.88	339	0.11	3.90	5.2	6
E01	衡器	262	0.192	0.089	0.87	103	0.14	1.18	5.6	3
E01	机械工业标准化与质量	223	–	0.032	1.00	136	0.13	1.56	5.4	3
E01	计量技术	742	0.170	0.018	0.74	253	0.22	2.91	≥10	4
E01	计量学报	934	0.633	0.099	0.60	258	0.17	2.97	8.2	6
E01	计量与测试技术	1309	0.289	0.048	0.94	450	0.24	5.17	4.9	5
E01	科学技术与工程	6644	0.503	0.065	0.89	1729	0.40	19.87	4.4	8
E01	冷藏技术	52	0.037	0.096	0.77	32	0.01	0.37	8.0	2
E01	宁夏工程技术	292	0.324	0.035	0.96	191	0.03	2.20	6.6	4
E01	热喷涂技术	144	0.337	0.000	0.89	67	0.05	0.77	5.4	3
E01	人类工效学	570	0.453	0.079	0.89	337	0.08	3.87	8.9	5
E01	润滑与密封	2480	0.534	0.068	0.81	543	0.18	6.24	7.6	6

学科代码	期刊名称	扩展总被引频次	扩展影响因子	扩展即年指标	扩展他引率	扩展引用刊数	扩展学科影响指标	扩展学科扩散指标	扩展被引半衰期	扩展H指标
E01	山东工业技术	11120	0.608	0.293	0.98	812	0.23	9.33	1.9	17
E01	上海计量测试	300	0.198	0.079	0.92	160	0.17	1.84	5.8	3
E01	设备监理	71	0.195	0.047	0.75	37	0.03	0.43	3.1	2
E01	声学与电子工程	156	0.120	0.000	0.90	83	0.02	0.95	8.9	3
E01	市政技术	1018	0.427	0.073	0.98	304	0.16	3.49	5.1	6
E01	市政设施管理	34	0.036	0.010	0.85	15	0.02	0.17	4.5	2
E01	数字与缩微影像	140	0.336	0.096	0.82	61	0.01	0.70	4.5	3
E01	塑料包装	178	0.240	0.045	0.92	86	0.09	0.99	5.2	3
E01	现代测量与实验室管理	565	0.428	0.000	0.96	253	0.23	2.91	6.3	5
E01	新技术新工艺	1208	0.301	0.056	0.93	492	0.23	5.66	6.3	6
E01	新媒体研究	7278	0.651	0.276	0.98	986	0.22	11.33	3.4	13
E01	新型工业化	607	1.155	0.329	0.52	126	0.03	1.45	2.8	6
E01	信息技术与标准化	461	0.356	0.109	0.94	252	0.10	2.90	4.4	5
E01	液晶与显示	857	0.924	0.140	0.84	258	0.15	2.97	3.8	5
E01	液压气动与密封	1082	0.384	0.068	0.78	297	0.20	3.41	5.3	5
E01	仪器仪表标准化与计量	160	0.208	0.080	0.96	91	0.10	1.05	6.1	3
E01	应用基础与工程科学学报	1216	0.821	0.105	0.89	554	0.20	6.37	5.8	8
E01	真空	625	0.389	0.107	0.87	243	0.11	2.79	7.2	4
E01	真空科学与技术学报	809	0.384	0.077	0.72	260	0.14	2.99	4.7	4
E01	质量技术监督研究	228	0.269	0.056	0.97	137	0.09	1.57	4.6	3
E01	质量与标准化	231	0.308	0.044	1.00	150	0.09	1.72	4.9	4
E01	质量与可靠性	218	0.196	0.023	0.89	125	0.10	1.44	6.0	3
E01	中国包装	349	0.301	0.096	0.95	161	0.10	1.85	5.1	4
E01	中国标准化	1174	0.383	0.142	0.92	365	0.23	4.20	1.9	6
E01	中国测绘	112	0.141	0.019	1.00	59	0.02	0.68	4.5	3
E01	中国测试	1287	0.596	0.057	0.88	565	0.29	6.49	4.7	6
E01	中国工程科学	2837	1.522	0.099	0.99	1322	0.29	15.20	7.5	14
E01	中国惯性技术学报	1256	0.993	0.087	0.77	288	0.11	3.31	5.4	6
E01	中国计量	979	0.178	0.052	1.00	295	0.24	3.39	6.3	4
E01	中国科学(技术科学)	1478	0.779	0.125	0.98	703	0.21	8.08	6.7	9
E01	中国认证认可	33	0.027	0.017	1.00	22	0.05	0.25	4.2	1
E01	中国新技术新产品	20638	0.968	0.477	0.99	1063	0.30	12.22	4.0	23
E01	中国质量	557	0.205	0.068	1.00	316	0.10	3.63	≥10	3

学科代码	期刊名称	扩展总被引频次	扩展影响因子	扩展即年指标	扩展他引率	扩展引用刊数	扩展学科影响指标	扩展学科扩散指标	扩展被引半衰期	扩展H指标
E01	中国质量技术监督	265	0.215	0.030	1.00	134	0.14	1.54	4.3	3
E01	中国质量与标准导报	198	0.313	0.054	0.90	111	0.08	1.28	3.0	4
E02	Journal of Beijing Institute of Technology	178	0.155	0.068	0.93	136	0.06	0.94	7.5	3
E02	Journal of Central South University	1497	0.386	0.033	0.86	566	0.37	3.90	4.5	5
E02	Journal of Chongqing University	37	0.057	0.062	1.00	34	0.02	0.23	7.5	2
E02	Journal of Donghua University	229	0.117	0.007	0.55	80	0.10	0.55	5.8	2
E02	Journal of Harbin Institute of Technology	167	0.227	0.029	0.97	128	0.13	0.88	5.7	2
E02	Journal of Shanghai Jiaotong University (Science)	181	0.150	0.019	0.97	134	0.12	0.92	5.3	3
E02	Journal of Southeast University	283	0.317	0.012	0.98	212	0.14	1.46	5.8	3
E02	Transactions of Tianjin University	186	0.285	0.030	0.92	123	0.05	0.85	5.4	4
E02	Tsinghua Science and Technology	298	0.587	0.062	0.87	211	0.10	1.46	6.4	4
E02	安徽电气工程职业技术学院学报	322	0.446	0.050	0.98	154	0.01	1.06	4.8	4
E02	安徽工程大学学报	272	0.348	0.019	0.97	223	0.07	1.54	5.5	3
E02	安徽工业大学学报(自然科学版)	323	0.260	0.000	0.85	210	0.05	1.45	7.9	3
E02	安阳工学院学报	499	0.282	0.110	0.98	286	0.02	1.97	5.2	4
E02	北方工业大学学报	257	0.168	0.037	1.00	203	0.03	1.40	8.6	3
E02	北京服装学院学报(自然科学版)	168	0.372	0.000	0.92	91	0.04	0.63	7.2	3
E02	北京工业大学学报	1829	0.835	0.196	0.98	830	0.43	5.72	5.4	7
E02	北京交通大学学报	1207	0.688	0.026	0.98	608	0.32	4.19	7.3	6
E02	北京理工大学学报	1875	0.459	0.043	0.96	768	0.38	5.30	7.3	8
E02	常熟理工学院学报	469	0.301	0.043	0.97	337	0.06	2.32	6.4	4
E02	常州工学院学报	372	0.298	0.061	0.99	227	0.05	1.57	5.8	4
E02	成都纺织高等专科学校学报	721	1.366	0.212	0.54	209	0.03	1.44	1.9	8
E02	成都信息工程大学学报	398	0.227	0.000	0.93	222	0.05	1.53	7.2	4
E02	重庆大学学报	2532	0.718	0.092	0.96	1085	0.48	7.48	9.1	9
E02	重庆电子工程职业学院学报	682	0.336	0.065	1.00	316	0.03	2.18	5.4	4
E02	大连工业大学学报	468	0.329	0.058	0.90	263	0.08	1.81	6.5	4
E02	大连理工大学学报	1329	0.621	0.073	0.99	687	0.26	4.74	≥10	7
E02	东北大学学报(自然科学版)	2613	0.584	0.062	0.97	989	0.49	6.82	6.6	8
E02	东莞理工学院学报	344	0.345	0.104	0.94	223	0.05	1.54	4.5	4
E02	东华大学学报(自然科学版)	837	0.393	0.007	0.93	360	0.17	2.48	8.4	5
E02	东南大学学报(自然科学版)	2639	0.730	0.065	0.98	969	0.46	6.68	7.4	8

学科代码	期刊名称	扩展总被引频次	扩展影响因子	扩展即年指标	扩展他引率	扩展引用刊数	扩展学科影响指标	扩展学科扩散指标	扩展被引半衰期	扩展H指标
E02	福建工程学院学报	378	0.291	0.043	0.98	245	0.06	1.69	7.4	4
E02	工程科学与技术	2036	0.997	0.302	0.94	813	0.37	5.61	6.2	7
E02	广东工业大学学报	577	0.637	0.295	0.73	301	0.07	2.08	5.0	5
E02	广东轻工职业技术学院学报	250	0.582	0.136	0.98	159	0.01	1.10	4.3	4
E02	广西科技大学学报	425	0.708	0.300	0.67	211	0.08	1.46	4.9	4
E02	桂林理工大学学报	896	0.632	0.053	0.92	393	0.08	2.71	7.2	6
E02	国防科技大学学报	1068	0.467	0.044	0.94	443	0.25	3.06	6.6	5
E02	哈尔滨工程大学学报	1715	0.618	0.081	0.93	653	0.37	4.50	5.6	6
E02	哈尔滨工业大学学报	3160	0.728	0.139	0.95	1109	0.60	7.65	8.0	8
E02	哈尔滨理工大学学报	865	0.778	0.033	0.84	399	0.17	2.75	5.3	6
E02	海军工程大学学报	617	0.328	0.071	0.95	287	0.13	1.98	7.2	5
E02	合肥工业大学学报(自然科学版)	2196	0.424	0.041	0.90	963	0.45	6.64	7.3	7
E02	河北工业大学学报	691	0.395	0.103	0.98	456	0.14	3.14	7.2	5
E02	河北软件职业技术学院学报	267	0.491	0.345	0.98	163	0.02	1.12	3.5	4
E02	河南城建学院学报	367	0.292	0.096	0.96	230	0.06	1.59	6.3	4
E02	河南工程学院学报(自然科学版)	207	0.291	0.071	0.93	143	0.06	0.99	5.1	3
E02	河南理工大学学报(自然科学版)	1027	0.616	0.127	0.96	429	0.15	2.96	6.6	6
E02	黑龙江大学工程学报	359	0.478	0.219	0.91	201	0.03	1.39	8.2	3
E02	黑龙江工程学院学报	346	0.455	0.116	0.90	230	0.10	1.59	4.6	4
E02	黑龙江科技大学学报	482	0.406	0.057	0.87	232	0.09	1.60	4.8	4
E02	湖北工程学院学报	406	0.295	0.115	0.95	264	0.03	1.82	5.4	4
E02	湖北工业大学学报	542	0.295	0.029	0.97	364	0.09	2.51	6.3	4
E02	湖北理工学院学报	329	0.455	0.087	0.96	248	0.04	1.71	4.9	4
E02	湖南大学学报(自然科学版)	1993	0.823	0.065	0.81	765	0.43	5.28	5.9	7
E02	湖南工业大学学报	630	0.530	0.128	0.89	379	0.11	2.61	6.2	5
E02	湖南科技大学学报(自然科学版)	645	0.488	0.079	0.98	361	0.16	2.49	7.4	7
E02	湖南理工学院学报(自然科学版)	225	0.367	0.090	0.97	173	0.03	1.19	4.9	3
E02	华北科技学院学报	557	0.389	0.045	0.95	270	0.06	1.86	5.5	4
E02	华东理工大学学报(自然科学版)	834	0.458	0.054	0.95	469	0.22	3.23	9.1	5
E02	华南理工大学学报(自然科学版)	2314	0.645	0.033	0.95	973	0.46	6.71	6.8	7
E02	华中科技大学学报(自然科学版)	2781	0.809	0.114	0.95	1071	0.66	7.39	6.5	7
E02	淮海工学院学报(自然科学版)	333	0.512	0.128	0.92	219	0.06	1.51	5.9	3
E02	淮阴工学院学报	279	0.269	0.066	0.98	211	0.04	1.46	5.8	3

学科代码	期刊名称	扩展总被引频次	扩展影响因子	扩展即年指标	扩展他引率	扩展引用刊数	扩展学科影响指标	扩展学科扩散指标	扩展被引半衰期	扩展H指标
E02	黄河科技大学学报	443	0.485	0.145	0.98	263	0.01	1.81	4.4	5
E02	吉林大学学报(工学版)	2424	0.733	0.131	0.92	776	0.54	5.35	5.8	7
E02	江苏大学学报(自然科学版)	1101	0.694	0.167	0.96	566	0.34	3.90	7.1	6
E02	江苏工程职业技术学院学报	235	0.284	0.045	0.97	158	0.03	1.09	4.6	3
E02	江苏科技大学学报(自然科学版)	554	0.562	0.054	0.88	336	0.19	2.32	5.6	4
E02	江苏理工学院学报	634	0.366	0.048	0.98	346	0.02	2.39	6.6	4
E02	江西理工大学学报	713	0.748	0.092	0.89	389	0.10	2.68	5.4	6
E02	空军工程大学学报(自然科学版)	582	0.519	0.140	0.92	258	0.13	1.78	5.1	5
E02	兰州工业学院学报	280	0.289	0.047	0.98	184	0.03	1.27	3.9	4
E02	兰州理工大学学报	1200	0.552	0.103	0.80	537	0.28	3.70	6.4	5
E02	兰州文理学院学报(自然科学版)	722	0.470	0.096	0.98	348	0.05	2.40	5.6	5
E02	辽宁工业大学学报(自然科学版)	295	0.398	0.042	0.99	222	0.06	1.53	5.2	3
E02	辽宁科技大学学报	380	0.291	0.012	0.99	272	0.03	1.88	6.5	4
E02	辽宁石油化工大学学报	468	0.481	0.053	0.87	242	0.03	1.67	5.9	4
E02	洛阳理工学院学报(自然科学版)	261	0.343	0.054	0.96	185	0.06	1.28	5.9	4
E02	美食研究	283	0.389	0.113	0.94	149	0.01	1.03	7.7	4
E02	南昌大学学报(工科版)	336	0.355	0.028	0.93	248	0.08	1.71	6.9	5
E02	南昌工程学院学报	346	0.421	0.092	0.92	246	0.06	1.70	4.2	4
E02	南京工程学院学报(自然科学版)	147	0.303	0.000	0.99	116	0.03	0.80	5.4	3
E02	南京工业大学学报(自然科学版)	857	0.419	0.078	0.91	459	0.19	3.17	8.3	5
E02	南京工业职业技术学院学报	297	0.417	0.099	0.97	202	0.03	1.39	4.8	3
E02	南京理工大学学报(自然科学版)	1020	0.582	0.068	0.87	496	0.28	3.42	6.8	5
E02	南京信息工程大学学报	344	0.444	0.080	1.00	236	0.06	1.63	4.7	5
E02	南阳理工学院学报	203	0.162	0.012	0.97	148	0.03	1.02	4.8	2
E02	宁波工程学院学报	401	0.568	0.021	0.98	263	0.03	1.81	5.4	4
E02	齐鲁工业大学学报	344	0.299	0.082	0.97	240	0.03	1.66	5.9	5
E02	青岛大学学报(工程技术版)	366	0.549	0.059	0.85	234	0.14	1.61	5.8	4
E02	青岛理工大学学报	839	0.489	0.205	0.99	386	0.16	2.66	5.7	7
E02	轻工学报	555	0.522	0.143	0.96	311	0.06	2.14	6.2	5
E02	清华大学学报(自然科学版)	3921	0.675	0.082	0.98	1521	0.58	10.49	9.6	11
E02	厦门理工学院学报	251	0.313	0.021	0.98	205	0.04	1.41	5.6	4
E02	山东大学学报(工学版)	921	0.734	0.092	0.89	529	0.30	3.65	7.0	6
E02	山东科技大学学报(自然科学版)	758	1.000	0.232	0.96	349	0.11	2.41	7.1	5

学科代码	期刊名称	扩展总被引频次	扩展影响因子	扩展即年指标	扩展他引率	扩展引用刊数	扩展学科影响指标	扩展学科扩散指标	扩展被引半衰期	扩展H指标
E02	山东理工大学学报(自然科学版)	449	0.378	0.124	0.97	331	0.12	2.28	6.9	4
E02	陕西理工学院学报(自然科学版)	340	0.503	0.165	0.90	234	0.06	1.61	4.7	5
E02	上海第二工业大学学报	183	0.414	0.073	0.97	145	0.05	1.00	5.0	3
E02	上海工程技术大学学报	305	0.350	0.026	0.98	231	0.12	1.59	6.6	4
E02	上海交通大学学报	3045	0.608	0.117	0.97	1146	0.46	7.90	8.3	8
E02	深圳大学学报(理工版)	483	0.653	0.141	0.84	316	0.07	2.18	4.7	5
E02	沈阳工程学院学报(自然科学版)	321	0.457	0.179	0.86	187	0.06	1.29	5.6	4
E02	沈阳工业大学学报	799	0.709	0.171	0.88	427	0.23	2.94	6.5	6
E02	沈阳理工大学学报	298	0.213	0.053	0.96	227	0.10	1.57	6.8	3
E02	四川理工学院学报(自然科学版)	552	0.568	0.101	0.89	342	0.10	2.36	5.8	5
E02	苏州科技大学学报(工程技术版)	229	0.257	0.037	0.96	158	0.10	1.09	7.9	3
E02	太原理工大学学报	1095	0.487	0.073	0.96	589	0.20	4.06	8.4	5
E02	天津大学学报	1886	0.903	0.077	0.94	824	0.43	5.68	7.4	7
E02	天津工业大学学报	536	0.363	0.085	0.94	306	0.14	2.11	7.6	4
E02	天津科技大学学报	421	0.467	0.103	0.97	274	0.07	1.89	6.6	4
E02	天津理工大学学报	363	0.372	0.062	0.99	275	0.08	1.90	8.5	3
E02	同济大学学报(自然科学版)	4422	0.872	0.100	0.97	1174	0.59	8.10	8.2	12
E02	武汉大学学报(工学版)	1680	0.604	0.081	0.98	723	0.28	4.99	8.4	8
E02	武汉纺织大学学报	541	0.329	0.084	0.98	305	0.08	2.10	9.5	4
E02	武汉工程大学学报	903	0.460	0.068	0.93	511	0.17	3.52	6.2	6
E02	武汉工程职业技术学院学报	240	0.284	0.150	0.95	165	0.02	1.14	4.2	3
E02	武汉科技大学学报(自然科学版)	537	0.356	0.133	0.97	321	0.09	2.21	7.6	4
E02	武警工程大学学报	65	0.052	0.000	0.86	49	0.01	0.34	6.6	2
E02	西安工程大学学报	1059	1.483	0.140	0.95	380	0.13	2.62	3.8	8
E02	西安工业大学学报	837	0.488	0.094	0.56	324	0.10	2.23	5.8	5
E02	西安交通大学学报	3209	1.263	0.351	0.86	963	0.52	6.64	6.4	9
E02	西安科技大学学报	1330	0.825	0.088	0.91	493	0.22	3.40	6.7	7
E02	西安理工大学学报	565	0.455	0.060	0.96	359	0.17	2.48	8.2	5
E02	西北工业大学学报	1092	0.485	0.048	0.97	467	0.33	3.22	7.0	5
E02	西华大学学报(自然科学版)	565	0.498	0.096	0.92	366	0.06	2.52	5.6	5
E02	西南交通大学学报	2276	1.190	0.145	0.91	735	0.39	5.07	6.6	9
E02	西南科技大学学报	309	0.314	0.056	0.98	238	0.08	1.64	8.1	4
E02	信息工程大学学报	273	0.212	0.021	0.95	176	0.07	1.21	5.1	3

学科代码	期刊名称	扩展总被引频次	扩展影响因子	扩展即年指标	扩展他引率	扩展引用刊数	扩展学科影响指标	扩展学科扩散指标	扩展被引半衰期	扩展H指标
E02	徐州工程学院学报(自然科学版)	406	0.624	0.045	0.94	259	0.05	1.79	5.7	5
E02	燕山大学学报	468	0.561	0.139	0.92	274	0.12	1.89	6.2	5
E02	应用技术学报	234	0.358	0.083	0.96	170	0.05	1.17	6.2	3
E02	长春工程学院学报(自然科学版)	367	0.333	0.026	0.97	235	0.06	1.62	5.3	4
E02	长春工业大学学报	397	0.250	0.037	0.81	257	0.11	1.77	6.3	3
E02	长春理工大学学报(自然科学版)	1322	0.463	0.093	0.87	624	0.19	4.30	6.0	5
E02	长江工程职业技术学院学报	336	0.472	0.085	0.99	207	0.03	1.43	4.5	4
E02	长沙理工大学学报(自然科学版)	350	0.456	0.069	0.93	204	0.09	1.41	6.4	5
E02	浙江大学学报(工学版)	2972	0.721	0.079	0.96	1109	0.53	7.65	6.7	9
E02	浙江纺织服装职业技术学院学报	255	0.350	0.095	0.96	135	0.03	0.93	6.0	3
E02	浙江工业大学学报	1046	0.840	0.116	0.71	517	0.15	3.57	6.0	5
E02	郑州大学学报(工学版)	912	0.519	0.132	0.90	488	0.23	3.37	6.4	5
E02	中国计量大学学报	338	0.401	0.094	0.86	228	0.08	1.57	6.4	4
E02	中南大学学报(自然科学版)	5468	0.759	0.045	0.95	1279	0.64	8.82	5.3	10
E02	中原工学院学报	337	0.272	0.084	0.98	227	0.06	1.57	6.5	3
E02	解放军理工大学学报(自然科学版)	733	0.486	0.128	0.99	425	1.00	425.00	7.5	7
E03	Engineering	49	0.341	0.025	0.86	31	0.05	0.41	1.6	3
E03	Frontiers of Information Technology & Electronic Engineering	231	0.325	0.244	0.77	116	0.11	1.53	3.4	3
E03	IEEE/CAA Journal of Automatica Sinica	159	0.895	0.565	0.67	42	0.12	0.55	1.6	4
E03	International Journal of Automation & computing	296	0.444	0.143	0.69	146	0.13	1.92	4.6	4
E03	Journal of Electronic Science and Technology of China	37	0.045	0.000	0.95	33	0.07	0.43	5.4	2
E03	Journal of Systems Engineering and Electronics	624	0.505	0.024	0.93	231	0.24	3.04	5.1	5
E03	Science China Information Sciences	1061	0.660	0.081	0.85	363	0.32	4.78	4.6	6
E03	The Journal of China Universities of Posts and Telecommunications	248	0.371	0.062	0.94	129	0.12	1.70	4.6	3
E03	ZTE Communications	21	0.103	0.000	0.90	17	0.04	0.22	4.1	2
E03	磁性材料及器件	369	0.267	0.011	0.84	180	0.07	2.37	6.5	4
E03	当代电视	755	0.239	0.084	0.98	195	0.08	2.57	3.0	4
E03	电脑与电信	577	0.403	0.076	0.97	229	0.26	3.01	3.0	6
E03	电气电子教学学报	1558	0.619	0.061	0.89	338	0.18	4.45	6.1	5

学科代码	期刊名称	扩展总被引频次	扩展影响因子	扩展即年指标	扩展他引率	扩展引用刊数	扩展学科影响指标	扩展学科扩散指标	扩展被引半衰期	扩展H指标
E03	电信技术	754	0.532	0.096	0.96	213	0.29	2.80	3.8	5
E03	电信快报	360	0.506	0.152	0.98	127	0.22	1.67	3.4	4
E03	电信网技术	654	0.443	0.191	0.98	242	0.26	3.18	3.8	5
E03	光纤与电缆及其应用技术	182	0.123	0.077	0.90	105	0.07	1.38	7.6	3
E03	广播电视信息	610	0.300	0.101	0.96	131	0.14	1.72	3.4	4
E03	红外	348	0.280	0.052	0.94	207	0.12	2.72	6.5	5
E03	机电产品开发与创新	880	0.247	0.063	0.97	438	0.21	5.76	6.3	5
E03	机电一体化	717	0.362	0.056	0.98	347	0.25	4.57	6.0	4
E03	机器人	1798	1.565	0.098	0.92	442	0.29	5.82	6.9	10
E03	机器人技术与应用	479	0.747	0.135	0.99	237	0.17	3.12	8.5	6
E03	集成电路应用	395	0.611	0.294	0.31	82	0.14	1.08	2.2	4
E03	计算机测量与控制	4596	0.635	0.098	0.88	942	0.54	12.39	4.1	10
E03	计算技术与自动化	435	0.361	0.086	0.95	261	0.25	3.43	5.8	4
E03	舰船电子对抗	512	0.264	0.012	0.94	179	0.20	2.36	5.8	4
E03	江苏通信	114	0.145	0.029	1.00	65	0.14	0.86	4.2	3
E03	决策与信息(上旬刊)	221	0.278	0.118	0.97	164	0.01	2.16	2.7	3
E03	决策咨询	263	0.291	0.091	0.98	184	0.03	2.42	4.2	3
E03	科学与信息化	169	–	0.019	0.96	59	0.05	0.78	0.0	2
E03	控制工程	2135	0.723	0.096	0.77	610	0.29	8.03	4.7	9
E03	雷达与对抗	195	0.200	0.015	0.93	92	0.13	1.21	7.3	3
E03	模式识别与人工智能	1320	0.973	0.218	0.95	445	0.34	5.86	5.1	9
E03	山西电子技术	408	0.223	0.053	0.99	215	0.28	2.83	5.1	4
E03	深空探测学报	100	0.643	0.025	0.38	24	0.04	0.32	2.3	4
E03	数字传媒研究	237	0.253	0.057	0.98	74	0.09	0.97	2.2	4
E03	数字化用户	730	–	0.008	0.98	254	0.14	3.34	4.2	4
E03	数字技术与应用	3972	0.401	0.147	0.98	700	0.41	9.21	3.0	9
E03	数字教育	241	1.005	0.406	0.95	137	0.07	1.80	1.9	6
E03	数字通信世界	1060	0.121	0.077	0.98	282	0.26	3.71	1.9	4
E03	网络空间安全	946	0.568	0.168	0.98	296	0.29	3.89	3.4	7
E03	系统仿真技术	166	0.289	0.092	0.98	119	0.20	1.57	5.5	3
E03	系统仿真学报	4746	0.562	0.081	0.94	1151	0.54	15.14	8.6	10
E03	现代电视技术	468	0.223	0.071	0.92	108	0.20	1.42	4.0	3
E03	现代电影技术	261	0.239	0.067	0.87	94	0.08	1.24	5.4	3

学科代码	期刊名称	扩展总被引频次	扩展影响因子	扩展即年指标	扩展他引率	扩展引用刊数	扩展学科影响指标	扩展学科扩散指标	扩展被引半衰期	扩展H指标
E03	信息安全学报	42	–	0.200	0.98	29	0.07	0.38	1.4	3
E03	信息安全研究	247	1.120	0.262	0.89	119	0.16	1.57	1.5	6
E03	信息安全与通信保密	793	0.580	0.200	0.99	305	0.29	4.01	4.6	6
E03	信息化研究	511	0.373	0.022	0.98	277	0.30	3.64	9.0	5
E03	信息技术	1834	0.421	0.154	0.97	687	0.43	9.04	4.4	6
E03	信息技术与信息化	1260	0.371	0.153	0.98	415	0.24	5.46	3.1	7
E03	信息系统工程	2419	0.410	0.168	0.99	589	0.29	7.75	2.9	9
E03	遥测遥控	264	0.385	0.043	0.91	120	0.13	1.58	6.0	3
E03	冶金信息导刊	55	0.054	0.000	0.98	43	0.01	0.57	9.8	2
E03	印制电路信息	432	0.210	0.038	0.54	112	0.08	1.47	5.4	3
E03	应用科技	643	0.505	0.141	0.94	367	0.21	4.83	6.6	5
E03	有线电视技术	579	0.258	0.080	0.92	138	0.21	1.82	3.8	5
E03	制造业自动化	3059	0.452	0.091	0.97	787	0.34	10.36	4.9	9
E03	智能系统学报	663	0.921	0.132	0.93	329	0.24	4.33	3.9	6
E03	中国电视	705	0.480	0.137	0.88	203	0.11	2.67	4.1	5
E03	中国电子科学研究院学报	604	0.640	0.025	0.87	246	0.29	3.24	4.8	6
E03	中国广播	747	0.495	0.222	0.87	151	0.11	1.99	2.8	6
E03	中国集成电路	210	0.126	0.006	0.99	134	0.16	1.76	5.1	3
E03	中国信息化	454	0.654	0.117	1.00	244	0.14	3.21	4.1	4
E03	中国信息技术教育	2710	0.257	0.059	0.99	559	0.13	7.36	4.1	14
E03	中文信息学报	1528	0.732	0.071	0.82	325	0.24	4.28	6.6	10
E03	自动化博览	550	0.334	0.073	0.96	249	0.22	3.28	5.6	5
E03	自动化技术与应用	1352	0.402	0.081	0.97	545	0.33	7.17	5.9	6
E03	自动化学报	4646	2.796	0.379	0.89	930	0.54	12.24	4.8	18
E03	自动化应用	675	0.222	0.065	0.97	268	0.16	3.53	3.1	4
E03	自动化与信息工程	159	0.264	0.017	0.99	113	0.14	1.49	5.4	3
E03	自动化与仪器仪表	2683	0.642	0.213	0.73	658	0.33	8.66	2.5	7
E04	化学与生物工程	1168	0.476	0.099	0.97	565	0.71	80.71	6.8	7
E04	生物工程学报	1496	0.859	0.173	0.96	550	0.86	78.57	7.1	7
E04	生物技术通报	2255	0.718	0.124	0.95	650	0.86	92.86	5.4	8
E04	生物加工过程	381	0.378	0.107	0.96	197	0.71	28.14	6.0	3
E04	中国生化药物杂志	6041	2.219	0.430	0.96	830	0.71	118.57	2.4	16
E04	中国生物工程杂志	1533	0.725	0.126	0.95	643	0.86	91.86	6.8	7

学科代码	期刊名称	扩展总被引频次	扩展影响因子	扩展即年指标	扩展他引率	扩展引用刊数	扩展学科影响指标	扩展学科扩散指标	扩展被引半衰期	扩展H指标
E05	保鲜与加工	1154	1.075	0.221	0.84	283	0.21	5.34	5.9	7
E05	福建农机	146	0.275	0.091	0.97	88	0.23	1.66	4.9	4
E05	灌溉排水学报	1977	0.801	0.091	0.89	394	0.47	7.43	7.1	7
E05	广西农业机械化	178	0.238	0.047	0.96	70	0.23	1.32	5.1	2
E05	河北农机	502	0.228	0.121	0.99	151	0.30	2.85	2.5	5
E05	湖北农机化	208	0.130	0.032	0.99	102	0.26	1.92	4.5	3
E05	江苏农机化	161	0.141	0.035	0.98	79	0.38	1.49	5.6	3
E05	节水灌溉	1980	0.726	0.076	0.83	444	0.53	8.38	5.3	7
E05	菌物研究	394	0.770	0.579	0.92	143	0.08	2.70	6.1	6
E05	木材加工机械	443	0.379	0.030	0.72	125	0.11	2.36	7.0	4
E05	南方农机	3082	1.058	0.399	0.64	316	0.40	5.96	1.3	11
E05	农产品加工(上半月)	1940	0.340	0.039	0.98	532	0.36	10.04	6.4	6
E05	农产品加工(下半月)	666	0.310	0.017	0.97	263	0.21	4.96	4.0	4
E05	农村牧区机械化	227	0.280	0.019	0.99	101	0.40	1.91	5.9	3
E05	农机化研究	5592	0.827	0.462	0.78	861	0.83	16.25	5.6	12
E05	农机科技推广	335	0.179	0.075	1.00	127	0.40	2.40	4.3	4
E05	农机使用与维修	793	0.212	0.060	0.98	205	0.45	3.87	3.2	5
E05	农机质量与监督	138	0.184	0.054	1.00	68	0.34	1.28	3.9	3
E05	农业工程	921	0.571	0.140	0.92	351	0.57	6.62	3.8	7
E05	农业工程学报	28089	2.705	0.343	0.85	1826	0.89	34.45	5.7	24
E05	农业环境科学学报	8190	1.826	0.185	0.92	947	0.62	17.87	6.8	17
E05	农业机械学报	11898	2.244	0.391	0.80	1225	0.83	23.11	5.0	17
E05	农业技术与装备	955	0.311	0.081	0.99	268	0.49	5.06	4.6	5
E05	农业开发与装备	1872	0.282	0.120	0.93	362	0.53	6.83	2.2	7
E05	农业科技与装备	1246	0.381	0.063	0.92	438	0.62	8.26	4.7	7
E05	农业现代化研究	2799	2.024	0.254	0.96	828	0.55	15.62	5.1	13
E05	农业装备技术	325	0.197	0.026	0.99	173	0.47	3.26	6.5	4
E05	农业装备与车辆工程	731	0.298	0.059	0.95	317	0.43	5.98	5.5	5
E05	排灌机械工程学报	1469	1.199	0.133	0.90	372	0.38	7.02	4.6	8
E05	热带农业工程	273	0.264	0.019	0.99	166	0.15	3.13	5.6	3
E05	生态与农村环境学报	2138	1.492	0.243	0.91	593	0.40	11.19	6.1	10
E05	时代农机	1939	0.350	0.085	0.98	518	0.40	9.77	2.9	7
E05	水土保持通报	3577	0.936	0.147	0.93	717	0.43	13.53	6.0	9

学科代码	期刊名称	扩展总被引频次	扩展影响因子	扩展即年指标	扩展他引率	扩展引用刊数	扩展学科影响指标	扩展学科扩散指标	扩展被引半衰期	扩展H指标
E05	水土保持学报	7557	1.613	0.196	0.89	736	0.49	13.89	7.6	13
E05	水土保持研究	4944	1.243	0.279	0.92	822	0.43	15.51	6.1	10
E05	水土保持应用技术	596	0.792	0.038	0.94	150	0.19	2.83	5.4	9
E05	四川农业与农机	121	0.128	0.028	1.00	62	0.15	1.17	3.5	2
E05	拖拉机与农用运输车	405	0.199	0.019	0.91	180	0.23	3.40	8.3	3
E05	现代化农业	933	0.239	0.085	0.98	363	0.45	6.85	5.8	4
E05	现代农机	144	0.191	0.068	0.95	65	0.32	1.23	3.3	4
E05	现代农业装备	271	0.294	0.073	0.93	126	0.38	2.38	5.1	4
E05	新疆农机化	380	0.307	0.100	0.92	116	0.47	2.19	5.6	4
E05	新疆农垦经济	429	0.390	0.069	0.92	230	0.15	4.34	4.2	3
E05	新疆农垦科技	565	0.252	0.042	0.92	209	0.38	3.94	4.5	4
E05	亚热带水土保持	372	0.456	0.085	0.93	184	0.23	3.47	7.0	4
E05	中国农村水利水电	3184	0.627	0.070	0.91	670	0.43	12.64	5.7	7
E05	中国农机化学报	2149	0.536	0.142	0.91	576	0.72	10.87	4.1	9
E05	中国农垦	177	0.060	0.033	1.00	116	0.19	2.19	4.4	3
E05	中国水土保持科学	1813	1.325	0.174	0.94	446	0.36	8.42	7.0	9
E05	中国沼气	892	0.781	0.079	0.82	245	0.38	4.62	6.2	7
E06	北京生物医学工程	525	0.402	0.061	0.94	273	0.45	24.82	6.0	5
E06	国际生物医学工程杂志	321	0.430	0.109	0.91	209	0.55	19.00	6.0	4
E06	生物医学工程学杂志	1096	0.531	0.053	0.95	598	0.91	54.36	6.5	5
E06	生物医学工程研究	229	0.432	0.049	0.87	155	0.64	14.09	7.2	4
E06	生物医学工程与临床	590	0.630	0.122	0.97	327	0.45	29.73	4.4	5
E06	中国生物医学工程学报	830	0.786	0.100	0.93	412	0.82	37.45	6.0	6
E06	中国生物制品学杂志	1169	0.516	0.086	0.86	468	0.45	42.55	4.7	6
E06	中国医药生物技术	406	0.551	0.160	0.92	265	0.45	24.09	4.6	5
E06	中国疫苗和免疫	2556	2.218	0.210	0.85	266	0.18	24.18	5.0	14
E06	中国组织工程研究	16745	1.566	0.204	0.96	1520	0.91	138.18	5.3	17
E06	中华生物医学工程杂志	471	0.487	0.009	0.98	260	0.27	23.64	5.8	5
E07	Geodesy and Geodynamics	101	0.360	0.050	0.84	43	0.28	1.72	3.5	3
E07	北京测绘	973	0.580	0.118	0.80	250	0.64	10.00	4.6	7
E07	测绘	329	0.381	0.000	0.96	136	0.60	5.44	6.0	4
E07	测绘标准化	227	0.434	0.081	0.96	86	0.64	3.44	4.4	4
E07	测绘工程	1369	0.905	0.232	0.91	411	0.88	16.44	4.5	7

学科代码	期刊名称	扩展总被引频次	扩展影响因子	扩展即年指标	扩展他引率	扩展引用刊数	扩展学科影响指标	扩展学科扩散指标	扩展被引半衰期	扩展H指标
E07	测绘技术装备	349	0.293	0.036	0.95	129	0.64	5.16	5.1	4
E07	测绘科学	4080	0.927	0.192	0.92	837	0.96	33.48	6.3	9
E07	测绘科学技术学报	1047	0.786	0.049	0.85	265	0.88	10.60	5.9	6
E07	测绘通报	5119	1.387	0.242	0.84	777	0.92	31.08	5.0	13
E07	测绘学报	4104	2.261	0.188	0.81	542	0.96	21.68	5.7	14
E07	测绘与空间地理信息	3772	0.783	0.112	0.90	703	0.88	28.12	3.8	13
E07	导航定位学报	240	0.467	0.079	0.87	113	0.64	4.52	3.4	5
E07	导航定位与授时	87	0.333	0.093	0.70	43	0.12	1.72	2.2	2
E07	地矿测绘	354	0.645	0.048	0.96	153	0.60	6.12	6.5	5
E07	地理空间信息	1681	0.520	0.101	0.88	463	0.88	18.52	5.2	7
E07	国土资源遥感	1682	1.393	0.195	0.88	481	0.72	19.24	6.2	8
E07	海洋测绘	1083	0.728	0.202	0.71	260	0.92	10.40	6.3	8
E07	江西测绘	291	0.413	0.105	0.98	105	0.56	4.20	4.2	4
E07	全球定位系统	525	0.349	0.023	0.90	196	0.76	7.84	5.1	6
E07	武汉大学学报(信息科学版)	5178	1.269	0.130	0.89	822	0.96	32.88	6.9	14
E07	现代测绘	689	0.717	0.204	0.93	222	0.76	8.88	5.1	7
E07	遥感技术与应用	1912	1.215	0.087	0.91	544	0.76	21.76	6.8	9
E07	遥感信息	1194	0.690	0.101	0.95	444	0.84	17.76	6.9	8
E07	遥感学报	3211	1.977	0.264	0.97	656	0.76	26.24	9.5	13
E08	China's Refractories	14	0.014	0.027	0.71	10	0.06	0.20	6.7	1
E08	Frontiers of Materials Science	51	0.165	0.000	0.92	45	0.10	0.90	4.2	1
E08	International Journal of Plant Engineering and Management	20	0.089	0.000	1.00	18	–	0.36	6.5	1
E08	Journal of Materials Science & Technology	670	0.507	0.074	0.89	244	0.44	4.88	4.8	4
E08	Journal of Rare Earths	1272	1.029	0.041	0.69	266	0.40	5.32	4.9	5
E08	Journal of Wuhan University of Technology(Materials Science Edition)	562	0.227	0.035	0.76	237	0.40	4.74	5.2	4
E08	玻璃	349	0.187	0.042	0.82	120	0.14	2.40	6.2	4
E08	玻璃钢/复合材料	1188	0.619	0.092	0.77	338	0.42	6.76	5.1	7
E08	玻璃纤维	201	0.324	0.033	0.75	88	0.20	1.76	8.4	3
E08	玻璃与搪瓷	263	0.254	0.029	0.91	108	0.18	2.16	8.7	4
E08	材料保护	1751	0.395	0.042	0.87	411	0.56	8.22	8.8	5
E08	材料导报	6517	0.836	0.097	0.96	1223	0.76	24.46	6.3	10

学科代码	期刊名称	扩展总被引频次	扩展影响因子	扩展即年指标	扩展他引率	扩展引用刊数	扩展学科影响指标	扩展学科扩散指标	扩展被引半衰期	扩展H指标
E08	材料工程	2422	1.273	0.097	0.90	557	0.68	11.14	6.7	7
E08	材料开发与应用	676	0.288	0.033	0.89	314	0.50	6.28	7.5	5
E08	材料科学与工程学报	1724	0.792	0.046	0.71	521	0.66	10.42	7.6	7
E08	材料科学与工艺	1075	0.612	0.091	0.95	357	0.54	7.14	8.7	6
E08	材料热处理学报	2718	0.740	0.130	0.88	393	0.60	7.86	4.7	8
E08	材料研究学报	946	0.792	0.046	0.93	335	0.58	6.70	6.7	6
E08	电工材料	250	0.410	0.031	0.74	93	0.12	1.86	6.4	5
E08	腐蚀科学与防护技术	1287	0.656	0.107	0.93	344	0.40	6.88	9.5	8
E08	腐蚀与防护	1687	0.405	0.088	0.88	395	0.34	7.90	7.2	6
E08	腐植酸	488	0.415	0.072	0.72	144	0.04	2.88	9.0	5
E08	复合材料学报	2972	1.168	0.183	0.76	528	0.56	10.56	5.8	9
E08	高分子材料科学与工程	2883	0.640	0.090	0.92	525	0.58	10.50	6.8	6
E08	功能材料	3675	0.617	0.079	0.93	844	0.70	16.88	5.0	6
E08	合成材料老化与应用	429	0.339	0.068	0.96	203	0.26	4.06	5.3	4
E08	合成润滑材料	198	0.320	0.167	0.88	84	0.10	1.68	6.6	3
E08	化工新型材料	3019	0.412	0.072	0.84	686	0.64	13.72	4.8	6
E08	化学推进剂与高分子材料	585	0.319	0.161	0.83	213	0.18	4.26	7.4	5
E08	绝缘材料	1157	0.781	0.156	0.65	260	0.32	5.20	5.4	6
E08	耐火材料	622	0.382	0.027	0.69	130	0.28	2.60	8.0	4
E08	耐火与石灰	122	0.092	0.011	0.96	63	0.08	1.26	8.8	2
E08	全面腐蚀控制	665	0.409	0.136	0.91	235	0.24	4.70	4.3	6
E08	人工晶体学报	1652	0.456	0.103	0.78	395	0.52	7.90	4.2	5
E08	人造纤维	57	0.184	0.036	0.98	36	0.02	0.72	6.1	2
E08	润滑油	461	0.430	0.079	0.90	133	0.14	2.66	8.1	4
E08	散装水泥	54	0.052	0.022	0.89	21	0.02	0.42	4.0	2
E08	石材	167	0.146	0.052	0.84	68	0.02	1.36	7.6	3
E08	无机材料学报	1832	0.727	0.116	0.90	482	0.60	9.64	6.8	7
E08	稀土	1262	0.970	0.065	0.69	287	0.38	5.74	6.2	8
E08	纤维素科学与技术	374	0.474	0.047	0.93	175	0.10	3.50	8.5	4
E08	新材料产业	671	0.518	0.123	0.98	387	0.36	7.74	4.9	7
E08	新型炭材料	772	0.790	0.156	0.90	276	0.48	5.52	7.8	6
E08	信息记录材料	531	0.375	0.122	0.97	241	0.12	4.82	1.5	4
E08	中国材料进展	1089	0.659	0.090	0.97	424	0.62	8.48	6.0	10

学科代码	期刊名称	扩展总被引频次	扩展影响因子	扩展即年指标	扩展他引率	扩展引用刊数	扩展学科影响指标	扩展学科扩散指标	扩展被引半衰期	扩展H指标
E08	中国腐蚀与防护学报	1121	0.902	0.094	0.88	274	0.38	5.48	9.2	6
E08	中国稀土学报	1328	1.358	0.052	0.82	375	0.40	7.50	8.3	8
E09	Acta Metallurgica Sinica	562	0.597	0.111	0.65	124	0.41	2.82	3.8	3
E09	International Journal of Minerals, Metallurgy and Materials	726	0.557	0.042	0.74	200	0.61	4.55	4.6	4
E09	Journal of Iron and Steel Research,International	990	0.661	0.101	0.75	196	0.48	4.45	4.9	4
E09	Rare Metals	604	0.679	0.071	0.73	173	0.52	3.93	4.4	4
E09	Transactions of Nonferrous Metals Society of China	4285	1.096	0.051	0.81	545	0.75	12.39	4.8	7
E09	材料研究与应用	323	0.316	0.103	0.99	182	0.39	4.14	7.8	3
E09	粉末冶金材料科学与工程	672	0.418	0.026	0.88	232	0.55	5.27	5.8	5
E09	钢结构	1263	0.570	0.081	0.84	288	0.16	6.55	5.9	8
E09	钢铁	3247	1.405	0.234	0.85	395	0.73	8.98	8.0	10
E09	钢铁钒钛	661	0.404	0.059	0.80	165	0.52	3.75	6.3	5
E09	钢铁研究	474	0.344	0.070	0.92	165	0.36	3.75	7.8	4
E09	钢铁研究学报	1659	0.868	0.118	0.85	315	0.66	7.16	7.4	6
E09	贵金属	563	0.797	0.121	0.73	161	0.41	3.66	6.2	5
E09	湖南有色金属	591	0.309	0.061	0.91	206	0.52	4.68	7.4	5
E09	黄金	1385	0.459	0.145	0.88	316	0.50	7.18	7.3	6
E09	黄金科学技术	637	0.447	0.099	0.88	162	0.34	3.68	6.0	5
E09	金属功能材料	521	0.772	0.164	0.79	166	0.43	3.77	6.9	6
E09	金属学报	3422	0.973	0.125	0.91	447	0.75	10.16	8.5	9
E09	金属制品	439	0.359	0.065	0.71	136	0.18	3.09	8.1	4
E09	宽厚板	218	0.166	0.053	0.93	90	0.23	2.05	7.9	3
E09	南方金属	234	0.138	0.010	0.96	149	0.27	3.39	7.4	3
E09	轻金属	1037	0.256	0.067	0.83	267	0.52	6.07	8.6	6
E09	上海金属	550	0.393	0.030	0.83	173	0.43	3.93	9.1	5
E09	世界有色金属	1902	0.735	0.183	0.87	335	0.55	7.61	1.3	8
E09	四川有色金属	240	0.215	0.056	0.93	140	0.43	3.18	7.2	3
E09	钛工业进展	564	0.661	0.143	0.90	179	0.43	4.07	7.4	7
E09	特殊钢	692	0.326	0.047	0.92	173	0.48	3.93	9.2	4
E09	铁合金	288	0.153	0.047	0.61	80	0.18	1.82	≥10	3
E09	稀有金属	1896	1.151	0.131	0.90	405	0.80	9.20	6.8	7

学科代码	期刊名称	扩展总被引频次	扩展影响因子	扩展即年指标	扩展他引率	扩展引用刊数	扩展学科影响指标	扩展学科扩散指标	扩展被引半衰期	扩展H指标
E09	稀有金属材料与工程	4980	0.570	0.040	0.79	654	0.68	14.86	6.8	6
E09	稀有金属与硬质合金	473	0.250	0.041	0.93	190	0.59	4.32	8.8	4
E09	新疆钢铁	86	0.049	0.000	1.00	66	0.07	1.50	7.9	2
E09	新疆有色金属	667	0.280	0.067	0.99	225	0.39	5.11	5.6	4
E09	硬质合金	497	0.707	0.017	0.65	121	0.32	2.75	6.4	4
E09	有色金属材料与工程	215	0.293	0.016	0.95	121	0.36	2.75	8.6	3
E09	有色金属工程	1032	0.699	0.084	0.97	354	0.59	8.05	8.7	6
E09	有色金属科学与工程	887	0.762	0.145	0.76	266	0.59	6.05	4.6	6
E09	有色金属设计	192	0.488	0.078	0.96	114	0.14	2.59	6.1	3
E09	中国钢铁业	93	0.124	0.000	1.00	66	0.14	1.50	6.1	2
E09	中国锰业	576	0.588	0.161	0.64	132	0.27	3.00	4.1	6
E09	中国钼业	500	0.436	0.108	0.77	156	0.39	3.55	8.9	4
E09	中国钨业	557	0.718	0.111	0.75	143	0.45	3.25	6.4	6
E09	中国有色金属学报	5470	1.193	0.091	0.84	685	0.80	15.57	6.4	10
E10	International Journal of Mining Science and Technology	1084	0.839	0.153	0.78	279	0.51	7.54	5.1	5
E10	安徽理工大学学报(自然科学版)	388	0.235	0.011	0.97	216	0.54	5.84	9.4	4
E10	采矿技术	1048	0.559	0.148	0.83	252	0.76	6.81	6.0	4
E10	采矿与安全工程学报	4403	1.844	0.254	0.92	299	0.84	8.08	6.0	15
E10	非金属矿	1131	0.746	0.090	0.85	331	0.38	8.95	6.5	5
E10	工矿自动化	2043	0.938	0.299	0.86	412	0.59	11.14	4.6	9
E10	金属矿山	4556	0.967	0.143	0.88	619	0.89	16.73	6.4	8
E10	勘察科学技术	596	0.286	0.055	0.96	285	0.43	7.70	9.2	4
E10	矿产保护与利用	769	0.930	0.155	0.88	231	0.41	6.24	7.4	6
E10	矿产与地质	1331	0.471	0.027	0.90	254	0.51	6.86	≥10	5
E10	矿产综合利用	838	0.818	0.090	0.91	233	0.41	6.30	6.2	5
E10	矿山测量	788	0.477	0.099	0.83	218	0.49	5.89	5.5	5
E10	矿山机械	1947	0.335	0.090	0.94	486	0.73	13.14	6.9	6
E10	矿物学报	1988	1.485	0.186	0.98	370	0.51	10.00	8.3	8
E10	矿业安全与环保	2088	0.947	0.211	0.84	319	0.81	8.62	6.4	8
E10	矿业工程	547	0.239	0.086	0.99	226	0.70	6.11	7.9	4
E10	矿业工程研究	217	0.397	0.056	0.97	121	0.54	3.27	5.1	3
E10	矿业研究与开发	1796	1.008	0.230	0.80	352	0.81	9.51	4.6	6

学科代码	期刊名称	扩展总被引频次	扩展影响因子	扩展即年指标	扩展他引率	扩展引用刊数	扩展学科影响指标	扩展学科扩散指标	扩展被引半衰期	扩展H指标
E10	矿业装备	113	0.210	0.041	1.00	65	0.19	1.76	3.4	3
E10	露天采矿技术	987	0.316	0.078	0.62	211	0.57	5.70	5.0	4
E10	煤矿安全	4615	0.707	0.130	0.81	419	0.78	11.32	4.8	8
E10	煤矿爆破	187	0.364	0.068	0.87	71	0.24	1.92	6.8	3
E10	煤矿机电	747	0.307	0.043	0.89	196	0.46	5.30	5.7	5
E10	煤矿机械	4502	0.349	0.081	0.88	677	0.70	18.30	5.7	6
E10	煤矿开采	1670	0.761	0.212	0.90	223	0.68	6.03	5.9	7
E10	煤矿现代化	777	0.322	0.190	0.98	183	0.46	4.95	4.6	6
E10	煤田地质与勘探	2253	1.079	0.113	0.87	394	0.68	10.65	8.2	10
E10	神华科技	403	0.368	0.048	0.96	170	0.35	4.59	5.2	4
E10	探矿工程-岩土钻掘工程	2101	0.927	0.197	0.67	326	0.46	8.81	5.5	8
E10	西部探矿工程	2676	0.264	0.067	0.97	592	0.68	16.00	7.6	6
E10	现代矿业	1832	0.371	0.057	0.76	362	0.84	9.78	3.2	6
E10	铀矿冶	275	0.297	0.071	0.73	92	0.27	2.49	≥10	4
E10	有色金属(矿山部分)	702	0.511	0.048	0.91	208	0.68	5.62	5.9	5
E10	有色金属(选矿部分)	1031	0.840	0.167	0.83	150	0.38	4.05	5.9	5
E10	凿岩机械气动工具	110	0.106	0.019	0.90	66	0.16	1.78	9.0	3
E10	中国矿业	3524	0.950	0.292	0.89	750	0.95	20.27	5.6	9
E10	中国矿业大学学报	4526	2.093	0.517	0.93	772	0.86	20.86	8.1	15
E10	矿产勘查	961	0.498	0.090	0.95	292	1.00	146.00	7.9	5
E10	中国非金属矿工业导刊	647	0.363	0.026	0.94	246	0.50	123.00	8.4	6
E11	Baosteel Technical Research	25	0.099	0.000	1.00	20	0.04	0.41	5.5	2
E11	安徽冶金科技职业学院学报	278	0.344	0.079	0.91	144	0.12	2.94	5.2	4
E11	鞍钢技术	383	0.365	0.022	0.95	162	0.67	3.31	8.6	3
E11	包钢科技	313	0.133	0.030	0.97	179	0.53	3.65	7.8	3
E11	宝钢技术	453	0.187	0.033	0.97	189	0.61	3.86	9.8	4
E11	材料与冶金学报	304	0.237	0.058	0.97	164	0.43	3.35	8.6	4
E11	粉末冶金工业	739	1.168	0.120	0.68	160	0.20	3.27	6.1	5
E11	粉末冶金技术	688	0.673	0.099	0.83	156	0.29	3.18	8.4	5
E11	福建冶金	8	–	0.076	1.00	8	–	0.16	0.0	1
E11	甘肃冶金	430	0.163	0.047	0.97	214	0.55	4.37	5.9	3
E11	工程技术研究	4633	2.222	1.333	0.75	273	0.49	5.57	0.0	17
E11	河北冶金	485	0.212	0.033	0.83	163	0.65	3.33	5.2	3

学科代码	期刊名称	扩展总被引频次	扩展影响因子	扩展即年指标	扩展他引率	扩展引用刊数	扩展学科影响指标	扩展学科扩散指标	扩展被引半衰期	扩展H指标
E11	河南冶金	249	0.174	0.037	0.95	133	0.55	2.71	7.0	3
E11	江西冶金	164	0.203	0.024	0.98	115	0.39	2.35	8.2	2
E11	金属材料与冶金工程	348	0.201	0.000	0.97	211	0.71	4.31	7.6	5
E11	矿冶	1043	0.863	0.065	0.84	267	0.39	5.45	6.7	7
E11	矿冶工程	1793	1.000	0.133	0.82	381	0.51	7.78	6.2	7
E11	昆明冶金高等专科学校学报	377	0.468	0.118	0.95	211	0.10	4.31	4.8	4
E11	理化检验-化学分册	2493	0.760	0.093	0.84	578	0.29	11.80	5.7	6
E11	理化检验-物理分册	1088	0.556	0.095	0.64	327	0.53	6.67	5.1	6
E11	连铸	347	0.557	0.054	0.64	76	0.41	1.55	5.8	3
E11	炼铁	445	0.406	0.010	0.80	98	0.55	2.00	7.1	4
E11	山东冶金	473	0.135	0.030	0.96	223	0.65	4.55	8.5	3
E11	山西冶金	285	0.136	0.046	0.96	166	0.53	3.39	5.5	3
E11	烧结球团	455	0.370	0.079	0.74	102	0.43	2.08	9.4	4
E11	湿法冶金	681	0.586	0.130	0.83	161	0.33	3.29	6.4	5
E11	四川冶金	221	0.140	0.009	0.95	127	0.49	2.59	8.5	3
E11	特钢技术	218	0.178	0.031	0.96	108	0.31	2.20	8.7	4
E11	天津冶金	219	0.198	0.000	0.94	135	0.51	2.76	6.4	3
E11	铜业工程	524	0.402	0.102	0.85	188	0.31	3.84	5.7	6
E11	武钢技术	240	0.232	0.010	0.98	135	0.43	2.76	7.1	3
E11	武汉冶金管理干部学院学报	224	0.365	0.025	1.00	137	0.02	2.80	3.7	3
E11	现代冶金	258	0.103	0.039	0.98	162	0.45	3.31	8.6	3
E11	冶金分析	1715	1.091	0.251	0.77	339	0.55	6.92	5.6	6
E11	冶金能源	459	0.626	0.172	0.74	187	0.55	3.82	5.9	4
E11	冶金设备	419	0.274	0.025	0.92	181	0.47	3.69	7.5	3
E11	冶金设备管理与维修	54	0.054	0.000	1.00	44	0.06	0.90	4.0	2
E11	冶金与材料	165	0.151	0.009	1.00	104	0.31	2.12	5.1	3
E11	冶金自动化	582	0.557	0.192	0.74	198	0.53	4.04	5.9	4
E11	有色金属(冶炼部分)	1019	0.548	0.091	0.78	212	0.41	4.33	5.2	6
E11	有色矿冶	577	0.300	0.040	0.95	235	0.43	4.80	9.3	4
E11	有色冶金节能	161	0.166	0.050	0.98	94	0.27	1.92	5.8	3
E11	有色冶金设计与研究	459	0.371	0.114	0.92	209	0.35	4.27	6.2	5
E11	云南冶金	630	0.561	0.039	0.85	229	0.49	4.67	7.7	4
E11	轧钢	918	0.897	0.150	0.71	162	0.59	3.31	5.9	6

学科代码	期刊名称	扩展总被引频次	扩展影响因子	扩展即年指标	扩展他引率	扩展引用刊数	扩展学科影响指标	扩展学科扩散指标	扩展被引半衰期	扩展H指标
E11	中国矿山工程	480	0.395	0.042	0.96	171	0.20	3.49	7.3	5
E11	中国冶金	1121	0.969	0.259	0.74	218	0.67	4.45	4.5	6
E11	中国有色冶金	649	0.336	0.042	0.92	166	0.43	3.39	7.8	5
E12	Journal of Bionic Engineering	336	0.740	0.097	0.52	114	0.24	2.48	4.7	3
E12	电子机械工程	551	0.359	0.060	0.83	222	0.46	4.83	7.7	5
E12	发电与空调	428	0.305	0.047	0.98	200	0.11	4.35	7.0	3
E12	钢管	763	0.655	0.062	0.48	120	0.24	2.61	7.3	5
E12	工程设计学报	694	0.947	0.165	0.91	326	0.65	7.09	5.6	6
E12	国防制造技术	97	0.224	0.000	1.00	73	0.09	1.59	4.8	4
E12	机电工程	1836	0.820	0.073	0.95	617	0.72	13.41	4.5	9
E12	机电设备	199	0.109	0.014	0.96	133	0.22	2.89	8.5	3
E12	机电元件	234	0.242	0.025	0.82	109	0.15	2.37	6.7	5
E12	机械	856	0.341	0.031	0.96	389	0.59	8.46	7.2	5
E12	机械传动	1926	0.478	0.067	0.79	420	0.80	9.13	4.9	6
E12	机械工程材料	1794	0.638	0.057	0.77	451	0.57	9.80	6.7	6
E12	机械工程师	2283	0.206	0.047	0.88	694	0.76	15.09	4.8	6
E12	机械工程学报	11950	1.496	0.143	0.90	1284	0.93	27.91	6.0	17
E12	机械工程与自动化	1419	0.283	0.089	0.97	564	0.72	12.26	5.4	5
E12	机械管理开发	1815	0.567	0.226	0.94	451	0.50	9.80	2.5	7
E12	机械科学与技术	2458	0.505	0.096	0.93	692	0.83	15.04	6.8	7
E12	机械设计	2348	0.619	0.056	0.85	573	0.74	12.46	5.8	9
E12	机械设计与研究	1273	0.449	0.050	0.90	448	0.72	9.74	6.1	6
E12	机械设计与制造	5637	0.576	0.055	0.82	988	0.89	21.48	5.8	10
E12	机械设计与制造工程	1104	0.493	0.053	0.95	462	0.52	10.04	5.2	7
E12	机械研究与应用	1062	0.319	0.025	0.95	409	0.63	8.89	5.5	5
E12	机械与电子	770	0.337	0.036	0.96	383	0.59	8.33	6.3	4
E12	机械制造与自动化	1191	0.299	0.039	0.95	511	0.63	11.11	5.2	6
E12	教育与装备研究	411	0.149	0.067	0.84	123	0.04	2.67	5.8	4
E12	精密成形工程	456	0.639	0.109	0.67	143	0.30	3.11	4.0	4
E12	精密制造与自动化	197	0.322	0.000	0.96	104	0.35	2.26	6.9	3
E12	流体传动与控制	261	0.134	0.020	0.94	125	0.37	2.72	7.7	4
E12	流体机械	2256	1.211	0.143	0.85	511	0.67	11.11	6.2	8
E12	摩擦学学报	1733	1.365	0.139	0.82	377	0.72	8.20	7.7	7

学科代码	期刊名称	扩展总被引频次	扩展影响因子	扩展即年指标	扩展他引率	扩展引用刊数	扩展学科影响指标	扩展学科扩散指标	扩展被引半衰期	扩展H指标
E12	纳米技术与精密工程	348	0.449	0.103	0.90	197	0.35	4.28	5.5	4
E12	失效分析与预防	335	0.414	0.085	0.80	170	0.33	3.70	5.6	4
E12	世界制造技术与装备市场	153	0.122	0.000	0.99	92	0.28	2.00	7.9	4
E12	图学学报	1058	0.899	0.134	0.90	426	0.48	9.26	4.9	8
E12	现代机械	482	0.220	0.045	0.98	282	0.46	6.13	7.3	3
E12	压缩机技术	393	0.134	0.043	0.81	150	0.28	3.26	8.1	4
E12	液压与气动	1992	0.524	0.048	0.87	484	0.63	10.52	5.8	6
E12	噪声与振动控制	1562	0.501	0.042	0.86	521	0.65	11.33	6.2	6
E12	振动与冲击	7389	0.853	0.109	0.82	989	0.83	21.50	5.2	12
E12	制造技术与机床	1705	0.408	0.076	0.89	415	0.61	9.02	5.9	6
E12	中国机械工程	5849	0.894	0.100	0.92	1007	0.85	21.89	6.7	10
E12	中国设备工程	963	0.167	0.157	0.97	297	0.33	6.46	2.3	5
E12	重型机械	467	0.213	0.024	0.82	165	0.43	3.59	7.6	3
E12	组合机床与自动化加工技术	2453	0.726	0.068	0.75	490	0.72	10.65	4.3	7
E13	Advances in Mavufacturing	25	0.145	0.000	0.80	20	0.06	0.28	3.3	1
E13	China Foundry	175	0.310	0.055	0.75	58	0.13	0.82	4.7	3
E13	China Welding	83	0.061	0.000	0.99	48	0.10	0.68	8.1	3
E13	Chinese Journal of Mechanical Engineering	1244	1.663	0.106	0.73	309	0.32	4.35	4.2	6
E13	Frontiers of Mechanical Engineering	56	0.126	0.039	0.95	48	0.11	0.68	5.6	2
E13	Journal of Measurement Science and Instrumentation	57	0.191	0.000	0.93	50	0.01	0.70	3.3	2
E13	大型铸锻件	253	0.202	0.067	0.73	88	0.31	1.24	7.6	3
E13	低温工程	576	0.459	0.081	0.87	189	0.14	2.66	8.9	4
E13	电焊机	1283	0.299	0.104	0.86	341	0.49	4.80	5.9	5
E13	电加工与模具	389	0.285	0.023	0.84	133	0.34	1.87	7.7	3
E13	锻压技术	2173	1.278	0.160	0.64	298	0.49	4.20	3.3	7
E13	锻压装备与制造技术	646	0.332	0.036	0.81	196	0.42	2.76	7.0	5
E13	分析测试技术与仪器	305	0.489	0.044	0.94	195	0.01	2.75	8.4	5
E13	风机技术	589	0.637	0.333	0.63	172	0.21	2.42	5.8	5
E13	工程机械	897	0.383	0.059	0.94	306	0.34	4.31	8.1	4
E13	工程机械与维修	349	0.096	0.052	1.00	148	0.15	2.08	6.0	3
E13	管道技术与设备	749	0.470	0.093	0.90	234	0.15	3.30	7.4	4
E13	哈尔滨轴承	105	0.107	0.073	0.99	64	0.10	0.90	5.9	2

学科代码	期刊名称	扩展总被引频次	扩展影响因子	扩展即年指标	扩展他引率	扩展引用刊数	扩展学科影响指标	扩展学科扩散指标	扩展被引半衰期	扩展H指标
E13	焊接	1113	0.650	0.124	0.71	242	0.41	3.41	7.2	7
E13	焊接技术	1060	0.314	0.054	0.88	309	0.44	4.35	6.9	5
E13	焊接学报	3363	0.693	0.083	0.76	406	0.63	5.72	7.1	7
E13	机床与液压	4394	0.383	0.059	0.84	798	0.59	11.24	5.8	8
E13	机电工程技术	1626	0.517	0.140	0.93	513	0.32	7.23	4.1	7
E13	机电技术	619	0.288	0.079	0.97	317	0.24	4.46	4.7	4
E13	机械强度	1492	0.527	0.075	0.80	498	0.54	7.01	8.4	5
E13	机械制造	1443	0.483	0.062	0.66	385	0.44	5.42	5.8	7
E13	机械制造文摘-焊接分册	43	0.210	0.000	0.98	22	0.13	0.31	3.1	2
E13	金刚石与磨料磨具工程	588	0.373	0.049	0.79	172	0.28	2.42	8.0	4
E13	金属加工(冷加工)	608	0.087	0.025	0.94	196	0.34	2.76	5.7	3
E13	金属加工(热加工)	882	0.159	0.029	0.96	275	0.59	3.87	5.4	6
E13	金属热处理	3565	0.806	0.147	0.67	439	0.68	6.18	5.7	6
E13	金属世界	304	0.188	0.060	0.97	181	0.27	2.55	6.4	4
E13	炼钢	814	0.804	0.173	0.81	138	0.24	1.94	7.6	5
E13	铝加工	318	0.274	0.066	0.83	124	0.32	1.75	8.2	4
E13	模具工业	1066	0.756	0.178	0.63	195	0.32	2.75	4.5	5
E13	模具技术	357	0.356	0.108	0.89	119	0.24	1.68	8.1	3
E13	模具制造	496	0.235	0.042	0.78	147	0.34	2.07	4.6	4
E13	起重运输机械	1189	0.293	0.086	0.91	318	0.28	4.48	6.4	5
E13	气象水文海洋仪器	427	0.295	0.028	0.90	180	0.04	2.54	6.3	5
E13	轻工机械	631	0.412	0.047	0.95	295	0.35	4.15	6.4	4
E13	轻合金加工技术	777	0.440	0.053	0.88	193	0.44	2.72	7.8	6
E13	燃气涡轮试验与研究	365	0.271	0.015	0.88	113	0.11	1.59	9.4	4
E13	热处理	387	0.262	0.133	0.95	168	0.34	2.37	6.9	4
E13	热处理技术与装备	463	0.312	0.068	0.76	174	0.38	2.45	7.3	4
E13	热加工工艺	6000	0.435	0.062	0.72	663	0.82	9.34	4.9	6
E13	石油管材与仪器	505	0.279	0.014	0.86	173	0.08	2.44	6.8	4
E13	实验教学与仪器	488	0.154	0.047	0.85	153	0.03	2.15	4.6	3
E13	塑性工程学报	1389	0.888	0.098	0.80	278	0.55	3.92	6.8	7
E13	特种铸造及有色合金	1815	0.537	0.067	0.66	263	0.49	3.70	6.0	6
E13	通用机械	430	0.139	0.046	0.95	199	0.15	2.80	7.1	3
E13	无损检测	1540	0.667	0.081	0.76	386	0.34	5.44	6.8	6

学科代码	期刊名称	扩展总被引频次	扩展影响因子	扩展即年指标	扩展他引率	扩展引用刊数	扩展学科影响指标	扩展学科扩散指标	扩展被引半衰期	扩展H指标
E13	无损探伤	245	0.199	0.048	0.91	122	0.14	1.72	8.7	3
E13	现代制造工程	1687	0.384	0.060	0.93	547	0.59	7.70	6.2	6
E13	现代铸铁	649	0.869	1.560	0.44	75	0.24	1.06	3.1	8
E13	压力容器	1551	1.378	0.138	0.77	298	0.44	4.20	5.6	7
E13	一重技术	327	0.221	0.058	0.90	182	0.35	2.56	8.3	3
E13	有色金属加工	264	0.212	0.059	0.93	126	0.32	1.77	7.2	3
E13	有色设备	182	0.123	0.049	0.96	111	0.17	1.56	6.9	4
E13	中国表面工程	1043	0.920	0.175	0.89	295	0.46	4.15	6.1	6
E13	中国工程机械学报	550	0.371	0.030	0.97	281	0.28	3.96	6.3	5
E13	中国重型装备	108	0.130	0.030	0.92	68	0.18	0.96	7.9	3
E13	中国铸造装备与技术	362	0.302	0.043	0.77	104	0.27	1.46	7.2	4
E13	轴承	889	0.348	0.038	0.76	272	0.37	3.83	7.8	5
E13	铸造	1761	0.469	0.106	0.71	268	0.51	3.77	7.6	6
E13	铸造工程	67	0.063	0.000	0.96	39	0.18	0.55	8.2	2
E13	铸造技术	2467	0.420	0.089	0.61	408	0.59	5.75	4.7	6
E13	铸造设备与工艺	319	0.274	0.057	0.79	120	0.27	1.69	6.3	4
E13	装备环境工程	1088	0.839	0.075	0.76	350	0.35	4.93	5.2	6
E13	装备机械	203	0.512	0.057	0.81	96	0.11	1.35	4.6	4
E13	装备制造技术	2436	0.263	0.048	0.98	692	0.49	9.75	4.7	10
E14	柴油机	259	0.242	0.036	0.93	129	0.30	3.22	7.6	4
E14	柴油机设计与制造	144	0.231	0.020	0.98	95	0.20	2.38	8.9	2
E14	车用发动机	636	0.436	0.060	0.92	204	0.30	5.10	7.3	5
E14	城市燃气	385	0.398	0.057	0.94	132	0.08	3.30	5.1	4
E14	电力与能源	528	0.463	0.074	0.97	237	0.28	5.92	3.6	7
E14	东方汽轮机	83	0.203	0.015	0.94	54	0.10	1.35	3.9	3
E14	动力工程学报	2078	0.994	0.124	0.88	459	0.62	11.48	7.1	9
E14	工程热物理学报	3092	0.410	0.073	0.93	693	0.72	17.32	7.4	6
E14	工业锅炉	387	0.406	0.049	0.88	150	0.40	3.75	7.4	5
E14	工业加热	330	0.219	0.017	0.92	189	0.32	4.72	9.0	3
E14	工业炉	272	0.196	0.045	0.88	156	0.32	3.90	6.8	4
E14	锅炉技术	715	0.640	0.072	0.92	232	0.42	5.80	7.3	5
E14	锅炉制造	291	0.195	0.068	0.96	133	0.40	3.32	6.3	4
E14	节能	779	0.288	0.036	0.94	345	0.62	8.62	6.7	5

学科代码	期刊名称	扩展总被引频次	扩展影响因子	扩展即年指标	扩展他引率	扩展引用刊数	扩展学科影响指标	扩展学科扩散指标	扩展被引半衰期	扩展H指标
E14	内燃机	296	0.249	0.059	0.97	145	0.30	3.62	7.0	3
E14	内燃机工程	1225	0.610	0.100	0.82	275	0.38	6.88	6.7	6
E14	内燃机学报	1205	0.823	0.038	0.85	249	0.38	6.22	8.0	7
E14	内燃机与动力装置	227	0.197	0.058	0.92	119	0.30	2.98	5.9	4
E14	内燃机与配件	613	0.328	0.103	0.90	215	0.22	5.38	1.6	5
E14	能源工程	545	0.306	0.024	0.97	302	0.60	7.55	8.8	4
E14	能源研究与管理	234	0.206	0.054	0.96	158	0.25	3.95	5.5	4
E14	能源与环境	824	0.322	0.122	0.97	393	0.35	9.82	5.2	6
E14	汽轮机技术	833	0.453	0.044	0.85	247	0.40	6.18	7.9	5
E14	区域供热	399	0.333	0.119	0.88	139	0.35	3.48	4.4	4
E14	燃气轮机技术	302	0.394	0.054	0.90	138	0.38	3.45	8.1	4
E14	燃烧科学与技术	791	0.500	0.105	0.91	273	0.57	6.82	7.4	6
E14	热力透平	341	0.437	0.049	0.87	118	0.25	2.95	6.6	4
E14	热能动力工程	1173	0.550	0.127	0.90	406	0.68	10.15	7.9	6
E14	深冷技术	180	0.164	0.021	0.96	86	0.12	2.15	8.4	3
E14	特种设备安全技术	78	0.049	0.007	0.97	44	0.08	1.10	6.9	2
E14	现代车用动力	125	0.282	0.000	0.93	69	0.25	1.72	7.1	3
E14	小型内燃机与车辆技术	414	0.346	0.019	0.93	167	0.25	4.18	6.9	4
E14	冶金动力	349	0.150	0.030	0.95	182	0.28	4.55	5.8	3
E14	应用能源技术	622	0.424	0.110	0.97	301	0.35	7.52	6.1	5
E14	制冷	285	0.196	0.042	0.97	133	0.30	3.32	8.6	3
E14	制冷技术	621	0.780	0.143	0.57	144	0.25	3.60	4.6	5
E14	制冷学报	1168	1.065	0.135	0.75	243	0.38	6.08	6.2	7
E14	制冷与空调	1095	0.448	0.110	0.84	292	0.35	7.30	5.8	7
E14	制冷与空调(四川)	655	0.380	0.046	0.80	241	0.25	6.02	5.7	5
E15	安徽水利水电职业技术学院学报	288	0.288	0.103	0.98	124	0.05	1.16	6.1	4
E15	安全与电磁兼容	196	0.139	0.061	0.90	124	0.15	1.16	7.8	3
E15	北京信息科技大学学报(自然科学版)	308	0.262	0.054	0.87	215	0.07	2.01	5.8	3
E15	变压器	1592	0.815	0.142	0.71	248	0.58	2.32	6.7	6
E15	成都工业学院学报	276	0.342	0.031	1.00	198	0.02	1.85	5.3	4
E15	重庆电力高等专科学校学报	364	0.427	0.077	0.99	189	0.15	1.77	4.8	5
E15	大电机技术	641	0.392	0.078	0.68	168	0.37	1.57	8.6	4
E15	电池	537	0.455	0.052	0.81	193	0.12	1.80	8.9	4

学科代码	期刊名称	扩展总被引频次	扩展影响因子	扩展即年指标	扩展他引率	扩展引用刊数	扩展学科影响指标	扩展学科扩散指标	扩展被引半衰期	扩展H指标
E15	电池工业	223	–	0.074	0.91	116	0.06	1.08	9.3	3
E15	电动工具	45	0.197	0.025	0.89	30	0.01	0.28	3.8	2
E15	电工电能新技术	1085	1.240	0.167	0.80	292	0.53	2.73	3.8	8
E15	电工电气	449	0.332	0.086	0.95	206	0.46	1.93	4.2	4
E15	电工技术	1132	0.423	0.053	0.96	285	0.60	2.66	3.9	4
E15	电工技术学报	13640	3.334	0.273	0.77	762	0.81	7.12	4.0	22
E15	电机技术	240	0.163	0.046	0.82	123	0.27	1.15	7.1	3
E15	电机与控制学报	2237	1.021	0.137	0.89	492	0.62	4.60	5.5	9
E15	电机与控制应用	1004	0.666	0.087	0.80	305	0.46	2.85	4.9	5
E15	电力大数据	314	0.198	0.110	0.96	127	0.28	1.19	3.0	3
E15	电力电子技术	1889	0.490	0.042	0.91	442	0.63	4.13	6.4	6
E15	电力工程技术	1111	1.336	0.331	0.73	233	0.58	2.18	3.8	7
E15	电力建设	2880	1.516	0.342	0.91	546	0.69	5.10	4.9	10
E15	电力勘测设计	508	0.463	0.087	0.98	230	0.29	2.15	6.0	6
E15	电力科学与工程	1119	0.833	0.149	0.78	337	0.64	3.15	5.3	6
E15	电力科学与技术学报	705	1.006	0.120	0.81	243	0.54	2.27	5.2	7
E15	电力系统保护与控制	14052	4.188	0.344	0.80	738	0.73	6.90	4.1	20
E15	电力系统及其自动化学报	2799	1.939	0.187	0.73	401	0.70	3.75	4.6	11
E15	电力系统装备	33	0.082	0.000	1.00	27	0.08	0.25	5.6	2
E15	电力系统自动化	20365	3.815	0.467	0.84	832	0.79	7.78	5.3	29
E15	电力信息与通信技术	1744	1.175	0.283	0.79	304	0.42	2.84	3.3	8
E15	电力需求侧管理	839	1.120	0.196	0.95	248	0.43	2.32	5.2	7
E15	电力学报	506	0.326	0.060	0.97	259	0.47	2.42	7.1	4
E15	电力自动化设备	6626	2.562	0.361	0.81	596	0.75	5.57	4.9	15
E15	电气传动	1122	0.645	0.046	0.90	331	0.47	3.09	5.6	7
E15	电气防爆	141	0.305	0.020	0.76	56	0.07	0.52	6.2	3
E15	电气工程学报	436	0.818	0.074	0.99	196	0.42	1.83	3.2	4
E15	电气技术	1678	0.728	0.181	0.73	363	0.66	3.39	3.5	6
E15	电气开关	464	0.346	0.062	0.97	202	0.42	1.89	4.9	4
E15	电气应用	1786	0.482	0.057	0.97	451	0.72	4.21	4.8	6
E15	电气自动化	707	0.518	0.082	0.98	304	0.54	2.84	4.1	5
E15	电器工业	199	0.181	0.076	1.00	125	0.18	1.17	5.0	3
E15	电器与能效管理技术	1350	0.522	0.096	0.78	329	0.52	3.07	5.0	6

学科代码	期刊名称	扩展总被引频次	扩展影响因子	扩展即年指标	扩展他引率	扩展引用刊数	扩展学科影响指标	扩展学科扩散指标	扩展被引半衰期	扩展H指标
E15	电世界	297	0.147	0.034	0.98	138	0.21	1.29	4.2	3
E15	电网技术	18438	3.681	0.400	0.86	883	0.79	8.25	5.4	25
E15	电网与清洁能源	2221	1.483	0.142	0.84	428	0.67	4.00	4.0	9
E15	电线电缆	436	0.309	0.053	0.88	155	0.25	1.45	7.2	4
E15	电源技术	2520	0.486	0.093	0.84	612	0.63	5.72	4.3	7
E15	电源学报	521	0.792	0.169	0.71	166	0.38	1.55	3.5	6
E15	电站辅机	159	0.267	0.019	0.93	92	0.17	0.86	7.4	3
E15	电站系统工程	900	0.375	0.041	0.95	299	0.37	2.79	7.2	5
E15	东北电力大学学报	1093	1.871	0.204	0.84	385	0.45	3.60	3.8	9
E15	东北电力技术	1118	0.579	0.157	0.67	272	0.57	2.54	5.5	6
E15	东方电气评论	205	0.324	0.014	0.97	124	0.19	1.16	6.6	3
E15	发电设备	473	0.386	0.057	0.95	198	0.28	1.85	6.0	4
E15	防爆电机	269	0.242	0.051	0.73	116	0.19	1.08	6.4	3
E15	高电压技术	11676	3.000	0.384	0.80	774	0.72	7.23	5.2	19
E15	高压电器	4099	1.248	0.140	0.76	405	0.66	3.79	5.6	11
E15	供用电	1159	1.238	0.300	0.78	234	0.51	2.19	3.4	8
E15	广东电力	1614	0.734	0.293	0.90	351	0.64	3.28	4.9	6
E15	广东水利电力职业技术学院学报	192	0.245	0.105	0.97	119	0.04	1.11	5.7	3
E15	广西电力	471	0.344	0.043	0.97	181	0.48	1.69	5.8	4
E15	广西电业	364	0.093	0.037	1.00	137	0.18	1.28	5.1	4
E15	国外内燃机	53	0.103	0.000	0.98	35	0.01	0.33	4.2	2
E15	国网技术学院学报	256	0.387	0.098	0.98	137	0.21	1.28	3.8	3
E15	河北电力技术	532	0.554	0.144	0.97	204	0.42	1.91	5.9	4
E15	河南机电高等专科学校学报	363	0.269	0.057	0.98	208	0.02	1.94	6.2	4
E15	黑龙江电力	422	0.318	0.048	0.95	216	0.47	2.02	6.6	4
E15	湖北电力	661	0.502	0.110	0.88	234	0.53	2.19	6.2	5
E15	湖南电力	475	0.350	0.146	0.97	196	0.50	1.83	5.8	4
E15	华北电力大学学报(自然科学版)	1124	0.970	0.250	0.93	392	0.61	3.66	6.3	6
E15	机电信息	3438	0.330	0.080	0.98	524	0.43	4.90	4.4	11
E15	吉林电力	375	0.292	0.090	0.98	176	0.40	1.64	6.5	4
E15	家电科技	331	0.128	0.018	0.88	155	0.06	1.45	6.2	3
E15	江西电力	350	0.221	0.070	0.95	158	0.41	1.48	5.4	3
E15	江西电力职业技术学院学报	339	0.474	0.155	0.99	191	0.14	1.79	4.5	5

学科代码	期刊名称	扩展总被引频次	扩展影响因子	扩展即年指标	扩展他引率	扩展引用刊数	扩展学科影响指标	扩展学科扩散指标	扩展被引半衰期	扩展H指标
E15	洁净与空调技术	331	0.308	0.058	0.95	161	0.03	1.50	5.8	3
E15	南方电网技术	1735	1.930	0.212	0.87	282	0.61	2.64	3.7	9
E15	内蒙古电力技术	615	0.533	0.093	0.93	197	0.41	1.84	4.9	5
E15	内蒙古科技大学学报	247	0.204	0.049	0.96	168	0.03	1.57	7.9	3
E15	宁夏电力	295	0.385	0.062	0.95	138	0.36	1.29	6.4	3
E15	农村电工	609	0.136	0.095	1.00	126	0.20	1.18	3.9	4
E15	汽车电器	462	0.221	0.031	0.83	170	0.08	1.59	5.7	4
E15	青海电力	220	0.208	0.014	0.98	114	0.25	1.07	6.2	3
E15	热力发电	2723	1.197	0.324	0.81	454	0.47	4.24	5.0	9
E15	日用电器	186	0.130	0.021	0.90	112	0.11	1.05	4.5	3
E15	山西电力	393	0.307	0.081	0.98	185	0.44	1.73	6.8	4
E15	上海大中型电机	120	0.160	0.071	0.93	63	0.11	0.59	6.3	3
E15	上海电力学院学报	475	0.413	0.059	0.97	298	0.45	2.79	5.1	3
E15	上海电气技术	170	0.442	0.127	0.62	69	0.10	0.64	3.9	3
E15	四川电力技术	442	0.286	0.041	0.98	184	0.51	1.72	6.8	4
E15	太原科技大学学报	349	0.399	0.038	0.84	214	0.04	2.00	6.4	4
E15	微电机	935	0.338	0.014	0.88	290	0.36	2.71	6.0	4
E15	微特电机	866	0.404	0.061	0.79	255	0.36	2.38	4.9	4
E15	现代电力	835	0.983	0.222	0.94	264	0.59	2.47	5.7	6
E15	现代建筑电气	576	0.414	0.194	0.90	168	0.16	1.57	4.1	5
E15	移动电源与车辆	83	0.120	0.022	0.94	64	0.07	0.60	6.8	2
E15	云南电力技术	809	0.558	0.036	0.62	182	0.44	1.70	4.7	5
E15	浙江电力	1377	1.075	0.309	0.63	259	0.52	2.42	3.9	6
E15	浙江水利水电学院学报	428	0.609	0.072	0.71	186	0.03	1.74	4.8	4
E15	智慧电力	1496	1.198	0.304	0.83	286	0.57	2.67	3.7	6
E15	中国电机工程学报	30286	3.159	0.341	0.88	1278	0.85	11.94	5.2	35
E15	中国电力	4607	1.399	0.282	0.86	649	0.69	6.07	5.1	13
E15	中国电业(发电版)	10	0.042	0.002	1.00	8	0.01	0.07	2.0	1
E15	中国核电	171	0.274	0.067	0.94	87	0.07	0.81	4.8	3
E16	Frontiers in Energy	53	0.067	0.018	0.89	37	0.02	0.86	6.4	2
E16	International Journal of Coal Science & Technology	236	2.000	0.194	0.96	27	0.12	0.63	2.6	5
E16	储能科学与技术	462	1.108	0.224	0.73	191	0.26	4.44	2.8	7

学科代码	期刊名称	扩展总被引频次	扩展影响因子	扩展即年指标	扩展他引率	扩展引用刊数	扩展学科影响指标	扩展学科扩散指标	扩展被引半衰期	扩展H指标
E16	分布式能源	37	–	0.262	0.19	8	0.05	0.19	1.1	2
E16	风能	309	0.298	0.133	1.00	158	0.14	3.67	4.0	4
E16	江西煤炭科技	377	0.222	0.074	0.98	139	0.44	3.23	5.1	4
E16	节能技术	1001	0.780	0.112	0.83	339	0.35	7.88	6.0	7
E16	洁净煤技术	1408	1.024	0.214	0.90	317	0.63	7.37	4.6	9
E16	可再生能源	2384	1.075	0.222	0.71	651	0.60	15.14	4.5	8
E16	煤	859	0.264	0.087	0.96	206	0.51	4.79	5.5	4
E16	煤气与热力	1542	0.494	0.073	0.85	387	0.47	9.00	7.3	6
E16	煤炭工程	4262	0.951	0.195	0.85	535	0.60	12.44	5.0	10
E16	煤炭技术	6667	0.612	0.086	0.77	768	0.65	17.86	4.5	10
E16	煤炭加工与综合利用	923	0.517	0.179	0.82	206	0.44	4.79	4.1	6
E16	煤炭科技	480	0.239	0.048	0.97	147	0.49	3.42	6.0	5
E16	煤炭科学技术	7761	2.339	0.334	0.89	611	0.65	14.21	4.9	17
E16	煤炭学报	14689	3.024	0.498	0.89	971	0.79	22.58	5.9	26
E16	煤炭与化工	1256	0.272	0.070	0.95	501	0.53	11.65	4.8	6
E16	煤炭转化	945	0.750	0.081	0.85	229	0.49	5.33	9.2	6
E16	煤质技术	648	0.587	0.043	0.78	165	0.47	3.84	6.6	5
E16	南方能源建设	173	0.629	0.147	0.60	68	0.05	1.58	2.1	4
E16	能源技术与管理	824	0.239	0.099	0.94	249	0.49	5.79	4.8	4
E16	能源研究与利用	247	0.142	0.068	0.99	174	0.23	4.05	8.3	4
E16	能源研究与信息	279	0.355	0.048	0.92	180	0.14	4.19	7.7	4
E16	能源与环保	1369	0.455	0.080	0.79	238	0.47	5.53	4.9	5
E16	能源与节能	2428	0.522	0.194	0.95	420	0.60	9.77	2.8	9
E16	燃料化学学报	2474	1.130	0.152	0.86	407	0.53	9.47	5.8	9
E16	山东煤炭科技	1868	0.305	0.113	0.93	277	0.51	6.44	3.6	6
E16	山西焦煤科技	574	0.321	0.079	0.98	170	0.51	3.95	5.4	4
E16	陕西煤炭	660	0.305	0.075	0.84	182	0.51	4.23	5.5	4
E16	上海节能	296	0.266	0.042	0.98	191	0.23	4.44	5.0	4
E16	上海煤气	205	0.360	0.043	1.00	95	0.09	2.21	6.0	4
E16	水电能源科学	2995	0.498	0.083	0.92	702	0.23	16.33	5.0	8
E16	太阳能学报	3857	0.550	0.048	0.76	802	0.51	18.65	6.8	10
E16	同煤科技	137	0.115	0.078	0.99	74	0.28	1.72	7.0	2
E16	新能源进展	217	0.646	0.113	0.92	132	0.21	3.07	3.1	5

学科代码	期刊名称	扩展总被引频次	扩展影响因子	扩展即年指标	扩展他引率	扩展引用刊数	扩展学科影响指标	扩展学科扩散指标	扩展被引半衰期	扩展H指标
E16	选煤技术	917	0.432	0.124	0.70	125	0.44	2.91	7.4	5
E16	中国煤层气	502	0.444	0.062	0.94	126	0.47	2.93	7.3	5
E16	中国煤炭	2614	0.914	0.284	0.79	433	0.60	10.07	5.0	7
E16	中国煤炭地质	1843	0.567	0.088	0.92	360	0.56	8.37	7.9	7
E16	中国能源	1065	1.438	0.370	0.89	455	0.53	10.58	4.9	8
E16	中外能源	1214	0.535	0.142	0.97	461	0.51	10.72	5.2	7
E17	China Oil & Gas	5	0.055	0.000	0.80	4	0.01	0.04	2.8	1
E17	China Petroleum Processing and Petrochemical Technology	119	0.458	0.033	0.85	45	0.09	0.51	3.2	2
E17	Journal of Energy Chemistry	566	0.828	0.368	0.66	137	0.13	1.54	3.3	3
E17	北京石油化工学院学报	255	0.571	0.105	0.89	177	0.22	1.99	6.1	4
E17	测井技术	1559	0.537	0.036	0.85	216	0.57	2.43	9.6	8
E17	承德石油高等专科学校学报	309	0.319	0.064	0.77	162	0.17	1.82	4.6	4
E17	大庆石油地质与开发	2314	1.332	0.224	0.75	225	0.72	2.53	8.8	8
E17	当代石油石化	432	0.517	0.134	0.94	201	0.42	2.26	6.0	4
E17	东北石油大学学报	1384	1.474	0.216	0.85	352	0.69	3.96	6.5	7
E17	断块油气田	2266	1.327	0.188	0.80	233	0.73	2.62	5.8	8
E17	非常规油气	250	1.021	0.087	0.47	76	0.34	0.85	2.2	4
E17	广东石油化工学院学报	275	0.286	0.074	0.89	189	0.09	2.12	4.9	3
E17	国际石油经济	1045	0.910	0.327	0.89	344	0.51	3.87	3.5	6
E17	海相油气地质	739	0.779	0.058	0.94	128	0.40	1.44	8.3	9
E17	焊管	726	0.353	0.101	0.82	190	0.25	2.13	6.6	6
E17	江汉石油职工大学学报	515	0.363	0.100	0.84	188	0.42	2.11	4.3	3
E17	精细石油化工进展	696	0.384	0.034	0.98	240	0.43	2.70	8.6	4
E17	炼油技术与工程	1240	0.581	0.142	0.91	224	0.37	2.52	6.5	5
E17	炼油与化工	374	0.256	0.019	0.94	157	0.24	1.76	5.9	4
E17	录井工程	523	0.500	0.059	0.63	105	0.36	1.18	7.2	5
E17	内蒙古石油化工	2218	0.149	0.027	0.98	602	0.78	6.76	6.4	6
E17	能源化工	541	0.500	0.019	0.97	256	0.30	2.88	7.4	4
E17	石化技术	1797	0.258	0.092	0.97	328	0.56	3.69	1.8	7
E17	石油地球物理勘探	3566	1.918	0.338	0.68	257	0.49	2.89	6.9	10
E17	石油地质与工程	1141	0.418	0.036	0.86	215	0.70	2.42	6.4	5
E17	石油工程建设	904	0.438	0.159	0.88	249	0.36	2.80	7.5	5

学科代码	期刊名称	扩展总被引频次	扩展影响因子	扩展即年指标	扩展他引率	扩展引用刊数	扩展学科影响指标	扩展学科扩散指标	扩展被引半衰期	扩展H指标
E17	石油工业技术监督	693	0.422	0.065	0.80	187	0.44	2.10	5.5	5
E17	石油规划设计	575	0.758	0.173	0.98	206	0.48	2.31	6.5	5
E17	石油化工	2061	0.638	0.082	0.89	416	0.40	4.67	7.6	6
E17	石油化工安全环保技术	466	0.345	0.145	0.97	169	0.28	1.90	6.2	5
E17	石油化工腐蚀与防护	635	0.466	0.052	0.90	192	0.45	2.16	8.0	4
E17	石油化工高等学校学报	658	0.777	0.078	0.86	236	0.48	2.65	5.9	5
E17	石油化工技术与经济	332	0.330	0.074	0.97	164	0.28	1.84	5.4	4
E17	石油化工设备	758	0.352	0.078	0.91	269	0.35	3.02	8.1	4
E17	石油化工设备技术	521	0.358	0.112	0.93	186	0.26	2.09	8.5	4
E17	石油化工设计	321	0.416	0.114	0.98	131	0.28	1.47	7.0	4
E17	石油化工应用	1017	0.303	0.079	0.91	306	0.75	3.44	4.9	5
E17	石油化工自动化	741	0.768	0.210	0.83	202	0.27	2.27	5.7	5
E17	石油机械	2886	0.873	0.082	0.84	423	0.79	4.75	6.7	8
E17	石油勘探与开发	7222	4.377	0.625	0.95	407	0.78	4.57	7.4	23
E17	石油科技论坛	501	1.062	0.373	0.85	174	0.56	1.96	4.2	6
E17	石油科学通报	37	–	0.039	0.92	26	0.09	0.29	1.5	3
E17	石油库与加油站	259	0.370	0.087	0.95	104	0.15	1.17	5.6	3
E17	石油矿场机械	1747	0.468	0.047	0.92	330	0.60	3.71	7.2	6
E17	石油炼制与化工	2064	0.860	0.142	0.82	285	0.43	3.20	6.4	7
E17	石油商技	272	0.242	0.019	0.89	111	0.19	1.25	7.1	3
E17	石油石化节能	688	0.306	0.107	0.84	211	0.62	2.37	5.3	4
E17	石油石化绿色低碳	91	0.304	0.048	0.99	55	0.13	0.62	3.2	2
E17	石油物探	2011	1.623	0.137	0.78	206	0.48	2.31	7.8	8
E17	石油学报	8300	4.450	0.352	0.89	511	0.84	5.74	6.8	20
E17	石油学报(石油加工)	1530	0.876	0.123	0.86	312	0.47	3.51	6.2	6
E17	石油与天然气地质	4523	2.802	0.325	0.90	276	0.62	3.10	7.2	15
E17	石油与天然气化工	1459	0.908	0.135	0.84	303	0.67	3.40	6.4	6
E17	石油钻采工艺	2960	1.406	0.259	0.86	269	0.73	3.02	6.9	9
E17	石油钻探技术	2449	1.859	0.202	0.84	279	0.74	3.13	6.0	10
E17	世界石油工业	42	0.057	0.000	1.00	33	0.15	0.37	≥10	2
E17	特种油气藏	2947	2.037	0.235	0.86	260	0.73	2.92	5.2	9
E17	天然气地球科学	4015	1.816	0.235	0.88	300	0.64	3.37	5.0	13
E17	天然气工业	8488	2.754	0.491	0.92	647	0.91	7.27	7.2	18

学科代码	期刊名称	扩展总被引频次	扩展影响因子	扩展即年指标	扩展他引率	扩展引用刊数	扩展学科影响指标	扩展学科扩散指标	扩展被引半衰期	扩展H指标
E17	天然气技术与经济	529	0.561	0.135	0.83	191	0.62	2.15	4.7	4
E17	天然气勘探与开发	655	1.083	0.141	0.85	159	0.61	1.79	5.9	5
E17	天然气与石油	1181	0.743	0.147	0.82	295	0.71	3.31	5.3	6
E17	物探装备	243	0.085	0.009	0.84	100	0.17	1.12	8.7	4
E17	西安石油大学学报(自然科学版)	1317	0.676	0.110	0.96	342	0.74	3.84	8.2	7
E17	西南石油大学学报(自然科学版)	2528	1.203	0.238	0.92	400	0.76	4.49	7.5	9
E17	新疆石油地质	2360	0.978	0.192	0.91	247	0.67	2.78	8.6	9
E17	新疆石油天然气	401	0.286	0.000	0.99	152	0.60	1.71	8.9	4
E17	岩性油气藏	1981	1.834	0.175	0.82	191	0.60	2.15	4.9	10
E17	乙烯工业	181	0.204	0.048	0.84	51	0.21	0.57	8.2	3
E17	油气藏评价与开发	305	0.433	0.034	0.83	108	0.47	1.21	4.3	4
E17	油气储运	3227	1.042	0.298	0.77	475	0.67	5.34	6.0	9
E17	油气地质与采收率	2749	2.663	0.415	0.88	268	0.73	3.01	6.0	10
E17	油气井测试	678	0.346	0.015	0.86	136	0.54	1.53	8.1	5
E17	油气田地面工程	2204	0.394	0.113	0.90	429	0.79	4.82	6.5	5
E17	油气田环境保护	694	0.529	0.100	0.93	244	0.51	2.74	6.0	6
E17	油田化学	1595	1.029	0.021	0.81	229	0.57	2.57	8.1	7
E17	中国海上油气	1718	1.169	0.207	0.88	278	0.70	3.12	6.2	9
E17	中国海洋平台	519	0.273	0.022	0.93	185	0.21	2.08	9.1	5
E17	中国石油大学胜利学院学报	289	0.409	0.098	0.95	181	0.16	2.03	5.6	3
E17	中国石油大学学报(自然科学版)	3244	1.392	0.109	0.92	580	0.84	6.52	8.6	10
E17	中国石油和化工	336	0.674	0.102	1.00	160	0.39	1.80	3.3	3
E17	中国石油和化工标准与质量	4489	0.467	0.125	0.92	473	0.69	5.31	4.4	10
E17	中国石油勘探	1565	3.568	0.395	0.79	188	0.56	2.11	4.3	11
E17	中国石油企业	213	0.118	0.053	1.00	115	0.18	1.29	5.0	3
E17	钻采工艺	2055	0.661	0.041	0.93	253	0.73	2.84	7.9	7
E17	钻井液与完井液	1952	1.467	0.158	0.77	186	0.62	2.09	6.6	9
E18	Nuclear Science and Techniques	175	0.265	0.043	0.73	60	0.69	4.62	3.2	3
E18	辐射防护	545	0.496	0.086	0.88	183	0.85	14.08	≥10	5
E18	辐射研究与辐射工艺学报	287	0.465	0.135	0.89	154	0.54	11.85	5.9	3
E18	核电子学与探测技术	839	0.196	0.013	0.81	269	0.85	20.69	6.8	4
E18	核动力工程	1370	0.350	0.035	0.89	351	0.77	27.00	7.5	5
E18	核化学与放射化学	299	0.427	0.030	0.76	108	0.69	8.31	7.0	4

学科代码	期刊名称	扩展总被引频次	扩展影响因子	扩展即年指标	扩展他引率	扩展引用刊数	扩展学科影响指标	扩展学科扩散指标	扩展被引半衰期	扩展H指标
E18	核技术	774	0.432	0.060	0.78	296	0.77	22.77	6.4	4
E18	核科学与工程	629	0.542	0.050	0.88	171	0.69	13.15	7.0	4
E18	世界核地质科学	337	0.333	0.026	0.94	122	0.31	9.38	8.1	5
E18	太阳能	746	0.476	0.139	0.95	346	0.08	26.62	5.4	4
E18	同位素	185	0.267	0.000	0.83	116	0.54	8.92	7.2	3
E18	应用泛函分析学报	86	0.202	0.000	0.90	50	0.08	3.85	6.0	2
E18	原子能科学技术	1586	0.340	0.041	0.82	397	0.85	30.54	5.9	5
E19	Chinese Journal of Electronics	133	0.360	0.031	0.79	69	0.18	1.13	2.2	4
E19	Journal of Semiconductors	882	0.582	0.033	0.76	215	0.48	3.52	4.0	4
E19	Nano-Micro Letters	101	0.571	0.173	0.49	42	0.05	0.69	2.7	2
E19	安徽电子信息职业技术学院学报	542	0.438	0.137	0.99	247	0.10	4.05	4.4	5
E19	半导体光电	674	0.402	0.099	0.87	265	0.52	4.34	4.8	5
E19	半导体技术	657	0.315	0.110	0.88	273	0.52	4.48	7.2	4
E19	常州信息职业技术学院学报	654	0.575	0.178	0.95	278	0.03	4.56	4.1	6
E19	传感技术学报	3256	1.380	0.184	0.77	681	0.57	11.16	4.8	10
E19	传感器与微系统	3405	0.722	0.145	0.68	778	0.57	12.75	4.9	9
E19	灯与照明	230	0.272	0.117	0.90	111	0.16	1.82	7.4	4
E19	电瓷避雷器	1318	0.857	0.066	0.59	186	0.11	3.05	5.2	6
E19	电力电容器与无功补偿	975	1.220	0.174	0.64	148	0.15	2.43	4.4	7
E19	电声技术	578	0.284	0.077	0.76	215	0.38	3.52	6.1	4
E19	电视技术	1858	0.510	0.123	0.92	434	0.51	7.11	4.0	6
E19	电子测量技术	2970	1.380	0.151	0.76	569	0.52	9.33	3.5	9
E19	电子测量与仪器学报	3091	2.691	0.336	0.88	603	0.52	9.89	3.3	12
E19	电子测试	4521	0.652	0.220	0.98	784	0.38	12.85	2.1	12
E19	电子产品可靠性与环境试验	425	0.360	0.141	0.81	192	0.31	3.15	7.4	4
E19	电子产品世界	588	0.528	0.216	0.65	221	0.31	3.62	2.8	6
E19	电子工艺技术	539	0.561	0.208	0.75	197	0.30	3.23	6.3	4
E19	电子技术	764	0.296	0.066	0.96	339	0.26	5.56	4.8	5
E19	电子技术应用	2289	0.757	0.152	0.94	586	0.62	9.61	4.1	8
E19	电子科技	2033	0.653	0.087	0.75	524	0.59	8.59	3.7	7
E19	电子科技大学学报	1284	0.573	0.149	0.95	590	0.51	9.67	6.3	9
E19	电子器件	1159	0.612	0.066	0.73	368	0.56	6.03	4.6	5
E19	电子设计工程	4508	0.705	0.115	0.87	859	0.67	14.08	3.4	10

学科代码	期刊名称	扩展总被引频次	扩展影响因子	扩展即年指标	扩展他引率	扩展引用刊数	扩展学科影响指标	扩展学科扩散指标	扩展被引半衰期	扩展H指标
E19	电子世界	5147	0.401	0.181	0.97	783	0.49	12.84	3.3	11
E19	电子显微学报	602	0.454	0.096	0.82	313	0.10	5.13	8.0	5
E19	电子信息对抗技术	449	0.512	0.062	0.82	152	0.25	2.49	5.7	4
E19	电子学报	5717	1.196	0.087	0.89	894	0.69	14.66	6.4	15
E19	电子与封装	388	0.250	0.036	0.93	195	0.41	3.20	6.2	4
E19	电子与信息学报	4244	1.311	0.153	0.89	640	0.66	10.49	4.5	11
E19	电子元件与材料	923	0.333	0.088	0.85	344	0.49	5.64	6.3	6
E19	电子质量	476	0.197	0.044	0.97	264	0.34	4.33	6.1	4
E19	固体电子学研究与进展	251	0.229	0.064	0.86	114	0.38	1.87	5.2	3
E19	光源与照明	118	0.340	0.060	0.97	69	0.11	1.13	7.2	3
E19	桂林电子科技大学学报	321	0.300	0.030	0.98	220	0.28	3.61	7.6	4
E19	国外电子测量技术	2234	2.099	0.204	0.81	398	0.39	6.52	3.2	10
E19	杭州电子科技大学学报	412	0.437	0.065	0.98	276	0.30	4.52	5.4	3
E19	吉林大学学报(信息科学版)	643	0.616	0.117	0.86	346	0.31	5.67	4.9	6
E19	今日电子	106	0.101	0.027	1.00	81	0.15	1.33	6.7	2
E19	密码学报	131	0.738	0.145	0.91	70	0.13	1.15	2.7	5
E19	上海电机学院学报	253	0.360	0.048	0.95	181	0.16	2.97	6.7	4
E19	深圳信息职业技术学院学报	239	0.384	0.068	0.97	148	0.05	2.43	5.4	4
E19	太赫兹科学与电子信息学报	479	0.298	0.021	0.73	201	0.49	3.30	4.7	4
E19	微电子学	590	0.273	0.036	0.84	215	0.51	3.52	6.5	5
E19	微电子学与计算机	1631	0.492	0.090	0.90	511	0.59	8.38	5.2	5
E19	微纳电子技术	473	0.335	0.122	0.87	247	0.36	4.05	6.1	5
E19	武汉理工大学学报(信息与管理工程版)	972	0.514	0.068	0.91	526	0.25	8.62	7.1	6
E19	西安电子科技大学学报(自然科学版)	1185	0.828	0.217	0.84	407	0.54	6.67	4.5	6
E19	系统工程与电子技术	4079	0.901	0.093	0.91	783	0.56	12.84	6.2	9
E19	现代电子技术	5803	0.815	0.148	0.89	1070	0.64	17.54	4.9	11
E19	照明工程学报	1058	0.937	0.180	0.77	290	0.28	4.75	4.2	8
E19	中国无线电	395	0.160	0.055	0.89	142	0.13	2.33	4.7	4
E19	中国有线电视	706	0.331	0.142	0.90	140	0.13	2.30	3.7	5
E19	中国照明电器	297	0.392	0.077	0.81	144	0.21	2.36	4.3	4
E20	Chinese Optics of Letters	955	0.837	0.134	0.48	164	0.83	9.11	3.1	3
E20	Frontiers of Optoelectronics	34	0.122	0.042	1.00	25	0.17	1.39	3.0	2
E20	光电工程	1365	0.576	0.216	0.93	422	0.89	23.44	7.0	6

学科代码	期刊名称	扩展总被引频次	扩展影响因子	扩展即年指标	扩展他引率	扩展引用刊数	扩展学科影响指标	扩展学科扩散指标	扩展被引半衰期	扩展H指标
E20	光电技术应用	459	0.379	0.268	0.83	207	0.89	11.50	5.5	5
E20	光电子・激光	2097	1.118	0.155	0.77	471	0.94	26.17	4.3	8
E20	光电子技术	203	0.437	0.115	0.91	118	0.72	6.56	6.2	3
E20	光学技术	1092	0.583	0.115	0.93	428	0.89	23.78	9.4	6
E20	光学与光电技术	370	0.397	0.000	0.83	158	0.78	8.78	5.3	4
E20	红外技术	999	0.626	0.042	0.84	340	0.67	18.89	4.8	7
E20	红外与激光工程	4250	1.093	0.102	0.78	608	1.00	33.78	4.1	9
E20	激光技术	1425	1.472	0.148	0.74	297	0.94	16.50	3.9	10
E20	激光与光电子学进展	2108	0.967	0.214	0.71	477	1.00	26.50	3.0	5
E20	激光与红外	1730	0.658	0.071	0.84	453	0.94	25.17	5.3	7
E20	激光杂志	1772	0.674	0.060	0.90	649	0.67	36.06	3.7	9
E20	压电与声光	940	0.412	0.082	0.82	344	0.61	19.11	5.5	5
E20	应用激光	639	0.594	0.059	0.89	247	0.78	13.72	5.6	4
E20	中国光学	982	1.984	0.230	0.90	239	0.89	13.28	3.6	9
E20	中国激光	4616	1.479	0.240	0.82	556	1.00	30.89	4.2	8
E21	China Communications	618	0.663	0.142	0.71	200	0.45	4.55	2.9	5
E21	北京邮电大学学报	867	0.630	0.092	0.92	397	0.59	9.02	5.7	7
E21	重庆邮电大学学报(自然科学版)	846	1.104	0.180	0.95	301	0.61	6.84	3.7	7
E21	电波科学学报	1039	0.474	0.051	0.90	302	0.55	6.86	7.2	5
E21	电信科学	2273	1.265	0.231	0.82	443	0.70	10.07	3.7	12
E21	电讯技术	1295	0.561	0.116	0.79	316	0.59	7.18	5.3	6
E21	光通信技术	603	0.389	0.050	0.82	188	0.41	4.27	5.3	5
E21	光通信研究	357	0.425	0.103	0.89	136	0.32	3.09	4.0	4
E21	广东通信技术	403	0.369	0.066	0.98	138	0.36	3.14	3.8	4
E21	广西通信技术	88	0.237	0.020	1.00	41	0.16	0.93	3.9	2
E21	湖南邮电职业技术学院学报	607	0.848	0.218	0.73	213	0.18	4.84	3.0	6
E21	互联网经济	187	0.696	0.150	1.00	124	0.02	2.82	1.9	4
E21	互联网天地	480	0.554	0.247	0.99	249	0.30	5.66	2.7	6
E21	江西通信科技	77	0.248	0.077	1.00	46	0.14	1.05	4.1	3
E21	空军预警学院学报	407	0.460	0.148	0.81	168	0.30	3.82	4.5	5
E21	雷达科学与技术	542	0.556	0.042	0.74	152	0.32	3.45	5.1	5
E21	雷达学报	332	0.914	0.301	0.77	105	0.30	2.39	3.1	6
E21	南京邮电大学学报(自然科学版)	606	0.848	0.050	0.98	329	0.52	7.48	4.7	9

学科代码	期刊名称	扩展总被引频次	扩展影响因子	扩展即年指标	扩展他引率	扩展引用刊数	扩展学科影响指标	扩展学科扩散指标	扩展被引半衰期	扩展H指标
E21	山东通信技术	91	0.320	0.019	0.98	42	0.20	0.95	3.7	3
E21	世界电信	190	0.418	0.127	0.96	125	0.20	2.84	3.1	4
E21	数据采集与处理	917	1.031	0.084	0.81	342	0.45	7.77	4.1	8
E21	数据通信	210	0.303	0.041	0.95	115	0.30	2.61	5.1	4
E21	通信电源技术	1051	0.515	0.082	0.97	295	0.16	6.70	2.9	7
E21	通信管理与技术	168	0.229	0.021	1.00	89	0.20	2.02	5.6	4
E21	通信技术	1516	0.473	0.129	0.91	471	0.64	10.70	5.5	8
E21	通信学报	3061	1.458	0.176	0.93	602	0.73	13.68	4.6	14
E21	通信与信息技术	224	0.405	0.138	0.92	102	0.23	2.32	3.8	3
E21	微波学报	775	0.531	0.066	0.81	260	0.45	5.91	5.6	4
E21	无线电工程	1144	0.593	0.078	0.75	288	0.52	6.55	4.6	6
E21	无线电通信技术	728	0.701	0.123	0.87	191	0.50	4.34	4.0	5
E21	无线通信技术	158	0.476	0.000	0.97	104	0.25	2.36	5.3	4
E21	西安邮电大学学报	708	0.552	0.023	0.88	344	0.34	7.82	5.1	5
E21	现代传输	80	0.236	0.051	0.90	45	0.18	1.02	3.9	2
E21	现代雷达	1372	0.614	0.105	0.78	284	0.50	6.45	6.3	6
E21	信号处理	1274	0.712	0.127	0.82	345	0.57	7.84	5.1	7
E21	信息通信	4009	0.443	0.152	0.97	646	0.66	14.68	2.8	9
E21	信息通信技术	433	0.827	0.421	0.96	192	0.43	4.36	3.7	7
E21	移动通信	1857	0.871	0.205	0.85	341	0.57	7.75	3.1	9
E21	应用科学学报	462	0.476	0.057	0.97	306	0.20	6.95	6.1	4
E21	邮电设计技术	1129	1.033	0.204	0.75	200	0.52	4.55	3.3	8
E21	中国电信业	159	0.176	0.090	1.00	93	0.23	2.11	2.9	2
E21	中国新通信	4595	0.467	0.182	0.94	517	0.55	11.75	2.1	9
E21	中兴通讯技术	545	0.680	0.650	0.98	229	0.57	5.20	4.2	8
E22	Computional Visual Media	4	–	0.000	0.25	2	0.03	0.03	0.0	1
E22	Frontiers of Computer Science	179	0.397	0.012	0.78	88	0.38	1.35	3.8	4
E22	Journal of Computer Science & Technology	371	0.420	0.082	0.87	142	0.45	2.18	5.8	4
E22	办公自动化	154	0.184	0.035	0.98	103	0.12	1.58	2.3	3
E22	传动技术	77	0.042	0.029	0.99	58	0.05	0.89	7.8	3
E22	传感器世界	345	0.253	0.173	0.97	218	0.17	3.35	7.8	4
E22	大数据	271	2.085	0.323	0.89	162	0.31	2.49	2.1	9
E22	单片机与嵌入式系统应用	1000	0.466	0.071	0.92	324	0.46	4.98	5.4	6

学科代码	期刊名称	扩展总被引频次	扩展影响因子	扩展即年指标	扩展他引率	扩展引用刊数	扩展学科影响指标	扩展学科扩散指标	扩展被引半衰期	扩展H指标
E22	电脑编程技巧与维护	1609	0.348	0.169	0.95	438	0.46	6.74	2.9	7
E22	电脑与信息技术	337	0.392	0.185	0.99	185	0.32	2.85	4.5	4
E22	电脑知识与技术	8266	0.431	0.138	0.92	1206	0.72	18.55	3.3	11
E22	电子政务	1736	2.637	0.530	0.92	593	0.29	9.12	2.7	12
E22	福建电脑	1829	0.279	0.119	0.95	535	0.52	8.23	4.0	6
E22	工业控制计算机	1819	0.299	0.089	0.94	628	0.66	9.66	4.4	6
E22	化学传感器	122	0.262	0.000	0.93	82	0.03	1.26	6.8	3
E22	集成技术	156	0.462	0.135	0.92	112	0.23	1.72	3.6	4
E22	计算机仿真	6058	0.756	0.061	0.83	1161	0.71	17.86	4.5	10
E22	计算机辅助工程	449	0.301	0.037	0.94	263	0.18	4.05	6.3	4
E22	计算机辅助设计与图形学学报	2630	1.035	0.104	0.85	638	0.65	9.82	5.8	9
E22	计算机工程	6978	0.792	0.110	0.90	1231	0.75	18.94	6.6	10
E22	计算机工程与科学	2247	0.767	0.085	0.91	712	0.69	10.95	4.6	8
E22	计算机工程与设计	4742	0.685	0.099	0.94	1097	0.77	16.88	5.9	10
E22	计算机工程与应用	9500	0.757	0.174	0.92	1590	0.77	24.46	6.2	10
E22	计算机集成制造系统	4127	1.259	0.128	0.82	739	0.60	11.37	5.3	12
E22	计算机技术与发展	3530	0.680	0.144	0.94	936	0.68	14.40	5.1	11
E22	计算机教育	4776	1.168	0.432	0.87	601	0.42	9.25	4.2	11
E22	计算机科学	6338	1.113	0.172	0.93	1112	0.77	17.11	4.6	15
E22	计算机科学与探索	749	0.812	0.138	0.88	278	0.62	4.28	3.6	7
E22	计算机时代	1034	0.542	0.228	0.96	397	0.48	6.11	3.4	6
E22	计算机系统应用	2281	0.555	0.163	0.94	746	0.71	11.48	4.4	9
E22	计算机学报	6279	3.635	0.646	0.98	1037	0.77	15.95	5.0	24
E22	计算机研究与发展	5307	2.434	0.291	0.95	1021	0.77	15.71	4.7	20
E22	计算机应用	6400	1.194	0.191	0.94	1187	0.82	18.26	4.8	12
E22	计算机应用研究	7322	0.999	0.240	0.93	1332	0.78	20.49	4.9	15
E22	计算机应用与软件	3821	0.518	0.083	0.93	955	0.72	14.69	4.5	9
E22	计算机与数字工程	1716	0.359	0.064	0.97	613	0.60	9.43	5.0	7
E22	计算机与现代化	1633	0.456	0.066	0.93	605	0.62	9.31	5.1	7
E22	计算机与应用化学	1107	0.360	0.036	0.89	488	0.42	7.51	6.1	5
E22	金融科技时代	470	0.334	0.238	0.89	197	0.22	3.03	2.9	4
E22	卷宗	1382	0.057	0.008	0.94	351	0.09	5.40	2.3	4
E22	软件	2179	0.954	0.174	0.54	421	0.58	6.48	3.6	8

学科代码	期刊名称	扩展总被引频次	扩展影响因子	扩展即年指标	扩展他引率	扩展引用刊数	扩展学科影响指标	扩展学科扩散指标	扩展被引半衰期	扩展H指标
E22	软件(教育现代化)(电子版)	1183	0.047	0.014	0.99	203	0.06	3.12	2.3	4
E22	软件导刊	2606	0.481	0.130	0.95	819	0.62	12.60	4.0	11
E22	软件工程	548	0.615	0.116	0.92	250	0.43	3.85	2.6	6
E22	软件学报	6721	2.773	0.505	0.94	1017	0.77	15.65	5.6	25
E22	数值计算与计算机应用	120	0.151	0.000	0.95	82	0.15	1.26	9.7	3
E22	网络安全技术与应用	2863	0.585	0.305	0.93	487	0.58	7.49	2.8	9
E22	网络新媒体技术	341	0.522	0.032	0.93	186	0.38	2.86	7.4	4
E22	网络与信息安全学报	128	1.008	0.078	0.94	86	0.28	1.32	1.5	4
E22	微处理机	342	0.328	0.085	0.95	183	0.40	2.82	5.4	3
E22	微型电脑应用	724	0.464	0.067	0.94	323	0.55	4.97	4.3	6
E22	物联网技术	1540	0.773	0.223	0.70	406	0.52	6.25	2.7	8
E22	现代计算机	1240	0.353	0.095	0.96	475	0.58	7.31	4.0	4
E22	小型微型计算机系统	2469	0.705	0.094	0.82	565	0.62	8.69	4.1	8
E22	信息技术与网络安全	1729	0.455	0.098	0.81	515	0.54	7.92	3.6	7
E22	信息网络安全	1631	1.503	0.429	0.69	375	0.62	5.77	3.1	9
E22	智能计算机与应用	545	0.417	0.101	0.96	266	0.46	4.09	3.7	5
E22	中国金融电脑	268	0.188	0.060	1.00	138	0.20	2.12	3.8	4
E22	中国图象图形学报	2978	1.118	0.100	0.94	716	0.62	11.02	7.3	11
E22	中国自动识别技术	50	0.254	0.071	1.00	33	0.06	0.51	3.8	2
E23	China Particuology	515	0.477	0.036	0.82	230	0.33	2.47	4.6	5
E23	Chinese Journal of Chemical Engineering	990	0.547	0.150	0.84	383	0.44	4.12	4.9	4
E23	Journal of Advanced Ceramics	16	–	0.000	1.00	13	0.03	0.14	2.9	2
E23	安徽化工	532	0.237	0.020	0.98	317	0.49	3.41	6.6	4
E23	北京化工大学学报(自然科学版)	762	0.344	0.049	0.96	432	0.52	4.65	8.3	5
E23	纯碱工业	108	0.118	0.000	0.93	61	0.13	0.66	6.5	2
E23	大氮肥	273	0.159	0.017	0.95	116	0.31	1.25	7.2	4
E23	氮肥技术	152	0.203	0.040	0.97	84	0.26	0.90	5.0	2
E23	氮肥与合成气	98	0.097	0.014	0.93	52	0.23	0.56	4.3	2
E23	当代化工	2048	0.395	0.100	0.87	596	0.63	6.41	3.6	6
E23	当代化工研究	930	–	0.113	0.97	317	0.43	3.41	2.3	6
E23	电镀与精饰	701	0.450	0.066	0.86	192	0.29	2.06	6.3	5
E23	发酵科技通讯	224	0.553	0.106	0.77	111	0.18	1.19	6.4	4
E23	佛山陶瓷	404	0.154	0.056	0.86	130	0.22	1.40	5.4	4

学科代码	期刊名称	扩展总被引频次	扩展影响因子	扩展即年指标	扩展他引率	扩展引用刊数	扩展学科影响指标	扩展学科扩散指标	扩展被引半衰期	扩展H指标
E23	高校化学工程学报	1443	0.640	0.057	0.83	479	0.67	5.15	6.9	6
E23	工业催化	832	0.375	0.059	0.90	231	0.45	2.48	7.5	5
E23	广东化工	5707	0.324	0.079	0.93	1350	0.77	14.52	3.9	7
E23	广州化工	5003	0.414	0.106	0.91	1265	0.78	13.60	3.8	7
E23	硅酸盐通报	3377	0.759	0.096	0.86	731	0.59	7.86	4.0	9
E23	硅酸盐学报	3739	0.970	0.202	0.90	714	0.54	7.68	8.0	11
E23	过程工程学报	1537	0.707	0.070	0.91	528	0.54	5.68	8.0	7
E23	过滤与分离	248	0.307	0.122	0.91	150	0.24	1.61	9.4	4
E23	杭州化工	135	0.186	0.000	0.99	102	0.26	1.10	7.6	3
E23	合成技术及应用	211	0.206	0.042	0.91	113	0.17	1.22	8.7	3
E23	河南化工	792	0.258	0.065	0.98	366	0.49	3.94	7.2	5
E23	湖南包装	200	0.645	0.285	0.60	61	0.03	0.66	1.8	4
E23	化肥工业	504	0.306	0.041	0.96	176	0.38	1.89	6.2	4
E23	化肥设计	395	0.335	0.052	0.90	132	0.40	1.42	6.6	4
E23	化工管理	9346	0.434	0.170	0.86	770	0.59	8.28	2.0	12
E23	化工机械	813	0.361	0.071	0.79	277	0.34	2.98	6.8	4
E23	化工技术与开发	830	0.325	0.065	0.99	414	0.52	4.45	6.4	5
E23	化工进展	6327	1.350	0.185	0.83	1054	0.80	11.33	5.2	13
E23	化工科技	457	0.315	0.052	0.95	231	0.47	2.48	6.7	4
E23	化工矿物与加工	959	0.396	0.079	0.85	260	0.37	2.80	7.5	4
E23	化工设备与管道	684	0.601	0.096	0.93	227	0.30	2.44	6.3	4
E23	化工设计	364	0.327	0.048	0.98	154	0.45	1.66	7.5	4
E23	化工设计通讯	1270	0.395	0.149	0.95	254	0.43	2.73	1.4	6
E23	化工时刊	827	0.339	0.080	0.97	428	0.49	4.60	7.6	4
E23	化工学报	6343	1.145	0.189	0.84	1036	0.81	11.14	4.9	10
E23	化工装备技术	476	0.239	0.058	0.97	207	0.34	2.23	7.5	5
E23	化工自动化及仪表	1341	0.397	0.059	0.86	446	0.31	4.80	5.6	5
E23	化学反应工程与工艺	466	0.506	0.050	0.91	196	0.40	2.11	8.4	4
E23	化学工程	1250	0.487	0.077	0.91	454	0.67	4.88	7.1	5
E23	化学工程师	932	0.268	0.062	0.96	454	0.58	4.88	7.4	6
E23	化学工程与装备	2546	0.370	0.102	0.97	707	0.65	7.60	4.2	10
E23	化学工业与工程	606	0.486	0.079	0.96	323	0.60	3.47	8.3	6
E23	化学世界	960	0.339	0.081	0.96	454	0.62	4.88	≥10	5

学科代码	期刊名称	扩展总被引频次	扩展影响因子	扩展即年指标	扩展他引率	扩展引用刊数	扩展学科影响指标	扩展学科扩散指标	扩展被引半衰期	扩展H指标
E23	吉林化工学院学报	1040	0.545	0.192	0.76	478	0.31	5.14	4.2	6
E23	江苏陶瓷	287	0.067	0.030	0.61	85	0.18	0.91	7.7	4
E23	江西化工	865	0.313	0.106	0.98	394	0.34	4.24	4.6	5
E23	景德镇陶瓷	179	0.085	0.000	0.92	63	0.10	0.68	8.6	2
E23	聚氨酯工业	639	0.880	0.212	0.69	152	0.23	1.63	7.2	5
E23	口腔护理用品工业	129	0.185	0.036	0.72	74	0.05	0.80	6.3	3
E23	离子交换与吸附	529	0.529	0.068	0.87	247	0.39	2.66	9.2	5
E23	辽宁化工	1096	0.189	0.054	0.99	504	0.55	5.42	6.3	4
E23	林产化学与工业	1364	0.647	0.169	0.92	459	0.42	4.94	7.9	7
E23	磷肥与复肥	941	0.343	0.099	0.82	250	0.34	2.69	7.4	6
E23	硫磷设计与粉体工程	284	0.252	0.013	0.89	125	0.40	1.34	7.4	4
E23	硫酸工业	445	0.424	0.122	0.58	111	0.31	1.19	5.3	5
E23	轮胎工业	433	0.173	0.023	0.78	107	0.12	1.15	9.4	4
E23	氯碱工业	365	0.243	0.050	0.64	125	0.37	1.34	5.8	4
E23	膜科学与技术	989	0.723	0.025	0.83	279	0.47	3.00	6.5	6
E23	清洗世界	480	0.360	0.049	0.82	196	0.24	2.11	7.5	4
E23	燃料与化工	417	0.199	0.044	0.90	147	0.28	1.58	7.4	4
E23	热固性树脂	543	0.435	0.075	0.90	196	0.34	2.11	8.4	5
E23	日用化学工业	1102	0.632	0.110	0.84	360	0.45	3.87	8.4	5
E23	山东化工	1862	0.306	0.077	0.93	704	0.67	7.57	2.6	5
E23	山东陶瓷	137	0.056	0.000	0.99	94	0.19	1.01	8.8	3
E23	山西化工	457	0.282	0.082	0.98	243	0.37	2.61	6.1	4
E23	沈阳化工大学学报	219	0.238	0.029	0.93	161	0.23	1.73	6.9	3
E23	生物质化学工程	706	0.836	0.102	0.93	311	0.32	3.34	8.4	5
E23	四川化工	359	0.389	0.052	0.98	234	0.39	2.52	6.9	4
E23	炭素	386	0.564	0.206	0.96	154	0.22	1.66	≥10	4
E23	炭素技术	436	0.280	0.043	0.88	180	0.31	1.94	8.8	5
E23	陶瓷	318	0.173	0.043	0.89	140	0.22	1.51	9.3	4
E23	陶瓷科学与艺术	287	0.056	0.016	0.98	90	0.13	0.97	5.9	3
E23	陶瓷学报	591	0.564	0.095	0.75	220	0.31	2.37	5.4	4
E23	天津化工	500	0.297	0.063	0.98	280	0.45	3.01	7.5	5
E23	无机盐工业	1730	0.839	0.177	0.75	402	0.57	4.32	5.6	8
E23	现代化工	2759	0.535	0.144	0.92	767	0.73	8.25	5.5	8

学科代码	期刊名称	扩展总被引频次	扩展影响因子	扩展即年指标	扩展他引率	扩展引用刊数	扩展学科影响指标	扩展学科扩散指标	扩展被引半衰期	扩展H指标
E23	盐科学与化工	656	0.404	0.111	0.68	211	0.39	2.27	5.4	4
E23	影像技术	622	1.000	0.170	0.97	225	0.05	2.42	2.8	6
E23	应用化工	2280	0.465	0.134	0.93	704	0.72	7.57	5.0	6
E23	有机氟工业	199	0.221	0.066	0.80	111	0.27	1.19	8.5	4
E23	有机硅材料	560	0.596	0.149	0.66	146	0.26	1.57	6.1	5
E23	浙江化工	427	0.261	0.056	0.97	251	0.43	2.70	7.5	4
E23	中氮肥	235	0.219	0.065	0.92	85	0.24	0.91	4.9	4
E23	中国化工装备	91	0.167	0.016	0.97	62	0.11	0.67	5.1	2
E23	中国陶瓷	1002	0.361	0.044	0.84	326	0.31	3.51	6.4	5
E23	中国陶瓷工业	254	0.193	0.013	0.94	125	0.20	1.34	9.2	3
E23	中国洗涤用品工业	225	0.294	0.052	0.84	102	0.20	1.10	5.0	4
E23	中外医疗	16743	0.992	0.198	0.96	921	0.14	9.90	3.7	12
E24	高科技纤维与应用	518	0.507	0.062	0.94	194	0.50	9.70	8.8	6
E24	工程塑料应用	2147	0.699	0.130	0.78	418	0.90	20.90	5.0	7
E24	合成树脂及塑料	779	0.779	0.111	0.83	190	0.75	9.50	5.8	6
E24	合成橡胶工业	677	0.419	0.040	0.88	171	0.80	8.55	9.1	4
E24	聚氯乙烯	515	0.283	0.101	0.66	129	0.60	6.45	6.7	3
E24	聚酯工业	261	0.204	0.037	0.87	103	0.45	5.15	7.7	3
E24	上海塑料	178	0.566	0.077	0.92	96	0.60	4.80	5.0	4
E24	世界橡胶工业	348	0.173	0.008	0.95	118	0.65	5.90	8.5	4
E24	塑料	1256	0.674	0.077	0.83	313	0.80	15.65	6.0	6
E24	塑料工业	2218	0.752	0.080	0.87	427	0.90	21.35	5.4	7
E24	塑料科技	1281	0.860	0.142	0.86	328	0.85	16.40	5.2	6
E24	塑料助剂	371	0.418	0.041	0.91	157	0.75	7.85	7.6	5
E24	弹性体	676	0.417	0.021	0.83	181	0.95	9.05	7.1	5
E24	特种橡胶制品	582	0.295	0.020	0.90	178	0.65	8.90	9.1	5
E24	现代塑料加工应用	529	0.436	0.064	0.94	176	0.85	8.80	8.1	4
E24	橡胶工业	1064	0.533	0.127	0.81	266	0.75	13.30	9.0	6
E24	橡胶科技	264	0.206	0.063	0.92	96	0.45	4.80	6.1	3
E24	橡塑技术与装备	700	0.366	0.070	0.94	226	0.90	11.30	2.5	7
E24	橡塑资源利用	91	0.149	0.053	1.00	56	0.60	2.80	7.4	2
E24	中国塑料	1546	0.566	0.099	0.86	355	0.95	17.75	6.6	6
E25	表面技术	1737	1.006	0.106	0.73	391	0.65	19.55	4.0	6

学科代码	期刊名称	扩展总被引频次	扩展影响因子	扩展即年指标	扩展他引率	扩展引用刊数	扩展学科影响指标	扩展学科扩散指标	扩展被引半衰期	扩展H指标
E25	电镀与涂饰	1138	0.431	0.140	0.80	256	0.70	12.80	6.2	5
E25	化学与粘合	591	0.361	0.106	0.97	261	0.60	13.05	7.3	4
E25	精细化工	1727	0.644	0.071	0.88	520	0.75	26.00	7.1	5
E25	精细化工中间体	465	0.323	0.009	0.84	213	0.50	10.65	8.0	4
E25	精细石油化工	538	0.419	0.029	0.95	232	0.50	11.60	8.8	4
E25	精细与专用化学品	689	0.304	0.085	0.96	350	0.75	17.50	7.9	5
E25	上海染料	46	0.131	0.016	0.78	24	0.35	1.20	5.0	2
E25	上海涂料	604	0.381	0.091	0.96	178	0.80	8.90	6.5	4
E25	涂料工业	1521	0.674	0.135	0.87	334	0.90	16.70	7.2	7
E25	涂料技术与文摘	363	0.467	0.077	0.87	130	0.70	6.50	3.8	5
E25	现代涂料与涂装	776	0.252	0.044	0.89	217	0.65	10.85	6.7	5
E25	香料香精化妆品	531	0.462	0.049	0.91	210	0.15	10.50	6.6	5
E25	印染助剂	836	0.480	0.072	0.87	211	0.50	10.55	6.7	5
E25	粘接	580	0.382	0.042	0.84	190	0.60	9.50	5.9	4
E25	中国胶粘剂	877	0.471	0.042	0.81	243	0.70	12.15	7.4	4
E25	中国氯碱	398	0.203	0.077	0.90	126	0.10	6.30	6.7	4
E25	中国生漆	193	0.357	0.021	0.79	65	0.10	3.25	≥10	3
E25	中国涂料	689	0.375	0.082	0.90	206	0.80	10.30	5.6	4
E26	Paper and Biomaterials	73	0.154	0.071	0.99	29	0.19	0.62	9.8	2
E26	宝石和宝石学杂志	375	0.500	0.089	0.75	108	0.11	2.30	7.8	4
E26	超硬材料工程	251	0.234	0.036	0.85	96	0.06	2.04	7.3	3
E26	广东印刷	89	0.103	0.015	1.00	58	0.02	1.23	5.9	2
E26	黑龙江造纸	140	0.168	0.000	0.96	75	0.23	1.60	8.2	3
E26	混凝土与水泥制品	1424	0.619	0.100	0.92	335	0.17	7.13	5.8	7
E26	科技创新与应用	34463	0.829	0.449	0.97	1463	0.38	31.13	2.8	26
E26	粮食储藏	581	0.544	0.159	0.92	135	0.04	2.87	8.4	5
E26	煤化工	660	0.558	0.082	0.92	189	0.11	4.02	6.5	5
E26	木工机床	70	0.217	0.065	0.94	45	0.06	0.96	7.1	2
E26	皮革科学与工程	558	0.610	0.157	0.73	149	0.17	3.17	6.5	4
E26	皮革与化工	267	0.398	0.196	0.89	100	0.15	2.13	7.0	4
E26	日用化学品科学	663	0.368	0.076	0.89	231	0.09	4.91	6.8	6
E26	石化技术与应用	572	0.520	0.052	0.86	208	0.09	4.43	6.7	4
E26	石油和化工设备	668	0.241	0.059	0.96	252	0.11	5.36	5.0	5

学科代码	期刊名称	扩展总被引频次	扩展影响因子	扩展即年指标	扩展他引率	扩展引用刊数	扩展学科影响指标	扩展学科扩散指标	扩展被引半衰期	扩展H指标
E26	石油化工建设	315	0.259	0.154	0.98	129	0.13	2.74	5.4	3
E26	数字印刷	155	0.058	0.008	1.00	85	0.02	1.81	5.3	4
E26	水泥	633	0.189	0.050	0.85	174	0.19	3.70	7.4	4
E26	水泥工程	291	0.121	0.024	0.90	127	0.17	2.70	6.6	3
E26	水泥技术	243	0.183	0.029	0.95	124	0.17	2.64	7.8	4
E26	丝网印刷	134	0.087	0.011	1.00	72	0.09	1.53	5.8	2
E26	四川水泥	12559	1.247	0.384	0.98	382	0.17	8.13	1.9	23
E26	天津造纸	54	0.148	0.067	0.93	35	0.17	0.74	7.5	2
E26	天然气化工	676	0.593	0.047	0.84	203	0.11	4.32	5.6	5
E26	文体用品与科技	1274	0.152	0.021	0.93	233	0.04	4.96	3.2	5
E26	西部皮革	1187	0.227	0.057	0.93	378	0.23	8.04	1.7	5
E26	现代面粉工业	173	0.184	0.023	0.86	53	0.02	1.13	6.0	4
E26	新世纪水泥导报	191	0.208	0.031	0.87	83	0.15	1.77	5.8	3
E26	蓄电池	338	0.459	0.138	0.72	100	0.02	2.13	6.1	4
E26	印刷技术	212	0.092	0.005	1.00	103	0.11	2.19	5.0	2
E26	印刷经理人	15	0.030	0.000	0.93	11	–	0.23	7.0	1
E26	印刷杂志	161	0.083	0.022	1.00	108	0.06	2.30	5.8	3
E26	造纸科学与技术	434	0.328	0.093	0.85	164	0.26	3.49	6.8	4
E26	造纸装备及材料	80	0.176	0.040	0.99	51	0.26	1.09	8.0	3
E26	纸和造纸	594	0.380	0.058	0.75	162	0.32	3.45	5.1	3
E26	中国皮革	1013	0.410	0.039	0.73	219	0.19	4.66	7.2	4
E26	中国人造板	239	0.262	0.021	0.89	94	0.06	2.00	6.3	3
E26	中国水泥	369	0.160	0.041	0.91	150	0.17	3.19	6.2	4
E26	中国造纸	1195	0.667	0.151	0.63	236	0.36	5.02	6.1	6
E26	中国造纸学报	419	0.629	0.043	0.87	152	0.26	3.23	8.1	4
E26	中国制笔	21	0.094	0.000	0.95	15	0.02	0.32	7.5	1
E26	中华纸业	670	0.236	0.071	0.76	184	0.34	3.91	6.0	4
E27	电测与仪表	3261	0.924	0.149	0.77	534	0.58	28.11	3.9	9
E27	阀门	246	0.141	0.020	0.90	110	0.16	5.79	7.9	3
E27	分析仪器	657	0.420	0.121	0.91	334	0.32	17.58	6.3	5
E27	工业仪表与自动化装置	700	0.426	0.073	0.97	320	0.37	16.84	5.4	4
E27	光学精密工程	5018	1.786	0.172	0.82	697	0.53	36.68	4.3	11
E27	光学仪器	400	0.355	0.078	0.89	183	0.47	9.63	5.7	4

学科代码	期刊名称	扩展总被引频次	扩展影响因子	扩展即年指标	扩展他引率	扩展引用刊数	扩展学科影响指标	扩展学科扩散指标	扩展被引半衰期	扩展H指标
E27	生命科学仪器	345	0.367	0.014	0.99	251	0.21	13.21	8.2	4
E27	水泵技术	392	0.350	0.014	0.90	137	0.05	7.21	9.8	4
E27	现代科学仪器	883	0.145	0.036	0.93	453	0.42	23.84	7.8	6
E27	现代仪器与医疗	1736	1.452	0.148	0.99	613	0.21	32.26	3.1	9
E27	仪表技术	605	0.303	0.086	0.96	289	0.37	15.21	6.5	5
E27	仪表技术与传感器	2242	0.660	0.066	0.87	602	0.63	31.68	5.4	7
E27	仪器仪表学报	7318	2.616	0.374	0.86	1043	0.79	54.89	4.8	15
E27	仪器仪表用户	533	0.228	0.091	0.95	259	0.47	13.63	5.5	4
E27	仪器仪表与分析监测	165	0.198	0.042	0.95	127	0.21	6.68	8.1	3
E27	中国仪器仪表	469	0.269	0.105	0.98	264	0.58	13.89	7.6	5
E27	自动化仪表	1693	0.576	0.162	0.87	573	0.63	30.16	5.1	7
E27	自动化与仪表	863	0.558	0.110	0.96	361	0.47	19.00	4.4	7
E28	Defence Technology	81	0.158	0.050	0.93	57	0.31	1.78	3.9	2
E28	爆破	1519	1.693	0.138	0.64	224	0.47	7.00	5.2	8
E28	爆破器材	452	0.527	0.066	0.80	131	0.47	4.09	7.6	4
E28	爆炸与冲击	1595	0.831	0.193	0.87	351	0.72	10.97	8.5	8
E28	兵工学报	2580	0.805	0.113	0.88	576	0.84	18.00	6.1	7
E28	兵工自动化	1241	0.628	0.050	0.82	389	0.75	12.16	5.0	5
E28	兵器材料科学与工程	952	0.417	0.117	0.91	343	0.59	10.72	6.7	5
E28	兵器装备工程学报	1438	0.555	0.047	0.86	437	0.81	13.66	4.0	4
E28	弹道学报	594	0.518	0.016	0.91	152	0.72	4.75	8.3	4
E28	弹箭与制导学报	1367	0.235	0.008	0.90	345	0.84	10.78	7.8	4
E28	防护工程	142	0.138	0.065	0.25	27	0.19	0.84	5.5	3
E28	飞航导弹	1330	1.066	0.063	0.66	277	0.75	8.66	4.4	7
E28	国防	248	0.135	0.031	0.97	114	0.16	3.56	3.8	3
E28	国防科技	568	0.397	0.050	0.94	271	0.62	8.47	4.6	6
E28	含能材料	1166	0.522	0.089	0.73	173	0.66	5.41	6.6	5
E28	航空兵器	340	0.388	0.012	0.78	139	0.47	4.34	6.0	4
E28	火工品	311	0.224	0.011	0.88	94	0.56	2.94	7.8	3
E28	火控雷达技术	277	0.309	0.012	0.92	123	0.25	3.84	6.3	3
E28	火力与指挥控制	1915	0.404	0.025	0.86	410	0.78	12.81	5.4	6
E28	火炮发射与控制学报	366	0.352	0.027	0.88	140	0.53	4.38	7.8	4
E28	火炸药学报	1031	0.654	0.094	0.73	155	0.66	4.84	7.9	6

学科代码	期刊名称	扩展总被引频次	扩展影响因子	扩展即年指标	扩展他引率	扩展引用刊数	扩展学科影响指标	扩展学科扩散指标	扩展被引半衰期	扩展H指标
E28	军民两用技术与产品	786	0.076	0.014	0.97	265	0.22	8.28	2.6	4
E28	水雷战与舰船防护	121	0.097	0.014	0.88	70	0.34	2.19	6.0	2
E28	水下无人系统学报	321	0.284	0.012	0.78	117	0.44	3.66	7.2	3
E28	探测与控制学报	509	0.404	0.119	0.75	188	0.59	5.88	6.2	4
E28	现代防御技术	754	0.384	0.026	0.81	199	0.72	6.22	5.6	5
E28	战术导弹技术	627	0.890	0.142	0.79	152	0.69	4.75	5.1	5
E28	指挥控制与仿真	670	0.401	0.059	0.88	208	0.62	6.50	5.4	4
E28	指挥信息系统与技术	416	0.684	0.148	0.77	140	0.38	4.38	3.9	5
E28	指挥与控制学报	110	0.765	0.109	0.74	42	0.28	1.31	2.1	4
E28	装甲兵工程学院学报	491	0.390	0.046	0.89	242	0.50	7.56	6.1	4
E28	装备学院学报	602	0.497	0.049	0.96	242	1.00	242.00	5.5	5
E29	Knitting Industries	841	0.300	0.088	0.86	161	0.77	4.13	6.0	4
E29	产业用纺织品	567	0.302	0.032	0.89	161	0.69	4.13	7.8	4
E29	纺织标准与质量	41	0.056	0.000	0.88	20	0.28	0.51	5.2	2
E29	纺织导报	1020	0.580	0.116	0.94	243	0.74	6.23	5.2	5
E29	纺织高校基础科学学报	271	0.503	0.091	0.76	118	0.31	3.03	4.4	4
E29	纺织科技进展	562	0.247	0.054	0.95	191	0.79	4.90	7.0	4
E29	纺织器材	238	0.248	0.075	0.54	46	0.49	1.18	5.3	3
E29	纺织学报	3173	0.902	0.163	0.78	454	0.82	11.64	6.0	7
E29	服饰导刊	180	0.215	0.068	0.93	105	0.26	2.69	5.7	2
E29	国际纺织导报	297	0.172	0.023	0.98	117	0.72	3.00	6.6	4
E29	合成纤维	630	0.408	0.154	0.82	170	0.67	4.36	6.5	5
E29	合成纤维工业	690	0.534	0.087	0.81	188	0.54	4.82	7.5	4
E29	黑龙江纺织	115	0.201	0.098	0.98	72	0.46	1.85	6.1	2
E29	化纤与纺织技术	171	0.411	0.093	0.95	80	0.59	2.05	6.3	3
E29	检验检疫学刊	581	0.353	0.051	0.93	300	0.23	7.69	7.1	4
E29	江苏丝绸	91	0.155	0.032	0.97	50	0.51	1.28	6.3	3
E29	锦绣	77	0.032	0.000	1.00	46	0.33	1.18	≥10	2
E29	辽宁丝绸	134	0.181	0.033	0.95	76	0.46	1.95	5.6	3
E29	毛纺科技	1077	0.766	0.123	0.61	149	0.72	3.82	5.6	6
E29	棉纺织技术	1360	0.709	0.094	0.67	148	0.82	3.79	5.4	6
E29	轻纺工业与技术	434	0.230	0.051	0.94	175	0.72	4.49	4.8	3
E29	染料与染色	358	0.329	0.034	0.84	139	0.46	3.56	9.4	4

学科代码	期刊名称	扩展总被引频次	扩展影响因子	扩展即年指标	扩展他引率	扩展引用刊数	扩展学科影响指标	扩展学科扩散指标	扩展被引半衰期	扩展H指标
E29	染整技术	762	0.757	0.171	0.61	159	0.69	4.08	4.4	7
E29	山东纺织经济	585	0.247	0.092	0.98	265	0.59	6.79	4.9	4
E29	山东纺织科技	274	0.249	0.049	0.96	110	0.77	2.82	6.5	4
E29	上海纺织科技	923	0.363	0.038	0.87	176	0.79	4.51	6.4	4
E29	丝绸	1195	0.854	0.106	0.82	261	0.77	6.69	5.7	7
E29	天津纺织科技	213	0.216	0.076	0.89	90	0.59	2.31	5.8	3
E29	现代纺织技术	390	0.472	0.097	0.91	112	0.69	2.87	5.2	4
E29	现代丝绸科学与技术	165	0.243	0.027	0.98	88	0.69	2.26	7.2	3
E29	印染	1990	0.649	0.152	0.62	253	0.82	6.49	6.2	7
E29	中国棉花加工	97	0.071	0.062	0.96	55	0.18	1.41	5.7	2
E29	中国纤检	766	0.315	0.077	0.90	213	0.90	5.46	5.0	4
E30	包装与食品机械	878	1.171	0.072	0.81	252	0.54	4.13	5.0	6
E30	茶业通报	310	0.281	0.035	0.93	125	0.28	2.05	≥10	4
E30	茶叶通讯	447	0.593	0.018	0.89	149	0.34	2.44	7.6	5
E30	茶叶学报	409	0.899	0.075	0.93	137	0.30	2.25	7.8	4
E30	广东茶业	257	0.364	0.070	0.92	86	0.28	1.41	7.5	4
E30	河南工业大学学报(自然科学版)	1162	0.936	0.122	0.91	345	0.62	5.66	6.6	6
E30	江苏调味副食品	248	0.372	0.043	0.98	113	0.43	1.85	8.4	4
E30	粮食加工	861	0.356	0.111	0.91	202	0.62	3.31	8.0	5
E30	粮食科技与经济	537	0.555	0.056	0.89	221	0.57	3.62	4.7	5
E30	粮食问题研究	72	0.231	0.000	0.93	51	0.10	0.84	3.5	2
E30	粮食与食品工业	638	0.398	0.044	0.97	197	0.52	3.23	6.3	6
E30	粮食与饲料工业	1831	0.682	0.089	0.93	356	0.66	5.84	8.0	7
E30	粮食与油脂	1614	0.775	0.071	0.93	393	0.66	6.44	6.7	7
E30	粮油仓储科技通讯	267	0.371	0.046	0.79	74	0.33	1.21	5.5	4
E30	粮油食品科技	1153	0.734	0.158	0.95	309	0.64	5.07	6.2	6
E30	酿酒	1282	0.462	0.057	0.88	195	0.52	3.20	8.6	6
E30	酿酒科技	2852	0.632	0.102	0.74	373	0.59	6.11	6.9	7
E30	肉类工业	1014	0.360	0.130	0.84	200	0.49	3.28	7.5	4
E30	肉类研究	1319	0.789	0.161	0.86	247	0.49	4.05	7.1	7
E30	乳业科学与技术	415	0.510	0.125	0.95	146	0.46	2.39	7.1	4
E30	食品安全质量检测学报	2726	0.954	0.164	0.83	629	0.72	10.31	2.6	7
E30	食品工程	555	0.592	0.043	1.00	247	0.66	4.05	7.4	5

学科代码	期刊名称	扩展总被引频次	扩展影响因子	扩展即年指标	扩展他引率	扩展引用刊数	扩展学科影响指标	扩展学科扩散指标	扩展被引半衰期	扩展H指标
E30	食品工业	3278	0.608	0.081	0.92	619	0.72	10.15	3.8	7
E30	食品工业科技	14221	0.930	0.152	0.86	1205	0.82	19.75	4.9	11
E30	食品界	84	0.136	0.032	0.99	45	0.13	0.74	1.5	2
E30	食品科技	6089	0.668	0.102	0.95	875	0.80	14.34	6.6	9
E30	食品科学	23882	1.598	0.270	0.90	1477	0.85	24.21	6.0	18
E30	食品科学技术学报	932	1.665	0.341	0.98	404	0.62	6.62	4.2	6
E30	食品研究与开发	6918	0.748	0.137	0.91	1020	0.80	16.72	5.4	10
E30	食品与发酵工业	5374	0.956	0.122	0.93	751	0.77	12.31	6.8	8
E30	食品与发酵科技	953	0.614	0.131	0.96	298	0.64	4.89	5.6	6
E30	食品与机械	4089	1.031	0.250	0.73	675	0.72	11.07	4.8	9
E30	食品与生物技术学报	1898	0.691	0.042	0.91	545	0.72	8.93	6.6	8
E30	食品与药品	975	0.604	0.051	0.98	409	0.59	6.70	7.3	7
E30	现代食品	673	0.325	0.096	0.90	226	0.54	3.70	1.7	4
E30	现代食品科技	4778	0.975	0.204	0.94	755	0.75	12.38	4.5	9
E30	现代盐化工	219	0.369	0.130	1.00	100	0.05	1.64	1.7	4
E30	盐业史研究	202	0.219	0.000	0.71	59	0.03	0.97	≥10	3
E30	饮料工业	643	0.375	0.046	0.96	232	0.54	3.80	6.4	5
E30	中国茶叶加工	401	0.530	0.000	0.96	140	0.36	2.30	6.3	4
E30	中国井矿盐	238	0.207	0.106	0.91	113	0.07	1.85	6.3	4
E30	中国粮油学报	3798	0.915	0.093	0.91	535	0.72	8.77	6.4	10
E30	中国酿造	4397	1.065	0.249	0.76	592	0.70	9.70	5.6	10
E30	中国乳品工业	1386	0.626	0.110	0.90	280	0.54	4.59	7.8	6
E30	中国乳业	615	0.283	0.091	0.94	202	0.49	3.31	6.3	4
E30	中国食品添加剂	2324	0.773	0.153	0.94	520	0.70	8.52	7.0	8
E30	中国食品学报	3999	0.950	0.092	0.94	694	0.70	11.38	4.9	11
E30	中国食物与营养	2568	0.840	0.157	0.96	780	0.74	12.79	6.8	10
E30	中国甜菜糖业	171	0.188	0.082	0.77	71	0.20	1.16	≥10	3
E30	中国调味品	2566	0.627	0.099	0.76	409	0.64	6.70	5.8	8
E30	中国油脂	3326	1.106	0.168	0.73	512	0.66	8.39	6.6	10
E30	中外酒业	248	0.116	0.042	0.71	71	0.34	1.16	6.8	3
E30	中外葡萄与葡萄酒	1059	0.574	0.167	0.78	184	0.33	3.02	8.2	6
E31	Building Simulation	44	–	0.038	0.75	20	0.04	0.15	2.7	2
E31	Frontiers of Architectural Research	42	0.154	0.024	0.86	26	0.06	0.20	4.2	2

学科代码	期刊名称	扩展总被引频次	扩展影响因子	扩展即年指标	扩展他引率	扩展引用刊数	扩展学科影响指标	扩展学科扩散指标	扩展被引半衰期	扩展H指标
E31	安徽建筑	1764	0.465	0.078	0.99	345	0.47	2.63	4.7	8
E31	安徽建筑大学学报	552	0.377	0.036	0.98	293	0.29	2.24	7.1	5
E31	安装	595	0.413	0.113	0.98	159	0.22	1.21	4.3	7
E31	北方建筑	52	–	0.309	1.00	19	0.03	0.15	0.0	3
E31	北京规划建设	480	0.240	0.039	0.96	197	0.27	1.50	6.3	5
E31	北京建筑大学学报	527	0.649	0.069	0.99	262	0.41	2.00	6.1	6
E31	城建档案	1232	0.642	0.270	0.91	185	0.10	1.41	2.6	6
E31	城市发展研究	4431	1.619	0.360	0.96	1097	0.53	8.37	5.3	14
E31	城市规划	5441	2.668	0.263	0.96	866	0.56	6.61	6.9	17
E31	城市规划学刊	3806	3.293	0.704	0.93	682	0.45	5.21	6.0	16
E31	城市建筑	6942	0.135	0.077	0.98	508	0.63	3.88	3.7	15
E31	城市勘测	1201	0.517	0.142	0.88	301	0.28	2.30	5.2	7
E31	城市设计	36	–	0.036	0.86	20	0.08	0.15	1.8	2
E31	城市住宅	540	0.606	0.211	0.67	134	0.29	1.02	1.9	5
E31	城乡规划	27	–	0.028	0.96	21	0.05	0.16	4.2	2
E31	城乡建设	858	0.429	0.062	1.00	333	0.35	2.54	4.9	6
E31	城镇供水	324	0.347	0.112	0.92	147	0.11	1.12	4.4	4
E31	重庆建筑	584	0.333	0.167	0.98	200	0.38	1.53	5.2	5
E31	低温建筑技术	1356	0.202	0.059	0.96	426	0.59	3.25	6.1	5
E31	粉煤灰综合利用	495	0.356	0.043	0.96	206	0.26	1.57	8.0	4
E31	福建建材	2172	0.744	0.235	0.99	247	0.34	1.89	3.2	11
E31	福建建设科技	608	0.301	0.180	0.99	195	0.38	1.49	5.6	6
E31	福建建筑	1292	0.387	0.173	0.97	331	0.51	2.53	5.1	7
E31	工程抗震与加固改造	861	0.421	0.045	0.91	232	0.40	1.77	7.5	6
E31	工业建筑	3950	0.672	0.106	0.94	688	0.68	5.25	7.2	10
E31	供水技术	260	0.294	0.074	0.90	140	0.11	1.07	5.4	4
E31	古建园林技术	199	0.171	0.013	0.97	97	0.20	0.74	≥10	3
E31	广东建材	2008	0.704	0.183	0.99	295	0.40	2.25	6.3	10
E31	广州建筑	290	0.569	0.127	0.77	117	0.27	0.89	5.6	3
E31	规划师	3954	1.878	0.535	0.91	679	0.55	5.18	4.8	11
E31	国际城市规划	1805	1.538	0.217	0.92	459	0.43	3.50	6.2	11
E31	河北工程大学学报(自然科学版)	516	0.425	0.129	0.95	311	0.26	2.37	7.4	5
E31	河北建筑工程学院学报	430	0.367	0.039	0.99	169	0.24	1.29	6.1	5

学科代码	期刊名称	扩展总被引频次	扩展影响因子	扩展即年指标	扩展他引率	扩展引用刊数	扩展学科影响指标	扩展学科扩散指标	扩展被引半衰期	扩展H指标
E31	湖南城市学院学报(自然科学版)	695	0.383	0.051	0.99	325	0.22	2.48	1.9	6
E31	华中建筑	2313	0.424	0.111	0.95	485	0.55	3.70	7.0	7
E31	混凝土	4716	0.660	0.101	0.87	566	0.56	4.32	6.8	10
E31	混凝土世界	485	0.420	0.106	0.96	164	0.31	1.25	4.3	6
E31	吉林建筑大学学报	620	0.414	0.130	0.99	306	0.36	2.34	4.9	6
E31	给水排水	4199	1.076	0.245	0.94	735	0.57	5.61	6.4	13
E31	家具与室内装饰	1612	1.710	0.363	0.49	166	0.11	1.27	2.1	10
E31	建材发展导向(上)	1765	0.155	0.044	0.98	230	0.28	1.76	2.9	6
E31	建材发展导向(下)	788	0.077	0.020	0.99	130	0.17	0.99	2.9	6
E31	建材技术与应用	944	0.782	0.189	0.99	173	0.29	1.32	6.2	9
E31	建材世界	799	0.353	0.067	0.94	282	0.35	2.15	5.8	6
E31	建井技术	497	0.644	0.096	0.75	114	0.08	0.87	5.6	5
E31	建设机械技术与管理	507	0.237	0.057	0.97	179	0.15	1.37	6.6	5
E31	建设监理	1136	0.591	0.102	0.99	179	0.31	1.37	4.7	6
E31	建设科技	4018	0.911	0.250	0.99	511	0.63	3.90	2.5	15
E31	建筑	1018	0.321	0.070	1.00	225	0.34	1.72	5.0	6
E31	建筑・建材・装饰	1448	0.142	0.011	0.99	144	0.20	1.10	2.5	9
E31	建筑安全	1757	0.837	0.398	0.98	210	0.28	1.60	4.6	9
E31	建筑材料学报	2955	1.071	0.168	0.95	481	0.48	3.67	6.9	10
E31	建筑电气	682	0.543	0.120	0.92	209	0.24	1.60	4.6	5
E31	建筑钢结构进展	442	0.672	0.071	0.91	145	0.30	1.11	6.7	6
E31	建筑工程技术与设计	15236	0.077	0.005	0.68	569	0.49	4.34	2.1	6
E31	建筑工人	241	0.128	0.049	1.00	74	0.21	0.56	5.9	3
E31	建筑机械	623	0.222	0.039	0.93	234	0.19	1.79	8.2	4
E31	建筑机械化	732	0.343	0.054	0.90	208	0.27	1.59	6.2	4
E31	建筑技术	5182	3.679	1.237	0.91	443	0.66	3.38	3.0	17
E31	建筑技术开发	1861	0.798	0.181	0.97	302	0.45	2.31	1.8	8
E31	建筑技艺	410	0.237	0.062	0.98	134	0.41	1.02	4.0	7
E31	建筑节能	1785	0.713	0.155	0.91	416	0.56	3.18	4.6	8
E31	建筑结构	3745	0.673	0.188	0.86	462	0.61	3.53	6.3	10
E31	建筑结构学报	4913	1.358	0.191	0.90	487	0.56	3.72	6.8	12
E31	建筑经济	3937	2.233	0.332	0.98	619	0.51	4.73	4.2	16
E31	建筑科学	2627	0.921	0.165	0.94	574	0.69	4.38	5.8	10

学科代码	期刊名称	扩展总被引频次	扩展影响因子	扩展即年指标	扩展他引率	扩展引用刊数	扩展学科影响指标	扩展学科扩散指标	扩展被引半衰期	扩展H指标
E31	建筑科学与工程学报	891	1.022	0.170	0.94	301	0.45	2.30	6.2	8
E31	建筑砌块与砌块建筑	169	0.250	0.027	0.94	79	0.22	0.60	7.4	3
E31	建筑热能通风空调	749	0.420	0.062	0.91	266	0.33	2.03	7.4	4
E31	建筑设计管理	1550	0.852	0.270	0.99	213	0.40	1.63	3.9	12
E31	建筑师	586	0.389	0.057	0.91	156	0.38	1.19	≥10	5
E31	建筑施工	2116	0.548	0.109	0.88	321	0.50	2.45	4.5	9
E31	建筑学报	3478	1.266	0.229	0.96	528	0.62	4.03	7.8	12
E31	建筑与预算	915	1.551	0.366	0.99	150	0.21	1.15	2.1	11
E31	建筑与装饰	187	–	0.020	1.00	40	0.06	0.31	1.6	4
E31	江苏建材	245	0.319	0.110	0.99	108	0.22	0.82	4.6	4
E31	江苏建筑	634	0.360	0.087	0.98	209	0.40	1.60	5.1	5
E31	江苏建筑职业技术学院学报	425	0.521	0.062	0.98	205	0.12	1.56	5.1	6
E31	结构工程师	1105	0.581	0.078	0.88	314	0.45	2.40	6.3	7
E31	净水技术	1085	0.955	0.146	0.85	351	0.20	2.68	5.4	6
E31	居业	2560	1.049	0.261	0.99	165	0.27	1.26	1.8	12
E31	空间结构	414	0.299	0.018	0.92	140	0.26	1.07	8.9	5
E31	绿色建筑	486	0.429	0.054	0.97	189	0.37	1.44	5.7	4
E31	门窗	14569	1.417	0.586	0.98	333	0.34	2.54	2.8	23
E31	南方建筑	1062	1.599	0.208	0.89	281	0.55	2.15	3.6	9
E31	暖通空调	3401	0.960	0.137	0.89	520	0.51	3.97	7.3	9
E31	山东建筑大学学报	787	0.618	0.120	0.93	397	0.41	3.03	6.2	6
E31	山西建筑	19693	0.513	0.181	0.97	1204	0.82	9.19	4.9	18
E31	上海城市规划	885	1.303	0.226	0.88	234	0.33	1.79	3.6	7
E31	上海建材	229	0.842	0.342	1.00	109	0.21	0.83	4.0	5
E31	上海建设科技	445	0.347	0.135	0.99	172	0.28	1.31	5.4	5
E31	沈阳建筑大学学报(自然科学版)	1311	0.775	0.088	0.93	519	0.50	3.96	7.0	6
E31	施工技术	8223	1.750	0.283	0.86	686	0.71	5.24	4.0	20
E31	时代建筑	916	0.583	0.111	0.89	194	0.46	1.48	6.8	7
E31	四川建材	4234	0.799	0.335	0.99	373	0.41	2.85	3.2	16
E31	四川建筑	1543	0.310	0.092	0.99	388	0.50	2.96	5.6	8
E31	四川建筑科学研究	1945	0.513	0.185	0.97	513	0.61	3.92	6.2	6
E31	特种结构	526	0.276	0.050	0.94	211	0.34	1.61	7.6	5
E31	天津城建大学学报	293	0.276	0.102	0.99	171	0.23	1.31	5.8	4

学科代码	期刊名称	扩展总被引频次	扩展影响因子	扩展即年指标	扩展他引率	扩展引用刊数	扩展学科影响指标	扩展学科扩散指标	扩展被引半衰期	扩展H指标
E31	天津建设科技	375	0.312	0.078	0.98	138	0.27	1.05	4.4	4
E31	土工基础	622	0.256	0.070	0.95	248	0.29	1.89	6.2	4
E31	西安建筑科技大学学报(自然科学版)	1234	0.610	0.057	0.96	518	0.55	3.95	7.4	6
E31	现代城市研究	2221	1.208	0.150	0.95	648	0.45	4.95	4.9	12
E31	消防技术与产品信息	1127	0.581	0.123	0.95	246	0.23	1.88	4.4	7
E31	小城镇建设	870	0.639	0.119	0.90	312	0.42	2.38	5.1	6
E31	新建筑	1176	0.528	0.134	0.90	307	0.47	2.34	8.0	7
E31	新型建筑材料	2619	0.862	0.120	0.78	448	0.53	3.42	6.6	6
E31	云南建筑	48	0.017	0.000	0.92	25	0.08	0.19	7.4	2
E31	浙江建筑	750	0.382	0.101	0.99	213	0.39	1.63	6.3	6
E31	智能建筑	258	0.255	0.017	0.98	118	0.17	0.90	3.5	4
E31	智能建筑电气技术	421	0.635	0.106	0.96	132	0.16	1.01	3.9	5
E31	智能建筑与智慧城市	672	0.538	0.187	0.97	225	0.24	1.72	4.7	6
E31	中国电梯	165	0.038	0.002	0.70	53	0.05	0.40	6.3	3
E31	中国粉体技术	651	0.480	0.042	0.94	342	0.11	2.61	7.4	5
E31	中国给水排水	6500	0.742	0.082	0.86	893	0.54	6.82	6.9	13
E31	中国建材科技	2219	1.063	0.160	0.99	317	0.40	2.42	3.0	15
E31	中国建筑防水	806	0.447	0.157	0.76	179	0.31	1.37	4.7	5
E31	中国建筑金属结构	2081	0.350	0.031	1.00	161	0.33	1.23	4.5	15
E31	中国勘察设计	551	0.511	0.066	0.99	195	0.25	1.49	4.5	8
E31	中国市政工程	889	0.565	0.081	0.98	272	0.38	2.08	6.6	6
E31	中外建筑	2189	0.636	0.134	0.98	413	0.60	3.15	5.2	12
E31	住区	135	0.235	0.045	0.97	75	0.22	0.57	3.6	3
E31	住宅科技	748	0.586	0.090	0.97	212	0.52	1.62	5.7	6
E31	装饰装修天地	1374	0.103	0.018	0.94	130	0.12	0.99	1.6	7
E32	Frontiers of Structural and Civil Engineering	66	0.120	0.043	0.79	36	0.29	2.57	4.9	3
E32	地下空间与工程学报	4300	1.209	0.136	0.87	637	0.86	45.50	7.0	10
E32	工程勘察	1986	0.787	0.179	0.89	534	0.79	38.14	7.0	7
E32	广东土木与建筑	512	0.207	0.091	0.98	159	0.36	11.36	6.8	4
E32	土木工程学报	6670	2.294	0.193	0.97	795	0.93	56.79	7.8	15
E32	土木工程与管理学报	1031	1.234	0.250	0.96	434	0.57	31.00	5.9	8
E32	土木建筑工程信息技术	1365	1.545	0.236	0.92	280	0.29	20.00	4.4	14
E32	土木建筑与环境工程	1843	1.191	0.107	0.98	634	0.79	45.29	7.5	8

学科代码	期刊名称	扩展总被引频次	扩展影响因子	扩展即年指标	扩展他引率	扩展引用刊数	扩展学科影响指标	扩展学科扩散指标	扩展被引半衰期	扩展H指标
E32	岩石力学与工程学报	20681	3.279	0.320	0.95	974	0.86	69.57	8.8	23
E32	岩土工程技术	489	0.569	0.044	0.97	219	0.50	15.64	≥10	5
E32	岩土工程学报	11507	1.818	0.247	0.94	837	0.86	59.79	7.8	17
E32	岩土力学	16251	2.252	0.231	0.92	939	0.86	67.07	7.2	17
E32	砖瓦	621	0.490	0.201	0.54	128	0.14	9.14	4.1	5
E32	砖瓦世界	182	0.251	0.156	0.84	85	0.14	6.07	5.8	3
E33	Journal of Hydrodynamics	733	0.713	0.168	0.74	236	0.27	3.32	5.6	5
E33	Water Science and Engineering	148	0.293	0.077	0.95	90	0.21	1.27	5.0	2
E33	北京水务	410	0.429	0.084	0.87	194	0.41	2.73	7.0	4
E33	大坝与安全	321	0.290	0.011	0.90	125	0.56	1.76	8.0	3
E33	东北水利水电	771	0.206	0.033	0.97	271	0.72	3.82	7.5	4
E33	甘肃水利水电技术	586	0.284	0.042	0.87	205	0.58	2.89	5.6	4
E33	广东水利水电	804	0.338	0.095	0.85	267	0.73	3.76	6.4	4
E33	广西水利水电	352	0.222	0.045	0.97	161	0.46	2.27	6.5	4
E33	海河水利	409	0.200	0.085	0.97	176	0.55	2.48	6.8	4
E33	河北水利	353	0.130	0.028	1.00	146	0.35	2.06	4.5	3
E33	河海大学学报(自然科学版)	1830	0.888	0.183	0.96	610	0.75	8.59	9.5	8
E33	河南水利与南水北调	2164	0.530	0.250	0.97	287	0.61	4.04	3.3	11
E33	黑龙江水利	322	0.222	0.071	0.92	114	0.27	1.61	4.8	5
E33	黑龙江水利科技	3017	0.510	0.102	0.94	381	0.77	5.37	4.0	10
E33	红水河	308	0.169	0.029	0.94	131	0.49	1.85	7.4	3
E33	湖南水利水电	509	0.293	0.168	0.96	169	0.49	2.38	4.8	5
E33	吉林水利	665	0.328	0.075	0.93	243	0.62	3.42	5.9	4
E33	江淮水利科技	164	0.168	0.024	0.91	76	0.30	1.07	5.0	3
E33	江苏水利	606	0.326	0.071	0.91	194	0.65	2.73	4.7	5
E33	江西水利科技	271	0.248	0.134	0.95	118	0.51	1.66	6.8	4
E33	南水北调与水利科技	1629	0.834	0.099	0.87	475	0.83	6.69	5.0	6
E33	内蒙古水利	781	0.163	0.056	0.99	253	0.58	3.56	4.9	5
E33	泥沙研究	1076	0.568	0.041	0.89	238	0.63	3.35	≥10	6
E33	人民黄河	2644	0.602	0.091	0.86	598	0.92	8.42	5.7	7
E33	人民长江	3863	0.633	0.143	0.86	746	0.93	10.51	6.0	8
E33	人民珠江	667	0.489	0.111	0.84	244	0.70	3.44	4.2	4
E33	三峡大学学报(自然科学版)	613	0.399	0.124	0.97	358	0.51	5.04	6.3	5

学科代码	期刊名称	扩展总被引频次	扩展影响因子	扩展即年指标	扩展他引率	扩展引用刊数	扩展学科影响指标	扩展学科扩散指标	扩展被引半衰期	扩展H指标
E33	山东水利	416	0.134	0.065	0.97	157	0.41	2.21	5.3	3
E33	山西水利	377	0.122	0.056	0.99	155	0.45	2.18	6.1	3
E33	山西水利科技	376	0.205	0.087	0.99	170	0.54	2.39	7.2	5
E33	陕西水利	835	0.289	0.050	0.97	218	0.56	3.07	4.1	5
E33	水电与抽水蓄能	616	0.528	0.077	0.82	199	0.66	2.80	6.6	5
E33	水电与新能源	410	0.238	0.069	0.93	172	0.56	2.42	4.1	4
E33	水电站机电技术	476	0.218	0.063	0.89	132	0.41	1.86	5.5	3
E33	水电站设计	393	0.257	0.037	0.97	161	0.55	2.27	8.4	4
E33	水动力学研究与进展 A 辑	1059	0.694	0.053	0.94	362	0.49	5.10	9.1	5
E33	水科学进展	3789	1.995	0.346	0.92	595	0.79	8.38	8.1	13
E33	水科学与工程技术	636	0.234	0.054	0.97	274	0.63	3.86	6.5	5
E33	水力采煤与管道运输	169	0.169	0.028	0.98	79	0.04	1.11	6.3	3
E33	水力发电	1702	0.413	0.080	0.92	401	0.85	5.65	7.5	6
E33	水力发电学报	2601	1.065	0.125	0.89	485	0.87	6.83	6.0	7
E33	水利发展研究	1011	0.620	0.091	0.89	299	0.68	4.21	4.2	6
E33	水利规划与设计	2618	1.144	0.182	0.68	265	0.72	3.73	3.3	10
E33	水利技术监督	1637	1.420	0.199	0.81	178	0.52	2.51	3.8	10
E33	水利建设与管理	1040	0.471	0.116	0.90	184	0.68	2.59	5.1	7
E33	水利经济	724	0.908	0.174	0.93	295	0.68	4.15	6.2	6
E33	水利科技	232	0.236	0.068	0.98	123	0.42	1.73	6.2	3
E33	水利科技与经济	1505	0.322	0.042	0.97	361	0.80	5.08	5.5	7
E33	水利水电工程设计	226	0.242	0.026	0.99	103	0.54	1.45	7.1	4
E33	水利水电技术	2340	0.722	0.092	0.94	490	0.85	6.90	6.4	7
E33	水利水电科技进展	1427	1.115	0.183	0.94	406	0.82	5.72	7.0	8
E33	水利水电快报	249	0.120	0.032	0.96	147	0.56	2.07	9.6	3
E33	水利水运工程学报	781	0.562	0.074	0.94	269	0.70	3.79	7.3	5
E33	水利信息化	489	0.648	0.067	0.81	173	0.61	2.44	4.5	7
E33	水利学报	6552	2.154	0.277	0.94	881	0.92	12.41	9.7	13
E33	水利与建筑工程学报	1560	0.820	0.152	0.66	399	0.68	5.62	4.5	7
E33	水资源保护	1541	1.372	0.376	0.91	451	0.70	6.35	6.1	8
E33	水资源与水工程学报	1686	0.728	0.070	0.91	543	0.83	7.65	5.6	8
E33	四川水力发电	671	0.230	0.080	1.00	224	0.62	3.15	6.3	4
E33	四川水利	293	0.144	0.141	0.98	133	0.42	1.87	4.9	4

学科代码	期刊名称	扩展总被引频次	扩展影响因子	扩展即年指标	扩展他引率	扩展引用刊数	扩展学科影响指标	扩展学科扩散指标	扩展被引半衰期	扩展H指标
E33	西北水电	542	0.403	0.071	0.77	176	0.45	2.48	5.5	5
E33	小水电	251	0.186	0.042	0.96	101	0.48	1.42	6.2	3
E33	云南水力发电	496	0.209	0.060	0.90	186	0.55	2.62	5.5	4
E33	长江科学院院报	2378	0.832	0.208	0.81	567	0.82	7.99	5.3	7
E33	浙江水利科技	498	0.291	0.106	0.92	173	0.69	2.44	6.5	4
E33	治淮	541	0.171	0.075	1.00	200	0.52	2.82	4.8	5
E33	中国防汛抗旱	488	0.509	0.147	0.80	149	0.56	2.10	3.6	5
E33	中国水利	3122	0.652	0.238	0.90	581	0.82	8.18	5.4	10
E33	中国水利水电科学研究院学报	509	0.614	0.097	0.95	232	0.66	3.27	7.0	5
E33	中国水土保持	1835	0.587	0.153	0.91	457	0.65	6.44	6.7	7
E34	Journal of Modern Transportation	75	0.206	0.034	0.91	49	0.06	0.63	4.6	2
E34	Journal of traffic and transportation engineering	18	–	0.020	1.00	12	0.06	0.15	2.2	1
E34	北方交通	1390	0.420	0.120	0.98	272	0.41	3.49	4.7	6
E34	北京汽车	243	0.285	0.041	0.98	138	0.27	1.77	6.7	4
E34	车辆与动力技术	227	0.202	0.000	0.99	139	0.14	1.78	7.6	3
E34	城市道桥与防洪	2679	0.511	0.101	0.97	423	0.47	5.42	4.3	13
E34	重庆交通大学学报(自然科学版)	2205	0.798	0.125	0.89	617	0.56	7.91	6.9	7
E34	大功率变流技术	291	0.459	0.088	0.73	126	0.03	1.62	4.8	4
E34	大连交通大学学报	616	0.408	0.082	0.92	343	0.27	4.40	5.3	5
E34	公路交通技术	1199	0.627	0.072	0.97	294	0.46	3.77	6.0	5
E34	公路交通科技	5255	1.317	0.218	0.91	766	0.64	9.82	7.7	9
E34	公路交通科技·应用技术版	2812	0.352	0.048	0.97	418	0.51	5.36	4.3	9
E34	公路与汽运	1475	0.539	0.180	0.86	363	0.58	4.65	4.5	7
E34	广东公路交通	326	0.319	0.071	0.95	124	0.23	1.59	6.4	4
E34	广东交通职业技术学院学报	413	0.510	0.103	1.00	224	0.21	2.87	4.9	5
E34	国防交通工程与技术	445	0.441	0.097	0.96	161	0.21	2.06	4.8	3
E34	黑龙江交通科技	6857	0.774	0.144	0.97	356	0.50	4.56	3.6	13
E34	湖南交通科技	735	0.354	0.133	0.96	191	0.29	2.45	5.9	5
E34	华东交通大学学报	934	0.805	0.134	0.91	524	0.31	6.72	5.7	6
E34	集装箱化	157	0.121	0.045	0.97	94	0.08	1.21	6.2	2
E34	减速顶与调速技术	21	0.125	0.000	1.00	11	–	0.14	4.4	2
E34	建筑与文化	1040	0.225	0.055	0.92	303	0.04	3.88	3.5	5

学科代码	期刊名称	扩展总被引频次	扩展影响因子	扩展即年指标	扩展他引率	扩展引用刊数	扩展学科影响指标	扩展学科扩散指标	扩展被引半衰期	扩展H指标
E34	交通节能与环保	335	0.576	0.097	0.93	158	0.21	2.03	3.1	5
E34	交通科技	1376	0.549	0.110	0.92	325	0.44	4.17	5.0	7
E34	交通科技与经济	937	0.725	0.245	0.81	303	0.46	3.88	5.4	5
E34	交通科学与工程	395	0.469	0.000	0.97	202	0.41	2.59	7.5	4
E34	交通信息与安全	951	0.622	0.062	0.90	377	0.45	4.83	6.2	5
E34	交通与运输	387	0.579	0.025	0.96	218	0.35	2.79	5.0	4
E34	交通运输工程学报	1843	1.130	0.198	0.95	544	0.58	6.97	7.9	9
E34	交通运输工程与信息学报	461	0.520	0.083	0.95	223	0.41	2.86	7.3	4
E34	交通运输系统工程与信息	1757	1.026	0.114	0.91	490	0.46	6.28	5.5	7
E34	交通运输研究	3110	1.065	0.117	1.00	464	0.60	5.95	4.8	11
E34	军事交通学院学报	413	0.331	0.088	0.68	166	0.13	2.13	3.2	4
E34	客车技术与研究	481	0.486	0.018	0.80	148	0.24	1.90	6.6	4
E34	兰州交通大学学报	990	0.441	0.073	0.88	509	0.26	6.53	6.1	5
E34	辽宁省交通高等专科学校学报	437	0.530	0.085	0.99	224	0.17	2.87	4.4	6
E34	路基工程	1339	0.451	0.072	0.94	347	0.35	4.45	6.6	5
E34	内蒙古公路与运输	523	0.430	0.083	0.89	123	0.24	1.58	5.6	6
E34	汽车工程师	509	0.367	0.066	0.95	191	0.24	2.45	5.2	4
E34	汽车工业研究	367	0.361	0.159	0.96	188	0.21	2.41	4.2	4
E34	汽车工艺师	235	0.171	0.049	1.00	126	0.14	1.62	6.2	3
E34	汽车工艺与材料	774	0.337	0.067	0.95	270	0.14	3.46	7.1	5
E34	汽车零部件	381	0.242	0.057	0.94	187	0.22	2.40	4.0	4
E34	汽车实用技术	667	0.220	0.057	0.84	254	0.29	3.26	2.4	3
E34	汽车维修	224	0.215	0.104	0.98	95	0.14	1.22	3.7	3
E34	汽车与驾驶维修(维修版)	23	–	0.043	0.65	12	0.03	0.15	0.0	2
E34	人民公交	86	0.065	0.017	1.00	51	0.05	0.65	3.3	2
E34	山东交通科技	388	0.222	0.022	0.96	163	0.32	2.09	4.3	4
E34	山东交通学院学报	225	0.240	0.000	0.96	155	0.26	1.99	7.2	3
E34	山西交通科技	649	0.374	0.082	0.90	148	0.28	1.90	5.8	4
E34	上海公路	248	0.296	0.061	0.96	100	0.29	1.28	6.7	4
E34	上海汽车	634	0.267	0.080	0.95	256	0.23	3.28	7.0	6
E34	时代汽车	230	0.268	0.122	0.93	89	0.09	1.14	1.4	3
E34	世界桥梁	1096	1.075	0.195	0.86	212	0.36	2.72	5.2	6
E34	武汉交通职业学院学报	244	0.575	0.184	0.95	158	0.08	2.03	3.8	4

学科代码	期刊名称	扩展总被引频次	扩展影响因子	扩展即年指标	扩展他引率	扩展引用刊数	扩展学科影响指标	扩展学科扩散指标	扩展被引半衰期	扩展H指标
E34	武汉理工大学学报(交通科学与工程版)	1656	0.679	0.094	0.96	615	0.54	7.88	6.0	6
E34	西部交通科技	676	0.346	0.074	0.96	205	0.32	2.63	3.9	5
E34	现代城市轨道交通	716	0.463	0.149	0.93	193	0.19	2.47	5.6	5
E34	现代交通技术	535	0.354	0.083	0.98	213	0.36	2.73	6.1	4
E34	浙江交通职业技术学院学报	265	0.457	0.029	1.00	167	0.17	2.14	5.6	4
E34	中国船检	233	0.306	0.071	1.00	125	0.04	1.60	4.4	3
E34	中国海事	233	0.146	0.035	0.93	112	0.06	1.44	4.6	3
E34	中国交通信息化	672	0.467	0.133	0.91	160	0.27	2.05	3.5	5
E34	重型汽车	100	0.120	0.031	1.00	59	0.12	0.76	7.5	3
E34	综合运输	892	0.654	0.153	0.92	343	0.36	4.40	4.4	6
E35	Tunnel Construction	2402	1.366	0.417	0.80	379	0.44	15.16	4.8	9
E35	城市交通	1180	1.388	0.350	0.94	335	0.36	13.40	6.4	9
E35	公路	5173	0.645	0.151	0.92	588	0.44	23.52	7.1	8
E35	公路工程	2507	0.772	0.149	0.82	418	0.48	16.72	4.9	7
E35	交通世界(上旬刊)	3679	1.176	0.378	0.94	228	0.32	9.12	2.6	10
E35	交通世界(下旬刊)	2013	0.725	0.213	0.95	197	0.28	7.88	2.5	8
E35	交通世界(中旬刊)	1589	0.818	0.215	0.95	132	0.20	5.28	2.1	10
E35	摩托车技术	58	0.042	0.000	0.88	28	0.16	1.12	≥10	2
E35	汽车安全与节能学报	383	0.775	0.145	0.92	172	0.24	6.88	4.0	6
E35	汽车工程	3182	0.941	0.086	0.92	567	0.40	22.68	6.9	8
E35	汽车工程学报	268	0.576	0.032	0.95	148	0.24	5.92	4.3	5
E35	汽车技术	1287	0.480	0.129	0.95	344	0.40	13.76	8.3	5
E35	汽车科技	352	0.319	0.040	0.99	186	0.24	7.44	7.0	4
E35	现代隧道技术	2599	1.364	0.200	0.83	355	0.44	14.20	5.4	9
E35	长安大学学报(自然科学版)	2128	0.940	0.177	0.96	521	0.60	20.84	8.6	8
E35	中国公路	376	0.180	0.102	1.00	145	0.44	5.80	3.2	4
E35	中国公路学报	3780	1.668	0.269	0.93	635	0.64	25.40	7.1	11
E35	中外公路	3341	0.754	0.132	0.87	462	0.44	18.48	5.8	8
E35	筑路机械与施工机械化	1497	0.810	0.112	0.72	241	0.40	9.64	5.8	6
E35	专用汽车	238	0.271	0.028	0.95	124	0.16	4.96	6.7	2
E36	城市轨道交通研究	2775	0.926	0.147	0.91	473	0.80	11.82	5.0	8
E36	电力机车与城轨车辆	655	0.376	0.089	0.88	190	0.72	4.75	6.8	4
E36	电气化铁道	368	0.255	0.009	0.87	129	0.60	3.22	7.8	4

学科代码	期刊名称	扩展总被引频次	扩展影响因子	扩展即年指标	扩展他引率	扩展引用刊数	扩展学科影响指标	扩展学科扩散指标	扩展被引半衰期	扩展H指标
E36	都市快轨交通	1613	1.168	0.374	0.92	367	0.72	9.18	5.1	7
E36	高速铁路技术	397	0.461	0.139	0.85	130	0.40	3.25	4.1	5
E36	轨道交通装备与技术	152	0.155	0.032	0.97	85	0.32	2.12	5.1	3
E36	国外机车车辆工艺	73	0.091	0.045	1.00	49	0.10	1.23	≥10	2
E36	国外铁道车辆	157	0.176	0.078	1.00	84	0.50	2.10	≥10	3
E36	国外铁道机车与动车	48	0.054	0.015	1.00	34	0.20	0.85	≥10	2
E36	湖北汽车工业学院学报	221	0.276	0.029	0.96	153	0.02	3.82	7.6	3
E36	机车车辆工艺	223	0.084	0.042	0.97	98	0.38	2.45	9.2	3
E36	机车电传动	896	0.509	0.046	0.84	240	0.68	6.00	6.2	5
E36	客车技术	43	0.077	0.000	0.77	21	0.02	0.52	5.3	2
E36	上海铁道科技	392	0.224	0.060	0.98	156	0.55	3.90	5.3	3
E36	石家庄铁道大学学报(自然科学版)	658	0.572	0.089	0.88	262	0.40	6.55	6.2	5
E36	石家庄铁路职业技术学院学报	332	0.520	0.049	0.99	163	0.12	4.08	4.4	5
E36	铁道标准设计	3226	0.915	0.162	0.77	437	0.70	10.92	5.3	8
E36	铁道车辆	665	0.200	0.019	0.95	204	0.62	5.10	8.9	4
E36	铁道工程学报	3114	1.034	0.151	0.94	540	0.72	13.50	6.3	9
E36	铁道货运	675	1.166	0.361	0.67	113	0.45	2.82	2.4	7
E36	铁道机车车辆	717	0.301	0.024	0.89	230	0.70	5.75	6.3	4
E36	铁道机车与动车	285	0.119	0.028	0.93	138	0.52	3.45	7.2	4
E36	铁道技术监督	411	0.263	0.044	0.97	165	0.62	4.12	5.8	3
E36	铁道建筑	3061	0.777	0.186	0.79	436	0.68	10.90	5.3	7
E36	铁道建筑技术	2263	1.136	0.136	0.66	313	0.50	7.82	4.2	7
E36	铁道勘察	803	0.365	0.080	0.77	216	0.40	5.40	6.5	5
E36	铁道科学与工程学报	1508	0.907	0.050	0.81	422	0.57	10.55	4.4	6
E36	铁道通信信号	853	0.287	0.056	0.78	167	0.65	4.18	5.4	5
E36	铁道学报	3077	1.182	0.112	0.87	607	0.82	15.18	6.6	10
E36	铁道运输与经济	1874	1.492	0.735	0.82	357	0.75	8.93	3.6	8
E36	铁道运营技术	187	0.291	0.045	0.99	95	0.42	2.38	5.1	3
E36	铁路采购与物流	390	0.277	0.107	0.95	141	0.20	3.52	4.0	3
E36	铁路工程技术与经济	386	0.456	0.110	0.93	118	0.20	2.95	6.0	4
E36	铁路计算机应用	661	0.486	0.108	0.78	211	0.65	5.28	4.5	5
E36	铁路技术创新	447	0.800	0.150	0.85	136	0.55	3.40	3.3	6
E36	铁路节能环保与安全卫生	290	0.386	0.065	0.89	145	0.20	3.62	6.9	3

学科代码	期刊名称	扩展总被引频次	扩展影响因子	扩展即年指标	扩展他引率	扩展引用刊数	扩展学科影响指标	扩展学科扩散指标	扩展被引半衰期	扩展H指标
E36	铁路通信信号工程技术	480	0.520	0.180	0.72	101	0.42	2.52	3.6	3
E36	郑州铁路职业技术学院学报	401	0.386	0.150	0.90	194	0.12	4.85	4.3	4
E36	中国铁道科学	2677	1.279	0.172	0.91	567	0.78	14.18	7.8	8
E36	中国铁路	1541	0.764	0.237	0.83	328	0.85	8.20	4.4	7
E37	Journal of Marine Science and Application	205	0.314	0.327	0.83	101	0.38	2.10	5.7	3
E37	船舶	422	0.278	0.078	0.85	140	0.56	2.92	7.5	3
E37	船舶工程	1084	0.581	0.074	0.90	321	0.73	6.69	5.4	5
E37	船舶力学	1112	0.489	0.056	0.86	266	0.62	5.54	7.0	6
E37	船舶设计通讯	103	0.246	0.000	0.91	52	0.50	1.08	6.4	3
E37	船舶与海洋工程	342	0.462	0.080	0.83	121	0.54	2.52	5.4	4
E37	船舶职业教育	139	0.404	0.108	1.00	89	0.02	1.85	2.2	3
E37	船电技术	497	0.209	0.042	0.91	242	0.46	5.04	5.7	4
E37	船海工程	1063	0.480	0.037	0.80	330	0.69	6.88	5.8	4
E37	大连海事大学学报	668	0.663	0.077	0.97	371	0.62	7.73	7.1	4
E37	港工技术	461	0.248	0.036	0.95	196	0.31	4.08	7.2	4
E37	港口科技	232	0.239	0.033	0.99	125	0.42	2.60	4.8	3
E37	港口装卸	242	0.164	0.063	0.86	102	0.27	2.12	6.2	3
E37	广船科技	68	0.101	0.000	1.00	48	0.19	1.00	7.5	2
E37	广东造船	167	0.096	0.021	0.97	98	0.54	2.04	6.0	3
E37	广州航海学院学报	99	0.192	0.049	0.99	81	0.21	1.69	4.2	2
E37	航海	92	0.184	0.024	0.97	66	0.29	1.38	3.6	2
E37	航海技术	468	0.161	0.031	0.94	160	0.71	3.33	7.9	4
E37	黄河水利职业技术学院学报	307	0.283	0.109	0.97	182	0.04	3.79	5.7	4
E37	机电兵船档案	356	0.431	0.123	0.93	93	0.04	1.94	3.8	3
E37	舰船电子工程	1337	0.242	0.035	0.88	398	0.29	8.29	5.8	5
E37	舰船科学技术	1670	0.466	0.114	0.86	474	0.62	9.88	5.3	6
E37	江苏船舶	210	0.156	0.025	0.88	104	0.50	2.17	7.8	3
E37	南通航运职业技术学院学报	301	0.299	0.037	0.97	192	0.35	4.00	5.0	3
E37	桥梁建设	2305	2.263	0.389	0.86	267	0.21	5.56	5.5	8
E37	青岛远洋船员职业学院学报	175	0.258	0.024	0.95	117	0.25	2.44	4.7	3
E37	上海船舶运输科学研究所学报	160	0.207	0.015	0.93	105	0.38	2.19	5.3	3
E37	上海海事大学学报	455	0.597	0.029	0.94	260	0.67	5.42	6.8	4
E37	世界海运	323	0.209	0.078	0.96	165	0.54	3.44	5.5	3

学科代码	期刊名称	扩展总被引频次	扩展影响因子	扩展即年指标	扩展他引率	扩展引用刊数	扩展学科影响指标	扩展学科扩散指标	扩展被引半衰期	扩展H指标
E37	水道港口	596	0.416	0.080	0.84	186	0.31	3.88	7.2	5
E37	水运工程	1992	0.390	0.078	0.82	422	0.67	8.79	6.2	6
E37	水运管理	307	0.226	0.056	0.93	143	0.52	2.98	5.3	4
E37	天津航海	160	0.147	0.010	0.96	98	0.44	2.04	6.8	3
E37	武汉船舶职业技术学院学报	394	0.271	0.045	0.99	214	0.35	4.46	4.6	4
E37	造船技术	333	0.256	0.062	0.94	139	0.52	2.90	7.8	3
E37	中国港口	286	0.225	0.089	1.00	148	0.35	3.08	4.4	3
E37	中国港湾建设	869	0.395	0.058	0.84	244	0.44	5.08	6.2	4
E37	中国航海	692	0.598	0.037	0.87	240	0.69	5.00	5.8	5
E37	中国舰船研究	618	0.693	0.108	0.85	221	0.52	4.60	5.0	5
E37	中国水运(上半月)	652	0.369	0.124	0.98	263	0.48	5.48	3.5	4
E37	中国水运(下半月)	3666	0.256	0.054	0.95	638	0.73	13.29	4.6	11
E37	中国修船	234	0.211	0.059	0.95	121	0.48	2.52	7.4	3
E37	中国造船	1204	0.761	0.053	0.94	315	0.71	6.56	7.3	6
E37	珠江水运	1164	0.519	0.172	0.98	206	0.44	4.29	2.6	8
E38	Aerospace China	3	0.069	0.000	0.67	3	0.02	0.05	0.0	1
E38	Chinese Journal of Aeronautics	1177	0.879	0.103	0.80	310	0.61	4.84	4.5	7
E38	Transactions of Nanjing University of Aeronautics and Astronautics	185	0.307	0.012	0.79	102	0.22	1.59	4.9	3
E38	北华航天工业学院学报	307	0.367	0.075	0.98	209	0.11	3.27	5.0	4
E38	北京航空航天大学学报	2769	0.717	0.131	0.92	762	0.77	11.91	6.9	7
E38	测控技术	2023	0.505	0.071	0.89	611	0.66	9.55	5.0	7
E38	成都航空职业技术学院学报	354	0.509	0.170	0.98	201	0.02	3.14	4.5	4
E38	导弹与航天运载技术	590	0.347	0.021	0.88	204	0.55	3.19	7.9	5
E38	导航与控制	117	0.188	0.090	0.63	47	0.09	0.73	3.4	3
E38	电光与控制	1190	0.429	0.067	0.89	363	0.50	5.67	5.7	6
E38	飞行力学	771	0.355	0.023	0.87	199	0.62	3.11	8.0	5
E38	飞机设计	391	0.168	0.029	0.96	178	0.52	2.78	8.5	4
E38	固体火箭技术	1140	0.361	0.030	0.77	230	0.48	3.59	7.8	5
E38	桂林航天工业学院学报	263	0.191	0.010	0.99	171	0.05	2.67	6.6	4
E38	国际太空	234	0.348	0.031	1.00	117	0.33	1.83	4.0	4
E38	海军航空工程学院学报	404	0.364	0.046	0.90	197	0.41	3.08	6.0	3
E38	航空材料学报	1147	1.213	0.073	0.93	318	0.39	4.97	6.9	8

学科代码	期刊名称	扩展总被引频次	扩展影响因子	扩展即年指标	扩展他引率	扩展引用刊数	扩展学科影响指标	扩展学科扩散指标	扩展被引半衰期	扩展H指标
E38	航空电子技术	190	0.298	0.024	0.97	122	0.25	1.91	7.1	3
E38	航空动力学报	3255	0.596	0.032	0.76	470	0.66	7.34	6.8	7
E38	航空发动机	639	0.368	0.028	0.83	195	0.36	3.05	7.2	5
E38	航空工程进展	255	0.304	0.014	0.94	129	0.38	2.02	5.2	4
E38	航空计算技术	744	0.318	0.031	0.90	317	0.53	4.95	6.3	4
E38	航空精密制造技术	388	0.233	0.056	0.97	198	0.22	3.09	7.9	4
E38	航空科学技术	494	0.264	0.022	0.96	228	0.59	3.56	5.4	4
E38	航空维修与工程	511	0.212	0.050	0.92	202	0.41	3.16	6.5	4
E38	航空学报	4511	1.130	0.173	0.87	700	0.86	10.94	6.3	10
E38	航空制造技术	2825	0.641	0.101	0.85	539	0.62	8.42	5.9	8
E38	航天电子对抗	365	0.357	0.033	0.87	120	0.22	1.88	5.5	4
E38	航天返回与遥感	561	0.822	0.112	0.74	194	0.41	3.03	5.8	5
E38	航天工业管理	184	0.131	0.029	1.00	103	0.09	1.61	5.3	2
E38	航天控制	500	0.439	0.030	0.87	178	0.42	2.78	6.6	4
E38	航天器工程	758	0.500	0.080	0.84	247	0.56	3.86	6.0	6
E38	航天器环境工程	688	0.386	0.053	0.81	220	0.45	3.44	6.2	6
E38	航天制造技术	445	0.274	0.048	0.92	208	0.31	3.25	7.2	5
E38	火箭推进	412	0.505	0.024	0.75	125	0.44	1.95	5.9	4
E38	计测技术	528	0.424	0.091	0.86	240	0.28	3.75	7.0	5
E38	教练机	83	0.104	0.043	0.99	61	0.17	0.95	7.5	2
E38	空间电子技术	355	0.362	0.034	0.75	137	0.23	2.14	5.1	4
E38	空间控制技术与应用	237	0.404	0.014	0.82	105	0.33	1.64	5.5	3
E38	空气动力学学报	1094	0.492	0.050	0.84	278	0.48	4.34	7.3	6
E38	民用飞机设计与研究	310	0.206	0.032	0.89	111	0.39	1.73	6.3	4
E38	南京航空航天大学学报	1403	0.733	0.124	0.94	537	0.66	8.39	7.5	8
E38	强度与环境	374	0.348	0.055	0.86	170	0.44	2.66	7.0	5
E38	上海航天	424	0.502	0.050	0.85	181	0.48	2.83	5.9	4
E38	沈阳航空航天大学学报	472	0.328	0.153	0.95	297	0.30	4.64	6.8	4
E38	实验流体力学	702	0.551	0.047	0.88	223	0.39	3.48	7.0	5
E38	推进技术	2185	0.755	0.093	0.58	247	0.59	3.86	5.9	6
E38	卫星应用	267	0.524	0.076	0.94	132	0.09	2.06	2.8	4
E38	西安航空学院学报	371	0.342	0.049	0.97	236	0.16	3.69	5.4	4
E38	现代导航	140	0.188	0.020	0.89	86	0.22	1.34	4.1	4

学科代码	期刊名称	扩展总被引频次	扩展影响因子	扩展即年指标	扩展他引率	扩展引用刊数	扩展学科影响指标	扩展学科扩散指标	扩展被引半衰期	扩展H指标
E38	宇航材料工艺	917	0.473	0.088	0.93	305	0.48	4.77	7.6	6
E38	宇航计测技术	374	0.244	0.020	0.93	206	0.31	3.22	7.9	4
E38	宇航学报	2865	1.024	0.143	0.81	468	0.70	7.31	7.4	8
E38	载人航天	333	0.443	0.045	0.80	130	0.36	2.03	4.1	5
E38	长沙航空职业技术学院学报	233	0.335	0.108	0.99	144	0.05	2.25	3.9	4
E38	振动、测试与诊断	1421	0.797	0.044	0.81	429	0.34	6.70	5.1	7
E38	郑州航空工业管理学院学报	390	0.313	0.136	0.98	254	0.02	3.97	5.2	4
E38	直升机技术	149	0.123	0.035	0.86	79	0.31	1.23	7.8	2
E38	中国航天	312	0.394	0.040	1.00	169	0.42	2.64	6.4	4
E38	中国空间科学技术	512	0.669	0.214	0.77	184	0.45	2.88	6.8	4
E38	中国民航大学学报	447	0.345	0.038	0.97	246	0.36	3.84	7.3	4
E38	中国民航飞行学院学报	388	0.308	0.081	0.97	207	0.30	3.23	6.4	4
E39	Chinese Journal of Population Resources and Environment	127	0.841	0.372	1.00	43	0.08	0.67	2.6	3
E39	Frontiers of Environmental Science & Engineering	360	0.549	0.071	0.65	138	0.33	2.16	3.9	3
E39	Journal of Environmental Sciences	2789	0.948	0.256	0.84	664	0.67	10.38	5.8	9
E39	电镀与环保	511	0.322	0.030	0.89	141	0.20	2.20	7.9	4
E39	电力科技与环保	1168	1.174	0.157	0.77	292	0.41	4.56	5.5	8
E39	干旱环境监测	354	0.494	0.100	0.96	220	0.44	3.44	9.4	4
E39	干旱区资源与环境	5846	1.544	0.462	0.92	1113	0.67	17.39	5.4	11
E39	工业水处理	2827	0.698	0.165	0.92	580	0.66	9.06	6.9	8
E39	工业用水与废水	1123	0.677	0.072	0.81	336	0.50	5.25	6.8	6
E39	海洋环境科学	1740	0.801	0.122	0.91	466	0.53	7.28	7.6	7
E39	黑龙江环境通报	285	0.212	0.018	0.98	162	0.33	2.53	6.9	3
E39	化工环保	1298	1.119	0.147	0.84	367	0.52	5.73	6.6	7
E39	环保科技	281	0.310	0.163	0.97	185	0.39	2.89	5.2	3
E39	环境保护科学	1207	0.901	0.083	0.95	524	0.75	8.19	7.0	7
E39	环境保护与循环经济	948	0.266	0.010	0.97	438	0.50	6.84	6.4	7
E39	环境工程	3281	1.157	0.098	0.94	876	0.77	13.69	4.2	8
E39	环境工程技术学报	548	1.072	0.163	0.95	260	0.62	4.06	3.8	6
E39	环境工程学报	7529	0.942	0.148	0.89	1092	0.84	17.06	4.8	10
E39	环境化学	3780	1.383	0.167	0.90	803	0.72	12.55	5.0	12

学科代码	期刊名称	扩展总被引频次	扩展影响因子	扩展即年指标	扩展他引率	扩展引用刊数	扩展学科影响指标	扩展学科扩散指标	扩展被引半衰期	扩展H指标
E39	环境技术	495	0.434	0.040	0.97	278	0.31	4.34	6.7	4
E39	环境监测管理与技术	1384	1.182	0.176	0.85	407	0.67	6.36	6.3	8
E39	环境监控与预警	524	0.885	0.156	0.74	193	0.45	3.02	4.1	5
E39	环境经济研究	31	–	0.179	0.52	14	0.03	0.22	1.4	2
E39	环境科技	2312	1.663	0.311	0.93	623	0.72	9.73	7.0	8
E39	环境科学	14139	2.320	0.446	0.86	1402	0.88	21.91	5.5	19
E39	环境科学导刊	1038	0.578	0.109	0.97	464	0.66	7.25	7.0	6
E39	环境科学学报	9492	1.860	0.306	0.91	1314	0.84	20.53	5.9	19
E39	环境科学研究	4774	1.637	0.243	0.92	996	0.81	15.56	7.0	15
E39	环境科学与管理	3589	0.644	0.089	0.96	1042	0.84	16.28	5.5	10
E39	环境科学与技术	6454	1.087	0.098	0.95	1311	0.86	20.48	6.3	12
E39	环境卫生工程	664	0.359	0.091	0.86	253	0.44	3.95	6.8	5
E39	环境卫生学杂志	912	0.847	0.181	0.93	383	0.27	5.98	6.3	6
E39	环境污染与防治	2819	0.971	0.125	0.94	821	0.86	12.83	6.6	8
E39	环境影响评价	617	0.787	0.131	0.91	271	0.53	4.23	3.9	5
E39	环境与可持续发展	1689	1.046	0.228	0.80	602	0.81	9.41	3.1	9
E39	能源环境保护	658	0.383	0.222	0.98	323	0.50	5.05	7.3	5
E39	农业资源与环境学报	1113	1.350	0.325	0.96	412	0.52	6.44	4.7	8
E39	青海环境	112	0.202	0.047	0.96	89	0.14	1.39	7.7	2
E39	上海环境科学	695	0.316	0.056	0.99	367	0.62	5.73	≥10	4
E39	世界环境	283	0.320	0.028	1.00	197	0.31	3.08	5.6	5
E39	水处理技术	2866	0.758	0.141	0.91	591	0.67	9.23	6.1	8
E39	四川环境	1145	0.537	0.101	0.97	496	0.69	7.75	6.9	5
E39	西部人居环境学刊	554	1.038	0.165	0.87	168	0.05	2.62	2.9	5
E39	消防科学与技术	3464	0.931	0.147	0.57	417	0.05	6.52	5.0	8
E39	新疆环境保护	201	0.284	0.059	0.98	142	0.33	2.22	9.4	3
E39	亚热带资源与环境学报	372	0.515	0.043	0.93	215	0.23	3.36	7.3	5
E39	应用与环境生物学报	2417	0.986	0.073	0.92	637	0.47	9.95	7.9	8
E39	再生资源与循环经济	475	0.368	0.098	0.95	275	0.31	4.30	5.3	5
E39	长江流域资源与环境	4505	1.673	0.190	0.94	987	0.64	15.42	5.8	12
E39	植物资源与环境学报	1089	0.871	0.085	0.93	354	0.14	5.53	9.3	6
E39	中国环保产业	1033	0.622	0.082	0.97	405	0.58	6.33	4.4	8
E39	中国环境监测	2913	2.023	0.257	0.87	654	0.75	10.22	5.6	12

学科代码	期刊名称	扩展总被引频次	扩展影响因子	扩展即年指标	扩展他引率	扩展引用刊数	扩展学科影响指标	扩展学科扩散指标	扩展被引半衰期	扩展H指标
E39	中国环境科学	8575	2.243	0.276	0.81	1199	0.84	18.73	5.0	16
E39	中国人口·资源与环境	10235	4.461	0.473	0.97	1562	0.77	24.41	4.8	20
E39	中国特种设备安全	703	0.512	0.117	0.85	177	0.06	2.77	4.0	5
E39	中国资源综合利用	965	0.442	0.105	0.98	457	0.59	7.14	6.6	6
E39	资源节约与环保	3152	0.476	0.131	0.98	553	0.58	8.64	2.5	9
E39	资源科学	8796	3.014	0.298	0.96	1398	0.70	21.84	5.9	21
E39	资源信息与工程	921	0.666	0.301	0.93	148	0.08	2.31	1.5	8
E39	自然资源学报	7223	2.697	0.371	0.95	1079	0.66	16.86	7.2	18
E40	International Journal of Disaster Risk Science	45	0.390	0.000	0.44	17	0.09	0.77	2.6	3
E40	安全	550	0.298	0.152	0.97	230	0.41	10.45	4.8	3
E40	安全、健康和环境	692	0.418	0.073	0.89	246	0.41	11.18	6.0	4
E40	安全与环境工程	1583	1.052	0.217	0.81	571	0.55	25.95	5.1	6
E40	安全与环境学报	3291	0.955	0.189	0.83	945	0.55	42.95	4.7	10
E40	城市与减灾	141	0.241	0.113	1.00	99	0.27	4.50	5.6	2
E40	电力安全技术	959	0.323	0.080	0.86	229	0.14	10.41	5.8	6
E40	防灾减灾工程学报	1117	0.558	0.096	0.97	406	0.50	18.45	7.5	7
E40	防灾科技学院学报	356	0.495	0.078	0.87	185	0.27	8.41	6.8	4
E40	工业安全与环保	1959	0.535	0.084	0.95	689	0.45	31.32	6.3	7
E40	火灾科学	357	0.200	0.000	0.96	145	0.36	6.59	≥10	4
E40	劳动保障世界	1436	0.275	0.104	0.98	444	0.05	20.18	2.7	6
E40	四川劳动保障	129	0.247	0.027	1.00	85	–	3.86	2.5	2
E40	现代职业安全	391	0.166	0.052	1.00	191	0.36	8.68	4.8	3
E40	震灾防御技术	521	0.784	0.081	0.74	129	0.23	5.86	4.9	6
E40	中国安防	432	0.263	0.066	1.00	195	0.05	8.86	4.2	4
E40	中国安全科学学报	6351	1.511	0.186	0.88	1171	0.64	53.23	6.6	13
E40	中国安全生产科学技术	4331	1.339	0.246	0.86	847	0.59	38.50	4.8	11
E40	中国减灾	231	0.118	0.038	1.00	164	0.32	7.45	6.6	4
E40	自然灾害学报	2978	0.970	0.076	0.91	790	0.55	35.91	8.6	12
F01	Frontiers of Engineering Management	20	0.065	0.113	0.60	9	0.05	0.16	2.6	1
F01	当代经济管理	1506	1.617	0.376	0.99	675	0.37	11.84	3.2	10
F01	工程管理学报	2176	1.916	0.363	0.94	480	0.32	8.42	4.3	13
F01	工程研究–跨学科视野中的工程	305	0.605	0.082	0.98	235	0.11	4.12	4.0	4
F01	工业工程与管理	1491	1.345	0.091	0.78	484	0.56	8.49	5.5	7

学科代码	期刊名称	扩展总被引频次	扩展影响因子	扩展即年指标	扩展他引率	扩展引用刊数	扩展学科影响指标	扩展学科扩散指标	扩展被引半衰期	扩展H指标
F01	公共管理学报	2001	4.664	0.686	0.97	747	0.44	13.11	4.8	14
F01	公共管理与政策评论	129	0.964	0.111	0.87	80	0.07	1.40	2.3	4
F01	管理案例研究与评论	285	0.977	0.089	0.89	154	0.33	2.70	4.0	5
F01	管理工程师	209	0.350	0.077	0.98	132	0.07	2.32	3.6	3
F01	管理工程学报	2209	1.647	0.179	0.97	684	0.60	12.00	6.0	11
F01	管理观察	4747	0.438	0.137	0.98	927	0.37	16.26	3.1	10
F01	管理科学	2326	3.699	0.431	0.93	651	0.53	11.42	5.6	13
F01	管理科学学报	3145	2.286	0.241	0.89	750	0.63	13.16	6.0	15
F01	管理评论	4524	2.601	0.371	0.82	921	0.61	16.16	4.3	12
F01	管理世界	17842	4.728	0.277	0.98	1498	0.68	26.28	6.7	34
F01	管理现代化	1021	0.778	0.198	0.97	514	0.42	9.02	3.6	6
F01	管理学报	3790	2.002	0.378	0.92	863	0.65	15.14	5.1	13
F01	管理学刊	770	1.402	0.765	0.98	376	0.39	6.60	6.5	6
F01	国有资产管理	60	0.037	0.005	1.00	41	0.04	0.72	8.8	2
F01	技术与创新管理	755	0.686	0.132	0.99	421	0.35	7.39	5.2	6
F01	交通企业管理	759	0.317	0.111	1.00	274	0.07	4.81	4.3	5
F01	科技成果管理与研究	135	0.110	0.030	0.87	91	0.14	1.60	3.7	3
F01	科技管理研究	7983	0.968	0.167	0.92	1680	0.74	29.47	4.7	11
F01	科技进步与对策	7874	1.489	0.267	0.93	1506	0.72	26.42	4.8	12
F01	科技与管理	769	0.632	0.086	0.91	405	0.35	7.11	6.2	4
F01	科学管理研究	1914	1.108	0.158	0.96	736	0.60	12.91	5.8	9
F01	科学学研究	6219	2.942	0.309	0.96	1216	0.74	21.33	5.5	17
F01	科学学与科学技术管理	5364	2.617	0.345	0.96	1113	0.72	19.53	6.1	12
F01	科学与管理	326	0.424	0.068	0.99	234	0.26	4.11	7.0	4
F01	科研管理	5688	3.072	0.380	0.93	1055	0.68	18.51	4.8	15
F01	科研信息化技术与应用	207	0.374	0.186	0.85	138	0.02	2.42	3.9	4
F01	南开管理评论	4840	3.885	0.179	0.97	770	0.61	13.51	6.0	20
F01	企业改革与管理	7978	0.567	0.290	0.96	654	0.21	11.47	1.9	11
F01	上海城市管理	417	0.564	0.143	0.97	257	0.18	4.51	4.0	5
F01	上海管理科学	451	0.293	0.047	0.99	289	0.47	5.07	5.8	5
F01	施工企业管理	384	0.152	0.042	1.00	144	0.12	2.53	3.8	4
F01	实验技术与管理	11039	1.693	0.328	0.87	1364	0.25	23.93	4.7	17
F01	实验室研究与探索	12308	1.584	0.181	0.84	1504	0.26	26.39	5.0	20

学科代码	期刊名称	扩展总被引频次	扩展影响因子	扩展即年指标	扩展他引率	扩展引用刊数	扩展学科影响指标	扩展学科扩散指标	扩展被引半衰期	扩展H指标
F01	现代管理科学	2282	0.683	0.312	0.96	815	0.58	14.30	4.6	8
F01	项目管理技术	1311	0.717	0.239	0.88	368	0.23	6.46	3.8	8
F01	研究与发展管理	1715	1.765	0.326	0.95	526	0.60	9.23	6.2	9
F01	云南科技管理	187	0.253	0.020	0.97	131	0.14	2.30	4.6	3
F01	中国电力企业管理	858	0.561	0.239	1.00	240	0.11	4.21	3.1	5
F01	中国管理科学	4966	2.583	0.297	0.84	964	0.60	16.91	4.7	14
F01	中国环境管理	529	1.459	0.270	0.80	254	0.09	4.46	2.5	6
F01	中国科技成果	340	0.072	0.016	0.96	259	0.05	4.54	4.0	3
F01	中国科技论坛	3431	1.443	0.272	0.93	995	0.63	17.46	5.1	11
F01	中国软科学	8001	3.945	0.359	0.97	1615	0.70	28.33	5.9	20
F01	中国卫生标准管理	15073	1.112	0.308	0.90	741	0.05	13.00	2.2	12
H01	北方论丛	504	0.169	0.036	0.98	342	0.27	2.43	≥10	4
H01	北京社会科学	1143	0.826	0.203	0.98	676	0.43	4.79	4.5	7
H01	才智	17429	0.357	0.127	0.98	1122	0.21	7.96	3.2	16
H01	重庆社会科学	1005	0.564	0.165	0.98	601	0.38	4.26	5.1	7
H01	船山学刊	292	0.164	0.027	0.98	190	0.23	1.35	9.2	3
H01	创新	361	0.466	0.190	0.98	259	0.21	1.84	4.8	4
H01	大科技	2936	0.091	0.029	0.95	386	0.08	2.74	2.4	6
H01	大庆社会科学	415	0.244	0.096	0.97	212	0.09	1.50	3.7	4
H01	当代韩国	124	0.247	0.020	0.91	81	0.05	0.57	9.1	3
H01	道德与文明	862	0.313	0.090	0.98	461	0.43	3.27	7.9	5
H01	德国研究	328	0.847	0.031	0.94	217	0.10	1.54	5.2	5
H01	东方论坛	268	0.165	0.025	0.99	213	0.16	1.51	9.0	3
H01	东疆学刊	253	0.367	0.143	0.96	174	0.12	1.23	7.2	4
H01	东南学术	1265	0.701	0.175	0.99	730	0.40	5.18	6.0	7
H01	东南亚南亚研究	256	0.424	0.033	0.96	129	0.12	0.91	5.7	4
H01	东岳论丛	1986	0.602	0.143	0.98	955	0.64	6.77	5.6	8
H01	发明与创新・小学生	4	0.010	0.000	1.00	3	–	0.02	2.0	1
H01	发明与创新・职业教育	78	0.147	0.017	0.99	59	0.04	0.42	2.4	2
H01	发明与创新・中学生	24	0.004	0.000	1.00	16	–	0.11	8.5	1
H01	福建论坛(人文社会科学版)	1871	0.643	0.113	0.99	935	0.55	6.63	5.4	8
H01	甘肃社会科学	2018	0.684	0.208	0.98	948	0.60	6.72	5.9	9
H01	关东学刊	18	–	0.010	0.78	12	0.02	0.09	1.4	2

学科代码	期刊名称	扩展总被引频次	扩展影响因子	扩展即年指标	扩展他引率	扩展引用刊数	扩展学科影响指标	扩展学科扩散指标	扩展被引半衰期	扩展H指标
H01	观察与思考	399	0.440	0.156	0.97	256	0.20	1.82	3.4	4
H01	广东社会科学	1372	0.877	0.127	0.99	723	0.52	5.13	5.6	9
H01	广西社会科学	2181	0.610	0.107	0.99	1006	0.56	7.13	4.7	7
H01	贵州社会科学	2548	1.822	0.231	0.98	980	0.56	6.95	3.4	11
H01	桂海论丛	333	0.320	0.132	0.98	226	0.20	1.60	4.3	4
H01	河北学刊	1865	0.746	0.194	0.99	914	0.63	6.48	6.3	8
H01	河南社会科学	1555	0.678	0.149	0.99	800	0.43	5.67	5.8	8
H01	黑河学刊	1229	0.276	0.084	1.00	469	0.11	3.33	4.4	7
H01	黑龙江社会科学	699	0.299	0.181	0.98	457	0.40	3.24	6.2	5
H01	宏观质量研究	188	1.081	0.244	0.90	129	0.06	0.91	2.6	4
H01	湖北社会科学	2377	0.767	0.142	0.98	1041	0.62	7.38	5.3	7
H01	湖南社会科学	1901	1.004	0.106	0.99	915	0.52	6.49	4.7	8
H01	湖湘论坛	729	0.727	0.317	0.99	446	0.35	3.16	3.9	5
H01	江海学刊	1950	0.836	0.135	0.99	933	0.63	6.62	7.0	9
H01	江汉论坛	1737	0.569	0.149	0.98	864	0.65	6.13	7.0	9
H01	江汉学术	438	0.505	0.133	0.99	316	0.15	2.24	5.9	4
H01	江淮论坛	1158	0.915	0.205	0.98	681	0.45	4.83	4.5	8
H01	江南论坛	272	0.144	0.060	1.00	197	0.08	1.40	4.2	3
H01	江苏社会科学	2316	0.927	0.184	0.99	1025	0.62	7.27	7.4	9
H01	江西社会科学	3387	0.643	0.089	0.99	1303	0.66	9.24	6.3	9
H01	晋阳学刊	499	0.357	0.074	0.99	346	0.35	2.45	9.5	4
H01	荆楚学刊	284	0.367	0.010	0.99	191	0.09	1.35	5.5	4
H01	开发研究	1111	0.738	0.193	0.97	577	0.28	4.09	4.5	7
H01	科学·经济·社会	350	0.135	0.027	1.00	273	0.14	1.94	7.0	5
H01	科学家	997	0.281	0.049	0.99	250	0.05	1.77	5.3	5
H01	科学决策	493	0.841	0.304	0.95	310	0.13	2.20	5.2	5
H01	科学与财富	2893	0.096	0.022	0.97	520	0.11	3.69	2.6	7
H01	科学与社会	309	0.397	0.068	0.97	230	0.14	1.63	5.0	5
H01	克拉玛依学刊	111	0.306	0.107	0.98	81	0.09	0.57	2.8	3
H01	兰州学刊	1644	0.491	0.111	0.99	894	0.55	6.34	6.2	6
H01	理论观察	1431	0.297	0.085	0.99	561	0.21	3.98	3.4	8
H01	理论界	1230	0.273	0.020	1.00	641	0.34	4.55	7.1	5
H01	理论学刊	1385	0.992	0.232	0.99	722	0.53	5.12	5.3	8

学科代码	期刊名称	扩展总被引频次	扩展影响因子	扩展即年指标	扩展他引率	扩展引用刊数	扩展学科影响指标	扩展学科扩散指标	扩展被引半衰期	扩展H指标
H01	理论与现代化	495	0.399	0.029	0.97	359	0.25	2.55	5.3	6
H01	理论月刊	2086	0.612	0.156	0.99	1017	0.56	7.21	5.0	9
H01	岭南学刊	332	0.363	0.181	0.95	229	0.21	1.62	4.7	3
H01	南都学坛	486	0.321	0.049	0.98	320	0.18	2.27	7.2	6
H01	南海学刊	68	0.459	0.086	0.82	36	0.01	0.26	1.8	3
H01	南京社会科学	3092	1.486	0.296	0.98	1254	0.68	8.89	5.5	12
H01	南腔北调(周一刊)	6	–	0.000	1.00	5	–	0.04	0.0	1
H01	南洋资料译丛	97	0.532	0.045	1.00	51	0.04	0.36	7.6	3
H01	内蒙古社会科学	1010	0.678	0.161	0.97	572	0.35	4.06	5.8	6
H01	宁夏社会科学	1012	0.476	0.169	0.98	593	0.38	4.21	6.5	6
H01	品牌研究	2423	0.520	0.157	0.99	540	0.13	3.83	2.8	9
H01	齐鲁学刊	835	0.277	0.021	0.98	496	0.43	3.52	≥10	5
H01	前沿	2134	0.369	0.052	0.99	893	0.43	6.33	5.7	5
H01	青海社会科学	948	0.655	0.094	0.97	557	0.33	3.95	5.6	6
H01	青藏高原论坛	45	0.101	0.024	0.91	31	0.04	0.22	3.4	2
H01	求是学刊	1024	0.891	0.198	0.99	601	0.44	4.26	7.0	6
H01	求索	2620	0.612	0.101	0.99	1165	0.62	8.26	6.4	8
H01	求知导刊	2863	0.392	0.015	0.99	449	0.12	3.18	2.2	10
H01	人文杂志	1302	0.680	0.103	0.97	693	0.51	4.91	6.6	7
H01	软科学	3822	1.319	0.267	0.94	1071	0.37	7.60	4.8	11
H01	山东社会科学	3132	1.332	0.189	0.98	1221	0.60	8.66	4.4	10
H01	山西高等学校社会科学学报	1053	0.375	0.145	0.99	471	0.18	3.34	5.7	6
H01	山西青年	699	–	0.027	0.98	244	0.12	1.73	1.4	3
H01	社会工作与管理	589	0.645	0.209	0.88	304	0.16	2.16	6.4	5
H01	社会科学	3081	1.241	0.263	0.98	1197	0.71	8.49	6.2	11
H01	社会科学辑刊	1194	0.584	0.140	1.00	728	0.52	5.16	7.0	6
H01	社会科学家	2086	0.662	0.052	0.99	977	0.48	6.93	5.6	8
H01	社会科学论坛	764	0.179	0.051	0.99	500	0.32	3.55	7.8	5
H01	社会科学研究	2079	1.048	0.333	0.99	993	0.61	7.04	7.0	10
H01	社会科学战线	3184	0.588	0.135	0.97	1265	0.74	8.97	7.3	10
H01	社科纵横	1332	0.236	0.129	1.00	645	0.35	4.57	6.2	5
H01	世界科技研究与发展	890	0.402	0.243	0.99	612	0.05	4.34	8.9	6
H01	丝路视野	125	–	0.010	0.98	75	0.04	0.53	1.2	2

学科代码	期刊名称	扩展总被引频次	扩展影响因子	扩展即年指标	扩展他引率	扩展引用刊数	扩展学科影响指标	扩展学科扩散指标	扩展被引半衰期	扩展H指标
H01	思想战线	1590	0.903	0.363	0.97	737	0.52	5.23	6.6	8
H01	探索与争鸣	2111	1.253	0.449	0.98	875	0.57	6.21	3.5	10
H01	唐都学刊	338	0.166	0.092	0.98	235	0.20	1.67	8.7	3
H01	天府新论	657	0.552	0.054	1.00	441	0.35	3.13	6.7	6
H01	天津社会科学	1351	0.857	0.177	0.99	718	0.62	5.09	8.0	8
H01	天中学刊	539	0.300	0.106	0.97	333	0.18	2.36	5.7	4
H01	未来英才	917	0.046	0.021	0.97	149	0.07	1.06	1.9	3
H01	未来与发展	746	0.387	0.144	0.98	470	0.17	3.33	4.4	5
H01	文存阅刊	22	–	0.003	0.95	14	0.01	0.10	0.0	1
H01	文史哲	1388	0.656	0.297	0.98	673	0.62	4.77	≥10	7
H01	西部学刊	229	0.218	0.041	0.98	156	0.08	1.11	1.8	4
H01	西域研究	479	0.490	0.136	0.88	184	0.15	1.30	≥10	4
H01	西藏研究	597	0.258	0.044	0.91	201	0.16	1.43	≥10	4
H01	现代交际	4067	0.320	0.143	0.98	665	0.15	4.72	2.3	9
H01	新疆社会科学(汉文版)	658	0.390	0.064	0.97	390	0.23	2.77	6.4	4
H01	新疆社科论坛	346	0.498	0.057	0.98	209	0.15	1.48	3.6	4
H01	新西部(上旬刊)	304	6.000	0.134	1.00	174	0.09	1.23	4.0	2
H01	新西部(下旬刊)	2929	0.343	0.099	1.00	688	0.18	4.88	4.2	7
H01	学会	261	0.282	0.058	0.80	145	0.09	1.03	5.7	3
H01	学术交流	2391	0.573	0.077	0.99	1067	0.54	7.57	5.3	8
H01	学术界	1760	0.462	0.109	0.99	909	0.57	6.45	5.6	9
H01	学术论坛	3034	1.046	0.199	0.99	1236	0.55	8.77	4.9	10
H01	学术探索	1371	0.590	0.096	0.99	749	0.44	5.31	5.0	7
H01	学术研究	2592	0.811	0.120	0.99	1185	0.67	8.40	7.1	11
H01	学术月刊	2953	1.002	0.194	0.98	1092	0.67	7.74	7.4	12
H01	学习与实践	1151	–	0.249	0.98	621	0.52	4.40	3.7	7
H01	学习与探索	2134	0.942	0.211	0.99	925	0.58	6.56	5.0	9
H01	阴山学刊(社会科学版)	234	0.143	0.051	0.98	166	0.16	1.18	8.6	3
H01	殷都学刊	260	0.137	0.011	0.95	161	0.10	1.14	≥10	3
H01	原生态民族文化学刊	383	0.616	0.087	0.67	128	0.07	0.91	4.5	4
H01	阅江学刊	257	0.444	0.111	0.92	185	0.14	1.31	3.8	5
H01	云梦学刊	410	0.192	0.102	0.98	273	0.16	1.94	8.5	4
H01	云南社会科学	1253	0.802	0.221	0.99	719	0.54	5.10	5.8	7

学科代码	期刊名称	扩展总被引频次	扩展影响因子	扩展即年指标	扩展他引率	扩展引用刊数	扩展学科影响指标	扩展学科扩散指标	扩展被引半衰期	扩展H指标
H01	长白学刊	693	0.683	0.333	0.99	438	0.38	3.11	5.2	6
H01	长江丛刊	526	–	0.010	0.98	218	0.06	1.55	1.5	3
H01	长江论坛	208	0.236	0.090	0.99	160	0.10	1.13	4.8	3
H01	浙江社会科学	2598	1.134	0.268	0.99	1089	0.59	7.72	6.4	12
H01	浙江学刊	1415	0.571	0.293	0.99	752	0.55	5.33	8.8	7
H01	中国高校社会科学	403	1.071	0.460	0.97	285	0.27	2.02	2.4	7
H01	中国国情国力	588	0.400	0.138	0.99	395	0.27	2.80	3.3	5
H01	中国社会工作	309	0.110	0.032	0.99	177	0.19	1.26	5.1	3
H01	中国社会科学	11674	6.383	0.780	0.99	1788	0.81	12.68	7.6	35
H01	中州学刊	2890	1.168	0.210	0.98	1160	0.70	8.23	4.4	12
H02	Journal of Eastern Liaodong University (Social Sciences)	223	0.175	0.108	0.97	159	0.08	0.60	5.7	3
H02	安徽大学学报(哲学社会科学版)	875	0.665	0.135	0.99	518	0.32	1.95	8.0	6
H02	安徽工业大学学报(社会科学版)	978	0.266	0.016	0.98	463	0.15	1.75	6.6	4
H02	安徽理工大学学报(社会科学版)	312	0.259	0.041	0.99	204	0.09	0.77	5.7	3
H02	安徽农业大学学报(社会科学版)	678	0.451	0.042	0.99	405	0.14	1.53	5.6	5
H02	安徽商贸职业技术学院学报(社会科学版)	229	0.490	0.243	0.98	138	0.03	0.52	3.9	4
H02	安康学院学报	367	0.180	0.042	0.98	251	0.06	0.95	6.6	3
H02	百色学院学报	342	0.196	0.076	0.98	214	0.09	0.81	6.7	3
H02	宝鸡文理学院学报(社会科学版)	367	0.307	0.053	0.99	238	0.08	0.90	4.9	4
H02	保山学院学报	230	0.158	0.016	0.97	160	0.05	0.60	6.3	3
H02	北方民族大学学报(哲学社会科学版)	586	0.466	0.132	0.92	336	0.21	1.27	5.5	4
H02	北华大学学报(社会科学版)	496	0.360	0.076	0.96	331	0.15	1.25	4.6	5
H02	北京大学学报(哲学社会科学版)	3095	1.014	0.230	0.99	1273	0.68	4.80	≥10	14
H02	北京工商大学学报(社会科学版)	1202	1.690	0.333	0.97	482	0.20	1.82	4.5	9
H02	北京工业大学学报(社会科学版)	357	0.878	0.222	0.87	250	0.12	0.94	4.3	5
H02	北京航空航天大学学报(社会科学版)	596	0.667	0.148	0.98	368	0.15	1.39	5.4	5
H02	北京化工大学学报(社会科学版)	216	0.299	0.058	0.99	161	0.06	0.61	5.7	4
H02	北京交通大学学报(社会科学版)	742	1.286	0.389	0.98	442	0.18	1.67	5.2	6
H02	北京教育学院学报(社会科学版)	420	0.599	0.106	1.00	229	0.02	0.86	4.8	5
H02	北京科技大学学报(社会科学版)	557	0.531	0.061	0.99	369	0.17	1.39	6.9	5
H02	北京理工大学学报(社会科学版)	1175	1.053	0.269	0.98	673	0.24	2.54	5.3	6
H02	北京联合大学学报(人文社会科学版)	511	1.493	0.469	0.96	335	0.18	1.26	3.5	5

学科代码	期刊名称	扩展总被引频次	扩展影响因子	扩展即年指标	扩展他引率	扩展引用刊数	扩展学科影响指标	扩展学科扩散指标	扩展被引半衰期	扩展H指标
H02	北京林业大学学报(社会科学版)	530	0.684	0.020	0.98	292	0.09	1.10	7.4	5
H02	北京宣武红旗业余大学学报	127	0.496	0.043	0.96	74	0.01	0.28	2.8	3
H02	北京邮电大学学报(社会科学版)	683	1.000	0.136	0.99	426	0.15	1.61	4.8	6
H02	滨州学院学报	219	0.131	0.041	0.95	162	0.03	0.61	6.6	2
H02	渤海大学学报(哲学社会科学版)	529	0.315	0.081	0.99	335	0.13	1.26	5.1	5
H02	常州大学学报(社会科学版)	487	0.644	0.149	0.96	296	0.09	1.12	3.8	5
H02	常州工学院学报(社会科学版)	303	0.142	0.026	0.97	183	0.05	0.69	6.6	4
H02	巢湖学院学报	461	0.271	0.062	0.98	295	0.06	1.11	5.4	4
H02	成都大学学报(社会科学版)	463	0.281	0.048	0.99	308	0.10	1.16	8.0	4
H02	成都理工大学学报(社会科学版)	384	0.274	0.094	0.99	251	0.11	0.95	5.3	6
H02	城市学刊	372	0.452	0.044	0.98	256	0.09	0.97	4.9	4
H02	赤峰学院学报(哲学社会科学版)	1758	0.240	0.056	0.97	562	0.18	2.12	4.3	6
H02	重庆大学学报(社会科学版)	1390	0.960	0.220	0.98	782	0.34	2.95	5.9	7
H02	重庆工商大学学报(社会科学版)	585	0.498	0.106	1.00	356	0.14	1.34	6.6	4
H02	重庆交通大学学报(社会科学版)	690	0.435	0.086	0.94	400	0.12	1.51	5.5	4
H02	重庆科技学院学报(社会科学版)	2062	0.372	0.095	0.99	773	0.21	2.92	5.9	6
H02	重庆理工大学学报(社会科学版)	1329	0.940	0.148	0.91	589	0.23	2.22	3.8	8
H02	重庆三峡学院学报	525	0.434	0.117	0.92	298	0.11	1.12	4.6	5
H02	重庆文理学院学报(社会科学版)	491	0.312	0.036	0.95	300	0.11	1.13	5.9	4
H02	重庆邮电大学学报(社会科学版)	888	0.911	0.267	0.92	446	0.20	1.68	4.4	7
H02	滁州学院学报	516	0.332	0.062	0.99	318	0.08	1.20	4.8	4
H02	大理大学学报	998	0.497	0.101	0.90	544	0.07	2.05	5.0	5
H02	大连海事大学学报(社会科学版)	386	0.348	0.074	0.96	270	0.13	1.02	5.5	4
H02	大连理工大学学报(社会科学版)	693	1.011	0.237	0.97	447	0.18	1.69	5.2	6
H02	电子科技大学学报(社会科学版)	586	0.571	0.259	0.97	385	0.13	1.45	5.6	5
H02	东北大学学报(社会科学版)	835	0.971	0.175	0.98	525	0.21	1.98	5.7	7
H02	东北农业大学学报(社会科学版)	558	0.551	0.057	0.99	322	0.07	1.22	6.0	5
H02	东华理工大学学报(社会科学版)	580	0.777	0.187	0.82	301	0.11	1.14	5.5	5
H02	东南大学学报(哲学社会科学版)	1356	1.172	0.242	0.99	779	0.30	2.94	6.1	7
H02	佛山科学技术学院学报(社会科学版)	207	0.203	0.021	0.96	158	0.04	0.60	7.2	3
H02	福建江夏学院学报	125	0.295	0.080	0.99	99	0.03	0.37	3.1	3
H02	福建农林大学学报(哲学社会科学版)	651	0.649	0.198	0.96	386	0.11	1.46	5.5	6
H02	福建医科大学学报(社会科学版)	351	0.650	0.069	0.97	221	0.02	0.83	5.4	4

学科代码	期刊名称	扩展总被引频次	扩展影响因子	扩展即年指标	扩展他引率	扩展引用刊数	扩展学科影响指标	扩展学科扩散指标	扩展被引半衰期	扩展H指标
H02	福州大学学报(哲学社会科学版)	490	0.468	0.116	1.00	357	0.19	1.35	5.9	5
H02	复旦学报(社会科学版)	1496	0.742	0.130	0.99	851	0.49	3.21	≥10	8
H02	广西大学学报(哲学社会科学版)	872	0.848	0.095	0.99	504	0.24	1.90	8.4	5
H02	广西民族大学学报(哲学社会科学版)	1640	0.629	0.089	0.95	728	0.37	2.75	8.9	6
H02	广州大学学报(社会科学版)	836	0.510	0.091	0.99	539	0.24	2.03	6.0	6
H02	贵阳学院学报(社会科学版)	312	0.266	0.058	0.92	193	0.05	0.73	4.9	4
H02	贵州大学学报(社会科学版)	552	0.440	0.034	0.93	314	0.17	1.18	5.7	4
H02	贵州工程应用技术学院学报	335	0.190	0.013	0.95	219	0.06	0.83	6.2	3
H02	贵州民族大学学报(哲学社会科学版)	778	0.493	0.188	0.97	409	0.18	1.54	7.0	6
H02	哈尔滨工业大学学报(社会科学版)	598	0.417	0.179	0.98	424	0.19	1.60	5.7	6
H02	哈尔滨商业大学学报(社会科学版)	550	0.929	0.232	0.99	299	0.13	1.13	4.7	4
H02	哈尔滨师范大学社会科学学报	289	0.198	0.026	1.00	194	0.07	0.73	3.3	3
H02	海军工程大学学报(综合版)	105	0.201	0.012	0.90	72	0.01	0.27	4.4	2
H02	海南大学学报(人文社会科学版)	537	0.438	0.024	0.99	359	0.14	1.35	6.6	5
H02	邯郸学院学报	134	0.144	0.022	0.90	98	0.02	0.37	7.7	3
H02	杭州电子科技大学学报(社会科学版)	97	–	0.037	0.96	87	0.02	0.33	4.4	2
H02	合肥工业大学学报(社会科学版)	751	0.259	0.027	0.99	431	0.12	1.63	7.9	6
H02	河北北方学院学报(社会科学版)	365	0.237	0.079	0.98	238	0.08	0.90	5.3	3
H02	河北大学学报(哲学社会科学版)	1099	0.615	0.326	0.97	646	0.28	2.44	6.1	7
H02	河北工程大学学报(社会科学版)	477	0.376	0.072	0.98	253	0.07	0.95	6.0	4
H02	河北工业大学学报(社会科学版)	242	0.462	0.125	0.99	161	0.04	0.61	4.9	4
H02	河北经贸大学学报(综合版)	226	0.305	0.080	1.00	180	0.07	0.68	3.9	3
H02	河北科技大学学报(社会科学版)	312	0.589	0.029	1.00	217	0.06	0.82	6.3	4
H02	河北科技师范学院学报(社会科学版)	247	0.220	0.047	0.99	173	0.05	0.65	6.6	3
H02	河池学院学报	362	0.294	0.074	0.94	233	0.05	0.88	6.1	4
H02	河海大学学报(哲学社会科学版)	561	0.857	0.333	0.96	356	0.17	1.34	4.6	4
H02	河南大学学报(社会科学版)	1153	0.764	0.115	0.98	658	0.31	2.48	7.9	7
H02	河南工程学院学报(社会科学版)	199	0.252	0.025	0.97	140	0.02	0.53	5.8	3
H02	河南工业大学学报(社会科学版)	477	0.536	0.171	0.97	300	0.06	1.13	4.6	4
H02	河南教育学院学报(哲学社会科学版)	522	0.348	0.077	0.98	312	0.12	1.18	6.5	4
H02	河南科技大学学报(社会科学版)	260	0.236	0.053	0.99	197	0.08	0.74	6.8	3
H02	河南科技学院学报(社会科学版)	796	0.345	0.036	0.98	405	0.08	1.53	4.3	5
H02	河南理工大学学报(社会科学版)	273	0.360	0.089	0.97	194	0.08	0.73	6.2	4

学科代码	期刊名称	扩展总被引频次	扩展影响因子	扩展即年指标	扩展他引率	扩展引用刊数	扩展学科影响指标	扩展学科扩散指标	扩展被引半衰期	扩展H指标
H02	菏泽学院学报	459	0.323	0.106	0.96	289	0.06	1.09	4.3	5
H02	贺州学院学报	259	0.225	0.017	0.98	180	0.06	0.68	5.5	3
H02	衡水学院学报	407	0.284	0.128	0.92	236	0.05	0.89	5.7	3
H02	红河学院学报	300	0.162	0.059	0.98	203	0.06	0.77	5.9	4
H02	湖北大学学报(哲学社会科学版)	893	0.542	0.114	0.98	551	0.29	2.08	7.2	5
H02	湖北经济学院学报(人文社会科学版)	2440	0.391	0.117	1.00	761	0.24	2.87	3.7	8
H02	湖北理工学院学报(人文社会科学版)	265	0.347	0.128	0.93	162	0.03	0.61	4.8	4
H02	湖北民族学院学报(哲学社会科学版)	730	0.355	0.062	0.94	392	0.18	1.48	6.3	5
H02	湖南大学学报(社会科学版)	882	0.600	0.133	0.98	545	0.26	2.06	6.1	5
H02	湖南工程学院学报(社会科学版)	324	0.310	0.076	0.98	204	0.03	0.77	6.2	3
H02	湖南工业大学学报(社会科学版)	478	0.338	0.090	0.91	291	0.09	1.10	6.4	4
H02	湖南科技大学学报(社会科学版)	856	0.598	0.145	0.98	538	0.26	2.03	4.6	6
H02	湖南农业大学学报(社会科学版)	926	1.077	0.244	0.99	517	0.24	1.95	5.5	7
H02	湖南人文科技学院学报	459	0.368	0.051	0.96	262	0.06	0.99	6.0	3
H02	华北理工大学学报(社会科学版)	666	0.391	0.213	1.00	377	0.13	1.42	5.0	4
H02	华北水利水电大学学报(社会科学版)	515	0.237	0.037	0.97	338	0.11	1.28	5.9	4
H02	华东理工大学学报(社会科学版)	686	0.823	0.126	0.95	417	0.21	1.57	6.2	6
H02	华南理工大学学报(社会科学版)	711	0.844	0.241	0.97	451	0.18	1.70	5.4	6
H02	华南农业大学学报(社会科学版)	707	1.567	0.362	0.97	416	0.23	1.57	4.1	7
H02	华侨大学学报(哲学社会科学版)	414	0.780	0.105	0.88	255	0.14	0.96	5.9	4
H02	华中科技大学学报(社会科学版)	989	0.763	0.243	0.99	602	0.31	2.27	6.1	6
H02	华中农业大学学报(社会科学版)	1686	1.921	0.624	0.96	775	0.24	2.92	4.4	9
H02	淮海工学院学报(人文社会科学版)	957	0.236	0.060	0.97	419	0.10	1.58	4.9	4
H02	吉林大学社会科学学报	1731	1.458	0.216	0.99	835	0.47	3.15	7.5	10
H02	吉首大学学报(社会科学版)	1166	1.656	0.353	0.95	622	0.31	2.35	4.4	7
H02	集美大学学报(哲学社会科学版)	230	0.381	0.074	0.97	176	0.04	0.66	5.6	3
H02	济南大学学报(社会科学版)	447	0.500	0.167	0.98	309	0.09	1.17	5.5	5
H02	暨南学报(哲学社会科学版)	1251	0.807	0.110	0.99	695	0.42	2.62	5.4	7
H02	江汉大学学报(社会科学版)	490	0.627	0.143	0.97	344	0.15	1.30	4.4	5
H02	江南大学学报(人文社会科学版)	418	0.243	0.037	0.99	301	0.16	1.14	7.9	4
H02	江南社会学院学报	153	0.364	0.105	1.00	110	0.05	0.42	5.7	3
H02	江苏大学学报(社会科学版)	516	0.657	0.210	0.98	351	0.15	1.32	6.1	5
H02	江苏科技大学学报(社会科学版)	218	0.350	0.067	0.99	162	0.08	0.61	6.7	3

学科代码	期刊名称	扩展总被引频次	扩展影响因子	扩展即年指标	扩展他引率	扩展引用刊数	扩展学科影响指标	扩展学科扩散指标	扩展被引半衰期	扩展H指标
H02	金陵科技学院学报(社会科学版)	221	0.519	0.060	0.88	137	0.04	0.52	3.6	4
H02	锦州医科大学学报(社会科学版)	504	0.506	0.065	0.99	256	0.04	0.97	3.9	5
H02	晋中学院学报	306	0.204	0.061	0.99	217	0.06	0.82	6.3	3
H02	井冈山大学学报(社会科学版)	301	0.285	0.008	0.97	204	0.11	0.77	5.8	5
H02	景德镇学院学报	393	0.293	0.066	0.99	221	0.02	0.83	4.3	4
H02	九江学院学报(哲学社会科学版)	263	0.141	0.018	0.98	179	0.05	0.68	7.8	3
H02	昆明理工大学学报(社会科学版)	575	0.972	0.247	0.97	381	0.12	1.44	4.8	5
H02	兰州大学学报(社会科学版)	1323	0.763	0.178	0.99	765	0.31	2.89	7.0	7
H02	兰州文理学院学报(社会科学版)	396	0.226	0.076	1.00	251	0.05	0.95	6.2	4
H02	辽宁大学学报(哲学社会科学版)	808	0.519	0.194	0.98	512	0.31	1.93	6.0	6
H02	辽宁工业大学学报(社会科学版)	979	0.519	0.200	0.95	397	0.09	1.50	4.6	6
H02	聊城大学学报(社会科学版)	387	0.322	0.052	0.99	267	0.14	1.01	7.8	3
H02	鲁东大学学报(哲学社会科学版)	339	0.314	0.030	0.98	237	0.12	0.89	7.8	4
H02	洛阳理工学院学报(社会科学版)	256	0.176	0.085	0.98	185	0.04	0.70	5.8	3
H02	南昌大学学报(人文社会科学版)	839	0.500	0.182	0.92	498	0.27	1.88	7.1	5
H02	南昌航空大学学报(社会科学版)	235	0.314	0.092	0.99	186	0.07	0.70	6.0	3
H02	南华大学学报(社会科学版)	491	0.402	0.147	0.94	327	0.14	1.23	6.2	4
H02	南京大学学报(哲学·人文科学·社会科学)	1427	0.994	0.105	1.00	802	0.40	3.03	8.4	10
H02	南京工程学院学报(社会科学版)	257	0.340	0.029	0.99	164	0.03	0.62	6.9	5
H02	南京工业大学学报(社会科学版)	341	0.803	0.138	0.96	243	0.10	0.92	4.7	5
H02	南京航空航天大学学报(社会科学版)	316	0.419	0.068	1.00	236	0.08	0.89	6.6	5
H02	南京理工大学学报(社会科学版)	593	0.870	0.111	0.95	339	0.10	1.28	4.5	7
H02	南京林业大学学报(人文社会科学版)	285	0.480	0.054	0.97	207	0.11	0.78	8.7	3
H02	南京农业大学学报(社会科学版)	1664	2.690	1.615	0.96	668	0.32	2.52	4.0	11
H02	南京晓庄学院学报	477	0.382	0.069	0.98	285	0.06	1.08	5.6	5
H02	南京医科大学学报(社会科学版)	916	0.930	0.195	0.92	376	0.05	1.42	4.4	7
H02	南京邮电大学学报(社会科学版)	343	0.703	0.000	0.98	242	0.08	0.91	5.7	5
H02	南京中医药大学学报(社会科学版)	306	0.392	0.068	0.99	172	0.02	0.65	6.5	4
H02	南开学报(哲学社会科学版)	1305	1.769	0.151	0.99	763	0.37	2.88	6.7	9
H02	南通大学学报(社会科学版)	626	0.761	0.141	0.97	409	0.14	1.54	4.2	5
H02	内蒙古大学学报(哲学社会科学版)	518	0.238	0.029	0.99	325	0.16	1.23	≥10	4
H02	内蒙古民族大学学报(社会科学版)	409	0.315	0.083	0.92	209	0.08	0.79	5.6	4
H02	宁波大学学报(人文科学版)	467	0.261	0.079	0.98	320	0.14	1.21	7.5	4

学科代码	期刊名称	扩展总被引频次	扩展影响因子	扩展即年指标	扩展他引率	扩展引用刊数	扩展学科影响指标	扩展学科扩散指标	扩展被引半衰期	扩展H指标
H02	宁夏大学学报(人文社会科学版)	767	0.289	0.031	0.98	448	0.25	1.69	8.3	6
H02	齐齐哈尔大学学报(哲学社会科学版)	994	0.237	0.047	0.99	496	0.15	1.87	4.8	5
H02	钦州学院学报	448	0.311	0.107	0.90	262	0.07	0.99	4.2	4
H02	青岛科技大学学报(社会科学版)	334	0.588	0.077	0.99	245	0.07	0.92	5.2	4
H02	青海民族大学学报(社会科学版)	346	0.255	0.033	0.98	204	0.10	0.77	9.5	3
H02	清华大学学报(哲学社会科学版)	1941	2.551	0.223	0.99	1011	0.52	3.82	6.5	11
H02	三峡大学学报(人文社会科学版)	645	0.387	0.170	0.99	370	0.15	1.40	6.5	4
H02	厦门大学学报(哲学社会科学版)	1319	0.724	0.242	0.98	743	0.37	2.80	8.8	8
H02	山东大学学报(哲学社会科学版)	1265	1.200	0.345	0.99	717	0.35	2.71	6.2	9
H02	山东科技大学学报(社会科学版)	349	0.732	0.099	0.96	226	0.06	0.85	4.8	4
H02	山东理工大学学报(社会科学版)	540	0.353	0.067	0.99	312	0.08	1.18	6.6	5
H02	山东农业大学学报(社会科学版)	352	0.474	0.057	0.97	245	0.09	0.92	5.5	5
H02	山西大同大学学报(社会科学版)	294	0.235	0.184	0.98	182	0.05	0.69	4.5	4
H02	山西大学学报(哲学社会科学版)	816	0.538	0.115	0.99	520	0.26	1.96	8.0	6
H02	陕西理工学院学报(社会科学版)	283	0.333	0.000	0.93	190	0.09	0.72	8.1	3
H02	汕头大学学报(人文社会科学版)	327	0.303	0.087	0.96	229	0.10	0.86	8.2	4
H02	上海财经大学学报(哲学社会科学版)	891	1.960	0.443	0.97	487	0.26	1.84	4.5	7
H02	上海大学学报(社会科学版)	749	1.036	0.194	0.99	473	0.24	1.78	7.5	6
H02	上海交通大学学报(哲学社会科学版)	616	0.875	0.135	0.98	426	0.22	1.61	5.7	6
H02	上海理工大学学报(社会科学版)	269	0.490	0.027	0.92	162	0.06	0.61	4.5	4
H02	韶关学院学报	984	0.308	0.054	0.98	525	0.09	1.98	5.9	5
H02	邵阳学院学报(社会科学版)	388	0.441	0.081	0.94	214	0.10	0.81	7.0	3
H02	绍兴文理学院学报	709	0.242	0.044	0.96	426	0.13	1.61	6.9	3
H02	深圳大学学报(人文社会科学版)	876	0.658	0.200	0.96	563	0.27	2.12	6.2	6
H02	沈阳大学学报(社会科学版)	738	0.569	0.119	0.85	361	0.11	1.36	4.4	4
H02	沈阳工程学院学报(社会科学版)	412	0.508	0.202	0.87	218	0.05	0.82	4.6	4
H02	沈阳工业大学学报(社会科学版)	408	0.885	0.319	0.80	213	0.08	0.80	3.0	4
H02	沈阳建筑大学学报(社会科学版)	645	1.009	0.083	0.97	291	0.04	1.10	4.4	7
H02	沈阳农业大学学报(社会科学版)	950	0.603	0.072	0.83	412	0.12	1.55	5.5	6
H02	石河子大学学报(哲学社会科学版)	291	0.274	0.064	0.98	215	0.10	0.81	6.3	2
H02	石家庄铁道大学学报(社会科学版)	273	0.652	0.162	0.75	152	0.03	0.57	3.4	4
H02	四川大学学报(哲学社会科学版)	1003	0.779	0.196	0.99	643	0.35	2.43	7.5	6
H02	四川理工学院学报(社会科学版)	903	2.135	0.214	0.98	453	0.15	1.71	4.6	8

学科代码	期刊名称	扩展总被引频次	扩展影响因子	扩展即年指标	扩展他引率	扩展引用刊数	扩展学科影响指标	扩展学科扩散指标	扩展被引半衰期	扩展H指标
H02	苏州大学学报(社会科学版)	1452	1.361	0.186	0.99	753	0.42	2.84	5.1	10
H02	苏州科技大学学报(社会科学版)	259	0.173	0.000	1.00	187	0.08	0.71	8.5	4
H02	太原理工大学学报(社会科学版)	226	0.183	0.038	0.99	182	0.08	0.69	6.5	3
H02	体育学研究	2293	2.566	0.473	0.94	374	0.08	1.41	6.1	8
H02	天津大学学报(社会科学版)	609	0.481	0.130	0.97	408	0.13	1.54	5.9	6
H02	天津职业院校联合学报	994	0.554	0.127	0.94	373	0.03	1.41	3.7	6
H02	同济大学学报(社会科学版)	767	0.939	0.128	0.99	482	0.21	1.82	7.4	7
H02	潍坊学院学报	448	0.224	0.043	0.99	297	0.06	1.12	6.0	4
H02	温州大学学报(社会科学版)	255	0.259	0.044	0.97	185	0.06	0.70	7.2	4
H02	五邑大学学报(社会科学版)	115	0.092	0.052	0.97	94	0.05	0.35	8.9	2
H02	武汉大学学报(人文科学版)	646	0.767	0.163	0.98	418	0.21	1.58	8.3	6
H02	武汉大学学报(哲学社会科学版)	1593	1.745	0.671	0.99	853	0.43	3.22	6.7	9
H02	武汉科技大学学报(社会科学版)	461	0.477	0.144	0.99	340	0.17	1.28	5.8	5
H02	武汉理工大学学报(社会科学版)	770	0.390	0.063	0.99	485	0.19	1.83	5.6	5
H02	西安建筑科技大学学报(社会科学版)	363	0.365	0.030	1.00	235	0.07	0.89	6.0	5
H02	西安交通大学学报(社会科学版)	1140	1.290	0.232	0.95	649	0.25	2.45	4.9	10
H02	西安石油大学学报(社会科学版)	239	0.297	0.037	0.98	167	0.06	0.63	4.7	4
H02	西安文理学院学报(社会科学版)	362	0.215	0.068	0.99	236	0.06	0.89	5.9	3
H02	西北大学学报(哲学社会科学版)	1196	0.675	0.098	0.97	684	0.34	2.58	6.9	6
H02	西北工业大学学报(社会科学版)	441	0.547	0.117	0.99	291	0.11	1.10	5.9	5
H02	西北民族大学学报(哲学社会科学版)	779	0.459	0.131	0.99	439	0.19	1.66	6.7	5
H02	西北农林科技大学学报(社会科学版)	1476	1.816	0.680	0.96	659	0.28	2.49	3.9	7
H02	西昌学院学报(社会科学版)	309	0.238	0.109	1.00	181	0.05	0.68	5.1	4
H02	西华大学学报(哲学社会科学版)	483	0.363	0.110	0.99	325	0.13	1.23	6.5	4
H02	西南大学学报(社会科学版)	1893	1.104	0.231	0.97	872	0.33	3.29	7.8	9
H02	西南交通大学学报(社会科学版)	712	0.526	0.103	1.00	450	0.16	1.70	6.2	6
H02	西南科技大学学报(哲学社会科学版)	325	0.272	0.038	0.99	219	0.07	0.83	7.3	4
H02	西南民族大学学报(人文社科版)	4239	0.853	0.291	0.96	1345	0.61	5.08	6.8	10
H02	西南石油大学学报(社会科学版)	389	0.770	0.081	0.95	258	0.09	0.97	3.8	4
H02	西藏大学学报(社会科学版)	424	0.445	0.111	0.93	222	0.10	0.84	5.6	3
H02	西藏民族大学学报(哲学社会科学版)	378	0.219	0.045	0.96	200	0.09	0.75	7.3	3
H02	湘南学院学报	382	0.281	0.057	0.96	240	0.04	0.91	5.5	4
H02	湘潭大学学报(哲学社会科学版)	1206	0.777	0.213	0.98	711	0.34	2.68	6.2	7

学科代码	期刊名称	扩展总被引频次	扩展影响因子	扩展即年指标	扩展他引率	扩展引用刊数	扩展学科影响指标	扩展学科扩散指标	扩展被引半衰期	扩展H指标
H02	新疆大学学报(哲学・人文社会科学版)	747	0.513	0.132	0.97	417	0.23	1.57	7.0	5
H02	徐州工程学院学报(社会科学版)	206	0.290	0.120	0.97	145	0.05	0.55	4.4	4
H02	烟台大学学报(哲学社会科学版)	433	0.477	0.051	0.96	297	0.16	1.12	8.1	6
H02	延安大学学报(社会科学版)	346	0.196	0.034	0.98	236	0.06	0.89	7.3	3
H02	延边大学学报(社会科学版)	465	0.449	0.073	0.96	288	0.13	1.09	6.0	4
H02	盐城工学院学报(社会科学版)	168	0.253	0.069	0.99	127	0.02	0.48	6.6	3
H02	燕山大学学报(哲学社会科学版)	342	0.255	0.132	0.98	250	0.10	0.94	5.7	4
H02	扬州大学学报(人文社会科学版)	549	0.462	0.256	0.96	356	0.18	1.34	7.3	4
H02	应用型高等教育研究	345	0.247	0.056	0.99	233	0.08	0.88	5.9	3
H02	榆林学院学报	439	0.289	0.097	0.98	274	0.04	1.03	4.8	4
H02	云南大学学报(社会科学版)	286	0.259	0.170	0.99	210	0.11	0.79	6.9	4
H02	云南民族大学学报(哲学社会科学版)	1134	0.763	0.184	0.99	561	0.34	2.12	6.7	5
H02	云南农业大学学报(社会科学版)	509	0.579	0.103	0.92	291	0.08	1.10	4.3	5
H02	云南师范大学学报(对外汉语教学与研究版)	602	0.705	0.098	0.92	249	0.14	0.94	8.7	5
H02	云南师范大学学报(哲学社会科学版)	1226	1.455	0.167	0.98	616	0.31	2.32	5.7	9
H02	长安大学学报(社会科学版)	305	0.311	0.208	0.93	205	0.07	0.77	6.5	4
H02	长春大学学报(社会科学版)	528	0.335	0.167	0.98	297	0.08	1.12	4.7	4
H02	长春工程学院学报(社会科学版)	410	0.337	0.076	0.96	231	0.05	0.87	4.6	5
H02	长春理工大学学报(社会科学版)	1289	0.260	0.061	1.00	584	0.22	2.20	5.7	6
H02	长江大学学报(社会科学版)	1166	0.229	0.038	0.99	556	0.20	2.10	5.7	4
H02	长沙理工大学学报(社会科学版)	539	0.752	0.259	0.92	346	0.14	1.31	3.5	5
H02	长治学院学报	323	0.194	0.026	0.98	213	0.04	0.80	6.1	3
H02	肇庆学院学报	360	0.210	0.069	0.98	228	0.03	0.86	6.0	5
H02	浙江大学学报(人文社会科学版)	2365	1.430	0.211	0.99	1103	0.62	4.16	7.5	11
H02	浙江工业大学学报(社会科学版)	371	0.619	0.108	0.99	250	0.09	0.94	4.4	5
H02	浙江海洋学院学报(人文科学版)	296	0.217	0.031	0.98	181	0.06	0.68	6.3	3
H02	浙江理工大学学报(社会科学版)	179	0.479	0.133	0.93	127	0.03	0.48	2.5	4
H02	浙江树人大学学报	498	0.504	0.153	0.97	302	0.06	1.14	5.4	5
H02	郑州大学学报(哲学社会科学版)	1280	0.585	0.110	0.99	712	0.36	2.69	7.6	6
H02	郑州航空工业管理学院学报(社会科学版)	665	0.239	0.067	0.99	331	0.10	1.25	5.6	4
H02	郑州轻工业学院学报(社会科学版)	431	0.592	0.086	0.98	260	0.06	0.98	4.9	5
H02	中北大学学报(社会科学版)	470	0.325	0.126	0.97	300	0.12	1.13	5.8	4
H02	中国地质大学学报(社会科学版)	1391	1.450	0.474	0.98	754	0.29	2.85	4.8	11

学科代码	期刊名称	扩展总被引频次	扩展影响因子	扩展即年指标	扩展他引率	扩展引用刊数	扩展学科影响指标	扩展学科扩散指标	扩展被引半衰期	扩展H指标
H02	中国海洋大学学报(社会科学版)	740	0.622	0.069	0.96	425	0.18	1.60	6.0	5
H02	中国矿业大学学报(社会科学版)	424	0.826	0.213	0.89	266	0.09	1.00	4.6	5
H02	中国农业大学学报(社会科学版)	1192	1.909	0.511	0.97	576	0.31	2.17	4.9	9
H02	中国人民大学学报	2724	2.019	0.515	0.99	1104	0.60	4.17	7.3	14
H02	中国人民公安大学学报(社会科学版)	1437	1.275	0.137	0.94	396	0.22	1.49	5.8	9
H02	中国社会科学院研究生院学报	836	0.697	0.137	0.99	543	0.30	2.05	6.8	6
H02	中国石油大学学报(社会科学版)	523	0.429	0.087	0.96	320	0.14	1.21	5.8	5
H02	中南大学学报(社会科学版)	894	0.432	0.103	0.98	556	0.29	2.10	5.0	5
H02	中南林业科技大学学报(社会科学版)	1189	1.285	0.421	0.87	532	0.18	2.01	4.7	6
H02	中南民族大学学报(人文社会科学版)	1938	0.938	0.206	0.98	858	0.39	3.24	6.9	8
H02	中山大学学报(社会科学版)	1502	0.797	0.090	0.99	796	0.40	3.00	8.8	10
H02	中央民族大学学报(哲学社会科学版)	1273	0.705	0.172	0.98	570	0.29	2.15	9.2	6
H03	阿坝师范学院学报	300	0.192	0.000	0.96	166	0.06	2.08	7.2	3
H03	安徽师范大学学报(人文社会科学版)	775	0.457	0.104	0.98	464	0.26	5.80	9.0	5
H03	安庆师范大学学报(社会科学版)	665	0.239	0.090	0.99	363	0.20	4.54	6.9	4
H03	安阳师范学院学报	577	0.265	0.062	0.99	324	0.12	4.05	6.1	4
H03	鞍山师范学院学报	488	0.354	0.082	0.94	298	0.06	3.72	6.3	4
H03	北京师范大学学报(社会科学版)	2936	1.286	0.490	0.99	1159	0.60	14.49	≥10	17
H03	沧州师范学院学报	351	0.287	0.045	0.97	209	0.11	2.61	6.6	3
H03	楚雄师范学院学报	494	0.274	0.021	0.96	300	0.18	3.75	5.2	4
H03	大庆师范学院学报	505	0.303	0.095	0.98	310	0.10	3.88	4.9	4
H03	福建师大福清分校学报	368	0.286	0.076	0.96	232	0.11	2.90	6.4	3
H03	福建师范大学学报(哲学社会科学版)	1172	0.626	0.257	0.98	692	0.34	8.65	8.4	7
H03	阜阳师范学院学报(社会科学版)	482	0.242	0.034	0.97	290	0.19	3.62	6.6	5
H03	赣南师范大学学报	620	0.370	0.060	0.96	359	0.09	4.49	7.2	4
H03	广东技术师范学院学报	743	0.358	0.060	0.99	415	0.14	5.19	5.8	5
H03	广西科技师范学院学报	458	0.201	0.029	0.99	275	0.18	3.44	5.3	4
H03	广西民族师范学院学报	495	0.309	0.080	0.95	284	0.16	3.55	4.4	4
H03	广西师范学院学报(哲学社会科学版)	829	0.790	0.326	0.97	399	0.20	4.99	4.8	7
H03	桂林师范高等专科学校学报	485	0.404	0.080	0.96	241	0.12	3.01	4.7	5
H03	韩山师范学院学报	246	0.206	0.030	0.93	183	0.06	2.29	7.1	3
H03	汉江师范学院学报	438	0.305	0.035	0.99	251	0.09	3.14	4.6	4
H03	合肥师范学院学报	633	0.373	0.081	0.98	339	0.14	4.24	7.1	5

学科代码	期刊名称	扩展总被引频次	扩展影响因子	扩展即年指标	扩展他引率	扩展引用刊数	扩展学科影响指标	扩展学科扩散指标	扩展被引半衰期	扩展H指标
H03	和田师范专科学校学报	745	0.228	0.033	1.00	316	0.14	3.95	7.8	5
H03	河北科技师范学院学报	422	0.543	0.098	0.96	254	0.04	3.18	8.6	4
H03	河北民族师范学院学报	522	0.400	0.231	0.98	250	0.11	3.12	7.4	4
H03	河南师范大学学报(哲学社会科学版)	1666	1.086	0.344	0.97	786	0.42	9.82	5.9	8
H03	衡阳师范学院学报	538	0.218	0.037	0.94	341	0.06	4.26	6.6	4
H03	湖北师范大学学报(哲学社会科学版)	593	0.324	0.050	0.99	337	0.26	4.21	6.6	4
H03	湖南第一师范学院学报	802	0.505	0.081	0.99	305	0.15	3.81	5.5	8
H03	湖南师范大学社会科学学报	1258	0.841	0.102	0.98	707	0.32	8.84	6.4	8
H03	湖州师范学院学报	688	0.335	0.071	0.98	388	0.20	4.85	5.1	4
H03	华东师范大学学报(哲学社会科学版)	1064	0.735	0.147	0.98	638	0.31	7.98	7.6	6
H03	华南师范大学学报(社会科学版)	1249	0.788	0.229	0.99	748	0.36	9.35	7.0	6
H03	华中师范大学学报(人文社会科学版)	2677	1.553	0.132	0.99	1168	0.55	14.60	6.2	13
H03	淮南师范学院学报	518	0.248	0.030	0.99	303	0.11	3.79	6.2	5
H03	淮阴师范学院学报(哲学社会科学版)	259	0.102	0.009	0.99	199	0.11	2.49	8.8	3
H03	黄冈师范学院学报	507	0.248	0.124	0.99	313	0.18	3.91	5.3	4
H03	吉林工程技术师范学院学报	1000	0.412	0.158	1.00	435	0.08	5.44	3.7	5
H03	集宁师范学院学报	209	0.224	0.075	0.96	145	0.09	1.81	4.8	3
H03	焦作师范高等专科学校学报	175	0.208	0.065	0.99	121	0.08	1.51	5.8	4
H03	喀什大学学报	383	0.183	0.041	0.89	232	0.09	2.90	7.1	3
H03	廊坊师范学院学报(社会科学版)	229	0.188	0.032	0.98	162	0.04	2.02	5.4	3
H03	乐山师范学院学报	826	0.246	0.042	0.97	458	0.24	5.72	6.4	5
H03	连云港师范高等专科学校学报	199	0.166	0.064	0.98	141	0.06	1.76	6.4	3
H03	辽宁师专学报(社会科学版)	713	0.229	0.066	0.99	284	0.10	3.55	6.1	4
H03	岭南师范学院学报	409	0.180	0.030	0.98	292	0.14	3.65	7.3	4
H03	六盘水师范学院学报	252	0.297	0.073	0.98	159	0.08	1.99	4.9	3
H03	洛阳师范学院学报	679	0.203	0.036	0.98	414	0.20	5.18	6.0	4
H03	绵阳师范学院学报	751	0.251	0.044	0.91	432	0.18	5.40	5.4	4
H03	闽南师范大学学报(哲学社会科学版)	305	0.234	0.026	0.98	205	0.11	2.56	6.4	3
H03	牡丹江师范学院学报(哲学社会科学版)	514	0.218	0.127	0.96	285	0.15	3.56	6.5	3
H03	南昌师范学院学报	686	0.371	0.042	0.98	351	0.24	4.39	5.6	4
H03	南京师范大学文学院学报	298	0.134	0.024	1.00	197	0.15	2.46	8.1	3
H03	内江师范学院学报	1022	0.354	0.101	0.81	447	0.20	5.59	5.6	7
H03	宁德师范学院学报(哲学社会科学版)	253	0.295	0.009	0.98	165	0.06	2.06	5.5	3

学科代码	期刊名称	扩展总被引频次	扩展影响因子	扩展即年指标	扩展他引率	扩展引用刊数	扩展学科影响指标	扩展学科扩散指标	扩展被引半衰期	扩展H指标
H03	宁夏师范学院学报	361	0.211	0.044	0.96	237	0.16	2.96	6.9	3
H03	齐齐哈尔师范高等专科学校学报	711	0.274	0.101	0.99	281	0.14	3.51	4.5	4
H03	黔南民族师范学院学报	357	0.280	0.067	0.97	215	0.08	2.69	4.6	3
H03	青海师范大学民族师范学院学报	71	0.239	0.000	1.00	58	0.04	0.72	6.5	3
H03	青海师范大学学报(哲学社会科学版)	557	0.219	0.024	0.99	333	0.14	4.16	6.9	4
H03	曲靖师范学院学报	545	0.335	0.038	0.99	296	0.10	3.70	5.0	7
H03	泉州师范学院学报	358	0.247	0.016	0.96	244	0.11	3.05	5.8	4
H03	陕西师范大学学报(哲学社会科学版)	1417	0.810	0.432	0.92	736	0.48	9.20	9.9	6
H03	上海师范大学学报(哲学社会科学版)	1012	0.678	0.156	0.97	610	0.28	7.62	8.1	7
H03	上饶师范学院学报	299	0.131	0.041	0.96	209	0.10	2.61	8.2	3
H03	太原师范学院学报(社会科学版)	494	0.185	0.037	0.99	296	0.09	3.70	7.6	4
H03	唐山师范学院学报	607	0.213	0.072	0.95	348	0.11	4.35	5.4	4
H03	天水师范学院学报	378	0.170	0.012	0.94	251	0.09	3.14	7.8	4
H03	渭南师范学院学报	810	0.375	0.107	0.82	368	0.09	4.60	3.6	4
H03	咸阳师范学院学报	279	0.131	0.034	0.92	199	0.14	2.49	7.4	3
H03	忻州师范学院学报	430	0.216	0.043	0.98	270	0.14	3.38	6.6	4
H03	新疆师范大学学报(哲学社会科学版)	1616	2.937	0.750	0.99	775	0.26	9.69	3.3	12
H03	信阳师范学院学报(哲学社会科学版)	710	0.560	0.264	0.80	333	0.21	4.16	4.8	4
H03	兴义民族师范学院学报	272	0.286	0.045	0.97	169	0.08	2.11	4.3	4
H03	盐城师范学院学报(人文社会科学版)	345	0.207	0.076	0.98	206	0.15	2.58	6.5	3
H03	伊犁师范学院学报(社科版)	221	0.109	0.000	0.96	140	0.08	1.75	7.7	2
H03	玉林师范学院学报	472	0.247	0.044	0.97	285	0.09	3.56	5.7	4
H03	玉溪师范学院学报	379	0.248	0.029	0.98	268	0.16	3.35	6.9	3
H03	长江师范学院学报	458	0.340	0.052	0.92	264	0.19	3.30	5.9	4
H03	周口师范学院学报	434	0.172	0.047	0.98	288	0.14	3.60	6.2	4
H03	遵义师范学院学报	576	0.405	0.060	0.93	300	0.18	3.75	4.2	4
J01	邓小平研究	52	–	0.088	0.96	43	0.17	3.58	1.4	3
J01	高校马克思主义理论研究	31	–	0.000	0.94	29	0.08	2.42	0.0	2
J01	理论探讨	1540	1.169	0.342	0.98	733	0.58	61.08	4.0	7
J01	理论与改革	1528	1.029	0.475	0.98	732	0.50	61.00	4.4	7
J01	马克思主义研究	2099	1.431	0.171	0.92	681	1.00	56.75	5.0	12
J01	马克思主义与现实	1801	0.920	0.159	0.98	719	0.83	59.92	7.7	13
J01	毛泽东邓小平理论研究	1087	0.865	0.197	0.97	542	0.92	45.17	4.8	8

学科代码	期刊名称	扩展总被引频次	扩展影响因子	扩展即年指标	扩展他引率	扩展引用刊数	扩展学科影响指标	扩展学科扩散指标	扩展被引半衰期	扩展H指标
J01	毛泽东思想研究	606	0.610	0.129	0.94	279	0.92	23.25	4.2	6
J01	毛泽东研究	57	–	0.127	0.91	30	0.33	2.50	1.5	2
J01	社会主义核心价值观研究	67	–	0.155	0.93	48	0.33	4.00	1.5	2
J01	社会主义研究	1271	1.366	0.271	0.97	604	0.83	50.33	4.7	8
J02	Frontiers of Philosophy in China	6	0.000	0.000	1.00	6	–	0.33	4.7	1
J02	第欧根尼	39	–	0.000	1.00	30	–	1.67	≥10	2
J02	管子学刊	325	0.158	0.011	0.73	150	0.44	8.33	≥10	3
J02	科学技术哲学研究	555	0.215	0.067	0.96	337	0.39	18.72	9.7	5
J02	科学与无神论	99	0.400	0.000	0.40	28	0.06	1.56	3.0	3
J02	孔子研究	553	0.293	0.036	0.96	300	0.56	16.67	≥10	5
J02	伦理学研究	761	0.489	0.105	0.97	427	0.33	23.72	6.3	5
J02	世界哲学	536	0.303	0.000	0.98	309	0.72	17.17	≥10	5
J02	系统科学学报	500	0.421	0.117	0.78	285	0.11	15.83	6.8	6
J02	现代哲学	405	0.216	0.016	0.97	263	0.56	14.61	9.0	4
J02	学海	1669	1.242	0.191	0.99	783	0.28	43.50	5.7	11
J02	哲学动态	1048	0.462	0.016	0.98	531	0.72	29.50	8.7	7
J02	哲学分析	147	0.265	0.060	0.90	97	0.50	5.39	3.7	3
J02	哲学研究	2497	0.844	0.249	0.99	836	0.89	46.44	9.6	10
J02	中国哲学史	432	0.519	0.042	0.97	212	0.39	11.78	≥10	4
J02	周易研究	339	0.357	0.000	0.82	137	0.39	7.61	≥10	3
J02	自然辩证法通讯	729	0.314	0.053	0.95	391	0.44	21.72	≥10	5
J02	自然辩证法研究	1853	0.730	0.087	0.96	841	0.56	46.72	8.4	8
J03	法音	155	0.052	0.000	0.94	98	0.44	10.89	≥10	3
J03	世界宗教文化	303	0.293	0.099	0.85	156	0.56	17.33	4.4	4
J03	世界宗教研究	677	0.396	0.040	0.95	305	0.67	33.89	9.8	5
J03	五台山研究	106	0.085	0.059	0.86	51	0.56	5.67	≥10	3
J03	中国道教	136	0.040	0.000	0.94	84	0.44	9.33	≥10	3
J03	中国穆斯林	147	0.078	0.016	0.93	76	0.33	8.44	≥10	3
J03	中国宗教	280	0.138	0.010	1.00	164	0.56	18.22	5.1	3
J03	宗教学研究	503	0.205	0.024	0.90	276	0.56	30.67	8.8	4
K01	辞书研究	489	0.232	0.025	0.83	171	0.35	2.38	≥10	5
K01	当代外语研究	744	0.704	0.282	0.97	307	0.31	4.26	4.4	8
K01	当代修辞学	956	1.104	0.158	0.89	303	0.47	4.21	7.7	8

学科代码	期刊名称	扩展总被引频次	扩展影响因子	扩展即年指标	扩展他引率	扩展引用刊数	扩展学科影响指标	扩展学科扩散指标	扩展被引半衰期	扩展H指标
K01	当代语言学	954	0.688	0.256	0.97	309	0.49	4.29	≥10	9
K01	东北亚外语研究	162	0.444	0.097	0.97	91	0.11	1.26	4.6	3
K01	方言	990	0.320	0.019	0.91	238	0.36	3.31	≥10	8
K01	古汉语研究	480	0.420	0.089	0.94	190	0.32	2.64	≥10	4
K01	海外英语(上)	2159	0.190	0.032	0.89	423	0.26	5.88	3.4	7
K01	海外英语(下)	10	–	0.001	0.60	5	0.01	0.07	3.5	1
K01	汉语学报	354	0.600	0.106	0.94	133	0.36	1.85	7.1	4
K01	汉语学习	1445	0.586	0.130	0.92	338	0.47	4.69	≥10	6
K01	汉语言文学研究	57	0.076	0.027	1.00	45	0.04	0.62	3.9	2
K01	汉字文化	213	0.117	0.179	0.92	122	0.17	1.69	8.4	3
K01	基础教育外语教学研究	367	0.197	0.029	0.95	126	0.08	1.75	≥10	5
K01	课程教育研究	7775	0.198	0.065	0.97	715	0.21	9.93	2.6	12
K01	课外语文(上)	716	0.233	0.090	0.97	103	0.10	1.43	1.5	4
K01	课外语文(下)	1300	0.156	0.032	0.97	122	0.15	1.69	2.7	6
K01	课外语文(中)	1	–	0.000	1.00	1	0.01	0.01	0.0	1
K01	满语研究	169	0.152	0.000	0.92	72	0.07	1.00	≥10	3
K01	民族语文	575	0.416	0.020	0.81	166	0.36	2.31	≥10	4
K01	山东外语教学	1597	1.114	0.275	0.98	489	0.31	6.79	8.4	9
K01	上海翻译	1554	1.607	0.253	0.94	405	0.21	5.62	7.1	10
K01	世界汉语教学	1923	1.568	0.371	0.96	382	0.50	5.31	≥10	9
K01	外语电化教学	3493	3.883	0.382	0.97	686	0.29	9.53	5.1	18
K01	外语与翻译	136	0.988	0.077	0.92	79	0.17	1.10	2.6	3
K01	文理导航(上旬)	799	0.137	0.071	0.99	127	0.15	1.76	3.0	5
K01	文理导航(下旬)	1008	0.164	0.049	0.99	149	0.11	2.07	3.0	6
K01	文理导航(中旬)	890	0.170	0.062	0.99	146	0.07	2.03	2.9	5
K01	现代语文(教学研究)	697	0.095	0.023	0.98	150	0.19	2.08	5.0	6
K01	现代语文(学术综合)	661	0.138	0.047	0.98	234	0.21	3.25	3.8	5
K01	现代语文(语言研究)	679	0.111	0.012	0.92	281	0.39	3.90	5.9	3
K01	学语文	88	–	0.013	1.00	49	0.12	0.68	6.6	2
K01	英语画刊(高级版)	182	0.081	0.011	1.00	57	0.06	0.79	2.2	3
K01	英语学习(教师版)	282	0.478	0.379	0.94	90	0.11	1.25	1.7	7
K01	语文建设	2467	1.479	0.261	0.99	484	0.51	6.72	3.9	10
K01	语文教学通讯·A 刊	226	0.127	0.053	0.95	91	0.19	1.26	3.1	2

学科代码	期刊名称	扩展总被引频次	扩展影响因子	扩展即年指标	扩展他引率	扩展引用刊数	扩展学科影响指标	扩展学科扩散指标	扩展被引半衰期	扩展H指标
K01	语文教学通讯·B 刊	169	0.112	0.037	0.87	66	0.18	0.92	3.0	3
K01	语文教学通讯·C 刊	284	0.154	0.035	1.00	99	0.15	1.38	3.9	3
K01	语文教学通讯·D 刊(学术刊)	1171	0.503	0.198	0.99	152	0.19	2.11	3.6	9
K01	语文教学与研究(大众版)	550	0.328	0.027	1.00	139	0.21	1.93	5.0	3
K01	语文教学与研究(教师版)	265	0.178	0.028	0.95	108	0.18	1.50	7.4	3
K01	语文教学与研究(学生版)	27	0.018	0.017	1.00	24	–	0.33	5.8	1
K01	语文教学之友	188	0.062	0.054	0.93	75	0.17	1.04	5.3	2
K01	语文世界(教师之窗)	115	0.048	0.007	1.00	60	0.10	0.83	4.4	3
K01	语文世界(小学生之窗)	4	0.007	0.000	1.00	4	0.01	0.06	7.0	1
K01	语文世界(中学生之窗)	21	0.010	0.000	1.00	17	0.04	0.24	5.2	1
K01	语文天地(初中版)	360	0.118	0.038	1.00	90	0.15	1.25	2.9	3
K01	语文研究	626	0.420	0.073	0.98	235	0.39	3.26	≥10	4
K01	语言教学与研究	2189	1.165	0.108	0.96	486	0.57	6.75	≥10	10
K01	语言科学	839	0.545	0.130	0.98	301	0.47	4.18	≥10	7
K01	语言文字应用	1516	1.379	0.387	0.94	430	0.46	5.97	≥10	8
K01	语言研究	1086	0.444	0.078	0.96	332	0.49	4.61	≥10	7
K01	语言与翻译(汉文版)	322	0.318	0.033	0.94	164	0.26	2.28	≥10	3
K01	中国翻译	5607	1.993	0.288	0.97	711	0.31	9.88	≥10	20
K01	中国科技翻译	1034	0.773	0.149	0.95	325	0.18	4.51	≥10	8
K01	中国文学研究	361	0.302	0.043	0.98	229	0.07	3.18	≥10	3
K01	中国语文	3233	0.993	0.069	0.95	467	0.57	6.49	≥10	14
K01	中学语文(上旬·教学大参考)	346	0.115	0.098	0.97	105	0.22	1.46	5.5	3
K01	中学语文(下旬·大语文论坛)	351	0.045	0.012	1.00	94	0.15	1.31	3.6	3
K01	中学语文(中旬·读写新空间)	11	0.011	0.008	1.00	10	0.01	0.14	1.7	1
K03	北京第二外国语学院学报	1331	0.776	0.328	0.98	569	0.80	28.45	7.9	8
K03	基础外语教育	1043	0.871	0.131	0.95	201	0.30	10.05	6.3	8
K03	解放军外国语学院学报	2213	0.903	0.214	0.93	568	0.95	28.40	9.0	12
K03	日语学习与研究	647	0.540	0.045	0.79	189	0.45	9.45	7.0	5
K03	天津外国语大学学报	552	0.673	0.078	0.90	241	0.80	12.05	6.8	5
K03	外国语	2460	1.397	0.155	0.97	568	0.90	28.40	≥10	11
K03	外国语文	1765	0.615	0.079	0.98	519	0.95	25.95	8.0	9
K03	外国语言文学	392	0.455	0.029	0.99	217	0.65	10.85	≥10	4
K03	外语教学	3653	1.840	0.628	0.95	684	0.95	34.20	8.0	14

学科代码	期刊名称	扩展总被引频次	扩展影响因子	扩展即年指标	扩展他引率	扩展引用刊数	扩展学科影响指标	扩展学科扩散指标	扩展被引半衰期	扩展H指标
K03	外语教学理论与实践	1785	2.026	0.538	0.98	498	0.95	24.90	6.7	13
K03	外语教学与研究	5500	3.474	0.212	0.99	836	0.95	41.80	≥10	25
K03	外语界	5822	5.496	0.571	0.98	758	1.00	37.90	7.5	21
K03	外语学刊	2545	0.887	0.272	0.94	617	1.00	30.85	7.7	11
K03	外语研究	2164	0.959	0.180	0.97	579	1.00	28.95	8.1	14
K03	外语与外语教学	4527	2.301	0.311	0.99	773	1.00	38.65	≥10	17
K03	西安外国语大学学报	1243	0.965	0.333	0.96	406	0.95	20.30	7.9	8
K03	现代外语	2189	1.978	1.560	0.95	496	0.95	24.80	9.7	12
K03	中国俄语教学	335	0.690	0.095	0.88	121	0.25	6.05	6.3	4
K03	中国外语	2844	2.803	0.261	0.98	635	1.00	31.75	6.4	18
K04	Frontiers of Literary Studies in China	5	0.041	0.000	0.60	3	0.02	0.03	0.0	1
K04	安徽文学(下半月)	1339	0.136	0.026	0.98	398	0.19	3.37	7.0	6
K04	北方文学(下旬刊)	740	0.031	0.076	0.99	247	0.16	2.09	5.0	5
K04	北方文学(中旬刊)	214	0.034	0.006	0.98	109	0.10	0.92	2.6	3
K04	北京文学・中篇小说月报	37	0.133	0.000	1.00	20	0.05	0.17	3.8	3
K04	参花	206	0.042	0.009	0.98	98	0.11	0.83	3.0	2
K04	曹雪芹研究	93	0.675	0.121	0.71	17	0.06	0.14	1.9	3
K04	创作与评论	292	0.084	0.013	0.97	158	0.16	1.34	5.4	3
K04	大观	345	0.036	0.011	0.99	166	0.14	1.41	2.5	3
K04	大众文艺	8547	0.271	0.087	0.93	776	0.23	6.58	3.7	10
K04	当代	120	0.171	0.000	1.00	56	0.11	0.47	≥10	4
K04	当代文坛	631	0.329	0.094	0.97	276	0.24	2.34	6.3	5
K04	当代作家评论	1087	0.349	0.095	0.97	331	0.31	2.81	≥10	8
K04	杜甫研究学刊	140	0.121	0.097	0.71	60	0.08	0.51	≥10	2
K04	芙蓉	14	0.045	0.000	1.00	11	0.03	0.09	9.0	1
K04	广西文学	15	0.000	0.000	1.00	9	0.02	0.08	7.8	1
K04	国学学刊	59	0.167	0.020	0.93	40	0.02	0.34	4.1	2
K04	红楼梦学刊	709	0.456	0.071	0.69	176	0.16	1.49	≥10	3
K04	华文文学	209	0.126	0.000	0.89	105	0.14	0.89	7.9	3
K04	黄河之声	2836	0.300	0.090	0.89	293	0.14	2.48	2.9	7
K04	江南诗	2	0.015	0.000	1.00	2	0.02	0.02	2.0	1
K04	剧本	114	0.094	0.000	1.00	66	0.17	0.56	≥10	3
K04	剧作家	136	0.148	0.031	0.99	65	0.10	0.55	8.1	2

学科代码	期刊名称	扩展总被引频次	扩展影响因子	扩展即年指标	扩展他引率	扩展引用刊数	扩展学科影响指标	扩展学科扩散指标	扩展被引半衰期	扩展H指标
K04	鲁迅研究月刊	589	0.186	0.017	0.88	200	0.25	1.69	≥10	4
K04	芒种	388	0.064	0.013	0.93	158	0.15	1.34	3.7	3
K04	民族文学研究	602	0.436	0.074	0.88	212	0.19	1.80	≥10	4
K04	名作欣赏	1250	0.369	0.080	0.99	415	0.34	3.52	5.9	4
K04	明清小说研究	345	0.397	0.123	0.92	163	0.15	1.38	9.5	4
K04	南方文坛	682	0.280	0.140	0.96	266	0.26	2.25	8.0	5
K04	青海湖文学月刊	19	0.006	0.000	1.00	8	0.03	0.07	7.5	1
K04	青年文学家	1557	0.044	0.005	0.98	407	0.19	3.45	4.8	5
K04	三峡论坛(三峡文学・理论版)	165	0.178	0.031	0.98	111	0.07	0.94	4.7	3
K04	散文百家(下)	249	0.026	0.003	1.00	89	0.07	0.75	2.3	3
K04	山西文学	23	0.011	0.000	1.00	19	0.05	0.16	8.4	1
K04	上海采风	34	0.047	0.008	1.00	31	0.04	0.26	4.0	2
K04	神州	388	0.171	0.008	0.99	148	0.10	1.25	4.4	2
K04	丝绸之路	338	0.076	0.009	0.97	199	0.12	1.69	6.7	3
K04	文学教育(上)	831	0.159	0.090	0.99	273	0.19	2.31	3.2	5
K04	文学教育(下)	1184	0.214	0.112	1.00	281	0.17	2.38	2.3	5
K04	文学教育(中)	1091	0.045	0.019	0.99	278	0.16	2.36	4.9	6
K04	文学评论	2307	0.935	0.170	0.97	627	0.38	5.31	≥10	9
K04	文学遗产	1210	0.460	0.097	0.95	426	0.28	3.61	≥10	5
K04	文学与文化	90	0.092	0.000	0.96	73	0.10	0.62	5.3	3
K04	文艺生活・下旬刊	580	0.045	0.008	0.96	188	0.11	1.59	3.2	3
K04	文艺生活・中旬刊	689	0.050	0.016	0.98	210	0.13	1.78	3.1	4
K04	文艺研究	2254	0.691	0.108	0.98	652	0.36	5.53	9.6	9
K04	戏剧文学	436	0.195	0.035	0.86	169	0.18	1.43	5.9	3
K04	小说评论	723	0.250	0.030	0.95	280	0.27	2.37	8.9	5
K04	小说月报	317	0.054	0.038	1.00	117	0.14	0.99	–	3
K04	小作家选刊	1841	0.042	0.016	0.95	214	0.12	1.81	2.1	4
K04	新文学史料	510	0.162	0.043	0.96	199	0.22	1.69	≥10	5
K04	扬子江评论	143	0.189	0.038	0.92	84	0.14	0.71	4.4	3
K04	长江学术	181	0.256	0.083	0.99	134	0.12	1.14	6.9	4
K04	中国比较文学	450	0.256	0.074	0.97	257	0.25	2.18	≥10	6
K04	中国现代文学研究丛刊	1085	0.322	0.099	0.92	388	0.31	3.29	8.5	5
K04	中国韵文学刊	150	0.104	0.000	0.98	97	0.11	0.82	≥10	2

学科代码	期刊名称	扩展总被引频次	扩展影响因子	扩展即年指标	扩展他引率	扩展引用刊数	扩展学科影响指标	扩展学科扩散指标	扩展被引半衰期	扩展H指标
K04	钟山	77	0.041	0.019	1.00	44	0.14	0.37	≥10	2
K04	作家杂志	573	0.440	0.000	0.99	254	0.25	2.15	6.6	4
K05	当代外国文学	613	0.415	0.000	0.95	257	0.80	25.70	7.2	5
K05	俄罗斯文艺	196	0.106	0.024	0.82	96	0.60	9.60	9.3	3
K05	国外文学	477	0.272	0.015	1.00	219	0.90	21.90	≥10	4
K05	世界华文文学论坛	114	0.123	0.014	0.89	57	0.20	5.70	7.2	3
K05	外国文学	942	0.431	0.019	0.98	386	0.90	38.60	≥10	7
K05	外国文学动态研究	142	0.105	0.059	0.96	86	0.60	8.60	9.7	3
K05	外国文学评论	722	0.412	0.102	0.99	324	1.00	32.40	≥10	7
K05	外国文学研究	1319	0.409	0.063	0.96	400	0.90	40.00	≥10	8
K05	外文研究	62	0.188	0.014	0.95	50	0.10	5.00	3.6	2
K06	北方音乐	2093	0.137	0.035	0.81	234	0.32	2.23	2.5	5
K06	北京电影学院学报	757	0.698	0.110	0.98	190	0.33	1.81	6.9	6
K06	北京舞蹈学院学报	713	0.478	0.087	0.89	157	0.26	1.50	6.6	5
K06	大舞台	2333	0.274	0.057	1.00	392	0.48	3.73	4.8	5
K06	当代电影	2646	0.799	0.142	0.92	406	0.38	3.87	4.9	9
K06	当代戏剧	147	0.164	0.071	0.97	76	0.21	0.72	7.9	3
K06	当代音乐	672	0.228	0.143	0.96	112	0.13	1.07	1.6	5
K06	电影评介	1759	0.231	0.052	0.92	365	0.38	3.48	5.9	4
K06	电影文学	2536	0.234	0.055	0.75	406	0.37	3.87	5.0	4
K06	电影新作	214	0.232	0.052	0.97	76	0.15	0.72	3.7	3
K06	电影艺术	1185	0.846	0.253	0.97	262	0.37	2.50	8.6	5
K06	雕塑	176	0.146	0.023	0.93	87	0.22	0.83	6.7	3
K06	歌海	327	0.177	0.037	0.96	117	0.23	1.11	5.8	3
K06	贵州大学学报(艺术版)	240	0.170	0.032	0.99	121	0.30	1.15	7.4	3
K06	湖北美术学院学报	133	0.143	0.027	0.97	81	0.17	0.77	4.7	3
K06	黄钟—中国·武汉音乐学院学报	781	0.272	0.141	0.96	167	0.38	1.59	≥10	5
K06	吉林艺术学院学报	265	0.250	0.062	0.99	112	0.23	1.07	6.6	3
K06	交响-西安音乐学院学报	559	0.292	0.062	0.97	142	0.33	1.35	≥10	4
K06	解放军文艺	14	0.000	0.008	1.00	12	0.01	0.11	≥10	1
K06	乐府新声	639	0.285	0.045	0.99	118	0.33	1.12	7.2	4
K06	美术	581	0.075	0.035	0.92	175	0.44	1.67	≥10	4
K06	美术大观	1662	0.169	0.046	0.98	370	0.30	3.52	5.8	4

学科代码	期刊名称	扩展总被引频次	扩展影响因子	扩展即年指标	扩展他引率	扩展引用刊数	扩展学科影响指标	扩展学科扩散指标	扩展被引半衰期	扩展H指标
K06	美术观察	804	0.178	0.053	0.99	252	0.43	2.40	7.0	4
K06	美术界	212	0.073	0.047	0.97	96	0.19	0.91	4.3	2
K06	美术文献	33	0.125	0.006	1.00	22	0.03	0.21	3.5	2
K06	美术学报	218	0.265	0.032	0.92	105	0.23	1.00	5.2	3
K06	美术研究	520	0.203	0.043	0.97	202	0.43	1.92	≥10	3
K06	美与时代(上旬刊)	709	0.229	0.050	0.99	240	0.20	2.29	4.1	4
K06	美与时代(下旬刊)	597	0.093	0.019	0.98	225	0.25	2.14	7.3	4
K06	美与时代(中旬刊)・美术学刊	441	0.152	0.028	0.96	143	0.15	1.36	2.7	4
K06	美与时代・城市	508	0.230	0.048	0.97	191	0.13	1.82	2.3	4
K06	民族艺术	759	0.514	0.112	0.90	288	0.43	2.74	7.9	6
K06	民族艺术研究	699	0.447	0.100	0.98	291	0.48	2.77	6.4	5
K06	民族音乐	333	0.131	0.035	0.96	98	0.27	0.93	5.7	4
K06	南京艺术学院学报(美术与设计版)	891	0.335	0.031	0.98	329	0.43	3.13	7.1	5
K06	南京艺术学院学报(音乐与表演版)	478	0.239	0.020	0.97	148	0.34	1.41	7.8	4
K06	内蒙古大学艺术学院学报	182	0.201	0.024	0.97	109	0.28	1.04	6.6	2
K06	齐鲁艺苑	328	0.167	0.032	0.98	150	0.33	1.43	8.2	3
K06	人民音乐	1610	0.322	0.052	0.95	254	0.47	2.42	≥10	5
K06	人文天下	264	0.190	0.034	1.00	135	0.14	1.29	2.3	3
K06	上海艺术评论	113	0.288	0.014	0.99	72	0.26	0.69	4.1	2
K06	少男少女	9	–	0.009	1.00	5	–	0.05	0.0	1
K06	世界电影	392	0.254	0.000	0.99	115	0.26	1.10	≥10	4
K06	世界美术	123	0.103	0.026	0.98	60	0.25	0.57	≥10	3
K06	书画世界	67	0.047	0.000	1.00	42	0.11	0.40	7.2	2
K06	四川戏剧	756	0.221	0.073	0.93	265	0.36	2.52	3.9	4
K06	苏州工艺美术职业技术学院学报	86	0.158	0.014	0.97	52	0.10	0.50	5.3	2
K06	天工	9	0.037	0.004	0.78	4	0.01	0.04	2.2	1
K06	天津音乐学院学报	296	0.225	0.020	0.98	99	0.36	0.94	≥10	4
K06	文化艺术研究	196	0.205	0.088	0.98	119	0.32	1.13	6.2	3
K06	文艺理论研究	733	0.425	0.046	0.97	361	0.26	3.44	8.2	5
K06	文艺理论与批评	427	0.282	0.113	0.99	235	0.17	2.24	≥10	4
K06	文艺评论	456	0.149	0.061	0.93	255	0.29	2.43	5.5	3
K06	文艺争鸣	1614	0.379	0.084	0.95	544	0.39	5.18	6.9	5
K06	西北美术	99	0.098	0.008	0.92	60	0.15	0.57	5.7	2

学科代码	期刊名称	扩展总被引频次	扩展影响因子	扩展即年指标	扩展他引率	扩展引用刊数	扩展学科影响指标	扩展学科扩散指标	扩展被引半衰期	扩展H指标
K06	西藏艺术研究	180	0.210	0.017	0.94	82	0.15	0.78	≥10	4
K06	戏剧艺术	383	0.201	0.025	0.95	171	0.35	1.63	≥10	4
K06	戏剧之家	3803	0.470	0.172	0.95	440	0.39	4.19	2.2	8
K06	戏剧-中央戏剧学院学报	235	0.163	0.035	0.95	117	0.35	1.11	≥10	4
K06	戏曲艺术	231	0.112	0.033	0.96	118	0.33	1.12	8.9	3
K06	新疆艺术学院学报	217	0.132	0.000	0.84	96	0.26	0.91	8.0	3
K06	新美术	458	0.193	0.011	0.95	190	0.45	1.81	9.1	3
K06	星海音乐学院学报	550	0.423	0.129	0.95	151	0.36	1.44	8.9	4
K06	演艺科技	188	0.071	0.076	0.90	82	0.13	0.78	5.7	3
K06	艺海	969	0.197	0.064	0.99	250	0.31	2.38	4.4	4
K06	艺术百家	2111	0.624	0.060	0.97	595	0.71	5.67	5.8	6
K06	艺术工作	214	0.163	0.057	0.98	112	0.19	1.07	7.6	3
K06	艺术科技	3895	0.275	0.063	0.94	543	0.41	5.17	2.5	8
K06	艺术评鉴	3183	0.370	0.036	0.94	267	0.23	2.54	2.7	8
K06	艺术评论	839	0.326	0.064	0.99	304	0.53	2.90	4.9	5
K06	艺术探索	619	0.373	0.036	1.00	223	0.44	2.12	7.7	3
K06	艺术研究	746	0.307	0.070	0.98	209	0.30	1.99	4.5	5
K06	音乐传播	130	0.331	0.083	0.87	62	0.17	0.59	2.9	3
K06	音乐创作	835	0.285	0.085	0.94	148	0.28	1.41	3.7	4
K06	音乐生活	360	0.331	0.125	0.99	86	0.20	0.82	4.7	4
K06	音乐探索	556	0.333	0.108	0.95	147	0.34	1.40	7.8	5
K06	音乐天地	460	0.412	0.193	1.00	106	0.15	1.01	6.3	3
K06	音乐研究	1186	0.653	0.121	0.95	217	0.47	2.07	≥10	6
K06	音乐艺术	733	0.388	0.092	0.93	131	0.41	1.25	≥10	5
K06	云南艺术学院学报	265	0.286	0.113	0.97	124	0.32	1.18	7.6	4
K06	浙江艺术职业学院学报	219	0.190	0.054	0.98	120	0.29	1.14	6.5	2
K06	中国美术	154	0.091	0.016	0.99	82	0.17	0.78	5.9	2
K06	中国美术教育	219	0.195	0.090	0.92	77	0.09	0.73	≥10	4
K06	中国书法	301	0.103	0.020	0.69	100	0.19	0.95	4.6	3
K06	中国书画	146	0.116	0.027	0.97	75	0.20	0.71	9.3	3
K06	中国音乐	1671	0.457	0.066	0.99	265	0.47	2.52	≥10	6
K06	中国音乐学	961	0.541	0.088	0.95	201	0.47	1.91	≥10	6
K06	中央音乐学院学报	948	0.516	0.323	0.98	171	0.43	1.63	≥10	6

学科代码	期刊名称	扩展总被引频次	扩展影响因子	扩展即年指标	扩展他引率	扩展引用刊数	扩展学科影响指标	扩展学科扩散指标	扩展被引半衰期	扩展H指标
K06	装饰	3081	0.736	0.115	0.96	562	0.41	5.35	5.9	8
K08	Frontiers of History in China	9	0.033	0.000	0.56	5	0.04	0.09	5.5	1
K08	The Journal of Ancient Civilizations	131	0.316	0.122	0.91	83	0.21	1.57	5.5	3
K08	安徽史学	601	0.398	0.052	0.95	304	0.34	5.74	9.8	4
K08	北方文物	589	0.296	0.000	0.89	164	0.26	3.09	≥10	4
K08	草原文物	240	0.136	0.000	0.88	68	0.17	1.28	≥10	4
K08	当代中国史研究	475	0.441	0.013	0.94	243	0.13	4.58	8.4	4
K08	敦煌学辑刊	527	0.295	0.067	0.84	154	0.19	2.91	≥10	5
K08	敦煌研究	1142	0.321	0.032	0.88	291	0.34	5.49	≥10	6
K08	广西地方志	103	0.032	0.012	0.92	56	0.13	1.06	≥10	2
K08	贵州文史丛刊	277	0.092	0.014	0.96	142	0.13	2.68	≥10	2
K08	郭沫若学刊	92	0.039	0.000	0.75	41	0.06	0.77	≥10	2
K08	海交史研究	121	0.364	0.031	0.99	71	0.15	1.34	≥10	3
K08	黑龙江史志	1858	0.232	0.015	1.00	472	0.21	8.91	3.6	6
K08	华侨华人历史研究	363	0.551	0.041	0.75	118	0.09	2.23	≥10	4
K08	江淮文史	54	0.072	0.000	1.00	38	0.06	0.72	8.0	2
K08	近代史研究	1425	1.266	0.180	0.94	437	0.30	8.25	≥10	7
K08	军事历史	153	0.073	0.025	0.97	107	0.15	2.02	9.5	2
K08	历史研究	2724	1.123	0.111	0.97	727	0.60	13.72	≥10	8
K08	岭南文史	119	0.072	0.027	0.93	75	0.13	1.42	≥10	3
K08	南方文物	558	0.314	0.049	0.88	197	0.21	3.72	7.4	5
K08	蒲松龄研究	140	0.194	0.043	0.60	49	0.04	0.92	6.8	2
K08	清史研究	598	0.824	0.143	0.91	272	0.32	5.13	≥10	5
K08	人文地理	4379	1.924	0.167	0.94	999	0.09	18.85	7.0	13
K08	史林	798	0.389	0.049	0.98	396	0.40	7.47	≥10	6
K08	史学理论研究	479	0.452	0.085	0.93	255	0.21	4.81	8.9	5
K08	史学史研究	375	0.311	0.036	0.91	178	0.30	3.36	≥10	4
K08	史学月刊	1517	0.496	0.060	0.98	577	0.53	10.89	≥10	5
K08	史志学刊	332	–	0.054	0.99	224	0.15	4.23	7.6	3
K08	世界历史	768	0.434	0.045	0.94	331	0.32	6.25	≥10	5
K08	世界遗产	75	0.133	0.014	1.00	48	0.02	0.91	3.3	2
K08	文史	317	0.510	0.000	0.94	136	0.32	2.57	7.5	4
K08	文史天地	76	0.031	0.000	1.00	61	0.04	1.15	8.5	2

学科代码	期刊名称	扩展总被引频次	扩展影响因子	扩展即年指标	扩展他引率	扩展引用刊数	扩展学科影响指标	扩展学科扩散指标	扩展被引半衰期	扩展H指标
K08	文史杂志	258	0.051	0.015	0.97	188	0.17	3.55	≥10	3
K08	文史知识	401	0.139	0.005	1.00	243	0.21	4.58	≥10	4
K08	文物鉴定与鉴赏	162	0.134	0.070	0.88	76	0.04	1.43	2.6	3
K08	西部蒙古论坛	30	0.024	0.019	0.87	19	0.06	0.36	4.9	2
K08	西夏研究	89	0.203	0.000	0.81	44	0.11	0.83	4.3	3
K08	新疆地方志	70	0.094	0.000	0.94	47	0.09	0.89	≥10	2
K08	中国地方志	357	0.339	0.188	0.71	102	0.15	1.92	7.2	5
K08	中国历史地理论丛	732	0.523	0.071	0.94	317	0.43	5.98	≥10	5
K08	中国名城	485	0.463	0.200	0.95	258	0.06	4.87	3.8	5
K08	中国史研究	900	0.594	0.143	0.97	334	0.45	6.30	≥10	6
K08	中国史研究动态	178	0.123	0.038	1.00	119	0.17	2.25	≥10	3
K08	中国文物科学研究	249	0.305	0.050	0.96	117	0.11	2.21	5.9	3
K08	中华文史论丛	333	0.265	0.057	0.96	172	0.28	3.25	8.6	4
K08	中华医史杂志	360	0.148	0.059	0.94	162	0.11	3.06	≥10	4
K10	华夏考古	700	0.360	0.136	0.92	156	0.81	9.75	≥10	6
K10	江汉考古	720	0.483	0.058	0.84	178	0.81	11.12	≥10	6
K10	考古	4794	0.995	0.268	0.93	493	0.94	30.81	≥10	9
K10	考古学报	1939	1.000	0.174	0.95	366	0.94	22.88	≥10	10
K10	考古与文物	1539	0.592	0.121	0.94	294	0.88	18.38	≥10	6
K10	民俗研究	957	0.760	0.194	0.88	393	0.19	24.56	6.6	7
K10	农业考古	1767	0.426	0.019	0.94	516	0.69	32.25	7.8	8
K10	四川文物	636	0.294	0.034	0.92	210	0.88	13.12	≥10	5
K10	文物	5510	0.550	0.129	0.96	599	0.94	37.44	≥10	9
K10	文物保护与考古科学	774	0.754	0.043	0.70	185	0.62	11.56	7.1	7
K10	文物春秋	396	0.163	0.013	0.89	143	0.88	8.94	≥10	4
K10	文物世界	311	0.201	0.053	0.93	143	0.69	8.94	7.7	4
K10	寻根	189	0.058	0.000	1.00	143	0.31	8.94	≥10	3
K10	中国边疆史地研究	668	0.642	0.014	0.93	255	0.25	15.94	≥10	5
K10	中国国家博物馆馆刊	624	0.299	0.034	0.96	263	0.94	16.44	7.8	5
K10	中原文物	996	0.212	0.042	0.90	271	0.88	16.94	≥10	4
L01	Frontiers of Business Research in China	65	0.125	0.000	0.85	45	0.05	0.28	6.5	3
L01	Frontiers of Economics in China	49	0.091	0.000	0.94	36	0.05	0.22	6.5	3
L01	WTO经济导刊	176	0.269	0.107	0.95	108	0.13	0.67	4.5	3

学科代码	期刊名称	扩展总被引频次	扩展影响因子	扩展即年指标	扩展他引率	扩展引用刊数	扩展学科影响指标	扩展学科扩散指标	扩展被引半衰期	扩展H指标
L01	办公室业务	6207	0.499	0.226	0.87	431	0.21	2.66	2.4	12
L01	北方经济	893	0.265	0.072	0.99	401	0.26	2.48	5.9	4
L01	边疆经济与文化	1210	0.194	0.088	0.99	480	0.22	2.96	5.1	5
L01	财经研究	3803	2.819	0.562	0.98	794	0.52	4.90	5.6	14
L01	产经评论	481	0.748	0.085	0.93	290	0.22	1.79	5.1	5
L01	产权导刊	139	0.134	0.064	1.00	97	0.10	0.60	3.3	2
L01	产业与科技论坛	6973	0.387	0.149	0.99	1235	0.33	7.62	3.1	10
L01	城市	558	0.503	0.416	0.96	280	0.20	1.73	3.4	6
L01	城市观察	490	0.719	0.071	0.96	284	0.18	1.75	4.1	7
L01	城市管理与科技	312	0.193	0.100	0.99	190	0.12	1.17	7.5	5
L01	大陆桥视野	680	0.077	0.014	0.99	242	0.17	1.49	2.4	6
L01	当代经济	4045	0.428	0.101	0.99	926	0.43	5.72	3.3	8
L01	当代经济科学	1366	1.741	0.158	0.99	566	0.39	3.49	6.1	10
L01	当代经济研究	1302	1.130	0.193	0.97	550	0.40	3.40	4.8	7
L01	发展研究	824	0.710	0.113	0.98	462	0.28	2.85	3.8	7
L01	改革	3333	3.703	0.354	0.95	1005	0.51	6.20	3.7	16
L01	改革与开放	3998	0.326	0.112	0.99	860	0.31	5.31	6.0	12
L01	改革与战略	2498	0.936	0.469	0.92	890	0.39	5.49	3.6	7
L01	广义虚拟经济研究	97	0.226	0.022	0.43	33	0.04	0.20	4.4	3
L01	国际经济合作	1180	1.046	0.255	0.94	480	0.37	2.96	3.7	7
L01	国际经济评论	1532	1.912	0.475	0.98	580	0.45	3.58	3.8	12
L01	国外医学·卫生经济分册	147	0.463	0.078	0.99	99	0.03	0.61	5.5	4
L01	海峡科技与产业	271	0.251	0.084	0.96	150	0.09	0.93	1.6	4
L01	海峡科学	1025	0.319	0.091	0.97	512	0.16	3.16	4.9	5
L01	行政事业资产与财务	3603	0.352	0.107	0.92	378	0.22	2.33	3.2	9
L01	合作经济与科技	3466	0.297	0.149	0.99	845	0.39	5.22	3.0	6
L01	河北企业	1382	0.289	0.161	0.99	363	0.23	2.24	2.2	6
L01	河北职业教育	1596	0.492	0.145	0.98	506	0.18	3.12	5.5	6
L01	宏观经济管理	1786	1.359	1.086	0.92	717	0.45	4.43	2.5	11
L01	华东经济管理	2674	1.068	0.262	0.97	906	0.44	5.59	4.5	8
L01	环渤海经济瞭望	404	0.323	0.053	0.91	207	0.19	1.28	2.5	5
L01	价值工程	15892	0.526	0.234	0.98	1874	0.41	11.57	4.1	19
L01	交通与港航	187	0.330	0.114	0.97	124	0.07	0.77	5.3	3

学科代码	期刊名称	扩展总被引频次	扩展影响因子	扩展即年指标	扩展他引率	扩展引用刊数	扩展学科影响指标	扩展学科扩散指标	扩展被引半衰期	扩展H指标
L01	金融评论	399	1.058	0.100	0.96	212	0.24	1.31	3.8	6
L01	经济管理	4237	2.860	0.429	0.95	977	0.52	6.03	5.0	11
L01	经济界	181	0.299	0.104	0.98	137	0.14	0.85	4.4	3
L01	经济经纬	1667	1.272	0.235	0.97	662	0.48	4.09	5.0	8
L01	经济科学	1775	2.050	0.200	0.99	596	0.43	3.68	7.0	11
L01	经济理论与经济管理	2154	2.139	0.396	0.98	708	0.48	4.37	5.3	12
L01	经济论坛	1914	0.531	0.165	0.99	742	0.38	4.58	5.5	6
L01	经济评论	2037	2.349	0.522	0.98	663	0.44	4.09	5.8	10
L01	经济社会史评论	43	0.365	0.000	0.93	28	0.01	0.17	2.5	3
L01	经济社会体制比较	2507	2.085	0.222	0.99	873	0.49	5.39	5.7	13
L01	经济师	5256	0.429	0.193	0.98	991	0.34	6.12	4.2	9
L01	经济数学	276	0.442	0.125	0.87	183	0.14	1.13	4.9	4
L01	经济问题	3465	2.207	0.546	0.95	1037	0.49	6.40	3.9	11
L01	经济问题探索	3509	1.346	0.269	0.98	1042	0.52	6.43	5.0	10
L01	经济学(季刊)	4731	4.022	0.731	0.98	763	0.51	4.71	6.7	20
L01	经济学动态	3316	2.003	0.206	0.98	859	0.52	5.30	5.4	14
L01	经济学家	3243	2.989	0.667	0.98	901	0.52	5.56	4.7	13
L01	经济研究	26490	7.975	0.641	0.98	1489	0.64	9.19	7.8	47
L01	经济研究导刊	7956	0.351	0.162	0.98	1563	0.46	9.65	4.1	9
L01	经济与管理	1279	1.791	0.632	0.99	569	0.37	3.51	4.5	8
L01	经济与管理研究	2197	1.552	0.381	0.97	752	0.46	4.64	4.5	9
L01	经济资料译丛	90	0.211	0.067	0.98	64	0.07	0.40	4.8	2
L01	经济纵横	3308	2.119	0.443	0.98	1023	0.49	6.31	3.6	12
L01	经贸实践	2648	0.288	0.101	0.97	411	0.24	2.54	1.6	7
L01	经营与管理	1110	0.382	0.277	0.99	437	0.28	2.70	2.7	7
L01	决策	280	0.202	0.032	1.00	209	0.14	1.29	3.7	3
L01	决策探索	709	0.204	0.101	1.00	364	0.21	2.25	3.6	4
L01	开放导报	709	0.765	0.318	0.96	423	0.36	2.61	3.9	7
L01	开放时代	2442	2.246	0.282	0.97	667	0.20	4.12	6.5	15
L01	科技创业月刊	2490	0.325	0.168	0.97	745	0.30	4.60	4.2	8
L01	科技和产业	987	0.376	0.081	0.98	533	0.29	3.29	4.6	4
L01	理财(经论)	24	0.055	0.039	1.00	17	0.04	0.10	1.3	2
L01	理财(收藏)	5	0.012	0.011	1.00	4	0.01	0.02	2.5	1

学科代码	期刊名称	扩展总被引频次	扩展影响因子	扩展即年指标	扩展他引率	扩展引用刊数	扩展学科影响指标	扩展学科扩散指标	扩展被引半衰期	扩展H指标
L01	辽宁经济	618	0.276	0.101	1.00	255	0.17	1.57	4.4	4
L01	秘书	150	0.076	0.015	0.86	67	0.03	0.41	6.6	2
L01	秘书工作	173	0.089	0.040	1.00	103	0.04	0.64	3.7	3
L01	秘书之友	194	0.152	0.056	0.89	85	0.05	0.52	5.5	2
L01	南北桥	444	0.038	0.019	0.99	111	0.04	0.69	2.3	3
L01	南方经济	1395	1.361	0.400	0.95	521	0.41	3.22	5.8	10
L01	南开经济研究	1746	2.757	0.280	0.99	588	0.44	3.63	6.8	13
L01	宁波经济(三江论坛)	144	0.194	0.068	0.98	110	0.06	0.68	3.1	3
L01	农林经济管理学报	672	1.045	0.283	0.96	350	0.19	2.16	4.3	7
L01	企业管理	1114	0.522	0.138	0.98	396	0.26	2.44	3.1	6
L01	企业技术开发(学术版)	3965	1.697	0.157	1.00	611	0.22	3.77	3.2	11
L01	企业科技与发展	2839	0.767	0.131	0.97	606	0.22	3.74	3.4	12
L01	企业文化(上旬刊)	155	1.694	0.071	0.99	75	0.08	0.46	3.2	3
L01	企业文化(下旬刊)	716	0.065	0.019	0.92	162	0.14	1.00	2.5	4
L01	企业文明	285	0.168	0.140	1.00	113	0.11	0.70	2.6	3
L01	企业研究(策划与财富)	849	0.268	0.133	1.00	253	0.19	1.56	4.8	4
L01	青海国土经略	204	0.211	0.021	1.00	96	0.03	0.59	9.2	3
L01	清华金融评论	375	0.441	0.100	1.00	175	0.20	1.08	1.8	5
L01	区域经济评论	887	1.079	0.389	0.97	398	0.31	2.46	3.5	6
L01	全国流通经济	2029	0.239	0.074	0.97	469	0.25	2.90	2.8	6
L01	全球化	406	0.919	0.274	0.90	241	0.23	1.49	2.4	6
L01	全球科技经济瞭望	336	0.310	0.088	0.85	197	0.12	1.22	4.2	3
L01	商场现代化	9688	0.395	0.214	0.97	1179	0.44	7.28	3.1	10
L01	商品与质量	3567	0.067	0.013	0.99	355	0.17	2.19	1.9	7
L01	商情	1745	–	0.011	0.98	440	0.22	2.72	4.1	5
L01	生产力研究	2629	0.448	0.148	0.99	915	0.38	5.65	6.4	7
L01	世界经济	5886	4.170	0.427	0.97	822	0.51	5.07	6.4	23
L01	世界经济文汇	943	1.655	0.179	0.99	403	0.33	2.49	7.0	8
L01	世界经济研究	2424	1.881	0.359	0.96	588	0.44	3.63	5.2	12
L01	世界经济与政治论坛	639	1.243	0.194	0.96	353	0.28	2.18	5.2	6
L01	收藏与投资	30	0.027	0.007	1.00	21	0.01	0.13	1.1	1
L01	特区经济	2569	0.345	0.233	0.99	851	0.41	5.25	6.1	7
L01	特区实践与理论	281	0.377	0.061	0.97	204	0.14	1.26	3.1	4

学科代码	期刊名称	扩展总被引频次	扩展影响因子	扩展即年指标	扩展他引率	扩展引用刊数	扩展学科影响指标	扩展学科扩散指标	扩展被引半衰期	扩展H指标
L01	天津经济	341	0.339	0.097	0.98	190	0.22	1.17	3.3	5
L01	外国经济与管理	2505	2.263	0.315	0.97	735	0.40	4.54	6.1	12
L01	卫生经济研究	1754	1.407	0.475	0.92	428	0.22	2.64	3.6	8
L01	西部论坛	587	1.320	0.301	0.98	370	0.28	2.28	3.9	6
L01	西藏发展论坛	135	0.211	0.102	0.93	89	0.07	0.55	3.8	3
L01	现代经济探讨	1883	1.904	0.302	0.98	729	0.40	4.50	3.2	12
L01	现代企业	540	0.239	0.087	1.00	216	0.15	1.33	3.4	4
L01	现代日本经济	532	1.301	0.340	0.89	247	0.23	1.52	4.8	6
L01	信息资源管理学报	318	0.889	0.137	0.97	161	0.06	0.99	4.3	4
L01	亚太经济	987	1.110	0.255	0.96	424	0.38	2.62	4.0	6
L01	沿海企业与科技	947	0.398	0.039	0.99	353	0.17	2.18	7.6	6
L01	冶金企业文化	105	0.188	0.102	1.00	46	0.06	0.28	2.8	3
L01	印度洋经济体研究	116	0.638	0.096	0.93	61	0.04	0.38	2.6	3
L01	招标采购管理	148	0.212	0.070	0.98	67	0.07	0.41	2.5	3
L01	招标与投标	251	0.329	0.103	0.95	85	0.09	0.52	2.3	4
L01	浙江经济	667	0.303	0.045	1.00	347	0.26	2.14	2.8	7
L01	政法学刊	404	0.398	0.090	0.98	194	0.07	1.20	7.0	4
L01	政治经济学评论	544	1.705	0.431	0.91	241	0.27	1.49	2.1	6
L01	知识经济	5199	0.334	0.204	0.99	901	0.31	5.56	3.0	9
L01	知识就是力量	30	0.020	0.007	1.00	29	–	0.18	≥10	1
L01	中国大学生就业(理论版)	75	0.209	0.012	0.99	50	0.04	0.31	2.7	3
L01	中国大学生就业(综合版)	1080	1.477	0.852	0.98	360	0.19	2.22	4.8	7
L01	中国发展	339	0.335	0.083	0.95	227	0.16	1.40	4.9	5
L01	中国发展观察	959	0.944	0.228	1.00	529	0.31	3.27	2.7	7
L01	中国房地产(市场版)	12	0.023	0.006	1.00	8	–	0.05	2.2	1
L01	中国房地产(学术版)	109	0.120	0.025	0.95	75	0.04	0.46	4.3	3
L01	中国房地产(综合版)	754	0.586	0.191	0.99	266	0.20	1.64	4.1	5
L01	中国工程咨询	447	0.176	0.033	1.00	191	0.15	1.18	4.3	4
L01	中国工业评论	255	0.684	0.092	1.00	194	0.16	1.20	2.7	5
L01	中国合作经济	259	0.399	0.060	1.00	161	0.14	0.99	3.8	4
L01	中国集体经济	5063	0.463	0.271	0.98	847	0.36	5.23	2.8	10
L01	中国经济报告	383	–	0.170	0.99	257	0.20	1.59	2.2	5
L01	中国经济史研究	929	0.941	0.106	0.86	341	0.14	2.10	≥10	6

学科代码	期刊名称	扩展总被引频次	扩展影响因子	扩展即年指标	扩展他引率	扩展引用刊数	扩展学科影响指标	扩展学科扩散指标	扩展被引半衰期	扩展H指标
L01	中国经济问题	753	1.621	0.379	0.94	413	0.36	2.55	4.7	7
L01	中国科技投资	2482	–	0.015	0.96	487	0.22	3.01	3.4	8
L01	中国科技资源导刊	282	0.621	0.160	0.79	116	0.07	0.72	3.2	5
L01	中国煤炭工业	340	0.193	0.065	1.00	119	0.12	0.73	4.5	4
L01	中国民商	104	0.217	0.026	1.00	83	0.10	0.51	6.7	2
L01	中国社会经济史研究	598	0.941	0.021	0.92	277	0.06	1.71	≥10	6
L01	中国社会组织	373	0.234	0.058	1.00	222	0.10	1.37	4.3	3
L01	中国市场	8260	0.408	0.130	0.95	1283	0.46	7.92	2.5	11
L01	中国统计	595	0.219	0.060	0.99	346	0.21	2.14	5.3	4
L01	中国外资	1197	–	0.192	1.00	261	0.22	1.61	4.6	5
L01	中国中小企业	162	0.284	0.080	1.00	116	0.12	0.72	3.7	3
L01	中小企业管理与科技	18673	0.519	0.258	0.99	1105	0.28	6.82	3.5	21
L02	保险职业学院学报	308	0.284	0.069	0.97	177	0.09	3.22	5.3	4
L02	北京财贸职业学院学报	225	0.603	0.089	0.86	126	0.07	2.29	3.0	4
L02	东北财经大学学报	616	0.430	0.176	0.99	343	0.31	6.24	5.7	5
L02	福建商学院学报	328	0.671	0.148	0.98	207	0.09	3.76	3.4	5
L02	广东财经大学学报	614	2.031	0.450	0.97	347	0.33	6.31	3.3	7
L02	广东农工商职业技术学院学报	215	0.364	0.077	1.00	145	0.04	2.64	5.0	3
L02	广东外语外贸大学学报	723	0.319	0.041	0.99	349	0.07	6.35	7.9	6
L02	广西财经学院学报	378	0.545	0.327	0.99	230	0.29	4.18	4.4	4
L02	贵州财经大学学报	614	1.838	0.318	0.98	311	0.27	5.65	3.6	7
L02	贵州商学院学报	99	0.187	0.067	0.99	72	0.07	1.31	5.6	2
L02	国际商务–对外经济贸易大学学报	673	1.203	0.148	0.98	363	0.40	6.60	4.0	7
L02	海关与经贸研究	214	0.542	0.132	0.87	98	0.04	1.78	4.0	4
L02	河北地质大学学报	475	0.367	0.042	0.96	294	0.13	5.35	6.7	4
L02	河北经贸大学学报	867	1.331	0.322	0.94	450	0.38	8.18	3.3	8
L02	河北旅游职业学院学报	358	0.306	0.097	0.99	193	0.09	3.51	5.7	4
L02	河南牧业经济学院学报	294	0.265	0.030	0.97	176	0.07	3.20	4.9	3
L02	湖北经济学院学报	494	0.572	0.226	0.99	306	0.15	5.56	4.6	4
L02	湖南财政经济学院学报	796	1.289	0.167	0.97	377	0.36	6.85	3.7	7
L02	湖南税务高等专科学校学报	168	0.214	0.060	0.99	115	0.04	2.09	5.4	2
L02	吉林工商学院学报	423	0.292	0.096	0.99	265	0.16	4.82	4.6	4
L02	江苏经贸职业技术学院学报	334	0.403	0.122	0.99	203	0.05	3.69	3.7	4

学科代码	期刊名称	扩展总被引频次	扩展影响因子	扩展即年指标	扩展他引率	扩展引用刊数	扩展学科影响指标	扩展学科扩散指标	扩展被引半衰期	扩展H指标
L02	江西财经大学学报	999	1.594	0.172	0.97	521	0.40	9.47	5.1	6
L02	兰州财经大学学报	310	0.364	0.083	0.99	220	0.16	4.00	6.0	4
L02	南京财经大学学报	521	1.006	0.329	0.93	301	0.29	5.47	4.5	5
L02	南京审计大学学报	588	1.324	0.352	0.99	301	0.36	5.47	4.0	6
L02	内蒙古财经大学学报	606	0.505	0.167	0.98	325	0.11	5.91	3.7	5
L02	农银学刊	186	0.280	0.078	0.97	96	0.07	1.75	4.2	3
L02	山东财经大学学报	367	0.659	0.167	0.94	229	0.18	4.16	4.4	4
L02	山东工商学院学报	277	0.335	0.040	0.99	193	0.13	3.51	5.2	3
L02	山东商业职业技术学院学报	555	0.684	0.153	1.00	246	0.07	4.47	3.1	6
L02	山西财经大学学报	2999	2.644	0.560	0.99	917	0.71	16.67	5.4	8
L02	山西财政税务专科学校学报	179	0.197	0.000	1.00	112	0.09	2.04	6.0	3
L02	上海对外经贸大学学报	259	0.913	0.196	0.96	160	0.15	2.91	3.7	5
L02	上海立信会计金融学院学报	306	0.524	0.000	0.97	184	0.13	3.35	4.8	4
L02	上海商学院学报	265	0.363	0.060	0.99	187	0.04	3.40	5.1	4
L02	首都经济贸易大学学报	694	0.990	0.385	0.97	407	0.33	7.40	4.6	6
L02	四川旅游学院学报	378	0.371	0.145	0.95	201	0.05	3.65	4.0	4
L02	太原城市职业技术学院学报	2344	0.349	0.072	0.99	580	0.15	10.55	4.0	8
L02	天津商务职业学院学报	321	0.475	0.159	0.95	167	0.05	3.04	3.0	5
L02	天津商业大学学报	334	0.580	0.215	0.99	226	0.16	4.11	6.1	4
L02	天津中德应用技术大学学报	368	0.319	0.112	1.00	191	0.05	3.47	3.1	4
L02	铜陵学院学报	382	0.289	0.022	0.99	240	0.15	4.36	5.1	3
L02	无锡商业职业技术学院学报	510	0.439	0.134	0.95	258	0.16	4.69	4.7	4
L02	武汉商学院学报	336	0.406	0.054	0.98	214	0.11	3.89	4.2	5
L02	西安财经学院学报	704	0.848	0.342	0.89	356	0.22	6.47	4.0	6
L02	西部经济管理论坛	201	0.444	0.138	0.98	132	0.09	2.40	4.1	3
L02	现代财经-天津财经大学学报	949	1.108	0.162	0.99	424	0.44	7.71	5.0	6
L02	新疆财经大学学报	153	0.494	0.000	0.94	116	0.11	2.11	5.8	3
L02	云南财经大学学报	788	1.088	0.247	0.99	434	0.36	7.89	5.1	5
L02	长春金融高等专科学校学报	269	0.585	0.280	0.91	135	0.07	2.45	3.0	4
L02	浙江工贸职业技术学院学报	210	0.491	0.086	0.94	137	0.04	2.49	3.6	4
L02	浙江工商大学学报	482	1.111	0.256	0.95	265	0.09	4.82	3.3	5
L02	浙江工商职业技术学院学报	290	0.412	0.080	0.99	169	0.04	3.07	5.8	4
L02	中南财经政法大学学报	1609	1.607	0.290	0.99	659	0.51	11.98	4.8	8

学科代码	期刊名称	扩展总被引频次	扩展影响因子	扩展即年指标	扩展他引率	扩展引用刊数	扩展学科影响指标	扩展学科扩散指标	扩展被引半衰期	扩展H指标
L02	中央财经大学学报	2457	1.948	0.437	0.97	765	0.73	13.91	4.9	11
L04	财会学习	4716	0.588	0.333	0.90	370	0.41	16.82	1.3	8
L04	财会研究	1754	0.787	0.223	0.99	347	0.45	15.77	5.2	7
L04	财会月刊	2230	0.957	0.313	0.95	417	0.59	18.95	3.3	6
L04	城市问题	2532	1.278	0.181	0.96	871	0.50	39.59	5.9	9
L04	技术经济与管理研究	2052	1.020	0.384	0.97	782	0.64	35.55	4.5	9
L04	交通财会	656	0.506	0.184	0.92	176	0.41	8.00	3.8	6
L04	教育财会研究	580	0.946	0.337	0.93	190	0.36	8.64	3.8	5
L04	教育与经济	866	1.714	0.229	0.94	391	0.36	17.77	4.9	8
L04	经济体制改革	1935	1.488	0.251	0.98	757	0.73	34.41	4.6	9
L04	经济与管理评论	730	1.156	0.246	0.90	360	0.59	16.36	3.7	6
L04	经济与社会发展	1133	0.426	0.029	1.00	538	0.32	24.45	7.0	4
L04	企业经济	3424	0.733	0.199	0.98	1004	0.59	45.64	5.2	12
L04	商业经济	3449	0.520	0.375	0.99	785	0.55	35.68	4.1	9
L04	商业经济研究	7211	0.872	0.268	0.79	1227	0.77	55.77	2.9	12
L04	商业经济与管理	1892	1.624	0.381	0.97	634	0.64	28.82	5.2	12
L04	数量经济技术经济研究	5641	3.513	0.223	0.97	971	0.77	44.14	7.5	18
L04	西部财会	511	0.339	0.144	0.98	160	0.32	7.27	3.2	5
L04	现代商业	7493	0.317	0.110	0.97	960	0.64	43.64	3.9	10
L04	冶金财会	225	0.213	0.078	1.00	89	0.14	4.05	5.0	3
L04	预测	989	1.139	0.111	0.97	439	0.64	19.95	7.0	7
L04	中国改革	244	0.069	0.032	1.00	177	0.14	8.05	≥10	3
L04	中国资产评估	277	0.435	0.009	0.81	112	0.18	5.09	5.2	3
L05	财务与会计	1995	0.763	0.189	0.98	339	0.75	21.19	2.7	9
L05	当代会计	671	0.496	0.182	0.98	158	0.38	9.88	2.0	5
L05	会计研究	10191	5.366	0.337	0.96	802	0.88	50.12	5.7	27
L05	会计与经济研究	496	1.394	0.163	0.94	207	0.81	12.94	4.5	7
L05	会计之友	6778	1.365	0.498	0.93	760	0.88	47.50	4.1	15
L05	商业会计	3719	0.642	0.266	0.78	454	0.81	28.38	3.2	8
L05	审计研究	3490	3.844	0.322	0.95	462	0.88	28.88	5.2	16
L05	审计与经济研究	1765	3.074	0.847	0.96	455	0.81	28.44	4.5	10
L05	现代审计与经济	187	0.285	0.037	1.00	95	0.56	5.94	3.9	4
L05	新会计	482	0.476	0.180	0.98	168	0.75	10.50	3.0	4

学科代码	期刊名称	扩展总被引频次	扩展影响因子	扩展即年指标	扩展他引率	扩展引用刊数	扩展学科影响指标	扩展学科扩散指标	扩展被引半衰期	扩展H指标
L05	中国内部审计	1035	0.711	0.254	0.93	223	0.88	13.94	3.2	8
L05	中国农业会计	517	0.270	0.030	0.96	171	0.62	10.69	4.5	4
L05	中国审计	274	0.032	0.010	1.00	98	0.50	6.12	7.1	3
L05	中国乡镇企业会计	2823	0.385	0.137	0.97	356	0.44	22.25	2.8	8
L05	中国注册会计师	984	0.791	0.088	0.93	227	0.81	14.19	3.7	8
L05	中国总会计师	1670	0.565	0.200	0.97	263	0.75	16.44	2.9	7
L06	当代农村财经	273	0.207	0.068	0.99	169	0.34	5.83	3.4	4
L06	调研世界	925	0.930	0.158	0.98	490	0.48	16.90	4.3	7
L06	国土资源信息化	316	0.879	0.050	0.91	112	0.07	3.86	4.7	6
L06	江苏农村经济	288	0.183	0.070	1.00	167	0.21	5.76	3.8	3
L06	林业经济问题	734	0.594	0.153	0.88	264	0.45	9.10	6.3	6
L06	南方农村	286	0.303	0.131	0.98	183	0.38	6.31	5.0	4
L06	农场经济管理	212	0.153	0.072	0.99	132	0.21	4.55	3.1	3
L06	农村工作通讯	593	0.388	0.123	1.00	311	0.45	10.72	3.0	5
L06	农村金融研究	826	0.884	0.258	0.95	313	0.41	10.79	3.4	7
L06	农村经济	4003	2.173	0.514	0.97	986	0.62	34.00	4.2	13
L06	农村经济与科技	3195	0.371	0.122	0.95	863	0.52	29.76	1.9	8
L06	农村经营管理	423	0.394	0.084	1.00	201	0.38	6.93	4.4	5
L06	农民科技培训	182	0.129	0.081	1.00	98	0.10	3.38	3.9	3
L06	农民致富之友	5507	0.258	0.109	0.96	404	0.10	13.93	2.4	11
L06	农业发展与金融	170	0.098	0.026	1.00	108	0.10	3.72	2.5	3
L06	农业技术经济	3944	2.293	0.273	0.95	801	0.55	27.62	5.6	13
L06	农业经济	3095	0.873	0.276	0.92	781	0.66	26.93	3.6	8
L06	农业经济问题	6792	4.303	0.503	0.97	1126	0.69	38.83	5.5	19
L06	农业经济与管理	537	1.267	0.264	0.97	273	0.38	9.41	4.2	8
L06	农业科研经济管理	197	0.730	0.137	0.86	89	0.10	3.07	3.6	4
L06	上海农村经济	188	0.304	0.086	1.00	138	0.28	4.76	3.8	3
L06	生态经济	4161	1.140	0.221	0.95	1273	0.48	43.90	4.5	8
L06	台湾农业探索	290	0.338	0.122	0.93	164	0.17	5.66	5.0	4
L06	中国农村观察	2364	4.125	0.230	0.98	720	0.52	24.83	6.9	14
L06	中国农村金融	327	–	0.006	1.00	159	0.24	5.48	2.8	5
L06	中国农村经济	5691	4.226	0.420	0.98	990	0.66	34.14	7.1	18
L06	中国土地	832	0.501	0.130	1.00	297	0.45	10.24	4.7	6

学科代码	期刊名称	扩展总被引频次	扩展影响因子	扩展即年指标	扩展他引率	扩展引用刊数	扩展学科影响指标	扩展学科扩散指标	扩展被引半衰期	扩展H指标
L06	资源开发与市场	2130	0.737	0.253	0.96	889	0.31	30.66	5.0	6
L06	资源与产业	1135	0.907	0.233	0.86	473	0.21	16.31	5.9	7
L08	北方经贸	2092	0.329	0.122	0.99	558	0.43	8.33	3.4	7
L08	标签技术	9	0.051	0.000	1.00	7	–	0.10	0.0	1
L08	产业经济评论	272	1.000	0.118	0.99	188	0.28	2.81	2.9	6
L08	产业经济研究	1334	2.648	0.607	0.95	458	0.52	6.84	4.5	12
L08	电子商务	2100	0.789	0.377	0.94	535	0.39	7.99	3.0	8
L08	对外经贸	2087	0.507	0.159	0.98	601	0.43	8.97	4.4	9
L08	对外经贸实务	869	0.607	0.197	0.94	357	0.45	5.33	3.1	7
L08	工程经济	861	1.444	0.179	0.97	160	0.15	2.39	2.3	9
L08	工业技术创新	297	0.483	0.167	0.87	131	0.04	1.96	1.6	5
L08	工业技术经济	2106	1.203	0.299	0.94	763	0.60	11.39	5.0	8
L08	工业经济论坛	125	0.631	0.106	0.99	92	0.13	1.37	2.0	4
L08	国际经贸探索	1114	1.485	0.467	0.95	437	0.42	6.52	4.4	8
L08	国际贸易	1040	1.495	0.303	1.00	429	0.55	6.40	3.4	8
L08	国际贸易问题	3889	2.733	0.436	0.96	703	0.57	10.49	4.7	14
L08	国际商务研究	299	0.794	0.235	0.98	196	0.25	2.93	5.0	4
L08	化学工业	579	0.585	0.095	0.98	282	0.07	4.21	5.6	5
L08	环球市场	1146	0.096	0.021	0.97	194	0.21	2.90	1.4	4
L08	技术经济	1983	1.249	0.328	0.87	701	0.45	10.46	4.9	9
L08	技术与市场	6782	0.629	0.270	0.99	770	0.33	11.49	3.1	13
L08	价格理论与实践	2568	1.262	0.356	0.81	739	0.54	11.03	2.8	11
L08	价格月刊	1034	0.762	0.252	0.97	435	0.46	6.49	3.4	9
L08	江苏商论	1383	0.712	0.247	0.99	489	0.46	7.30	5.0	5
L08	科技经济市场	3470	0.477	0.147	0.99	613	0.37	9.15	2.6	11
L08	旅游科学	1290	1.407	0.050	0.98	457	0.33	6.82	7.5	9
L08	旅游论坛	805	0.884	0.205	0.95	369	0.33	5.51	5.6	6
L08	旅游学刊	7033	2.749	0.539	0.94	1117	0.52	16.67	6.7	17
L08	旅游研究	517	0.888	0.171	0.98	299	0.22	4.46	5.0	6
L08	煤炭经济研究	977	0.722	0.228	0.87	284	0.39	4.24	4.5	6
L08	内蒙古煤炭经济	2550	0.338	0.114	0.95	312	0.24	4.66	2.9	8
L08	欧亚经济	273	0.679	0.056	0.94	134	0.18	2.00	4.4	4
L08	商业评论	114	0.132	0.047	0.98	74	0.12	1.10	4.3	3

学科代码	期刊名称	扩展总被引频次	扩展影响因子	扩展即年指标	扩展他引率	扩展引用刊数	扩展学科影响指标	扩展学科扩散指标	扩展被引半衰期	扩展H指标
L08	商业研究	3223	1.072	0.196	0.99	972	0.67	14.51	6.6	8
L08	上海经济	174	0.439	0.250	0.95	129	0.15	1.93	2.8	3
L08	上海经济研究	1979	1.565	0.290	0.99	736	0.66	10.99	4.9	9
L08	上海商业	153	0.148	0.079	0.97	90	0.13	1.34	4.8	2
L08	市场观察	207	0.662	0.036	1.00	106	0.12	1.58	2.3	3
L08	市场论坛	769	0.271	0.069	0.99	362	0.36	5.40	4.8	4
L08	市场研究	580	0.301	0.124	1.00	267	0.31	3.99	3.1	5
L08	市场周刊	1243	0.280	0.082	0.99	436	0.36	6.51	4.0	5
L08	铁道经济研究	268	0.537	0.077	0.90	127	0.18	1.90	4.6	4
L08	物流工程与管理	2663	0.557	0.159	0.94	699	0.46	10.43	3.2	7
L08	物流技术	3856	0.738	0.115	0.93	857	0.57	12.79	3.9	8
L08	物流技术与应用	504	0.675	0.181	1.00	210	0.25	3.13	4.0	5
L08	物流科技	1757	0.498	0.150	0.94	532	0.45	7.94	4.4	5
L08	现代工业经济和信息化	1827	0.470	0.192	0.99	343	0.36	5.12	2.2	9
L08	现代商贸工业	6514	0.316	0.098	0.99	1219	0.51	18.19	4.0	10
L08	现代营销	2559	0.316	0.142	0.98	469	0.42	7.00	2.9	7
L08	消费经济	934	0.995	0.116	0.95	422	0.45	6.30	5.8	6
L08	新商务周刊	76	0.057	0.005	0.97	56	0.06	0.84	1.3	2
L08	冶金经济与管理	180	0.341	0.077	0.89	110	0.15	1.64	3.7	3
L08	债券	196	0.307	0.080	0.96	109	0.07	1.63	2.4	4
L08	中国工业经济	9831	7.951	0.783	0.97	1255	0.69	18.73	5.6	30
L08	中国化工贸易	1665	0.064	0.006	0.92	381	0.19	5.69	3.2	4
L08	中国检验检疫	168	0.033	0.010	1.00	100	0.10	1.49	8.2	2
L08	中国经贸	1573	0.090	0.017	0.96	315	0.36	4.70	2.7	5
L08	中国经贸导刊	1643	0.366	0.127	0.98	651	0.51	9.72	3.3	7
L08	中国军转民	161	0.131	0.030	0.99	97	0.09	1.45	3.7	3
L08	中国流通经济	3450	3.510	1.070	0.96	817	0.60	12.19	3.2	16
L08	中国商论	7005	0.527	0.199	0.96	918	0.63	13.70	3.0	12
L08	中国市场监管研究	416	0.231	0.026	0.97	202	0.15	3.01	4.4	4
L08	中国物价	503	0.313	0.143	0.97	303	0.33	4.52	3.1	4
L10	保险研究	1674	1.275	0.122	0.87	471	0.57	6.93	5.2	8
L10	北方金融	314	0.158	0.043	0.94	137	0.31	2.01	2.8	4
L10	财经界	11323	0.443	0.203	0.97	727	0.50	10.69	2.5	10

学科代码	期刊名称	扩展总被引频次	扩展影响因子	扩展即年指标	扩展他引率	扩展引用刊数	扩展学科影响指标	扩展学科扩散指标	扩展被引半衰期	扩展H指标
L10	财经科学	2421	2.311	0.267	0.98	769	0.72	11.31	4.4	13
L10	财经理论研究	562	1.560	0.254	0.94	251	0.25	3.69	3.2	5
L10	财经理论与实践	1388	1.261	0.294	0.96	537	0.63	7.90	5.0	8
L10	财经论丛(浙江财经学院学报)	1198	1.139	0.312	0.96	472	0.63	6.94	4.2	7
L10	财经问题研究	3043	1.734	0.216	0.99	863	0.76	12.69	4.5	12
L10	财贸经济	4298	3.356	0.362	0.98	853	0.75	12.54	5.8	15
L10	财务研究	117	0.982	0.109	0.91	65	0.13	0.96	2.3	4
L10	财务与金融	351	0.388	0.121	0.99	186	0.25	2.74	4.8	4
L10	财讯	91	–	0.003	0.95	44	0.04	0.65	1.4	2
L10	财政科学	175	–	0.144	0.92	90	0.24	1.32	1.4	4
L10	财政研究	2506	1.828	0.410	0.95	725	0.68	10.66	4.8	11
L10	大众理财顾问	106	0.067	0.022	1.00	62	0.10	0.91	2.7	2
L10	当代财经	2510	1.926	0.365	0.93	722	0.71	10.62	5.5	10
L10	地方财政研究	936	1.071	0.170	0.90	395	0.49	5.81	3.1	7
L10	福建金融	319	0.402	0.133	0.93	158	0.40	2.32	2.9	4
L10	甘肃金融	356	0.386	0.126	0.96	156	0.35	2.29	2.8	5
L10	国际金融研究	2836	3.117	0.422	0.96	531	0.74	7.81	4.5	14
L10	国际商务财会	718	0.624	0.126	0.90	186	0.22	2.74	3.2	6
L10	国际税收	933	0.767	0.422	0.89	217	0.34	3.19	3.8	6
L10	海南金融	594	0.516	0.114	0.96	266	0.54	3.91	3.5	5
L10	河北金融	377	0.298	0.068	0.98	159	0.35	2.34	3.0	5
L10	华北金融	495	0.371	0.156	0.89	188	0.46	2.76	3.8	4
L10	吉林金融研究	339	0.304	0.135	0.99	159	0.41	2.34	3.1	4
L10	金融电子化	316	0.164	0.077	0.98	155	0.32	2.28	3.4	4
L10	金融发展研究	697	0.640	0.095	0.98	268	0.60	3.94	4.0	6
L10	金融监管研究	717	1.515	0.750	0.89	256	0.62	3.76	3.2	10
L10	金融教育研究	351	0.482	0.149	0.99	201	0.16	2.96	5.7	4
L10	金融经济(理论版)	1740	0.306	0.075	0.98	453	0.49	6.66	3.5	5
L10	金融经济学研究	719	2.083	0.328	0.96	322	0.60	4.74	3.5	9
L10	金融会计	460	0.595	0.162	0.93	168	0.51	2.47	3.4	6
L10	金融理论与实践	1523	0.731	0.273	0.97	500	0.72	7.35	4.5	7
L10	金融论坛	1655	2.624	0.756	0.88	431	0.69	6.34	3.8	13
L10	金融研究	10581	5.183	0.567	0.96	892	0.76	13.12	6.3	26

学科代码	期刊名称	扩展总被引频次	扩展影响因子	扩展即年指标	扩展他引率	扩展引用刊数	扩展学科影响指标	扩展学科扩散指标	扩展被引半衰期	扩展H指标
L10	金融与经济	1058	0.753	0.230	0.97	394	0.59	5.79	4.1	7
L10	绿色财会	328	0.368	0.040	0.95	128	0.07	1.88	4.6	4
L10	南方金融	1461	1.484	0.669	0.90	433	0.66	6.37	3.8	9
L10	农村财务会计	80	0.062	0.027	1.00	44	0.01	0.65	4.0	2
L10	青海金融	231	0.206	0.090	0.94	125	0.28	1.84	3.3	3
L10	区域金融研究	502	0.456	0.055	0.95	231	0.47	3.40	3.8	5
L10	上海金融	1465	0.975	0.128	0.98	460	0.75	6.76	4.9	8
L10	审计与理财	422	0.247	0.089	0.98	129	0.21	1.90	3.6	4
L10	时代金融(中旬)	2229	0.233	0.080	0.99	418	0.50	6.15	2.5	7
L10	税收经济研究	275	0.696	0.046	0.94	126	0.19	1.85	3.1	4
L10	税务研究	2735	1.536	0.420	0.79	457	0.54	6.72	3.6	9
L10	税务与经济	689	0.907	0.408	0.97	327	0.49	4.81	4.2	5
L10	投资研究	876	1.116	0.177	0.78	291	0.56	4.28	3.8	7
L10	投资与创业	75	0.053	0.017	1.00	44	0.06	0.65	2.9	2
L10	武汉金融	855	0.669	0.152	0.97	337	0.59	4.96	3.4	7
L10	西部金融	560	0.378	0.107	0.94	210	0.46	3.09	3.8	4
L10	西南金融	1068	1.252	0.811	0.96	363	0.54	5.34	2.6	8
L10	新疆财经	218	0.536	0.148	0.91	144	0.18	2.12	4.5	3
L10	新金融	974	1.169	0.426	0.97	333	0.63	4.90	3.5	10
L10	银行家	804	0.432	0.168	1.00	297	0.59	4.37	2.9	5
L10	浙江金融	832	0.855	0.170	0.96	329	0.57	4.84	4.4	7
L10	证券市场导报	1594	1.451	0.342	0.94	434	0.69	6.38	4.9	9
L10	中国保险	269	0.280	0.123	1.00	139	0.29	2.04	4.1	3
L10	中国财政	891	0.344	0.087	1.00	383	0.41	5.63	3.5	6
L10	中国金融	3215	0.776	0.290	1.00	662	0.72	9.74	2.9	11
L10	中国钱币	209	0.325	0.000	0.64	53	0.03	0.78	≥10	3
L10	中国信用卡	138	0.171	0.072	1.00	79	0.22	1.16	3.0	3
L10	注册税务师	123	0.104	0.024	1.00	55	0.09	0.81	3.1	3
M01	北京观察	145	0.072	0.021	1.00	119	0.03	1.29	6.1	3
M01	北京青年研究	303	0.460	0.246	0.98	196	0.09	2.13	5.5	5
M01	重庆行政(公共论坛)	207	0.210	0.050	0.98	157	0.08	1.71	3.0	3
M01	重庆与世界(学术版)	321	0.185	0.000	1.00	214	0.02	2.33	3.6	4
M01	大连干部学刊	151	0.154	0.092	0.99	107	0.07	1.16	3.5	3

学科代码	期刊名称	扩展总被引频次	扩展影响因子	扩展即年指标	扩展他引率	扩展引用刊数	扩展学科影响指标	扩展学科扩散指标	扩展被引半衰期	扩展H指标
M01	当代贵州	244	0.090	0.034	1.00	183	0.02	1.99	2.9	2
M01	党的文献	603	0.724	0.106	0.98	294	0.22	3.20	5.6	6
M01	党建	654	0.861	0.259	1.00	360	0.21	3.91	2.8	8
M01	党建研究	268	0.154	0.129	1.00	153	0.13	1.66	5.5	5
M01	党史博采(理论版)	493	0.264	0.126	0.98	193	0.08	2.10	2.8	4
M01	党史文苑(学术版)	389	0.134	0.065	0.98	208	0.09	2.26	6.2	4
M01	党史研究与教学	346	0.374	0.015	0.93	161	0.12	1.75	8.8	3
M01	党政干部论坛	138	0.100	0.033	0.99	103	0.05	1.12	5.3	2
M01	党政干部学刊	371	0.282	0.076	0.98	248	0.14	2.70	5.0	4
M01	党政论坛	268	0.182	0.073	1.00	171	0.11	1.86	4.6	3
M01	党政研究	345	0.588	0.485	0.98	226	0.13	2.46	2.7	5
M01	福建党史月刊	146	0.090	0.037	1.00	95	0.08	1.03	7.2	2
M01	甘肃理论学刊	530	0.354	0.153	0.99	368	0.14	4.00	5.3	5
M01	国际安全研究	467	1.361	0.214	0.96	267	0.05	2.90	5.1	5
M01	国际政治科学	282	–	0.083	0.90	83	0.05	0.90	5.3	5
M01	行政管理改革	883	1.112	0.287	0.99	504	0.17	5.48	3.0	7
M01	行政科学论坛	432	0.262	0.072	1.00	272	0.03	2.96	6.2	5
M01	杭州(党政刊)	60	0.049	0.007	0.63	30	–	0.33	3.2	1
M01	红广角	70	0.054	0.010	0.83	43	0.05	0.47	7.2	3
M01	科学社会主义	922	0.706	0.160	0.98	476	0.22	5.17	5.0	7
M01	理论导报	439	0.378	0.049	0.99	268	0.11	2.91	4.3	5
M01	理论导刊	1425	0.666	0.227	0.98	721	0.32	7.84	4.4	7
M01	理论视野	760	0.703	0.093	0.99	456	0.17	4.96	2.8	7
M01	理论探索	1301	1.400	0.562	1.00	673	0.26	7.32	4.3	7
M01	理论学习与探索	312	0.260	0.067	0.99	132	0.03	1.43	3.7	3
M01	理论研究	414	0.798	0.072	1.00	264	0.08	2.87	4.8	3
M01	廉政文化研究	219	0.456	0.110	0.95	131	0.08	1.42	3.7	4
M01	领导科学	980	0.204	0.087	0.97	478	0.21	5.20	3.8	5
M01	民主与科学	138	0.069	0.009	0.99	118	0.03	1.28	7.5	3
M01	内蒙古统战理论研究	27	0.063	0.041	1.00	20	–	0.22	3.2	2
M01	前进	209	0.189	0.132	1.00	143	0.08	1.55	2.7	4
M01	前线	654	0.373	0.088	1.00	414	0.23	4.50	3.3	5
M01	求实	1752	1.473	0.529	1.00	751	0.30	8.16	5.0	8

学科代码	期刊名称	扩展总被引频次	扩展影响因子	扩展即年指标	扩展他引率	扩展引用刊数	扩展学科影响指标	扩展学科扩散指标	扩展被引半衰期	扩展H指标
M01	求是	4032	1.477	0.937	1.00	1279	0.42	13.90	4.1	19
M01	人大研究	354	0.207	0.067	0.88	168	0.11	1.83	7.0	4
M01	山东工会论坛	727	0.345	0.081	1.00	267	0.02	2.90	5.1	5
M01	上海党史与党建	345	0.186	0.139	0.95	175	0.14	1.90	4.7	5
M01	社会福利(理论版)	295	0.365	0.062	0.94	180	0.02	1.96	3.3	4
M01	社会主义论坛	72	0.027	0.010	1.00	52	–	0.57	3.9	2
M01	石油政工研究	128	0.135	0.061	1.00	57	0.01	0.62	3.0	3
M01	实践(思想理论版)	129	0.132	0.083	1.00	94	0.02	1.02	3.2	3
M01	实事求是	328	0.390	0.098	0.98	203	0.07	2.21	4.0	4
M01	思想教育研究	4478	1.989	0.481	0.98	913	0.23	9.92	4.4	16
M01	四川党的建设	60	0.136	0.011	1.00	42	0.01	0.46	2.8	2
M01	探求	278	0.351	0.081	0.98	194	0.07	2.11	4.4	5
M01	探索	1520	1.321	0.362	0.98	717	0.28	7.79	4.3	8
M01	天津人大	16	0.031	0.007	1.00	10	–	0.11	2.8	1
M01	团结	76	0.120	0.010	1.00	65	0.09	0.71	3.7	3
M01	唯实	535	0.311	0.081	1.00	333	0.18	3.62	3.8	4
M01	新视野	838	0.921	0.371	0.99	496	0.25	5.39	4.6	6
M01	学习论坛	875	0.834	0.331	0.97	473	0.24	5.14	3.4	6
M01	学校党建与思想教育	4377	1.114	0.370	0.98	802	0.25	8.72	4.1	8
M01	预防青少年犯罪研究	265	0.578	0.154	0.91	92	0.02	1.00	3.6	4
M01	政策瞭望	147	0.216	0.026	0.99	117	0.02	1.27	3.5	3
M01	政治学研究	2021	3.029	0.250	0.97	709	0.37	7.71	5.9	12
M01	职业	3662	0.289	0.106	0.98	550	0.03	5.98	3.2	6
M01	中共党史研究	1068	0.719	0.091	0.83	387	0.25	4.21	7.2	7
M01	中国党政干部论坛	1129	0.573	0.223	1.00	605	0.33	6.58	3.2	6
M01	中国机构改革与管理	183	0.273	0.088	1.00	137	0.05	1.49	2.6	4
M01	中国民政	487	0.313	0.045	1.00	267	0.08	2.90	3.0	4
M01	中国青年研究	3128	1.470	0.348	0.95	906	0.20	9.85	5.6	11
M01	中国特色社会主义研究	1079	2.108	0.353	0.99	532	0.26	5.78	3.2	9
M01	National Science Review	134	–	0.120	0.97	86	1.00	86.00	2.6	3
M02	安徽行政学院学报	350	0.459	0.044	0.98	252	0.11	2.23	6.1	4
M02	北京行政学院学报	844	1.054	0.111	0.98	475	0.29	4.20	5.5	7
M02	北京经济管理职业学院学报	203	0.582	0.085	0.99	139	0.07	1.23	4.5	3

学科代码	期刊名称	扩展总被引频次	扩展影响因子	扩展即年指标	扩展他引率	扩展引用刊数	扩展学科影响指标	扩展学科扩散指标	扩展被引半衰期	扩展H指标
M02	北京劳动保障职业学院学报	189	0.364	0.175	0.96	124	0.04	1.10	4.5	4
M02	北京石油管理干部学院学报	156	0.251	0.082	1.00	88	0.01	0.78	4.0	2
M02	北京市工会干部学院学报	133	0.361	0.082	0.99	74	0.04	0.65	6.2	3
M02	兵团党校学报	121	0.267	0.031	0.93	77	0.04	0.68	3.2	3
M02	成都行政学院学报	238	0.233	0.000	0.99	166	0.12	1.47	5.8	3
M02	地方治理研究	237	0.861	0.429	0.99	171	0.11	1.51	6.2	4
M02	东北亚经济研究	551	0.316	0.200	0.99	263	0.05	2.33	3.4	5
M02	福建行政学院学报	435	0.908	0.152	0.99	312	0.19	2.76	4.2	4
M02	福建金融管理干部学院学报	98	0.191	0.057	0.97	79	0.01	0.70	7.4	3
M02	福建省社会主义学院学报	215	0.258	0.065	0.97	150	0.16	1.33	4.8	3
M02	福州党校学报	159	0.315	0.049	0.99	115	0.13	1.02	3.3	3
M02	甘肃行政学院学报	551	1.051	0.103	0.97	338	0.25	2.99	5.2	5
M02	工会理论研究-上海工会管理干部学院学报	108	0.333	0.083	0.97	63	0.04	0.56	3.4	2
M02	广东行政学院学报	419	0.640	0.095	0.97	278	0.21	2.46	5.6	5
M02	广东青年职业学院学报	255	0.368	0.061	1.00	158	0.03	1.40	6.5	3
M02	广东省社会主义学院学报	147	0.214	0.100	0.96	102	0.15	0.90	5.1	3
M02	广西经济管理干部学院学报	219	0.443	0.136	0.97	148	0.06	1.31	4.2	4
M02	广西青年干部学院学报	422	0.312	0.141	1.00	223	0.08	1.97	6.9	4
M02	广西社会主义学院学报	175	0.230	0.039	0.97	115	0.15	1.02	4.3	3
M02	广西政法管理干部学院学报	326	0.254	0.053	1.00	177	0.11	1.57	7.0	3
M02	广州社会主义学院学报	123	0.157	0.087	0.96	92	0.15	0.81	5.5	2
M02	广州市公安管理干部学院学报	123	0.228	0.060	0.98	65	0.04	0.58	6.0	2
M02	贵阳市委党校学报	97	0.210	0.014	1.00	77	0.02	0.68	4.5	3
M02	贵州社会主义学院学报	67	0.185	0.020	0.99	50	0.06	0.44	6.2	3
M02	贵州省党校学报	310	0.541	0.068	0.99	207	0.15	1.83	3.6	4
M02	国家行政学院学报	2276	3.205	0.542	1.00	964	0.54	8.53	3.6	14
M02	国家教育行政学院学报	2556	1.734	0.520	0.98	796	0.18	7.04	4.9	12
M02	国家林业局管理干部学院学报	189	0.571	0.143	0.99	111	0.02	0.98	4.8	4
M02	哈尔滨市委党校学报	190	0.206	0.065	1.00	142	0.07	1.26	5.8	3
M02	河北青年管理干部学院学报	286	0.259	0.068	1.00	177	0.05	1.57	5.1	4
M02	河北省社会主义学院学报	175	0.317	0.071	0.99	116	0.19	1.03	4.1	3
M02	黑龙江省社会主义学院学报	108	0.250	0.014	0.99	83	0.12	0.73	4.3	2
M02	黑龙江省政法管理干部学院学报	456	0.209	0.078	0.98	227	0.11	2.01	5.4	3

学科代码	期刊名称	扩展总被引频次	扩展影响因子	扩展即年指标	扩展他引率	扩展引用刊数	扩展学科影响指标	扩展学科扩散指标	扩展被引半衰期	扩展H指标
M02	湖北行政学院学报	359	0.541	0.041	0.96	251	0.22	2.22	4.4	4
M02	湖北省社会主义学院学报	188	0.209	0.048	0.98	123	0.16	1.09	4.5	3
M02	湖南行政学院学报	290	0.255	0.223	0.99	195	0.16	1.73	4.7	3
M02	湖南省社会主义学院学报	183	0.262	0.056	0.97	116	0.19	1.03	3.0	3
M02	佳木斯大学社会科学学报	810	0.269	0.042	0.98	378	0.09	3.35	6.2	4
M02	江苏行政学院学报	908	1.054	0.151	0.99	520	0.33	4.60	5.2	8
M02	江苏省社会主义学院学报	142	0.354	0.026	0.96	92	0.18	0.81	3.6	2
M02	理论学习-山东干部函授大学学报	289	0.197	0.068	1.00	191	0.14	1.69	4.9	4
M02	辽宁公安司法管理干部学院学报	170	0.178	0.051	0.99	106	0.05	0.94	5.2	2
M02	辽宁行政学院学报	1279	0.335	0.098	1.00	539	0.27	4.77	6.7	4
M02	辽宁经济职业技术学院·辽宁经济管理干部学院学报	550	0.342	0.088	0.99	262	0.04	2.32	4.2	3
M02	辽宁省社会主义学院学报	110	0.178	0.025	0.98	70	0.10	0.62	3.9	3
M02	南京政治学院学报	578	0.530	0.154	1.00	337	0.15	2.98	4.6	5
M02	宁夏党校学报	213	0.338	0.048	0.97	164	0.24	1.45	3.5	3
M02	青年学报	203	0.504	0.143	0.96	123	0.08	1.09	3.9	3
M02	青少年研究与实践	213	0.490	0.220	0.97	137	0.05	1.21	4.2	3
M02	山东行政学院学报	429	0.267	0.147	0.98	274	0.14	2.42	5.3	4
M02	山东青年政治学院学报	1241	0.581	0.189	0.99	471	0.13	4.17	7.9	10
M02	山东省社会主义学院学报	1	–	0.016	1.00	1	–	0.01	0.0	1
M02	山西经济管理干部学院学报	308	0.280	0.081	0.99	179	0.03	1.58	5.2	4
M02	山西能源学院学报	714	0.448	0.032	0.99	296	0.03	2.62	3.4	6
M02	山西青年职业学院学报	302	0.206	0.087	1.00	179	0.04	1.58	5.6	5
M02	山西社会主义学院学报	93	0.248	0.017	0.99	64	0.14	0.57	4.0	3
M02	山西省政法管理干部学院学报	195	0.176	0.048	1.00	99	0.04	0.88	5.2	2
M02	陕西行政学院学报	286	0.456	0.071	0.98	187	0.08	1.65	4.2	3
M02	陕西青年职业学院学报	215	0.310	0.067	1.00	130	0.06	1.15	5.6	3
M02	陕西社会主义学院学报	78	0.173	0.125	1.00	52	0.12	0.46	3.9	3
M02	上海行政学院学报	761	1.375	0.380	0.97	440	0.36	3.89	4.0	7
M02	上海市经济管理干部学院学报	106	0.299	0.188	0.97	83	0.03	0.73	4.4	2
M02	上海市社会主义学院学报	121	0.309	0.141	0.95	70	0.15	0.62	3.9	3
M02	胜利油田党校学报	306	0.280	0.080	0.99	144	0.08	1.27	3.7	4
M02	石油化工管理干部学院学报	190	0.328	0.116	0.97	93	0.04	0.82	4.6	4

学科代码	期刊名称	扩展总被引频次	扩展影响因子	扩展即年指标	扩展他引率	扩展引用刊数	扩展学科影响指标	扩展学科扩散指标	扩展被引半衰期	扩展H指标
M02	四川行政学院学报	267	0.230	0.064	0.99	192	0.16	1.70	5.9	3
M02	四川省干部函授学院学报	161	0.229	0.038	0.98	107	0.02	0.95	3.8	3
M02	四川省社会主义学院学报	51	0.171	0.000	0.92	38	0.09	0.34	3.6	2
M02	天津行政学院学报	430	0.934	0.165	0.98	296	0.24	2.62	3.8	5
M02	天津市工会管理干部学院学报	88	0.191	0.104	0.94	52	0.04	0.46	4.8	2
M02	天津市社会主义学院学报	52	0.202	0.058	0.92	39	0.12	0.35	2.9	2
M02	天水行政学院学报	209	0.238	0.007	1.00	151	0.07	1.34	4.2	4
M02	统一战线学研究	264	0.610	0.270	0.88	133	0.28	1.18	2.8	5
M02	武汉公安干部学院学报	193	0.343	0.049	0.76	86	0.04	0.76	4.2	3
M02	云南行政学院学报	814	0.535	0.125	0.97	476	0.37	4.21	5.4	4
M02	云南社会主义学院学报	559	0.254	0.038	0.99	281	0.25	2.49	4.0	4
M02	长春市委党校学报	182	0.276	0.061	1.00	130	0.06	1.15	5.3	3
M02	长沙民政职业技术学院学报	435	0.319	0.047	0.97	254	0.07	2.25	5.3	4
M02	中共成都市委党校学报	178	0.198	0.033	0.99	128	0.11	1.13	5.2	3
M02	中共福建省委党校学报	1216	0.981	0.157	0.99	630	0.48	5.58	4.1	9
M02	中共桂林市委党校学报	84	0.154	0.028	0.98	59	0.05	0.52	4.3	2
M02	中共杭州市委党校学报	296	0.643	0.183	0.99	232	0.16	2.05	3.9	5
M02	中共合肥市委党校学报	61	0.174	0.012	1.00	49	0.04	0.43	3.4	2
M02	中共济南市委党校学报	267	0.224	0.027	0.98	179	0.09	1.58	4.7	4
M02	中共乐山市委党校学报	180	0.172	0.036	0.99	113	0.07	1.00	3.8	2
M02	中共南昌市委党校学报	88	0.161	0.096	1.00	65	0.04	0.58	3.8	3
M02	中共南京市委党校学报	239	0.325	0.060	0.99	186	0.09	1.65	5.0	4
M02	中共南宁市委党校学报	144	0.310	0.014	0.97	101	0.04	0.89	4.5	3
M02	中共宁波市委党校学报	254	0.229	0.108	0.98	180	0.17	1.59	6.1	4
M02	中共青岛市委党校青岛行政学院学报	291	0.389	0.026	0.98	219	0.17	1.94	3.7	4
M02	中共山西省委党校学报	496	0.427	0.195	0.98	296	0.29	2.62	3.6	4
M02	中共山西省直机关党校学报	198	0.195	0.071	0.99	121	0.12	1.07	3.4	3
M02	中共石家庄市委党校学报	213	0.325	0.061	0.99	144	0.12	1.27	3.5	4
M02	中共四川省委党校学报	141	0.214	0.080	1.00	110	0.06	0.97	5.0	2
M02	中共太原市委党校学报	171	0.256	0.076	0.96	114	0.08	1.01	3.3	3
M02	中共天津市委党校学报	408	0.766	0.161	1.00	276	0.37	2.44	3.7	6
M02	中共乌鲁木齐市委党校学报	75	0.179	0.080	0.97	54	0.04	0.48	4.9	2
M02	中共伊犁州委党校学报	109	0.139	0.108	0.94	75	0.05	0.66	4.0	2

学科代码	期刊名称	扩展总被引频次	扩展影响因子	扩展即年指标	扩展他引率	扩展引用刊数	扩展学科影响指标	扩展学科扩散指标	扩展被引半衰期	扩展H指标
M02	中共云南省委党校学报	470	0.415	0.112	0.71	209	0.25	1.85	3.4	4
M02	中共浙江省委党校学报	799	1.390	0.292	0.99	474	0.45	4.19	4.1	7
M02	中共郑州市委党校学报	321	0.282	0.071	0.99	196	0.11	1.73	6.1	4
M02	中共中央党校学报	1027	1.599	0.429	0.99	557	0.47	4.93	4.5	9
M02	中共珠海市委党校珠海市行政学院学报	113	0.250	0.024	1.00	76	0.10	0.67	4.0	3
M02	中国环境管理干部学院学报	585	0.589	0.115	0.81	299	0.04	2.65	5.3	4
M02	中国井冈山干部学院学报	315	0.510	0.235	0.99	196	0.22	1.73	3.0	5
M02	中国劳动关系学院学报	857	0.714	0.252	0.95	346	0.16	3.06	5.6	6
M02	中国青年社会科学	1478	1.310	0.529	0.98	617	0.29	5.46	5.5	9
M02	中国延安干部学院学报	318	0.784	0.065	0.99	228	0.28	2.02	2.8	5
M02	中华女子学院学报	486	0.374	0.091	0.95	264	0.07	2.34	6.7	4
M02	中央社会主义学院学报	480	0.435	0.145	0.98	241	0.36	2.13	4.8	5
M03	公共行政评论	879	1.863	0.324	0.96	374	0.43	53.43	4.8	9
M03	行政论坛	1029	1.477	0.504	0.97	498	0.43	71.14	3.9	8
M03	机构与行政	91	0.097	0.037	1.00	64	–	9.14	2.0	3
M03	中国行政管理	6378	2.021	0.393	0.96	1350	0.57	192.86	4.8	18
M04	Contemporary International Relations	11	0.049	0.000	0.91	10	0.08	0.25	3.2	1
M04	阿拉伯世界研究	323	1.061	0.167	0.90	134	0.50	3.35	4.8	4
M04	当代世界	608	0.509	0.243	1.00	307	0.75	7.68	3.1	5
M04	当代世界社会主义问题	170	0.301	0.098	0.95	116	0.38	2.90	7.9	3
M04	当代世界与社会主义	1161	0.762	0.237	0.96	540	0.55	13.50	5.7	8
M04	当代亚太	758	2.275	0.400	0.90	248	0.65	6.20	5.7	8
M04	东北亚论坛	812	2.186	0.464	0.93	399	0.70	9.98	3.8	8
M04	东南亚研究	651	0.905	0.281	0.94	251	0.57	6.28	5.8	5
M04	东南亚纵横	662	0.498	0.068	0.96	337	0.30	8.43	6.1	4
M04	俄罗斯东欧中亚研究	435	0.880	0.175	0.93	206	0.50	5.15	7.1	5
M04	俄罗斯研究	271	0.736	0.109	0.91	147	0.45	3.68	5.1	5
M04	法国研究	150	0.145	0.043	0.97	100	0.12	2.50	8.4	3
M04	国际观察	640	1.390	0.274	0.98	309	0.70	7.72	4.4	6
M04	国际论坛	488	0.879	0.268	0.96	249	0.75	6.22	5.6	4
M04	国际问题研究	907	3.114	1.204	0.99	366	0.80	9.15	3.3	10
M04	国际研究参考	272	0.245	0.042	0.95	171	0.52	4.28	5.0	3
M04	国际展望	382	1.306	1.146	0.95	209	0.62	5.22	2.9	5

学科代码	期刊名称	扩展总被引频次	扩展影响因子	扩展即年指标	扩展他引率	扩展引用刊数	扩展学科影响指标	扩展学科扩散指标	扩展被引半衰期	扩展H指标
M04	国际政治研究	499	1.056	0.348	0.94	222	0.65	5.55	5.9	4
M04	国外理论动态	915	0.665	0.038	0.96	417	0.55	10.42	5.4	7
M04	国外社会科学	1177	0.562	0.144	0.98	713	0.50	17.82	≥10	7
M04	和平与发展	146	0.550	0.100	0.98	79	0.57	1.98	3.9	4
M04	拉丁美洲研究	247	0.464	0.109	0.76	102	0.35	2.55	7.3	3
M04	美国研究	506	0.849	0.148	0.95	249	0.65	6.22	9.4	5
M04	南亚研究	437	1.910	0.438	0.91	194	0.52	4.85	4.4	6
M04	南亚研究季刊	338	0.814	0.073	0.83	147	0.38	3.68	5.5	4
M04	南洋问题研究	416	1.416	0.281	0.94	165	0.45	4.12	8.4	5
M04	欧洲研究	585	1.118	0.151	0.90	259	0.62	6.48	6.5	5
M04	日本问题研究	211	0.418	0.069	0.93	136	0.12	3.40	5.0	3
M04	日本学刊	548	0.790	0.205	0.92	256	0.57	6.40	7.8	4
M04	日本研究	258	0.333	0.089	0.98	170	0.28	4.25	8.7	4
M04	世界经济与政治	2545	4.532	0.631	0.92	595	0.85	14.88	4.6	14
M04	太平洋学报	906	1.152	0.330	0.86	369	0.72	9.22	4.4	6
M04	外国问题研究	158	0.110	0.000	0.99	101	0.12	2.52	9.0	3
M04	外交评论	1007	2.604	0.947	0.96	349	0.80	8.72	5.4	7
M04	西伯利亚研究	189	0.225	0.059	0.97	122	0.18	3.05	5.4	3
M04	西亚非洲	577	1.431	0.222	0.90	202	0.62	5.05	6.8	5
M04	现代国际关系	1111	1.270	0.438	0.97	373	0.80	9.32	4.9	6
M05	Frontiers of Law in China	22	0.027	0.033	1.00	16	0.09	0.21	8.0	2
M05	安徽警官职业学院学报	221	0.184	0.012	0.99	125	0.27	1.62	5.0	3
M05	北方法学	644	0.827	0.250	0.98	287	0.71	3.73	4.6	6
M05	北京警察学院学报	375	0.440	0.178	0.93	153	0.45	1.99	4.2	3
M05	北京政法职业学院学报	238	0.370	0.103	0.97	150	0.30	1.95	4.3	4
M05	比较法研究	1680	2.194	0.416	0.98	475	0.84	6.17	7.5	10
M05	当代法学	2161	3.637	0.724	0.96	566	0.90	7.35	4.9	10
M05	电子知识产权	816	0.830	0.140	0.96	281	0.49	3.65	4.7	7
M05	东方法学	851	1.506	0.704	0.98	323	0.69	4.19	3.8	8
M05	法律科学-西北政法大学学报	2939	2.892	0.391	0.97	687	0.87	8.92	6.0	12
M05	法律适用	2608	1.894	0.324	0.97	555	0.91	7.21	4.0	11
M05	法商研究	3549	2.987	0.538	0.97	783	0.92	10.17	6.3	14
M05	法学	5788	4.327	0.817	0.97	879	0.94	11.42	5.4	17

学科代码	期刊名称	扩展总被引频次	扩展影响因子	扩展即年指标	扩展他引率	扩展引用刊数	扩展学科影响指标	扩展学科扩散指标	扩展被引半衰期	扩展H指标
M05	法学家	2803	3.954	0.776	0.98	652	0.87	8.47	5.7	12
M05	法学论坛	2183	2.153	0.610	0.98	619	0.94	8.04	5.8	9
M05	法学评论	2886	2.597	1.673	0.99	716	0.90	9.30	5.5	12
M05	法学研究	6063	7.131	1.368	0.98	842	0.91	10.94	7.7	19
M05	法学杂志	2872	1.826	0.288	0.98	790	0.92	10.26	5.7	10
M05	法制博览	3347	0.168	0.062	0.85	618	0.53	8.03	2.0	6
M05	法制与社会	6295	0.202	0.077	0.91	1139	0.78	14.79	4.0	8
M05	法制与社会发展	2022	2.435	0.581	0.97	543	0.78	7.05	5.9	10
M05	法治研究	955	1.379	0.713	0.98	372	0.79	4.83	4.1	8
M05	犯罪研究	379	0.600	0.233	0.96	168	0.49	2.18	5.5	5
M05	犯罪与改造研究	192	0.097	0.028	0.38	37	0.19	0.48	6.7	3
M05	福建警察学院学报	359	0.539	0.000	0.99	174	0.52	2.26	5.8	5
M05	甘肃政法学院学报	755	0.904	0.317	0.99	356	0.74	4.62	6.8	4
M05	公安学刊-浙江警察学院学报	377	0.360	0.090	0.97	162	0.43	2.10	5.8	4
M05	公安研究	497	0.144	0.096	0.94	166	0.47	2.16	6.5	4
M05	广西警察学院学报	247	0.289	0.110	0.94	128	0.35	1.66	3.4	3
M05	贵州警官职业学院学报	282	0.435	0.148	0.98	140	0.40	1.82	4.3	3
M05	国家检察官学院学报	1493	1.988	1.783	0.99	397	0.81	5.16	4.7	10
M05	海峡法学	121	0.327	0.036	0.99	80	0.16	1.04	3.9	3
M05	行政法学研究	1380	3.117	0.708	0.96	462	0.70	6.00	4.7	8
M05	行政与法	918	0.566	0.119	0.98	464	0.49	6.03	5.8	5
M05	河北公安警察职业学院学报	199	0.470	0.050	0.96	105	0.36	1.36	3.9	4
M05	河南财经政法大学学报	852	0.835	0.243	0.98	359	0.77	4.66	6.1	6
M05	河南警察学院学报	232	0.285	0.053	0.98	111	0.45	1.44	5.3	3
M05	河南司法警官职业学院学报	211	0.289	0.037	0.98	97	0.30	1.26	4.4	3
M05	湖北警官学院学报	855	0.380	0.127	0.98	310	0.58	4.03	4.0	5
M05	湖南警察学院学报	318	0.340	0.068	0.90	157	0.40	2.04	6.0	3
M05	华东政法大学学报	1398	2.047	0.500	0.98	459	0.82	5.96	4.7	8
M05	环球法律评论	1722	2.292	2.581	0.99	454	0.82	5.90	6.2	11
M05	江苏警官学院学报	494	0.282	0.057	0.99	233	0.58	3.03	7.3	4
M05	江西警察学院学报	445	0.452	0.098	0.95	186	0.55	2.42	4.4	4
M05	科技与法律	513	0.876	0.113	0.98	258	0.44	3.35	6.0	6
M05	辽宁警察学院学报	347	0.370	0.094	0.93	153	0.39	1.99	4.8	4

学科代码	期刊名称	扩展总被引频次	扩展影响因子	扩展即年指标	扩展他引率	扩展引用刊数	扩展学科影响指标	扩展学科扩散指标	扩展被引半衰期	扩展H指标
M05	清华法学	1748	3.242	0.886	0.97	461	0.78	5.99	4.7	13
M05	山东警察学院学报	613	0.729	0.184	0.94	227	0.68	2.95	4.1	5
M05	山东审判	262	0.262	0.024	0.96	137	0.52	1.78	4.8	4
M05	上海公安高等专科学校学报(公安理论与实践)	283	0.447	0.043	0.97	122	0.40	1.58	5.0	3
M05	上海政法学院学报	496	0.621	0.214	0.98	239	0.68	3.10	4.9	4
M05	时代法学	448	0.526	0.122	0.99	239	0.57	3.10	5.7	5
M05	四川警察学院学报	280	0.299	0.016	0.97	144	0.45	1.87	4.8	3
M05	苏州大学学报(法学版)	140	0.629	0.105	0.97	78	0.38	1.01	3.0	5
M05	天津法学	185	0.331	0.091	0.99	108	0.31	1.40	5.4	3
M05	铁道警察学院学报	280	0.262	0.049	0.85	114	0.29	1.48	4.6	4
M05	武警学院学报	878	0.430	0.060	0.94	268	0.26	3.48	5.0	6
M05	西部法学评论	385	0.541	0.108	1.00	229	0.43	2.97	5.6	4
M05	西南政法大学学报	631	0.619	0.105	1.00	310	0.62	4.03	6.2	5
M05	现代法学	3122	2.558	0.716	0.98	703	0.90	9.13	7.5	13
M05	云南警官学院学报	390	0.441	0.075	0.95	180	0.40	2.34	4.2	4
M05	征信	1051	0.939	0.218	0.78	310	0.12	4.03	3.0	8
M05	政法论丛	998	1.848	0.210	0.91	378	0.81	4.91	3.7	8
M05	政法论坛	2973	3.308	0.727	0.99	737	0.91	9.57	6.6	12
M05	政治与法律	3306	2.888	0.694	0.97	689	0.91	8.95	4.7	14
M05	知识产权	2265	1.983	0.758	0.90	454	0.56	5.90	3.8	10
M05	职工法律天地	216	0.042	0.016	0.90	61	0.05	0.79	1.6	2
M05	中国版权	378	1.082	0.078	0.94	126	0.31	1.64	2.8	6
M05	中国法学	7570	9.246	1.937	0.99	1015	0.95	13.18	6.4	24
M05	中国公证	251	0.129	0.032	0.84	48	0.14	0.62	6.1	3
M05	中国刑警学院学报	177	–	0.056	0.81	79	0.26	1.03	3.4	3
M05	中外法学	2987	3.771	0.747	0.97	604	0.88	7.84	5.6	16
M07	广东公安科技	205	0.212	0.030	0.94	97	0.27	6.47	5.6	3
M07	警察技术	373	0.420	0.133	0.89	159	0.27	10.60	3.8	4
M07	青少年犯罪问题	777	1.101	0.256	0.73	203	0.53	13.53	5.1	6
M07	人民检察	1802	0.406	0.059	0.95	376	0.60	25.07	4.9	7
M07	人民论坛	4557	0.500	0.098	0.98	1366	0.33	91.07	3.3	8
M07	森林公安	57	0.066	0.039	1.00	38	0.20	2.53	5.6	2

学科代码	期刊名称	扩展总被引频次	扩展影响因子	扩展即年指标	扩展他引率	扩展引用刊数	扩展学科影响指标	扩展学科扩散指标	扩展被引半衰期	扩展H指标
M07	刑事技术	814	0.695	0.076	0.86	198	0.47	13.20	6.6	5
M07	证据科学	645	1.269	0.193	0.89	229	0.53	15.27	5.1	6
M07	中国海商法研究	373	1.033	0.278	0.81	95	0.07	6.33	4.3	5
M07	中国检察官	717	0.198	0.035	0.96	246	0.53	16.40	3.8	4
M07	中国司法	854	0.522	0.138	0.93	260	0.47	17.33	5.1	5
M07	中国司法鉴定	812	0.788	0.136	0.90	229	0.60	15.27	4.8	7
M07	中国刑事法杂志	1556	1.320	0.455	0.99	361	0.60	24.07	6.5	8
M08	当代兵团	77	0.056	0.011	1.00	52	–	7.43	2.7	2
M08	军事运筹与系统工程	311	0.537	0.075	0.85	92	0.14	13.14	5.9	4
M08	抗日战争研究	511	0.508	0.042	0.93	188	0.14	26.86	≥10	5
M08	中国军事科学	88	0.101	0.070	0.92	47	0.29	6.71	4.4	3
M08	军事历史研究	268	0.252	0.062	0.96	153	1.00	153.00	9.8	3
N01	China International Studies	1	0.000	0.000	0.00	1	0.02	0.02	0.0	1
N01	八桂侨刊	139	0.074	0.051	0.83	63	0.04	1.12	8.3	3
N01	残疾人研究	275	0.563	0.088	0.88	142	0.05	2.54	4.2	5
N01	柴达木开发研究	66	0.104	0.000	0.98	49	0.05	0.88	5.2	2
N01	成才之路	2314	0.120	0.048	0.96	295	0.05	5.27	3.8	6
N01	创意设计源	93	0.244	0.143	0.91	56	0.04	1.00	2.7	2
N01	创意与设计	194	0.373	0.065	0.95	88	0.04	1.57	3.6	3
N01	大家	478	0.298	0.010	1.00	257	0.04	4.59	6.6	3
N01	当代青年研究	1044	0.783	0.107	0.98	470	0.27	8.39	6.3	7
N01	佛学研究	93	0.000	0.000	0.98	60	0.04	1.07	≥10	3
N01	妇女研究论丛	971	0.995	0.092	0.94	413	0.21	7.38	6.4	7
N01	湖北政协	62	0.084	0.007	1.00	54	–	0.96	4.6	2
N01	今日海南	126	0.167	0.050	1.00	91	0.02	1.62	3.4	3
N01	科学发展	638	0.813	0.206	0.96	368	0.04	6.57	2.9	5
N01	魅力中国	2167	0.021	0.013	0.98	450	0.11	8.04	4.0	6
N01	南方论刊	1047	0.297	0.089	0.98	411	0.09	7.34	5.0	6
N01	攀登(汉文版)	356	0.244	0.014	0.99	230	0.16	4.11	8.2	4
N01	青年探索	701	0.995	0.346	0.93	326	0.21	5.82	5.3	7
N01	青年研究	1222	1.285	0.053	0.97	540	0.34	9.64	8.8	9
N01	青少年学刊	344	0.393	0.107	0.97	194	0.11	3.46	7.2	4
N01	群文天地	1044	0.192	0.000	1.00	326	0.14	5.82	5.7	5

学科代码	期刊名称	扩展总被引频次	扩展影响因子	扩展即年指标	扩展他引率	扩展引用刊数	扩展学科影响指标	扩展学科扩散指标	扩展被引半衰期	扩展H指标
N01	人与生物圈	25	0.052	0.000	1.00	21	–	0.38	7.4	2
N01	社会	2504	3.221	0.549	0.97	706	0.27	12.61	6.6	15
N01	社会工作	964	1.133	0.418	0.93	365	0.18	6.52	5.8	6
N01	社会学评论	229	0.876	0.133	0.96	166	0.11	2.96	3.3	5
N01	社会学研究	6560	4.431	0.730	0.96	1138	0.39	20.32	9.7	24
N01	时代青年・视点	18	0.049	0.006	1.00	14	–	0.25	2.3	1
N01	世纪桥	752	0.177	0.066	0.99	325	0.09	5.80	5.7	3
N01	视听	1060	0.263	0.108	0.96	232	0.05	4.14	2.1	5
N01	台湾研究	251	0.525	0.031	0.70	102	0.04	1.82	5.4	4
N01	台湾研究集刊	329	0.515	0.056	0.85	150	0.07	2.68	6.3	4
N01	同舟共进	105	0.095	0.050	1.00	86	–	1.54	6.7	2
N01	无线互联科技	3375	0.488	0.158	0.99	661	0.07	11.80	2.8	9
N01	武陵学刊	379	0.233	0.080	0.92	256	0.07	4.57	8.2	3
N01	新东方	205	0.193	0.009	1.00	136	0.07	2.43	6.5	3
N01	医学与社会	3399	1.309	0.231	0.90	699	0.14	12.48	4.2	10
N01	知与行	189	0.283	0.059	0.95	113	0.05	2.02	1.6	4
N01	中国扶贫	73	0.055	0.025	1.00	51	–	0.91	3.0	2
N01	中国机关后勤	37	0.048	0.062	1.00	22	–	0.39	4.8	2
N01	中国医学伦理学	2531	1.327	0.223	0.89	543	0.09	9.70	4.1	8
N02	南方人口	697	1.209	0.190	0.85	314	0.50	13.08	5.8	7
N02	人才资源开发	2564	0.356	0.121	0.98	523	0.33	21.79	2.0	7
N02	人口学刊	1994	3.008	0.783	0.97	744	0.58	31.00	5.7	14
N02	人口研究	3489	4.111	0.692	0.98	881	0.58	36.71	6.8	22
N02	人口与发展	1345	1.519	0.217	0.97	579	0.58	24.12	5.8	10
N02	人口与计划生育	245	0.101	0.017	1.00	167	0.38	6.96	3.3	3
N02	人口与经济	2091	2.591	0.549	0.98	732	0.54	30.50	5.9	10
N02	人口与社会	459	1.309	0.277	0.97	281	0.42	11.71	5.3	5
N02	人类居住	3	0.013	0.000	0.67	3	0.04	0.12	5.5	1
N02	人力资源	326	0.315	0.103	1.00	145	0.21	6.04	4.2	3
N02	人力资源管理	4332	0.398	0.151	0.93	714	0.25	29.75	2.5	8
N02	山东青年	178	0.031	0.003	0.99	100	0.08	4.17	2.7	3
N02	社会保障研究	734	1.094	0.253	0.96	356	0.58	14.83	4.7	6
N02	西北人口	1183	1.161	0.200	0.97	573	0.54	23.88	4.9	7

学科代码	期刊名称	扩展总被引频次	扩展影响因子	扩展即年指标	扩展他引率	扩展引用刊数	扩展学科影响指标	扩展学科扩散指标	扩展被引半衰期	扩展H指标
N02	职业技术	1600	0.423	0.146	0.99	436	0.17	18.17	4.3	6
N02	中国劳动	804	0.697	0.187	0.94	359	0.42	14.96	4.3	5
N02	中国人才	417	0.104	0.006	1.00	251	0.29	10.46	7.2	4
N02	中国人口科学	2967	3.167	0.338	0.97	787	0.58	32.79	6.9	15
N02	中国人力资源开发	2199	1.060	0.292	0.88	646	0.29	26.92	3.9	10
N02	中国社会保障	464	0.289	0.026	1.00	238	0.21	9.92	4.5	4
N04	China Tibetology	7	0.043	0.000	0.29	3	0.05	0.08	9.5	1
N04	东南文化	1076	0.513	0.096	0.90	368	0.23	9.44	≥10	6
N04	俄罗斯学刊	167	0.612	0.156	0.87	92	0.05	2.36	2.8	4
N04	广西民族研究	1117	0.727	0.103	0.93	449	0.41	11.51	7.8	6
N04	贵州民族研究	2552	0.672	0.121	0.77	713	0.46	18.28	3.9	7
N04	黑龙江民族丛刊	974	0.480	0.077	0.94	412	0.41	10.56	6.2	6
N04	华夏文化	96	0.064	0.000	1.00	82	0.03	2.10	≥10	2
N04	回族研究	360	0.167	0.010	0.74	150	0.33	3.85	≥10	4
N04	科学文化评论	126	0.051	0.000	0.89	87	0.05	2.23	8.3	3
N04	老龄科学研究	492	1.268	0.117	0.90	260	0.05	6.67	2.9	7
N04	满族研究	283	0.200	0.000	0.94	154	0.18	3.95	≥10	3
N04	民族大家庭	28	0.059	0.011	1.00	22	0.05	0.56	4.5	2
N04	民族学刊	172	0.262	0.158	0.91	96	0.23	2.46	3.8	3
N04	民族研究	1671	1.213	0.057	0.95	510	0.44	13.08	≥10	11
N04	民族艺林	35	0.121	0.021	0.91	26	0.08	0.67	3.1	2
N04	鄱阳湖学刊	172	0.323	0.057	0.90	115	0.05	2.95	4.3	4
N04	企业文化(中旬刊)	713	0.062	0.016	0.94	155	0.08	3.97	2.5	4
N04	青海民族研究	607	0.404	0.050	0.94	275	0.33	7.05	6.3	4
N04	世界民族	510	0.309	0.062	0.94	255	0.31	6.54	≥10	5
N04	文化创新比较研究	20	–	0.008	0.75	8	0.03	0.21	0.0	1
N04	文化软实力	43	–	0.070	0.74	26	0.05	0.67	1.4	3
N04	文化软实力研究	26	–	0.055	0.73	16	0.05	0.41	1.4	3
N04	文化遗产	493	0.729	0.202	0.96	274	0.26	7.03	4.4	7
N04	文化纵横	410	1.112	0.162	0.98	244	0.21	6.26	3.5	5
N04	西北民族研究	828	0.462	0.083	0.97	377	0.44	9.67	9.7	6
N04	现代企业文化	1565	0.109	0.032	0.93	280	0.08	7.18	2.8	5
N04	艺苑	251	0.150	0.028	0.97	120	0.05	3.08	5.5	3

学科代码	期刊名称	扩展总被引频次	扩展影响因子	扩展即年指标	扩展他引率	扩展引用刊数	扩展学科影响指标	扩展学科扩散指标	扩展被引半衰期	扩展H指标
N04	中国文化	254	0.152	0.067	1.00	172	0.13	4.41	≥10	4
N04	中国文化研究	526	0.597	0.085	0.98	338	0.18	8.67	≥10	6
N04	中国藏学	710	0.328	0.043	0.92	217	0.26	5.56	9.9	6
N04	中华文化论坛	865	0.257	0.047	0.96	460	0.28	11.79	5.9	5
N04	中原文化研究	166	0.341	0.053	0.97	113	0.15	2.90	3.1	4
N05	编辑学报	2844	1.867	0.540	0.77	443	0.53	8.69	4.6	10
N05	编辑学刊	482	0.607	0.136	0.97	208	0.67	4.08	4.3	4
N05	编辑之友	1669	1.019	0.319	0.97	460	0.82	9.02	3.8	8
N05	采写编	366	0.205	0.074	0.96	121	0.45	2.37	1.8	4
N05	出版参考	543	0.270	0.123	0.96	190	0.53	3.73	3.9	4
N05	出版发行研究	1646	0.863	0.180	0.92	402	0.63	7.88	3.5	8
N05	出版广角	1562	0.507	0.293	0.85	391	0.61	7.67	2.4	6
N05	出版科学	659	0.723	0.232	0.96	232	0.55	4.55	3.8	5
N05	出版与印刷	92	0.389	0.031	1.00	63	0.25	1.24	4.5	2
N05	传播与版权	934	0.551	0.066	0.96	287	0.65	5.63	2.4	5
N05	传媒	1228	0.435	0.191	0.98	361	0.84	7.08	2.4	5
N05	传媒观察	508	0.313	0.119	0.96	200	0.71	3.92	4.1	5
N05	传媒评论	470	0.226	0.083	0.99	150	0.71	2.94	3.9	5
N05	当代传播	1587	1.081	0.129	0.98	458	0.78	8.98	5.1	8
N05	电视研究	764	0.421	0.129	0.96	203	0.55	3.98	3.7	4
N05	东南传播	1585	0.418	0.080	0.96	444	0.75	8.71	4.1	8
N05	国际新闻界	2716	2.105	0.221	0.94	552	0.84	10.82	5.6	12
N05	红旗文稿	1451	1.125	0.453	1.00	641	0.39	12.57	2.9	8
N05	今传媒(学术版)	1658	0.357	0.079	0.98	471	0.76	9.24	3.6	7
N05	科技与出版	1756	0.925	0.266	0.85	419	0.67	8.22	3.1	7
N05	科普童话·新课堂(上)	208	0.078	0.018	1.00	68	–	1.33	2.2	2
N05	科普童话·新课堂(下)	165	0.055	0.007	1.00	56	–	1.10	2.3	2
N05	科普研究	451	0.713	0.130	0.86	189	0.41	3.71	6.0	6
N05	全球传媒学刊	34	–	0.021	1.00	24	0.20	0.47	2.2	2
N05	声屏世界	510	0.237	0.041	0.98	152	0.45	2.98	3.9	4
N05	西部广播电视	5082	0.381	0.124	0.78	319	0.61	6.25	2.0	8
N05	现代出版	317	0.485	0.200	0.93	125	0.47	2.45	3.0	4
N05	现代传播	4207	1.191	0.266	0.96	865	0.86	16.96	4.8	14

学科代码	期刊名称	扩展总被引频次	扩展影响因子	扩展即年指标	扩展他引率	扩展引用刊数	扩展学科影响指标	扩展学科扩散指标	扩展被引半衰期	扩展H指标
N05	新闻爱好者	1290	0.703	0.158	0.95	366	0.75	7.18	4.5	6
N05	新闻传播	2947	–	0.131	0.92	379	0.73	7.43	3.1	6
N05	新闻春秋	56	0.216	0.042	0.96	32	0.29	0.63	3.2	2
N05	新闻大学	1403	1.396	0.311	0.91	358	0.76	7.02	5.0	8
N05	新闻记者	2028	2.172	0.593	0.97	407	0.82	7.98	3.7	13
N05	新闻界	1676	0.656	0.144	0.98	502	0.76	9.84	5.3	9
N05	新闻前哨	568	0.173	0.077	0.97	216	0.59	4.24	4.5	5
N05	新闻研究导刊	5770	0.399	0.147	0.84	549	0.78	10.76	1.8	9
N05	新闻与传播研究	1859	2.658	0.393	0.94	458	0.82	8.98	4.8	10
N05	新闻与写作	1939	1.047	0.274	0.97	495	0.80	9.71	2.7	11
N05	新闻战线	1632	0.682	0.231	0.98	420	0.69	8.24	2.6	6
N05	新闻知识	1342	0.486	0.111	0.98	411	0.71	8.06	3.8	6
N05	中国报业	1322	0.302	0.103	0.97	356	0.73	6.98	3.4	6
N05	中国编辑	522	0.840	0.192	0.91	171	0.63	3.35	3.1	6
N05	中国出版	1839	0.712	0.227	0.91	484	0.84	9.49	3.7	7
N05	中国传媒科技	1518	0.560	0.178	0.98	328	0.71	6.43	4.4	7
N05	中国广播电视学刊	1273	0.509	0.142	0.96	284	0.65	5.57	3.4	6
N05	中国记者	1149	0.361	0.120	0.98	279	0.75	5.47	3.4	7
N05	中国科技期刊研究	3610	2.625	0.565	0.77	558	0.49	10.94	3.8	13
N05	中国期刊年鉴	3	0.004	0.000	1.00	3	0.04	0.06	3.5	1
N06	大学图书馆学报	2799	2.855	0.544	0.97	469	0.93	17.37	4.9	14
N06	大学图书情报学刊	767	0.842	0.294	0.97	240	0.89	8.89	3.9	6
N06	高校图书馆工作	890	1.047	0.231	0.98	262	0.93	9.70	4.8	6
N06	古籍整理研究学刊	324	0.089	0.000	0.92	197	0.33	7.30	≥10	3
N06	国家图书馆学刊	1383	2.544	0.427	0.99	274	0.89	10.15	3.6	11
N06	河北科技图苑	487	0.534	0.070	0.97	169	0.81	6.26	3.8	5
N06	河南图书馆学刊	1435	0.537	0.201	0.93	309	0.85	11.44	2.8	5
N06	农业图书情报学刊	2139	0.614	0.277	0.95	518	0.93	19.19	3.6	6
N06	山东图书馆学刊	585	0.557	0.184	0.97	192	0.93	7.11	5.0	6
N06	数据分析与知识发现	1839	1.070	0.110	0.95	485	0.89	17.96	5.7	10
N06	数字图书馆论坛	484	0.745	0.221	0.96	183	0.85	6.78	3.2	5
N06	四川图书馆学报	720	0.821	0.179	0.98	231	0.89	8.56	4.1	6
N06	图书馆	2530	1.848	0.348	0.94	415	0.93	15.37	3.6	10

学科代码	期刊名称	扩展总被引频次	扩展影响因子	扩展即年指标	扩展他引率	扩展引用刊数	扩展学科影响指标	扩展学科扩散指标	扩展被引半衰期	扩展H指标
N06	图书馆工作与研究	3444	1.911	0.534	0.92	508	0.89	18.81	3.7	12
N06	图书馆建设	3110	1.751	0.470	0.96	428	0.93	15.85	4.7	14
N06	图书馆界	530	0.560	0.187	0.98	165	0.81	6.11	4.2	4
N06	图书馆理论与实践	2038	1.008	0.171	0.96	430	0.96	15.93	4.5	7
N06	图书馆论坛	3483	2.107	0.839	0.95	537	0.93	19.89	4.3	13
N06	图书馆学刊	2450	0.945	0.279	0.95	466	0.96	17.26	3.5	7
N06	图书馆学研究	4349	1.661	0.335	0.94	651	0.93	24.11	4.0	14
N06	图书馆研究	872	0.861	0.113	0.99	244	0.78	9.04	3.7	8
N06	图书馆研究与工作	311	–	0.278	0.96	131	0.78	4.85	2.8	5
N06	图书馆杂志	2763	1.924	0.256	0.97	501	0.96	18.56	4.1	14
N06	新世纪图书馆	1288	0.859	0.216	0.97	309	0.96	11.44	3.7	8
N06	中国图书馆学报	3539	7.340	1.180	0.96	567	0.96	21.00	5.6	20
N06	中国图书评论	383	0.159	0.012	0.99	266	0.26	9.85	7.6	4
N07	晋图学刊	371	0.447	0.086	0.98	172	0.58	9.05	5.2	4
N07	竞争情报	105	0.654	0.118	0.94	62	0.63	3.26	2.5	3
N07	情报工程	113	0.554	0.257	0.85	63	0.53	3.32	1.8	4
N07	情报科学	4205	1.642	0.446	0.93	971	0.89	51.11	4.6	11
N07	情报理论与实践	3879	1.799	0.351	0.92	782	0.89	41.16	4.2	13
N07	情报探索	1432	0.682	0.203	0.96	438	0.84	23.05	3.8	6
N07	情报学报	1746	1.046	0.199	0.88	409	0.84	21.53	6.7	9
N07	情报杂志	5688	1.773	0.314	0.91	1192	0.89	62.74	4.6	15
N07	情报资料工作	1632	1.772	0.391	0.98	390	0.84	20.53	4.4	10
N07	图书情报工作	9074	2.910	0.238	0.92	1013	0.95	53.32	4.2	18
N07	图书情报知识	1902	3.282	0.884	0.98	452	0.89	23.79	4.9	12
N07	图书与情报	2691	3.130	0.512	0.98	538	0.84	28.32	4.1	15
N07	文献	601	0.156	0.030	0.93	285	0.16	15.00	≥10	4
N07	现代情报	4358	1.593	0.394	0.96	992	0.89	52.21	4.7	13
N07	医学信息学杂志	1445	0.954	0.147	0.91	434	0.63	22.84	3.7	10
N07	智库理论与实践	177	–	0.165	0.81	79	0.58	4.16	1.5	4
N07	中国典籍与文化	304	0.201	0.000	0.95	182	0.16	9.58	≥10	3
N07	中国中医药图书情报杂志	231	0.748	0.213	0.87	128	0.21	6.74	2.2	4
N07	中华医学图书情报杂志	1213	1.067	0.258	0.84	397	0.79	20.89	3.5	8
N08	北京档案	824	0.493	0.150	0.96	177	0.61	7.70	5.1	6

学科代码	期刊名称	扩展总被引频次	扩展影响因子	扩展即年指标	扩展他引率	扩展引用刊数	扩展学科影响指标	扩展学科扩散指标	扩展被引半衰期	扩展H指标
N08	博物院	5	–	0.038	0.20	2	0.04	0.09	0.0	1
N08	档案	381	0.217	0.056	0.94	119	0.65	5.17	5.9	4
N08	档案管理	1097	0.656	0.192	0.94	214	0.61	9.30	4.5	7
N08	档案时空	217	0.413	0.054	1.00	86	0.52	3.74	4.2	4
N08	档案学通讯	2413	1.645	0.331	0.89	314	0.61	13.65	6.3	11
N08	档案学研究	1731	1.839	0.308	0.91	244	0.61	10.61	4.8	9
N08	档案与建设	913	0.496	0.102	0.96	236	0.61	10.26	4.3	5
N08	故宫博物院院刊	688	0.307	0.081	0.94	267	0.22	11.61	≥10	5
N08	黑龙江档案	1175	0.395	0.109	0.98	221	0.61	9.61	3.5	5
N08	科学教育与博物馆	36	0.159	0.065	0.97	30	0.09	1.30	1.9	2
N08	历史档案	463	0.314	0.036	0.95	219	0.39	9.52	≥10	4
N08	民国档案	466	0.202	0.034	0.94	208	0.30	9.04	≥10	4
N08	山东档案	360	0.288	0.086	0.99	115	0.57	5.00	4.9	4
N08	山西档案	1062	0.730	0.239	0.79	256	0.65	11.13	3.2	7
N08	陕西档案	276	0.261	0.078	1.00	103	0.35	4.48	4.3	4
N08	四川档案	220	0.143	0.047	0.99	80	0.57	3.48	6.2	3
N08	文博	624	0.211	0.030	0.94	221	0.22	9.61	≥10	5
N08	云南档案	514	0.237	0.050	0.99	149	0.48	6.48	5.6	5
N08	浙江档案	894	0.511	0.172	0.96	208	0.61	9.04	5.1	6
N08	中国档案	1289	0.553	0.164	0.99	229	0.61	9.96	4.8	8
P01	Frontiers of Education in China	39	0.023	0.027	0.82	21	0.04	0.09	6.8	2
P01	安顺学院学报	414	0.181	0.106	0.94	231	0.12	0.98	4.4	4
P01	蚌埠学院学报	279	0.254	0.045	0.96	204	0.11	0.87	2.9	3
P01	保定学院学报	312	0.233	0.039	0.98	218	0.13	0.93	5.4	3
P01	北京大学教育评论	1637	3.143	0.465	0.98	561	0.51	2.39	7.3	12
P01	北京工业职业技术学院学报	486	0.479	0.388	0.98	259	0.13	1.10	5.1	6
P01	比较教育研究	2989	1.442	0.218	0.97	785	0.63	3.34	7.9	10
P01	兵团教育学院学报	340	0.429	0.086	0.99	199	0.13	0.85	5.2	4
P01	昌吉学院学报	293	0.341	0.086	0.92	168	0.12	0.71	5.5	3
P01	成都师范学院学报	1382	0.368	0.075	1.00	521	0.36	2.22	7.8	6
P01	池州学院学报	586	0.233	0.051	0.96	340	0.21	1.45	6.2	4
P01	重庆第二师范学院学报	635	0.355	0.155	1.00	347	0.23	1.48	5.1	5
P01	创新人才教育	140	0.564	0.114	0.96	93	0.11	0.40	1.9	4

学科代码	期刊名称	扩展总被引频次	扩展影响因子	扩展即年指标	扩展他引率	扩展引用刊数	扩展学科影响指标	扩展学科扩散指标	扩展被引半衰期	扩展H指标
P01	创新与创业教育	1314	1.245	0.300	0.96	435	0.29	1.85	2.9	10
P01	大连大学学报	550	0.246	0.014	0.99	380	0.14	1.62	7.5	5
P01	大连教育学院学报	505	0.502	0.103	0.96	189	0.18	0.80	6.5	6
P01	大连民族大学学报	444	0.365	0.081	0.97	309	0.11	1.31	5.5	4
P01	当代继续教育	396	0.552	0.140	0.98	211	0.16	0.90	3.9	4
P01	当代教师教育	287	0.597	0.293	0.93	168	0.20	0.71	4.7	5
P01	当代教育科学	2848	0.660	0.199	0.99	721	0.58	3.07	5.1	8
P01	当代教育理论与实践	2175	0.516	0.193	0.97	653	0.44	2.78	3.7	8
P01	当代教育论坛	2876	1.202	0.375	0.94	695	0.55	2.96	7.8	8
P01	当代教育实践与教学研究(电子刊)	2538	0.300	0.037	0.98	491	0.29	2.09	1.9	6
P01	当代教育与文化	472	0.538	0.154	0.99	260	0.29	1.11	4.2	6
P01	地理教育	364	0.218	0.055	0.86	111	0.13	0.47	3.8	4
P01	电化教育研究	8592	4.535	1.196	0.94	1134	0.71	4.83	5.0	30
P01	鄂州大学学报	567	0.327	0.174	0.99	327	0.15	1.39	3.2	4
P01	发现	162	0.059	0.022	0.99	64	0.07	0.27	1.4	3
P01	纺织服装教育	365	0.403	0.072	0.87	157	0.13	0.67	4.0	3
P01	福建教育学院学报	1471	0.503	0.159	0.99	387	0.27	1.65	3.6	7
P01	复旦教育论坛	1912	1.598	0.474	0.99	685	0.54	2.91	4.4	13
P01	工业和信息化教育	579	0.565	0.193	0.93	250	0.19	1.06	2.9	6
P01	广东第二师范学院学报	385	0.389	0.048	0.95	258	0.17	1.10	7.3	5
P01	广西教育学院学报	977	0.317	0.045	0.99	396	0.27	1.69	6.7	6
P01	贵州教育	240	0.051	0.003	1.00	99	0.11	0.42	8.8	2
P01	贵州师范学院学报	707	0.367	0.078	0.98	414	0.26	1.76	5.7	5
P01	哈尔滨学院学报	922	0.332	0.088	0.77	399	0.27	1.70	5.1	4
P01	海南热带海洋学院学报	625	0.636	0.138	0.76	288	0.12	1.23	5.4	4
P01	航海教育研究	498	0.482	0.202	0.80	183	0.16	0.78	5.8	4
P01	河北教育(教学版)	116	0.085	0.023	1.00	56	0.06	0.24	6.1	2
P01	河北教育(综合版)	79	0.048	0.023	1.00	46	0.07	0.20	6.3	2
P01	河北农业大学学报(农林教育版)	787	0.763	0.165	0.89	348	0.21	1.48	4.0	6
P01	河北师范大学学报(教育科学版)	1634	0.742	0.286	1.00	637	0.53	2.71	6.8	8
P01	河西学院学报	306	0.193	0.067	0.95	199	0.10	0.85	7.0	4
P01	黑河教育	420	0.102	0.039	1.00	137	0.13	0.58	3.7	3
P01	黑河学院学报	370	0.233	0.070	0.98	205	0.13	0.87	1.9	3

学科代码	期刊名称	扩展总被引频次	扩展影响因子	扩展即年指标	扩展他引率	扩展引用刊数	扩展学科影响指标	扩展学科扩散指标	扩展被引半衰期	扩展H指标
P01	黑龙江工业学院学报(综合版)	1001	0.249	0.062	1.00	431	0.23	1.83	4.1	6
P01	黑龙江教育(理论与实践)	845	0.517	0.194	0.99	280	0.20	1.19	2.3	8
P01	黑龙江教育学院学报	2653	0.510	0.176	0.99	679	0.45	2.89	4.2	8
P01	呼伦贝尔学院学报	386	0.219	0.075	0.98	226	0.11	0.96	6.4	4
P01	湖北工业职业技术学院学报	435	0.447	0.148	0.94	251	0.14	1.07	3.7	6
P01	湖南大众传媒职业技术学院学报	377	0.259	0.027	0.99	185	0.11	0.79	5.2	3
P01	湖南师范大学教育科学学报	1375	1.098	0.361	0.97	556	0.49	2.37	6.0	9
P01	华东师范大学学报(教育科学版)	1758	3.405	1.167	0.99	632	0.52	2.69	6.8	15
P01	华文教学与研究	460	0.756	0.095	0.90	158	0.13	0.67	7.7	5
P01	华夏教师	1720	0.573	0.161	0.98	175	0.14	0.74	2.0	9
P01	化学教育	2569	0.787	0.137	0.72	390	0.27	1.66	4.6	9
P01	吉林省教育学院学报	1515	0.378	0.163	0.99	498	0.31	2.12	3.4	7
P01	集美大学学报	502	0.482	0.160	0.96	287	0.29	1.22	5.8	5
P01	继续教育	1009	0.580	0.169	0.89	362	0.25	1.54	3.4	6
P01	继续教育研究	3431	0.987	0.425	0.94	803	0.52	3.42	4.6	9
P01	佳木斯职业学院学报	4895	0.271	0.091	0.99	783	0.39	3.33	3.1	10
P01	江西教育	709	0.071	0.033	1.00	204	0.18	0.87	5.0	4
P01	江西科技师范大学学报	467	0.479	0.041	0.98	275	0.12	1.17	6.0	4
P01	教师	2605	0.126	0.049	0.99	361	0.29	1.54	3.6	7
P01	教师博览(科研版)	370	0.159	0.062	0.99	110	0.10	0.47	2.9	3
P01	教师发展研究	3	–	0.029	1.00	3	0.00	0.01	0.0	1
P01	教师教育论坛	791	0.390	0.135	0.98	338	0.33	1.44	5.1	5
P01	教书育人(教师新概念)	361	0.076	0.027	1.00	126	0.12	0.54	4.0	4
P01	教学管理与教育研究	99	–	0.042	0.98	51	0.05	0.22	0.0	2
P01	教学与研究	1510	1.021	0.375	0.99	694	0.28	2.95	6.1	10
P01	教育测量与评价	572	0.680	0.246	0.88	250	0.33	1.06	4.0	5
P01	教育导刊(上半月)	1681	0.732	0.260	0.99	507	0.43	2.16	5.4	9
P01	教育导刊(下半月)	652	0.223	0.020	0.90	183	0.25	0.78	6.0	3
P01	教育发展研究	5689	1.677	0.259	0.98	1119	0.71	4.76	5.6	17
P01	教育观察(上半月)	984	0.471	0.160	0.97	381	0.26	1.62	2.1	5
P01	教育观察(下半月)	648	0.239	0.262	1.00	156	0.15	0.66	1.4	5
P01	教育教学论坛	20187	0.531	0.167	0.96	1475	0.66	6.28	3.4	20
P01	教育界	1592	0.073	0.022	0.99	324	0.22	1.38	3.0	4

学科代码	期刊名称	扩展总被引频次	扩展影响因子	扩展即年指标	扩展他引率	扩展引用刊数	扩展学科影响指标	扩展学科扩散指标	扩展被引半衰期	扩展H指标
P01	教育科学	2644	4.544	1.060	0.97	711	0.58	3.03	5.2	10
P01	教育科学论坛	1053	0.361	0.091	0.97	306	0.31	1.30	3.2	7
P01	教育科学研究	2235	1.191	0.315	0.98	607	0.53	2.58	5.7	11
P01	教育评论	2921	0.878	0.202	0.98	871	0.67	3.71	3.8	10
P01	教育生物学杂志	66	0.375	0.000	0.97	55	0.03	0.23	3.4	3
P01	教育实践与研究	2215	0.243	0.135	1.00	315	0.29	1.34	5.5	7
P01	教育探索	7055	1.442	0.217	1.00	1198	0.74	5.10	5.8	14
P01	教育文化论坛	334	0.361	0.048	0.95	191	0.14	0.81	3.9	4
P01	教育现代化	4596	–	0.213	0.71	631	0.38	2.69	1.3	10
P01	教育信息技术	645	0.512	0.114	0.93	226	0.20	0.96	3.1	8
P01	教育学报	1504	1.083	0.512	0.99	522	0.52	2.22	7.2	10
P01	教育学术月刊	2101	1.032	0.314	0.97	714	0.55	3.04	6.3	8
P01	教育研究	12624	5.008	0.712	0.98	1488	0.84	6.33	5.9	28
P01	教育研究与评论	57	0.080	0.008	0.96	46	0.06	0.20	3.3	2
P01	教育研究与实验	1417	1.080	0.327	0.98	573	0.51	2.44	8.0	8
P01	教育艺术	551	0.078	0.035	1.00	165	0.13	0.70	5.4	4
P01	教育与教学研究	2351	0.794	0.181	0.98	662	0.51	2.82	6.0	9
P01	教育与考试	206	0.253	0.042	0.95	134	0.17	0.57	4.8	3
P01	金融理论探索	359	0.521	0.185	0.99	193	0.09	0.82	5.6	5
P01	金融理论与教学	377	0.440	0.162	0.98	191	0.11	0.81	3.0	5
P01	荆楚理工学院学报	226	0.190	0.064	1.00	173	0.06	0.74	7.2	3
P01	开封大学学报	279	0.335	0.029	1.00	198	0.14	0.84	5.3	4
P01	凯里学院学报	640	0.269	0.032	0.96	349	0.20	1.49	5.8	4
P01	考试与评价	684	0.151	0.039	1.00	150	0.13	0.64	2.2	4
P01	考试周刊	14829	0.145	0.062	0.95	905	0.48	3.85	3.5	10
P01	科教导刊	6283	0.404	0.104	0.98	1008	0.54	4.29	3.2	10
P01	科教导刊–电子版(上旬)	272	0.045	0.012	1.00	159	0.09	0.68	2.3	3
P01	科教导刊–电子版(下旬)	237	0.039	0.003	1.00	136	0.09	0.58	2.5	2
P01	科教导刊–电子版(中旬)	281	0.043	0.009	1.00	164	0.10	0.70	2.4	2
P01	科教文汇	9143	0.397	0.080	0.98	1133	0.54	4.82	4.6	13
P01	课程教材教学研究(教育研究)	107	0.085	0.008	1.00	58	0.05	0.25	6.1	2
P01	课程教材教学研究(小教研究)	163	0.068	0.004	1.00	71	0.07	0.30	7.1	3
P01	课程教材教学研究(中教研究)	152	0.065	0.075	1.00	73	0.06	0.31	6.1	2

学科代码	期刊名称	扩展总被引频次	扩展影响因子	扩展即年指标	扩展他引率	扩展引用刊数	扩展学科影响指标	扩展学科扩散指标	扩展被引半衰期	扩展H指标
P01	昆明学院学报	396	0.215	0.041	0.93	261	0.14	1.11	6.2	4
P01	历史教学	989	0.652	0.205	0.93	345	0.23	1.47	9.6	7
P01	历史教学问题	291	0.161	0.036	0.97	181	0.11	0.77	9.1	3
P01	辽宁教育	460	0.132	0.028	0.98	189	0.19	0.80	4.1	4
P01	辽宁教育行政学院学报	1164	0.441	0.099	1.00	410	0.28	1.74	8.5	6
P01	临沂大学学报	464	0.282	0.141	0.97	308	0.16	1.31	5.9	5
P01	领导科学论坛	325	0.181	0.139	0.97	194	0.09	0.83	2.4	3
P01	龙岩学院学报	448	0.261	0.034	0.98	286	0.14	1.22	7.7	3
P01	陇东学院学报	329	0.244	0.041	0.98	224	0.11	0.95	4.5	3
P01	逻辑学研究	592	0.375	0.077	0.98	352	0.16	1.50	≥10	4
P01	美术教育研究	4736	0.348	0.122	0.92	446	0.27	1.90	2.9	9
P01	美育学刊	173	0.230	0.076	0.97	112	0.07	0.48	4.1	3
P01	民族教育研究	1085	0.738	0.156	0.93	400	0.29	1.70	6.4	6
P01	牡丹江大学学报	932	0.187	0.058	0.99	442	0.23	1.88	4.7	5
P01	牡丹江教育学院学报	1165	0.359	0.069	1.00	409	0.30	1.74	3.7	6
P01	南昌教育学院学报	1500	0.488	0.128	1.00	434	0.28	1.85	5.4	8
P01	内蒙古电大学刊	433	0.265	0.086	0.99	238	0.14	1.01	6.4	4
P01	内蒙古师范大学学报(教育科学版)	3044	0.630	0.199	0.99	782	0.60	3.33	5.1	8
P01	宁波大学学报(教育科学版)	1224	0.794	0.159	0.99	540	0.38	2.30	6.9	7
P01	宁波教育学院学报	931	0.544	0.191	0.99	325	0.26	1.38	5.3	7
P01	平顶山学院学报	251	0.156	0.053	0.95	188	0.09	0.80	5.9	3
P01	普洱学院学报	417	0.295	0.078	0.99	223	0.14	0.95	4.0	5
P01	齐鲁师范学院学报	655	0.387	0.160	1.00	374	0.21	1.59	6.4	5
P01	青海教育	275	0.059	0.029	1.00	105	0.10	0.45	6.2	3
P01	清华大学教育研究	3116	2.693	0.439	0.99	895	0.67	3.81	6.4	15
P01	全球教育展望	3509	3.013	0.545	0.98	745	0.65	3.17	5.8	13
P01	人民教育	2155	0.678	0.238	1.00	555	0.54	2.36	5.6	13
P01	软件导刊·教育技术	1123	0.468	0.127	0.97	404	0.30	1.72	3.5	6
P01	三明学院学报	272	0.321	0.029	0.96	193	0.09	0.82	6.2	4
P01	厦门城市职业学院学报	346	0.689	0.181	0.99	196	0.15	0.83	5.1	5
P01	陕西学前师范学院学报	731	0.557	0.259	0.74	299	0.26	1.27	2.2	5
P01	商洛学院学报	418	0.562	0.171	0.82	239	0.10	1.02	4.0	4
P01	上海教育科研	2598	0.690	0.153	0.99	653	0.62	2.78	6.3	10

学科代码	期刊名称	扩展总被引频次	扩展影响因子	扩展即年指标	扩展他引率	扩展引用刊数	扩展学科影响指标	扩展学科扩散指标	扩展被引半衰期	扩展H指标
P01	设计艺术	253	0.279	0.010	0.96	118	0.08	0.50	7.1	3
P01	设计艺术研究	925	0.438	0.096	0.99	411	0.26	1.75	8.4	7
P01	石家庄学院学报	379	0.252	0.072	0.98	260	0.14	1.11	6.0	4
P01	时代教育	4798	0.186	0.071	0.99	701	0.38	2.98	3.2	7
P01	世界教育信息	810	0.248	0.052	0.96	376	0.37	1.60	4.0	4
P01	数码世界	244	0.138	0.031	0.93	106	0.04	0.45	1.3	3
P01	双语教育研究	42	0.288	0.027	0.90	31	0.06	0.13	2.9	2
P01	思想理论教育导刊	4915	1.863	0.627	0.99	924	0.52	3.93	3.9	15
P01	思想政治教育研究	2042	1.291	0.298	0.90	560	0.38	2.38	5.0	9
P01	思想政治课研究	299	0.683	0.161	0.96	135	0.13	0.57	2.0	5
P01	四川教育	136	0.048	0.037	0.99	74	0.06	0.31	8.8	3
P01	四川民族学院学报	299	0.283	0.068	0.94	184	0.11	0.78	6.3	3
P01	四川文理学院学报	538	0.292	0.080	0.96	319	0.14	1.36	6.1	5
P01	苏州大学学报(教育科学版)	138	0.642	0.092	0.99	103	0.13	0.44	2.8	4
P01	苏州教育学院学报	340	0.258	0.020	0.97	206	0.14	0.88	5.8	3
P01	绥化学院学报	739	0.229	0.067	0.94	360	0.20	1.53	4.0	4
P01	太原学院学报(自然科学版)	489	0.527	0.027	1.00	227	0.17	0.97	6.4	5
P01	唐山学院学报	231	0.207	0.000	0.97	171	0.08	0.73	5.7	2
P01	天津教育	301	0.099	0.028	1.00	136	0.15	0.58	8.7	3
P01	天津师范大学学报(基础教育版)	499	1.226	0.733	0.96	225	0.29	0.96	4.7	7
P01	天津市教科院学报	772	0.385	0.193	0.99	313	0.31	1.33	5.8	5
P01	天津职业技术师范大学学报	190	0.133	0.076	0.97	146	0.06	0.62	7.9	3
P01	铜仁学院学报	477	0.383	0.090	0.81	250	0.14	1.06	3.4	4
P01	外国教育研究	1998	0.996	0.169	0.98	663	0.59	2.82	9.1	10
P01	潍坊工程职业学院学报	409	0.334	0.007	0.99	227	0.17	0.97	5.0	4
P01	文教资料	3385	0.115	0.026	0.98	735	0.47	3.13	5.9	6
P01	文山学院学报	360	0.252	0.052	0.94	217	0.09	0.92	5.3	4
P01	梧州学院学报	277	0.294	0.068	0.99	171	0.11	0.73	4.2	3
P01	武夷学院学报	457	0.358	0.045	0.96	266	0.13	1.13	3.3	4
P01	物理教师	975	0.358	0.095	0.79	144	0.15	0.61	4.1	4
P01	物理教学	590	0.324	0.069	0.61	100	0.09	0.43	4.1	4
P01	西部素质教育	5435	0.690	0.262	0.98	474	0.31	2.02	1.4	12
P01	西藏教育	356	0.191	0.077	0.96	154	0.15	0.66	4.3	3

学科代码	期刊名称	扩展总被引频次	扩展影响因子	扩展即年指标	扩展他引率	扩展引用刊数	扩展学科影响指标	扩展学科扩散指标	扩展被引半衰期	扩展H指标
P01	现代大学教育	1412	1.195	0.135	0.96	556	0.48	2.37	6.8	9
P01	现代教育管理	2422	1.750	0.276	0.92	727	0.56	3.09	3.4	10
P01	现代教育技术	6860	4.241	0.670	0.97	1110	0.65	4.72	3.9	27
P01	现代教育论丛	722	0.665	0.151	1.00	342	0.31	1.46	7.4	5
P01	现代远程教育研究	2680	6.619	0.870	0.98	714	0.52	3.04	3.4	19
P01	现代远距离教育	1056	2.090	0.644	0.95	373	0.33	1.59	4.7	9
P01	新疆教育学院学报	318	0.189	0.034	1.00	179	0.14	0.76	7.0	4
P01	新余学院学报	477	0.292	0.077	0.98	280	0.18	1.19	4.3	4
P01	邢台学院学报	363	0.184	0.105	0.99	235	0.13	1.00	4.4	4
P01	宿州教育学院学报	1079	0.378	0.159	1.00	388	0.20	1.65	3.6	5
P01	许昌学院学报	437	0.200	0.051	0.96	277	0.13	1.18	7.1	3
P01	学理论	4058	0.199	0.050	0.99	1038	0.48	4.42	4.4	6
P01	延边教育学院学报	1012	0.430	0.101	0.99	210	0.20	0.89	5.6	9
P01	扬州大学学报(高教研究版)	1040	0.787	0.261	0.99	458	0.35	1.95	5.6	7
P01	扬州教育学院学报	285	0.244	0.105	1.00	186	0.15	0.79	6.1	4
P01	药学教育	1056	1.202	0.142	0.83	249	0.14	1.06	4.7	7
P01	医学教育管理	262	1.245	0.294	0.84	110	0.04	0.47	1.6	5
P01	宜宾学院学报	513	0.212	0.018	0.98	314	0.14	1.34	6.6	3
P01	艺术设计研究	180	0.346	0.038	0.91	107	0.03	0.46	4.8	3
P01	英语教师	2049	0.717	0.190	0.96	239	0.26	1.02	2.2	11
P01	语文学刊	1608	0.103	0.026	1.00	453	0.31	1.93	5.4	7
P01	语文学习	487	0.238	0.054	0.95	171	0.18	0.73	7.2	5
P01	远程教育杂志	5397	7.057	1.897	0.97	995	0.63	4.23	4.5	27
P01	运城学院学报	369	0.325	0.039	0.97	247	0.12	1.05	7.0	4
P01	枣庄学院学报	375	0.311	0.098	0.84	229	0.08	0.97	5.1	4
P01	长沙大学学报	869	0.368	0.043	0.99	514	0.23	2.19	5.8	5
P01	昭通学院学报	196	0.105	0.025	0.96	131	0.09	0.56	6.9	2
P01	浙江传媒学院学报	441	0.406	0.076	0.98	220	0.09	0.94	5.0	5
P01	浙江外国语学院学报	327	0.201	0.090	0.99	210	0.17	0.89	7.2	3
P01	政治思想史	105	0.146	0.000	0.91	62	0.03	0.26	5.8	3
P01	职大学报	216	0.145	0.042	0.97	145	0.07	0.62	5.4	3
P01	职教通讯	2645	0.563	0.230	0.97	581	0.38	2.47	3.4	8
P01	中国地质教育	901	0.718	0.170	0.82	233	0.18	0.99	6.9	6

学科代码	期刊名称	扩展总被引频次	扩展影响因子	扩展即年指标	扩展他引率	扩展引用刊数	扩展学科影响指标	扩展学科扩散指标	扩展被引半衰期	扩展H指标
P01	中国电化教育	11334	7.457	1.460	0.94	1187	0.74	5.05	3.7	37
P01	中国电力教育	6961	5.314	0.076	1.00	1052	0.52	4.48	5.8	9
P01	中国教育技术装备	7013	0.572	0.202	0.96	731	0.46	3.11	4.1	13
P01	中国教育网络	672	0.307	0.047	1.00	315	0.22	1.34	4.4	8
P01	中国教育信息化·基础教育	1764	0.869	0.149	0.97	496	0.39	2.11	3.9	9
P01	中国教育学刊	6078	1.265	0.265	0.98	1017	0.72	4.33	4.2	18
P01	中国考试	687	1.180	0.836	0.88	262	0.23	1.11	2.6	8
P01	中国林业教育	952	0.910	0.400	0.94	334	0.23	1.42	5.6	6
P01	中国农业教育	613	0.774	0.182	0.94	309	0.24	1.31	5.1	5
P01	中国轻工教育	598	0.574	0.227	0.98	272	0.17	1.16	4.4	5
P01	中国特殊教育	2916	1.205	0.177	0.85	565	0.48	2.40	6.7	9
P01	中国现代教育装备	3307	0.576	0.227	0.95	656	0.37	2.79	5.0	8
P01	中国校外教育(上旬刊)	5864	0.786	0.257	1.00	376	0.27	1.60	2.7	12
P01	中国冶金教育	699	0.410	0.131	0.89	260	0.19	1.11	4.8	4
P01	中国音乐教育	470	0.181	0.107	0.94	122	0.12	0.52	≥10	3
P01	中国远程教育(综合版)	3182	3.198	0.395	0.96	701	0.51	2.98	4.5	16
P01	中外交流	1236	0.053	0.023	0.95	196	0.10	0.83	1.2	3
P01	中文信息	628	0.047	0.017	0.97	238	0.13	1.01	2.2	3
P01	中医教育	1040	0.839	0.286	0.95	271	0.11	1.15	5.2	6
P01	中州大学学报	464	0.317	0.069	0.98	328	0.14	1.40	5.8	5
P03	北京教育(高教版)	866	0.565	0.140	0.97	411	0.04	1.87	3.5	5
P03	北京教育(普教版)	239	0.049	0.012	1.00	134	0.14	0.61	7.0	3
P03	初中生	13	0.014	0.000	1.00	8	0.01	0.04	5.8	1
P03	初中生世界(八年级)	6	0.002	0.000	1.00	6	–	0.03	3.7	1
P03	初中生世界(初中教学研究)	57	0.053	0.012	0.98	38	0.05	0.17	2.3	2
P03	初中生世界(九年级)	8	0.007	0.000	1.00	5	0.01	0.02	3.5	1
P03	初中生世界(七年级)	9	0.010	0.000	1.00	7	0.00	0.03	2.6	1
P03	创新作文(初中版)	3	0.004	0.000	1.00	3	–	0.01	2.5	1
P03	创新作文(小学 1、2 年级)	2	0.000	0.000	1.00	1	–	0.00	0.0	1
P03	地理教学	496	–	0.057	0.80	131	0.17	0.60	3.2	5
P03	都市家教(上半月)	875	0.046	0.015	0.99	169	0.14	0.77	2.9	4
P03	都市家教(下半月)	1011	0.051	0.014	0.99	177	0.18	0.80	3.1	4
P03	读写算(小学高年级版)	1	0.004	0.000	1.00	1	–	–	0.0	1

学科代码	期刊名称	扩展总被引频次	扩展影响因子	扩展即年指标	扩展他引率	扩展引用刊数	扩展学科影响指标	扩展学科扩散指标	扩展被引半衰期	扩展H指标
P03	读写算(小学中年级版)	6	0.008	0.000	1.00	6	0.00	0.03	8.0	1
P03	读写算-素质教育论坛	997	0.099	0.029	0.98	173	0.16	0.79	2.7	5
P03	读与写	1339	0.039	0.010	0.99	172	0.16	0.78	2.2	3
P03	儿童大世界(上半月)	18	–	0.000	1.00	17	0.04	0.08	0.0	1
P03	儿童大世界(下半月)	44	0.022	0.000	1.00	23	0.04	0.10	1.5	2
P03	福建基础教育研究	643	0.193	0.056	0.92	169	0.24	0.77	3.0	5
P03	福建中学数学	166	0.109	0.047	0.86	59	0.13	0.27	3.8	3
P03	甘肃高师学报	498	0.217	0.060	0.97	290	0.09	1.32	5.8	4
P03	高师理科学刊	830	0.359	0.125	0.88	381	0.08	1.73	3.9	5
P03	高校后勤研究	546	0.348	0.149	0.80	190	0.03	0.86	4.0	4
P03	高中生之友(高考版)	11	–	0.005	1.00	10	0.02	0.05	5.5	1
P03	高中生之友(青春版)	3	–	0.000	1.00	3	–	0.01	0.0	1
P03	高中数理化	363	0.076	0.030	1.00	99	0.14	0.45	3.0	4
P03	广东第二课堂(小学生版)	2	0.004	0.000	1.00	2	0.00	0.01	≥10	1
P03	广东教育(高中版)	53	0.026	0.008	1.00	37	0.07	0.17	5.2	2
P03	广东教育(综合版)	315	0.070	0.015	1.00	138	0.13	0.63	3.9	5
P03	广西教育(义务教育)	511	0.085	0.017	1.00	126	0.19	0.57	3.7	3
P03	广西教育(中等教育)	689	0.161	0.017	0.96	180	0.16	0.82	3.1	3
P03	河北理科教学研究	51	0.061	0.012	0.88	34	0.06	0.15	5.8	2
P03	河南教育(基教版)	290	0.065	0.025	1.00	135	0.14	0.61	7.4	3
P03	黑龙江教育(小学)	78	0.010	0.006	1.00	44	0.06	0.20	6.0	2
P03	湖北教育(教育教学)	151	0.042	0.023	1.00	80	0.10	0.36	6.2	3
P03	湖北教育(科学课)	59	0.047	0.014	1.00	33	0.05	0.15	2.4	1
P03	湖北教育(政务宣传)	102	0.020	0.007	1.00	64	0.07	0.29	≥10	2
P03	湖南教育 A	238	0.046	0.024	1.00	98	0.12	0.45	≥10	4
P03	湖南教育 B	62	0.030	0.004	1.00	44	0.05	0.20	7.2	2
P03	湖南教育 C	91	0.059	0.011	1.00	60	0.11	0.27	5.2	2
P03	化学教学	1528	0.701	0.258	0.77	224	0.22	1.02	4.6	7
P03	化学教与学	511	0.222	0.068	0.90	144	0.20	0.65	3.5	6
P03	基础教育	689	0.927	0.278	0.99	284	0.21	1.29	4.7	5
P03	基础教育参考	480	0.078	0.041	1.00	209	0.19	0.95	6.0	4
P03	家教世界·现代幼教	280	0.053	0.009	1.00	108	0.12	0.49	4.4	3
P03	江苏高教	3846	1.987	0.492	0.97	911	0.14	4.14	4.8	13

学科代码	期刊名称	扩展总被引频次	扩展影响因子	扩展即年指标	扩展他引率	扩展引用刊数	扩展学科影响指标	扩展学科扩散指标	扩展被引半衰期	扩展H指标
P03	江苏教育(教育管理版)	123	0.043	0.014	0.99	80	0.10	0.36	4.6	2
P03	江苏教育(小学教学版)	702	0.240	0.155	0.98	219	0.25	1.00	4.6	5
P03	江苏教育(中学教学版)	174	0.133	0.018	0.90	87	0.16	0.40	2.4	2
P03	教书育人(校长参考)	164	0.031	0.014	1.00	93	0.10	0.42	4.9	3
P03	教学研究	1523	0.960	0.380	0.99	498	0.25	2.26	5.2	7
P03	教学与管理(理论版)	2841	0.755	0.180	0.99	651	0.35	2.96	5.3	8
P03	教学与管理(小学版)	895	0.341	0.204	0.98	196	0.21	0.89	4.6	6
P03	教学与管理(中学版)	1474	0.567	0.186	0.98	367	0.33	1.67	4.8	7
P03	教学月刊(小学版)数学	111	0.096	0.034	0.82	49	0.11	0.22	3.5	2
P03	教学月刊(小学版)语文	264	0.089	0.025	0.98	80	0.13	0.36	5.8	3
P03	教学月刊(小学版)综合	63	0.040	0.014	1.00	41	0.06	0.19	4.0	2
P03	教学月刊·中学版(教学参考)	32	–	0.022	0.91	25	0.03	0.11	1.8	1
P03	教学月刊·中学版(语文教学)	35	–	0.041	0.83	22	0.02	0.10	3.1	1
P03	教学月刊·中学版(政治教学)	32	–	0.051	0.78	19	0.05	0.09	1.2	2
P03	教育研究与评论(小学教育教学版)	156	0.129	0.016	0.94	68	0.13	0.31	3.4	2
P03	教育研究与评论(中学教育教学版)	242	0.255	0.033	0.90	119	0.22	0.54	2.9	4
P03	课程·教材·教法	6581	3.674	0.584	0.97	813	0.49	3.70	5.5	20
P03	课程教学研究	571	0.410	0.156	0.98	197	0.22	0.90	3.1	6
P03	课堂内外(小学版)	3	0.006	0.000	1.00	2	0.00	0.01	9.5	1
P03	课堂内外·创新作文(初中版)	4	0.017	0.010	1.00	4	0.00	0.02	1.5	1
P03	课堂内外·创新作文(高中版)	7	0.006	0.000	1.00	5	0.00	0.02	4.5	1
P03	课堂内外·创新作文(小学版)	1	0.001	0.000	1.00	1	–	0.00	0.0	1
P03	课堂内外·教师版	107	0.044	0.001	0.98	55	0.09	0.25	2.7	2
P03	理科考试研究(初中版)	420	0.127	0.031	0.97	84	0.15	0.38	2.4	3
P03	理科考试研究(高中版)	339	0.093	0.009	0.96	86	0.13	0.39	2.7	3
P03	七彩语文(教师论坛)	76	0.042	0.021	1.00	42	0.08	0.19	2.0	3
P03	陕西教育(教学)	489	0.078	0.013	1.00	131	0.18	0.60	5.3	4
P03	上海中学数学	121	0.073	0.005	0.90	57	0.10	0.26	5.4	2
P03	生物学教学	929	0.221	0.064	0.88	300	0.18	1.36	6.2	5
P03	师道·教研	141	0.019	0.003	1.00	61	0.09	0.28	3.7	3
P03	师道·人文	70	0.019	0.000	1.00	50	0.04	0.23	7.1	3
P03	数理化学习(初中版)	158	0.080	0.054	0.78	49	0.09	0.22	3.6	3
P03	数理化学习(高一二版)	109	0.060	0.012	0.94	50	0.09	0.23	3.3	2

学科代码	期刊名称	扩展总被引频次	扩展影响因子	扩展即年指标	扩展他引率	扩展引用刊数	扩展学科影响指标	扩展学科扩散指标	扩展被引半衰期	扩展H指标
P03	数理化学习(教育理论)	447	–	0.050	0.97	93	0.16	0.42	4.1	4
P03	数学建模及其应用	57	0.388	0.024	0.93	48	0.01	0.22	2.5	3
P03	速读(上旬)	414	0.033	0.011	0.99	134	0.12	0.61	2.1	3
P03	速读(下旬)	432	0.032	0.013	1.00	128	0.14	0.58	2.2	3
P03	速读(中旬)	448	0.035	0.012	1.00	128	0.12	0.58	2.2	4
P03	外国中小学教育	910	0.599	0.176	0.97	396	0.30	1.80	7.4	6
P03	文理导航・教育研究与实践	557	0.050	0.017	0.97	121	0.14	0.55	2.3	4
P03	现代中小学教育	2108	0.763	0.301	0.99	432	0.35	1.96	4.7	10
P03	小学教学参考	1774	0.082	0.023	0.99	149	0.20	0.68	5.2	7
P03	小学教学设计(语文)	198	0.055	0.058	1.00	74	0.13	0.34	5.0	3
P03	小学教学研究(教学版)	508	0.158	0.091	0.99	112	0.16	0.51	5.4	4
P03	小学教学研究(理论版)	360	0.068	0.019	0.99	94	0.15	0.43	4.7	4
P03	小学科学(教师版)	818	0.060	0.036	1.00	136	0.17	0.62	3.4	4
P03	小学生时代	1	–	0.000	1.00	1	–	0.00	0.0	1
P03	小学生之友(高)	1	0.005	0.000	1.00	1	0.00	0.00	0.0	1
P03	小学生作文辅导	134	0.086	0.019	0.97	50	0.10	0.23	1.5	2
P03	小学生作文辅导(读写双赢)	9	0.000	0.008	0.89	8	0.01	0.04	0.0	1
P03	新高考(高二数学)	4	0.009	0.006	1.00	4	0.01	0.02	1.3	1
P03	新高考(高一数学)	11	0.013	0.000	1.00	10	0.02	0.05	3.1	1
P03	新教师	120	0.064	0.018	1.00	59	0.09	0.27	2.4	2
P03	新课程・上旬	2992	0.118	0.014	0.98	233	0.25	1.06	3.1	6
P03	新课程・下旬	2778	0.100	0.020	0.98	311	0.25	1.41	3.4	7
P03	新课程・小学	4371	0.146	0.041	0.95	194	0.20	0.88	2.9	7
P03	新课程・中学	3128	0.120	0.038	0.96	235	0.23	1.07	2.8	5
P03	新课程・中旬	2499	0.086	0.016	0.98	282	0.23	1.28	3.6	6
P03	新课程导学	2215	0.168	0.061	0.99	171	0.19	0.78	2.6	6
P03	新课程研究(上旬)	1538	0.216	0.059	0.99	282	0.27	1.28	7.0	7
P03	新课程研究(下旬)	870	0.163	0.051	0.98	170	0.22	0.77	4.0	5
P03	新课程研究(中旬–单)	1207	0.566	0.098	0.99	310	0.11	1.41	3.9	5
P03	新课程研究(中旬–双)	368	0.149	0.038	0.99	185	0.08	0.84	4.4	2
P03	新校园(上旬刊)	776	0.101	0.024	0.99	249	0.15	1.13	2.8	4
P03	新校园(中旬刊)	989	0.143	0.038	0.99	176	0.15	0.80	2.4	4
P03	新一代	246	–	0.003	1.00	88	0.09	0.40	5.0	2

学科代码	期刊名称	扩展总被引频次	扩展影响因子	扩展即年指标	扩展他引率	扩展引用刊数	扩展学科影响指标	扩展学科扩散指标	扩展被引半衰期	扩展H指标
P03	新作文(初中版)	1	0.002	0.000	1.00	1	–	0.00	0.0	1
P03	新作文(高中版)	7	0.010	0.000	1.00	2	–	0.01	0.0	1
P03	新作文(小学作文创新教学)	81	0.040	0.019	1.00	36	0.07	0.16	4.0	2
P03	学前教育研究	3755	1.973	0.438	0.93	491	0.23	2.23	7.1	11
P03	幼儿教育·教育教学	572	0.165	0.008	1.00	162	0.14	0.74	8.7	4
P03	幼儿教育·教育科学	474	0.232	0.029	0.92	193	0.11	0.88	6.8	4
P03	幼儿教育研究	35	0.109	0.043	0.97	16	0.03	0.07	1.7	2
P03	语文天地(高中版)	153	0.047	0.023	1.00	65	0.10	0.30	3.0	2
P03	语文天地(小教版)	238	0.080	0.032	1.00	60	0.11	0.27	2.3	3
P03	早期教育(家教版)	8	0.005	0.000	1.00	6	0.01	0.03	4.0	1
P03	早期教育(教师版)	435	0.103	0.014	1.00	142	0.13	0.65	8.5	4
P03	早期教育(美术版)	42	0.021	0.005	1.00	21	0.04	0.10	5.6	2
P03	中等数学	116	0.154	0.031	0.38	21	0.06	0.10	4.0	3
P03	中国民族教育	428	0.168	0.109	0.99	205	0.15	0.93	5.7	4
P03	中国数学教育(初中版)	352	0.377	0.055	0.67	65	0.12	0.30	4.3	3
P03	中国数学教育(高中版)	271	0.346	0.090	0.50	60	0.12	0.27	2.9	3
P03	中国校外教育(中旬刊)	5693	0.634	0.264	0.99	375	0.26	1.70	3.0	13
P03	中小学管理	916	0.666	0.134	0.98	318	0.28	1.45	4.2	6
P03	中小学教师培训	1279	1.014	0.454	0.97	309	0.33	1.40	3.5	8
P03	中小学教学研究	523	0.180	0.027	0.99	135	0.25	0.61	6.7	4
P03	中小学实验与装备	140	0.078	0.021	1.00	67	0.11	0.30	6.5	3
P03	中小学外语教学(中学)	1589	1.601	0.302	0.88	137	0.19	0.62	5.8	9
P03	中小学校长	123	0.083	0.011	0.99	72	0.10	0.33	4.6	2
P03	中小学信息技术教育	2022	0.435	0.099	0.99	479	0.31	2.18	4.6	14
P03	中小学英语教学与研究	1123	0.527	0.140	0.95	137	0.21	0.62	7.2	6
P03	中学地理教学参考	798	0.499	0.150	0.92	151	0.18	0.69	2.8	6
P03	中学化学教学参考	1164	0.630	0.191	0.90	131	0.19	0.60	4.6	5
P03	中学教学参考	2453	0.127	0.061	0.99	237	0.29	1.08	3.4	6
P03	中学教研(数学)	194	–	0.120	0.71	61	0.16	0.28	3.9	3
P03	中学课程辅导(教师通讯)	632	0.099	0.027	0.98	120	0.17	0.55	2.2	4
P03	中学课程辅导(教学研究)	1233	0.034	0.010	0.97	166	0.21	0.75	2.7	4
P03	中学课程资源	232	0.130	0.057	0.99	81	0.10	0.37	3.0	3
P03	中学理科园地	76	0.098	0.056	0.96	39	0.07	0.18	1.9	2

学科代码	期刊名称	扩展总被引频次	扩展影响因子	扩展即年指标	扩展他引率	扩展引用刊数	扩展学科影响指标	扩展学科扩散指标	扩展被引半衰期	扩展H指标
P03	中学生天地(A 版)	5	0.019	0.010	1.00	5	0.01	0.02	2.5	1
P03	中学生天地(C 版)	4	0.006	0.000	1.00	2	–	0.01	5.5	1
P03	中学生物学	468	0.205	0.045	0.87	129	0.15	0.59	5.2	4
P03	中学数学	1051	0.261	0.165	0.64	139	0.26	0.63	2.6	6
P03	中学数学教学	132	0.133	0.040	0.93	58	0.12	0.26	5.0	2
P03	中学数学教学参考	1065	0.905	0.238	0.93	148	0.27	0.67	3.4	5
P03	中学数学研究	307	0.179	0.070	0.85	83	0.16	0.38	4.4	3
P03	中学数学月刊	312	0.159	0.030	0.93	103	0.20	0.47	4.9	4
P03	中学数学杂志(初中版)	74	0.074	0.013	0.93	36	0.10	0.16	4.3	2
P03	中学数学杂志(高中版)	72	0.075	0.014	0.94	35	0.08	0.16	5.1	1
P03	中学物理(初中版)	564	0.166	0.054	0.93	96	0.15	0.44	3.0	4
P03	中学物理(高中版)	523	0.176	0.040	0.94	102	0.15	0.46	2.7	4
P03	中学物理教学参考	685	0.584	0.114	0.95	122	0.19	0.55	3.1	5
P03	中学语文教学	745	0.301	0.165	0.96	174	0.23	0.79	6.9	6
P03	中学语文教学参考	406	0.204	0.051	0.98	117	0.19	0.53	5.0	3
P03	中学政史地(初中适用)	12	0.008	0.007	1.00	10	0.02	0.05	5.0	1
P03	中学政史地(高中文综)	24	0.027	0.014	1.00	20	0.04	0.09	3.8	1
P03	中学政史地(教学指导版)	124	0.064	0.029	1.00	45	0.07	0.20	2.4	3
P03	中学政治教学参考	591	0.223	0.100	0.97	178	0.20	0.81	3.6	4
P03	综合实践活动研究	41	0.024	0.010	1.00	29	0.03	0.13	4.2	2
P03	作文(初中)	3	0.000	0.000	1.00	3	–	0.01	0.0	1
P03	作文成功之路(上旬)	472	0.130	0.061	0.97	79	0.13	0.36	1.8	4
P03	作文成功之路(下旬)	646	0.130	0.040	0.98	85	0.14	0.39	2.5	5
P03	作文成功之路(中旬)	525	0.116	0.042	0.99	92	0.16	0.42	2.2	4
P03	作文大王(中高年级)	1	0.001	0.000	1.00	1	–	0.00	0.0	1
P03	作文世界(小学版)	2	–	0.000	1.00	2	0.01	0.01	0.0	1
P03	作文新天地(初中版)	3	0.000	0.000	1.00	3	0.00	0.01	7.5	1
P03	作文新天地(高中版)	2	0.000	0.007	1.00	2	–	0.01	5.0	1
P04	重庆高教研究	926	1.728	0.792	0.98	474	0.67	13.17	2.9	10
P04	大学(研究版)	490	0.444	0.124	0.99	279	0.58	7.75	5.4	4
P04	大学教育	2891	0.684	0.163	0.91	678	0.64	18.83	3.0	9
P04	大学教育科学	1294	0.979	0.169	0.95	504	0.83	14.00	5.4	10
P04	大学物理实验	1152	0.764	0.191	0.61	245	0.14	6.81	4.4	6

学科代码	期刊名称	扩展总被引频次	扩展影响因子	扩展即年指标	扩展他引率	扩展引用刊数	扩展学科影响指标	扩展学科扩散指标	扩展被引半衰期	扩展H指标
P04	辅导员下旬刊(教学研究)	44	–	0.006	1.00	29	–	0.81	3.7	1
P04	高等财经教育研究	567	0.945	0.276	0.99	302	0.39	8.39	5.8	6
P04	高等工程教育研究	6405	3.740	1.516	0.96	1030	0.94	28.61	4.1	25
P04	高等继续教育学报	557	0.725	0.020	0.98	294	0.28	8.17	5.6	5
P04	高等建筑教育	1961	1.051	0.234	0.90	406	0.53	11.28	5.1	7
P04	高等教育研究	6777	2.430	0.346	0.98	1205	0.97	33.47	6.9	20
P04	高等教育研究学报	1011	0.812	0.210	0.97	383	0.64	10.64	5.6	8
P04	高等理科教育	1545	0.947	0.091	0.89	457	0.78	12.69	7.4	7
P04	高教发展与评估	930	1.146	0.341	0.98	437	0.78	12.14	6.0	7
P04	高教论坛	2841	0.784	0.265	0.98	770	0.72	21.39	5.2	9
P04	高教探索	3416	1.934	0.277	0.98	942	0.89	26.17	4.2	13
P04	高教学刊	3877	0.623	0.377	0.84	764	0.78	21.22	1.6	9
P04	高校辅导员	534	–	0.376	0.99	223	0.33	6.19	3.2	5
P04	高校辅导员学刊	793	0.897	0.273	0.94	276	0.39	7.67	3.7	6
P04	高校教育管理	1609	1.924	1.466	0.98	620	0.81	17.22	3.7	10
P04	高校生物学教学研究(电子版)	267	0.975	0.119	0.61	78	0.11	2.17	3.2	5
P04	河南教育(高校版)	602	0.238	0.094	0.99	296	0.31	8.22	4.0	4
P04	黑龙江高教研究	6791	1.432	0.368	0.98	1186	0.92	32.94	5.0	13
P04	黑龙江教育(高教研究与评估版)	1949	0.541	0.157	0.98	602	0.72	16.72	4.7	7
P04	化工高等教育	1385	0.867	0.197	0.91	303	0.44	8.42	5.9	7
P04	教书育人(高教论坛)	887	0.295	0.111	0.99	337	0.33	9.36	3.3	4
P04	民族高等教育研究	767	0.719	0.356	0.93	368	0.11	10.22	5.6	4
P04	山东高等教育	326	0.433	0.013	1.00	230	0.31	6.39	3.6	4
P04	陕西教育(高教)	1237	0.468	0.081	0.99	463	0.39	12.86	4.1	6
P04	现代教育科学	2152	0.760	0.154	0.99	703	0.86	19.53	5.9	7
P04	学位与研究生教育	2885	1.443	0.176	0.92	616	0.83	17.11	5.6	12
P04	研究生教育研究	1088	1.493	0.293	0.95	416	0.81	11.56	4.3	7
P04	中国大学教学	7408	2.950	0.593	0.98	1132	0.94	31.44	5.3	24
P04	中国高等教育	6520	1.701	0.412	0.99	1222	0.97	33.94	5.2	17
P04	中国高教研究	8343	4.295	1.007	0.99	1303	0.94	36.19	5.1	23
P04	中国校外教育(下旬刊)	9056	1.118	0.536	0.99	732	0.42	20.33	2.8	13
P05	安徽广播电视大学学报	254	0.227	0.171	0.93	162	0.11	1.37	5.8	3
P05	安徽职业技术学院学报	187	0.208	0.054	0.99	124	0.09	1.05	6.1	3

学科代码	期刊名称	扩展总被引频次	扩展影响因子	扩展即年指标	扩展他引率	扩展引用刊数	扩展学科影响指标	扩展学科扩散指标	扩展被引半衰期	扩展H指标
P05	包头职业技术学院学报	261	0.469	0.100	0.99	158	0.14	1.34	3.2	4
P05	成人教育	2006	0.796	0.315	0.95	533	0.57	4.52	5.0	8
P05	重庆广播电视大学学报	165	0.187	0.069	1.00	123	0.10	1.04	5.2	3
P05	滁州职业技术学院学报	228	0.270	0.048	1.00	144	0.10	1.22	5.1	3
P05	当代职业教育	1258	0.612	0.333	0.99	373	0.51	3.16	3.4	8
P05	福建广播电视大学学报	316	0.464	0.063	0.98	203	0.19	1.72	4.3	4
P05	阜阳职业技术学院学报	126	0.289	0.034	0.98	91	0.05	0.77	2.7	3
P05	甘肃广播电视大学学报	156	0.167	0.025	0.99	110	0.10	0.93	4.2	3
P05	高等职业教育探索	378	1.045	0.202	0.99	191	0.31	1.62	3.2	6
P05	高等职业教育–天津职业大学学报	742	0.694	0.146	0.99	300	0.34	2.54	4.7	6
P05	工业技术与职业教育	331	0.679	0.034	0.95	169	0.14	1.43	3.3	4
P05	广播电视大学学报(哲学社会科学版)	184	0.206	0.012	0.98	125	0.08	1.06	7.5	3
P05	广东教育(职教版)	349	0.120	0.024	0.99	139	0.16	1.18	3.1	2
P05	广东开放大学学报	251	0.332	0.058	0.99	185	0.17	1.57	4.2	3
P05	广东职业技术教育与研究	489	–	0.134	0.96	200	0.12	1.69	2.5	4
P05	广西广播电视大学学报	210	0.475	0.171	0.98	131	0.13	1.11	3.3	4
P05	广西教育(教育时政)	84	0.080	0.006	1.00	45	0.02	0.38	3.9	3
P05	广州城市职业学院学报	168	0.468	0.065	0.96	109	0.09	0.92	3.3	3
P05	广州广播电视大学学报	269	0.410	0.063	1.00	164	0.19	1.39	3.6	4
P05	哈尔滨职业技术学院学报	851	0.365	0.108	0.99	330	0.30	2.80	3.7	6
P05	海南广播电视大学学报	277	0.285	0.058	0.99	180	0.13	1.53	5.2	3
P05	邯郸职业技术学院学报	163	0.198	0.038	0.99	110	0.06	0.93	5.1	3
P05	河北大学成人教育学院学报	428	0.464	0.065	0.95	201	0.21	1.70	5.3	4
P05	河北广播电视大学学报	338	0.265	0.034	0.98	198	0.19	1.68	5.4	3
P05	河北能源职业技术学院学报	280	0.228	0.036	1.00	160	0.07	1.36	4.9	4
P05	河南广播电视大学学报	284	0.303	0.047	0.99	169	0.17	1.43	4.9	3
P05	河南教育(职成版)	163	0.081	0.019	1.00	93	0.11	0.79	3.8	3
P05	湖北成人教育学院学报	707	0.471	0.174	0.99	307	0.25	2.60	5.1	6
P05	湖北广播电视大学学报	1327	0.636	0.175	1.00	467	0.41	3.96	5.4	6
P05	湖北函授大学学报	2691	0.334	0.104	0.99	624	0.45	5.29	2.5	7
P05	湖北职业技术学院学报	203	0.263	0.041	0.99	147	0.08	1.25	5.2	3
P05	湖南工业职业技术学院学报	623	0.373	0.073	0.99	323	0.25	2.74	4.6	4
P05	湖南广播电视大学学报	208	0.277	0.086	0.97	138	0.13	1.17	5.9	3

学科代码	期刊名称	扩展总被引频次	扩展影响因子	扩展即年指标	扩展他引率	扩展引用刊数	扩展学科影响指标	扩展学科扩散指标	扩展被引半衰期	扩展H指标
P05	湖州职业技术学院学报	230	0.323	0.083	1.00	158	0.18	1.34	4.8	4
P05	淮北职业技术学院学报	693	0.286	0.144	0.98	314	0.14	2.66	4.4	5
P05	淮南职业技术学院学报	531	0.536	0.142	0.93	247	0.13	2.09	3.6	5
P05	黄冈职业技术学院学报	448	0.460	0.142	0.99	242	0.26	2.05	3.7	4
P05	机械职业教育	864	0.551	0.257	0.98	306	0.39	2.59	3.9	5
P05	吉林广播电视大学学报	1543	0.320	0.114	0.99	491	0.37	4.16	3.5	7
P05	济南职业学院学报	575	0.357	0.114	0.99	263	0.21	2.23	4.0	5
P05	济源职业技术学院学报	217	0.274	0.040	1.00	148	0.09	1.25	4.3	3
P05	江苏教育(职业教育版)	389	0.193	0.010	1.00	185	0.26	1.57	3.6	5
P05	江西广播电视大学学报	184	0.305	0.123	0.99	136	0.18	1.15	4.8	3
P05	教师教育学报	1193	0.665	0.087	0.99	579	0.17	4.91	5.8	7
P05	教师教育研究	2258	1.929	0.221	0.98	659	0.38	5.58	5.9	12
P05	教育与职业	13162	1.189	0.639	0.98	1301	0.92	11.03	4.8	13
P05	金华职业技术学院学报	344	0.448	0.131	0.97	209	0.13	1.77	3.8	4
P05	晋城职业技术学院学报	250	0.294	0.118	1.00	148	0.14	1.25	3.2	4
P05	九江职业技术学院学报	263	0.278	0.176	0.99	147	0.15	1.25	3.7	3
P05	开放教育研究	4483	8.366	0.962	0.99	882	0.68	7.47	4.2	24
P05	开放学习研究	383	1.125	0.319	0.91	194	0.25	1.64	4.0	8
P05	开封教育学院学报	2149	0.360	0.061	0.99	562	0.40	4.76	2.6	7
P05	兰州教育学院学报	1664	0.438	0.106	0.99	548	0.37	4.64	2.9	8
P05	兰州石化职业技术学院学报	283	0.470	0.050	0.67	136	0.09	1.15	4.3	3
P05	黎明职业大学学报	158	0.297	0.031	0.98	108	0.05	0.92	4.8	3
P05	连云港职业技术学院学报	184	0.264	0.065	0.98	129	0.08	1.09	5.2	3
P05	辽宁高职学报	1751	0.613	0.234	0.95	453	0.46	3.84	4.1	6
P05	辽宁广播电视大学学报	313	0.298	0.043	1.00	166	0.10	1.41	3.8	4
P05	柳州职业技术学院学报	296	0.255	0.111	1.00	184	0.10	1.56	4.1	4
P05	漯河职业技术学院学报	672	0.257	0.099	1.00	316	0.22	2.68	4.5	5
P05	闽西职业技术学院学报	329	0.369	0.106	0.98	204	0.20	1.73	5.4	4
P05	南方职业教育学刊	338	0.615	0.118	0.98	182	0.27	1.54	3.0	4
P05	南京广播电视大学学报	237	0.320	0.111	0.97	138	0.19	1.17	4.4	3
P05	南宁职业技术学院学报	423	0.358	0.235	0.97	233	0.15	1.97	4.5	4
P05	南通职业大学学报	374	0.743	0.083	0.97	198	0.19	1.68	3.7	4
P05	宁波广播电视大学学报	218	0.348	0.030	0.98	152	0.16	1.29	4.3	3

学科代码	期刊名称	扩展总被引频次	扩展影响因子	扩展即年指标	扩展他引率	扩展引用刊数	扩展学科影响指标	扩展学科扩散指标	扩展被引半衰期	扩展H指标
P05	宁波职业技术学院学报	423	0.399	0.176	0.99	255	0.25	2.16	4.7	4
P05	濮阳职业技术学院学报	308	0.112	0.037	0.96	190	0.07	1.61	6.2	3
P05	青岛职业技术学院学报	348	0.535	0.078	0.99	191	0.17	1.62	3.7	4
P05	青年发展论坛	346	0.376	0.186	0.99	183	0.12	1.55	3.9	4
P05	清远职业技术学院学报	258	0.231	0.120	1.00	165	0.15	1.40	4.1	4
P05	三门峡职业技术学院学报	257	0.258	0.035	0.96	161	0.10	1.36	5.9	4
P05	沙洲职业工学院学报	140	0.478	0.067	0.94	93	0.09	0.79	3.5	4
P05	厦门广播电视大学学报	155	0.383	0.119	0.99	104	0.08	0.88	4.2	3
P05	山东广播电视大学学报	220	0.323	0.290	0.98	148	0.16	1.25	4.3	3
P05	山西广播电视大学学报	419	0.283	0.190	0.90	218	0.19	1.85	6.1	4
P05	陕西广播电视大学学报	177	0.280	0.061	0.96	128	0.19	1.08	3.9	4
P05	商丘职业技术学院学报	375	0.231	0.061	0.99	239	0.19	2.03	4.8	3
P05	深圳职业技术学院学报	247	0.297	0.159	0.97	177	0.19	1.50	4.7	3
P05	石家庄职业技术学院学报	325	0.276	0.150	0.99	201	0.14	1.70	4.9	4
P05	顺德职业技术学院学报	244	0.364	0.071	0.99	163	0.16	1.38	4.0	4
P05	四川职业技术学院学报	635	0.257	0.063	0.99	296	0.21	2.51	4.8	5
P05	苏州市职业大学学报	306	0.774	0.057	0.96	185	0.12	1.57	3.8	5
P05	泰州职业技术学院学报	420	0.539	0.081	1.00	236	0.15	2.00	3.9	5
P05	天津电大学报	207	0.479	0.061	0.97	117	0.25	0.99	4.3	4
P05	铜陵职业技术学院学报	240	0.278	0.114	0.99	144	0.08	1.22	4.5	3
P05	卫生职业教育	6738	0.566	0.217	0.91	914	0.34	7.75	3.7	7
P05	温州职业技术学院学报	271	0.484	0.105	0.83	157	0.14	1.33	4.5	3
P05	乌鲁木齐职业大学学报	144	0.251	0.011	0.99	114	0.09	0.97	6.0	2
P05	无锡职业技术学院学报	424	0.344	0.156	0.99	232	0.19	1.97	4.7	5
P05	芜湖职业技术学院学报	199	0.220	0.031	1.00	129	0.10	1.09	6.0	3
P05	武汉职业技术学院学报	486	0.433	0.079	0.99	270	0.19	2.29	5.0	5
P05	襄阳职业技术学院学报	537	0.348	0.097	0.98	277	0.19	2.35	4.4	5
P05	新疆广播电视大学学报	149	0.326	0.062	0.99	96	0.16	0.81	5.1	3
P05	新疆职业大学学报	275	0.261	0.000	0.99	172	0.10	1.46	5.3	4
P05	新疆职业教育研究	226	0.365	0.051	0.99	141	0.16	1.19	4.4	3
P05	邢台职业技术学院学报	466	0.363	0.083	0.95	217	0.14	1.84	4.9	4
P05	烟台职业学院学报	318	0.380	0.061	0.98	143	0.07	1.21	4.4	6
P05	延安职业技术学院学报	607	0.373	0.175	1.00	292	0.22	2.47	3.9	5

学科代码	期刊名称	扩展总被引频次	扩展影响因子	扩展即年指标	扩展他引率	扩展引用刊数	扩展学科影响指标	扩展学科扩散指标	扩展被引半衰期	扩展H指标
P05	扬州职业大学学报	125	0.225	0.000	0.98	95	0.03	0.81	5.8	3
P05	杨凌职业技术学院学报	371	0.523	0.109	0.87	203	0.14	1.72	4.2	4
P05	岳阳职业技术学院学报	471	0.433	0.097	0.97	273	0.23	2.31	4.6	4
P05	云南开放大学学报	202	0.429	0.104	0.96	145	0.16	1.23	4.5	3
P05	张家口职业技术学院学报	197	0.241	0.081	0.98	141	0.12	1.19	4.4	3
P05	漳州职业技术学院学报	250	0.417	0.080	0.99	151	0.07	1.28	5.5	4
P05	长春教育学院学报	2573	0.401	0.160	1.00	655	0.41	5.55	3.7	8
P05	职教论坛	7702	1.806	0.403	0.96	949	0.86	8.04	3.9	18
P05	职业技术教育	6506	1.550	0.275	0.96	929	0.84	7.87	5.0	16
P05	职业教育	1049	0.555	0.126	1.00	292	0.31	2.47	4.1	4
P05	职业教育(下旬)	563	0.235	0.013	1.00	217	0.24	1.84	3.9	5
P05	职业教育研究	3739	1.086	0.283	0.99	692	0.64	5.86	6.2	10
P05	中国成人教育	7306	0.741	0.216	0.94	1120	0.83	9.49	4.6	8
P05	中国教育信息化·高教职教	2614	1.351	0.476	0.97	683	0.56	5.79	3.7	9
P05	中国职业技术教育	8281	2.102	0.569	0.96	983	0.86	8.33	4.0	21
P05	终身教育研究	458	0.873	0.259	0.96	260	0.40	2.20	4.0	5
P07	Journal of Sport and Health Sience (JSHS)	92	0.243	0.155	0.62	41	0.28	0.82	3.0	3
P07	Teaching & Learning of Physical Education	779	0.106	0.026	0.92	159	0.56	3.18	7.7	4
P07	安徽体育科技	740	0.395	0.128	0.99	225	0.72	4.50	7.8	4
P07	北京体育大学学报	8144	2.343	0.556	0.94	854	0.90	17.08	7.7	16
P07	冰雪运动	1917	2.095	0.473	0.34	145	0.58	2.90	5.3	8
P07	成都体育学院学报	2779	1.394	0.301	0.98	502	0.88	10.04	7.3	9
P07	当代体育科技	8772	0.482	0.125	0.85	620	0.88	12.40	2.8	15
P07	福建体育科技	652	0.406	0.122	0.99	200	0.76	4.00	7.6	4
P07	广州体育学院学报	2201	1.085	0.285	0.97	418	0.88	8.36	7.3	9
P07	哈尔滨体育学院学报	1215	0.911	0.152	0.91	259	0.78	5.18	7.6	6
P07	河北体育学院学报	818	0.779	0.194	0.89	224	0.78	4.48	6.0	5
P07	湖北体育科技	1491	0.489	0.144	0.98	310	0.86	6.20	6.5	7
P07	吉林体育学院学报	1194	0.653	0.172	0.99	304	0.88	6.08	7.7	6
P07	军事体育学报	628	0.416	0.061	0.89	210	0.76	4.20	7.7	4
P07	辽宁体育科技	988	0.330	0.066	0.98	247	0.72	4.94	8.8	4
P07	青少年体育	1160	0.381	0.182	0.97	203	0.62	4.06	2.6	6
P07	拳击与格斗	65	0.052	0.010	0.91	26	0.18	0.52	1.6	2

学科代码	期刊名称	扩展总被引频次	扩展影响因子	扩展即年指标	扩展他引率	扩展引用刊数	扩展学科影响指标	扩展学科扩散指标	扩展被引半衰期	扩展H指标
P07	山东体育科技	924	0.546	0.092	0.99	233	0.84	4.66	6.4	5
P07	山东体育学院学报	1909	1.320	0.198	0.97	351	0.88	7.02	7.4	9
P07	上海体育学院学报	2839	1.879	0.449	0.98	445	0.88	8.90	7.3	11
P07	沈阳体育学院学报	2001	1.084	0.267	0.94	391	0.88	7.82	6.8	7
P07	首都体育学院学报	1777	1.237	0.381	0.98	369	0.88	7.38	8.0	9
P07	四川体育科学	1062	0.472	0.078	0.98	278	0.78	5.56	6.4	5
P07	体育成人教育学刊	936	0.793	0.309	0.92	220	0.82	4.40	6.1	5
P07	体育科技	1162	0.426	0.120	0.97	283	0.76	5.66	4.3	6
P07	体育科技文献通报	2258	0.455	0.217	0.95	366	0.78	7.32	4.3	7
P07	体育科学	5115	3.437	0.492	0.96	689	0.88	13.78	7.3	15
P07	体育科学研究	670	0.475	0.042	0.99	216	0.82	4.32	7.9	6
P07	体育科研	1024	0.500	0.079	0.96	271	0.88	5.42	7.7	7
P07	体育师友	407	0.178	0.060	0.97	118	0.44	2.36	6.6	3
P07	体育时空	695	0.054	0.017	0.92	153	0.36	3.06	2.4	3
P07	体育文化导刊	4720	0.868	0.334	0.93	580	0.86	11.60	5.7	12
P07	体育学刊	4169	2.182	0.327	0.97	563	0.88	11.26	7.5	13
P07	体育研究与教育	1135	0.661	0.186	0.97	283	0.80	5.66	6.7	5
P07	体育与科学	2575	1.702	0.361	0.97	441	0.88	8.82	6.9	11
P07	天津体育学院学报	1912	1.063	0.131	0.96	383	0.88	7.66	8.2	10
P07	武汉体育学院学报	4085	2.113	0.484	0.97	569	0.88	11.38	6.6	12
P07	武术研究	1372	0.264	0.101	0.88	264	0.72	5.28	5.5	4
P07	西安体育学院学报	2121	1.464	0.372	0.97	408	0.86	8.16	7.7	9
P07	运动	3125	0.327	0.089	0.90	380	0.86	7.60	3.2	6
P07	运动精品(学术版)	88	0.042	0.006	0.95	51	0.18	1.02	2.8	2
P07	浙江体育科学	1079	0.585	0.336	0.97	289	0.82	5.78	7.4	5
P07	中国体育教练员	377	0.276	0.200	0.95	102	0.74	2.04	7.1	5
P07	中国体育科技	2831	1.840	0.418	0.99	496	0.86	9.92	7.6	11
P07	中国运动医学杂志	2226	1.073	0.218	0.93	576	0.84	11.52	6.0	8
Q07	内蒙古统计	156	0.109	0.060	0.99	105	0.29	15.00	4.5	2
Q07	统计科学与实践	433	0.259	0.080	0.99	272	0.71	38.86	5.2	4
Q07	统计研究	4332	1.947	0.346	0.97	1097	1.00	156.71	6.2	18
Q07	统计与管理	1457	0.355	0.076	0.99	475	0.57	67.86	2.5	6
Q07	统计与决策	7189	0.682	0.134	0.95	1731	0.86	247.29	5.3	11

学科代码	期刊名称	扩展总被引频次	扩展影响因子	扩展即年指标	扩展他引率	扩展引用刊数	扩展学科影响指标	扩展学科扩散指标	扩展被引半衰期	扩展H指标
Q07	统计与信息论坛	1802	1.059	0.252	0.89	789	0.57	112.71	5.4	8
Q07	统计与咨询	216	0.184	0.081	0.97	147	0.43	21.00	5.2	3

6　2017年中国科技期刊来源指标按类刊名字顺索引

学科代码	期刊名称	来源文献量	文献选出率	平均引文数	平均作者数	地区分布数	机构分布数	海外论文比	基金论文比	引用半衰期
A01	High Technology Letters	61	1.00	16.1	2.7	13	36	–	1.000	7.2
A01	Journal of Systems Science and Systems Engineering	40	0.85	40.0	2.6	13	36	0.450	0.575	9.8
A01	Progress in Natural Science Materials International	109	0.93	36.1	5.0	20	85	0.367	0.881	7.4
A01	安徽科技	218	0.80	1.8	1.6	5	133	–	0.032	5.6
A01	创新科技	313	0.99	7.1	1.8	26	152	–	0.588	3.8
A01	创新时代	267	0.44	0.3	1.1	8	138	0.004	0.004	8.2
A01	大众科技	630	0.98	9.4	2.7	26	246	–	0.438	6.0
A01	大自然	115	0.79	–	1.5	20	65	0.052	0.026	–
A01	电大理工	156	0.97	4.2	1.2	22	98	–	0.218	5.1
A01	福建分析测试	77	1.00	11.6	2.5	10	50	–	0.351	8.1
A01	甘肃科技	1291	0.98	6.2	1.9	27	554	–	0.157	6.5
A01	甘肃科技纵横	362	0.94	7.6	1.8	24	203	0.003	0.152	5.8
A01	甘肃科学学报	178	1.00	12.5	2.9	19	59	0.000	0.530	7.5
A01	高技术通讯	117	0.95	15.8	3.8	21	48	0.060	0.940	5.9
A01	高科技与产业化	100	0.47	–	1.5	9	74	0.020	0.030	–
A01	广东科技	128	0.44	0.2	1.9	9	65	–	0.344	–
A01	广西科学	95	0.94	24.7	4.6	13	34	0.030	0.940	9.1
A01	广西科学院学报	49	0.94	18.9	4.8	5	27	–	0.898	8.1
A01	贵州科学	115	0.99	14.0	3.6	6	36	–	0.661	8.4
A01	杭州科技	55	0.50	–	1.3	4	23	–	0.164	–
A01	河北省科学院学报	59	0.94	9.5	2.7	5	32	–	0.407	6.5
A01	河南科学	345	0.97	22.3	3.4	20	129	0.010	0.900	7.6
A01	黑龙江科学	2055	1.00	5.6	1.5	31	916	–	0.173	5.5
A01	江苏科技信息	1094	0.97	4.8	1.8	30	596	–	0.291	4.7
A01	江西科学	200	1.00	11.8	3.2	15	90	0.010	0.730	7.1
A01	科技传播	1288	0.84	3.9	1.3	30	862	0.005	0.066	3.5
A01	科技创新导报	4925	0.99	4.2	1.7	31	3025	0.000	0.139	4.7
A01	科技创新与生产力	483	0.92	5.4	1.8	27	229	0.006	0.323	5.9
A01	科技促进发展	140	0.94	11.4	2.2	16	49	–	0.629	6.5
A01	科技导报	355	0.63	29.4	3.2	26	213	0.040	0.650	5.7
A01	科技广场	524	1.00	7.7	2.2	25	242	0.036	0.378	5.9

学科代码	期刊名称	来源文献量	文献选出率	平均引文数	平均作者数	地区分布数	机构分布数	海外论文比	基金论文比	引用半衰期
A01	科技通报	657	0.96	11.9	2.7	31	408	0.000	0.540	6.1
A01	科技与创新	2373	1.00	3.4	1.6	31	1601	0.002	0.091	4.8
A01	科技与经济	132	1.00	13.0	2.4	20	66	–	0.833	6.6
A01	科技中国	189	0.62	0.2	1.9	12	87	0.148	0.069	–
A01	科技资讯	5095	0.99	4.2	1.6	31	2882	0.002	0.182	5.1
A01	科技纵览	124	0.35	–	3.4	17	82	0.048	0.798	–
A01	科学(上海)	91	0.86	6.8	1.8	13	56	0.044	0.143	7.7
A01	科学大众(科学教育)	2059	1.00	2.5	1.2	31	1079	0.000	0.090	5.7
A01	科学大众(小诺贝尔)	178	0.51	2.3	1.2	17	138	–	0.135	4.7
A01	科学通报	436	0.89	19.9	4.1	26	208	0.040	0.790	7.8
A01	内江科技	1072	0.89	4.6	1.8	31	510	0.003	0.252	7.5
A01	内蒙古科技与经济	1924	1.00	4.7	1.6	31	898	0.002	0.169	5.8
A01	前沿科学	33	0.62	19.1	1.3	10	21	0.091	0.030	≥10
A01	厦门科技	82	0.90	3.8	1.3	4	50	–	0.061	8.1
A01	山东科学	119	0.95	12.9	4.7	13	40	0.010	0.780	6.5
A01	山西科技	279	0.98	5.5	1.7	28	172	–	0.222	6.5
A01	石河子科技	120	0.94	4.7	1.7	15	76	–	0.008	7.9
A01	实验科学与技术	271	1.00	12.3	3.3	27	141	–	0.845	6.3
A01	实验室科学	411	1.00	11.1	3.5	27	189	–	0.769	5.1
A01	天津科技	367	1.00	6.5	2.4	24	195	–	0.174	6.3
A01	通讯世界	5423	1.00	3.4	1.3	31	2646	0.002	0.022	3.6
A01	武夷科学	21	1.00	14.8	3.3	2	12	0.095	0.762	7.7
A01	西藏科技	320	0.95	6.3	2.2	17	117	–	0.197	7.3
A01	现代信息科技	369	0.99	4.3	1.5	30	296	–	0.146	3.5
A01	阴山学刊(自然科学版)	211	0.98	7.2	2.1	16	56	–	0.621	6.6
A01	中国发明与专利	282	0.99	7.9	2.0	18	99	0.011	0.078	7.8
A01	中国高校科技	365	1.00	5.5	1.8	26	214	0.003	0.584	4.5
A01	中国高新科技	353	0.90	4.4	1.8	31	300	–	0.085	5.4
A01	中国基础科学	56	0.90	20.0	4.8	12	41	0.000	0.680	4.6
A01	中国科技论文	519	1.00	17.4	3.9	28	194	–	0.975	6.5
A01	中国科技史杂志	50	0.94	31.2	1.5	12	28	0.020	0.440	≥10
A01	中国科技术语	94	0.73	12.1	1.4	17	66	0.032	0.340	≥10
A01	中国科技信息	975	0.88	–	2.4	31	484	0.002	0.267	–

学科代码	期刊名称	来源文献量	文献选出率	平均引文数	平均作者数	地区分布数	机构分布数	海外论文比	基金论文比	引用半衰期
A01	中国科技纵横	3947	1.00	3.1	1.5	31	2660	0.004	0.033	4.6
A01	中国科学基金	97	0.87	16.1	3.7	15	56	0.010	0.300	5.2
A01	中国科学院院刊	165	0.86	18.1	3.0	14	80	0.020	0.670	5.4
A01	中国西部	4301	0.99	2.2	1.1	31	2642	0.005	0.024	4.5
A01	专利代理	86	0.92	4.1	1.5	12	46	0.047	0.012	7.3
A01	自然科学史研究	50	0.94	40.3	1.4	13	28	0.060	0.580	≥10
A01	自然杂志	53	0.76	26.7	2.6	12	34	0.080	0.340	8.0
A02	Journal of Zhejiang University Science A: Applied Physics & Engineering	73	0.95	30.7	4.0	10	30	0.250	0.710	9.2
A02	Wuhan University Journal of Natural Sciences	76	1.00	20.4	3.0	18	54	0.030	0.890	7.3
A02	安徽大学学报(自然科学版)	89	0.99	22.4	3.4	22	56	0.040	0.930	7.6
A02	安徽科技学院学报	148	0.98	12.8	3.4	6	43	–	0.993	6.6
A02	宝鸡文理学院学报(自然科学版)	66	0.93	17.8	2.5	10	20	0.015	0.833	7.4
A02	北华大学学报(自然科学版)	181	0.98	16.0	3.6	20	59	0.000	0.890	6.0
A02	北京城市学院学报	122	0.99	7.4	1.7	18	61	–	0.787	5.4
A02	北京大学学报(自然科学版)	128	1.00	30.5	4.2	13	37	0.050	0.870	9.3
A02	北京联合大学学报(自然科学版)	60	0.94	14.8	2.6	13	23	0.033	0.717	7.3
A02	渤海大学学报(自然科学版)	64	0.94	15.7	3.3	6	11	0.000	0.910	5.4
A02	常州大学学报(自然科学版)	83	0.99	20.0	4.2	8	17	0.024	0.892	7.8
A02	成都大学学报(自然科学版)	108	0.97	10.3	4.1	12	26	–	0.648	6.4
A02	赤峰学院学报(自然科学版)	2167	1.00	5.9	1.6	30	492	0.009	0.571	5.3
A02	重庆工商大学学报(自然科学版)	132	0.99	12.8	2.3	14	44	0.008	0.795	7.5
A02	重庆科技学院学报(自然科学版)	187	0.97	9.4	3.4	21	108	–	1.000	7.8
A02	重庆理工大学学报(自然科学版)	372	1.00	13.8	3.3	26	112	0.010	0.770	6.9
A02	德州学院学报	131	0.94	11.8	1.7	23	77	–	0.458	8.7
A02	佛山科学技术学院学报(自然科学版)	120	0.98	8.3	2.8	13	70	0.008	0.567	7.6
A02	服装学报	105	1.00	13.3	2.3	17	48	–	0.667	7.8
A02	福州大学学报(自然科学版)	149	0.97	15.3	3.3	11	27	0.010	0.980	7.3
A02	复旦学报(自然科学版)	97	0.94	20.7	3.7	11	34	0.020	0.790	9.0
A02	广西大学学报(自然科学版)	299	0.98	16.2	4.2	25	88	0.010	0.980	6.8
A02	广西民族大学学报(自然科学版)	85	0.96	11.5	2.1	14	36	–	0.588	9.8
A02	广州大学学报(自然科学版)	88	1.00	17.7	3.5	4	15	–	0.852	7.6

学科代码	期刊名称	来源文献量	文献选出率	平均引文数	平均作者数	地区分布数	机构分布数	海外论文比	基金论文比	引用半衰期
A02	贵阳学院学报(自然科学版)	106	0.97	8.2	2.4	12	45	0.009	0.528	6.7
A02	贵州大学学报(自然科学版)	160	0.98	12.9	3.3	12	40	0.000	0.890	8.3
A02	哈尔滨商业大学学报(自然科学版)	168	0.99	11.9	3.4	15	48	–	0.643	7.5
A02	海南大学学报(自然科学版)	59	0.97	12.6	3.7	10	16	0.020	0.800	6.0
A02	合肥学院学报(综合版)	172	0.99	10.0	1.7	17	75	–	0.645	8.0
A02	河北北方学院学报(自然科学版)	192	0.94	12.0	3.4	14	70	–	0.464	6.3
A02	河北大学学报(自然科学版)	98	1.00	17.7	4.0	14	33	0.030	0.920	7.4
A02	河北工程技术高等专科学校学报	83	0.95	5.6	2.6	8	36	0.012	0.422	5.8
A02	河北科技大学学报	86	0.96	26.9	3.9	16	33	0.020	0.920	6.4
A02	河南大学学报(自然科学版)	95	1.00	18.6	3.8	11	30	0.000	0.980	6.9
A02	河南教育学院学报(自然科学版)	87	1.00	8.5	1.9	15	44	–	0.885	6.5
A02	河南科技大学学报(自然科学版)	120	0.95	14.7	3.5	23	42	0.000	1.000	5.6
A02	河南科技学院学报(自然科学版)	88	0.99	12.1	3.9	12	38	0.011	0.864	6.8
A02	黑龙江大学自然科学学报	114	0.95	18.0	3.2	20	55	0.010	0.980	7.3
A02	湖北大学学报(自然科学版)	117	1.00	16.5	4.3	11	30	0.020	0.750	6.9
A02	湖北科技学院学报	217	0.95	9.2	1.4	27	116	0.018	0.323	9.3
A02	湖北民族学院学报(医学版)	115	0.98	13.7	2.8	18	73	–	0.287	4.5
A02	湖北民族学院学报(自然科学版)	105	1.00	15.3	2.8	13	34	–	0.943	7.4
A02	湖北文理学院学报	201	1.00	13.0	1.6	24	103	–	0.463	9.8
A02	湖南工程学院学报(自然科学版)	81	0.96	10.1	3.0	6	15	0.222	0.704	7.5
A02	湖南科技学院学报	636	1.00	6.5	1.4	27	275	0.006	0.461	8.6
A02	湖南文理学院学报(自然科学版)	83	1.00	13.4	2.8	12	45	–	0.639	8.1
A02	华北理工大学学报(自然科学版)	78	1.00	10.1	3.2	1	2	–	0.538	7.5
A02	华北水利水电大学学报(自然科学版)	87	1.00	21.3	3.7	19	40	–	0.874	7.2
A02	华侨大学学报(自然科学版)	159	0.99	14.8	3.2	20	58	0.000	0.980	7.1
A02	怀化学院学报	341	0.99	11.3	1.6	25	157	0.006	0.569	9.3
A02	黄山学院学报	198	0.99	8.2	1.9	10	60	–	0.737	8.0
A02	惠州学院学报	150	0.97	11.6	1.7	16	65	–	0.620	8.9
A02	吉林大学学报(理学版)	273	0.98	14.1	2.9	26	117	0.000	0.990	7.2
A02	吉首大学学报(自然科学版)	114	0.98	12.6	3.0	20	54	–	0.895	7.4
A02	集美大学学报(自然科学版)	66	0.93	17.4	3.7	2	8	–	0.970	8.7
A02	济南大学学报(自然科学版)	86	0.99	20.2	3.6	21	46	0.000	0.980	8.3
A02	暨南大学学报(自然科学与医学版)	89	0.98	21.2	4.6	19	53	0.020	0.960	6.1

学科代码	期刊名称	来源文献量	文献选出率	平均引文数	平均作者数	地区分布数	机构分布数	海外论文比	基金论文比	引用半衰期
A02	佳木斯大学学报(自然科学版)	279	1.00	7.6	2.7	24	107	0.004	0.652	7.9
A02	嘉兴学院学报	133	0.96	14.1	1.9	14	61	0.008	0.617	≥10
A02	嘉应学院学报	221	0.94	12.8	2.0	18	82	0.009	0.661	9.2
A02	江汉大学学报(自然科学版)	99	0.98	13.7	2.9	12	41	–	0.556	6.1
A02	金陵科技学院学报	84	0.95	10.3	3.6	8	32	–	0.893	7.4
A02	九江学院学报(自然科学版)	147	0.98	5.4	2.0	13	80	0.027	0.524	6.3
A02	昆明理工大学学报(自然科学版)	116	0.95	21.0	4.3	10	23	0.010	0.940	7.1
A02	兰州大学学报(自然科学版)	126	0.99	19.5	4.6	10	34	0.000	0.910	9.4
A02	丽水学院学报	126	0.95	11.5	1.6	7	33	–	0.579	7.7
A02	辽东学院学报(自然科学版)	55	0.95	9.9	2.6	9	23	–	0.455	8.5
A02	辽宁大学学报(自然科学版)	68	0.89	15.0	3.9	8	17	–	0.735	7.4
A02	辽宁工程技术大学学报(自然科学版)	243	1.00	12.8	3.3	20	56	0.010	0.770	7.5
A02	辽宁科技学院学报	258	0.99	4.7	1.5	21	128	0.004	0.640	4.9
A02	辽宁师专学报(自然科学版)	127	1.00	5.8	1.6	13	50	–	0.299	6.3
A02	聊城大学学报(自然科学版)	81	0.99	14.5	2.9	10	30	0.012	1.000	7.4
A02	鲁东大学学报(自然科学版)	64	0.91	19.7	3.7	6	20	–	0.906	7.5
A02	闽江学院学报	97	0.96	12.0	1.6	4	22	0.010	0.598	9.6
A02	南昌大学学报(理科版)	112	1.00	12.4	3.7	15	37	0.000	0.930	7.9
A02	南华大学学报(自然科学版)	84	0.95	13.5	3.8	7	15	–	0.762	5.5
A02	南京大学学报(自然科学版)	138	1.00	22.9	4.1	19	71	0.010	0.910	7.8
A02	南京体育学院学报	188	1.00	14.9	2.2	24	107	–	0.585	6.5
A02	南开大学学报(自然科学版)	111	0.99	13.8	4.0	11	31	0.040	0.740	8.3
A02	南通大学学报(自然科学版)	64	0.91	16.6	3.1	8	25	–	0.859	7.0
A02	内蒙古大学学报(自然科学版)	105	0.94	20.4	3.6	15	44	0.010	0.850	9.1
A02	内蒙古民族大学学报(自然科学版)	120	1.00	13.5	3.8	8	22	–	0.975	7.6
A02	内蒙古农业大学学报(自然科学版)	101	0.94	18.5	3.8	17	43	–	0.812	7.9
A02	宁波大学学报(理工版)	127	0.96	17.8	4.1	5	11	0.020	0.880	7.8
A02	宁夏大学学报(自然科学版)	78	0.99	16.6	3.4	19	43	0.000	0.940	8.6
A02	攀枝花学院学报	143	0.97	9.9	1.7	23	90	0.014	0.608	8.3
A02	萍乡学院学报	151	0.94	10.2	1.7	22	81	–	0.517	8.9
A02	莆田学院学报	132	0.99	10.6	1.8	12	47	0.492	0.705	6.4
A02	齐齐哈尔大学学报(自然科学版)	128	1.00	8.0	2.9	16	49	0.039	0.719	6.6
A02	青岛大学学报(自然科学版)	103	0.99	11.7	3.2	13	31	–	0.650	7.7

学科代码	期刊名称	来源文献量	文献选出率	平均引文数	平均作者数	地区分布数	机构分布数	海外论文比	基金论文比	引用半衰期
A02	青岛科技大学学报(自然科学版)	114	0.97	16.0	3.4	11	19	0.000	0.750	6.8
A02	青海大学学报(自然科学版)	101	0.98	13.1	3.6	4	30	–	0.743	8.9
A02	厦门大学学报(自然科学版)	138	0.91	22.5	4.1	16	39	0.010	0.870	8.3
A02	山东大学学报(理学版)	194	0.99	5.0	2.8	29	115	0.000	0.920	9.2
A02	山西大同大学学报(自然科学版)	165	0.98	7.7	2.2	16	43	–	0.442	7.9
A02	山西大学学报(自然科学版)	126	0.98	22.0	3.3	15	43	0.010	0.900	6.7
A02	陕西科技大学学报	211	0.97	17.2	4.1	10	20	0.000	0.940	6.6
A02	汕头大学学报(自然科学版)	39	0.83	15.8	2.8	8	17	–	0.744	6.1
A02	上海大学学报(自然科学版)	107	0.95	19.2	3.8	12	23	0.010	0.810	7.6
A02	上海理工大学学报	98	0.96	17.0	3.2	7	16	0.000	0.690	7.3
A02	邵阳学院学报(自然科学版)	117	1.00	13.6	2.8	19	59	–	0.880	6.3
A02	沈阳大学学报(自然科学版)	98	0.93	14.1	3.6	12	24	–	0.867	7.1
A02	石河子大学学报(自然科学版)	130	0.96	10.4	5.1	7	18	0.000	0.930	6.6
A02	四川大学学报(自然科学版)	225	0.97	18.0	3.7	25	84	0.000	0.870	8.4
A02	苏州科技大学学报(自然科学版)	59	1.00	14.7	2.9	5	13	0.017	0.983	8.2
A02	塔里木大学学报	73	0.95	14.6	3.9	4	6	–	0.959	8.1
A02	台州学院学报	114	1.00	10.5	1.7	16	46	0.009	0.482	≥10
A02	泰山学院学报	156	0.99	12.5	1.5	19	94	0.006	0.442	≥10
A02	温州大学学报(自然科学版)	32	0.89	14.2	2.5	11	14	–	0.812	9.2
A02	五邑大学学报(自然科学版)	53	0.96	10.9	2.7	6	14	–	0.604	8.0
A02	武汉大学学报(理学版)	80	0.99	20.7	3.9	14	32	0.010	0.990	6.4
A02	西安文理学院学报(自然科学版)	169	0.95	9.0	1.9	20	96	–	0.550	7.4
A02	西北大学学报(自然科学版)	137	0.96	22.1	3.8	19	53	0.010	0.960	8.0
A02	西北民族大学学报(自然科学版)	77	1.00	13.0	3.7	11	24	–	0.779	6.7
A02	西昌学院学报(自然科学版)	133	0.98	9.4	2.1	14	70	0.038	0.805	6.2
A02	西南大学学报(自然科学版)	328	1.00	17.5	3.9	27	116	0.010	0.920	8.4
A02	西南民族大学学报(自然科学版)	105	0.98	19.4	3.4	14	28	0.000	0.810	7.6
A02	湘潭大学自然科学学报	108	1.00	11.5	2.9	24	77	0.010	0.890	5.3
A02	新疆大学学报(自然科学版)	85	0.96	14.5	3.4	15	35	–	1.000	7.4
A02	新乡学院学报	243	0.97	8.4	1.6	26	131	–	0.449	8.8
A02	宿州学院学报	376	0.99	11.5	1.8	22	135	–	0.644	7.3
A02	烟台大学学报(自然科学与工程版)	59	0.97	16.9	4.2	10	13	–	0.881	7.9
A02	延安大学学报(自然科学版)	114	1.00	12.8	2.7	8	20	–	0.632	7.6

学科代码	期刊名称	来源文献量	文献选出率	平均引文数	平均作者数	地区分布数	机构分布数	海外论文比	基金论文比	引用半衰期
A02	延边大学学报(自然科学版)	72	0.97	12.4	2.5	11	27	0.014	0.736	7.1
A02	盐城工学院学报(自然科学版)	60	0.97	11.2	2.5	15	41	–	0.483	6.2
A02	扬州大学学报(自然科学版)	69	1.00	11.8	3.5	13	28	0.010	0.960	4.9
A02	宜春学院学报	335	0.97	11.2	2.0	24	160	0.012	0.597	8.7
A02	云南大学学报(自然科学版)	149	0.97	20.6	4.2	19	77	0.000	0.930	8.6
A02	云南民族大学学报(自然科学版)	103	0.99	14.1	3.7	16	45	0.000	0.830	8.1
A02	长春大学学报(自然科学版)	168	0.97	8.4	1.5	22	90	0.012	0.833	6.6
A02	长江大学学报(自科版)	499	0.94	11.0	3.3	27	244	0.002	0.529	7.0
A02	浙江大学学报(理学版)	107	0.97	19.6	3.5	21	65	0.000	0.810	7.8
A02	浙江科技学院学报	82	0.88	16.7	2.6	6	16	0.012	0.671	5.6
A02	浙江理工大学学报(自然科学版)	143	1.00	15.6	3.9	2	3	–	0.867	6.7
A02	浙江万里学院学报	130	0.98	10.9	1.6	12	34	0.008	0.469	7.6
A02	镇江高专学报	132	0.98	9.0	1.5	12	65	–	0.409	7.4
A02	郑州大学学报(理学版)	91	0.97	14.4	3.6	21	49	0.000	0.920	5.9
A02	中北大学学报(自然科学版)	131	0.98	15.5	3.3	19	55	–	0.725	6.8
A02	中国科学技术大学学报	129	0.98	21.2	3.5	17	52	0.020	0.840	8.3
A02	中国科学院大学学报	96	0.98	25.9	3.8	17	39	0.020	0.910	8.3
A02	中国人民公安大学学报(自然科学版)	88	1.00	9.2	2.3	10	23	–	0.477	7.2
A02	中南民族大学学报(自然科学版)	118	1.00	15.2	3.9	9	20	0.000	0.970	6.9
A02	中山大学学报(自然科学版)	134	1.00	20.9	4.0	23	72	0.010	0.960	7.7
A02	中央民族大学学报(自然科学版)	62	0.94	15.1	2.6	15	27	–	0.677	8.4
A03	安徽师范大学学报(自然科学版)	106	0.99	17.4	2.9	21	64	0.010	0.930	7.8
A03	安庆师范大学学报(自然科学版)	136	1.00	10.7	2.5	10	55	–	0.824	7.0
A03	北京师范大学学报(自然科学版)	118	0.91	20.5	4.1	12	24	0.000	0.880	8.0
A03	重庆师范大学学报(哲学社会科学版)	107	0.95	10.7	1.4	16	34	0.009	0.626	≥10
A03	重庆师范大学学报(自然科学版)	144	1.00	17.6	3.2	21	64	0.000	0.890	8.3
A03	东北师大学报(哲学社会科学版)	203	0.99	16.5	1.6	24	78	0.010	0.975	≥10
A03	东北师大学报(自然科学版)	116	1.00	15.7	3.6	24	67	0.000	1.000	8.2
A03	福建师范大学学报(自然科学版)	98	0.94	20.0	3.9	12	27	0.000	0.900	8.0
A03	阜阳师范学院学报(自然科学版)	94	0.99	12.4	3.1	8	31	–	0.947	6.6
A03	广西师范大学学报(哲学社会科学版)	116	0.98	18.2	1.4	21	57	0.009	0.784	≥10
A03	广西师范大学学报(自然科学版)	79	0.95	20.1	4.1	15	24	0.000	0.970	7.8
A03	广西师范学院学报(自然科学版)	101	0.97	10.8	2.6	16	45	–	0.822	7.6

学科代码	期刊名称	来源文献量	文献选出率	平均引文数	平均作者数	地区分布数	机构分布数	海外论文比	基金论文比	引用半衰期
A03	贵州师范大学学报(社会科学版)	106	0.96	22.7	1.4	21	64	0.047	0.774	≥10
A03	贵州师范大学学报(自然科学版)	117	0.98	18.9	3.3	17	46	0.010	0.790	7.0
A03	哈尔滨师范大学自然科学学报	153	0.96	11.1	2.5	14	55	0.007	0.595	7.0
A03	海南师范大学学报(社会科学版)	130	0.99	24.8	1.3	23	83	–	0.569	≥10
A03	海南师范大学学报(自然科学版)	76	0.96	15.7	3.5	13	26	–	0.908	7.4
A03	杭州师范大学学报(社会科学版)	94	0.99	29.2	1.2	14	49	0.128	0.532	≥10
A03	杭州师范大学学报(自然科学版)	114	0.96	18.1	3.9	10	31	0.010	0.750	9.6
A03	河北师范大学学报(哲学社会科学版)	115	0.98	20.3	1.2	24	71	0.009	0.478	≥10
A03	河北师范大学学报(自然科学版)	92	0.94	15.6	3.8	19	49	0.000	0.900	7.8
A03	河南师范大学学报(自然科学版)	115	0.91	20.7	3.8	23	59	0.010	0.990	7.8
A03	湖北第二师范学院学报	356	0.97	8.9	1.4	29	171	0.011	0.528	9.0
A03	湖北师范大学学报(自然科学版)	96	1.00	8.1	2.7	8	24	–	0.562	6.5
A03	湖南师范大学自然科学学报	89	0.99	19.3	3.8	21	50	0.000	0.970	7.8
A03	华东师范大学学报(自然科学版)	98	0.94	20.7	3.2	19	43	0.010	0.810	8.3
A03	华南师范大学学报(自然科学版)	129	0.98	20.4	4.2	8	33	0.010	0.990	7.7
A03	华中师范大学学报(自然科学版)	137	0.96	17.4	3.7	25	73	0.010	0.930	7.3
A03	淮北师范大学学报(哲学社会科学版)	164	1.00	14.3	1.3	15	68	0.024	0.695	≥10
A03	淮北师范大学学报(自然科学版)	73	1.00	12.3	2.6	5	24	–	0.836	7.0
A03	淮阴师范学院学报(自然科学版)	88	0.98	8.7	2.1	12	40	–	0.670	8.7
A03	吉林师范大学学报(人文社会科学版)	116	0.95	20.2	1.5	16	63	0.121	0.741	≥10
A03	吉林师范大学学报(自然科学版)	101	0.98	15.5	3.8	15	28	0.010	0.990	7.7
A03	江苏师范大学学报(哲学社会科学版)	134	0.98	20.8	2.0	20	86	0.045	0.679	≥10
A03	江苏师范大学学报(自然科学版)	70	0.93	18.3	4.3	14	38	–	0.914	7.4
A03	江西师范大学学报(哲学社会科学版)	122	1.00	18.6	1.5	21	71	–	0.754	≥10
A03	江西师范大学学报(自然科学版)	118	0.98	20.4	3.5	20	62	0.010	1.000	7.6
A03	廊坊师范学院学报(自然科学版)	127	0.97	8.0	2.3	22	70	0.031	0.764	6.5
A03	辽宁师范大学学报(社会科学版)	133	0.96	19.8	1.6	17	52	0.015	0.699	≥10
A03	辽宁师范大学学报(自然科学版)	89	0.98	15.5	3.4	5	15	–	0.831	8.2
A03	闽南师范大学学报(自然科学版)	84	0.98	13.1	2.3	3	21	–	0.607	7.0
A03	牡丹江师范学院学报(自然科学版)	90	0.98	6.8	3.0	15	41	–	0.967	6.5
A03	南京师大学报(社会科学版)	111	0.99	27.0	1.2	14	51	0.018	0.766	≥10
A03	南京师大学报(自然科学版)	98	1.00	19.6	3.6	19	52	0.010	0.910	7.6
A03	南京师范大学学报(工程技术版)	54	1.00	14.6	4.2	5	12	–	0.833	6.4

学科代码	期刊名称	来源文献量	文献选出率	平均引文数	平均作者数	地区分布数	机构分布数	海外论文比	基金论文比	引用半衰期
A03	内蒙古师范大学学报(哲学社会科学版)	206	0.97	11.3	1.4	24	99	0.024	0.490	≥10
A03	内蒙古师范大学学报(自然科学汉文版)	216	1.00	9.1	2.2	25	127	0.000	0.880	7.9
A03	宁德师范学院学报(自然科学版)	85	0.96	8.3	2.4	4	52	0.024	0.635	7.2
A03	青海师范大学学报(自然科学版)	80	1.00	9.7	2.4	13	33	–	0.562	8.9
A03	曲阜师范大学学报(自然科学版)	95	0.96	12.9	2.8	18	57	–	0.653	8.6
A03	山东师范大学学报(人文社会科学版)	71	0.92	35.9	1.3	14	28	0.014	0.732	≥10
A03	山东师范大学学报(自然科学版)	113	1.00	14.2	2.8	14	43	–	0.637	8.2
A03	山西师大学报(社会科学版)	131	0.96	13.1	1.2	23	96	–	0.580	≥10
A03	山西师范大学学报(自然科学版)	92	0.96	14.9	2.3	12	40	0.011	0.609	9.4
A03	陕西师范大学学报(自然科学版)	120	0.94	19.9	3.6	20	48	0.000	0.990	8.1
A03	上海师范大学学报(自然科学版)	126	0.96	19.8	3.7	9	25	–	0.770	8.3
A03	沈阳师范大学学报(社会科学版)	188	0.94	11.5	1.5	15	62	0.032	0.676	9.7
A03	沈阳师范大学学报(自然科学版)	98	1.00	13.6	3.3	12	25	0.000	0.990	9.7
A03	首都师范大学学报(社会科学版)	127	0.95	39.2	1.3	18	63	0.016	0.614	≥10
A03	首都师范大学学报(自然科学版)	99	0.93	18.2	2.6	19	42	0.000	0.490	9.5
A03	四川师范大学学报(社会科学版)	135	0.96	26.3	1.4	21	60	–	0.696	≥10
A03	四川师范大学学报(自然科学版)	134	0.92	20.5	2.9	21	73	0.010	0.960	≥10
A03	太原师范学院学报(自然科学版)	88	0.96	8.3	1.7	10	33	–	0.443	9.2
A03	天津师范大学学报(社会科学版)	75	1.00	16.4	1.5	17	34	–	0.693	≥10
A03	天津师范大学学报(自然科学版)	93	0.99	14.8	4.2	9	11	0.000	0.860	7.4
A03	西北师大学报(社会科学版)	112	0.95	25.5	1.3	19	55	0.027	0.911	≥10
A03	西北师范大学学报(自然科学版)	134	0.96	19.5	3.4	24	71	0.010	0.970	8.7
A03	西华师范大学学报(哲学社会科学版)	119	0.98	16.5	1.4	16	50	0.025	0.639	≥10
A03	西华师范大学学报(自然科学版)	79	0.95	19.8	3.6	9	17	–	0.962	9.2
A03	西南师范大学学报(自然科学版)	376	1.00	11.9	2.8	27	213	0.010	0.570	6.8
A03	新疆师范大学学报(自然科学版)	60	0.90	13.6	2.9	7	14	–	0.900	7.2
A03	信阳师范学院学报(自然科学版)	139	0.96	14.6	3.5	21	63	0.010	0.990	5.8
A03	伊犁师范学院学报(自然科学版)	78	0.91	10.9	2.8	13	27	–	0.795	7.6
A03	云南师范大学学报(自然科学版)	81	0.99	15.4	4.2	11	27	0.000	0.930	8.4
A03	长春师范大学学报(人文社会科学版)	349	1.00	7.6	1.4	29	183	0.003	0.470	≥10
A03	长春师范大学学报(自然科学版)	317	1.00	7.5	1.8	23	145	0.003	0.584	6.2
A03	浙江师范大学学报(社会科学版)	98	0.94	20.4	1.4	16	46	–	0.847	≥10
A03	浙江师范大学学报(自然科学版)	72	0.95	19.8	3.7	4	9	–	0.931	8.1

学科代码	期刊名称	来源文献量	文献选出率	平均引文数	平均作者数	地区分布数	机构分布数	海外论文比	基金论文比	引用半衰期
B01	Acta Mathematica Scientia	126	1.00	23.9	1.8	24	111	0.330	0.370	≥10
B01	Acta Mathematica Sinica	120	0.94	20.7	1.7	24	103	0.260	0.610	≥10
B01	Acta Mathematicae Applicatae Sinica	92	0.96	21.0	2.5	22	85	0.210	0.770	≥10
B01	Algebra Colloquium	46	0.92	21.3	1.7	11	32	0.326	0.761	≥10
B01	Analysis in Theory and Applications	31	0.97	17.9	2.0	6	25	0.613	0.484	≥10
B01	Applied Mathematics A Journal of Chinese Universities,B	34	0.94	24.7	2.9	11	27	0.147	0.941	≥10
B01	Chinese Annals of Mathematics,Series B	72	0.88	23.3	2.0	11	62	0.630	0.390	≥10
B01	Chinese Quarterly Journal of Mathematics	43	0.91	8.2	1.5	19	38	0.020	0.810	≥10
B01	Communications in Mathematical Research	37	0.95	13.8	1.7	16	26	–	0.973	≥10
B01	Frontiers of Mathematics in China	90	0.99	19.2	1.8	21	78	0.220	0.690	≥10
B01	Journal of Computational Mathematics	40	0.89	30.2	2.2	11	31	0.225	0.850	≥10
B01	Journal of Mathematical Research with Applications	69	0.92	17.7	2.1	20	43	0.145	0.812	≥10
B01	Journal of Mathematical Study	24	1.00	25.2	1.9	7	13	0.167	0.750	≥10
B01	Journal of Partial Differential Equations	22	0.88	19.6	1.9	5	16	0.409	0.591	≥10
B01	Journal of Systems Science and Complexity	92	0.97	27.4	2.5	20	58	0.076	0.902	≥10
B01	Numerical Mathematics Theory, Methods and Applications	42	0.98	30.5	2.0	13	29	0.238	0.857	≥10
B01	Science China(Mathematics)	143	0.92	28.0	2.2	20	105	0.273	0.860	≥10
B01	纯粹数学与应用数学	70	0.93	11.1	2.2	21	47	–	0.971	≥10
B01	大学数学	143	0.99	8.7	2.3	24	75	–	0.895	8.6
B01	高等数学研究	168	0.96	4.9	2.0	25	113	0.006	0.589	≥10
B01	高等学校计算数学学报	28	0.88	17.5	2.5	17	25	0.000	0.890	≥10
B01	高校应用数学学报 A 辑	51	0.98	15.9	2.5	21	40	0.000	0.920	≥10
B01	计算数学	31	0.89	18.5	2.4	14	27	0.000	0.900	≥10
B01	模糊系统与数学	147	1.00	17.3	2.5	27	94	0.000	0.940	9.6
B01	南京大学学报(数学半年刊)	14	0.88	15.1	2.0	6	13	–	0.857	≥10
B01	数理统计与管理	97	0.94	23.0	2.6	24	61	0.030	0.820	9.1
B01	数学大世界(上旬版)	1106	0.99	1.5	1.0	27	894	0.001	0.017	3.5
B01	数学大世界(下旬版)	1099	0.98	1.6	1.0	31	876	0.001	0.014	3.8
B01	数学大世界(中旬版)	1093	0.99	1.5	1.0	28	877	–	0.016	3.9
B01	数学的实践与认识	941	0.99	13.1	2.8	29	460	0.010	0.730	8.4

学科代码	期刊名称	来源文献量	文献选出率	平均引文数	平均作者数	地区分布数	机构分布数	海外论文比	基金论文比	引用半衰期
B01	数学教学通讯	1312	0.97	0.1	1.1	26	906	0.001	0.043	5.7
B01	数学教学研究	201	0.97	3.0	1.3	20	146	–	0.224	7.0
B01	数学教育学报	123	0.98	19.0	2.2	24	80	0.033	0.772	6.5
B01	数学进展	92	0.98	18.0	1.8	22	73	0.070	0.350	≥10
B01	数学年刊 A 辑	39	0.87	19.3	2.3	18	35	0.000	0.900	≥10
B01	数学通报	183	0.92	4.7	1.4	23	134	0.005	0.208	8.6
B01	数学物理学报	100	0.94	19.2	2.4	27	87	0.030	0.970	≥10
B01	数学小灵通(1–2 年级)	248	0.72	–	1.0	19	88	–	–	–
B01	数学小灵通(3–4 年级)	225	0.74	–	1.0	17	89	–	–	–
B01	数学小灵通(5–6 年级)	181	0.66	–	1.0	15	73	–	–	–
B01	数学学报	93	0.93	19.7	2.3	24	70	0.080	0.920	≥10
B01	数学杂志	145	1.00	15.1	2.4	28	100	0.010	0.880	≥10
B01	应用概率统计	49	0.91	13.2	2.1	21	40	0.020	0.860	≥10
B01	应用数学	114	0.97	14.9	2.4	25	90	0.020	0.910	≥10
B01	应用数学学报	75	1.00	15.5	2.5	26	65	0.080	0.970	≥10
B01	应用数学与计算数学学报	51	0.93	16.6	2.2	8	16	0.078	0.863	≥10
B01	运筹学学报	49	0.94	25.6	2.7	19	35	0.040	0.940	9.5
B01	运筹与管理	303	1.00	21.7	2.8	27	131	0.020	0.940	7.9
B01	中国科学(数学)	125	0.89	29.8	2.3	24	89	0.160	0.930	≥10
B02	Control Theory and Technology	36	0.92	26.2	3.1	9	29	0.500	0.528	8.3
B02	复杂系统与复杂性科学	52	0.95	21.0	3.4	19	39	0.000	0.960	6.9
B02	控制理论与应用	192	0.97	26.5	3.5	25	110	0.040	0.920	6.2
B02	控制与决策	332	0.99	19.6	3.2	26	133	0.010	0.970	6.2
B02	系统工程	238	0.95	0.0	2.7	25	116	0.020	0.950	0.0
B02	系统工程理论与实践	303	0.96	28.4	3.1	25	134	0.030	0.940	7.4
B02	系统工程学报	78	0.93	25.4	2.6	20	45	0.010	0.960	7.9
B02	系统管理学报	139	0.97	21.5	2.8	23	77	0.010	0.950	8.7
B02	系统科学与数学	197	0.97	20.4	2.7	29	116	0.020	0.890	8.4
B02	信息与电脑	2178	0.93	4.4	1.5	31	1489	0.004	0.155	3.8
B02	信息与控制	108	0.95	25.9	3.2	23	62	0.010	0.870	5.5
B02	中国科学(信息科学)	147	0.92	29.6	3.3	19	86	0.160	0.840	6.4
B03	Acta Mechanica Sinica	89	0.94	38.7	3.1	13	65	0.400	0.700	9.3
B03	Acta Mechanica Solida Sinica	66	0.90	31.3	2.3	15	33	0.091	0.833	≥10

学科代码	期刊名称	来源文献量	文献选出率	平均引文数	平均作者数	地区分布数	机构分布数	海外论文比	基金论文比	引用半衰期
B03	Journal of Rock Mechanics and Geotechnical Engineering	103	0.98	40.7	3.3	9	92	0.920	0.100	≥10
B03	Theoretical & Applied Mechanics Letters	61	0.92	23.7	3.3	11	49	0.443	0.689	≥10
B03	动力学与控制学报	83	0.99	23.3	3.3	19	52	0.020	0.870	9.2
B03	固体力学学报	50	0.89	41.2	3.6	19	34	0.000	0.800	9.8
B03	计算力学学报	118	1.00	18.3	3.3	23	68	0.020	0.910	8.8
B03	力学季刊	85	0.96	25.7	3.1	20	44	0.000	0.860	9.2
B03	力学进展	14	1.00	118.4	3.3	6	12	0.143	0.857	≥10
B03	力学学报	132	0.95	37.9	3.4	21	65	0.030	0.920	8.9
B03	力学与实践	124	0.93	14.6	2.6	24	77	0.010	0.470	9.0
B03	实验力学	103	1.00	18.7	4.3	22	56	0.040	0.890	8.0
B03	医用生物力学	93	0.95	24.8	5.0	21	59	0.030	0.900	7.9
B03	应用力学学报	191	0.96	15.3	3.7	29	108	0.010	0.790	9.6
B03	应用数学和力学	129	0.90	23.0	3.1	25	77	0.020	0.910	9.3
B03	振动工程学报	126	0.97	18.3	3.9	21	69	0.020	0.910	8.8
B04	Chinese Journal of Acoustics	38	0.90	22.2	2.9	13	30	0.030	0.840	≥10
B04	Chinese Physics B	985	0.99	35.3	4.8	28	482	0.140	0.820	7.6
B04	Chinese Physics C	222	0.96	41.3	4.5	24	137	0.400	0.650	≥10
B04	Chinese Physics Letters	401	0.97	25.4	5.6	25	242	0.180	0.770	8.1
B04	Communications in Theoretical Physics	216	0.95	34.4	2.9	24	189	0.430	0.540	8.6
B04	Frontiers of Physics	89	0.98	50.0	2.4	20	62	0.260	0.800	9.5
B04	Journal of Thermal Science	72	0.96	18.5	3.2	9	41	0.347	0.667	9.3
B04	Plasma Science and Technology	188	0.95	27.3	4.2	18	73	0.128	0.819	8.7
B04	Science China Physics, Mechanics & Astronomy	142	0.92	38.2	5.6	19	78	0.063	0.887	7.8
B04	波谱学杂志	57	0.95	22.2	5.1	15	38	0.020	0.890	≥10
B04	大学物理	215	0.99	8.2	2.9	28	124	–	0.693	≥10
B04	低温物理学报	79	1.00	16.2	5.2	20	44	0.000	0.750	8.6
B04	低温与超导	216	1.00	10.9	4.7	24	91	–	0.519	8.0
B04	低温与特气	74	0.92	5.1	2.8	17	54	–	0.068	≥10
B04	发光学报	240	0.98	22.8	5.1	29	134	0.010	0.900	5.9
B04	高压物理学报	104	0.96	21.2	4.7	19	49	0.000	0.660	≥10
B04	光散射学报	67	0.94	15.4	4.2	20	45	0.000	0.750	7.8
B04	光学学报	544	1.00	11.9	4.9	27	188	0.010	0.890	7.0

学科代码	期刊名称	来源文献量	文献选出率	平均引文数	平均作者数	地区分布数	机构分布数	海外论文比	基金论文比	引用半衰期
B04	光子学报	343	0.98	19.1	5.0	25	152	0.010	0.940	6.6
B04	核聚变与等离子体物理	81	1.00	11.7	4.8	10	20	0.010	0.300	8.9
B04	红外与毫米波学报	129	0.99	19.5	5.9	23	76	0.040	0.900	8.4
B04	计算物理	85	0.97	22.9	4.0	21	56	0.000	0.860	≥10
B04	量子电子学报	112	0.97	15.1	3.7	20	69	0.000	0.920	6.8
B04	量子光学学报	53	0.93	21.9	3.6	13	21	0.019	0.925	8.6
B04	气体物理	40	1.00	22.8	4.0	11	24	0.025	0.825	≥10
B04	强激光与粒子束	315	0.98	13.9	5.2	19	104	–	0.784	8.0
B04	热科学与技术	79	0.93	16.0	4.1	21	57	0.010	0.660	8.1
B04	声学技术	102	0.94	13.5	3.7	21	72	0.020	0.560	8.3
B04	声学学报	90	0.94	22.6	4.0	17	49	0.010	0.840	9.1
B04	物理	165	0.92	17.3	1.9	14	55	0.061	0.218	7.7
B04	物理测试	82	0.93	9.5	3.0	20	55	–	0.183	8.3
B04	物理教学探讨	319	1.00	3.0	1.4	28	266	0.009	0.288	6.1
B04	物理实验	165	0.74	8.5	3.8	23	90	0.006	0.570	7.5
B04	物理通报	494	0.99	3.8	2.0	30	331	0.020	0.287	7.3
B04	物理学报	876	0.99	30.9	5.0	28	305	0.030	0.910	7.8
B04	物理学进展	22	0.96	42.2	2.1	7	10	–	0.409	8.0
B04	物理与工程	117	0.91	8.8	2.9	20	74	0.000	0.400	8.8
B04	现代物理知识	71	0.80	1.1	1.6	10	26	–	0.056	≥10
B04	现代应用物理	57	0.93	16.6	5.1	9	15	0.088	0.561	8.0
B04	应用光学	170	0.98	13.6	4.4	23	92	0.020	0.730	7.3
B04	应用声学	79	0.94	14.0	3.9	20	48	0.010	0.660	9.3
B04	原子核物理评论	133	0.97	26.3	6.1	17	50	0.100	0.840	≥10
B04	原子与分子物理学报	153	0.97	21.9	3.8	27	100	–	0.928	9.6
B04	真空与低温	69	0.99	15.8	4.8	10	19	0.000	0.300	≥10
B04	中国科学(物理学 力学 天文学)	145	0.88	41.5	4.8	25	76	0.070	0.910	8.4
B04	Light: Science & Applications	192	0.99	24.8	6.9	12	137	0.830	0.260	5.9
B05	Chemical Research in Chinese Universities	161	0.96	32.6	4.6	26	108	0.080	0.840	7.1
B05	Chinese Chemical Letters	405	0.98	36.8	4.9	29	260	0.180	0.760	5.7
B05	Chinese Journal of Chemical Physics	113	0.92	39.4	4.5	15	57	0.030	0.860	9.1
B05	Chinese Journal of Chemistry	246	1.00	48.2	4.4	27	122	0.024	0.911	5.6
B05	Chinese Journal of Polymer Science	140	0.93	46.8	4.8	20	77	0.090	0.920	6.3

学科代码	期刊名称	来源文献量	文献选出率	平均引文数	平均作者数	地区分布数	机构分布数	海外论文比	基金论文比	引用半衰期
B05	Chinese Journal of Structural Chemistry	252	1.00	28.2	4.1	29	140	0.032	0.921	7.0
B05	Frontiers of Chemical Science and Engineering	68	0.97	46.4	4.4	9	55	0.590	0.510	7.0
B05	Science China(Chemistry)	211	1.00	48.3	4.6	22	97	0.081	0.829	4.9
B05	催化学报	226	0.97	49.8	5.2	26	123	0.220	0.810	4.9
B05	大学化学	186	0.96	14.6	3.5	24	102	0.005	0.640	8.3
B05	电化学	79	0.91	28.1	4.1	21	66	0.160	0.730	6.0
B05	分析测试学报	261	0.98	21.9	5.4	28	187	0.000	0.770	5.4
B05	分析化学	282	0.94	28.9	5.5	27	196	0.020	0.930	5.3
B05	分析科学学报	177	0.97	19.6	4.6	28	124	0.010	0.800	6.0
B05	分析试验室	316	0.99	12.3	4.8	27	224	0.000	0.660	4.8
B05	分子催化	63	0.98	34.4	5.0	22	41	0.000	0.810	6.3
B05	分子科学学报	84	0.93	19.1	4.3	22	62	0.000	0.900	7.0
B05	高等学校化学学报	322	0.97	27.4	5.4	28	164	0.020	0.960	6.1
B05	高分子通报	139	0.93	30.9	4.1	23	80	0.010	0.630	5.9
B05	高分子学报	193	0.97	41.6	4.7	22	77	0.030	0.900	6.6
B05	功能高分子学报	54	0.96	28.6	4.5	15	27	0.000	0.700	6.9
B05	光谱学与光谱分析	697	0.98	16.1	5.4	28	302	0.030	0.930	6.3
B05	广州化学	95	0.96	12.0	4.0	20	60	-	0.484	7.8
B05	合成化学	197	0.96	17.9	4.4	29	126	0.010	0.730	7.5
B05	化学分析计量	178	0.68	18.0	4.0	27	135	0.000	0.320	7.6
B05	化学进展	139	0.98	84.3	4.2	24	88	0.030	0.860	5.4
B05	化学试剂	313	0.98	17.7	4.5	29	207	0.000	0.700	7.5
B05	化学通报(印刷版)	180	0.95	35.9	4.2	28	131	0.010	0.780	6.3
B05	化学学报	137	0.99	53.4	4.5	22	82	0.040	0.930	5.0
B05	化学研究	129	0.95	23.7	4.4	20	58	0.000	0.810	6.8
B05	化学研究与应用	337	1.00	18.2	4.2	30	211	0.000	0.730	6.7
B05	色谱	195	0.95	23.9	5.3	26	134	0.050	0.710	5.4
B05	无机化学学报	285	0.98	31.8	5.2	28	169	0.020	0.880	5.7
B05	物理化学学报	307	0.94	41.9	4.1	24	138	0.060	0.730	5.8
B05	影像科学与光化学	88	0.92	32.1	4.1	18	54	0.050	0.780	5.8
B05	应用化学	181	0.97	27.9	4.8	27	109	0.010	0.900	6.3
B05	有机化学	365	0.97	46.1	5.1	28	164	0.020	0.920	6.3
B05	质谱学报	80	0.94	21.7	5.9	13	51	0.040	0.750	6.8

学科代码	期刊名称	来源文献量	文献选出率	平均引文数	平均作者数	地区分布数	机构分布数	海外论文比	基金论文比	引用半衰期
B05	中国科学(化学)	157	0.91	54.6	5.0	23	101	0.040	0.920	5.8
B05	中国无机分析化学	82	0.98	10.1	3.4	23	64	–	0.390	5.6
B06	Research in Astronomy and Astrophysics	129	0.92	29.2	2.8	18	74	0.400	0.640	9.4
B06	空间科学学报	86	0.71	19.1	4.7	15	39	0.010	0.810	≥10
B06	时间频率学报	28	0.88	10.8	4.1	6	6	–	0.893	8.4
B06	天文学报	59	0.88	28.7	4.1	18	31	0.020	0.880	8.6
B06	天文学进展	31	0.91	55.8	4.0	8	17	0.100	0.870	≥10
B06	天文研究与技术–国家天文台台刊	67	0.99	15.2	4.9	11	20	0.015	0.955	≥10
B07	Frontiers of Earth Science	64	1.00	48.2	3.5	13	38	0.203	0.875	≥10
B07	Journal of Arid Land	77	0.95	45.1	4.2	11	58	0.350	0.740	≥10
B07	Journal of Earth Science	98	0.99	57.4	4.1	17	64	0.450	0.450	≥10
B07	Sciences in Cold and Arid Regions	71	0.92	28.1	4.2	12	42	0.296	0.676	9.8
B07	成都理工大学学报(自然科学版)	83	0.99	25.8	5.0	13	44	0.010	0.900	≥10
B07	大地测量与地球动力学	264	0.95	13.0	3.9	26	103	0.000	0.870	8.7
B07	地球化学	50	0.94	43.5	5.7	17	34	0.060	0.960	≥10
B07	地球环境学报	57	0.86	34.5	4.5	9	20	0.050	0.890	7.9
B07	地球科学	192	0.95	66.2	5.3	23	60	0.040	0.960	8.5
B07	地球科学进展	127	0.91	52.0	4.2	21	68	0.040	0.800	8.9
B07	地球科学与环境学报	62	0.85	52.5	4.7	13	38	0.000	0.950	≥10
B07	地球信息科学学报	180	0.96	28.6	4.3	25	74	0.010	0.940	7.3
B07	地球学报	97	0.89	55.2	5.3	15	30	0.040	0.940	7.5
B07	地球与环境	87	0.96	30.1	4.9	24	58	0.000	0.940	8.7
B07	地学前缘	183	0.96	51.9	5.9	22	73	0.030	0.940	≥10
B07	东华理工大学学报(自然科学版)	60	0.95	16.7	4.2	12	27	–	0.833	9.2
B07	复杂油气藏	73	0.95	11.3	3.5	15	39	–	0.534	8.5
B07	吉林大学学报(地球科学版)	160	0.99	34.5	5.2	24	76	0.010	0.970	≥10
B07	矿物岩石地球化学通报	119	0.86	40.1	4.9	22	60	0.050	0.860	≥10
B07	中国科学(地球科学)	109	0.89	68.4	5.2	17	62	0.120	0.910	≥10
B08	Advances in Atmospheric Sciences	117	0.89	42.5	3.5	12	53	0.320	0.680	≥10
B08	Advances in Climate Change Research	34	1.00	39.1	2.4	4	14	0.118	0.853	5.5
B08	Atmospheric and Oceanic Science Letters	62	0.91	24.5	3.3	6	11	–	0.984	8.9
B08	Journal of Meteorological Research(JMR)	95	0.99	43.5	4.0	11	27	0.042	0.947	8.9
B08	暴雨灾害	70	0.92	21.4	4.3	25	50	0.000	0.870	7.5

学科代码	期刊名称	来源文献量	文献选出率	平均引文数	平均作者数	地区分布数	机构分布数	海外论文比	基金论文比	引用半衰期
B08	大气科学	96	1.00	38.9	3.7	14	30	0.020	0.930	≥10
B08	大气科学学报	86	0.98	26.2	3.7	9	17	0.000	0.880	≥10
B08	大气与环境光学学报	57	0.90	18.1	5.5	11	24	–	0.947	9.8
B08	干旱气象	137	0.96	24.4	4.6	27	97	0.000	0.750	7.0
B08	高原气象	150	0.97	34.8	4.4	28	81	0.030	0.830	9.3
B08	高原山地气象研究	60	0.95	21.7	3.6	8	35	–	0.817	5.5
B08	广东气象	119	0.95	12.5	3.5	8	60	–	0.395	7.1
B08	贵州气象	98	0.94	11.2	3.6	13	65	0.010	0.469	7.4
B08	海洋气象学报	52	0.95	24.9	4.2	8	34	–	0.981	≥10
B08	黑龙江气象	74	0.95	2.2	2.8	5	39	–	0.014	8.4
B08	内蒙古气象	67	0.99	8.7	2.6	8	36	–	0.269	8.3
B08	气候变化研究进展	67	0.86	27.5	4.3	18	48	0.120	0.820	5.4
B08	气候与环境研究	63	1.00	27.4	3.8	13	28	0.000	0.900	8.9
B08	气象	167	0.98	25.7	4.2	26	79	0.010	0.690	7.4
B08	气象科技	171	0.98	15.3	4.2	26	108	0.000	0.600	7.7
B08	气象科技进展	151	0.72	12.7	3.2	19	68	0.013	0.411	7.8
B08	气象科学	94	1.00	12.3	4.0	15	38	0.000	0.870	9.3
B08	气象学报	72	0.99	41.9	4.3	14	35	0.040	0.820	9.2
B08	气象研究与应用	142	0.95	13.4	3.0	14	72	0.014	0.380	5.8
B08	气象与环境科学	82	0.93	21.2	3.7	20	63	0.000	0.830	6.9
B08	气象与环境学报	86	0.98	20.4	4.9	21	67	0.000	0.840	7.6
B08	气象与减灾研究	50	0.96	13.3	3.2	14	35	–	0.920	7.6
B08	气象灾害防御	39	0.91	11.0	3.3	5	19	–	0.462	8.2
B08	热带气象学报	99	0.99	28.9	4.2	18	51	0.030	0.900	≥10
B08	沙漠与绿洲气象	78	0.99	22.6	4.3	16	48	0.000	0.740	7.4
B08	陕西气象	81	0.94	7.9	3.2	14	44	–	0.605	7.4
B08	应用气象学报	66	1.00	34.0	4.8	15	31	0.000	0.820	9.3
B08	浙江气象	38	0.93	10.0	3.6	3	23	–	0.368	8.9
B09	Applied Geophysics	58	0.91	27.5	3.7	13	26	–	1.000	9.7
B09	Earthquake Science	27	1.00	34.0	3.8	7	20	0.370	0.667	≥10
B09	Journal of Palaeogeography	25	0.96	61.7	2.9	6	19	0.400	0.400	≥10
B09	地球物理学报	413	0.97	51.4	4.9	26	120	0.040	0.900	9.6
B09	地球物理学进展	370	1.00	42.0	4.3	26	151	0.010	0.750	9.0

学科代码	期刊名称	来源文献量	文献选出率	平均引文数	平均作者数	地区分布数	机构分布数	海外论文比	基金论文比	引用半衰期
B09	地震	68	1.00	25.6	4.1	19	29	0.030	0.870	≥10
B09	地震地磁观测与研究	193	0.96	10.9	4.2	27	73	–	0.876	9.7
B09	地震地质	86	0.97	39.3	5.2	22	34	0.030	0.900	≥10
B09	地震工程学报	157	0.97	16.8	3.9	26	94	0.000	0.830	9.5
B09	地震工程与工程振动	132	0.97	21.3	3.5	20	55	0.000	0.910	7.8
B09	地震学报	83	0.91	26.0	4.3	22	38	0.020	0.880	≥10
B09	地震研究	89	0.93	20.5	4.1	20	39	0.040	0.730	8.8
B09	华北地震科学	58	0.94	12.4	4.2	19	29	0.000	0.690	≥10
B09	华南地震	66	0.96	12.8	3.5	17	30	0.020	0.670	9.9
B09	内陆地震	55	0.98	13.8	4.5	10	16	–	0.636	≥10
B09	世界地震工程	121	0.98	15.4	3.7	21	64	0.000	0.890	≥10
B09	灾害学	157	1.00	23.0	3.9	24	105	0.010	0.940	7.5
B09	中国地震	81	1.00	24.0	4.4	20	31	–	0.938	≥10
B10	Advances in Polar Science	28	0.93	45.0	5.5	8	22	0.180	0.460	8.7
B10	Chinese Geographical Science	82	1.00	44.3	4.8	16	53	0.260	0.730	8.5
B10	Geoscience Frontiers	108	0.92	69.2	4.2	4	81	0.820	0.160	≥10
B10	Geospatial Information Science	34	0.89	33.9	3.6	2	27	0.735	0.500	5.8
B10	International Journal of Sediment Research	59	0.98	45.0	2.5	9	39	0.525	0.508	≥10
B10	Journal of Geographical Sciences	91	0.86	51.8	4.3	19	45	0.220	0.850	8.0
B10	Journal of Mountain Science	201	0.94	42.2	4.1	18	153	0.460	0.560	9.5
B10	冰川冻土	153	0.96	32.0	4.6	21	93	0.010	0.920	8.3
B10	测绘地理信息	187	0.99	11.6	3.1	22	72	0.000	0.660	7.6
B10	地理科学	221	1.00	30.1	3.7	28	105	0.020	0.980	7.2
B10	地理科学进展	148	0.94	41.5	3.6	22	72	0.060	0.970	7.2
B10	地理信息世界	134	0.93	15.4	3.4	19	70	0.000	0.600	6.1
B10	地理学报	163	0.83	46.1	4.2	21	57	0.040	0.940	7.5
B10	地理研究	192	0.93	39.7	4.0	22	77	0.040	0.940	7.4
B10	地理与地理信息科学	119	0.99	27.8	3.7	21	71	0.010	0.930	7.2
B10	地域研究与开发	190	0.99	26.2	2.9	28	129	0.020	0.890	7.9
B10	干旱区地理	158	0.96	25.5	4.3	20	85	0.020	0.870	7.3
B10	干旱区研究	179	0.98	28.5	4.7	15	75	0.010	0.900	8.8
B10	国土与自然资源研究	158	0.96	12.2	2.7	25	66	–	0.532	6.8
B10	国土资源导刊	66	0.94	7.4	2.8	6	46	–	0.197	9.1

学科代码	期刊名称	来源文献量	文献选出率	平均引文数	平均作者数	地区分布数	机构分布数	海外论文比	基金论文比	引用半衰期
B10	国土资源科技管理	76	0.90	19.8	2.6	17	48	0.000	0.820	6.3
B10	国土资源情报	103	0.90	8.9	2.4	16	58	–	0.320	5.2
B10	华北国土资源	255	0.86	4.1	1.2	13	83	–	0.043	9.6
B10	华东地质	40	0.91	19.8	3.9	10	26	–	0.975	≥10
B10	经济地理	345	0.99	27.8	3.2	29	143	0.010	0.900	6.5
B10	南方国土资源	156	0.49	1.5	1.6	8	68	–	0.051	6.7
B10	热带地理	87	0.83	33.3	3.6	20	52	0.030	0.850	8.5
B10	热带地貌	21	0.91	12.4	1.5	1	11	–	0.190	7.6
B10	山地学报	105	0.99	29.2	4.1	18	56	0.030	0.900	9.0
B10	山东国土资源	183	0.99	19.5	3.5	13	66	–	0.497	7.9
B10	上海国土资源	87	0.98	13.2	2.9	17	48	–	0.816	6.4
B10	湿地科学	106	0.82	28.1	5.0	26	72	0.010	0.910	7.6
B10	湿地科学与管理	54	0.84	17.8	4.1	20	41	0.000	0.460	8.6
B10	世界地理研究	103	0.99	32.5	3.0	24	67	0.010	0.913	7.5
B10	西部资源	484	0.99	7.0	2.0	31	226	0.008	0.134	6.8
B10	云南地理环境研究	65	0.89	24.8	2.5	14	30	–	0.877	6.1
B10	浙江国土资源	238	0.62	–	1.4	2	105	–	–	–
B10	中国国土资源经济	176	0.90	10.4	2.4	28	104	0.006	0.699	4.8
B10	中国沙漠	153	0.98	35.7	5.0	16	56	0.000	0.940	9.3
B10	资源导刊	567	0.70	0.0	1.4	10	177	–	–	5.0
B10	资源导刊·信息化测绘版	233	0.54	0.8	1.4	7	73	–	–	6.8
B10	资源环境与工程	161	0.95	9.0	3.4	21	76	–	0.261	≥10
B11	Acta Geologica Sinica	234	0.94	39.3	5.1	23	98	0.081	0.902	≥10
B11	Chinese Journal of Geochemistry	93	1.00	29.8	3.6	14	42	0.172	0.860	≥10
B11	Earthquake Engineering and Engineering Vibration	57	0.93	33.0	3.6	13	45	0.474	0.632	≥10
B11	Earthquake Research in China	51	1.00	22.9	4.4	16	30	–	0.902	≥10
B11	Global Geology	31	0.94	19.6	4.3	2	8	0.097	0.677	≥10
B11	Science China(Earth Sciences)	176	0.98	64.0	4.5	17	79	0.080	0.943	≥10
B11	安徽地质	78	1.00	9.5	3.0	5	33	–	0.308	9.9
B11	沉积学报	114	0.99	48.2	5.4	21	52	0.000	0.890	≥10
B11	沉积与特提斯地质	53	0.96	27.0	5.2	14	30	–	0.925	≥10
B11	城市地理	2498	0.87	3.9	1.5	31	1340	0.003	0.061	5.9

学科代码	期刊名称	来源文献量	文献选出率	平均引文数	平均作者数	地区分布数	机构分布数	海外论文比	基金论文比	引用半衰期
B11	城市地质	85	0.96	9.2	3.2	13	38	0.012	0.424	9.0
B11	大地构造与成矿学	88	0.97	56.6	5.7	21	57	0.020	0.940	≥10
B11	地层学杂志	42	0.79	31.2	5.9	14	29	0.020	0.880	≥10
B11	地下水	505	1.00	7.2	2.0	28	255	–	0.131	7.9
B11	地质调查与研究	45	0.98	19.4	5.0	13	26	–	0.956	≥10
B11	地质科技情报	221	1.00	31.5	5.1	22	91	0.010	0.860	≥10
B11	地质科学	87	0.96	44.3	5.8	20	41	0.010	0.930	≥10
B11	地质力学学报	91	0.98	31.6	5.2	17	41	0.020	0.910	≥10
B11	地质论评	121	0.91	65.0	5.7	22	65	0.040	0.880	≥10
B11	地质通报	224	0.97	34.4	5.5	27	92	0.010	0.980	≥10
B11	地质学报	190	0.96	89.6	6.3	21	83	0.010	0.890	≥10
B11	地质学刊	94	0.96	19.9	3.7	19	64	–	0.989	9.6
B11	地质与勘探	127	0.95	48.9	5.2	22	80	0.010	0.690	8.5
B11	地质与资源	100	1.00	15.2	4.8	20	49	0.000	0.750	≥10
B11	地质灾害与环境保护	80	0.95	8.4	3.0	23	46	–	0.288	9.1
B11	地质找矿论丛	83	0.95	23.3	4.5	24	59	0.000	0.600	≥10
B11	地质装备	56	0.53	4.0	3.1	15	34	–	0.125	8.2
B11	第四纪研究	133	0.97	54.5	4.8	23	69	0.040	0.940	≥10
B11	防灾减灾学报	68	0.96	9.9	3.9	21	50	–	0.574	9.5
B11	福建地质	33	0.89	11.3	1.2	1	9	–	0.364	≥10
B11	高校地质学报	72	0.99	39.1	5.8	15	33	0.010	0.850	≥10
B11	高原地震	54	1.00	7.4	3.6	16	31	–	0.444	9.5
B11	工程地质学报	191	0.97	35.1	4.3	24	92	0.020	0.830	8.3
B11	古地理学报	84	0.89	43.3	5.5	14	40	0.050	0.830	≥10
B11	古脊椎动物学报	25	0.96	41.1	3.2	4	8	0.280	0.920	≥10
B11	古生物学报	46	0.90	44.4	4.5	12	20	0.090	0.910	≥10
B11	贵州地质	49	0.91	14.4	4.8	4	18	–	0.735	9.0
B11	国际地震动态	231	0.99	3.2	2.7	27	64	0.026	0.338	8.0
B11	华南地质与矿产	44	0.92	25.7	4.8	10	19	–	0.955	≥10
B11	化工矿产地质	40	0.75	8.5	2.8	15	24	–	0.125	9.8
B11	吉林地质	90	1.00	6.2	2.7	7	35	–	0.078	≥10
B11	矿床地质	89	0.96	85.2	5.8	17	42	0.030	0.830	≥10
B11	矿物岩石	52	0.95	28.0	5.8	18	34	0.000	0.900	≥10

学科代码	期刊名称	来源文献量	文献选出率	平均引文数	平均作者数	地区分布数	机构分布数	海外论文比	基金论文比	引用半衰期
B11	山西地震	46	1.00	7.2	4.1	13	22	–	0.674	≥10
B11	陕西地质	40	1.00	4.6	3.2	2	21	–	0.175	≥10
B11	石油实验地质	118	0.91	26.5	4.6	16	60	0.000	0.970	8.3
B11	世界地震译丛	36	0.86	44.0	5.1	1	2	–	0.306	≥10
B11	世界地质	135	0.99	25.7	4.9	17	38	0.000	0.810	≥10
B11	四川地震	43	0.98	7.7	3.9	9	19	–	0.395	≥10
B11	四川地质学报	159	0.99	10.7	3.3	24	92	–	0.314	≥10
B11	微体古生物学报	38	0.88	42.3	4.4	18	29	0.080	0.920	≥10
B11	物探化探计算技术	119	1.00	15.8	4.0	21	74	0.000	0.700	≥10
B11	物探与化探	185	1.00	20.2	4.5	25	98	0.000	0.760	9.0
B11	西北地质	97	0.94	28.3	5.5	16	54	0.000	0.870	≥10
B11	现代地质	119	0.98	37.2	5.5	20	63	0.010	0.940	9.8
B11	新疆地质	77	0.96	21.6	4.6	10	40	0.000	0.700	≥10
B11	岩矿测试	80	0.92	27.8	5.3	19	58	0.010	0.860	6.4
B11	岩石矿物学杂志	80	0.96	57.2	5.0	17	40	0.000	0.840	≥10
B11	岩石学报	255	0.98	103.2	5.4	22	53	0.020	0.950	≥10
B11	铀矿地质	60	0.91	10.4	4.6	12	21	–	0.467	≥10
B11	云南地质	111	0.96	6.8	2.7	9	52	–	0.180	≥10
B11	中国地质	110	0.81	54.8	6.4	22	52	0.020	0.950	≥10
B11	中国地质调查	75	0.91	19.4	4.7	19	43	0.027	0.933	9.3
B11	中国岩溶	105	0.98	24.7	4.8	17	49	0.030	0.880	9.7
B11	中国地质灾害与防治学报	91	0.91	15.5	3.9	23	58	0.000	0.700	7.8
B12	Acta Oceanologica Sinica	168	0.98	38.7	4.9	13	77	0.110	0.740	≥10
B12	China Ocean Engineering	89	0.95	22.1	3.9	14	52	0.250	0.640	≥10
B12	Journal of Ocean University of China	143	0.97	33.6	5.1	11	56	0.100	0.730	≥10
B12	Journal of Oceanology and Limnology	148	0.99	39.7	4.8	15	69	0.190	0.720	≥10
B12	Marine Science Bulletin	15	1.00	17.3	3.9	5	9	–	1.000	≥10
B12	海岸工程	39	0.93	16.2	4.1	11	25	–	0.692	8.5
B12	海洋地质前沿	112	0.88	22.0	4.8	13	52	0.010	0.790	≥10
B12	海洋地质与第四纪地质	118	0.94	45.1	5.6	13	42	0.030	0.920	≥10
B12	海洋工程	102	0.96	16.7	4.1	15	51	0.000	0.790	9.8
B12	海洋工程装备与技术	69	0.91	7.7	4.0	9	15	–	0.449	7.5
B12	海洋湖沼通报	109	0.96	21.3	4.4	15	44	0.020	0.800	≥10

学科代码	期刊名称	来源文献量	文献选出率	平均引文数	平均作者数	地区分布数	机构分布数	海外论文比	基金论文比	引用半衰期
B12	海洋技术学报	126	1.00	13.3	4.2	15	73	0.010	0.560	8.5
B12	海洋经济	47	0.98	15.1	2.5	9	21	–	0.532	5.0
B12	海洋开发与管理	246	1.00	13.4	3.4	15	92	–	0.695	6.9
B12	海洋科学	229	1.00	26.2	5.2	22	91	0.000	0.880	9.8
B12	海洋科学进展	43	0.74	29.5	5.2	7	18	0.050	0.910	≥10
B12	海洋通报	89	1.00	26.8	4.6	16	46	0.000	0.820	≥10
B12	海洋信息	44	0.94	12.8	3.2	10	23	0.023	0.477	7.4
B12	海洋学报(中文版)	148	0.92	31.9	4.7	15	58	0.020	0.870	≥10
B12	海洋学研究	30	0.64	24.3	4.5	8	17	0.000	0.800	≥10
B12	海洋与湖沼	155	0.94	33.1	5.3	16	48	0.010	0.930	≥10
B12	海洋预报	67	0.94	20.3	4.0	13	41	0.000	0.880	9.8
B12	湖泊科学	158	0.96	36.2	5.5	24	94	0.040	0.950	9.3
B12	极地研究	56	0.95	30.4	4.4	12	31	0.050	0.660	≥10
B12	热带海洋学报	69	0.95	31.2	4.3	10	22	0.030	0.910	≥10
B12	水文	98	0.98	16.1	4.1	27	77	0.000	0.650	9.4
B12	水文地质工程地质	152	0.91	16.3	4.4	21	71	0.030	0.860	8.4
B12	盐湖研究	49	0.94	23.5	5.2	9	15	0.000	0.780	≥10
B12	应用海洋学学报	71	0.96	24.7	4.8	12	42	0.000	0.870	9.3
B12	中国海洋大学学报(自然科学版)	222	0.96	25.7	4.5	14	52	0.010	0.920	≥10
B13	Acta Biochimica et Biophysica Sinica	140	0.99	41.2	6.7	25	116	0.090	0.840	7.0
B13	Asian Herpetological Research	32	0.97	37.0	5.3	12	25	0.250	0.969	≥10
B13	Cell Research	112	0.70	49.4	12.2	14	91	0.540	0.630	6.4
B13	Frontiers in Biology	43	0.88	54.2	2.7	4	36	0.910	0.120	7.7
B13	Genomics、Proteomics & Bioinformatics	42	0.75	68.5	3.7	9	32	0.450	0.400	6.2
B13	Journal of Genetics and Genomics	78	0.96	44.9	5.4	15	68	0.350	0.670	6.5
B13	Journal of Molecular Cell Biology	45	0.85	60.4	7.7	9	41	0.600	0.510	8.1
B13	Journal of Zhejiang University Science B: Biomedicine & Biotechnology	118	0.96	38.9	5.2	18	81	0.140	0.730	7.1
B13	Protein & Cell	99	0.97	48.9	4.1	12	67	0.290	0.670	6.1
B13	Science China(Life Sciences)	198	0.98	39.8	5.1	18	95	0.081	0.773	6.2
B13	The Journal of Biomedical Research	69	0.99	38.7	4.2	4	45	0.493	0.493	8.7
B13	工业微生物	67	0.94	19.5	4.6	11	35	–	0.731	7.6
B13	湖南生态科学学报	45	0.92	15.8	3.3	12	26	–	0.733	7.7

学科代码	期刊名称	来源文献量	文献选出率	平均引文数	平均作者数	地区分布数	机构分布数	海外论文比	基金论文比	引用半衰期
B13	基因组学与应用生物学	778	0.98	18.3	4.7	30	397	0.000	0.690	7.6
B13	激光生物学报	90	0.97	23.2	4.7	19	50	0.000	0.890	7.0
B13	热带生物学报	76	0.94	17.5	5.5	4	15	0.000	0.720	8.4
B13	人类学学报	48	0.92	31.0	4.6	16	24	0.130	0.880	≥10
B13	生理科学进展	89	0.80	31.6	3.4	20	63	0.030	0.820	4.5
B13	生理学报	96	0.92	47.1	4.9	21	61	0.110	0.850	7.5
B13	生命的化学	180	0.94	35.1	3.8	27	105	0.010	0.770	5.3
B13	生命科学	158	0.87	57.5	3.3	21	105	0.020	0.890	6.3
B13	生命科学研究	95	0.97	30.7	5.2	24	72	0.000	0.880	6.6
B13	生命世界	84	0.46	–	1.7	14	31	–	0.036	–
B13	生物安全学报	54	0.96	25.4	5.2	16	41	0.020	0.810	8.4
B13	生物产业技术	89	0.86	26.7	3.8	17	49	–	0.528	4.7
B13	生物多样性	145	0.84	44.0	5.1	19	71	0.060	0.800	8.9
B13	生物化工	193	0.98	9.3	2.7	27	127	–	0.275	7.2
B13	生物化学与生物物理进展	108	0.86	53.5	4.3	19	84	0.060	0.900	6.4
B13	生物技术	98	1.00	24.8	5.3	24	75	0.000	0.900	4.2
B13	生物技术进展	102	0.91	32.5	5.3	23	70	0.010	0.830	7.2
B13	生物技术通讯	159	0.90	16.4	5.7	22	94	0.000	0.580	7.0
B13	生物物理学报	11	1.00	55.2	4.1	3	9	0.273	0.909	7.1
B13	生物信息学	37	0.97	23.4	3.8	18	33	–	0.946	7.1
B13	生物学通报	257	0.97	5.4	2.2	26	189	0.047	0.296	7.9
B13	生物学杂志	169	1.00	24.1	4.4	22	96	0.010	0.840	7.5
B13	生物资源	48	0.86	27.6	5.4	17	30	0.000	0.750	7.6
B13	水生生物学报	169	0.98	34.5	5.7	24	74	0.010	0.910	9.8
B13	现代电生理学杂志	43	0.86	8.3	2.7	15	35	–	0.070	7.3
B13	遗传	107	0.87	60.4	5.0	24	75	0.030	0.900	6.2
B13	中国科学(生命科学)	147	0.88	53.3	3.9	16	62	0.030	0.710	6.8
B13	中国生物化学与分子生物学报	173	0.97	35.7	4.5	25	111	0.010	0.880	6.2
B13	中国细胞生物学学报	221	1.00	35.0	4.8	28	146	0.000	0.830	5.9
B13	中国野生植物资源	110	0.98	20.7	4.5	24	62	–	0.818	9.9
B13	中国应用生理学杂志	135	0.97	15.5	5.4	25	95	0.010	0.720	6.2
B13	中学生物教学	345	0.98	2.5	1.3	28	291	0.003	0.165	6.3
B13	蛛形学报	26	0.90	11.5	2.8	9	11	–	0.654	≥10

学科代码	期刊名称	来源文献量	文献选出率	平均引文数	平均作者数	地区分布数	机构分布数	海外论文比	基金论文比	引用半衰期
B14	Journal of Resources and Ecology	78	0.93	35.8	4.0	14	33	0.120	0.810	7.9
B14	三峡生态环境监测	38	0.86	20.3	5.0	7	19	–	0.974	7.9
B14	生态毒理学报	254	1.00	38.2	5.5	25	152	0.030	0.840	7.4
B14	生态环境学报	291	0.96	36.3	5.1	30	175	0.010	0.880	7.3
B14	生态科学	187	0.96	30.8	4.9	29	122	0.010	0.860	8.9
B14	生态学报	846	0.99	40.5	5.2	31	252	0.020	0.900	8.8
B14	生态学杂志	451	1.00	35.6	5.5	28	196	0.020	0.820	8.7
B14	水生态学杂志	88	1.00	27.9	5.1	24	75	0.000	0.760	9.9
B14	应用生态学报	482	1.00	36.2	5.3	30	187	0.010	0.880	8.0
B14	中国微生态学杂志	354	0.99	19.6	4.4	27	240	0.000	0.500	5.4
B15	Journal of Integrative Plant Biology	67	0.93	57.5	5.7	11	51	0.480	0.310	8.7
B15	Journal of Systematics and Evolution	47	0.92	82.2	4.9	11	44	0.700	0.400	9.9
B15	Molecular Plant	164	0.99	47.2	5.7	16	129	0.590	0.520	7.6
B15	Plant Diversity	50	0.91	42.0	3.2	6	32	0.400	0.460	≥10
B15	广西植物	207	0.99	26.7	4.9	28	119	0.010	0.900	≥10
B15	热带亚热带植物学报	85	0.97	25.8	4.9	14	48	0.010	0.850	8.9
B15	西北植物学报	310	1.00	30.4	5.3	31	118	0.000	0.890	9.0
B15	亚热带植物科学	81	1.00	20.3	4.4	13	57	–	0.901	9.0
B15	植物科学学报	113	0.98	33.4	4.8	24	69	0.000	0.850	8.4
B15	植物生理学报	256	0.98	40.2	5.2	28	111	0.010	0.890	7.8
B15	植物生态学报	122	0.99	48.4	5.2	25	65	0.020	0.930	9.1
B15	植物学报	80	0.98	50.7	5.0	24	56	0.030	0.840	8.5
B15	植物研究	124	0.96	27.5	4.8	27	68	0.020	0.820	9.4
B16	Current Zoology	77	1.00	64.8	4.2	1	68	0.961	0.805	≥10
B16	Entomotaxonomia	40	0.95	20.5	2.9	17	28	0.030	0.600	≥10
B16	Insect Science	95	1.00	58.1	5.1	9	84	0.850	0.220	9.9
B16	Zoological Research	34	0.77	54.9	6.3	6	23	0.290	0.790	9.0
B16	动物分类学报	25	0.86	31.1	3.7	9	20	0.360	0.640	≥10
B16	动物学杂志	128	0.85	21.7	5.6	27	80	0.040	0.840	≥10
B16	昆虫学报	156	1.00	36.0	5.4	27	79	0.040	0.810	8.8
B16	实验动物科学	93	0.99	15.8	6.2	22	62	0.000	0.780	6.9
B16	兽类学报	46	0.92	48.6	5.5	18	31	0.020	0.910	≥10
B16	四川动物	109	0.78	27.4	5.4	25	77	0.050	0.700	≥10

学科代码	期刊名称	来源文献量	文献选出率	平均引文数	平均作者数	地区分布数	机构分布数	海外论文比	基金论文比	引用半衰期
B16	野生动物学报	128	0.99	19.6	5.0	24	84	–	0.648	≥10
B16	应用昆虫学报	125	0.95	28.4	5.6	23	64	0.020	0.680	8.1
B16	中国实验动物学报	122	0.99	22.1	5.8	24	96	0.020	0.860	6.8
B17	Virologica Sinica	70	0.92	36.8	7.7	15	50	0.290	0.690	6.6
B17	病毒学报	140	0.93	23.6	6.4	27	85	0.010	0.840	6.4
B17	国际病毒学杂志	99	0.94	17.5	5.8	22	67	0.000	0.600	5.1
B17	菌物学报	162	0.92	38.5	4.6	23	73	0.010	0.890	8.0
B17	微生物学报	175	0.90	34.8	4.6	29	94	0.020	0.930	7.3
B17	微生物学免疫学进展	105	0.89	23.5	4.4	15	47	0.000	0.450	5.0
B17	微生物学通报	332	0.95	29.1	5.5	30	175	0.010	0.870	7.2
B17	微生物学杂志	122	0.97	29.7	4.9	25	90	0.020	0.810	7.0
B17	中国病毒病杂志	83	0.80	19.2	5.9	23	63	0.010	0.700	4.5
B17	中国病原生物学杂志	296	0.97	21.7	5.5	30	183	0.000	0.720	6.0
B17	中华实验和临床病毒学杂志	127	0.95	16.8	6.8	23	77	0.010	0.710	5.5
B18	心理发展与教育	88	1.00	48.8	3.9	20	38	0.030	0.930	7.9
B18	心理技术与应用	91	0.91	33.1	2.7	19	53	0.011	0.703	9.5
B18	心理科学	223	0.98	31.3	3.6	24	84	0.030	0.870	7.8
B18	心理科学进展	201	0.95	70.2	3.3	21	79	0.030	0.890	7.2
B18	心理学报	139	0.97	48.9	3.8	24	67	0.040	0.900	9.1
B18	心理学探新	94	0.99	26.3	3.0	25	63	–	0.691	9.4
B18	心理与行为研究	121	0.99	31.2	3.4	23	61	0.008	0.909	9.3
B18	应用心理学	38	1.00	39.9	3.4	13	25	0.026	0.816	8.7
B18	中国临床心理学杂志	261	1.00	27.1	4.0	24	102	0.060	0.790	7.8
B18	中国心理卫生杂志	176	0.92	26.4	4.8	23	94	0.030	0.590	7.8
B18	中小学心理健康教育	953	0.95	2.9	1.3	29	615	0.003	0.065	7.9
C01	Agricultural Science & Technology	608	1.00	17.1	5.0	31	306	0.002	0.786	8.8
C01	Frontiers Agricultural Science and Engineering	56	0.90	43.7	3.4	12	26	0.125	0.804	7.1
C01	Journal of Integrative Agriculture	290	0.99	46.9	5.8	25	138	0.240	0.700	8.9
C01	安徽农学通报	1508	0.99	7.5	2.9	31	834	0.012	0.412	7.6
C01	安徽农业科学	2940	1.00	13.4	4.0	31	1555	0.002	0.651	7.9
C01	北方农业学报	157	1.00	18.5	5.2	18	74	–	0.828	7.7
C01	东北农业科学	83	0.87	15.6	5.7	10	37	0.000	0.810	9.0
C01	福建农业科技	259	0.98	5.6	2.6	8	143	0.015	0.390	6.5

学科代码	期刊名称	来源文献量	文献选出率	平均引文数	平均作者数	地区分布数	机构分布数	海外论文比	基金论文比	引用半衰期
C01	福建农业学报	245	0.98	17.7	5.5	21	85	0.000	0.820	7.9
C01	甘肃农业	244	0.41	2.1	1.4	19	160	–	0.090	5.7
C01	甘肃农业科技	360	0.98	10.2	3.7	18	138	–	0.586	7.0
C01	干旱地区农业研究	263	0.99	25.6	5.0	24	105	0.000	0.840	8.9
C01	高等农业教育	173	0.98	10.3	2.7	26	81	–	0.832	4.2
C01	古今农业	57	0.93	31.3	1.4	19	42	0.018	0.456	≥10
C01	广东农业科学	310	0.99	22.7	5.0	29	170	0.010	0.780	6.7
C01	广西农学报	103	0.92	8.5	3.1	6	65	–	0.621	7.1
C01	贵州农业科学	475	1.00	18.7	4.7	30	284	0.000	0.650	7.9
C01	河北农业科学	157	0.99	18.3	5.8	16	65	–	0.904	8.5
C01	河南农业	1427	0.96	2.2	1.7	31	780	0.001	0.114	5.6
C01	河南农业科学	358	0.98	21.3	5.7	30	164	0.010	0.790	8.0
C01	核农学报	306	1.00	35.1	5.9	28	126	0.000	0.850	7.0
C01	黑龙江农业科学	483	0.99	11.7	4.0	30	213	–	0.640	7.9
C01	湖北农业科学	1224	0.97	15.0	4.5	31	582	0.000	0.640	8.1
C01	湖南农业	440	0.75	–	1.4	8	170	–	–	–
C01	湖南农业科学	389	0.99	14.4	4.6	29	202	–	0.853	7.4
C01	华北农学报	207	1.00	26.8	6.1	25	94	0.000	0.860	7.0
C01	吉林农业	1455	0.63	2.9	1.9	31	866	–	0.117	5.8
C01	江苏农业科学	2061	1.00	18.7	4.4	31	703	0.000	0.850	8.0
C01	江苏农业学报	215	1.00	26.3	5.7	27	94	0.010	0.890	7.4
C01	江西农业学报	352	1.00	20.0	4.8	27	173	0.000	0.710	8.0
C01	辽宁农业科学	149	0.97	10.2	3.6	15	60	0.000	0.540	7.6
C01	南方农业	1996	0.97	4.2	2.0	31	1505	0.001	0.117	4.7
C01	南方农业学报	356	0.99	22.3	6.3	25	159	0.010	0.920	7.3
C01	宁夏农林科技	298	0.95	7.1	3.3	18	149	–	0.393	8.0
C01	农产品质量与安全	109	0.92	20.9	4.7	24	69	0.010	0.720	5.6
C01	农村百事通	399	0.34	–	1.4	30	360	–	–	–
C01	农村电气化	348	0.87	2.7	2.7	29	231	–	–	6.2
C01	农村科技	431	0.96	0.6	2.1	8	218	0.009	0.109	7.0
C01	农村科学实验	797	0.63	2.9	1.5	29	595	0.003	0.110	3.9
C01	农电管理	400	0.86	0.0	1.6	29	243	–	–	6.5
C01	农技服务	3957	1.00	2.9	1.6	31	2842	0.004	0.045	3.8

学科代码	期刊名称	来源文献量	文献选出率	平均引文数	平均作者数	地区分布数	机构分布数	海外论文比	基金论文比	引用半衰期
C01	农家科技(上旬刊)	2439	0.97	2.6	1.3	31	1920	0.001	0.013	3.2
C01	农家科技(下旬刊)	4032	1.00	2.6	1.4	31	2769	0.002	0.013	4.1
C01	农家致富顾问	1348	0.80	2.3	1.4	31	936	–	0.013	3.5
C01	农学学报	226	1.00	27.7	4.9	28	163	0.000	0.730	7.5
C01	农业工程技术	1096	0.72	2.4	1.8	31	827	0.001	0.089	4.8
C01	农业科技管理	160	1.00	11.2	3.4	23	61	0.012	0.456	3.8
C01	农业科技通讯	1378	1.00	4.1	3.8	31	712	–	0.366	7.8
C01	农业科技与信息	1555	0.92	1.3	1.4	31	742	–	0.051	5.0
C01	农业科学研究	80	1.00	13.3	3.0	14	39	–	0.575	7.5
C01	农业生物技术学报	218	1.00	29.0	6.1	26	90	0.000	0.930	8.4
C01	农业网络信息	336	0.96	5.8	2.4	29	176	–	0.473	5.0
C01	农业与技术	3677	0.99	2.5	1.7	31	2737	0.001	0.061	4.6
C01	农业灾害研究	188	1.00	8.5	3.1	23	136	–	0.229	8.6
C01	农业展望	233	0.95	11.1	2.9	24	80	0.009	0.687	3.6
C01	农业知识(瓜果菜)	216	0.49	–	1.9	12	124	–	0.102	–
C01	农业知识(科学养殖)	176	0.38	–	1.5	12	108	–	0.006	–
C01	农业知识(致富与农资)	155	0.30	–	1.4	6	83	–	–	–
C01	青海农技推广	119	0.96	1.3	1.6	11	59	–	0.008	8.1
C01	青海农林科技	113	0.93	6.9	2.3	10	76	–	0.239	9.6
C01	热带农业科学	280	0.99	18.7	5.1	18	114	0.000	0.660	7.5
C01	山地农业生物学报	109	0.90	20.3	4.4	10	28	0.000	0.760	≥10
C01	山东农业科学	415	0.97	18.9	5.9	19	123	0.010	0.780	8.6
C01	山西农业科学	497	0.98	21.7	4.7	22	101	0.000	0.660	7.5
C01	陕西农业科学	367	0.95	11.0	3.6	22	175	0.000	0.390	7.6
C01	上海农业科技	494	1.00	2.8	3.4	9	280	–	0.172	8.4
C01	上海农业学报	174	1.00	18.8	5.4	22	66	0.020	0.890	8.8
C01	世界农业	463	0.87	12.2	2.1	28	244	0.009	0.590	5.4
C01	四川农业科技	314	0.93	4.3	3.4	15	172	–	0.258	7.4
C01	特产研究	61	0.95	21.1	5.7	8	18	0.000	0.410	8.3
C01	天津农林科技	109	0.95	5.2	3.5	10	66	–	0.284	6.4
C01	天津农业科学	313	0.97	15.7	4.4	27	158	–	0.684	7.5
C01	西北农业学报	244	0.99	24.6	5.5	26	93	0.010	0.820	9.2
C01	西南农业学报	480	0.99	20.7	6.1	28	208	0.000	0.810	9.2

学科代码	期刊名称	来源文献量	文献选出率	平均引文数	平均作者数	地区分布数	机构分布数	海外论文比	基金论文比	引用半衰期
C01	西藏农业科技	46	1.00	8.8	2.6	2	7	–	0.370	8.7
C01	现代农村科技	1143	0.99	1.4	1.7	29	562	0.001	0.066	5.8
C01	现代农业	959	1.00	1.4	1.6	26	513	–	0.058	7.3
C01	现代农业科技	4200	1.00	7.5	2.8	31	2618	0.002	0.210	6.3
C01	现代农业研究	877	0.97	1.7	1.2	24	434	0.007	0.035	4.6
C01	乡村科技	1766	0.80	2.8	1.4	31	1226	0.002	0.035	3.6
C01	新疆农业科技	189	1.00	4.2	2.3	4	104	0.021	0.090	6.6
C01	新疆农业科学	279	0.95	20.7	6.1	5	44	0.010	0.890	8.6
C01	新农村	325	0.60	–	1.4	21	249	–	0.003	–
C01	新农村(黑龙江)	3447	0.84	0.5	1.3	31	2224	0.001	0.010	4.7
C01	新农业	493	0.60	0.0	1.5	26	284	–	0.053	4.0
C01	云南农业	498	0.76	1.1	1.7	3	389	–	0.008	9.3
C01	云南农业科技	152	0.99	3.4	3.1	7	110	–	0.132	9.6
C01	浙江农业科学	682	0.98	10.8	4.4	31	358	–	0.692	7.5
C01	浙江农业学报	285	0.99	22.0	5.5	28	140	0.000	0.820	7.5
C01	中国农技推广	321	0.88	1.1	3.0	29	238	–	0.112	6.0
C01	中国农民合作社	172	0.36	–	1.3	24	108	–	0.256	–
C01	中国农史	89	0.98	58.9	1.6	22	57	0.022	0.753	≥10
C01	中国农学通报	967	0.96	26.7	5.2	31	477	0.000	0.790	8.3
C01	中国农业科技导报	204	0.94	28.6	5.6	28	111	0.000	0.760	7.5
C01	中国农业科学	435	1.00	36.7	6.7	30	132	0.010	0.910	8.0
C01	中国农业气象	87	0.95	26.4	5.4	23	46	0.010	0.790	7.4
C01	中国农业文摘-农业工程	194	0.93	4.9	2.1	28	154	–	0.155	7.0
C01	中国农业信息	456	0.78	3.6	1.9	31	407	0.002	0.077	5.4
C01	中国农业资源与区划	416	1.00	18.3	2.9	30	249	0.010	0.840	5.8
C01	中国热带农业	130	0.93	7.9	4.7	9	68	0.000	0.560	7.3
C01	中国生态农业学报	196	0.95	34.0	5.5	26	104	0.000	0.840	7.6
C02	Journal of Northeast Agricultural University	47	0.94	26.0	3.7	5	16	0.213	0.511	≥10
C02	安徽农业大学学报	183	0.97	21.7	4.6	25	93	0.000	0.770	8.3
C02	北京农学院学报	85	0.99	16.6	5.0	3	11	0.010	0.800	8.5
C02	北京农业职业学院学报	119	0.96	9.7	1.9	16	50	–	0.429	4.6
C02	东北农业大学学报	135	1.00	28.7	5.7	14	29	0.020	0.920	7.6
C02	福建农林大学学报(自然科学版)	113	1.00	25.0	5.6	14	30	0.010	0.840	8.2

学科代码	期刊名称	来源文献量	文献选出率	平均引文数	平均作者数	地区分布数	机构分布数	海外论文比	基金论文比	引用半衰期
C02	甘肃农业大学学报	161	1.00	20.6	5.1	18	45	0.006	0.944	8.7
C02	河北农业大学学报	138	0.96	18.6	5.2	19	40	0.010	0.790	7.5
C02	河南农业大学学报	142	1.00	19.8	5.3	18	59	0.000	0.800	8.1
C02	黑龙江八一农垦大学学报	170	0.99	14.4	4.5	13	28	–	0.812	6.9
C02	湖南农业大学学报(自然科学版)	125	1.00	19.5	5.7	21	48	0.000	0.810	7.4
C02	华南农业大学学报	117	0.98	23.2	5.7	17	40	0.000	0.940	7.8
C02	华中农业大学学报	114	0.97	23.0	5.0	15	25	0.010	0.870	7.9
C02	吉林农业大学学报	122	0.96	22.7	5.2	7	30	0.020	0.920	8.3
C02	吉林农业科技学院学报	159	0.99	6.5	1.9	19	73	0.006	0.553	5.4
C02	江西农业大学学报	164	1.00	23.9	5.3	24	80	0.000	0.900	7.9
C02	辽宁农业职业技术学院学报	132	1.00	5.7	1.6	22	73	–	0.462	5.3
C02	南京农业大学学报	150	0.97	27.7	5.9	11	16	0.000	0.850	7.9
C02	青岛农业大学学报(自然科学版)	57	0.92	13.6	4.6	5	10	0.000	0.610	8.7
C02	山东农业大学学报(自然科学版)	194	1.00	12.6	3.5	27	99	0.010	0.610	7.7
C02	山东农业工程学院学报	588	0.99	6.9	1.5	28	309	0.010	0.684	6.1
C02	山西农业大学学报(自然科学版)	153	0.87	19.9	4.8	13	36	0.000	0.730	7.6
C02	上海交通大学学报(农业科学版)	84	0.93	17.9	4.7	9	15	0.050	0.680	7.5
C02	沈阳农业大学学报	110	0.92	26.9	5.6	10	26	0.010	0.770	7.0
C02	四川农业大学学报	90	1.00	24.4	5.4	19	48	–	1.000	7.6
C02	天津农学院学报	106	0.93	14.8	4.8	6	15	–	0.906	7.3
C02	西北农林科技大学学报(自然科学版)	304	0.96	25.8	5.4	27	86	0.010	0.860	8.9
C02	新疆农业大学学报	71	1.00	15.4	5.1	6	15	0.000	0.830	7.4
C02	信阳农林学院学报	191	1.00	6.2	1.4	24	112	0.016	0.482	6.7
C02	延边大学农学学报	63	0.97	22.1	4.4	4	7	–	0.873	7.2
C02	扬州大学学报(农业与生命科学版)	87	0.96	22.6	6.4	15	35	0.000	0.980	7.7
C02	云南农业大学学报(自然科学)	161	0.96	24.3	6.0	24	64	0.010	0.680	8.6
C02	浙江大学学报(农业与生命科学版)	89	0.95	31.8	5.1	21	48	0.000	0.970	8.7
C02	中国农业大学学报	283	0.96	26.0	4.9	27	98	0.020	0.850	7.3
C02	仲恺农业工程学院学报	50	0.94	25.2	4.2	7	17	–	0.820	6.9
C03	Chinese Journal of Oil Crop Sciences	26	0.90	36.5	5.3	4	4	0.038	0.923	9.4
C03	Rice Science	36	0.92	57.5	4.8	4	33	0.830	0.140	9.7
C03	The Crop Journal	58	0.97	48.2	4.4	10	46	0.410	0.410	9.8
C03	北方水稻	126	1.00	4.1	3.8	9	76	–	0.349	9.7

学科代码	期刊名称	来源文献量	文献选出率	平均引文数	平均作者数	地区分布数	机构分布数	海外论文比	基金论文比	引用半衰期
C03	茶叶	63	0.89	12.8	2.5	10	39	–	0.302	5.1
C03	大豆科技	78	0.99	7.6	4.0	15	42	–	0.474	8.1
C03	大豆科学	152	0.93	18.7	5.8	22	76	0.000	0.840	9.1
C03	大麦与谷类科学	89	0.98	11.8	5.0	20	65	–	0.596	7.3
C03	分子植物育种	709	0.98	22.9	5.8	30	232	0.010	0.830	8.5
C03	福建茶叶	3464	1.00	5.1	1.2	31	1060	0.002	0.241	3.8
C03	福建稻麦科技	112	0.82	2.4	2.0	5	82	–	0.268	6.9
C03	福建热作科技	76	0.97	7.3	2.8	4	48	–	0.447	≥10
C03	甘蔗糖业	75	0.97	10.7	5.8	5	20	0.000	0.650	7.4
C03	耕作与栽培	185	0.97	6.9	3.7	17	138	0.022	0.465	7.7
C03	广西糖业	61	0.91	4.1	3.1	5	40	0.098	0.164	6.0
C03	麦类作物学报	216	0.90	26.2	6.6	21	88	0.000	0.830	9.1
C03	棉花科学	82	0.96	8.7	5.3	11	45	–	0.671	6.1
C03	棉花学报	62	0.91	28.4	7.3	15	31	0.000	0.870	9.0
C03	农业研究与应用	99	1.00	10.5	4.7	11	46	0.020	0.576	7.9
C03	热带农业科技	47	0.94	11.6	5.1	3	18	–	0.638	9.6
C03	热带作物学报	374	0.98	23.9	5.8	25	115	0.000	0.740	8.2
C03	特种经济动植物	216	0.75	0.0	2.5	20	116	–	0.037	–
C03	亚热带农业研究	52	0.91	24.2	4.2	9	32	–	0.885	7.5
C03	玉米科学	151	0.99	19.6	6.6	23	62	0.000	0.810	8.2
C03	杂交水稻	173	0.99	6.5	6.0	19	103	0.000	0.780	8.7
C03	植物遗传资源学报	140	0.95	30.7	6.9	26	69	0.010	0.840	9.0
C03	中国茶叶	201	0.71	1.5	2.6	18	148	–	0.154	≥10
C03	中国稻米	197	0.98	14.4	5.9	24	107	0.010	0.590	8.3
C03	中国粮食经济	166	0.45	–	1.4	24	110	–	0.018	–
C03	中国麻业科学	51	0.89	21.8	6.5	12	22	0.000	0.730	7.8
C03	中国棉花	182	0.91	7.2	5.3	18	95	0.000	0.570	6.5
C03	中国水稻科学	73	0.97	33.9	7.3	15	30	0.010	0.880	8.5
C03	中国糖料	152	1.00	14.2	4.7	12	82	0.007	0.586	7.1
C03	中国油料作物学报	115	0.96	22.9	7.3	24	52	0.000	0.770	8.3
C03	中国种业	389	0.98	5.2	4.2	31	258	–	0.419	5.1
C03	种业导刊	107	0.72	4.7	2.2	6	63	–	0.140	4.7
C03	种子	446	0.98	14.4	5.0	31	259	0.000	0.680	8.9

学科代码	期刊名称	来源文献量	文献选出率	平均引文数	平均作者数	地区分布数	机构分布数	海外论文比	基金论文比	引用半衰期
C03	种子科技	1093	0.97	2.2	1.6	30	870	0.004	0.028	4.2
C03	种子世界	377	0.91	0.4	2.4	29	227	0.003	0.024	≥10
C03	作物学报	186	0.95	33.0	7.1	27	74	0.030	0.940	8.7
C03	作物研究	163	1.00	14.8	5.1	19	76	0.000	0.480	7.9
C03	作物杂志	175	0.98	25.0	5.8	28	102	0.000	0.780	7.9
C04	Landscape Architecture Frontiers	47	0.84	13.2	3.8	5	31	0.277	0.106	≥10
C04	北方果树	192	0.98	2.6	2.7	17	118	–	0.208	9.5
C04	北方园艺	1052	0.98	16.9	4.3	31	472	–	0.874	7.8
C04	茶叶科学	72	0.97	26.6	5.7	14	28	0.010	0.750	6.8
C04	东南园艺	81	0.93	8.3	3.6	4	39	0.012	0.667	≥10
C04	广东园林	103	0.74	9.8	2.6	12	58	0.010	0.495	7.3
C04	果树学报	198	0.96	27.0	6.1	29	87	0.000	0.790	8.3
C04	河北果树	269	0.99	0.9	2.2	14	135	–	0.071	≥10
C04	河北林果研究	63	0.97	14.3	3.7	9	18	–	0.603	7.2
C04	花卉	1510	0.88	3.0	1.3	30	1001	0.001	0.011	3.6
C04	花生学报	51	1.00	18.7	6.6	11	25	0.020	0.800	8.3
C04	吉林蔬菜	234	0.70	1.3	2.1	17	118	–	0.060	9.4
C04	辣椒杂志	43	1.00	13.8	4.9	18	34	0.047	0.744	8.9
C04	落叶果树	173	0.99	3.2	3.4	18	114	–	0.347	8.6
C04	南方园艺	100	0.93	6.0	3.8	11	70	0.010	0.490	8.9
C04	人参研究	107	0.94	11.1	4.5	10	41	–	0.467	8.4
C04	山西果树	173	0.94	1.9	2.5	17	115	–	0.150	6.8
C04	上海蔬菜	246	1.00	1.7	2.9	19	153	–	0.224	8.2
C04	食用菌	187	0.94	6.1	4.0	27	145	0.021	0.556	7.8
C04	食用菌学报	74	1.00	17.3	6.1	20	41	0.010	0.910	7.4
C04	蔬菜	296	0.81	5.7	3.6	27	212	–	0.395	7.1
C04	西北园艺(果树)	182	0.87	–	2.1	10	113	–	0.016	–
C04	西北园艺(综合)	197	0.86	–	2.4	12	135	–	0.041	–
C04	现代园艺	3544	1.00	3.3	1.6	31	2142	0.001	0.095	5.6
C04	烟草科技	175	0.98	22.2	7.2	21	74	0.010	0.220	8.0
C04	烟台果树	96	0.85	1.5	3.4	13	49	–	0.177	7.0
C04	园艺学报	278	0.98	27.6	6.2	28	104	0.000	0.900	8.1
C04	园艺与种苗	316	1.00	8.7	3.3	29	200	0.003	0.449	7.2

学科代码	期刊名称	来源文献量	文献选出率	平均引文数	平均作者数	地区分布数	机构分布数	海外论文比	基金论文比	引用半衰期
C04	长江蔬菜	749	0.97	4.2	3.6	29	378	–	0.387	7.2
C04	浙江柑橘	56	1.00	5.3	3.6	5	33	–	0.179	≥10
C04	中国瓜菜	234	0.98	9.2	4.5	27	131	–	0.697	6.7
C04	中国果菜	296	0.97	8.1	3.1	30	234	–	0.223	7.4
C04	中国果树	168	0.97	14.6	5.4	25	98	0.010	0.680	7.8
C04	中国果业信息	95	0.58	1.3	2.6	16	66	–	0.116	4.5
C04	中国马铃薯	72	0.97	15.5	5.7	16	42	–	0.917	8.5
C04	中国南方果树	284	1.00	14.9	5.6	25	149	0.000	0.690	8.5
C04	中国食用菌	134	0.97	12.0	5.2	24	83	0.015	0.769	7.2
C04	中国蔬菜	300	0.92	9.6	4.7	29	161	0.000	0.680	6.9
C04	中国烟草科学	93	0.99	23.6	7.0	16	42	0.000	0.220	8.0
C04	中国烟草学报	102	0.94	24.3	6.9	18	54	0.010	0.220	8.0
C04	中国园艺文摘	1046	0.98	4.8	2.7	31	702	0.002	0.257	7.8
C05	An International Journal Pedosphere	105	0.93	59.0	4.1	18	84	0.600	0.500	9.8
C05	土壤	182	0.97	32.9	5.5	27	100	0.020	0.910	8.1
C05	土壤通报	213	0.96	31.0	5.2	30	120	0.000	0.850	8.2
C05	土壤学报	144	0.98	32.1	5.4	27	71	0.030	0.940	8.0
C05	土壤与作物	44	0.96	30.0	5.2	13	23	0.050	0.860	9.0
C05	植物医生	408	0.77	0.6	1.7	26	267	–	0.027	8.3
C05	植物营养与肥料学报	185	0.97	29.9	5.6	28	68	0.010	0.820	8.3
C05	中国土地科学	126	0.98	32.9	3.4	20	57	0.020	0.880	5.4
C05	中国土壤与肥料	156	0.96	26.5	5.9	28	95	0.010	0.670	8.3
C06	广西植保	46	0.94	8.6	3.5	4	27	–	0.304	7.6
C06	湖北植保	163	0.94	1.6	3.6	14	97	–	0.049	6.3
C06	环境昆虫学报	181	0.98	30.8	5.0	25	89	0.020	0.800	9.7
C06	农药	266	0.96	14.1	4.8	29	154	0.010	0.450	7.3
C06	农药科学与管理	125	0.86	8.3	4.2	19	56	0.020	0.130	8.0
C06	农药学学报	106	0.98	24.9	5.8	24	63	0.010	0.640	7.0
C06	生物灾害科学	67	0.96	16.1	4.4	12	45	–	0.582	9.0
C06	世界农药	80	0.87	5.7	2.8	12	34	–	0.112	6.1
C06	现代农药	99	0.93	9.2	4.3	15	65	0.010	0.270	6.8
C06	杂草学报	43	0.96	14.8	5.2	17	34	0.000	0.600	7.3
C06	植物保护	246	0.96	24.3	5.7	31	134	0.010	0.670	9.6

学科代码	期刊名称	来源文献量	文献选出率	平均引文数	平均作者数	地区分布数	机构分布数	海外论文比	基金论文比	引用半衰期
C06	植物保护学报	158	0.98	26.6	5.2	29	76	0.020	0.740	9.1
C06	植物病理学报	113	0.98	21.9	6.0	25	57	0.010	0.780	9.0
C06	植物检疫	114	0.90	11.7	5.5	24	67	0.030	0.580	8.8
C06	中国生物防治学报	117	0.99	28.3	5.6	24	66	0.010	0.790	8.0
C06	中国植保导刊	243	0.97	12.9	5.0	30	163	–	0.617	8.0
C07	Forest Ecosystems	27	0.96	57.0	3.7	–	27	1.000	0.630	9.2
C07	Journal of Forestry Research	133	1.00	42.8	2.8	16	96	0.590	0.390	≥10
C07	安徽林业科技	105	0.91	4.4	2.2	14	84	–	0.171	9.9
C07	桉树科技	41	0.98	19.4	3.6	6	21	0.000	0.560	9.4
C07	北京林业大学学报	175	1.00	29.7	4.7	23	39	0.010	0.820	8.1
C07	东北林业大学学报	242	0.98	21.0	4.4	26	75	0.020	0.740	8.5
C07	防护林科技	601	0.98	5.7	2.1	24	276	–	0.183	≥10
C07	风景园林	135	0.61	20.9	2.4	13	40	0.074	0.600	8.9
C07	福建林业	88	0.65	3.6	1.4	2	60	–	0.148	≥10
C07	福建林业科技	120	0.97	14.5	3.2	21	92	–	0.850	9.1
C07	甘肃林业科技	68	0.94	10.5	3.1	7	44	–	0.426	8.6
C07	广西林业	149	0.62	–	1.7	4	30	–	–	–
C07	广西林业科学	99	0.97	15.9	5.0	11	34	0.000	0.840	8.5
C07	贵州林业科技	50	0.94	14.3	3.9	3	26	0.020	0.800	≥10
C07	河南林业科技	78	0.98	4.6	2.9	3	51	–	0.359	9.3
C07	黑龙江生态工程职业学院学报	342	0.98	7.5	1.5	30	227	–	0.409	7.6
C07	湖北林业科技	153	0.97	8.6	3.9	19	100	–	0.353	8.2
C07	湖南林业科技	117	1.00	19.7	4.8	8	57	–	0.889	8.5
C07	华东森林经理	77	0.95	6.5	2.9	14	64	–	0.143	7.8
C07	吉林林业科技	80	0.99	8.4	3.4	2	46	–	0.288	≥10
C07	江苏林业科技	76	0.96	16.9	4.6	7	40	–	0.842	9.3
C07	经济林研究	150	0.99	22.0	5.3	27	71	0.010	0.820	7.7
C07	辽宁林业科技	154	1.00	8.0	2.1	10	80	–	0.292	≥10
C07	林产工业	169	0.93	10.6	3.2	18	59	0.000	0.500	6.9
C07	林区教学	657	0.99	4.6	1.4	30	327	–	0.272	6.4
C07	林业调查规划	203	0.97	11.2	2.9	22	112	0.000	0.310	8.9
C07	林业工程学报	149	0.97	20.9	4.6	11	26	0.030	0.780	6.8
C07	林业机械与木工设备	155	0.92	9.8	3.9	16	57	–	0.690	6.5

学科代码	期刊名称	来源文献量	文献选出率	平均引文数	平均作者数	地区分布数	机构分布数	海外论文比	基金论文比	引用半衰期
C07	林业建设	87	0.94	8.1	2.1	17	45	0.011	0.080	8.3
C07	林业勘查设计	167	0.96	3.7	1.6	15	88	–	0.036	8.2
C07	林业勘察设计	108	0.97	6.0	1.6	9	71	–	0.139	8.8
C07	林业科技	114	0.97	7.9	3.7	19	73	–	0.596	8.9
C07	林业科技情报	171	0.98	8.4	1.6	19	85	–	0.041	7.4
C07	林业科学	221	1.00	32.5	4.9	28	69	0.000	0.840	9.2
C07	林业科学研究	143	1.00	24.0	5.3	22	53	0.010	0.710	9.1
C07	林业与环境科学	131	0.99	17.1	5.3	10	64	–	0.786	8.2
C07	林业资源管理	146	0.98	17.2	3.9	24	74	0.007	0.760	7.7
C07	绿色科技	2218	1.00	8.5	2.2	31	1336	0.003	0.226	6.5
C07	木材工业	68	0.77	10.6	4.1	11	26	0.010	0.590	5.6
C07	南方林业科学	111	0.92	12.6	4.7	12	54	–	0.856	9.1
C07	南京林业大学学报(自然科学版)	191	0.98	26.0	4.7	22	57	0.020	0.820	8.6
C07	内蒙古林业	180	0.46	–	1.6	7	123	–	0.006	–
C07	内蒙古林业调查设计	235	0.98	5.1	2.0	18	101	–	0.089	9.9
C07	内蒙古林业科技	62	1.00	16.3	4.2	8	26	–	0.565	≥10
C07	热带林业	59	0.89	8.5	4.1	4	28	–	0.695	≥10
C07	森林防火	56	0.97	4.9	2.9	15	33	–	0.250	8.4
C07	森林工程	119	0.95	20.6	3.7	16	42	0.020	0.770	6.5
C07	森林与环境学报	85	1.00	19.1	5.0	17	36	0.020	0.890	8.0
C07	山东林业科技	192	0.96	8.9	3.9	20	109	–	0.391	9.6
C07	山西林业	131	0.89	1.0	1.1	4	71	–	0.015	7.1
C07	山西林业科技	96	0.95	7.1	1.8	7	43	–	0.375	9.1
C07	陕西林业科技	145	0.96	10.8	3.1	22	102	–	0.393	9.1
C07	世界林业研究	103	0.95	32.2	3.8	16	37	–	0.971	7.5
C07	世界竹藤通讯	81	0.83	11.0	3.3	13	48	–	0.815	7.4
C07	水资源开发与管理	253	0.84	4.8	1.5	26	175	–	0.032	5.9
C07	四川林业科技	193	0.99	12.9	4.4	13	109	0.010	0.606	9.7
C07	西北林学院学报	310	0.98	23.9	4.6	29	126	0.000	0.750	8.2
C07	西部林业科学	160	0.99	15.8	4.9	25	84	0.010	0.660	≥10
C07	西南林业大学学报	203	1.00	22.1	5.0	24	79	0.000	0.780	8.6
C07	新疆林业	88	0.70	–	1.4	2	66	–	–	–
C07	浙江林业科技	97	1.00	19.1	4.9	17	62	–	0.866	8.5

学科代码	期刊名称	来源文献量	文献选出率	平均引文数	平均作者数	地区分布数	机构分布数	海外论文比	基金论文比	引用半衰期
C07	浙江农林大学学报	147	0.98	25.0	5.0	17	45	0.010	0.860	8.1
C07	中国城市林业	81	0.99	15.0	3.4	17	38	–	0.753	7.9
C07	中国林副特产	252	0.99	6.6	2.9	23	144	–	0.317	9.4
C07	中国林业经济	213	0.98	5.8	1.9	28	139	0.009	0.192	5.1
C07	中国森林病虫	72	0.92	13.8	4.9	24	50	–	0.778	≥10
C07	中国园林	275	0.90	16.3	2.5	22	113	0.050	0.520	9.1
C07	中南林业调查规划	62	0.95	9.6	3.4	11	27	–	0.194	7.5
C07	中南林业科技大学学报	269	0.98	23.5	5.0	24	92	0.010	0.720	8.2
C07	竹子学报	62	0.98	15.9	4.0	12	38	0.000	0.680	9.3
C08	Avian Research	33	1.00	43.3	4.7	11	31	0.485	0.788	≥10
C08	Journal of Animal Science and Biotechnology	95	0.97	57.8	6.4	8	62	0.632	0.895	9.7
C08	北方蚕业	72	0.96	7.2	3.9	15	27	–	0.528	7.0
C08	北方牧业	391	0.49	–	1.6	19	230	0.013	0.008	–
C08	蚕桑茶叶通讯	88	0.93	5.8	3.1	16	51	–	0.466	7.4
C08	蚕桑通报	65	0.83	5.2	3.4	2	28	–	0.231	8.5
C08	蚕学通讯	52	0.83	7.4	3.8	12	22	–	0.750	7.6
C08	蚕业科学	145	0.96	24.1	5.8	17	49	0.030	0.820	8.7
C08	草食家畜	74	0.97	14.2	4.4	9	35	–	0.770	8.5
C08	草学	114	0.95	12.9	5.2	21	66	–	0.667	≥10
C08	草原与草业	44	0.77	14.7	4.5	6	20	–	0.705	9.9
C08	畜禽业	824	0.98	2.0	1.9	28	567	–	0.062	6.7
C08	当代畜禽养殖业	709	0.99	1.6	1.5	30	502	–	0.013	3.9
C08	动物医学进展	349	0.97	18.7	5.8	30	162	0.000	0.730	5.0
C08	动物营养学报	541	1.00	32.5	6.0	31	117	0.010	0.810	8.4
C08	福建畜牧兽医	185	0.97	3.4	1.7	3	129	0.027	0.130	8.8
C08	甘肃畜牧兽医	557	0.77	2.3	1.7	23	276	0.002	0.101	6.4
C08	广东蚕业	878	1.00	3.7	1.5	31	281	0.001	0.155	4.7
C08	广东饲料	145	0.79	1.6	2.5	17	87	–	0.097	7.6
C08	广东畜牧兽医科技	93	1.00	10.4	3.8	13	57	–	0.344	7.0
C08	广西蚕业	58	0.88	11.2	5.4	5	28	–	0.466	6.6
C08	广西畜牧兽医	158	0.99	3.1	3.5	4	92	–	0.209	8.2
C08	贵州畜牧兽医	159	1.00	4.2	3.5	14	98	0.013	0.333	9.0
C08	国外畜牧学-猪与禽	399	0.85	0.3	1.6	22	129	0.018	0.053	4.2

学科代码	期刊名称	来源文献量	文献选出率	平均引文数	平均作者数	地区分布数	机构分布数	海外论文比	基金论文比	引用半衰期
C08	河南畜牧兽医(市场版)	232	0.73	–	2.0	14	131	0.009	0.022	–
C08	河南畜牧兽医(综合版)	362	0.93	0.5	2.1	20	222	–	–	9.2
C08	黑龙江动物繁殖	186	0.99	1.9	1.9	19	116	–	0.097	≥10
C08	黑龙江畜牧兽医(上半月)	994	1.00	13.2	5.1	31	300	–	0.845	8.1
C08	黑龙江畜牧兽医(下半月)	1307	1.00	6.6	3.9	31	503	–	0.669	6.4
C08	湖北畜牧兽医	324	0.89	2.8	2.0	28	254	0.003	0.077	5.0
C08	湖南饲料	71	0.62	–	2.5	9	37	–	–	–
C08	湖南畜牧兽医	130	0.87	4.8	2.9	5	76	–	0.085	6.5
C08	吉林畜牧兽医	519	0.88	1.5	2.0	21	239	–	0.052	5.2
C08	家畜生态学报	228	0.98	22.5	5.4	30	99	0.000	0.720	7.5
C08	家禽科学	221	0.73	4.0	2.6	19	124	–	0.163	8.2
C08	江苏蚕业	64	0.93	2.0	3.0	3	41	–	0.391	4.6
C08	江西农业	1614	0.92	1.7	1.7	31	1156	0.001	0.058	4.2
C08	江西饲料	59	0.32	6.1	2.5	14	34	–	0.102	7.9
C08	江西畜牧兽医杂志	194	0.85	3.4	3.7	16	108	–	0.108	8.7
C08	今日畜牧兽医	747	0.98	2.1	1.7	29	555	–	0.037	3.9
C08	今日养猪业	141	0.67	–	1.9	19	83	0.043	–	–
C08	经济动物学报	49	0.86	24.8	5.0	14	22	0.000	0.650	7.3
C08	科技视界	5388	1.00	4.2	1.8	31	2364	0.002	0.243	6.0
C08	蜜蜂杂志	527	0.91	1.3	1.6	27	140	–	0.061	7.3
C08	青海草业	76	0.97	4.9	1.9	6	23	–	0.053	≥10
C08	青海畜牧兽医杂志	156	0.99	6.4	3.0	9	69	0.006	0.269	≥10
C08	山东畜牧兽医	851	0.99	1.9	2.2	26	356	–	0.118	9.6
C08	上海畜牧兽医通讯	201	1.00	7.2	5.0	24	104	0.005	0.403	7.9
C08	兽医导刊	3342	0.96	1.9	1.5	31	2092	0.001	0.019	3.8
C08	四川蚕业	91	0.88	1.2	2.5	5	59	–	0.099	≥10
C08	四川畜牧兽医	336	0.88	1.4	2.4	23	172	–	0.089	8.8
C08	饲料博览	349	0.94	7.8	2.5	27	210	–	0.123	7.2
C08	饲料工业	323	0.94	17.2	4.8	29	157	0.010	0.540	8.1
C08	饲料广角	122	0.54	–	2.7	23	65	–	0.107	–
C08	饲料研究	270	0.92	17.9	4.9	29	150	0.010	0.530	7.7
C08	饲料与畜牧・规模养猪	119	0.51	4.9	2.1	21	79	–	0.101	7.2
C08	饲料与畜牧・新饲料	125	0.62	8.4	2.2	24	88	0.008	0.128	≥10

学科代码	期刊名称	来源文献量	文献选出率	平均引文数	平均作者数	地区分布数	机构分布数	海外论文比	基金论文比	引用半衰期
C08	现代牧业	64	0.94	12.5	3.8	6	30	–	0.422	6.8
C08	现代畜牧科技	1750	0.99	0.6	1.4	30	626	–	0.020	6.6
C08	现代畜牧兽医	139	0.91	13.2	3.6	18	72	–	0.396	6.9
C08	新疆畜牧业	182	0.54	4.6	2.7	1	75	–	0.198	7.0
C08	畜牧兽医科技信息	1459	1.00	1.1	1.5	28	864	0.001	0.021	3.9
C08	畜牧兽医科学(电子版)	931	0.99	2.4	1.5	30	660	0.001	0.023	3.7
C08	畜牧兽医学报	273	1.00	31.1	6.8	28	78	0.000	0.890	7.4
C08	畜牧兽医杂志	340	1.00	5.1	2.7	17	197	–	0.256	7.2
C08	畜牧与兽医	377	0.94	15.6	5.7	31	163	0.010	0.680	8.1
C08	畜牧与饲料科学	426	0.97	11.4	4.3	31	217	0.002	0.660	7.2
C08	养禽与禽病防治	178	1.00	2.6	2.5	22	96	–	0.157	7.2
C08	养殖与饲料	734	0.87	2.0	2.3	29	499	0.005	0.134	7.1
C08	养猪	241	0.73	10.1	4.4	29	125	0.004	0.448	7.3
C08	云南畜牧兽医	128	0.98	1.4	2.4	5	95	–	0.031	9.4
C08	浙江畜牧兽医	142	0.84	1.7	2.2	20	91	–	0.056	≥10
C08	中国蚕业	68	0.96	16.9	4.3	17	40	–	0.647	7.7
C08	中国草食动物科学	143	0.97	12.3	4.5	21	84	–	0.657	7.7
C08	中国畜禽种业	1578	1.00	1.3	1.6	30	977	0.001	0.032	3.7
C08	中国动物保健	574	0.90	1.7	1.8	30	339	0.007	0.038	5.6
C08	中国动物传染病学报	89	0.97	17.7	7.7	19	45	0.000	0.740	8.0
C08	中国动物检疫	333	1.00	8.4	5.5	31	196	0.003	0.583	5.9
C08	中国蜂业	284	0.68	4.2	2.6	27	128	–	0.268	9.0
C08	中国工作犬业	211	0.67	0.0	2.1	29	114	0.005	0.062	≥10
C08	中国家禽	442	1.00	13.9	5.9	29	178	0.002	0.903	7.2
C08	中国奶牛	190	0.95	14.8	4.6	25	123	0.011	0.600	9.1
C08	中国牛业科学	192	0.97	6.9	3.6	20	126	–	0.401	8.1
C08	中国禽业导刊	423	0.73	0.0	1.6	28	270	0.005	0.052	6.0
C08	中国兽药杂志	152	0.99	15.1	5.7	24	76	0.000	0.510	7.3
C08	中国兽医科学	252	1.00	17.6	7.4	27	77	0.000	0.850	7.7
C08	中国兽医学报	429	1.00	20.7	7.0	30	109	0.000	0.870	8.2
C08	中国兽医杂志	513	1.00	8.9	5.4	31	231	–	0.622	7.8
C08	中国饲料	200	0.62	20.6	5.1	29	111	0.020	0.690	8.4
C08	中国畜牧兽医	504	1.00	26.8	6.3	30	163	0.000	0.800	6.4

学科代码	期刊名称	来源文献量	文献选出率	平均引文数	平均作者数	地区分布数	机构分布数	海外论文比	基金论文比	引用半衰期
C08	中国畜牧兽医文摘	2581	0.98	2.1	1.7	31	1626	0.001	0.054	4.3
C08	中国畜牧业	546	0.55	–	1.9	31	362	0.004	0.016	–
C08	中国畜牧杂志	385	0.93	17.2	5.0	29	138	0.010	0.760	7.3
C08	中国养兔	107	0.96	4.7	3.1	16	73	–	0.355	8.0
C08	中国预防兽医学报	227	0.98	14.2	7.3	26	85	0.000	0.870	6.7
C08	中国猪业	237	0.77	7.6	2.8	27	165	–	0.295	7.1
C08	中兽医学杂志	463	0.99	1.3	1.8	23	279	–	0.063	7.1
C08	中兽医医药杂志	206	1.00	10.0	4.4	24	117	–	0.617	7.7
C08	猪业科学	407	0.67	5.4	3.6	27	188	0.007	0.450	7.6
C09	草地学报	204	0.97	23.6	5.1	28	98	0.000	0.800	9.5
C09	草业科学	289	0.92	35.1	5.1	30	129	0.030	0.830	8.3
C09	草业学报	282	0.99	36.4	5.6	25	73	0.010	0.790	9.1
C09	草原与草坪	90	0.95	26.7	4.6	16	32	0.000	0.770	9.5
C09	中国草地学报	107	0.99	21.7	5.4	24	47	0.000	0.830	8.0
C10	大连海洋大学学报	117	1.00	30.8	6.1	14	34	0.000	0.870	8.8
C10	淡水渔业	100	0.95	23.3	6.0	24	47	0.000	0.730	9.5
C10	当代水产	157	0.40	–	1.6	12	52	0.006	0.019	–
C10	广东海洋大学学报	103	0.97	25.6	4.3	8	21	0.000	0.770	9.3
C10	海洋渔业	79	1.00	32.4	5.8	9	24	0.000	0.700	9.9
C10	海洋与渔业·水产前沿	211	0.30	–	1.4	15	87	0.052	–	–
C10	河北渔业	220	0.95	8.7	3.7	20	105	0.005	0.441	9.9
C10	河南水产	100	0.93	4.9	3.2	3	41	–	0.330	≥10
C10	黑龙江水产	133	0.98	–	1.7	13	69	–	0.038	–
C10	江西水产科技	119	0.95	5.7	2.8	24	98	–	0.277	9.5
C10	科学养鱼	637	0.97	–	3.2	30	388	0.002	0.215	–
C10	南方水产科学	94	0.99	34.1	6.1	14	26	0.030	0.680	7.4
C10	齐鲁渔业	250	0.90	2.6	3.5	14	126	–	0.164	9.9
C10	上海海洋大学学报	115	0.97	27.2	4.9	13	33	0.020	0.850	9.4
C10	水产科技情报	76	0.93	16.2	4.9	21	47	–	0.763	9.8
C10	水产科学	142	0.99	30.2	5.6	22	69	–	0.979	8.5
C10	水产学报	199	0.98	30.3	5.9	19	61	0.000	0.890	9.4
C10	水产学杂志	67	0.93	25.6	4.9	15	26	–	0.851	8.7
C10	水产养殖	196	0.93	5.4	3.6	24	137	0.005	0.342	9.5

学科代码	期刊名称	来源文献量	文献选出率	平均引文数	平均作者数	地区分布数	机构分布数	海外论文比	基金论文比	引用半衰期
C10	渔业科学进展	131	0.99	28.4	6.3	15	31	0.000	0.760	9.0
C10	渔业现代化	80	0.95	24.9	4.4	15	49	0.010	0.840	7.2
C10	渔业信息与战略	40	0.57	17.0	4.7	9	21	–	0.775	6.6
C10	渔业研究	69	1.00	24.5	4.3	12	38	0.014	0.855	8.6
C10	浙江海洋学院学报(自然科学版)	90	1.00	20.1	4.6	4	15	–	0.922	9.0
C10	中国水产	196	0.40	–	3.2	28	137	–	0.010	–
C10	中国水产科学	146	1.00	33.4	6.2	18	43	0.010	0.850	9.6
C10	中国渔业经济	94	0.98	13.8	2.4	11	29	–	0.606	7.0
C10	中国渔业质量与标准	52	0.88	25.5	5.1	11	32	–	0.962	6.9
D01	Chinese Medical Journal	564	0.97	22.9	5.8	24	343	0.120	0.450	6.3
D01	Chinese Medical Sciences Journal	43	0.98	26.7	4.5	11	29	0.050	0.260	7.4
D01	Frontiers of Medicine	66	0.99	50.8	6.2	14	58	0.120	0.560	6.5
D01	安徽医学	503	0.97	13.0	3.9	22	220	0.000	0.280	4.7
D01	安徽医药	639	1.00	16.5	3.6	30	339	0.000	0.250	4.6
D01	白求恩医学杂志	413	0.99	6.3	2.4	23	300	0.007	0.092	3.1
D01	包头医学	153	0.97	6.1	1.6	17	91	–	0.013	4.0
D01	北京医学	435	0.98	12.7	3.9	21	154	0.000	0.230	5.6
D01	重庆医学	1809	1.00	15.6	4.3	30	754	0.002	0.572	5.0
D01	大众医学	603	0.86	0.0	1.4	22	151	–	–	6.0
D01	当代医学	3465	1.00	9.0	2.3	31	1358	0.002	0.066	3.8
D01	当代医药论丛	3966	1.00	5.5	1.5	30	1869	0.002	0.019	3.5
D01	东南国防医药	185	0.99	17.3	4.2	21	98	0.000	0.210	4.8
D01	甘肃医药	472	0.98	9.9	3.2	28	216	0.002	0.208	5.7
D01	高原医学杂志	79	0.96	9.9	3.1	3	23	–	0.228	6.7
D01	广东医学	1125	1.00	15.7	4.8	28	475	–	0.622	5.6
D01	广西医学	586	1.00	16.3	4.3	28	300	0.000	0.580	5.4
D01	广州医药	180	0.98	12.2	3.8	9	101	–	0.444	4.5
D01	贵州医药	640	1.00	11.3	3.7	26	357	0.009	0.322	4.4
D01	国际医药卫生导报	1290	0.99	11.0	2.6	26	567	0.002	0.168	3.7
D01	哈尔滨医药	317	0.99	6.3	2.5	26	221	–	0.281	4.1
D01	海军医学杂志	203	0.94	11.1	3.6	24	129	0.000	0.140	5.0
D01	海南医学	1449	0.99	14.3	3.9	29	712	0.001	0.469	4.6
D01	河北医学	649	1.00	10.7	3.5	26	432	0.000	0.820	3.6

学科代码	期刊名称	来源文献量	文献选出率	平均引文数	平均作者数	地区分布数	机构分布数	海外论文比	基金论文比	引用半衰期
D01	河北医药	1133	1.00	16.9	4.0	27	537	0.000	0.260	4.4
D01	河南医学研究	3258	1.00	6.0	1.6	27	783	–	0.027	3.2
D01	黑龙江医学	582	0.98	9.0	2.7	25	425	–	0.237	4.0
D01	黑龙江医药	721	1.00	8.1	2.0	24	510	0.003	0.087	3.2
D01	黑龙江医药科学	493	1.00	8.2	3.2	24	179	–	0.391	4.7
D01	华南国防医学杂志	246	0.95	18.8	4.5	26	107	0.000	0.260	4.2
D01	华西医学	509	0.97	19.1	3.8	21	132	0.000	0.300	6.1
D01	华夏医学	324	0.98	11.2	2.7	13	161	0.003	0.373	4.1
D01	淮海医药	351	1.00	9.3	2.0	22	219	–	0.054	4.4
D01	基础医学与临床	368	0.78	12.5	4.8	29	165	0.000	0.610	4.4
D01	吉林医学	1186	0.99	8.3	2.7	29	743	0.001	0.149	4.5
D01	继续医学教育	1010	1.00	8.8	2.7	27	325	0.001	0.308	4.0
D01	江苏医药	631	0.98	12.3	4.2	22	294	–	0.339	6.0
D01	江西医药	529	0.99	12.0	3.6	13	181	–	0.336	5.3
D01	交通医学	216	0.99	11.1	3.3	11	85	–	0.241	5.3
D01	解放军医学杂志	198	0.95	21.4	5.9	23	114	0.030	0.590	5.4
D01	解放军医药杂志	359	0.96	21.7	4.0	23	219	0.000	0.810	3.0
D01	空军医学杂志	133	0.94	14.1	4.3	13	67	0.000	0.320	4.6
D01	内蒙古医学杂志	720	1.00	8.5	1.9	25	360	–	0.076	3.7
D01	宁夏医学杂志	487	0.96	10.7	4.3	8	80	–	0.431	5.1
D01	齐鲁医学杂志	240	0.99	18.0	3.7	23	121	–	0.312	5.1
D01	青岛医药卫生	177	0.97	10.1	2.4	11	141	–	0.073	3.5
D01	青海医药杂志	486	0.99	6.6	1.8	4	90	–	0.033	6.1
D01	人民军医	418	0.97	17.5	3.8	28	205	0.007	0.172	5.7
D01	山东医药	1770	0.98	15.2	4.4	30	766	0.000	0.570	4.7
D01	山西医药杂志	1229	0.99	9.4	3.1	29	700	0.001	0.319	4.2
D01	陕西医学杂志	756	0.99	8.8	3.7	25	280	0.001	0.411	4.0
D01	伤害医学(电子版)	49	0.96	18.5	4.2	16	35	0.020	0.388	7.5
D01	上海医学	189	0.95	13.2	3.8	12	72	0.010	0.320	6.2
D01	上海医药	528	0.88	12.1	2.7	21	309	0.004	0.275	4.8
D01	世界复合医学	120	0.97	12.0	2.3	24	91	–	0.200	2.9
D01	世界睡眠医学杂志	82	0.89	14.1	2.5	20	60	0.012	0.232	6.7
D01	首都食品与医药	1351	0.80	4.3	1.8	23	620	0.001	0.023	3.8

学科代码	期刊名称	来源文献量	文献选出率	平均引文数	平均作者数	地区分布数	机构分布数	海外论文比	基金论文比	引用半衰期
D01	四川医学	417	0.98	13.5	4.0	21	184	0.000	0.260	5.6
D01	天津医药	321	0.99	17.8	4.5	25	141	0.000	0.550	3.9
D01	微创医学	309	0.97	11.8	3.3	19	191	–	0.388	4.5
D01	武警医学	389	0.90	13.3	4.0	28	164	0.000	0.160	5.5
D01	西北国防医学杂志	244	0.96	13.8	3.7	25	127	–	0.242	5.2
D01	西部医学	415	0.99	22.6	4.4	27	190	0.000	0.850	5.0
D01	西南国防医药	565	0.95	10.4	3.2	26	303	0.000	0.090	4.3
D01	西南军医	226	0.98	11.3	3.0	23	122	–	0.084	5.3
D01	现代生物医学进展	1752	0.98	24.5	5.6	29	677	0.000	0.660	3.3
D01	现代实用医学	840	1.00	8.9	2.9	8	314	–	0.174	4.8
D01	现代医学	471	0.98	15.7	3.4	26	303	0.000	0.220	4.1
D01	协和医学杂志	74	0.83	15.7	4.2	7	24	0.040	0.270	6.0
D01	新疆医学	455	0.99	10.3	3.3	11	131	–	0.352	5.0
D01	新医学	193	0.97	14.8	4.6	22	115	0.000	0.590	4.6
D01	医学理论与实践	2200	0.99	7.8	2.0	30	1250	0.005	0.086	3.8
D01	医学新知杂志	262	1.00	12.7	2.3	23	162	0.004	0.099	4.8
D01	医学研究生学报	275	0.95	23.5	4.3	27	151	0.000	0.720	4.5
D01	医学研究杂志	570	0.98	15.3	4.3	29	316	0.000	0.600	4.9
D01	医学与法学	132	0.90	8.9	1.8	24	79	0.008	0.515	6.2
D01	医学争鸣	118	0.97	18.3	2.9	25	84	–	0.627	5.2
D01	医学综述	1051	0.99	37.5	3.1	31	553	0.000	0.340	4.9
D01	医药论坛杂志	945	1.00	7.6	2.1	14	353	–	0.107	3.7
D01	医药前沿	12174	0.98	4.7	1.6	31	4489	0.002	0.026	3.8
D01	医用气体工程	50	0.81	6.4	2.5	14	36	–	0.020	5.4
D01	英国医学杂志(中文版)	259	0.92	9.2	3.1	10	145	0.413	0.089	5.7
D01	右江医学	200	0.98	13.5	3.9	9	87	–	0.530	3.9
D01	云南医药	303	0.99	8.5	3.2	12	106	–	0.132	6.4
D01	浙江实用医学	160	1.00	10.5	3.4	1	94	–	0.194	5.5
D01	浙江医学	675	0.95	14.3	4.3	21	259	0.000	0.440	5.3
D01	中国当代医药	2204	0.97	16.7	2.8	30	1076	0.001	0.292	3.4
D01	中国高等医学教育	908	0.98	5.4	3.8	30	418	–	0.615	5.2
D01	中国急救复苏与灾害医学杂志	387	0.95	10.5	4.2	27	190	0.010	0.310	5.2
D01	中国继续医学教育	4580	0.99	8.9	2.0	31	1868	0.001	0.097	2.9

学科代码	期刊名称	来源文献量	文献选出率	平均引文数	平均作者数	地区分布数	机构分布数	海外论文比	基金论文比	引用半衰期
D01	中国煤炭工业医学杂志	379	0.97	11.7	4.7	22	141	0.000	0.670	5.1
D01	中国实用医刊	1033	1.00	11.2	2.6	25	453	–	0.076	4.0
D01	中国实用医药	3928	0.99	11.6	2.2	31	1728	–	0.069	3.7
D01	中国现代医生	1712	1.00	19.1	3.2	30	699	0.001	0.535	3.8
D01	中国现代医学杂志	859	0.94	14.7	4.4	29	479	0.000	0.400	4.6
D01	中国乡村医药	1185	0.97	4.4	2.4	25	404	0.001	0.075	4.5
D01	中国研究型医院	81	0.90	10.7	3.4	18	52	0.012	0.173	5.6
D01	中国医疗保险	279	0.82	4.1	1.7	25	144	–	0.082	4.6
D01	中国医疗管理科学	92	0.93	11.9	3.0	20	69	–	0.228	4.1
D01	中国医学创新	1451	0.98	20.8	3.3	28	741	0.003	0.434	3.8
D01	中国医学前沿杂志(电子版)	377	0.88	20.9	3.6	29	231	0.000	0.370	3.6
D01	中国医学人文	251	0.79	1.2	1.3	24	136	0.068	0.044	7.7
D01	中国医药导报	1629	0.97	22.5	4.1	31	776	0.000	0.640	4.0
D01	中国医药导刊	553	0.99	12.9	3.3	27	380	0.002	0.331	3.6
D01	中国医药科学	1694	0.97	15.8	3.0	30	852	0.001	0.225	3.6
D01	中国医药指南	8722	1.00	5.7	1.5	31	2647	0.002	0.016	3.9
D01	中国医院建筑与装备	235	0.78	3.4	2.0	25	144	0.055	0.038	4.8
D01	中华医学信息导报	232	0.45	–	1.5	24	124	0.009	–	–
D01	中华医学杂志	845	0.87	16.7	5.7	31	348	0.010	0.500	5.4
D01	中华重症医学电子杂志	70	0.96	24.0	3.4	20	44	–	0.386	4.9
D01	中南医学科学杂志	168	0.94	14.6	4.0	20	99	0.010	0.420	4.0
D01	中日友好医院学报	129	0.91	12.7	4.2	12	36	0.000	0.260	5.0
D01	中外医学研究	3241	1.00	10.9	1.9	30	1356	0.010	0.036	3.6
D01	中医药管理杂志	1993	0.98	5.7	2.1	31	558	–	0.108	4.0
D01	转化医学杂志	96	0.98	20.7	4.6	20	60	0.000	0.540	4.7
D02	Journal of Huazhong University of Science and Technology(Medical Science)	152	1.00	29.1	6.6	14	65	–	0.750	7.1
D02	安徽卫生职业技术学院学报	493	0.96	6.2	2.3	23	199	–	0.150	4.1
D02	安徽医科大学学报	430	0.98	13.8	5.1	24	88	0.000	0.960	5.2
D02	蚌埠医学院学报	545	0.99	13.1	3.4	26	325	0.000	0.280	4.9
D02	包头医学院学报	715	0.99	7.7	2.6	25	382	0.001	0.189	4.4
D02	北京大学学报(医学版)	200	0.98	18.9	5.5	14	35	0.030	0.400	6.9
D02	滨州医学院学报	160	1.00	11.5	4.0	9	44	–	0.262	5.9

学科代码	期刊名称	来源文献量	文献选出率	平均引文数	平均作者数	地区分布数	机构分布数	海外论文比	基金论文比	引用半衰期
D02	成都医学院学报	176	0.99	13.8	4.4	12	72	0.010	0.550	4.6
D02	承德医学院学报	261	0.98	10.5	3.1	19	127	–	0.222	5.3
D02	重庆医科大学学报	346	0.96	20.6	4.6	23	120	0.010	0.660	6.1
D02	川北医学院学报	266	1.00	16.0	3.5	22	174	0.000	0.520	4.1
D02	大连医科大学学报	142	0.98	14.6	4.2	16	57	0.000	0.350	6.2
D02	第二军医大学学报	290	0.98	22.5	5.4	24	89	0.010	0.610	5.4
D02	第三军医大学学报	408	0.94	19.8	5.9	23	93	0.000	0.660	5.0
D02	东南大学学报(医学版)	219	0.97	14.6	4.3	26	137	0.000	0.550	4.7
D02	福建医科大学学报	90	0.93	15.8	4.8	10	38	0.000	0.630	5.9
D02	复旦学报(医学版)	140	0.95	24.9	5.0	5	33	0.010	0.710	6.0
D02	赣南医学院学报	291	0.98	16.0	3.6	9	83	0.007	0.471	5.6
D02	广东药科大学学报	173	0.88	0.0	5.1	9	51	0.000	0.760	0.0
D02	广东医科大学学报	198	0.99	12.1	4.8	3	85	–	0.515	4.9
D02	广西医科大学学报	520	0.99	13.8	4.2	25	251	0.000	0.440	4.5
D02	广州医科大学学报	174	0.87	10.9	3.8	6	106	–	0.379	5.5
D02	贵州医科大学学报	341	0.95	15.3	4.8	20	149	0.000	0.660	4.6
D02	哈尔滨医科大学学报	141	0.99	12.7	4.5	13	39	0.030	0.500	6.6
D02	海南医学院学报	946	1.00	17.8	2.9	27	557	0.000	0.930	1.9
D02	河北医科大学学报	371	0.97	18.7	4.5	20	141	0.000	0.460	3.5
D02	河南大学学报(医学版)	76	1.00	13.5	4.0	7	29	–	0.658	6.8
D02	河南科技大学学报(医学版)	94	0.99	14.1	3.6	10	54	–	0.457	4.5
D02	河南医学高等专科学校学报	267	0.99	7.6	1.8	6	172	0.004	0.090	3.9
D02	菏泽医学专科学校学报	123	1.00	10.4	1.6	4	61	–	0.106	3.7
D02	湖北科技学院学报(医学版)	233	0.97	8.9	2.4	16	134	–	0.155	3.9
D02	湖北医药学院学报	158	0.99	15.9	4.1	10	46	–	0.538	4.9
D02	湖南师范大学学报(医学版)	356	1.00	11.5	3.1	25	277	0.000	0.130	3.7
D02	华北理工大学学报(医学版)	112	0.94	14.3	4.1	12	34	–	0.348	4.7
D02	华中科技大学学报(医学版)	151	0.96	19.8	5.3	21	77	0.000	0.730	6.3
D02	吉林大学学报(医学版)	250	0.98	19.6	5.7	24	85	0.010	0.970	4.5
D02	吉林医药学院学报	200	1.00	10.0	3.5	14	39	–	0.440	6.0
D02	济宁医学院学报	105	0.99	16.6	3.6	11	28	0.010	0.648	4.4
D02	江苏大学学报(医学版)	128	0.99	15.1	5.3	8	50	0.000	0.530	5.3
D02	解放军医学院学报	319	0.97	24.6	4.9	23	75	0.000	0.490	5.3

学科代码	期刊名称	来源文献量	文献选出率	平均引文数	平均作者数	地区分布数	机构分布数	海外论文比	基金论文比	引用半衰期
D02	锦州医科大学学报	217	0.98	10.8	2.8	17	134	0.014	0.207	4.4
D02	昆明医科大学学报	393	0.98	6.1	5.1	17	141	0.010	0.800	5.5
D02	兰州大学学报(医学版)	89	0.94	18.0	4.8	13	41	0.000	0.620	5.6
D02	牡丹江医学院学报	351	1.00	12.7	3.5	21	197	–	0.527	4.1
D02	南昌大学学报(医学版)	157	0.98	18.1	4.4	16	58	0.000	0.530	4.5
D02	南方医科大学学报	300	1.00	19.7	6.1	24	110	0.010	0.820	4.6
D02	南京医科大学学报(自然科学版)	399	0.97	16.0	5.3	18	127	0.010	0.780	5.4
D02	南通大学学报(医学版)	185	1.00	14.8	3.4	6	73	–	0.465	5.7
D02	内蒙古医科大学学报	135	1.00	19.1	3.4	7	35	0.000	0.600	4.2
D02	宁夏医科大学学报	435	0.97	12.5	4.5	17	134	0.000	0.390	5.1
D02	齐齐哈尔医学院学报	1413	0.99	9.7	2.8	29	775	0.004	0.218	3.9
D02	黔南民族医专学报	114	0.97	7.0	2.7	6	38	0.018	0.307	6.5
D02	青岛大学医学院学报	220	0.96	20.0	4.4	12	53	0.000	0.300	5.7
D02	山东大学学报(医学版)	247	0.98	21.7	5.7	19	84	0.010	0.690	5.3
D02	山东医学高等专科学校学报	156	1.00	13.5	2.1	8	76	–	0.205	5.2
D02	山西医科大学学报	312	0.96	15.5	4.6	25	138	0.000	0.500	5.7
D02	山西职工医学院学报	255	0.99	5.9	1.8	13	133	–	0.180	3.9
D02	汕头大学医学院学报	88	0.97	11.2	4.0	3	21	0.011	0.409	6.5
D02	上海交通大学学报(医学版)	330	0.85	24.1	4.9	13	81	0.000	0.760	5.5
D02	沈阳药科大学学报	172	0.95	17.8	4.7	19	58	0.010	0.470	6.9
D02	沈阳医学院学报	165	0.99	16.3	3.1	16	79	–	0.327	5.2
D02	首都医科大学学报	169	0.92	19.5	5.0	11	53	0.020	0.730	5.2
D02	四川大学学报(医学版)	207	0.94	16.5	5.4	20	45	0.000	0.680	6.6
D02	泰山医学院学报	585	1.00	9.1	2.6	25	335	0.002	0.229	4.7
D02	天津医科大学学报	156	0.96	16.8	4.0	9	31	–	0.359	5.2
D02	同济大学学报(医学版)	159	0.99	15.4	4.0	7	40	0.000	0.670	5.8
D02	皖南医学院学报	192	0.96	11.8	4.2	9	42	0.000	0.280	5.4
D02	潍坊医学院学报	159	0.99	11.4	4.2	4	28	–	0.151	7.0
D02	温州医科大学学报	215	0.95	15.9	5.0	9	71	0.010	0.690	5.8
D02	武汉大学学报(医学版)	233	0.99	14.2	4.6	18	66	0.000	0.440	5.8
D02	武警后勤学院学报(医学版)	314	0.97	12.8	3.7	26	161	0.000	0.210	4.9
D02	西安交通大学学报(医学版)	180	0.97	17.6	5.8	20	66	0.000	0.750	5.5
D02	西南医科大学学报	151	0.99	17.2	3.7	13	51	–	0.576	4.9

学科代码	期刊名称	来源文献量	文献选出率	平均引文数	平均作者数	地区分布数	机构分布数	海外论文比	基金论文比	引用半衰期
D02	湘南学院学报(医学版)	102	0.96	11.7	3.6	9	54	–	0.471	4.5
D02	新疆医科大学学报	401	0.99	14.1	4.8	14	61	0.010	0.800	5.5
D02	新乡医学院学报	303	1.00	16.4	3.9	19	135	0.000	0.420	4.2
D02	徐州医科大学学报	227	0.97	13.8	4.8	14	79	0.000	0.520	5.8
D02	延安大学学报(医学科学版)	126	0.99	10.1	3.1	9	56	–	0.214	5.3
D02	延边大学医学学报	113	0.97	9.6	3.2	4	9	–	0.310	6.1
D02	右江民族医学院学报	172	0.99	13.2	4.4	14	93	–	0.494	4.5
D02	长治医学院学报	154	0.96	10.4	3.2	12	57	0.006	0.292	4.6
D02	浙江大学学报(医学版)	100	0.85	22.7	5.1	10	40	0.000	0.900	6.0
D02	郑州大学学报(医学版)	200	0.98	15.6	6.0	17	53	0.020	0.760	5.2
D02	中国高原医学与生物学杂志	51	0.93	21.2	4.8	2	16	0.059	0.804	6.3
D02	中国药科大学学报	108	0.91	24.3	4.8	13	37	0.010	0.720	5.1
D02	中国医科大学学报	273	1.00	14.2	4.5	21	74	0.000	0.600	5.3
D02	中国医学科学院学报	142	0.99	20.4	6.0	20	57	0.010	0.580	6.0
D02	中南大学学报(医学版)	235	0.93	24.0	5.2	22	78	0.010	0.680	5.9
D02	中山大学学报(医学科学版)	151	0.99	21.6	5.6	15	53	0.010	0.850	6.3
D02	遵义医学院学报	141	0.99	19.5	4.7	17	37	0.010	0.740	5.0
D03	Biomedical and Environmental Sciences	127	1.00	25.2	7.1	21	78	0.039	0.866	6.7
D03	Cellular & Molecular Immunology	60	0.91	65.4	5.4	13	54	0.567	0.717	7.9
D03	Chinese Journal of Biomedical Engineering	24	0.83	16.8	4.5	13	21	0.042	0.833	≥10
D03	分子诊断与治疗杂志	84	0.90	21.5	4.4	20	60	0.000	0.620	4.7
D03	国际免疫学杂志	148	0.97	22.4	3.9	27	96	0.010	0.600	3.8
D03	国际生物制品学杂志	66	0.90	15.1	4.6	13	29	–	0.288	5.2
D03	国际遗传学杂志	69	0.95	30.0	4.6	17	40	–	0.870	5.9
D03	寄生虫病与感染性疾病	69	0.95	10.9	4.6	11	48	–	0.159	6.7
D03	寄生虫与医学昆虫学报	40	0.98	15.9	6.3	18	32	0.030	0.800	6.8
D03	解剖科学进展	186	0.97	16.3	4.2	17	65	0.000	0.900	6.0
D03	解剖学报	130	0.96	20.9	5.1	28	93	0.020	0.730	6.4
D03	解剖学研究	138	0.87	11.9	3.8	24	90	0.010	0.370	5.4
D03	解剖学杂志	187	0.73	16.6	5.0	28	103	0.000	0.630	6.3
D03	临床心身疾病杂志	368	0.98	11.8	2.6	25	207	–	0.239	4.1
D03	免疫学杂志	191	0.94	20.8	5.4	29	135	0.000	0.770	5.2
D03	神经解剖学杂志	136	0.97	24.3	5.9	23	62	0.010	0.880	4.6

学科代码	期刊名称	来源文献量	文献选出率	平均引文数	平均作者数	地区分布数	机构分布数	海外论文比	基金论文比	引用半衰期
D03	实验动物与比较医学	94	0.97	11.6	6.0	19	67	0.010	0.830	7.6
D03	数理医药学杂志	889	0.99	6.7	2.0	22	590	0.003	0.067	3.8
D03	四川解剖学杂志	67	0.89	10.3	3.2	18	52	–	0.403	5.6
D03	四川生理科学杂志	79	0.99	10.9	2.7	11	62	–	0.215	5.0
D03	微循环学杂志	67	0.92	18.5	4.0	14	38	0.000	0.570	5.3
D03	细胞与分子免疫学杂志	328	0.97	26.3	5.4	30	195	0.010	0.880	2.7
D03	现代免疫学	99	0.96	23.3	5.3	22	67	0.000	0.760	5.3
D03	医学分子生物学杂志	73	1.00	22.7	4.4	19	52	0.000	0.670	5.7
D03	医院管理论坛	274	0.95	9.5	3.1	15	116	–	0.248	4.2
D03	中国比较医学杂志	237	0.96	18.9	5.3	28	140	0.000	0.670	6.5
D03	中国病理生理杂志	380	0.96	19.1	5.7	29	240	0.000	0.840	5.1
D03	中国寄生虫学与寄生虫病杂志	128	0.95	26.4	6.3	22	78	0.020	0.730	6.6
D03	中国健康心理学杂志	492	1.00	20.1	3.5	28	310	–	0.543	6.6
D03	中国临床解剖学杂志	155	0.89	17.2	5.5	25	108	0.000	0.600	7.1
D03	中国免疫学杂志	404	0.94	24.4	4.7	30	281	0.000	0.700	5.0
D03	中国血液流变学杂志	142	0.98	10.8	3.8	11	62	–	0.261	5.4
D03	中国医学工程	447	0.97	11.0	2.6	23	308	0.002	0.116	3.7
D03	中国医学物理学杂志	248	1.00	18.3	5.1	26	174	0.020	0.710	6.0
D03	中国组织化学与细胞化学杂志	105	0.93	11.1	4.9	21	64	0.000	0.560	6.1
D03	中华病理学杂志	185	0.71	18.3	4.8	26	131	0.040	0.370	5.5
D03	中华解剖与临床杂志	118	0.94	18.9	5.4	23	92	0.010	0.350	5.4
D03	中华临床实验室管理电子杂志	52	0.96	18.1	4.5	10	36	–	0.346	4.3
D03	中华微生物学和免疫学杂志	155	0.92	25.0	6.0	25	111	0.000	0.760	5.0
D03	中华细胞与干细胞杂志(电子版)	68	0.96	24.8	4.8	19	56	0.030	0.460	5.4
D03	中华医学遗传学杂志	229	0.74	16.0	6.4	25	147	0.010	0.620	7.4
D03	中华诊断学电子杂志	70	0.99	20.0	4.4	17	45	–	0.686	5.5
D03	转化医学电子杂志	269	0.97	30.7	4.1	29	197	0.007	0.803	5.1
D05	创伤与急危重病医学	94	0.91	17.9	5.5	15	30	0.000	0.230	4.9
D05	创伤与急诊电子杂志	50	0.86	15.3	3.8	6	18	–	0.200	6.8
D05	当代临床医刊	613	0.99	5.0	1.5	27	278	0.007	0.003	4.5
D05	临床和实验医学杂志	818	0.98	15.3	3.8	28	467	0.000	0.330	3.8
D05	临床荟萃	268	0.99	23.7	3.9	25	137	0.022	0.228	4.6
D05	临床急诊杂志	250	0.97	16.8	4.6	23	151	0.000	0.380	4.8

学科代码	期刊名称	来源文献量	文献选出率	平均引文数	平均作者数	地区分布数	机构分布数	海外论文比	基金论文比	引用半衰期
D05	临床军医杂志	398	0.97	16.2	4.3	26	186	0.000	0.340	4.2
D05	临床输血与检验	194	0.97	11.6	3.9	24	142	0.010	0.360	5.2
D05	临床误诊误治	408	0.90	20.3	4.0	25	226	0.000	0.420	4.4
D05	临床医药实践	254	0.97	10.0	2.5	20	143	–	0.181	5.0
D05	临床医药文献电子杂志	15147	0.99	4.2	1.6	31	5874	0.005	0.026	3.0
D05	临床与病理杂志	459	0.99	20.9	3.8	29	284	0.000	0.450	4.9
D05	岭南急诊医学杂志	241	0.98	7.5	3.7	9	141	0.004	0.320	3.9
D05	全科医学临床与教育	244	0.98	10.6	3.0	8	136	–	0.225	4.1
D05	蛇志	266	0.99	8.6	2.3	9	159	–	0.177	4.1
D05	实用临床医学	479	1.00	10.8	2.9	24	295	–	0.180	3.9
D05	实用临床医药杂志	1823	1.00	14.7	2.9	29	905	0.001	0.500	3.6
D05	实用疼痛学杂志	102	0.91	14.0	3.5	23	75	0.020	0.137	5.2
D05	实用医技杂志	798	0.99	6.8	2.2	29	528	–	0.069	4.5
D05	实用医学杂志	1106	0.94	15.6	4.7	30	503	0.000	0.690	3.9
D05	实用医院临床杂志	416	0.97	16.2	3.5	23	180	0.000	0.230	4.6
D05	世界临床医学	4722	1.00	4.6	1.6	31	2319	0.002	0.022	3.5
D05	现代临床医学	168	1.00	13.9	2.6	23	121	0.006	0.137	5.2
D05	现代医药卫生	1589	1.00	14.1	2.8	30	753	0.001	0.253	4.6
D05	医师在线	978	0.80	0.0	1.0	23	217	0.002	0.001	4.9
D05	医学临床研究	905	1.00	11.9	3.2	27	566	0.000	0.130	3.8
D05	医学研究与教育	91	1.00	17.0	3.7	13	41	–	0.451	5.1
D05	疑难病杂志	324	0.92	17.0	4.3	24	215	0.000	0.390	3.5
D05	浙江临床医学	1092	1.00	9.7	3.4	26	390	–	0.271	5.8
D05	中国激光医学杂志	66	0.81	16.7	4.5	23	57	0.000	0.480	7.1
D05	中国急救医学	243	0.92	18.5	4.6	26	160	0.000	0.490	5.4
D05	中国临床实用医学	184	0.99	19.5	3.4	15	109	–	0.326	3.8
D05	中国临床新医学	396	0.97	13.6	3.2	21	229	–	0.318	5.0
D05	中国临床研究	530	0.99	16.9	4.1	28	372	0.000	0.530	4.1
D05	中国临床医生杂志	460	0.86	13.8	3.5	27	290	0.000	0.310	4.1
D05	中国临床医学	220	1.00	18.3	4.8	19	92	0.010	0.510	5.6
D05	中国美容整形外科杂志	247	0.92	14.3	4.3	26	138	0.000	0.170	4.0
D05	中国全科医学	869	0.90	20.2	4.9	30	452	0.010	0.610	5.4
D05	中国社区医师	3749	0.99	5.6	1.8	31	2082	0.004	0.040	3.9

学科代码	期刊名称	来源文献量	文献选出率	平均引文数	平均作者数	地区分布数	机构分布数	海外论文比	基金论文比	引用半衰期
D05	中国输血杂志	415	0.90	12.7	5.5	28	195	0.000	0.380	6.0
D05	中国疼痛医学杂志	213	0.79	19.7	4.3	29	132	0.000	0.430	5.9
D05	中国现代医药杂志	416	0.97	12.1	2.8	29	294	–	0.149	4.5
D05	中国医刊	391	0.98	15.7	3.7	25	213	0.000	0.280	5.0
D05	中国医疗美容	398	0.97	9.0	2.8	26	253	0.005	0.033	3.4
D05	中国医师进修杂志	312	0.95	16.3	4.3	28	235	0.000	0.290	4.6
D05	中国医师杂志	561	0.92	15.9	4.2	29	360	0.000	0.350	4.0
D05	中国医药	481	0.99	18.3	4.6	29	213	0.010	0.550	4.9
D05	中国真菌学杂志	92	0.96	18.9	4.3	18	69	0.010	0.580	6.7
D05	中国综合临床	292	0.98	18.1	3.8	28	217	0.000	0.290	4.7
D05	中华急诊医学杂志	299	0.85	19.7	5.0	27	168	0.010	0.610	5.7
D05	中华全科医师杂志	232	0.76	14.2	4.1	20	129	0.010	0.330	6.3
D05	中华全科医学	662	0.99	15.8	4.2	27	311	0.000	0.690	3.1
D05	中华危重病急救医学	223	0.79	26.4	5.4	27	153	0.000	0.920	4.6
D05	中华危重症医学杂志(电子版)	90	0.92	22.2	4.6	17	65	0.000	0.600	5.1
D05	中华医学美学美容杂志	119	0.80	15.0	4.9	25	86	0.010	0.220	6.6
D05	中华灾害救援医学	184	0.83	18.9	4.1	25	94	0.011	0.342	4.5
D06	磁共振成像	187	0.92	21.6	4.7	26	120	0.000	0.510	5.3
D06	国际检验医学杂志	1419	0.97	13.0	3.6	30	979	0.000	0.330	4.5
D06	罕少疾病杂志	175	1.00	8.2	2.5	15	126	–	0.086	4.1
D06	检验医学	259	0.94	14.9	4.4	27	181	0.010	0.390	5.7
D06	检验医学与临床	1486	1.00	13.3	3.4	30	834	0.002	0.320	4.1
D06	临床检验杂志	256	0.97	13.5	4.9	25	151	0.000	0.590	4.2
D06	临床检验杂志(电子版)	534	1.00	6.1	1.9	30	420	–	0.039	3.1
D06	临床与实验病理学杂志	367	0.87	14.4	4.8	28	243	0.000	0.470	5.3
D06	实验与检验医学	359	1.00	15.5	3.3	22	217	–	0.292	4.9
D06	实用检验医师杂志	78	0.98	14.3	3.1	17	49	–	0.141	4.4
D06	现代检验医学杂志	270	1.00	13.0	4.7	25	158	–	0.485	3.9
D06	现代诊断与治疗	2885	0.99	7.3	1.9	28	1416	0.000	0.044	3.5
D06	循证医学	85	0.84	13.8	2.9	13	40	0.000	0.200	3.9
D06	医学检验与临床	284	1.00	9.9	2.6	18	227	–	0.095	4.5
D06	诊断病理学杂志	253	0.82	14.3	4.8	27	167	0.010	0.150	6.7
D06	诊断学理论与实践	133	0.92	20.1	4.3	17	58	0.000	0.390	5.6

学科代码	期刊名称	来源文献量	文献选出率	平均引文数	平均作者数	地区分布数	机构分布数	海外论文比	基金论文比	引用半衰期
D06	中国实验诊断学	684	0.85	13.7	4.2	27	270	0.000	0.320	5.5
D06	中国循证医学杂志	205	0.89	26.1	5.6	27	99	0.030	0.530	5.8
D06	中华检验医学杂志	202	0.85	19.9	5.1	23	135	0.030	0.540	5.3
D06	中华实用诊断与治疗杂志	381	0.99	16.3	4.4	27	183	0.030	0.880	4.3
D07	保健文汇	3300	0.99	4.2	1.4	31	1480	0.002	0.012	3.3
D07	大家健康(上旬版)	4768	1.00	4.7	1.5	31	2538	0.005	0.016	3.4
D07	大家健康(下旬版)	4742	1.00	4.5	1.5	31	2560	0.009	0.015	3.2
D07	大家健康(中旬版)	4878	1.00	4.2	1.4	31	2391	0.004	0.011	3.3
D07	大众健康	407	0.65	–	1.2	23	195	0.022	–	–
D07	东方食疗与保健	4008	1.00	4.1	1.4	31	1510	0.009	0.010	3.5
D07	儿童与健康	352	0.97	0.4	1.1	22	204	–	0.014	6.2
D07	国际老年医学杂志	77	0.94	15.2	3.9	21	59	0.000	0.550	4.7
D07	家庭健康	463	0.59	–	1.0	23	262	0.004	–	–
D07	家庭医学	484	0.61	–	1.1	23	130	0.008	0.006	–
D07	家庭医学(下)	310	0.64	–	1.2	18	83	0.013	0.016	–
D07	家庭医药	3072	0.99	4.8	1.6	31	1636	0.002	0.020	3.3
D07	健康博览	290	0.60	–	1.1	16	71	–	–	–
D07	健康前沿	2890	1.00	4.1	1.6	31	1269	0.007	0.015	3.4
D07	健康人生	132	0.40	–	1.1	6	57	0.030	–	–
D07	健康世界	166	0.52	0.1	1.2	13	48	–	–	6.8
D07	健康向导	90	0.44	–	1.0	15	59	–	–	–
D07	健康研究	267	0.99	9.4	2.5	4	162	–	0.135	3.9
D07	康复(健康家庭)	192	0.31	–	1.1	4	63	–	–	–
D07	老年医学与保健	186	0.95	14.5	4.1	23	98	0.000	0.440	5.3
D07	临床研究	1505	0.99	6.6	1.5	28	641	–	0.012	3.4
D07	实用老年医学	351	0.96	14.4	3.5	25	224	0.000	0.260	5.1
D07	双足与保健	2503	0.99	5.1	1.4	31	1522	0.001	0.007	2.4
D07	现代养生(下半月版)	2597	0.89	4.0	1.4	31	1378	0.002	0.034	3.4
D07	中国保健营养	23389	1.00	5.0	1.6	31	7662	0.001	0.024	3.4
D07	中国初级卫生保健	478	1.00	8.9	3.0	29	330	0.002	0.276	4.3
D07	中国康复	164	0.91	19.1	4.6	27	133	0.000	0.480	5.7
D07	中国康复理论与实践	309	0.99	28.4	5.1	25	171	0.040	0.550	4.9
D07	中国康复医学杂志	316	0.96	21.0	4.9	24	205	0.030	0.570	6.6

学科代码	期刊名称	来源文献量	文献选出率	平均引文数	平均作者数	地区分布数	机构分布数	海外论文比	基金论文比	引用半衰期
D07	中国老年保健医学	379	1.00	9.1	2.4	28	215	–	0.158	4.3
D07	中国老年学杂志	2749	1.00	14.4	4.2	31	1144	0.003	0.607	5.3
D07	中国疗养医学	593	0.98	11.5	2.1	26	293	0.002	0.094	3.9
D07	中国临床保健杂志	223	0.98	16.1	5.0	23	133	0.000	0.670	4.7
D07	中国听力语言康复科学杂志	123	0.96	12.0	3.4	19	82	0.070	0.370	7.7
D07	中国医疗器械信息	1426	0.98	5.8	1.9	28	724	0.002	0.036	3.5
D07	中华保健医学杂志	132	0.70	16.9	4.2	24	91	0.010	0.270	5.5
D07	中华老年病研究电子杂志	37	0.90	25.2	3.4	15	31	–	0.432	4.6
D07	中华老年多器官疾病杂志	218	0.91	18.1	4.7	25	117	0.000	0.320	5.1
D07	中华老年骨科与康复电子杂志	72	0.99	21.7	5.7	17	54	–	0.903	5.3
D07	中华老年医学杂志	310	0.95	14.9	5.1	28	187	0.010	0.460	5.5
D07	中华物理医学与康复杂志	237	0.88	20.2	5.1	27	165	0.000	0.600	6.5
D07	中老年保健	136	0.32	–	1.4	4	16	–	–	–
D07	祝您健康	221	0.40	–	1.2	11	64	0.005	–	–
D07	自我保健	287	0.32	–	1.1	19	167	0.052	–	–
D08	South China Journal of Cardiology	47	1.00	22.1	5.7	7	30	–	0.660	7.0
D08	临床内科杂志	223	0.71	15.4	3.8	28	145	0.000	0.270	5.0
D08	内科	306	0.98	13.8	3.3	13	206	–	0.337	4.2
D08	内科急危重症杂志	150	0.86	15.6	3.6	19	102	0.000	0.220	4.9
D08	内科理论与实践	94	0.93	25.4	3.8	16	52	0.010	0.360	4.8
D08	实用糖尿病杂志	310	1.00	7.8	2.0	22	216	–	0.055	5.5
D08	糖尿病天地	122	0.31	0.0	1.0	16	36	0.172	–	–
D08	糖尿病新世界	2291	1.00	6.7	1.6	29	1130	0.007	0.026	2.8
D08	糖尿病之友	194	0.41	0.0	1.0	18	48	–	–	≥10
D08	中国肛肠病杂志	479	1.00	5.5	2.8	28	283	–	0.134	5.5
D08	中国实用内科杂志	262	0.89	18.6	3.9	26	126	0.000	0.530	5.3
D08	中华内科杂志	181	0.69	18.3	5.6	27	87	0.010	0.380	5.6
D08	中华心脏与心律电子杂志	80	0.93	9.9	2.5	13	57	0.050	0.088	5.2
D09	国际呼吸杂志	387	0.96	24.2	4.0	29	231	0.000	0.380	5.8
D09	结核病与肺部健康杂志	92	0.97	19.5	3.6	24	63	–	0.359	4.3
D09	临床肺科杂志	689	1.00	14.9	3.6	29	465	0.000	0.210	4.7
D09	中国防痨杂志	271	0.93	16.8	5.3	27	119	0.010	0.500	4.9
D09	中国呼吸与危重监护杂志	128	0.95	24.7	4.1	26	91	0.000	0.450	5.8

学科代码	期刊名称	来源文献量	文献选出率	平均引文数	平均作者数	地区分布数	机构分布数	海外论文比	基金论文比	引用半衰期
D09	中华肺部疾病杂志(电子版)	175	0.77	20.9	4.5	25	106	0.000	0.550	4.9
D09	中华结核和呼吸杂志	193	0.71	22.8	5.1	25	101	0.010	0.510	5.8
D10	肝脏	328	0.81	14.2	3.9	28	204	0.000	0.260	4.8
D10	国际消化病杂志	107	0.99	18.4	3.7	22	87	0.000	0.320	4.6
D10	临床肝胆病杂志	442	0.82	23.9	4.0	30	235	0.000	0.360	4.7
D10	临床消化病杂志	107	0.92	16.2	3.5	22	82	0.000	0.140	6.2
D10	实用肝脏病杂志	233	0.94	19.7	3.6	26	171	0.000	0.260	4.2
D10	世界华人消化杂志	494	0.93	33.7	3.4	31	325	–	0.439	4.8
D10	胃肠病学	171	0.97	21.8	4.3	23	99	0.010	0.350	5.3
D10	胃肠病学和肝病学杂志	363	0.98	19.9	4.1	27	208	0.000	0.310	5.2
D10	现代消化及介入诊疗	328	0.97	8.8	2.8	21	254	0.000	0.370	4.0
D10	中国肝脏病杂志(电子版)	74	0.91	27.8	4.6	15	47	0.000	0.580	4.3
D10	中华肝脏病杂志	194	0.88	18.6	5.5	29	123	0.020	0.510	4.5
D10	中华肝脏外科手术学电子杂志	114	0.97	21.1	4.9	18	55	0.000	0.730	4.8
D10	中华结直肠疾病电子杂志	115	0.90	19.1	4.8	18	64	0.000	0.490	6.2
D10	中华胃食管反流病电子杂志	41	0.98	17.0	3.4	7	10	0.024	0.122	6.3
D10	中华消化病与影像杂志(电子版)	64	0.93	16.9	3.8	14	38	–	0.281	6.4
D10	中华消化内镜杂志	223	0.85	14.1	5.6	27	121	0.000	0.290	5.9
D10	中华消化杂志	199	0.84	16.7	5.1	25	116	0.010	0.390	5.5
D10	中华胰腺病杂志	117	0.92	19.8	4.8	20	69	0.010	0.480	5.9
D11	国际输血及血液学杂志	104	0.97	29.5	3.5	22	54	0.000	0.690	5.3
D11	临床肾脏病杂志	165	0.95	22.0	4.0	25	128	0.000	0.490	5.5
D11	临床血液学杂志	270	0.88	12.7	4.2	26	178	0.000	0.300	4.4
D11	血栓与止血学	374	1.00	7.3	2.6	26	274	0.003	0.051	3.8
D11	中国实验血液学杂志	335	0.99	19.7	5.8	30	194	0.000	0.520	5.5
D11	中国血液净化	202	0.89	17.4	4.4	24	130	0.000	0.310	6.6
D11	中华肾脏病杂志	167	0.92	22.5	6.1	25	87	0.000	0.660	5.9
D11	中华血液学杂志	219	0.87	19.6	8.1	24	96	0.000	0.630	5.8
D12	风湿病与关节炎	239	0.99	17.8	4.0	26	109	–	0.498	4.8
D12	国际内分泌代谢杂志	112	0.96	21.6	3.8	24	67	0.000	0.530	5.1
D12	中国骨质疏松杂志	335	0.96	21.7	4.9	30	246	0.000	0.520	5.9
D12	中国糖尿病杂志	235	0.91	16.0	5.0	28	163	0.010	0.510	5.1
D12	中华肥胖与代谢病电子杂志	51	0.94	20.3	4.5	14	37	0.020	0.471	4.5

学科代码	期刊名称	来源文献量	文献选出率	平均引文数	平均作者数	地区分布数	机构分布数	海外论文比	基金论文比	引用半衰期
D12	中华风湿病学杂志	198	0.87	20.3	5.0	27	104	0.010	0.530	5.8
D12	中华骨质疏松和骨矿盐疾病杂志	88	0.91	26.5	5.3	17	54	0.020	0.730	6.4
D12	中华临床免疫和变态反应杂志	62	0.85	23.4	6.3	20	35	0.000	0.550	7.2
D12	中华内分泌代谢杂志	187	0.83	22.4	5.7	27	109	0.010	0.540	6.2
D12	中华糖尿病杂志	167	0.91	20.3	4.9	25	104	0.010	0.570	5.7
D13	Infection International (Electronic Edition)	28	0.93	24.6	2.8	8	19	0.036	0.214	7.8
D13	传染病信息	92	0.81	23.0	4.8	17	55	0.020	0.730	4.2
D13	感染、炎症、修复	52	0.98	18.1	3.8	16	42	–	0.365	4.7
D13	国际流行病学传染病学杂志	103	0.95	18.2	4.5	20	76	–	0.612	4.9
D13	微生物与感染	57	0.81	26.6	4.8	15	38	0.000	0.840	6.0
D13	新发传染病电子杂志	69	0.93	18.8	4.3	14	46	0.029	0.768	6.1
D13	中国感染控制杂志	266	0.91	15.1	5.0	27	197	0.010	0.410	5.1
D13	中国感染与化疗杂志	131	0.77	16.4	5.9	23	93	0.010	0.450	5.1
D13	中华传染病杂志	175	0.79	15.8	5.7	27	129	0.010	0.510	5.3
D13	中华临床感染病杂志	86	0.91	23.7	4.8	17	66	0.000	0.490	4.9
D13	中华实验和临床感染病杂志(电子版)	125	0.97	24.7	4.7	23	85	0.000	0.520	4.4
D13	中华医院感染学杂志	1522	0.99	13.7	5.4	30	708	0.001	0.645	3.4
D14	Bone Research	30	0.91	84.8	7.6	7	28	0.567	0.867	6.0
D14	Hepatobiliary & Pancreatic Diseases International	86	0.86	36.3	5.8	13	72	0.512	0.384	7.7
D14	肠外与肠内营养	97	0.96	19.5	4.0	21	79	0.000	0.320	5.2
D14	国际麻醉学与复苏杂志	249	0.97	21.7	3.9	26	155	0.000	0.390	5.5
D14	国际外科学杂志	241	0.98	18.5	4.0	24	124	0.000	0.360	4.5
D14	国际移植与血液净化杂志	79	0.93	16.7	3.2	15	57	–	0.228	6.4
D14	河南外科学杂志	781	1.00	5.7	1.9	16	334	0.001	0.032	4.0
D14	局解手术学杂志	239	1.00	18.2	4.8	27	141	0.000	0.360	4.7
D14	临床麻醉学杂志	311	0.93	13.5	4.5	28	208	0.010	0.380	4.8
D14	临床普外科电子杂志	71	0.89	13.5	3.4	10	45	–	0.085	5.4
D14	临床外科杂志	291	0.88	15.3	4.1	24	177	0.000	0.230	5.3
D14	岭南现代临床外科	194	0.95	13.5	4.4	14	116	–	0.490	6.2
D14	麻醉安全与质控	87	0.96	12.5	3.3	25	63	0.069	0.310	5.1
D14	器官移植	95	0.94	23.3	5.1	19	49	0.010	0.800	4.3
D14	实用妇科内分泌电子杂志	3210	0.99	4.5	1.4	31	1826	0.002	0.021	2.8

学科代码	期刊名称	来源文献量	文献选出率	平均引文数	平均作者数	地区分布数	机构分布数	海外论文比	基金论文比	引用半衰期
D14	实用器官移植电子杂志	87	0.70	28.1	4.2	14	36	0.010	0.790	6.4
D14	外科理论与实践	119	0.89	24.3	4.0	15	58	0.000	0.340	5.4
D14	外科研究与新技术	83	0.91	14.8	2.8	11	48	–	0.181	4.9
D14	浙江创伤外科	596	0.99	8.9	2.8	8	238	0.005	0.094	3.9
D14	中国内镜杂志	284	0.94	19.7	5.1	28	219	0.000	0.230	4.8
D14	中国伤残医学	1513	0.99	8.8	2.0	31	741	0.001	0.034	3.9
D14	中国实用外科杂志	307	0.82	16.9	4.1	25	111	0.010	0.310	5.0
D14	中国微创外科杂志	321	0.98	15.3	5.1	26	183	0.000	0.370	5.4
D14	中国现代手术学杂志	113	0.96	13.1	4.2	18	102	0.000	0.310	3.9
D14	中华麻醉学杂志	387	0.98	12.2	5.5	28	197	0.020	0.510	6.1
D14	中华内分泌外科杂志	138	0.95	14.1	5.0	19	90	0.010	0.620	5.2
D14	中华器官移植杂志	158	0.89	18.2	7.2	23	79	0.000	0.590	6.3
D14	中华实验外科杂志	651	0.84	10.2	5.5	27	265	0.000	0.630	5.2
D14	中华外科杂志	186	0.78	18.1	5.8	23	100	0.010	0.260	4.8
D14	中华显微外科杂志	199	0.90	15.1	5.8	26	131	0.010	0.500	5.8
D14	中华移植杂志(电子版)	49	0.86	25.2	5.4	18	41	0.000	0.760	6.6
D14	中国体外循环杂志	61	0.92	15.3	5.1	17	38	0.000	0.390	5.7
D15	腹部外科	122	0.93	17.1	4.5	23	80	0.000	0.370	4.6
D15	腹腔镜外科杂志	264	0.96	15.6	4.1	30	214	0.000	0.160	4.7
D15	肝癌电子杂志	46	0.88	20.2	2.2	10	26	0.022	0.283	4.7
D15	肝博士	85	0.51	–	1.4	20	50	–	–	–
D15	肝胆外科杂志	142	0.95	15.0	3.3	21	104	0.000	0.180	4.6
D15	肝胆胰外科杂志	141	0.97	15.3	4.5	24	109	0.000	0.380	4.2
D15	结直肠肛门外科	217	0.99	15.8	3.1	23	172	0.000	0.200	4.0
D15	临床心电学杂志	127	0.91	6.8	2.4	25	80	0.008	0.094	6.4
D15	实用心电学杂志	99	0.86	10.6	3.2	23	77	0.030	0.303	6.0
D15	心电图杂志(电子版)	311	1.00	4.1	2.1	16	158	–	0.068	3.2
D15	心电与循环	109	0.83	10.2	3.1	10	59	–	0.229	5.2
D15	心血管外科杂志(电子版)	357	0.99	4.8	1.6	26	239	–	0.031	2.0
D15	血管与腔内血管外科杂志	159	0.90	13.9	4.0	24	96	–	0.094	5.5
D15	中国普通外科杂志	260	0.96	25.5	4.6	29	168	0.000	0.470	4.1
D15	中国普外基础与临床杂志	307	0.97	27.4	4.5	29	164	0.000	0.240	5.3
D15	中国现代普通外科进展	314	0.89	12.2	3.6	25	257	0.000	0.130	4.2

学科代码	期刊名称	来源文献量	文献选出率	平均引文数	平均作者数	地区分布数	机构分布数	海外论文比	基金论文比	引用半衰期
D15	中国心脏起搏与心电生理杂志	147	0.97	16.0	4.7	23	89	0.010	0.310	6.2
D15	中国胸心血管外科临床杂志	205	0.96	22.0	5.3	24	106	0.000	0.420	6.3
D15	中国血管外科杂志(电子版)	78	0.92	18.7	5.3	22	60	0.000	0.260	6.2
D15	中华肝胆外科杂志	236	0.95	17.1	5.9	28	150	0.010	0.450	5.8
D15	中华普通外科学文献(电子版)	105	0.93	16.1	4.5	19	82	0.000	0.440	4.4
D15	中华普通外科杂志	322	0.82	10.4	5.6	29	197	0.010	0.290	5.6
D15	中华普外科手术学杂志(电子版)	149	0.87	14.0	3.7	21	111	0.000	0.280	3.3
D15	中华腔镜外科杂志(电子版)	104	0.95	9.6	4.3	24	72	0.010	0.290	5.6
D15	中华乳腺病杂志(电子版)	86	0.92	24.8	4.7	21	65	0.000	0.340	4.8
D15	中华疝和腹壁外科杂志(电子版)	134	0.95	12.1	4.0	26	109	0.000	0.210	5.4
D15	中华胃肠内镜电子杂志	44	0.96	20.6	4.4	14	25	–	0.318	5.4
D15	中华胃肠外科杂志	340	0.83	15.5	4.9	25	147	0.010	0.450	5.4
D15	中华消化外科杂志	234	0.92	23.6	5.0	27	125	0.010	0.830	4.7
D15	中华胸部外科电子杂志	53	0.96	18.7	4.5	17	28	–	0.377	6.7
D15	中华胸心血管外科杂志	182	0.78	16.9	6.1	26	109	0.000	0.320	7.0
D15	中华血管外科杂志	60	0.94	19.7	4.9	16	41	–	0.417	6.7
D15	足踝外科电子杂志	62	0.90	14.4	4.5	22	46	–	0.210	5.4
D16	国际心血管病杂志	105	0.97	19.8	4.0	18	67	0.010	0.570	5.0
D16	临床心血管病杂志	299	0.98	18.1	5.0	29	191	0.000	0.470	5.3
D16	岭南心血管病杂志	219	0.97	14.5	4.3	25	148	0.000	0.300	5.3
D16	实用心脑肺血管病杂志	370	0.94	16.5	3.7	29	305	0.000	0.340	3.8
D16	心肺血管病杂志	264	0.95	17.9	5.0	21	100	0.000	0.350	5.7
D16	心脑血管病防治	161	0.94	12.6	3.9	22	128	0.010	0.320	4.4
D16	心血管病学进展	181	0.95	28.0	1.8	25	104	0.000	0.350	4.9
D16	心血管康复医学杂志	184	1.00	15.3	4.0	25	136	0.000	0.270	4.3
D16	心脏杂志	178	0.94	17.5	5.0	20	87	0.000	0.430	6.3
D16	中国动脉硬化杂志	235	0.96	22.6	4.9	28	161	0.000	0.710	4.9
D16	中国分子心脏病学杂志	101	0.94	14.8	5.9	12	40	0.000	0.540	6.6
D16	中国介入心脏病学杂志	147	0.86	18.4	5.8	22	81	0.000	0.430	5.2
D16	中国心血管病研究	294	0.97	16.0	4.4	27	187	0.000	0.370	5.5
D16	中国心血管杂志	101	0.87	16.2	4.0	21	69	0.020	0.260	4.5
D16	中国循环杂志	276	0.86	19.0	5.5	28	137	0.000	0.390	6.0
D16	中国循证心血管医学杂志	468	0.91	17.5	4.2	29	279	0.000	0.280	4.9

学科代码	期刊名称	来源文献量	文献选出率	平均引文数	平均作者数	地区分布数	机构分布数	海外论文比	基金论文比	引用半衰期
D16	中华高血压杂志	248	0.87	15.7	4.1	26	127	0.050	0.250	6.2
D16	中华老年心脑血管病杂志	361	0.97	16.9	4.9	28	226	0.000	0.480	3.6
D16	中华心律失常学杂志	126	0.90	15.5	5.8	19	64	0.010	0.350	5.9
D16	中华心血管病杂志	228	0.88	19.9	5.2	26	120	0.010	0.430	5.4
D17	国际泌尿系统杂志	279	0.99	19.5	3.6	27	201	0.000	0.240	6.1
D17	临床泌尿外科杂志	248	0.97	17.5	5.7	26	153	0.010	0.340	5.3
D17	泌尿外科杂志(电子版)	69	0.87	14.0	3.4	15	40	0.014	0.362	6.0
D17	肾脏病与透析肾移植杂志	116	0.91	19.1	4.0	18	53	0.010	0.490	6.3
D17	微创泌尿外科杂志	89	0.94	14.5	6.0	18	51	0.020	0.330	5.9
D17	现代泌尿外科杂志	236	0.86	17.7	5.0	26	143	0.000	0.320	5.2
D17	中华泌尿外科杂志	220	0.83	18.3	6.2	23	114	0.000	0.360	4.9
D17	中华腔镜泌尿外科杂志(电子版)	100	0.97	16.4	5.9	20	71	0.000	0.530	5.8
D17	中华肾病研究电子杂志	61	0.90	27.1	3.7	15	36	0.000	0.460	5.7
D18	骨科	114	0.99	18.3	4.6	18	81	0.000	0.420	5.4
D18	骨科临床与研究杂志	76	0.95	19.7	4.8	14	30	–	0.487	8.4
D18	国际骨科学杂志	92	0.92	27.0	3.7	16	48	0.000	0.480	4.5
D18	脊柱外科杂志	74	1.00	24.1	5.6	17	47	0.000	0.380	5.5
D18	颈腰痛杂志	175	0.99	12.6	3.5	24	151	0.000	0.120	4.8
D18	临床骨科杂志	242	0.74	6.3	4.5	26	200	0.000	0.170	4.1
D18	生物骨科材料与临床研究	127	0.95	16.8	4.4	24	111	0.000	0.250	5.5
D18	实用骨科杂志	322	0.94	15.6	4.7	28	234	0.000	0.250	6.2
D18	实用手外科杂志	201	1.00	11.1	4.3	24	139	–	0.164	6.6
D18	中国骨科临床与基础研究杂志	52	0.76	23.3	4.8	9	40	–	0.538	5.7
D18	中国骨与关节损伤杂志	530	0.99	10.1	5.3	28	366	0.000	0.300	6.2
D18	中国骨与关节杂志	196	0.96	23.2	4.9	24	108	0.010	0.290	7.0
D18	中国脊柱脊髓杂志	196	0.97	22.0	5.6	25	109	0.010	0.410	6.5
D18	中华创伤骨科杂志	201	0.77	20.4	6.6	25	126	0.000	0.520	6.4
D18	中华骨科杂志	207	0.96	28.8	6.3	27	114	0.000	0.570	7.1
D18	中华骨与关节外科杂志	114	0.92	20.1	4.5	17	83	0.010	0.180	5.2
D18	中华关节外科杂志(电子版)	127	0.94	21.0	5.4	17	82	0.020	0.430	6.2
D18	中华肩肘外科电子杂志	54	0.78	22.3	4.7	16	36	0.000	0.540	7.1
D18	中华手外科杂志	178	0.82	11.0	5.7	25	122	0.000	0.250	7.9
D19	Chinese Journal of Traumatology	85	0.98	22.1	4.2	12	81	0.720	0.070	9.8

学科代码	期刊名称	来源文献量	文献选出率	平均引文数	平均作者数	地区分布数	机构分布数	海外论文比	基金论文比	引用半衰期
D19	创伤外科杂志	283	0.93	13.8	3.9	27	215	0.010	0.160	5.2
D19	中国矫形外科杂志	505	0.96	15.4	5.3	29	301	0.010	0.330	6.0
D19	中国美容医学	529	0.97	16.5	3.6	29	337	0.010	0.210	4.8
D19	中国烧伤创疡杂志	93	0.94	16.9	2.9	23	70	0.011	0.161	5.4
D19	中国修复重建外科杂志	282	0.96	23.1	5.7	27	181	0.000	0.470	5.3
D19	中华创伤杂志	226	0.94	22.5	5.3	25	139	0.000	0.390	6.2
D19	中华烧伤杂志	186	0.85	15.4	5.0	29	88	0.020	0.450	4.6
D19	中华损伤与修复杂志(电子版)	103	0.96	18.8	4.9	24	75	0.020	0.680	6.0
D19	中华整形外科杂志	123	0.95	16.8	5.3	25	77	0.010	0.330	7.1
D19	组织工程与重建外科杂志	101	0.96	22.1	4.0	17	50	0.000	0.260	7.1
D20	妇产与遗传(电子版)	59	1.00	16.7	3.5	13	42	–	0.119	5.2
D20	国际妇产科学杂志	162	0.97	23.7	3.2	25	110	0.010	0.440	4.0
D20	母婴世界	5837	1.00	4.3	1.5	31	2192	0.001	0.010	3.0
D20	实用妇产科杂志	298	0.93	11.2	3.6	26	143	0.000	0.280	5.5
D20	现代妇产科进展	272	0.96	18.1	4.2	29	160	0.000	0.440	4.8
D20	中国妇产科临床杂志	203	0.96	11.9	4.2	26	129	0.000	0.290	4.4
D20	中国实用妇科与产科杂志	288	0.90	15.7	3.5	24	136	0.000	0.220	5.4
D20	中华产科急救电子杂志	59	0.92	21.8	2.2	11	34	0.017	0.119	4.8
D20	中华妇产科杂志	169	0.80	19.2	5.0	19	75	0.010	0.440	4.9
D20	中华妇幼临床医学杂志(电子版)	132	0.91	20.4	4.5	17	68	0.010	0.930	5.0
D20	中华围产医学杂志	177	0.77	20.9	4.5	21	88	0.020	0.340	5.4
D21	Chinese Journal of Neonatology	103	0.79	22.0	5.0	21	74	0.000	0.310	5.1
D21	World Journal of Pediatrics	92	0.94	30.6	5.9	13	83	0.685	0.511	9.3
D21	发育医学电子杂志	57	0.92	23.6	6.1	16	40	0.018	0.579	5.2
D21	国际儿科学杂志	235	0.97	27.4	2.3	26	112	0.000	0.360	5.7
D21	临床儿科杂志	231	0.94	18.3	4.8	25	111	0.010	0.340	5.7
D21	临床小儿外科杂志	147	0.95	16.3	4.6	24	80	0.010	0.480	6.4
D21	中国当代儿科杂志	243	0.97	23.0	4.9	24	122	0.020	0.470	5.0
D21	中国儿童保健杂志	387	1.00	15.4	4.2	31	250	0.000	0.540	5.2
D21	中国实用儿科杂志	219	0.90	21.8	3.5	23	89	0.000	0.240	5.6
D21	中国小儿急救医学	222	0.94	20.9	3.9	26	97	0.000	0.360	5.8
D21	中国小儿血液与肿瘤杂志	72	0.94	22.2	4.3	16	47	0.030	0.310	5.2
D21	中国循证儿科杂志	89	0.90	19.3	5.5	17	37	0.030	0.270	5.7

学科代码	期刊名称	来源文献量	文献选出率	平均引文数	平均作者数	地区分布数	机构分布数	海外论文比	基金论文比	引用半衰期
D21	中国中西医结合儿科学	182	0.97	14.1	3.0	22	101	–	0.209	5.0
D21	中华儿科杂志	197	0.75	18.0	5.8	24	77	0.010	0.450	5.6
D21	中华实用儿科临床杂志	494	0.94	20.8	4.7	27	198	0.000	0.440	4.1
D21	中华小儿外科杂志	193	0.88	21.4	5.2	25	86	0.010	0.530	6.1
D21	中医儿科杂志	165	0.94	8.8	2.9	22	114	–	0.333	6.1
D22	国际眼科杂志	626	0.97	19.4	3.6	30	417	0.070	0.270	5.3
D22	临床眼科杂志	160	0.89	13.8	3.4	24	123	0.000	0.190	6.3
D22	眼科	110	0.90	13.1	4.2	21	55	0.000	0.350	6.9
D22	眼科新进展	302	0.99	22.1	4.3	28	177	0.000	0.570	5.7
D22	中国斜视与小儿眼科杂志	66	0.92	9.2	4.2	19	57	0.000	0.210	7.5
D22	中华实验眼科杂志	240	0.95	24.9	3.6	30	151	0.020	0.600	6.6
D22	中华眼底病杂志	186	0.96	18.3	4.3	25	103	0.010	0.370	5.8
D22	中华眼科医学杂志(电子版)	48	1.00	59.4	3.7	18	39	–	0.938	9.0
D22	中华眼科杂志	176	0.79	23.6	4.0	21	79	0.020	0.350	6.7
D22	中华眼视光学与视觉科学杂志	141	0.94	20.6	4.5	21	86	0.010	0.390	6.6
D22	中国实用眼科杂志	292	0.96	12.5	3.8	29	203	0.003	0.247	7.9
D23	Journal of Otology	27	0.87	43.7	2.4	5	20	0.519	0.444	9.7
D23	World Journal of Otorhinolaryngology-Head and Neck Surgery	39	0.89	22.4	3.5	2	30	0.923	0.231	≥10
D23	国际耳鼻咽喉头颈外科杂志	86	0.99	29.4	3.1	23	60	–	0.465	6.8
D23	国际眼科纵览	84	0.93	38.0	2.6	19	50	0.012	0.476	6.5
D23	临床耳鼻咽喉头颈外科杂志	507	0.99	16.7	4.4	30	295	0.010	0.340	5.8
D23	山东大学耳鼻喉眼学报	152	0.97	19.4	3.8	22	99	0.000	0.370	6.0
D23	实用防盲技术	60	0.98	7.9	2.1	12	40	0.067	0.050	5.0
D23	听力学及言语疾病杂志	159	0.96	16.1	4.7	25	92	0.060	0.460	7.7
D23	眼科学报	55	1.00	12.3	3.3	7	21	0.091	0.273	6.4
D23	中国耳鼻咽喉颅底外科杂志	134	0.98	17.5	4.8	25	111	0.000	0.370	6.3
D23	中国耳鼻咽喉头颈外科	191	0.94	12.4	4.8	24	141	0.000	0.320	6.9
D23	中国眼耳鼻喉科杂志	121	0.88	19.5	3.3	16	61	0.000	0.250	6.8
D23	中国医学文摘-耳鼻咽喉科学	112	0.98	12.8	3.4	19	73	–	0.125	6.4
D23	中华耳鼻咽喉头颈外科杂志	215	0.87	19.0	5.1	26	129	0.020	0.400	7.3
D23	中华耳科学杂志	145	0.95	19.8	4.8	25	90	0.010	0.400	7.0
D23	中华眼外伤职业眼病杂志	261	0.96	13.0	3.6	25	163	–	0.146	6.6

学科代码	期刊名称	来源文献量	文献选出率	平均引文数	平均作者数	地区分布数	机构分布数	海外论文比	基金论文比	引用半衰期
D23	中医眼耳鼻喉杂志	89	0.96	9.4	3.8	13	34	–	0.236	7.4
D24	International Journal of Oral Science	32	1.00	53.6	6.6	4	25	0.625	0.719	7.9
D24	北京口腔医学	90	0.94	17.2	3.8	14	45	0.030	0.490	7.4
D24	国际口腔医学杂志	144	0.98	25.3	3.4	27	65	0.010	0.660	6.4
D24	华西口腔医学杂志	121	0.93	24.8	4.7	25	67	0.020	0.670	7.1
D24	口腔材料器械杂志	46	0.94	18.2	3.2	11	25	0.000	0.500	5.7
D24	口腔颌面外科杂志	61	0.91	7.8	3.6	19	49	0.000	0.570	7.1
D24	口腔颌面修复学杂志	80	0.88	16.2	3.7	14	53	0.000	0.530	5.3
D24	口腔疾病防治	168	0.97	21.5	3.7	23	101	0.010	0.840	5.6
D24	口腔生物医学	50	0.98	23.7	4.6	10	25	0.040	0.840	5.8
D24	口腔医学	261	0.95	25.7	4.1	21	127	0.000	0.700	5.3
D24	口腔医学研究	320	0.97	14.7	4.6	28	159	0.000	0.770	5.4
D24	临床口腔医学杂志	232	0.92	16.6	3.7	25	131	0.000	0.460	7.3
D24	全科口腔医学电子杂志	641	1.00	5.3	1.8	31	437	0.005	0.031	3.4
D24	上海口腔医学	150	0.96	15.3	4.2	22	93	0.000	0.580	7.2
D24	实用口腔医学杂志	193	0.98	15.3	4.5	27	122	0.020	0.520	7.3
D24	现代口腔医学杂志	92	0.90	22.3	4.0	23	64	0.000	0.460	6.8
D24	牙体牙髓牙周病学杂志	166	0.93	17.5	4.2	27	105	0.000	0.490	6.9
D24	中国口腔颌面外科杂志	121	0.95	16.0	5.0	14	51	0.000	0.590	7.0
D24	中国口腔医学继续教育杂志	56	0.90	1.0	4.4	8	11	–	0.036	7.2
D24	中国口腔种植学杂志	52	0.96	15.9	2.9	11	42	0.019	0.288	4.5
D24	中国实用口腔科杂志	174	0.96	20.2	3.8	26	68	0.020	0.570	6.8
D24	中华口腔医学研究杂志(电子版)	70	0.96	20.2	4.4	13	32	0.000	0.540	6.0
D24	中华口腔医学杂志	156	0.88	20.3	3.5	23	68	0.020	0.590	6.0
D24	中华口腔正畸学杂志	50	0.91	13.6	3.4	13	26	0.000	0.380	9.4
D24	中华老年口腔医学杂志	86	0.91	16.0	3.9	18	58	0.000	0.520	6.2
D25	国际皮肤性病学杂志	95	0.89	25.2	2.9	12	41	0.000	0.530	3.8
D25	临床皮肤科杂志	273	0.90	11.7	4.2	30	175	0.000	0.170	7.6
D25	皮肤性病诊疗学杂志	124	0.90	12.3	4.4	17	67	–	0.379	5.3
D25	实用皮肤病学杂志	127	0.96	12.8	3.9	25	94	0.010	0.130	5.5
D25	中国艾滋病性病	334	0.93	14.6	6.0	30	191	0.000	0.490	5.2
D25	中国麻风皮肤病杂志	265	0.94	12.3	4.1	27	179	0.000	0.250	6.6
D25	中国皮肤性病学杂志	446	0.88	11.9	4.6	29	266	0.000	0.290	6.1

学科代码	期刊名称	来源文献量	文献选出率	平均引文数	平均作者数	地区分布数	机构分布数	海外论文比	基金论文比	引用半衰期
D25	中华皮肤科杂志	229	0.74	14.1	5.4	28	146	0.020	0.450	5.4
D26	Asian Journal of Andrology	133	0.96	33.5	4.7	14	122	0.560	0.260	9.5
D26	中国男科学杂志	98	0.96	15.6	5.3	26	88	0.000	0.420	6.8
D26	中国性科学	607	0.96	18.5	3.9	28	386	0.000	0.420	4.5
D26	中华男科学杂志	216	0.98	22.3	5.5	29	160	0.010	0.480	6.1
D27	Chinese Neurosurgical Journal	40	0.93	26.9	4.4	15	26	0.125	0.725	8.7
D27	Neural Regeneration Research	363	0.98	35.9	4.5	23	320	0.690	0.230	7.1
D27	Neuroscience Bulletin	94	0.96	50.2	5.8	17	80	0.230	0.700	6.7
D27	Shanghai Archives of Psychiatry	57	0.92	19.6	4.9	1	4	0.180	0.210	8.0
D27	Translational Neuroscience and Clinics	34	0.94	26.6	5.8	11	29	0.118	0.676	7.7
D27	癫痫与神经电生理学杂志	110	1.00	16.0	3.2	17	61	–	0.145	6.2
D27	癫痫杂志	97	0.92	24.6	4.5	20	52	0.052	0.402	7.1
D27	国际精神病学杂志	337	0.99	11.9	4.5	29	229	–	0.205	3.8
D27	国际脑血管病杂志	180	0.80	34.6	5.0	26	124	0.050	0.380	5.8
D27	国际神经病学神经外科学杂志	158	0.97	21.1	3.5	27	108	0.000	0.420	4.8
D27	精神医学杂志	133	0.95	20.4	4.4	17	75	0.020	0.510	5.8
D27	立体定向和功能性神经外科杂志	97	0.97	13.0	5.0	19	70	0.000	0.340	5.2
D27	临床精神医学杂志	128	0.82	11.3	5.3	18	78	0.020	0.630	6.2
D27	临床神经病学杂志	147	0.92	19.4	4.5	27	119	0.000	0.380	5.9
D27	临床神经外科杂志	122	0.94	17.6	5.5	25	84	0.010	0.610	5.3
D27	脑与神经疾病杂志	205	0.99	18.8	4.6	18	108	0.000	0.480	6.2
D27	神经病学与神经康复学杂志	37	0.90	23.4	4.1	5	16	–	0.676	5.3
D27	神经疾病与精神卫生	236	0.97	24.2	4.1	26	136	0.000	0.530	5.0
D27	神经损伤与功能重建	207	0.97	16.6	3.6	22	143	0.000	0.270	5.1
D27	四川精神卫生	135	0.99	16.9	3.6	21	71	0.007	0.563	5.3
D27	中风与神经疾病杂志	329	0.96	17.2	4.6	29	181	0.000	0.370	6.6
D27	中国临床神经科学	114	0.95	29.4	5.1	19	56	0.000	0.440	6.8
D27	中国临床神经外科杂志	311	0.85	11.2	4.7	27	208	0.000	0.230	5.9
D27	中国脑血管病杂志	134	0.89	20.0	6.0	23	78	0.000	0.510	5.1
D27	中国神经精神疾病杂志	173	0.97	17.0	5.6	27	123	0.000	0.590	5.7
D27	中国神经免疫学和神经病学杂志	106	0.92	18.1	4.5	23	73	0.010	0.400	5.9
D27	中国实用神经疾病杂志	1188	1.00	11.1	2.9	29	482	–	0.237	4.1
D27	中国微侵袭神经外科杂志	176	0.91	13.8	5.1	27	117	0.000	0.440	4.5

学科代码	期刊名称	来源文献量	文献选出率	平均引文数	平均作者数	地区分布数	机构分布数	海外论文比	基金论文比	引用半衰期
D27	中国现代神经疾病杂志	158	0.90	26.6	4.3	21	74	0.000	0.580	5.9
D27	中国卒中杂志	238	0.91	17.8	3.6	24	118	0.050	0.290	5.8
D27	中华行为医学与脑科学杂志	227	0.97	23.1	5.5	27	148	0.020	0.810	4.9
D27	中华精神科杂志	95	0.88	23.7	5.2	19	43	0.090	0.740	5.4
D27	中华神经创伤外科电子杂志	99	0.94	17.5	4.3	20	56	–	0.333	6.6
D27	中华神经科杂志	218	0.87	22.7	4.8	25	116	0.020	0.440	5.3
D27	中华神经外科疾病研究杂志	165	0.95	13.2	5.2	19	99	0.000	0.320	6.0
D27	中华神经外科杂志	317	0.95	19.1	5.9	30	163	0.000	0.440	6.1
D27	中华神经医学杂志	256	0.96	18.9	5.7	28	181	0.000	0.600	4.6
D27	卒中与神经疾病	166	0.98	14.3	3.9	25	120	0.010	0.270	5.6
D28	标记免疫分析与临床	358	1.00	14.8	3.8	25	231	0.000	0.230	4.3
D28	放射学实践	302	0.94	15.1	4.7	25	156	0.010	0.310	5.4
D28	分子影像学杂志	136	0.97	21.0	3.7	23	110	0.007	0.397	5.8
D28	功能与分子医学影像学杂志(电子版)	55	0.95	17.4	3.3	14	38	0.018	0.436	5.6
D28	国际放射医学核医学杂志	82	0.91	24.8	4.3	18	48	0.000	0.490	5.7
D28	国际医学放射学杂志	111	0.93	24.3	3.6	22	79	0.010	0.380	4.4
D28	介入放射学杂志	268	0.96	15.6	5.7	26	162	0.010	0.360	5.3
D28	临床超声医学杂志	277	0.76	10.1	4.4	28	198	0.000	0.320	5.8
D28	临床放射学杂志	490	0.94	13.7	4.9	29	276	0.000	0.260	6.2
D28	实用放射学杂志	594	0.96	12.8	4.9	28	339	0.000	0.310	5.2
D28	实用医学影像杂志	241	0.99	8.9	2.8	28	193	0.004	0.100	5.4
D28	现代医用影像学	704	1.00	7.8	2.4	22	455	0.001	0.072	3.6
D28	医学影像学杂志	753	1.00	12.2	3.9	29	528	0.000	0.200	5.5
D28	影像诊断与介入放射学	116	0.93	12.7	4.1	21	79	0.060	0.230	5.0
D28	中国 CT 和 MRI 杂志	559	1.00	13.0	3.4	27	398	–	0.324	4.5
D28	中国超声医学杂志	334	0.76	0.0	5.3	27	217	0.000	0.430	0.0
D28	中国介入影像与治疗学	173	0.78	16.0	5.3	27	101	0.010	0.380	4.9
D28	中国临床医学影像杂志	250	0.93	14.2	4.6	29	163	0.010	0.280	6.0
D28	中国数字医学	470	0.90	7.7	3.7	28	282	0.010	0.310	4.0
D28	中国体视学与图像分析	70	0.93	20.0	5.1	13	34	–	0.814	7.9
D28	中国医学计算机成像杂志	118	0.95	12.6	5.1	17	86	0.000	0.420	6.1
D28	中国医学影像技术	416	0.78	16.3	5.1	30	239	0.010	0.440	5.1
D28	中国医学影像学杂志	236	0.93	9.4	4.5	28	155	0.000	0.350	5.3

学科代码	期刊名称	来源文献量	文献选出率	平均引文数	平均作者数	地区分布数	机构分布数	海外论文比	基金论文比	引用半衰期
D28	中华超声影像学杂志	240	0.91	14.4	5.9	27	132	0.010	0.480	4.5
D28	中华放射学杂志	223	0.90	14.7	5.9	26	141	0.010	0.390	5.0
D28	中华核医学与分子影像杂志	180	0.86	21.0	4.9	26	108	0.070	0.420	6.2
D28	中华介入放射学电子杂志	69	0.99	16.7	5.1	18	51	–	0.159	5.8
D28	中华医学超声杂志(电子版)	189	0.95	16.7	5.0	25	122	0.010	0.460	6.0
D29	Cancer Biology & Medicine	45	0.96	62.1	6.8	7	42	0.670	0.220	6.0
D29	Chinese Journal of Cancer	92	0.90	37.3	6.8	12	61	0.280	0.410	5.5
D29	Chinese Journal of Cancer Research	69	0.99	26.4	8.7	12	54	0.290	0.410	5.7
D29	Oncology and Translational Medicine	50	1.00	23.9	4.0	13	37	0.040	0.280	6.6
D29	癌变・畸变・突变	98	0.97	20.7	5.4	20	58	0.000	0.770	5.5
D29	癌症进展	421	0.99	19.7	3.9	28	271	0.000	0.180	3.8
D29	白血病・淋巴瘤	215	0.95	16.2	4.6	26	125	0.005	0.465	5.5
D29	国际肿瘤学杂志	247	0.97	19.4	3.6	28	171	0.000	0.480	3.7
D29	临床肿瘤学杂志	238	0.96	20.4	4.4	25	170	0.000	0.370	3.5
D29	实用癌症杂志	633	1.00	12.4	3.3	27	409	0.000	0.120	4.0
D29	实用肿瘤学杂志	113	0.82	24.2	3.3	18	53	0.000	0.350	4.5
D29	实用肿瘤杂志	132	0.95	19.1	3.9	25	113	0.010	0.270	4.4
D29	现代泌尿生殖肿瘤杂志	105	0.94	19.0	5.0	21	66	0.010	0.250	5.5
D29	现代肿瘤医学	1078	0.99	20.3	4.6	31	476	0.000	0.550	4.7
D29	消化肿瘤杂志(电子版)	64	0.91	20.0	4.0	5	32	–	0.359	5.1
D29	中国癌症防治杂志	117	0.96	22.6	4.2	24	68	–	0.667	5.0
D29	中国癌症杂志	144	0.95	15.3	4.7	23	78	0.010	0.510	5.5
D29	中国肺癌杂志	131	0.89	27.9	5.1	21	76	0.010	0.440	4.7
D29	中国肿瘤	177	0.95	23.0	5.1	26	117	0.010	0.490	4.5
D29	中国肿瘤临床	258	0.91	22.1	4.9	28	136	0.030	0.470	4.7
D29	中国肿瘤临床与康复	426	0.97	14.0	3.9	27	294	0.014	0.322	3.8
D29	中国肿瘤生物治疗杂志	222	0.90	28.2	4.5	26	144	0.010	0.790	3.8
D29	中国肿瘤外科杂志	124	0.99	16.0	4.0	23	84	–	0.290	5.2
D29	中华放射肿瘤学杂志	290	0.83	21.5	6.3	28	135	0.010	0.440	6.3
D29	中华肿瘤防治杂志	340	0.93	15.6	5.4	28	234	0.010	0.490	3.9
D29	中华肿瘤杂志	183	0.85	17.3	6.0	24	111	0.000	0.390	5.3
D29	肿瘤	179	0.98	26.1	5.1	24	102	0.010	0.570	4.5
D29	肿瘤代谢与营养电子杂志	86	0.80	33.0	4.5	21	69	0.010	0.590	5.5

学科代码	期刊名称	来源文献量	文献选出率	平均引文数	平均作者数	地区分布数	机构分布数	海外论文比	基金论文比	引用半衰期
D29	肿瘤防治研究	174	0.94	22.6	5.0	29	119	0.000	0.540	4.0
D29	肿瘤基础与临床	182	1.00	11.2	3.7	19	108	–	0.269	5.5
D29	肿瘤学杂志	253	0.95	19.4	4.4	23	180	0.010	0.430	5.0
D29	肿瘤研究与临床	227	0.94	17.5	4.4	25	139	0.010	0.410	5.1
D29	肿瘤药学	154	1.00	18.9	5.4	26	116	0.000	0.540	3.1
D29	肿瘤影像学	55	0.96	20.0	4.3	8	25	0.000	0.290	5.8
D29	肿瘤预防与治疗	86	0.91	29.0	4.7	12	49	0.030	0.580	5.0
D30	Chinese Nursing Research	35	0.88	26.2	3.3	8	22	0.114	0.600	6.4
D30	Nursing of Integrated Traditional Chinese and Western Medicine	715	1.00	11.6	2.5	27	387	–	0.168	4.3
D30	当代护士(上旬刊)	1201	0.99	8.3	2.3	29	603	0.001	0.062	4.9
D30	当代护士(下旬刊)	1190	1.00	8.8	2.3	28	631	0.002	0.071	4.7
D30	当代护士(中旬刊)	1137	0.99	8.6	2.2	28	614	0.001	0.062	4.9
D30	国际护理学杂志	1150	1.00	10.9	2.7	31	653	0.004	0.143	4.4
D30	护理管理杂志	317	0.96	16.0	4.0	26	194	–	0.476	4.4
D30	护理实践与研究	1645	0.99	9.8	2.7	26	839	0.002	0.174	3.1
D30	护理学报	515	0.95	16.1	4.0	26	279	0.010	0.440	5.0
D30	护理学杂志	863	0.99	15.9	4.1	30	406	0.010	0.370	5.2
D30	护理研究	1548	0.99	17.0	3.8	30	637	0.010	0.540	5.7
D30	护理与康复	439	1.00	10.8	3.5	14	180	–	0.337	5.3
D30	护士进修杂志	798	0.97	10.4	3.4	29	466	0.006	0.338	5.8
D30	解放军护理杂志	460	0.95	17.7	3.8	26	238	0.000	0.300	5.5
D30	临床护理杂志	193	1.00	10.8	2.7	17	155	–	0.264	3.3
D30	齐鲁护理杂志	1475	1.00	10.3	2.7	29	750	0.001	0.220	4.1
D30	全科护理	2071	0.98	11.5	2.8	31	885	0.001	0.231	4.8
D30	上海护理	172	0.88	14.3	3.3	21	95	–	0.395	6.5
D30	天津护理	299	1.00	8.1	2.3	15	97	–	0.137	4.5
D30	现代临床护理	240	0.94	16.4	3.7	22	155	0.000	0.420	5.2
D30	循证护理	222	0.99	14.2	3.2	27	160	0.014	0.374	5.2
D30	中国护理管理	381	0.93	20.9	4.6	29	204	0.030	0.400	5.2
D30	中国临床护理	182	0.95	12.0	2.9	19	141	0.005	0.203	4.8
D30	中国实用护理杂志	709	0.98	17.8	4.1	29	389	0.000	0.350	5.0
D30	中华护理教育	235	0.95	16.9	3.8	27	162	0.009	0.494	4.3

学科代码	期刊名称	来源文献量	文献选出率	平均引文数	平均作者数	地区分布数	机构分布数	海外论文比	基金论文比	引用半衰期
D30	中华护理杂志	330	0.95	19.1	4.7	26	198	0.020	0.420	4.7
D30	中华现代护理杂志	1167	0.95	15.7	4.0	28	499	0.000	0.420	4.7
D31	Chronic Diseases and Translational Medicine	34	0.89	40.4	4.5	12	28	0.147	0.324	5.9
D31	安徽预防医学杂志	146	0.96	9.7	3.3	14	84	–	0.123	4.5
D31	保健医学研究与实践	198	0.97	15.7	2.5	20	145	–	0.288	4.4
D31	毒理学杂志	119	0.98	16.8	5.6	22	79	0.000	0.650	6.2
D31	公共卫生与预防医学	246	0.99	15.2	4.7	25	145	0.000	0.400	3.7
D31	国外医学(医学地理分册)	118	0.96	14.4	3.1	18	79	–	0.390	4.7
D31	海峡预防医学杂志	304	0.99	8.1	3.6	18	113	0.053	0.224	6.4
D31	河南预防医学杂志	349	0.99	7.6	2.9	25	206	–	0.117	5.6
D31	华南预防医学	159	0.96	12.6	4.8	19	105	0.010	0.340	4.8
D31	疾病监测与控制	655	1.00	6.4	2.2	22	320	0.003	0.075	4.9
D31	疾病预防控制通报	174	0.97	9.3	4.1	12	77	–	0.218	5.4
D31	江苏卫生事业管理	377	0.99	5.1	2.6	12	165	–	0.196	4.3
D31	解放军预防医学杂志	530	0.94	13.8	4.0	28	348	0.000	0.440	3.6
D31	口岸卫生控制	118	0.95	7.9	3.4	19	86	0.008	0.144	6.1
D31	临床医学工程	866	1.00	8.5	2.9	18	436	–	0.177	3.7
D31	上海预防医学	267	0.98	11.6	4.5	12	133	0.019	0.438	5.9
D31	实用预防医学	454	0.99	14.4	4.9	27	295	0.000	0.500	5.0
D31	首都公共卫生	95	0.99	11.4	4.5	15	41	–	0.358	5.7
D31	微量元素与健康研究	303	0.99	7.2	3.6	26	141	–	0.323	5.9
D31	现代预防医学	1068	0.99	12.3	5.1	31	490	0.000	0.520	4.3
D31	营养学报	123	0.89	16.7	5.0	25	90	0.000	0.670	6.5
D31	应用预防医学	168	0.99	10.8	4.2	19	102	–	0.274	5.5
D31	预防医学	377	0.98	12.6	4.6	15	215	0.000	0.360	4.6
D31	预防医学论坛	311	0.99	12.1	3.8	24	162	–	0.273	4.9
D31	预防医学情报杂志	297	0.96	8.9	4.3	25	162	0.000	0.180	5.8
D31	职业卫生与应急救援	196	0.97	13.6	3.6	24	126	–	0.413	6.4
D31	中国城乡企业卫生	837	1.00	8.3	1.9	20	341	–	0.076	2.8
D31	中国辐射卫生	237	0.99	9.4	4.3	25	144	0.000	0.260	7.6
D31	中国公共卫生	460	1.00	18.3	5.4	31	238	0.030	0.600	5.8
D31	中国公共卫生管理	280	0.98	13.2	3.6	28	200	–	0.264	4.6
D31	中国基层医药	1010	0.95	15.6	2.9	28	617	–	0.243	4.1

学科代码	期刊名称	来源文献量	文献选出率	平均引文数	平均作者数	地区分布数	机构分布数	海外论文比	基金论文比	引用半衰期
D31	中国慢性病预防与控制	277	0.99	12.8	4.9	28	205	0.000	0.350	4.4
D31	中国民康医学	1098	0.98	9.0	1.8	27	562	–	0.046	3.5
D31	中国实用乡村医生杂志	327	0.84	4.9	1.6	24	155	0.003	0.055	3.6
D31	中国食品药品监管	202	0.43	–	1.4	28	140	0.025	0.059	–
D31	中国卫生	269	0.44	–	1.2	29	173	0.011	0.004	–
D31	中国卫生产业	3229	1.00	6.9	1.9	31	1592	0.001	0.087	3.4
D31	中国卫生工程学	324	0.99	8.1	2.7	25	234	–	0.114	4.2
D31	中国卫生事业管理	280	1.00	14.6	4.2	29	135	–	0.936	4.5
D31	中国消毒学杂志	425	0.97	9.4	4.4	29	299	0.000	0.260	5.7
D31	中国校医	509	0.98	8.2	2.3	28	343	0.002	0.159	4.6
D31	中国冶金工业医学杂志	674	1.00	1.9	1.8	18	209	–	0.012	5.0
D31	中国预防医学杂志	231	0.96	14.8	5.0	27	166	0.020	0.500	4.8
D31	中华疾病控制杂志	311	0.97	18.0	6.0	31	157	0.010	0.690	5.0
D31	中华临床营养杂志	65	0.90	18.9	5.7	16	43	0.020	0.350	6.4
D31	中华卫生应急电子杂志	86	1.00	24.0	4.1	18	55	–	0.407	6.7
D31	中华预防医学杂志	220	0.83	20.9	6.7	24	101	0.020	0.700	5.0
D32	工业卫生与职业病	137	0.98	10.5	4.6	28	107	0.000	0.330	7.2
D32	环境与健康杂志	295	0.98	16.8	5.4	30	159	0.010	0.710	6.3
D32	环境与职业医学	209	0.97	20.6	5.3	27	106	0.030	0.710	6.0
D32	疾病监测	214	0.86	13.0	5.7	24	113	0.000	0.360	5.0
D32	热带病与寄生虫学	79	0.99	11.7	4.9	16	62	0.013	0.430	6.0
D32	热带医学杂志	442	1.00	15.4	4.4	25	277	0.000	0.480	3.6
D32	医学动物防制	425	0.98	13.0	4.8	28	236	0.000	0.680	5.2
D32	职业与健康	917	0.98	15.4	4.1	30	458	0.000	0.310	5.7
D32	中国地方病防治杂志	679	0.75	3.9	3.9	31	392	0.000	0.460	3.8
D32	中国工业医学杂志	185	0.91	8.7	4.6	27	104	0.000	0.260	6.8
D32	中国国境卫生检疫杂志	125	0.95	13.5	5.3	23	83	0.010	0.420	6.1
D32	中国媒介生物学及控制杂志	168	0.95	14.7	6.0	25	102	0.000	0.610	7.0
D32	中国热带医学	325	0.97	16.0	5.0	27	217	0.000	0.500	4.5
D32	中国人兽共患病学报	212	0.95	18.0	6.2	30	143	0.000	0.780	6.5
D32	中国血吸虫病防治杂志	202	0.98	17.8	5.7	21	106	0.000	0.560	7.4
D32	中国职业医学	170	0.90	23.5	5.6	27	96	0.010	0.730	4.1
D32	中华地方病学杂志	207	0.88	13.9	5.5	27	98	0.000	0.630	6.8

学科代码	期刊名称	来源文献量	文献选出率	平均引文数	平均作者数	地区分布数	机构分布数	海外论文比	基金论文比	引用半衰期
D32	中华劳动卫生职业病杂志	285	0.94	15.1	5.1	28	165	0.000	0.550	6.8
D32	中华流行病学杂志	338	0.99	19.2	7.2	28	128	0.050	0.670	5.2
D32	中华卫生杀虫药械	185	0.98	9.7	4.6	26	123	0.010	0.400	7.7
D33	Reproductive and Developmental Medicine	38	0.90	53.7	4.4	7	22	–	0.658	7.5
D33	国际生殖健康/计划生育杂志	113	0.94	27.0	3.2	21	70	0.010	0.540	4.5
D33	生殖医学杂志	240	0.93	21.0	4.6	26	123	0.010	0.510	5.9
D33	中国妇幼保健	2166	1.00	15.8	3.2	31	1182	0.001	0.301	4.1
D33	中国妇幼健康研究	587	0.98	10.5	3.8	27	369	–	0.254	3.2
D33	中国妇幼卫生杂志	138	0.98	11.6	3.7	24	94	–	0.355	4.7
D33	中国计划生育和妇产科	238	0.97	14.4	3.3	26	160	0.000	0.240	4.8
D33	中国计划生育学杂志	126	0.50	14.6	4.1	25	104	0.000	0.270	4.8
D33	中国生育健康杂志	161	0.95	16.5	3.7	25	108	0.000	0.250	5.4
D33	中国优生与遗传杂志	622	0.96	11.1	4.4	30	324	0.000	0.320	6.3
D33	中华生殖与避孕杂志	199	0.97	27.2	4.9	25	119	0.000	0.460	6.2
D34	Military Medical Research	26	0.96	59.6	5.5	4	23	0.462	0.692	8.8
D34	法医学杂志	207	0.98	12.8	4.5	29	135	0.000	0.380	7.7
D34	航天医学与医学工程	80	0.93	17.5	5.0	17	36	0.010	0.550	7.7
D34	军事医学	233	0.95	16.2	6.1	24	111	0.000	0.510	6.6
D34	中国法医学杂志	215	0.90	9.1	4.9	28	135	0.010	0.390	6.9
D34	中华放射医学与防护杂志	170	0.86	17.7	6.3	22	106	0.010	0.500	6.0
D34	中华航海医学与高气压医学杂志	91	0.59	12.9	5.0	12	53	0.020	0.240	6.9
D34	中华航空航天医学杂志	60	0.83	21.4	5.3	11	28	0.000	0.100	8.0
D35	高校医学教学研究(电子版)	57	0.95	5.9	4.1	17	42	–	0.561	3.9
D35	基础医学教育	325	0.98	6.9	4.4	29	134	–	0.858	4.0
D35	解放军医院管理杂志	397	0.99	8.6	4.0	24	178	0.000	0.170	5.0
D35	生活与健康	174	0.59	–	1.1	15	78	0.034	–	–
D35	特别健康	4683	0.80	4.2	1.5	31	2085	0.005	0.015	3.6
D35	卫生软科学	191	0.92	12.4	3.9	25	104	0.010	0.460	4.5
D35	卫生研究	198	0.97	15.0	5.6	25	92	0.010	0.680	6.1
D35	现代医院	578	0.99	12.6	3.5	26	338	–	0.401	3.9
D35	现代医院管理	174	0.97	7.9	3.5	24	122	–	0.264	3.9
D35	心理医生	10031	1.00	4.7	1.5	31	3830	0.002	0.019	3.4
D35	医疗卫生装备	587	0.98	8.9	4.1	29	349	0.000	0.240	5.6

学科代码	期刊名称	来源文献量	文献选出率	平均引文数	平均作者数	地区分布数	机构分布数	海外论文比	基金论文比	引用半衰期
D35	医学教育研究与实践	288	0.98	8.8	3.9	28	142	–	0.681	4.3
D35	医学与哲学	639	0.99	15.1	2.9	29	309	0.006	0.551	5.3
D35	浙江医学教育	125	1.00	7.1	3.3	5	70	–	0.384	4.5
D35	智慧健康	1249	0.98	7.8	1.7	30	845	0.002	0.042	3.0
D35	中国病案	464	0.98	8.9	3.7	29	221	0.000	0.190	4.3
D35	中国健康教育	283	0.96	12.5	4.7	30	206	0.000	0.400	5.0
D35	中国农村卫生	1665	0.94	4.0	1.6	29	948	0.001	0.018	3.5
D35	中国农村卫生事业管理	640	0.99	9.9	2.9	24	311	–	0.288	4.3
D35	中国社会医学杂志	189	0.99	10.5	4.3	23	132	0.010	0.770	5.4
D35	中国食品卫生杂志	147	0.92	17.1	5.6	24	87	0.000	0.500	6.2
D35	中国卫生法制	107	0.95	6.6	2.6	20	69	–	0.364	5.8
D35	中国卫生监督杂志	134	0.98	5.0	3.9	22	81	–	0.194	5.1
D35	中国卫生检验杂志	1191	0.99	15.8	3.9	30	681	0.001	0.383	5.1
D35	中国卫生经济	314	0.94	8.6	4.0	29	138	0.030	0.480	4.5
D35	中国卫生人才	189	0.54	0.7	1.9	19	113	0.011	0.032	5.0
D35	中国卫生统计	302	0.98	12.5	4.6	31	166	0.000	0.600	5.7
D35	中国卫生信息管理杂志	138	0.75	9.7	4.1	23	100	0.000	0.410	3.8
D35	中国卫生政策研究	155	0.97	19.0	3.6	19	71	0.060	0.590	4.8
D35	中国卫生质量管理	233	0.97	9.5	4.4	25	143	0.020	0.290	5.0
D35	中国卫生资源	120	0.90	11.8	4.7	22	63	0.020	0.550	4.6
D35	中国学校卫生	597	0.98	18.9	4.5	31	343	0.020	0.460	5.2
D35	中国医疗器械杂志	125	0.90	11.2	4.0	19	84	0.000	0.460	6.3
D35	中国医疗设备	554	0.96	18.3	3.7	29	314	0.010	0.290	5.0
D35	中国医学教育技术	197	0.98	11.0	3.8	28	114	–	0.635	3.8
D35	中国医学装备	556	0.96	15.9	4.1	29	331	0.000	0.260	4.7
D35	中国医院	309	0.96	7.8	4.2	23	148	0.010	0.360	3.8
D35	中国医院管理	349	0.93	7.8	5.0	25	160	0.010	0.580	4.2
D35	中国医院统计	167	0.97	11.5	2.7	20	115	–	0.287	3.6
D35	中华健康管理学杂志	104	0.89	21.5	5.4	24	84	0.010	0.480	6.0
D35	中华医学教育探索杂志	301	0.98	9.1	4.7	26	167	0.000	0.430	4.4
D35	中华医学教育杂志	204	0.96	9.6	4.5	25	118	0.010	0.290	4.9
D35	中华医学科研管理杂志	117	0.96	12.5	4.3	21	78	0.000	0.310	5.1
D35	中华医院管理杂志	272	0.95	10.9	4.8	25	159	0.000	0.540	3.0

学科代码	期刊名称	来源文献量	文献选出率	平均引文数	平均作者数	地区分布数	机构分布数	海外论文比	基金论文比	引用半衰期
D35	中外女性健康研究	2955	0.99	5.2	1.6	31	1577	0.002	0.022	3.0
D36	Acta Pharmaceutica Sinica B	76	0.90	51.4	5.9	14	65	0.290	0.550	6.3
D36	Acta Pharmacologica Sinica	147	0.97	51.1	7.0	20	114	0.320	0.710	6.9
D36	Chinese Journal of Natural Medicines	109	0.98	37.8	5.8	15	76	0.240	0.640	7.3
D36	Journal of Chinese Pharmaceutical Sciences	102	0.94	27.5	5.4	20	44	0.140	0.580	7.5
D36	Journal of Pharmaceutical Analysis	58	0.95	34.6	4.8	9	50	0.759	0.414	7.9
D36	北方药学	2010	1.00	6.2	1.6	30	944	0.001	0.025	3.4
D36	儿科药学杂志	262	0.95	15.9	3.1	26	157	0.000	0.130	5.5
D36	福建医药杂志	453	0.98	9.0	3.2	8	119	0.018	0.183	5.5
D36	国际药学研究杂志	194	0.82	26.0	4.6	25	107	0.010	0.710	5.1
D36	国外医药(抗生素分册)	72	0.94	21.9	4.2	17	49	0.014	0.333	6.4
D36	海峡药学	1877	1.00	7.4	2.1	29	1024	0.010	0.102	4.7
D36	华西药学杂志	208	0.97	7.9	4.5	23	93	0.000	0.490	7.0
D36	家庭用药	579	0.79	–	1.2	7	93	–	–	–
D36	解放军药学学报	172	0.96	12.4	4.4	28	111	0.000	0.280	5.3
D36	今日药学	225	0.95	15.8	3.7	15	147	–	0.453	4.7
D36	抗感染药学	511	0.99	7.9	2.0	17	312	0.004	0.053	3.7
D36	临床合理用药杂志	3840	0.99	9.3	1.9	31	1925	0.004	0.046	3.9
D36	临床药物治疗杂志	261	0.90	13.9	3.8	22	128	0.010	0.190	4.7
D36	实用药物与临床	373	0.98	18.6	3.5	25	204	0.000	0.330	4.6
D36	世界临床药物	175	0.88	21.2	3.4	15	98	0.000	0.470	4.7
D36	天津药学	142	0.98	15.0	2.5	12	79	0.007	0.113	4.0
D36	西北药学杂志	220	0.98	19.4	4.4	24	151	0.000	0.590	5.7
D36	现代药物与临床	560	1.00	13.9	3.1	29	401	0.000	0.120	5.3
D36	药品评价	354	0.99	14.0	2.1	24	233	0.011	0.175	3.8
D36	药物不良反应杂志	125	0.85	12.3	3.9	23	97	0.010	0.160	5.2
D36	药物分析杂志	332	1.00	19.0	5.0	29	195	0.010	0.500	6.3
D36	药物流行病学杂志	188	0.94	17.7	4.2	20	114	0.010	0.430	5.5
D36	药物评价研究	343	0.96	18.6	4.2	28	217	0.000	0.290	4.2
D36	药物生物技术	119	0.99	22.2	4.0	19	64	0.010	0.390	5.7
D36	药学服务与研究	135	0.93	11.9	4.0	22	89	0.000	0.280	4.8
D36	药学进展	141	0.92	31.1	2.9	14	67	0.035	0.255	4.5
D36	药学实践杂志	141	0.99	15.2	4.5	21	85	0.000	0.390	5.7

学科代码	期刊名称	来源文献量	文献选出率	平均引文数	平均作者数	地区分布数	机构分布数	海外论文比	基金论文比	引用半衰期
D36	药学学报	269	0.99	29.5	5.5	27	137	0.030	0.800	5.9
D36	药学研究	203	1.00	17.1	3.9	23	115	–	0.463	5.9
D36	药学与临床研究	146	0.92	12.8	3.7	17	85	0.000	0.340	5.5
D36	医药导报	361	0.94	15.1	4.0	28	228	0.010	0.430	5.9
D36	中国处方药	1235	0.98	7.9	1.7	30	810	0.002	0.043	3.6
D36	中国海洋药物	89	0.99	21.8	5.6	10	31	0.000	0.960	7.5
D36	中国合理用药探索	262	0.89	10.8	2.5	24	184	0.004	0.092	3.9
D36	中国抗生素杂志	198	0.94	22.4	5.1	28	128	0.010	0.520	6.5
D36	中国临床药理学与治疗学	249	0.99	20.1	4.7	23	151	0.000	0.790	4.9
D36	中国临床药理学杂志	717	0.99	10.2	4.5	30	361	0.000	0.670	4.9
D36	中国临床药学杂志	102	0.93	14.8	4.3	15	75	0.000	0.390	5.3
D36	中国现代药物应用	2572	1.00	12.7	2.0	29	1191	–	0.061	3.6
D36	中国现代应用药学	381	0.95	15.7	4.4	27	230	0.000	0.510	5.3
D36	中国新药与临床杂志	158	0.98	19.1	4.2	23	113	0.000	0.410	4.4
D36	中国新药杂志	516	0.99	21.2	4.5	29	242	0.010	0.490	5.3
D36	中国药房	1391	0.99	16.7	4.4	30	771	0.010	0.490	4.8
D36	中国药理学通报	344	0.99	22.9	5.8	29	188	0.010	0.970	4.6
D36	中国药理学与毒理学杂志	207	0.76	19.8	4.8	24	135	0.070	0.820	6.0
D36	中国药品标准	64	0.81	8.7	3.4	21	46	–	0.094	7.1
D36	中国药师	670	0.99	13.8	4.0	30	372	0.000	0.370	5.6
D36	中国药事	265	0.98	16.0	3.8	28	154	0.000	0.220	5.3
D36	中国药物化学杂志	81	0.83	17.5	4.6	21	42	0.000	0.630	7.6
D36	中国药物经济学	725	1.00	10.6	1.8	24	413	0.001	0.061	3.6
D36	中国药物警戒	196	0.99	17.8	4.1	26	123	0.020	0.330	4.9
D36	中国药物滥用防治杂志	130	0.96	9.7	3.4	22	91	0.008	0.100	7.2
D36	中国药物评价	125	0.95	12.9	3.6	19	69	–	0.336	4.3
D36	中国药物依赖性杂志	100	0.92	21.4	4.2	22	73	0.020	0.480	6.9
D36	中国药物应用与监测	109	0.97	13.6	4.2	22	69	0.000	0.390	3.8
D36	中国药物与临床	843	0.99	9.3	3.1	18	216	–	0.246	6.2
D36	中国药学杂志	390	0.95	20.3	5.1	28	229	0.010	0.660	6.2
D36	中国药业	742	0.99	15.0	3.0	29	530	0.000	0.190	4.3
D36	中国医药工业杂志	294	0.93	15.6	4.0	27	146	0.000	0.300	6.3
D36	中国医院药学杂志	602	0.98	17.3	4.7	30	392	0.010	0.540	5.4

学科代码	期刊名称	来源文献量	文献选出率	平均引文数	平均作者数	地区分布数	机构分布数	海外论文比	基金论文比	引用半衰期
D36	中国医院用药评价与分析	591	1.00	15.6	3.4	28	404	0.002	0.281	3.9
D36	中南药学	440	0.97	19.3	4.3	27	234	0.010	0.380	6.0
D37	Chinese Journal of Integrative Medicine	136	0.97	29.9	4.9	17	79	0.169	0.794	8.2
D37	Journal of Acupuncture and Tuina Science	79	0.91	23.4	5.4	8	11	0.013	0.759	7.3
D37	Journal of Traditional Chinese Medicine	107	0.97	30.1	7.5	20	83	0.168	0.850	8.5
D37	World Journal of Acupuncture–Moxibustion	58	0.94	17.9	5.3	20	43	0.069	0.603	6.9
D37	按摩与康复医学	929	1.00	8.3	2.6	28	517	0.008	0.166	5.9
D37	北京中医药	341	0.96	10.6	3.9	25	113	0.000	0.420	7.2
D37	福建中医药	190	0.99	9.3	3.8	10	59	–	0.568	6.4
D37	光明中医	1625	0.99	8.5	2.2	28	775	0.004	0.165	5.0
D37	广西中医药	183	0.99	10.2	3.0	24	104	–	0.339	5.4
D37	国际中医中药杂志	325	0.94	12.0	3.8	27	202	0.000	0.390	5.3
D37	国医论坛	227	0.98	6.9	2.3	20	123	0.004	0.176	6.1
D37	河北中医	460	1.00	18.8	3.7	28	280	0.010	0.500	6.3
D37	河北中医药学报	120	1.00	13.3	4.7	14	62	0.000	0.690	5.7
D37	河南中医	776	0.98	13.9	3.0	30	432	–	0.640	6.6
D37	黑龙江中医药	205	1.00	8.6	2.7	20	122	–	0.180	5.5
D37	湖北中医杂志	334	1.00	8.5	2.5	22	143	–	0.317	6.9
D37	湖南中医杂志	1069	0.99	10.2	3.3	28	296	–	0.368	6.2
D37	环球中医药	454	0.98	14.4	4.1	23	176	0.020	0.510	6.5
D37	吉林中医药	371	0.99	19.7	3.6	23	183	0.000	0.850	5.6
D37	家庭中医药	148	0.33	–	1.5	13	42	0.014	–	–
D37	江苏中医药	379	0.97	8.8	3.1	25	172	0.000	0.430	6.9
D37	江西中医药	365	0.99	10.4	3.3	21	138	–	0.378	6.7
D37	辽宁中医杂志	875	1.00	16.0	4.4	30	281	0.000	0.850	6.0
D37	内蒙古中医药	3795	1.00	5.9	1.8	31	1927	0.001	0.070	4.1
D37	山东中医杂志	328	1.00	13.7	3.3	24	129	0.010	0.580	6.7
D37	山西中医	372	0.97	6.7	2.4	26	251	–	0.261	6.4
D37	陕西中医	815	1.00	9.2	3.0	28	467	0.001	0.391	3.7
D37	上海中医药杂志	337	0.97	15.5	4.4	23	144	0.000	0.770	6.5
D37	时珍国医国药	1127	1.00	13.8	4.8	30	387	–	0.917	6.4
D37	实用中西医结合临床	1236	1.00	6.6	1.8	25	667	–	0.059	3.1
D37	实用中医内科杂志	385	0.97	15.6	2.1	27	272	0.005	0.226	7.1

学科代码	期刊名称	来源文献量	文献选出率	平均引文数	平均作者数	地区分布数	机构分布数	海外论文比	基金论文比	引用半衰期
D37	实用中医药杂志	1169	0.99	6.2	1.9	29	677	–	0.077	4.8
D37	世界科学技术-中医药现代化	338	0.96	10.8	5.2	26	150	0.020	0.860	5.7
D37	世界中医药	770	0.96	19.7	4.4	29	386	0.010	0.800	5.0
D37	四川中医	1024	1.00	11.0	2.8	28	530	0.000	0.300	4.5
D37	天津中医药	230	0.92	16.2	3.9	17	76	0.020	0.640	6.6
D37	西部中医药	580	1.00	13.6	3.4	29	268	0.000	0.450	5.9
D37	现代中医临床	94	0.94	14.0	4.8	11	45	0.000	0.430	6.9
D37	现代中医药	214	0.96	10.1	2.9	21	111	0.009	0.276	6.0
D37	新疆中医药	304	1.00	12.9	2.8	12	56	–	0.220	6.1
D37	新中医	863	0.99	8.0	3.2	28	454	0.003	0.409	6.0
D37	云南中医中药杂志	580	1.00	8.9	2.8	27	282	0.002	0.269	5.8
D37	针刺研究	107	0.95	16.2	6.0	18	65	0.000	0.800	6.9
D37	中国民间疗法	985	0.99	3.7	2.0	31	444	–	0.057	6.6
D37	中国民族民间医药	1024	0.98	12.7	3.2	31	473	0.002	0.372	6.3
D37	中国民族医药杂志	598	0.99	5.4	2.5	20	174	–	0.247	9.8
D37	中国中医基础医学杂志	631	0.97	12.5	3.9	30	245	0.010	0.610	8.0
D37	中国中医急症	743	0.99	16.0	3.8	28	385	0.000	0.600	5.4
D37	中国中医眼科杂志	118	0.95	11.8	3.6	25	79	0.000	0.420	6.1
D37	中国中医药科技	422	0.99	10.2	2.9	24	255	–	0.417	6.9
D37	中国中医药现代远程教育	1616	0.99	8.5	3.1	29	541	–	0.493	5.9
D37	中国中医药信息杂志	409	0.98	12.4	4.6	28	194	0.000	0.700	5.9
D37	中华中医药学刊	887	0.99	20.3	4.8	30	356	0.000	0.900	5.5
D37	中华中医药杂志	1504	0.99	15.0	4.6	30	403	0.010	0.740	7.0
D37	中药药理与临床	373	1.00	16.5	4.9	29	193	0.003	0.748	5.7
D37	中医临床研究	2563	1.00	7.8	2.2	31	1250	0.000	0.144	5.0
D37	中医外治杂志	213	1.00	8.3	2.7	24	131	–	0.211	6.3
D37	中医文献杂志	135	0.94	10.7	2.4	22	59	–	0.585	≥10
D37	中医学报	661	0.98	17.0	3.3	27	339	0.000	0.800	5.9
D37	中医研究	396	0.97	9.8	3.0	23	155	–	0.462	6.2
D37	中医药导报	1035	0.98	13.4	3.8	30	428	0.030	0.510	6.0
D37	中医药临床杂志	712	1.00	14.8	2.9	28	270	–	0.476	5.3
D37	中医药通报	143	0.93	9.3	3.0	21	64	–	0.587	6.5
D37	中医药文化	83	0.88	13.8	1.9	16	36	0.024	0.627	≥10

学科代码	期刊名称	来源文献量	文献选出率	平均引文数	平均作者数	地区分布数	机构分布数	海外论文比	基金论文比	引用半衰期
D37	中医药信息	230	0.99	16.4	3.9	24	112	–	0.709	4.7
D37	中医药学报	222	1.00	17.0	4.7	23	96	0.005	0.784	5.7
D37	中医杂志	540	0.95	14.0	4.4	29	184	0.010	0.740	7.0
D38	安徽中医药大学学报	159	0.98	13.1	4.4	15	60	0.000	0.580	6.0
D38	北京中医药大学学报	176	0.93	15.0	5.6	21	64	0.010	0.930	7.0
D38	成都中医药大学学报	135	0.99	11.5	4.4	20	62	0.015	0.800	6.3
D38	甘肃中医药大学学报	189	0.94	12.2	3.6	19	88	0.005	0.561	6.7
D38	广西中医药大学学报	183	0.97	11.8	3.5	16	71	–	0.546	5.1
D38	广州中医药大学学报	219	0.96	14.1	4.4	22	100	0.000	0.740	7.0
D38	贵阳中医学院学报	153	0.94	12.9	4.1	16	67	0.007	0.673	5.3
D38	湖北中医药大学学报	207	1.00	14.8	3.3	19	113	0.000	0.820	6.5
D38	湖南中医药大学学报	355	1.00	13.4	4.5	24	137	0.010	0.710	5.5
D38	江西中医药大学学报	249	0.99	10.5	3.8	21	83	0.004	0.530	6.8
D38	康复学报	75	0.97	19.1	4.2	14	43	0.050	0.880	6.3
D38	辽宁中医药大学学报	802	0.99	19.3	3.6	27	254	0.000	0.660	5.7
D38	南京中医药大学学报	148	0.99	12.4	5.0	20	63	0.010	0.860	6.9
D38	山东中医药大学学报	167	0.97	13.3	3.5	19	75	0.010	0.590	6.6
D38	山西中医学院学报	172	0.97	10.6	3.2	18	73	–	0.512	6.0
D38	陕西中医药大学学报	253	0.99	11.1	3.2	24	106	–	0.482	6.7
D38	上海中医药大学学报	130	0.97	17.4	4.9	19	57	0.000	0.880	6.5
D38	天津中医药大学学报	117	0.94	19.8	4.6	17	42	0.010	0.670	5.8
D38	云南中医学院学报	146	1.00	19.7	4.9	19	92	0.000	0.960	4.8
D38	长春中医药大学学报	353	0.99	15.0	3.6	26	128	0.000	0.780	5.2
D38	浙江中医药大学学报	253	0.95	12.7	3.5	18	82	0.000	0.560	6.3
D39	Journal of Integrative Medicine	59	0.95	42.3	4.6	5	55	0.860	0.080	7.1
D39	深圳中西医结合杂志	2345	0.99	7.4	2.1	25	1101	0.001	0.078	3.6
D39	世界中西医结合杂志	454	0.98	13.9	3.8	28	239	0.010	0.510	6.3
D39	现代中西医结合杂志	1437	0.98	15.3	3.1	27	781	0.000	0.200	4.4
D39	中国中西医结合耳鼻咽喉科杂志	142	0.95	13.6	4.0	23	117	0.000	0.180	5.6
D39	中国中西医结合急救杂志	175	0.96	19.9	4.8	28	136	0.000	0.740	5.0
D39	中国中西医结合皮肤性病学杂志	201	0.91	10.2	4.1	27	130	0.000	0.240	6.5
D39	中国中西医结合肾病杂志	394	0.97	11.0	4.1	26	256	0.000	0.460	6.0
D39	中国中西医结合外科杂志	212	0.99	16.7	3.7	24	137	0.000	0.330	5.2

学科代码	期刊名称	来源文献量	文献选出率	平均引文数	平均作者数	地区分布数	机构分布数	海外论文比	基金论文比	引用半衰期
D39	中国中西医结合消化杂志	244	0.94	14.6	3.8	27	189	0.000	0.390	4.2
D39	中国中西医结合影像学杂志	284	0.99	13.6	3.8	26	204	–	0.331	6.5
D39	中国中西医结合杂志	330	0.92	17.8	4.5	27	193	0.040	0.720	7.1
D39	中西医结合肝病杂志	139	0.97	13.5	3.9	23	97	0.000	0.530	5.7
D39	中西医结合心脑血管病杂志	1077	0.99	13.7	3.5	28	598	0.000	0.320	5.4
D40	Chinese Herbal Medicines	50	0.93	33.6	5.5	17	41	0.060	0.640	6.4
D40	天然产物研究与开发	348	0.99	20.0	4.8	30	212	0.010	0.840	6.6
D40	现代中药研究与实践	134	1.00	14.1	4.5	27	87	0.010	0.670	6.1
D40	中草药	788	0.99	25.2	5.8	30	307	0.020	0.810	6.0
D40	中成药	616	1.00	16.8	5.0	30	320	0.000	0.710	6.4
D40	中国实验方剂学杂志	944	0.98	22.1	5.5	30	313	0.010	0.910	5.7
D40	中国现代中药	348	0.99	16.5	5.0	30	171	0.000	0.700	7.2
D40	中国中药杂志	764	0.99	23.1	6.1	30	256	0.020	0.810	6.0
D40	中药材	669	0.98	9.3	5.0	31	324	0.010	0.770	6.9
D40	中药新药与临床药理	160	0.99	18.4	5.4	27	73	0.010	0.880	6.5
D41	农垦医学	161	0.96	9.9	3.8	2	34	–	0.286	5.1
D41	上海针灸杂志	341	0.99	24.1	3.9	24	212	0.000	0.620	6.3
D41	针灸临床杂志	290	0.96	16.9	4.3	24	138	0.010	0.590	6.0
D41	中国骨伤	246	0.95	17.2	5.0	26	165	0.000	0.250	6.0
D41	中国针灸	305	0.80	17.2	4.9	25	147	0.040	0.640	7.3
D41	中国中医骨伤科杂志	276	1.00	18.1	4.9	22	155	0.000	0.420	5.7
D41	中医正骨	266	0.97	18.0	4.4	22	139	–	0.380	4.9
E01	CT 理论与应用研究	95	0.91	17.7	5.1	21	66	0.000	0.530	6.8
E01	Nano Research	363	0.97	52.5	5.9	23	246	0.480	0.610	4.5
E01	Science China Technological Sciences	192	0.99	37.3	4.2	22	82	0.036	0.911	6.6
E01	包装工程	1179	0.97	14.6	2.7	29	410	0.006	0.634	5.4
E01	包装世界	255	0.92	5.1	1.6	22	105	0.008	0.408	6.9
E01	包装学报	78	0.94	21.4	3.4	12	23	–	0.641	6.3
E01	包装与设计	60	0.50	5.0	1.6	10	17	–	0.217	7.3
E01	标准科学	274	0.98	7.2	3.0	20	112	–	0.489	7.6
E01	测试技术学报	90	0.96	11.5	3.7	15	38	0.000	0.490	7.1
E01	成组技术与生产现代化	49	0.96	8.8	3.4	8	14	–	0.673	6.6
E01	船舶标准化工程师	87	0.72	4.8	2.5	14	59	–	0.034	8.8

学科代码	期刊名称	来源文献量	文献选出率	平均引文数	平均作者数	地区分布数	机构分布数	海外论文比	基金论文比	引用半衰期
E01	船舶标准化与质量	86	0.75	2.6	2.2	11	40	–	–	6.4
E01	大众标准化	128	0.44	1.1	1.3	12	75	–	0.008	7.4
E01	电信工程技术与标准化	224	0.84	3.4	2.6	25	79	–	0.179	4.3
E01	福建质量管理	5942	1.00	4.5	1.3	31	1564	0.003	0.051	7.0
E01	福建质量技术监督	224	0.55	–	1.3	1	55	0.040	–	–
E01	工程爆破	113	0.95	10.7	3.9	21	79	0.020	0.380	8.1
E01	工程地球物理学报	113	0.97	14.1	3.2	24	84	–	0.584	7.6
E01	工程建设	297	0.98	5.8	1.9	28	178	–	0.114	8.1
E01	工程建设与设计	2041	0.98	3.2	1.4	31	1290	0.001	0.021	5.5
E01	工程科学学报	240	0.97	21.9	4.3	23	67	0.040	0.830	7.2
E01	工程力学	339	0.97	22.9	3.7	24	105	0.020	0.940	8.8
E01	工程数学学报	55	1.00	20.2	2.8	24	48	0.000	0.910	≥10
E01	工程与建设	249	0.99	9.6	1.9	20	119	–	0.096	8.5
E01	工程与试验	111	0.98	5.6	2.8	14	31	–	0.108	9.8
E01	工程质量	268	0.85	4.8	2.4	24	169	0.004	0.090	7.4
E01	工具技术	408	0.76	7.9	3.6	26	178	0.000	0.530	7.5
E01	工业工程	89	0.94	16.8	3.0	21	56	0.020	0.900	6.8
E01	工业计量	213	0.90	3.1	2.1	27	125	–	0.028	≥10
E01	工业设计	892	0.78	4.3	1.6	31	463	0.004	0.163	5.7
E01	航空标准化与质量	81	0.91	3.2	2.3	15	41	–	0.037	9.4
E01	航天标准化	41	0.91	4.0	3.0	6	30	–	0.171	7.4
E01	河北工业科技	79	0.92	19.2	3.5	16	34	0.010	0.730	6.5
E01	衡器	157	0.74	2.1	1.9	26	89	0.006	–	≥10
E01	机械工业标准化与质量	95	0.59	–	2.2	21	68	–	0.063	–
E01	计量技术	276	0.98	6.7	3.2	28	155	0.011	0.312	9.9
E01	计量学报	171	0.98	12.5	4.5	19	74	0.010	0.750	8.0
E01	计量与测试技术	710	0.99	3.7	2.2	29	257	0.008	0.049	9.6
E01	科学技术与工程	2019	1.00	15.6	3.7	31	591	0.000	0.700	7.1
E01	冷藏技术	52	0.93	8.2	2.7	13	27	0.038	0.135	7.2
E01	宁夏工程技术	86	0.96	9.5	2.9	8	32	0.012	0.419	7.9
E01	热喷涂技术	46	0.92	14.7	4.6	9	23	0.087	0.326	9.0
E01	人类工效学	89	0.97	21.6	3.6	22	53	0.020	0.650	8.5
E01	润滑与密封	311	0.96	13.5	4.1	25	157	0.000	0.760	8.6

学科代码	期刊名称	来源文献量	文献选出率	平均引文数	平均作者数	地区分布数	机构分布数	海外论文比	基金论文比	引用半衰期
E01	山东工业技术	6279	1.00	3.2	1.5	31	3542	0.007	0.054	4.7
E01	上海计量测试	114	0.78	6.2	2.8	15	45	–	0.096	8.0
E01	设备监理	86	0.75	2.8	1.8	19	61	–	–	6.7
E01	声学与电子工程	58	0.97	6.4	2.7	9	14	–	0.086	≥10
E01	市政技术	303	0.85	6.1	2.4	26	185	–	0.178	7.7
E01	市政设施管理	97	0.96	1.6	1.5	19	63	–	–	6.7
E01	数字与缩微影像	52	0.88	4.0	1.6	16	31	–	0.077	6.4
E01	塑料包装	66	0.85	8.4	2.1	15	40	–	–	6.2
E01	现代测量与实验室管理	152	0.99	4.3	2.4	26	104	–	0.033	≥10
E01	新技术新工艺	286	0.97	6.9	3.4	28	186	–	0.206	8.2
E01	新媒体研究	1525	0.98	4.3	1.2	31	865	0.003	0.105	3.4
E01	新型工业化	161	0.88	14.5	3.2	24	102	–	0.553	5.2
E01	信息技术与标准化	201	0.79	2.6	2.3	20	87	0.005	0.234	3.9
E01	液晶与显示	143	0.97	13.3	4.7	22	90	0.030	0.550	6.5
E01	液压气动与密封	298	0.96	7.6	3.1	26	159	0.000	0.280	7.3
E01	仪器仪表标准化与计量	75	0.74	4.0	2.3	19	43	–	0.107	8.6
E01	应用基础与工程科学学报	114	0.95	20.0	4.0	24	79	0.030	0.920	8.2
E01	真空	112	0.93	10.2	4.0	20	71	0.040	0.230	9.8
E01	真空科学与技术学报	209	1.00	16.3	4.4	25	104	–	0.665	8.0
E01	质量技术监督研究	90	0.94	4.7	1.6	8	42	–	0.056	6.9
E01	质量与标准化	137	0.55	0.3	1.6	9	60	–	0.022	8.8
E01	质量与可靠性	88	0.95	2.7	3.1	11	52	–	–	7.7
E01	中国包装	197	0.44	5.4	1.5	22	66	–	0.350	7.2
E01	中国标准化	2106	0.88	3.4	1.6	31	1381	0.001	0.059	4.6
E01	中国测绘	103	0.67	0.1	1.5	20	53	–	–	–
E01	中国测试	336	1.00	14.3	4.0	27	184	0.010	0.650	6.3
E01	中国工程科学	118	0.94	10.4	5.1	15	67	0.010	0.990	4.0
E01	中国惯性技术学报	149	0.97	13.7	4.2	20	64	0.000	0.790	4.3
E01	中国计量	518	0.77	–	2.1	29	282	0.006	0.046	–
E01	中国科学(技术科学)	128	0.91	33.2	4.4	23	84	0.010	0.880	7.3
E01	中国认证认可	178	0.68	–	1.9	14	97	–	0.006	–
E01	中国新技术新产品	2093	0.99	3.2	1.4	31	1315	0.004	0.020	4.7
E01	中国质量	117	0.36	0.1	2.1	18	93	0.205	–	≥10

学科代码	期刊名称	来源文献量	文献选出率	平均引文数	平均作者数	地区分布数	机构分布数	海外论文比	基金论文比	引用半衰期
E01	中国质量技术监督	164	0.34	–	1.4	22	97	–	–	–
E01	中国质量与标准导报	204	0.55	2.0	2.0	26	100	–	0.054	8.2
E02	Journal of Beijing Institute of Technology	74	0.95	16.3	2.9	10	19	–	0.851	8.2
E02	Journal of Central South University	305	0.99	26.1	3.8	23	118	0.157	0.830	7.9
E02	Journal of Chongqing University	16	1.00	18.0	2.2	7	9	–	0.750	8.5
E02	Journal of Donghua University	141	1.00	23.1	2.7	16	39	–	0.887	7.0
E02	Journal of Harbin Institute of Technology	69	0.97	29.0	3.2	13	30	0.014	0.899	8.4
E02	Journal of Shanghai Jiaotong University (Science)	104	1.00	17.5	3.1	17	55	0.010	0.865	8.4
E02	Journal of Southeast University	80	0.98	17.2	3.6	11	20	–	0.962	6.2
E02	Transactions of Tianjin University	67	0.99	29.4	4.0	7	8	0.015	0.851	8.2
E02	Tsinghua Science and Technology	64	0.91	28.4	4.2	15	34	0.125	0.828	6.0
E02	安徽电气工程职业技术学院学报	101	0.99	6.7	2.6	12	43	–	0.277	8.1
E02	安徽工程大学学报	103	0.99	12.4	2.8	3	12	–	0.883	6.0
E02	安徽工业大学学报(自然科学版)	67	0.96	13.5	4.0	9	17	0.010	0.850	6.5
E02	安阳工学院学报	210	1.00	7.7	1.7	21	103	–	0.386	7.6
E02	北方工业大学学报	136	0.92	9.9	1.7	19	56	0.007	0.566	9.7
E02	北京服装学院学报(自然科学版)	51	0.86	10.8	2.9	6	9	–	0.804	7.8
E02	北京工业大学学报	255	0.99	21.1	4.1	22	61	0.020	0.980	7.6
E02	北京交通大学学报	114	0.96	16.1	3.3	14	36	0.000	0.820	6.9
E02	北京理工大学学报	232	0.95	10.8	3.9	20	66	0.020	0.730	7.2
E02	常熟理工学院学报	139	1.00	13.3	2.3	21	64	0.014	0.612	≥10
E02	常州工学院学报	99	1.00	9.0	2.2	9	41	–	0.626	5.8
E02	成都纺织高等专科学校学报	217	1.00	13.2	3.0	19	49	0.005	0.465	7.0
E02	成都信息工程大学学报	108	1.00	16.7	3.3	10	25	–	0.852	7.9
E02	重庆大学学报	142	0.94	19.5	4.1	25	67	0.010	0.910	7.0
E02	重庆电子工程职业学院学报	231	0.99	5.8	1.3	22	141	–	0.468	6.0
E02	大连工业大学学报	103	0.94	13.8	4.7	6	9	0.020	0.650	7.9
E02	大连理工大学学报	96	0.98	15.6	3.7	16	29	0.020	0.950	8.1
E02	东北大学学报(自然科学版)	356	1.00	11.9	3.6	13	21	0.010	0.980	7.6
E02	东莞理工学院学报	134	1.00	11.5	2.0	17	75	–	0.642	6.6
E02	东华大学学报(自然科学版)	150	0.96	10.0	3.9	10	22	0.000	0.740	7.1
E02	东南大学学报(自然科学版)	201	0.98	15.8	3.9	16	44	0.030	0.950	6.4

学科代码	期刊名称	来源文献量	文献选出率	平均引文数	平均作者数	地区分布数	机构分布数	海外论文比	基金论文比	引用半衰期
E02	福建工程学院学报	116	1.00	10.3	2.5	5	26	–	0.845	6.4
E02	工程科学与技术	169	0.96	15.9	4.2	24	78	0.000	0.950	6.7
E02	广东工业大学学报	105	0.99	18.4	3.5	5	20	–	0.962	5.8
E02	广东轻工职业技术学院学报	66	1.00	9.7	1.8	9	33	–	0.682	5.2
E02	广西科技大学学报	80	0.93	12.3	3.6	5	11	–	1.000	5.8
E02	桂林理工大学学报	113	0.99	12.7	4.4	20	47	0.010	0.950	8.7
E02	国防科技大学学报	180	1.00	16.9	3.9	15	36	0.010	0.870	8.5
E02	哈尔滨工程大学学报	296	0.99	15.4	3.9	22	78	0.020	0.940	7.6
E02	哈尔滨工业大学学报	338	0.97	20.1	4.0	20	86	0.010	0.910	7.7
E02	哈尔滨理工大学学报	153	0.97	18.8	3.5	9	15	0.020	0.920	6.5
E02	海军工程大学学报	127	0.96	10.1	3.7	9	16	0.000	0.580	7.6
E02	合肥工业大学学报(自然科学版)	319	0.98	14.0	3.6	19	76	0.000	0.850	7.8
E02	河北工业大学学报	117	0.98	13.9	3.8	7	16	0.000	0.920	7.2
E02	河北软件职业技术学院学报	87	0.97	6.4	1.7	15	49	–	0.609	4.1
E02	河南城建学院学报	94	0.94	12.0	2.8	16	48	0.011	0.840	7.1
E02	河南工程学院学报(自然科学版)	70	0.99	9.7	2.7	8	26	–	0.686	6.5
E02	河南理工大学学报(自然科学版)	134	0.99	13.5	3.8	20	48	0.010	0.950	7.2
E02	黑龙江大学工程学报	64	0.91	14.2	3.8	15	29	–	0.922	5.8
E02	黑龙江工程学院学报	112	0.95	11.6	2.8	14	28	–	0.634	6.7
E02	黑龙江科技大学学报	140	0.98	9.9	3.1	10	27	0.010	0.740	5.9
E02	湖北工程学院学报	148	0.97	11.6	1.9	19	66	–	0.554	8.5
E02	湖北工业大学学报	175	1.00	9.8	2.9	6	16	0.006	0.497	7.8
E02	湖北理工学院学报	92	1.00	10.8	3.4	12	28	–	0.783	5.4
E02	湖南大学学报(自然科学版)	263	1.00	17.5	4.1	22	49	0.010	0.970	7.6
E02	湖南工业大学学报	94	0.91	15.4	3.4	6	14	–	0.745	6.6
E02	湖南科技大学学报(自然科学版)	76	1.00	17.6	3.4	15	40	0.010	0.880	8.1
E02	湖南理工学院学报(自然科学版)	78	0.95	9.4	2.7	10	22	–	0.590	6.9
E02	华北科技学院学报	134	0.97	10.9	2.8	11	31	–	0.739	7.1
E02	华东理工大学学报(自然科学版)	130	0.98	17.3	3.8	5	9	0.000	0.640	7.7
E02	华南理工大学学报(自然科学版)	244	0.96	15.6	3.9	20	43	0.010	0.980	6.9
E02	华中科技大学学报(自然科学版)	281	1.00	14.7	3.6	24	94	0.000	0.950	6.5
E02	淮海工学院学报(自然科学版)	78	1.00	11.0	3.1	11	48	0.013	0.782	7.3
E02	淮阴工学院学报	121	0.99	11.6	2.1	13	62	–	0.645	8.2

学科代码	期刊名称	来源文献量	文献选出率	平均引文数	平均作者数	地区分布数	机构分布数	海外论文比	基金论文比	引用半衰期
E02	黄河科技大学学报	117	0.95	17.6	1.2	20	69	–	0.598	≥10
E02	吉林大学学报(工学版)	268	1.00	15.5	4.4	20	62	0.020	0.980	7.0
E02	江苏大学学报(自然科学版)	120	1.00	13.2	3.9	16	44	0.030	0.950	5.8
E02	江苏工程职业技术学院学报	110	0.99	7.4	1.5	12	47	–	0.664	5.7
E02	江苏科技大学学报(自然科学版)	147	0.99	14.8	3.6	13	46	0.010	0.730	6.4
E02	江苏理工学院学报	168	0.99	8.1	2.2	17	61	–	0.595	6.7
E02	江西理工大学学报	109	1.00	16.9	2.7	14	36	–	0.872	5.6
E02	空军工程大学学报(自然科学版)	107	0.98	18.9	4.3	6	11	0.000	0.900	6.0
E02	兰州工业学院学报	169	0.98	9.5	1.9	22	84	–	0.349	8.5
E02	兰州理工大学学报	195	0.97	13.7	3.6	21	60	0.000	0.880	7.8
E02	兰州文理学院学报(自然科学版)	167	0.98	10.0	2.2	22	87	0.012	0.695	7.3
E02	辽宁工业大学学报(自然科学版)	96	1.00	12.0	2.9	9	21	–	0.562	9.2
E02	辽宁科技大学学报	83	1.00	14.5	4.5	8	17	0.012	0.831	6.3
E02	辽宁石油化工大学学报	94	1.00	17.2	4.1	14	20	–	0.734	6.5
E02	洛阳理工学院学报(自然科学版)	92	1.00	8.4	2.5	14	30	–	0.348	6.5
E02	美食研究	53	0.93	13.8	2.6	19	29	–	0.623	9.6
E02	南昌大学学报(工科版)	72	1.00	15.3	4.1	6	19	–	0.903	6.8
E02	南昌工程学院学报	130	0.95	13.6	2.8	13	38	–	0.846	7.5
E02	南京工程学院学报(自然科学版)	56	0.97	12.9	3.3	8	21	–	0.714	7.0
E02	南京工业大学学报(自然科学版)	140	0.99	16.0	4.1	9	21	0.010	0.840	7.7
E02	南京工业职业技术学院学报	101	0.95	6.3	1.5	12	40	–	0.614	5.6
E02	南京理工大学学报(自然科学版)	117	1.00	16.1	3.4	18	60	0.000	0.780	5.9
E02	南京信息工程大学学报	85	0.88	34.3	3.3	16	55	0.110	0.910	6.0
E02	南阳理工学院学报	166	0.99	10.9	2.1	20	67	–	0.482	7.6
E02	宁波工程学院学报	97	0.97	8.7	2.4	11	23	–	0.784	6.9
E02	齐鲁工业大学学报	97	0.99	15.6	3.5	10	37	–	0.835	7.0
E02	青岛大学学报(工程技术版)	101	0.98	20.2	3.9	4	5	–	0.762	7.1
E02	青岛理工大学学报	127	1.00	10.1	3.2	13	34	–	0.409	7.1
E02	轻工学报	91	0.97	17.5	4.8	12	30	–	0.901	6.2
E02	清华大学学报(自然科学版)	219	1.00	2.7	3.7	21	51	0.040	0.850	6.9
E02	厦门理工学院学报	95	0.85	12.7	2.3	9	29	0.021	0.789	7.1
E02	山东大学学报(工学版)	142	0.97	12.9	3.8	21	73	0.010	0.800	6.5
E02	山东科技大学学报(自然科学版)	95	1.00	17.3	3.8	12	22	0.000	0.850	6.3

学科代码	期刊名称	来源文献量	文献选出率	平均引文数	平均作者数	地区分布数	机构分布数	海外论文比	基金论文比	引用半衰期
E02	山东理工大学学报(自然科学版)	97	0.99	12.0	3.2	11	22	–	0.546	6.3
E02	陕西理工学院学报(自然科学版)	97	0.98	13.8	3.0	16	40	–	0.794	6.0
E02	上海第二工业大学学报	55	0.77	16.3	3.1	4	6	–	0.964	6.0
E02	上海工程技术大学学报	76	0.95	12.8	2.7	13	20	–	0.579	5.8
E02	上海交通大学学报	222	1.00	14.7	4.0	20	80	0.010	0.860	6.9
E02	深圳大学学报(理工版)	92	0.98	21.2	4.4	19	42	0.030	1.000	5.2
E02	沈阳工程学院学报(自然科学版)	67	1.00	10.9	3.1	11	29	–	0.373	7.3
E02	沈阳工业大学学报	129	1.00	11.9	3.1	19	65	0.020	1.000	4.2
E02	沈阳理工大学学报	132	0.99	10.0	3.2	7	15	–	0.492	7.7
E02	四川理工学院学报(自然科学版)	109	1.00	16.7	2.9	21	48	–	0.761	6.0
E02	苏州科技大学学报(工程技术版)	54	1.00	13.4	2.9	2	5	–	0.630	7.0
E02	太原理工大学学报	163	0.97	21.8	3.9	12	27	0.020	0.910	7.6
E02	天津大学学报	181	0.98	17.4	4.2	13	22	0.020	0.930	7.3
E02	天津工业大学学报	94	1.00	17.8	4.0	1	5	0.000	0.980	6.9
E02	天津科技大学学报	81	0.87	19.8	4.1	5	10	0.000	0.780	8.5
E02	天津理工大学学报	80	1.00	11.6	3.2	6	9	–	0.738	7.0
E02	同济大学学报(自然科学版)	261	0.96	17.4	3.3	18	28	0.020	0.880	8.3
E02	武汉大学学报(工学版)	148	1.00	17.8	4.0	20	72	0.010	0.810	8.4
E02	武汉纺织大学学报	95	0.99	9.0	2.4	14	30	–	0.589	8.4
E02	武汉工程大学学报	103	0.94	17.6	4.5	15	27	0.019	0.786	7.0
E02	武汉工程职业技术学院学报	113	0.98	6.5	2.0	14	48	–	0.460	6.0
E02	武汉科技大学学报(自然科学版)	83	1.00	12.2	4.4	9	13	0.010	0.920	6.7
E02	武警工程大学学报	137	0.92	8.3	1.5	11	16	–	0.285	6.1
E02	西安工程大学学报	136	0.98	17.1	3.5	11	24	–	0.882	5.8
E02	西安工业大学学报	149	0.95	14.8	3.0	7	27	0.010	0.790	7.9
E02	西安交通大学学报	276	0.96	16.6	4.2	19	76	0.020	0.920	6.4
E02	西安科技大学学报	137	0.94	17.9	3.9	16	41	0.020	0.820	7.9
E02	西安理工大学学报	83	0.92	12.5	3.9	6	14	0.020	0.920	6.8
E02	西北工业大学学报	168	0.98	13.1	3.9	10	26	0.010	0.800	7.7
E02	西华大学学报(自然科学版)	114	0.97	16.8	3.5	14	40	0.010	0.630	8.0
E02	西南交通大学学报	159	0.99	17.9	4.0	21	54	0.020	0.940	7.9
E02	西南科技大学学报	72	1.00	14.8	3.9	4	10	–	0.708	8.2
E02	信息工程大学学报	146	0.97	14.4	3.5	8	18	–	0.644	7.0

学科代码	期刊名称	来源文献量	文献选出率	平均引文数	平均作者数	地区分布数	机构分布数	海外论文比	基金论文比	引用半衰期
E02	徐州工程学院学报(自然科学版)	66	1.00	15.2	3.6	16	33	0.015	0.955	7.3
E02	燕山大学学报	79	0.99	20.9	4.1	17	28	0.030	1.000	7.0
E02	应用技术学报	72	0.96	19.9	3.5	9	23	–	0.681	6.6
E02	长春工程学院学报(自然科学版)	117	0.98	9.0	2.8	14	45	–	0.547	7.5
E02	长春工业大学学报	107	0.99	10.7	3.0	8	24	–	0.860	6.5
E02	长春理工大学学报(自然科学版)	193	1.00	11.4	3.9	7	20	0.000	0.410	7.0
E02	长江工程职业技术学院学报	94	0.96	4.5	1.6	16	49	–	0.489	6.7
E02	长沙理工大学学报(自然科学版)	58	0.94	13.3	3.6	9	10	–	0.845	4.2
E02	浙江大学学报(工学版)	305	0.98	18.4	4.2	24	87	0.030	0.920	7.3
E02	浙江纺织服装职业技术学院学报	74	0.97	9.0	1.9	11	26	–	0.351	6.7
E02	浙江工业大学学报	129	0.98	15.9	3.8	3	4	0.000	0.790	6.9
E02	郑州大学学报(工学版)	114	0.95	10.9	3.6	16	44	0.000	0.960	6.4
E02	中国计量大学学报	85	0.99	16.4	3.6	5	7	–	0.718	7.4
E02	中南大学学报(自然科学版)	440	0.97	19.4	4.4	24	107	0.020	0.980	7.5
E02	中原工学院学报	119	0.98	10.7	2.6	14	38	–	0.664	7.2
E02	解放军理工大学学报(自然科学版)	47	1.00	15.2	4.0	10	26	–	0.915	6.2
E03	Engineering	121	0.96	47.4	2.7	14	90	0.455	0.537	6.6
E03	Frontiers of Information Technology & Electronic Engineering	168	0.97	35.3	4.0	21	84	0.137	0.851	6.2
E03	IEEE/CAA Journal of Automatica Sinica	85	0.97	38.3	3.7	21	70	0.271	0.788	6.2
E03	International Journal of Automation & computing	63	1.00	36.2	2.9	11	48	0.460	0.587	7.7
E03	Journal of Electronic Science and Technology of China	59	0.95	25.2	2.3	7	29	0.339	0.763	7.6
E03	Journal of Systems Engineering and Electronics	127	0.96	26.0	3.6	17	46	0.016	0.882	7.6
E03	Science China Information Sciences	283	0.96	26.2	3.8	22	110	0.053	0.905	6.4
E03	The Journal of China Universities of Posts and Telecommunications	64	0.91	21.2	3.9	14	34	–	0.891	6.4
E03	ZTE Communications	36	0.90	24.4	3.7	8	27	0.278	0.556	4.1
E03	磁性材料及器件	90	0.89	10.2	3.8	21	60	–	0.400	9.4
E03	当代电视	652	0.94	0.9	1.2	29	344	0.003	0.170	7.4
E03	电脑与电信	327	0.93	5.3	1.8	29	221	–	0.327	4.6
E03	电气电子教学学报	244	0.98	5.8	3.2	27	125	–	0.635	6.0

学科代码	期刊名称	来源文献量	文献选出率	平均引文数	平均作者数	地区分布数	机构分布数	海外论文比	基金论文比	引用半衰期
E03	电信技术	291	0.96	3.4	2.2	27	143	0.003	0.003	4.7
E03	电信快报	132	0.77	3.8	1.9	14	47	–	0.197	4.9
E03	电信网技术	246	0.94	3.0	2.0	24	88	–	0.061	4.2
E03	光纤与电缆及其应用技术	78	1.00	3.8	3.5	15	45	–	0.090	9.9
E03	广播电视信息	347	0.83	2.2	1.6	31	198	0.003	0.023	5.5
E03	红外	96	0.84	11.7	3.5	19	44	–	0.323	7.9
E03	机电产品开发与创新	315	0.98	5.8	2.6	26	175	–	0.289	8.0
E03	机电一体化	124	0.94	9.1	3.1	13	26	–	0.411	7.9
E03	机器人	99	0.97	22.8	4.2	18	54	0.020	0.920	6.0
E03	机器人技术与应用	37	0.44	5.9	2.9	11	26	0.027	0.270	6.8
E03	集成电路应用	245	0.96	6.3	1.5	29	122	0.073	0.498	7.1
E03	计算机测量与控制	899	1.00	10.6	3.0	30	438	0.000	0.370	5.5
E03	计算技术与自动化	128	1.00	12.2	2.9	22	83	0.000	0.570	6.6
E03	舰船电子对抗	162	0.98	6.8	2.4	15	48	–	0.043	8.7
E03	江苏通信	136	0.65	–	1.6	7	53	–	0.015	–
E03	决策与信息(上旬刊)	187	0.85	7.5	1.5	24	97	0.011	0.267	7.8
E03	决策咨询	143	0.96	5.0	1.6	23	88	–	0.308	5.3
E03	科学与信息化	4538	1.00	2.8	1.4	31	2463	0.002	0.015	4.1
E03	控制工程	429	1.00	15.5	2.9	29	276	0.010	0.750	6.7
E03	雷达与对抗	66	1.00	6.0	3.1	9	17	–	–	9.8
E03	模式识别与人工智能	119	0.93	23.9	3.4	21	72	0.000	0.970	5.5
E03	山西电子技术	188	0.97	4.4	2.0	19	83	–	0.181	6.1
E03	深空探测学报	80	0.96	20.4	4.4	13	36	–	0.525	8.0
E03	数字传媒研究	297	0.93	1.7	1.2	22	96	–	0.044	3.6
E03	数字化用户	10896	1.00	2.7	1.3	31	6402	0.003	0.028	3.6
E03	数字技术与应用	1720	0.99	3.6	1.7	31	1090	0.001	0.148	4.9
E03	数字教育	96	0.92	10.7	2.2	19	66	0.104	0.688	3.9
E03	数字通信世界	2155	0.98	2.0	1.4	31	1411	0.006	0.027	4.2
E03	网络空间安全	143	0.95	6.7	2.1	25	100	–	0.266	5.9
E03	系统仿真技术	65	0.97	8.1	3.0	15	32	0.020	0.350	8.6
E03	系统仿真学报	409	0.98	15.1	3.4	28	187	0.000	0.810	6.7
E03	现代电视技术	339	0.85	0.8	1.5	25	85	0.015	–	6.8
E03	现代电影技术	134	0.71	4.0	1.9	16	65	–	0.045	≥10

学科代码	期刊名称	来源文献量	文献选出率	平均引文数	平均作者数	地区分布数	机构分布数	海外论文比	基金论文比	引用半衰期
E03	信息安全学报	25	0.89	45.4	3.4	7	11	–	0.920	6.8
E03	信息安全研究	149	0.82	14.2	2.5	17	102	0.040	0.430	4.5
E03	信息安全与通信保密	120	0.68	12.3	1.6	7	65	0.067	0.075	6.6
E03	信息化研究	90	0.94	8.5	2.4	12	37	–	0.244	7.0
E03	信息技术	512	0.98	11.1	2.8	27	201	0.000	0.490	6.8
E03	信息技术与信息化	470	0.77	5.7	2.1	30	309	0.002	0.315	5.1
E03	信息系统工程	1360	0.97	3.0	1.6	31	862	0.001	0.091	4.9
E03	遥测遥控	69	0.99	10.7	3.7	11	25	0.000	0.280	7.4
E03	冶金信息导刊	98	0.97	3.7	2.9	14	45	0.061	0.020	8.6
E03	印制电路信息	159	0.82	4.7	2.6	12	66	–	0.031	≥10
E03	应用科技	99	0.95	14.3	3.4	17	49	0.000	0.800	6.2
E03	有线电视技术	402	0.90	1.7	1.9	30	212	0.002	0.055	4.8
E03	制造业自动化	450	1.00	8.3	3.2	27	247	0.000	0.400	6.5
E03	智能系统学报	114	0.92	22.1	3.3	23	79	0.020	0.990	6.4
E03	中国电视	271	0.90	6.0	1.5	26	140	–	0.399	8.2
E03	中国电子科学研究院学报	122	1.00	11.3	3.1	18	56	–	0.533	6.6
E03	中国广播	297	0.74	3.7	1.4	27	106	–	0.047	3.0
E03	中国集成电路	160	0.73	3.2	2.1	14	82	0.256	0.062	9.2
E03	中国信息化	188	0.39	0.4	1.6	28	154	0.005	0.043	≥10
E03	中国信息技术教育	825	0.89	1.7	1.5	30	493	0.012	0.166	4.0
E03	中文信息学报	170	0.96	16.5	3.6	26	71	0.030	0.920	8.7
E03	自动化博览	150	0.34	3.4	2.1	19	76	–	0.040	7.3
E03	自动化技术与应用	418	1.00	8.8	2.7	28	251	0.000	0.240	6.5
E03	自动化学报	201	0.99	37.0	3.6	23	108	0.050	0.950	6.0
E03	自动化应用	744	0.96	4.4	2.1	30	523	0.001	0.118	5.9
E03	自动化与信息工程	59	0.92	8.5	3.2	5	35	–	0.627	5.3
E03	自动化与仪器仪表	1045	0.99	13.1	2.1	31	517	0.000	0.150	3.9
E04	化学与生物工程	180	0.99	18.2	4.4	24	97	0.000	0.640	7.2
E04	生物工程学报	179	0.94	40.1	4.9	24	110	0.020	0.860	6.7
E04	生物技术通报	356	0.99	34.1	4.7	30	216	0.000	0.860	7.0
E04	生物加工过程	73	0.95	30.5	4.6	16	44	0.000	0.860	7.1
E04	中国生化药物杂志	1748	1.00	11.9	2.8	29	679	–	0.116	3.7
E04	中国生物工程杂志	207	0.95	28.7	5.0	28	128	0.010	0.790	6.9

学科代码	期刊名称	来源文献量	文献选出率	平均引文数	平均作者数	地区分布数	机构分布数	海外论文比	基金论文比	引用半衰期
E05	保鲜与加工	149	0.95	22.7	4.0	29	104	0.000	0.640	6.6
E05	福建农机	55	0.89	4.6	1.8	6	33	–	0.145	6.2
E05	灌溉排水学报	232	1.00	18.3	4.8	28	104	0.000	0.810	7.4
E05	广西农业机械化	106	0.85	1.0	1.4	11	80	–	–	5.7
E05	河北农机	562	0.92	2.9	1.8	27	237	–	0.119	5.0
E05	湖北农机化	250	0.87	1.6	1.7	19	119	–	0.028	8.9
E05	江苏农机化	115	0.93	0.6	2.0	3	74	–	0.035	6.2
E05	节水灌溉	302	0.97	14.6	3.8	26	126	0.000	0.780	7.3
E05	菌物研究	38	0.90	32.1	4.5	18	27	–	0.974	7.5
E05	木材加工机械	66	0.92	14.5	3.4	15	38	–	0.758	7.7
E05	南方农机	3240	0.96	3.4	1.8	31	1607	0.002	0.078	3.8
E05	农产品加工(上半月)	334	0.98	11.7	4.1	29	198	–	0.608	6.9
E05	农产品加工(下半月)	343	0.97	11.0	3.9	30	202	0.003	0.583	7.2
E05	农村牧区机械化	103	0.80	1.0	1.9	7	51	–	0.010	8.8
E05	农机化研究	630	0.99	16.0	4.0	29	200	–	0.997	6.7
E05	农机科技推广	227	0.58	–	1.7	24	144	–	–	–
E05	农机使用与维修	852	0.99	0.8	1.4	26	375	–	0.038	6.4
E05	农机质量与监督	111	0.31	–	1.6	24	65	–	–	–
E05	农业工程	293	0.94	9.6	2.9	30	177	0.000	0.360	5.5
E05	农业工程学报	973	1.00	33.8	5.2	30	259	0.020	0.910	6.3
E05	农业环境科学学报	325	0.97	32.1	5.7	30	142	0.010	0.870	7.0
E05	农业机械学报	632	1.00	26.7	4.9	28	155	0.060	0.950	6.1
E05	农业技术与装备	472	1.00	2.1	1.9	25	324	–	0.078	5.6
E05	农业开发与装备	2068	1.00	2.4	1.7	31	1397	0.000	0.062	5.4
E05	农业科技与装备	441	0.96	4.7	1.9	20	172	–	0.211	4.1
E05	农业现代化研究	137	0.98	23.3	3.5	25	72	0.040	0.960	5.4
E05	农业装备技术	152	0.88	3.2	2.6	12	87	–	0.164	7.1
E05	农业装备与车辆工程	271	0.95	8.8	3.2	25	95	–	0.292	8.2
E05	排灌机械工程学报	165	0.94	16.5	4.5	18	55	0.020	0.880	6.8
E05	热带农业工程	104	1.00	11.0	3.6	11	49	–	0.673	6.9
E05	生态与农村环境学报	152	0.97	30.2	5.5	23	96	0.000	0.800	7.1
E05	时代农机	2023	0.97	2.5	1.5	31	980	0.000	0.158	4.6
E05	水土保持通报	340	0.97	17.2	4.3	30	188	0.010	0.890	7.8

学科代码	期刊名称	来源文献量	文献选出率	平均引文数	平均作者数	地区分布数	机构分布数	海外论文比	基金论文比	引用半衰期
E05	水土保持学报	331	0.99	24.4	5.3	27	111	0.010	0.870	6.3
E05	水土保持研究	377	0.98	23.1	4.3	29	201	0.010	0.840	7.9
E05	水土保持应用技术	104	0.95	5.4	1.7	16	57	–	0.115	5.1
E05	四川农业与农机	143	0.82	0.4	2.0	1	91	–	0.084	3.7
E05	拖拉机与农用运输车	103	0.96	4.6	3.9	17	31	–	0.097	8.8
E05	现代化农业	473	0.99	2.1	2.2	26	193	0.008	0.163	7.9
E05	现代农机	133	0.77	0.4	1.6	14	93	–	–	5.0
E05	现代农业装备	82	0.57	5.5	3.7	9	33	–	0.512	5.9
E05	新疆农机化	90	0.87	6.5	3.1	4	40	–	0.311	5.7
E05	新疆农垦经济	160	0.98	14.4	2.0	22	66	–	0.638	6.2
E05	新疆农垦科技	310	0.78	4.8	2.9	11	153	–	0.332	8.2
E05	亚热带水土保持	71	0.95	7.6	2.3	15	47	0.014	0.296	8.6
E05	中国农村水利水电	541	0.99	14.2	3.9	31	206	0.010	0.740	8.2
E05	中国农机化学报	325	0.99	15.0	4.1	29	140	0.003	0.886	6.5
E05	中国农垦	399	0.81	–	1.2	24	234	–	–	–
E05	中国水土保持科学	109	0.95	23.3	4.8	19	61	0.000	0.740	7.9
E05	中国沼气	114	0.96	19.5	5.1	23	71	0.000	0.660	7.0
E06	北京生物医学工程	106	0.91	19.9	4.2	17	47	0.020	0.710	6.9
E06	国际生物医学工程杂志	92	0.96	24.8	4.8	19	54	–	0.685	5.5
E06	生物医学工程学杂志	150	0.96	20.1	4.7	23	93	0.010	0.870	5.3
E06	生物医学工程研究	81	0.95	15.1	4.5	20	52	0.010	0.750	6.7
E06	生物医学工程与临床	148	0.82	16.3	4.1	27	111	0.000	0.430	4.8
E06	中国生物医学工程学报	110	0.99	24.8	4.7	18	63	0.060	0.840	6.9
E06	中国生物制品学杂志	278	0.97	16.6	5.9	27	141	0.000	0.490	5.3
E06	中国医药生物技术	44	0.34	15.3	5.9	12	35	0.000	0.800	6.3
E06	中国疫苗和免疫	156	0.98	11.4	5.8	26	87	0.000	0.310	5.0
E06	中国组织工程研究	950	0.96	35.0	5.0	30	538	0.010	0.710	5.1
E06	中华生物医学工程杂志	100	0.81	6.4	4.8	16	78	0.000	0.460	5.5
E07	Geodesy and Geodynamics	60	0.98	27.6	2.5	7	23	0.250	0.783	≥10
E07	北京测绘	237	1.00	9.8	2.6	23	116	–	0.211	6.3
E07	测绘	76	0.96	7.8	2.8	12	39	–	0.237	6.9
E07	测绘标准化	62	0.89	6.1	2.9	12	30	–	0.097	8.1
E07	测绘工程	190	0.98	13.5	3.6	24	81	0.010	0.670	6.4

学科代码	期刊名称	来源文献量	文献选出率	平均引文数	平均作者数	地区分布数	机构分布数	海外论文比	基金论文比	引用半衰期
E07	测绘技术装备	111	0.97	6.0	2.4	19	62	–	0.027	6.5
E07	测绘科学	409	1.00	16.2	3.7	28	177	0.020	0.750	7.4
E07	测绘科学技术学报	123	0.98	10.4	4.2	16	32	0.000	0.800	6.7
E07	测绘通报	443	1.00	13.4	3.6	25	228	0.010	0.640	5.8
E07	测绘学报	214	0.80	34.5	3.5	22	72	0.040	0.860	7.0
E07	测绘与空间地理信息	820	1.00	8.6	2.7	30	333	0.001	0.333	7.0
E07	导航定位学报	89	0.97	13.2	3.7	17	33	–	0.596	6.5
E07	导航定位与授时	108	0.94	15.9	3.9	13	41	–	0.704	7.5
E07	地矿测绘	62	0.95	6.4	2.5	18	43	–	0.097	6.8
E07	地理空间信息	424	0.97	10.6	3.2	27	209	0.000	0.670	7.1
E07	国土资源遥感	133	0.99	18.6	4.0	26	82	0.010	0.860	8.0
E07	海洋测绘	113	0.94	16.4	4.0	16	45	0.010	0.610	8.9
E07	江西测绘	86	1.00	4.8	2.1	12	50	–	–	7.0
E07	全球定位系统	128	0.98	10.1	3.4	24	59	–	0.414	6.3
E07	武汉大学学报(信息科学版)	270	0.99	18.2	4.0	24	98	0.010	0.900	8.1
E07	现代测绘	103	1.00	8.4	2.8	13	59	–	0.583	6.4
E07	遥感技术与应用	138	1.00	26.7	4.4	23	75	0.010	0.910	7.5
E07	遥感信息	149	0.99	18.9	3.6	24	83	0.020	0.740	7.9
E07	遥感学报	91	0.97	28.3	4.6	18	58	0.000	0.930	8.5
E08	China's Refractories	37	0.97	10.8	4.5	7	23	0.189	0.216	8.3
E08	Frontiers of Materials Science	42	0.88	39.3	3.7	16	36	0.310	0.620	6.8
E08	International Journal of Plant Engineering and Management	34	0.92	9.1	2.3	11	17	–	0.382	7.3
E08	Journal of Materials Science & Technology	217	0.95	39.1	4.8	23	124	0.290	0.760	6.8
E08	Journal of Rare Earths	171	0.99	35.8	4.5	26	127	0.200	0.770	7.2
E08	Journal of Wuhan University of Technology(Materials Science Edition)	230	0.99	0.0	3.3	27	152	0.080	0.830	0.0
E08	玻璃	143	0.88	4.0	2.4	19	64	–	0.217	9.1
E08	玻璃钢/复合材料	217	0.69	17.5	4.0	22	114	–	0.682	8.1
E08	玻璃纤维	60	0.86	7.9	2.9	11	24	–	0.083	9.8
E08	玻璃与搪瓷	68	0.94	5.4	2.8	16	38	–	0.162	≥10
E08	材料保护	284	0.99	14.2	4.4	28	172	0.000	0.520	8.1
E08	材料导报	660	0.97	33.0	5.2	28	239	0.010	0.880	6.6

学科代码	期刊名称	来源文献量	文献选出率	平均引文数	平均作者数	地区分布数	机构分布数	海外论文比	基金论文比	引用半衰期
E08	材料工程	236	0.99	25.8	4.5	25	113	0.020	0.810	7.3
E08	材料开发与应用	122	1.00	12.5	4.0	16	41	0.000	0.390	8.8
E08	材料科学与工程学报	195	0.98	19.1	4.3	26	120	0.000	0.840	8.2
E08	材料科学与工艺	88	0.99	22.8	4.4	23	63	0.010	0.800	5.9
E08	材料热处理学报	330	0.99	17.2	4.8	28	148	0.010	0.800	7.7
E08	材料研究学报	130	1.00	20.9	4.9	26	92	0.010	0.880	7.2
E08	电工材料	64	0.94	11.4	3.8	21	47	–	0.250	9.8
E08	腐蚀科学与防护技术	112	1.00	17.6	4.9	22	81	0.000	0.680	7.8
E08	腐蚀与防护	205	0.98	14.4	4.2	26	144	0.000	0.430	9.2
E08	腐植酸	97	0.41	8.9	2.2	21	61	0.010	0.175	9.9
E08	复合材料学报	371	0.97	22.6	4.4	29	155	0.020	0.860	7.4
E08	高分子材料科学与工程	377	1.00	14.0	4.8	28	150	0.000	0.780	6.9
E08	功能材料	495	1.00	20.7	4.7	29	246	0.010	0.880	6.6
E08	合成材料老化与应用	147	0.96	9.7	3.4	22	75	0.000	0.320	7.7
E08	合成润滑材料	48	0.94	8.3	3.3	10	19	–	0.208	≥10
E08	化工新型材料	988	0.99	16.7	4.4	30	367	0.001	0.862	6.5
E08	化学推进剂与高分子材料	93	0.89	22.3	4.1	15	30	–	0.258	7.5
E08	绝缘材料	186	0.96	18.5	5.1	27	112	0.010	0.550	7.3
E08	耐火材料	113	0.95	12.2	4.5	14	41	–	0.460	8.8
E08	耐火与石灰	90	1.00	0.3	1.7	12	22	–	0.011	8.0
E08	全面腐蚀控制	272	0.97	5.7	2.5	24	140	0.004	0.059	8.2
E08	人工晶体学报	439	0.98	18.8	4.9	30	197	0.000	0.790	6.6
E08	人造纤维	55	0.68	0.8	1.5	15	32	–	–	5.5
E08	润滑油	76	0.97	8.2	4.0	16	35	–	0.066	9.1
E08	散装水泥	89	0.48	0.3	1.2	15	39	–	–	3.6
E08	石材	116	0.65	1.7	1.3	20	52	0.026	0.017	7.5
E08	无机材料学报	207	1.00	26.6	5.3	29	104	0.000	0.900	6.7
E08	稀土	123	0.95	21.9	4.6	22	69	0.000	0.800	7.5
E08	纤维素科学与技术	43	1.00	26.4	4.3	15	21	–	0.930	6.1
E08	新材料产业	146	0.55	9.1	2.2	18	84	0.007	0.041	6.0
E08	新型炭材料	76	0.90	30.9	5.3	18	50	0.110	0.800	5.6
E08	信息记录材料	1491	0.99	3.6	1.6	31	986	0.003	0.149	4.4
E08	中国材料进展	120	0.82	43.7	4.1	24	85	0.040	0.780	6.6

学科代码	期刊名称	来源文献量	文献选出率	平均引文数	平均作者数	地区分布数	机构分布数	海外论文比	基金论文比	引用半衰期
E08	中国腐蚀与防护学报	85	1.00	24.4	5.0	18	50	0.000	0.880	8.4
E08	中国稀土学报	96	0.97	29.4	4.3	26	65	0.020	0.910	6.7
E09	Acta Metallurgica Sinica	134	0.96	33.7	5.0	22	88	0.270	0.610	8.1
E09	International Journal of Minerals, Metallurgy and Materials	166	0.98	28.3	3.5	16	66	0.199	0.789	7.6
E09	Journal of Iron and Steel Research, International	166	0.99	27.7	5.2	22	76	0.090	0.510	7.7
E09	Rare Metals	139	0.99	31.5	5.1	25	94	0.120	0.830	7.3
E09	Transactions of Nonferrous Metals Society of China	295	0.98	30.3	4.7	22	159	0.350	0.570	7.6
E09	材料研究与应用	58	0.95	9.6	4.0	12	28	–	0.586	7.1
E09	粉末冶金材料科学与工程	117	1.00	19.1	4.8	15	30	–	0.863	8.7
E09	钢结构	284	0.99	10.5	3.4	26	163	–	0.542	8.7
E09	钢铁	192	0.94	16.6	4.5	21	57	0.010	0.660	6.8
E09	钢铁钒钛	169	0.96	10.9	3.9	21	66	0.010	0.540	8.2
E09	钢铁研究	100	0.98	8.3	3.7	18	57	0.000	0.110	8.7
E09	钢铁研究学报	152	0.92	19.3	4.6	21	59	0.000	0.620	8.0
E09	贵金属	66	1.00	18.7	5.8	18	35	0.000	0.620	8.8
E09	湖南有色金属	132	0.99	6.8	2.5	18	61	–	0.136	9.5
E09	黄金	228	0.99	9.0	3.8	29	129	0.010	0.240	8.2
E09	黄金科学技术	101	0.72	20.7	4.2	18	45	–	0.851	7.7
E09	金属功能材料	58	0.74	21.1	4.7	16	39	0.000	0.470	7.2
E09	金属学报	175	0.99	35.9	4.8	20	69	0.020	0.870	8.6
E09	金属制品	93	0.97	6.0	2.5	17	48	–	0.054	≥10
E09	宽厚板	75	0.97	4.4	3.3	13	31	–	0.027	9.1
E09	南方金属	105	0.98	6.3	2.8	13	32	–	0.133	≥10
E09	轻金属	163	0.95	9.4	3.2	26	96	–	0.331	8.7
E09	上海金属	101	0.97	12.4	4.5	13	41	0.000	0.440	9.4
E09	世界有色金属	3936	1.00	3.3	1.7	31	1662	0.005	0.047	5.3
E09	四川有色金属	72	0.89	7.6	2.6	11	24	–	0.194	9.2
E09	钛工业进展	55	0.71	15.9	4.8	11	33	0.000	0.550	9.3
E09	特殊钢	106	1.00	9.1	4.2	21	60	0.009	0.255	≥10
E09	铁合金	128	0.90	4.9	2.7	24	70	0.008	0.070	≥10
E09	稀有金属	190	0.97	25.0	5.0	26	86	0.010	0.980	7.8

学科代码	期刊名称	来源文献量	文献选出率	平均引文数	平均作者数	地区分布数	机构分布数	海外论文比	基金论文比	引用半衰期
E09	稀有金属材料与工程	682	1.00	20.1	5.0	29	189	0.010	0.840	8.9
E09	稀有金属与硬质合金	97	0.94	14.3	4.6	24	61	–	0.619	8.6
E09	新疆钢铁	67	0.86	2.0	2.3	2	9	–	–	≥10
E09	新疆有色金属	255	0.94	3.8	1.5	9	69	0.004	0.035	≥10
E09	硬质合金	60	0.95	14.2	3.7	13	30	0.000	0.550	7.6
E09	有色金属材料与工程	63	0.84	17.4	3.7	11	26	–	0.524	7.7
E09	有色金属工程	119	1.00	13.4	4.4	19	57	0.000	0.710	8.6
E09	有色金属科学与工程	131	0.98	25.2	4.5	16	29	0.000	0.970	6.7
E09	有色金属设计	64	0.90	5.5	2.2	13	40	–	0.062	7.3
E09	中国钢铁业	54	0.32	0.9	1.6	12	38	–	–	≥10
E09	中国锰业	329	0.98	7.7	3.0	28	163	0.000	0.400	6.8
E09	中国钼业	74	0.87	11.0	3.8	13	37	0.000	0.180	8.5
E09	中国钨业	78	0.85	14.6	3.8	18	44	0.000	0.550	5.5
E09	中国有色金属学报	308	0.98	25.7	4.9	26	101	0.020	0.900	7.0
E10	International Journal of Mining Science and Technology	147	0.96	24.6	3.6	13	94	0.610	0.410	9.1
E10	安徽理工大学学报(自然科学版)	92	0.99	14.7	3.1	13	39	–	0.663	6.6
E10	采矿技术	223	0.97	9.1	2.6	24	137	0.004	0.161	5.7
E10	采矿与安全工程学报	176	0.98	17.1	4.5	16	41	0.020	0.950	7.6
E10	非金属矿	178	1.00	9.7	4.5	24	69	0.000	0.710	6.9
E10	工矿自动化	240	0.98	15.1	3.1	24	90	0.000	0.750	5.0
E10	金属矿山	460	0.99	13.8	3.9	29	174	0.010	0.630	6.6
E10	勘察科学技术	91	0.96	9.5	3.1	22	56	0.000	0.250	9.2
E10	矿产保护与利用	127	0.97	16.9	4.1	19	58	0.010	0.800	7.1
E10	矿产与地质	183	0.99	14.5	4.1	24	105	0.010	0.570	≥10
E10	矿产综合利用	165	0.99	14.9	4.0	25	81	0.010	0.610	8.1
E10	矿山测量	172	1.00	9.6	2.3	22	101	–	0.285	7.2
E10	矿山机械	253	0.94	6.9	2.9	26	167	0.000	0.270	6.8
E10	矿物学报	59	0.97	31.6	5.0	17	37	0.000	0.880	≥10
E10	矿业安全与环保	161	0.99	13.9	2.4	17	67	0.000	0.590	6.5
E10	矿业工程	139	1.00	2.1	2.1	19	72	–	0.086	8.1
E10	矿业工程研究	54	1.00	13.2	3.2	12	22	0.019	0.685	7.2
E10	矿业研究与开发	300	1.00	0.0	3.5	25	107	0.000	0.570	0.0

学科代码	期刊名称	来源文献量	文献选出率	平均引文数	平均作者数	地区分布数	机构分布数	海外论文比	基金论文比	引用半衰期
E10	矿业装备	73	0.48	–	1.2	6	40	–	–	–
E10	露天采矿技术	320	1.00	8.1	1.8	18	99	–	0.059	8.0
E10	煤矿安全	787	1.00	11.3	3.0	24	224	0.000	0.570	6.5
E10	煤矿爆破	44	1.00	5.9	2.4	15	22	–	0.091	9.3
E10	煤矿机电	209	0.97	4.7	1.7	18	110	0.005	0.167	7.5
E10	煤矿机械	799	1.00	4.6	2.3	29	372	0.000	0.230	6.1
E10	煤矿开采	165	0.96	10.0	2.7	20	75	0.000	0.720	6.8
E10	煤矿现代化	326	1.00	4.2	1.6	16	186	–	0.040	7.0
E10	煤田地质与勘探	186	0.99	17.9	3.9	21	75	0.000	0.770	8.5
E10	神华科技	292	0.93	4.9	1.7	20	141	0.003	0.027	8.1
E10	探矿工程–岩土钻掘工程	223	0.99	12.3	3.6	29	134	–	0.399	6.6
E10	西部探矿工程	716	1.00	5.5	2.3	31	344	–	0.112	9.9
E10	现代矿业	974	0.99	6.9	2.4	31	506	0.001	0.162	7.5
E10	铀矿冶	56	0.98	10.1	4.3	7	11	0.000	0.070	8.5
E10	有色金属(矿山部分)	125	1.00	11.4	3.5	22	74	0.000	0.510	8.0
E10	有色金属(选矿部分)	120	0.99	8.4	3.6	24	73	0.010	0.380	7.4
E10	凿岩机械气动工具	52	1.00	4.0	2.9	14	32	–	0.077	≥10
E10	中国矿业	397	0.95	14.8	3.7	26	147	0.010	0.660	6.0
E10	中国矿业大学学报	149	0.96	23.9	4.4	19	49	0.010	0.970	7.2
E10	矿产勘查	132	0.96	17.9	4.6	24	73	0.010	0.600	≥10
E10	中国非金属矿工业导刊	73	0.94	5.7	2.2	21	45	0.000	0.100	≥10
E11	Baosteel Technical Research	28	0.93	7.9	2.7	4	5	–	0.143	≥10
E11	安徽冶金科技职业学院学报	127	0.96	3.9	1.9	5	52	–	0.126	7.0
E11	鞍钢技术	90	0.86	5.7	4.1	5	28	–	0.033	8.1
E11	包钢科技	167	0.98	3.5	2.7	2	33	–	0.012	≥10
E11	宝钢技术	90	0.95	7.1	2.4	6	22	–	0.044	≥10
E11	材料与冶金学报	52	0.98	13.5	4.7	14	20	–	0.923	8.9
E11	粉末冶金工业	84	0.73	15.6	3.8	19	61	0.000	0.640	7.8
E11	粉末冶金技术	71	0.99	21.6	4.6	19	51	0.010	0.610	7.8
E11	福建冶金	105	1.00	3.4	1.1	5	37	–	0.010	≥10
E11	甘肃冶金	192	0.99	4.1	2.2	21	91	–	0.021	≥10
E11	工程技术研究	1798	1.00	4.5	1.4	30	1324	0.003	0.031	3.9
E11	河北冶金	240	0.89	2.7	2.7	10	68	–	0.033	8.4

学科代码	期刊名称	来源文献量	文献选出率	平均引文数	平均作者数	地区分布数	机构分布数	海外论文比	基金论文比	引用半衰期
E11	河南冶金	108	0.98	3.7	3.1	10	30	–	0.009	≥10
E11	江西冶金	85	1.00	1.9	2.4	3	14	–	–	≥10
E11	金属材料与冶金工程	75	0.96	6.0	2.9	17	37	–	0.107	9.5
E11	矿冶	123	0.99	11.6	3.4	19	51	0.000	0.360	8.1
E11	矿冶工程	203	1.00	11.9	4.2	25	96	0.000	0.640	6.8
E11	昆明冶金高等专科学校学报	119	0.98	10.0	2.5	8	31	–	0.479	5.7
E11	理化检验–化学分册	320	0.96	14.4	4.2	31	263	0.000	0.440	7.7
E11	理化检验–物理分册	210	0.99	9.0	3.3	24	147	–	0.171	8.5
E11	连铸	92	0.93	9.4	3.9	19	58	–	0.174	9.4
E11	炼铁	102	0.94	3.3	3.3	21	51	0.010	0.010	6.6
E11	山东冶金	201	0.89	2.6	2.2	9	79	–	0.035	9.7
E11	山西冶金	280	0.98	3.6	1.9	25	149	–	0.071	8.5
E11	烧结球团	76	1.00	10.4	4.0	19	46	–	0.447	6.9
E11	湿法冶金	115	1.00	15.7	4.6	22	61	–	0.513	8.6
E11	四川冶金	111	0.90	3.8	2.5	17	56	0.063	0.072	≥10
E11	特钢技术	65	0.90	3.1	2.2	9	30	–	0.031	≥10
E11	天津冶金	109	0.83	2.8	1.6	8	45	–	0.018	≥10
E11	铜业工程	166	0.97	7.5	2.0	18	59	0.018	0.127	3.5
E11	武钢技术	97	0.92	4.6	4.5	2	20	–	0.021	7.4
E11	武汉冶金管理干部学院学报	119	1.00	6.6	1.3	20	84	–	0.429	6.2
E11	现代冶金	127	1.00	4.0	2.4	9	52	–	0.024	≥10
E11	冶金分析	175	0.93	13.2	3.7	28	131	0.000	0.340	7.0
E11	冶金能源	93	1.00	7.4	3.5	18	52	0.000	0.300	7.3
E11	冶金设备	118	1.00	5.7	2.4	19	70	–	0.127	9.3
E11	冶金设备管理与维修	135	0.99	1.7	2.0	17	57	–	–	≥10
E11	冶金与材料	115	0.99	2.7	1.8	26	89	–	0.035	7.8
E11	冶金自动化	99	0.93	8.1	2.5	17	54	–	0.071	6.7
E11	有色金属(冶炼部分)	198	1.00	11.8	4.4	28	104	0.020	0.810	7.3
E11	有色矿冶	100	1.00	7.2	2.6	11	45	0.020	0.080	9.2
E11	有色冶金节能	80	0.76	4.4	2.2	18	51	–	0.062	9.2
E11	有色冶金设计与研究	123	0.98	5.1	2.0	15	37	–	0.154	8.2
E11	云南冶金	102	0.96	13.9	3.2	15	52	–	0.216	2.0
E11	轧钢	140	0.96	7.3	3.7	20	73	0.000	0.080	7.5

学科代码	期刊名称	来源文献量	文献选出率	平均引文数	平均作者数	地区分布数	机构分布数	海外论文比	基金论文比	引用半衰期
E11	中国矿山工程	119	0.95	5.5	2.0	20	74	0.008	0.050	8.5
E11	中国冶金	182	0.85	14.7	3.6	23	108	0.000	0.230	7.2
E11	中国有色冶金	119	0.95	6.7	2.8	19	70	–	0.160	9.5
E12	Journal of Bionic Engineering	72	0.95	38.1	4.4	9	52	0.570	0.500	7.3
E12	电子机械工程	84	0.98	10.1	2.9	10	26	–	0.190	7.7
E12	发电与空调	129	0.95	6.2	2.6	19	66	–	0.039	8.7
E12	钢管	96	0.91	13.9	3.5	17	56	–	0.062	7.8
E12	工程设计学报	97	0.94	18.5	3.9	21	52	0.010	0.980	6.0
E12	国防制造技术	64	0.86	4.2	2.9	19	41	–	0.062	9.3
E12	机电工程	287	1.00	11.2	3.7	22	117	0.000	0.600	6.1
E12	机电设备	73	0.75	6.3	2.7	12	46	–	0.110	8.2
E12	机电元件	80	0.96	4.9	2.5	17	35	–	–	≥10
E12	机械	229	0.93	6.7	3.0	27	150	–	0.380	8.4
E12	机械传动	462	1.00	10.6	3.7	29	231	0.000	0.630	7.7
E12	机械工程材料	262	0.98	15.7	4.4	27	156	0.000	0.710	8.5
E12	机械工程师	874	0.99	10.2	2.7	29	457	0.001	0.232	8.2
E12	机械工程学报	596	0.97	18.5	4.3	27	175	0.020	0.920	7.1
E12	机械工程与自动化	571	0.99	5.6	2.6	28	285	–	0.278	7.5
E12	机械管理开发	1053	0.99	3.7	1.1	23	375	–	0.015	4.2
E12	机械科学与技术	311	0.96	16.1	3.7	26	123	0.000	0.810	7.9
E12	机械设计	302	0.98	12.7	3.6	27	142	0.010	0.770	7.6
E12	机械设计与研究	260	0.98	13.4	3.7	27	132	0.010	0.730	7.2
E12	机械设计与制造	847	0.99	9.8	3.3	29	312	0.000	0.750	7.7
E12	机械设计与制造工程	337	1.00	9.7	2.9	24	140	0.010	0.360	6.4
E12	机械研究与应用	405	0.95	6.4	2.6	26	247	0.002	0.304	7.9
E12	机械与电子	222	0.97	9.5	3.3	23	95	0.000	0.490	6.3
E12	机械制造与自动化	383	1.00	9.4	3.0	25	134	0.000	0.340	8.8
E12	教育与装备研究	326	0.98	3.2	1.6	27	235	0.003	0.202	5.4
E12	精密成形工程	165	0.98	20.6	4.0	22	82	–	0.527	7.6
E12	精密制造与自动化	69	0.95	7.5	2.6	14	32	–	0.377	7.4
E12	流体传动与控制	100	0.97	6.0	2.1	18	63	–	0.110	9.3
E12	流体机械	202	0.97	14.1	4.2	25	107	0.000	0.540	6.5
E12	摩擦学学报	108	0.98	24.0	4.9	20	51	0.030	0.840	7.4

学科代码	期刊名称	来源文献量	文献选出率	平均引文数	平均作者数	地区分布数	机构分布数	海外论文比	基金论文比	引用半衰期
E12	纳米技术与精密工程	87	0.99	15.3	4.5	11	18	0.000	0.770	7.5
E12	失效分析与预防	71	0.99	14.7	3.7	18	46	–	0.394	7.8
E12	世界制造技术与装备市场	63	0.55	0.4	1.6	13	36	0.016	–	7.0
E12	图学学报	142	0.97	15.3	3.3	24	91	0.020	0.770	6.0
E12	现代机械	157	0.96	8.0	2.8	23	97	–	0.306	8.4
E12	压缩机技术	92	0.99	7.0	2.9	22	60	0.022	0.120	≥10
E12	液压与气动	248	0.97	10.6	3.7	26	136	0.020	0.620	6.4
E12	噪声与振动控制	262	0.97	11.4	3.6	25	138	0.000	0.570	8.2
E12	振动与冲击	925	0.98	16.8	3.9	27	242	0.010	0.900	8.5
E12	制造技术与机床	421	0.77	8.8	3.2	30	263	0.000	0.490	6.8
E12	中国机械工程	459	0.98	14.8	3.9	27	138	0.020	0.880	7.0
E12	中国设备工程	2098	0.88	3.5	1.7	31	1471	0.000	0.038	4.8
E12	重型机械	124	0.97	12.0	3.3	20	53	–	0.427	9.0
E12	组合机床与自动化加工技术	487	1.00	11.8	3.5	27	186	0.000	0.740	5.9
E13	Advances in Mavufacturing	37	1.00	37.1	2.6	3	20	0.541	0.459	7.4
E13	China Foundry	73	0.97	20.3	3.6	15	51	0.190	0.580	9.3
E13	China Welding	33	0.97	12.5	4.0	14	28	0.030	0.727	9.3
E13	Chinese Journal of Mechanical Engineering	141	0.99	34.1	3.3	19	78	0.128	0.865	7.1
E13	Frontiers of Mechanical Engineering	51	1.00	47.5	3.3	9	30	0.176	0.725	9.0
E13	Journal of Measurement Science and Instrumentation	57	0.97	16.9	4.0	9	21	0.140	0.667	7.4
E13	大型铸锻件	105	0.99	5.0	3.2	17	48	–	0.095	9.0
E13	低温工程	74	0.99	8.1	4.9	13	34	0.000	0.730	8.6
E13	电焊机	324	0.83	8.9	3.9	28	184	0.010	0.260	7.9
E13	电加工与模具	87	0.90	9.3	3.9	13	40	0.000	0.630	8.8
E13	锻压技术	406	0.99	11.4	3.9	28	204	–	0.887	5.8
E13	锻压装备与制造技术	167	0.93	6.0	3.0	22	84	–	0.186	8.4
E13	分析测试技术与仪器	45	0.94	20.3	3.6	20	41	–	0.511	5.8
E13	风机技术	78	0.98	13.4	3.8	17	47	0.013	0.615	8.4
E13	工程机械	152	0.36	5.7	2.9	22	83	–	0.191	8.5
E13	工程机械与维修	230	0.50	–	2.1	26	152	–	–	–
E13	管道技术与设备	107	1.00	8.9	3.0	18	71	–	0.196	8.1
E13	哈尔滨轴承	41	0.91	1.5	2.3	6	20	–	0.049	≥10

学科代码	期刊名称	来源文献量	文献选出率	平均引文数	平均作者数	地区分布数	机构分布数	海外论文比	基金论文比	引用半衰期
E13	焊接	187	0.84	11.4	3.8	24	126	0.000	0.360	6.8
E13	焊接技术	351	0.95	6.7	3.7	27	226	0.000	0.180	8.9
E13	焊接学报	339	0.96	9.3	4.2	26	123	0.010	0.790	8.1
E13	机床与液压	1022	0.98	9.9	3.2	30	475	0.000	0.530	7.4
E13	机电工程技术	551	1.00	7.3	2.4	29	338	–	0.301	6.8
E13	机电技术	215	0.99	5.9	2.0	23	101	0.056	0.265	7.5
E13	机械强度	255	1.00	11.0	3.7	26	125	0.000	0.710	8.8
E13	机械制造	370	0.97	11.3	3.1	24	193	–	0.370	7.6
E13	机械制造文摘–焊接分册	30	0.79	10.9	3.5	12	26	–	0.300	4.9
E13	金刚石与磨料磨具工程	103	0.98	12.1	4.3	19	58	0.000	0.540	8.4
E13	金属加工(冷加工)	602	0.93	1.7	1.9	28	322	0.008	–	≥10
E13	金属加工(热加工)	559	0.90	1.6	2.6	25	365	0.007	0.007	≥10
E13	金属热处理	552	0.97	13.2	4.4	28	261	0.000	0.530	7.6
E13	金属世界	117	0.98	5.6	2.7	19	70	–	0.060	8.5
E13	炼钢	75	0.93	16.1	4.6	10	35	0.013	0.400	8.4
E13	铝加工	76	0.92	4.6	3.5	15	36	–	0.158	9.0
E13	模具工业	213	0.90	7.5	2.6	23	136	–	0.362	6.4
E13	模具技术	83	0.93	5.6	2.6	19	57	0.060	0.080	7.1
E13	模具制造	309	0.93	4.8	2.2	23	175	0.003	0.126	8.4
E13	起重运输机械	359	0.93	5.2	2.8	24	179	0.008	0.223	8.5
E13	气象水文海洋仪器	108	0.96	7.7	3.5	25	83	–	0.213	7.0
E13	轻工机械	129	1.00	13.1	3.5	13	33	0.010	0.470	7.2
E13	轻合金加工技术	152	0.92	10.0	3.3	26	101	–	0.553	7.0
E13	燃气涡轮试验与研究	67	0.96	11.8	3.5	8	23	–	0.239	≥10
E13	热处理	83	0.85	5.1	3.0	16	49	0.036	0.145	8.7
E13	热处理技术与装备	103	0.94	7.4	3.5	20	49	–	0.204	9.2
E13	热加工工艺	1695	0.99	0.5	3.7	31	612	0.000	0.540	8.9
E13	石油管材与仪器	147	0.98	7.2	3.4	13	53	–	0.116	8.4
E13	实验教学与仪器	445	0.91	2.3	1.4	26	378	0.002	0.160	5.9
E13	塑性工程学报	215	0.97	13.8	4.3	21	89	0.010	0.750	7.4
E13	特种铸造及有色合金	374	0.98	13.5	4.3	28	182	0.010	0.590	8.0
E13	通用机械	240	0.91	2.3	1.9	28	140	–	0.004	8.6
E13	无损检测	219	0.94	8.6	3.9	24	141	0.010	0.310	7.8

学科代码	期刊名称	来源文献量	文献选出率	平均引文数	平均作者数	地区分布数	机构分布数	海外论文比	基金论文比	引用半衰期
E13	无损探伤	84	0.98	3.6	3.1	19	59	–	0.095	≥10
E13	现代制造工程	349	0.95	11.4	3.5	27	206	0.010	0.750	7.7
E13	现代铸铁	100	0.89	6.2	2.7	18	71	–	0.060	3.3
E13	压力容器	142	0.95	14.9	3.8	22	82	0.010	0.290	7.0
E13	一重技术	103	0.98	5.4	1.9	13	30	–	0.019	9.2
E13	有色金属加工	101	0.97	5.1	2.4	21	49	–	0.109	9.0
E13	有色设备	82	0.93	3.1	1.5	18	41	0.012	–	≥10
E13	中国表面工程	115	0.91	21.4	4.9	26	82	0.050	0.910	6.6
E13	中国工程机械学报	101	1.00	11.2	3.5	25	65	0.000	0.610	7.0
E13	中国重型装备	66	0.99	4.0	2.4	13	42	–	0.061	7.5
E13	中国铸造装备与技术	140	0.85	5.5	2.8	19	79	–	0.136	9.2
E13	轴承	184	0.98	8.9	3.6	23	84	0.010	0.390	8.1
E13	铸造	245	0.70	11.8	4.0	26	162	0.000	0.380	7.5
E13	铸造工程	94	0.90	2.4	1.8	17	48	–	0.021	≥10
E13	铸造技术	808	0.99	9.7	3.5	30	402	0.001	0.499	7.4
E13	铸造设备与工艺	122	0.92	4.8	2.7	22	78	–	0.082	7.9
E13	装备环境工程	254	0.98	15.9	3.8	23	119	0.000	0.200	9.0
E13	装备机械	70	0.95	11.6	2.3	14	42	–	0.171	7.3
E13	装备制造技术	1065	0.99	4.9	2.4	29	525	–	0.259	7.4
E14	柴油机	83	0.89	6.5	3.7	17	47	–	0.133	7.8
E14	柴油机设计与制造	51	0.94	4.3	2.1	9	19	–	0.078	9.4
E14	车用发动机	100	1.00	13.5	4.9	19	44	0.040	0.450	7.5
E14	城市燃气	122	0.75	3.7	2.1	19	77	0.008	0.016	6.8
E14	电力与能源	188	0.99	6.7	3.2	19	119	0.005	0.085	7.3
E14	东方汽轮机	68	0.92	5.1	3.5	8	11	–	0.118	≥10
E14	动力工程学报	153	0.93	15.4	4.2	15	53	0.010	0.750	6.4
E14	工程热物理学报	435	0.99	13.7	4.2	19	96	0.020	0.930	8.3
E14	工业锅炉	82	0.94	7.1	3.0	20	61	–	0.085	8.7
E14	工业加热	120	1.00	7.1	3.5	22	73	0.000	0.290	8.5
E14	工业炉	110	0.98	6.0	3.0	23	79	0.000	0.230	8.0
E14	锅炉技术	97	0.97	8.3	3.2	17	48	–	0.268	8.6
E14	锅炉制造	118	0.95	3.0	2.1	18	35	–	0.008	9.4
E14	节能	247	0.94	7.7	2.7	25	158	–	0.211	7.2

学科代码	期刊名称	来源文献量	文献选出率	平均引文数	平均作者数	地区分布数	机构分布数	海外论文比	基金论文比	引用半衰期
E14	内燃机	101	0.98	5.1	3.8	21	56	–	0.168	9.7
E14	内燃机工程	140	0.99	12.2	4.7	24	61	–	0.771	7.4
E14	内燃机学报	78	1.00	16.7	5.0	17	31	0.010	0.860	7.0
E14	内燃机与动力装置	104	0.95	7.4	3.9	15	50	–	0.154	7.6
E14	内燃机与配件	2020	1.00	3.8	1.7	31	1231	0.001	0.086	5.7
E14	能源工程	85	0.97	14.8	4.3	10	27	–	0.518	8.2
E14	能源研究与管理	111	0.97	9.6	2.6	18	58	–	0.225	8.3
E14	能源与环境	329	0.99	5.1	1.7	24	219	0.027	0.112	7.5
E14	汽轮机技术	136	0.99	9.2	3.4	21	63	0.000	0.210	8.4
E14	区域供热	159	0.99	5.1	2.4	21	98	–	0.057	8.2
E14	燃气轮机技术	56	0.93	12.7	3.1	12	36	0.036	0.268	8.3
E14	燃烧科学与技术	86	0.97	17.2	4.6	17	33	0.010	0.900	8.6
E14	热力透平	61	0.90	8.0	2.9	13	27	–	0.164	8.0
E14	热能动力工程	252	0.91	15.1	3.5	26	100	0.000	0.630	7.6
E14	深冷技术	94	0.94	1.2	2.0	20	58	0.011	0.011	9.3
E14	特种设备安全技术	149	0.99	3.4	2.0	21	84	–	–	≥10
E14	现代车用动力	55	1.00	4.5	4.1	9	17	–	0.073	9.3
E14	小型内燃机与车辆技术	103	0.97	9.8	3.7	22	56	0.010	0.200	8.5
E14	冶金动力	270	0.97	2.2	2.0	22	145	0.004	0.015	≥10
E14	应用能源技术	172	0.93	6.1	2.2	28	138	–	0.134	7.1
E14	制冷	71	0.97	10.3	2.6	14	44	0.014	0.254	8.9
E14	制冷技术	84	0.87	18.9	4.0	13	30	–	0.381	7.0
E14	制冷学报	104	1.00	20.8	4.2	18	38	0.050	0.750	8.3
E14	制冷与空调	245	0.79	9.1	3.4	20	121	0.012	0.184	7.4
E14	制冷与空调(四川)	130	1.00	11.0	2.9	19	81	0.000	0.240	9.0
E15	安徽水利水电职业技术学院学报	116	0.97	4.6	1.5	10	57	–	0.319	6.4
E15	安全与电磁兼容	99	0.76	4.8	3.1	16	71	–	0.111	7.4
E15	北京信息科技大学学报(自然科学版)	112	0.95	12.6	2.8	5	10	–	0.812	6.5
E15	变压器	197	0.94	7.6	3.9	26	137	0.000	0.120	7.6
E15	成都工业学院学报	96	0.99	10.1	2.1	15	60	0.010	0.677	6.6
E15	重庆电力高等专科学校学报	104	0.95	5.8	2.2	17	65	–	0.375	5.3
E15	大电机技术	103	0.99	14.0	3.7	20	69	0.010	0.200	8.9
E15	电池	92	0.89	11.4	3.6	21	66	0.000	0.430	5.1

学科代码	期刊名称	来源文献量	文献选出率	平均引文数	平均作者数	地区分布数	机构分布数	海外论文比	基金论文比	引用半衰期
E15	电池工业	68	0.93	16.0	3.5	16	51	–	0.309	5.8
E15	电动工具	40	0.71	3.4	2.0	9	31	–	–	9.3
E15	电工电能新技术	132	0.94	20.1	4.3	22	57	0.020	0.780	5.2
E15	电工电气	233	0.98	7.5	3.2	25	153	0.004	0.146	6.5
E15	电工技术	792	0.99	4.1	2.6	31	454	–	0.034	7.1
E15	电工技术学报	660	0.96	22.6	4.2	24	131	0.020	0.830	5.3
E15	电机技术	108	0.96	4.2	2.0	20	47	–	0.037	9.6
E15	电机与控制学报	183	0.97	16.6	3.8	25	93	0.020	0.930	7.0
E15	电机与控制应用	252	0.96	12.6	3.3	25	134	0.000	0.630	6.1
E15	电力大数据	283	0.95	5.6	2.7	23	105	0.014	–	6.4
E15	电力电子技术	428	1.00	5.9	3.4	28	208	0.000	0.580	6.0
E15	电力工程技术	151	0.97	17.6	4.1	14	63	–	0.636	5.5
E15	电力建设	221	0.96	21.4	4.7	19	78	0.010	0.810	4.3
E15	电力勘测设计	103	0.90	5.5	2.8	20	49	–	0.029	≥10
E15	电力科学与工程	154	1.00	15.7	3.5	25	70	–	0.506	4.3
E15	电力科学与技术学报	100	0.97	15.0	4.7	19	60	0.010	0.750	5.8
E15	电力系统保护与控制	550	1.00	17.6	4.4	29	248	0.010	0.650	4.3
E15	电力系统及其自动化学报	267	0.97	16.7	4.3	26	96	0.010	0.550	6.2
E15	电力系统装备	348	0.63	3.5	1.6	30	280	0.009	0.009	3.3
E15	电力系统自动化	610	0.99	21.6	4.8	26	140	0.020	0.760	4.6
E15	电力信息与通信技术	237	0.97	14.9	4.0	28	132	0.004	0.409	4.9
E15	电力需求侧管理	91	0.87	9.0	3.3	19	55	0.010	0.230	4.9
E15	电力学报	84	0.97	13.8	3.1	18	51	–	0.345	6.2
E15	电力自动化设备	403	0.99	20.4	4.5	24	104	0.010	0.830	5.1
E15	电气传动	197	0.99	10.3	3.4	25	134	0.010	0.480	6.3
E15	电气防爆	50	0.89	8.3	1.9	13	28	–	0.100	7.0
E15	电气工程学报	94	0.88	14.6	3.5	23	62	–	0.521	7.2
E15	电气技术	371	0.88	11.5	3.0	29	235	0.003	0.148	5.7
E15	电气开关	177	1.00	8.9	2.6	23	93	–	0.119	7.3
E15	电气应用	387	0.83	9.5	3.1	29	253	–	0.266	7.0
E15	电气自动化	208	1.00	9.8	3.3	25	143	0.000	0.280	6.1
E15	电器工业	105	0.36	2.6	1.8	19	71	0.038	0.019	6.2
E15	电器与能效管理技术	356	0.98	11.9	3.6	28	157	–	0.494	5.8

学科代码	期刊名称	来源文献量	文献选出率	平均引文数	平均作者数	地区分布数	机构分布数	海外论文比	基金论文比	引用半衰期
E15	电世界	290	0.96	0.9	2.2	26	198	–	0.003	8.8
E15	电网技术	540	0.97	19.8	5.0	26	130	0.020	0.840	4.8
E15	电网与清洁能源	260	1.00	12.1	4.3	28	141	0.010	0.920	5.3
E15	电线电缆	76	0.96	6.9	3.6	17	56	–	0.132	8.8
E15	电源技术	569	0.98	8.3	3.4	30	323	0.010	0.490	6.7
E15	电源学报	154	0.97	15.4	3.7	21	61	0.006	0.773	6.2
E15	电站辅机	52	0.93	5.2	1.9	15	31	–	0.038	≥10
E15	电站系统工程	171	1.00	6.0	3.0	23	88	–	0.088	8.6
E15	东北电力大学学报	98	0.92	17.2	3.6	11	17	–	0.459	6.1
E15	东北电力技术	204	0.97	7.7	3.6	22	90	0.005	0.049	6.9
E15	东方电气评论	71	0.95	4.9	3.0	6	16	–	0.056	8.0
E15	发电设备	105	1.00	6.4	2.9	17	59	–	0.086	8.4
E15	防爆电机	98	0.98	5.1	2.0	18	37	–	0.041	≥10
E15	高电压技术	529	1.00	24.2	5.0	27	164	0.020	0.860	5.5
E15	高压电器	441	0.99	20.4	5.0	27	181	0.000	0.460	7.8
E15	供用电	180	0.93	13.2	4.0	25	109	0.022	0.428	4.6
E15	广东电力	287	0.98	14.2	4.3	25	116	0.000	0.530	6.0
E15	广东水利电力职业技术学院学报	76	0.95	7.2	1.8	8	34	–	0.461	7.0
E15	广西电力	117	0.98	6.8	2.8	11	45	–	0.120	7.1
E15	广西电业	271	0.83	0.4	1.4	6	100	–	–	8.2
E15	国外内燃机	59	0.79	4.7	4.1	5	9	–	–	8.1
E15	国网技术学院学报	123	0.93	6.2	3.3	19	59	–	0.171	6.5
E15	河北电力技术	118	0.98	4.8	3.8	8	43	–	–	7.6
E15	河南机电高等专科学校学报	122	1.00	6.9	1.4	19	64	0.008	0.410	6.2
E15	黑龙江电力	124	0.95	9.0	3.1	21	64	–	0.145	7.1
E15	湖北电力	136	0.92	7.0	4.4	13	40	–	0.132	5.8
E15	湖南电力	130	0.96	7.6	3.7	8	37	–	0.154	7.2
E15	华北电力大学学报(自然科学版)	92	1.00	18.8	3.9	12	18	0.030	0.820	5.2
E15	机电信息	1134	0.76	3.8	1.9	29	700	0.003	0.055	8.0
E15	吉林电力	100	0.94	3.8	3.2	15	49	–	0.040	7.3
E15	家电科技	221	0.72	4.0	2.5	12	76	–	0.014	≥10
E15	江西电力	172	0.69	3.4	3.0	8	61	–	–	7.6
E15	江西电力职业技术学院学报	129	0.98	4.4	1.6	17	83	–	0.256	5.2

学科代码	期刊名称	来源文献量	文献选出率	平均引文数	平均作者数	地区分布数	机构分布数	海外论文比	基金论文比	引用半衰期
E15	洁净与空调技术	103	0.96	8.2	2.3	19	67	0.010	0.155	9.2
E15	南方电网技术	137	0.93	14.1	5.1	19	57	0.090	0.510	5.2
E15	内蒙古电力技术	150	0.87	7.5	3.2	17	68	–	0.200	6.9
E15	内蒙古科技大学学报	81	0.96	11.2	3.3	8	12	–	0.593	7.6
E15	宁夏电力	80	0.96	16.8	3.4	9	33	0.012	0.162	6.4
E15	农村电工	677	0.88	–	1.6	24	338	–	–	–
E15	汽车电器	292	0.86	2.9	2.5	26	144	–	0.051	7.6
E15	青海电力	69	0.95	5.4	4.5	10	24	–	0.043	6.3
E15	热力发电	272	1.00	15.7	4.5	24	98	0.010	0.540	6.5
E15	日用电器	187	0.71	3.8	2.6	11	55	–	0.107	≥10
E15	山西电力	111	0.98	4.2	2.4	11	52	–	0.009	7.4
E15	上海大中型电机	70	0.95	1.9	2.3	6	17	0.014	–	≥10
E15	上海电力学院学报	119	0.94	11.9	3.0	9	16	–	0.580	6.9
E15	上海电气技术	71	0.95	11.4	2.3	16	48	–	0.141	6.9
E15	四川电力技术	122	1.00	10.6	3.6	16	45	–	0.115	6.5
E15	太原科技大学学报	79	1.00	11.6	3.6	3	6	–	0.759	7.6
E15	微电机	213	0.97	10.4	3.5	25	127	0.010	0.520	7.7
E15	微特电机	243	0.98	11.7	3.4	26	147	0.020	0.570	6.6
E15	现代电力	81	0.93	18.8	4.0	19	34	0.020	0.630	5.2
E15	现代建筑电气	186	0.92	5.0	1.8	23	124	–	0.081	≥10
E15	移动电源与车辆	45	1.00	3.5	3.3	12	26	–	–	≥10
E15	云南电力技术	222	0.86	10.8	3.6	12	67	–	0.041	7.6
E15	浙江电力	207	0.83	11.6	3.7	11	90	–	0.130	5.1
E15	浙江水利水电学院学报	111	0.92	9.4	2.4	17	75	–	0.414	5.7
E15	智慧电力	217	0.97	16.7	4.4	27	123	0.000	0.720	5.6
E15	中国电机工程学报	779	0.97	24.7	4.8	23	146	0.040	0.830	5.6
E15	中国电力	386	0.98	12.7	4.5	28	190	0.010	0.440	5.6
E15	中国电业(发电版)	428	0.93	–	1.2	29	175	–	–	–
E15	中国核电	104	0.94	4.9	3.2	15	43	0.010	0.029	7.7
E16	Frontiers in Energy	55	0.98	38.1	3.8	10	31	0.364	0.655	6.8
E16	International Journal of Coal Science & Technology	31	1.00	37.6	3.4	7	27	0.680	0.260	9.2
E16	储能科学与技术	140	0.90	41.1	5.3	18	76	0.060	0.760	3.7

学科代码	期刊名称	来源文献量	文献选出率	平均引文数	平均作者数	地区分布数	机构分布数	海外论文比	基金论文比	引用半衰期
E16	分布式能源	61	0.94	15.9	3.2	19	40	–	0.393	4.7
E16	风能	120	0.39	0.0	2.6	19	83	0.025	0.133	–
E16	江西煤炭科技	231	0.99	3.4	1.1	16	120	–	0.030	6.1
E16	节能技术	116	0.97	13.8	3.7	23	89	0.000	0.410	5.9
E16	洁净煤技术	140	0.95	19.1	3.8	18	71	0.000	0.660	6.5
E16	可再生能源	279	0.98	23.1	4.2	27	147	0.010	0.910	5.1
E16	煤	438	1.00	3.7	1.5	15	175	–	0.107	6.6
E16	煤气与热力	233	0.94	5.4	2.9	27	118	0.004	0.124	7.6
E16	煤炭工程	521	0.98	10.0	2.8	22	209	0.000	0.410	6.3
E16	煤炭技术	1515	1.00	6.4	3.0	29	473	0.018	0.521	5.2
E16	煤炭加工与综合利用	262	0.90	6.1	2.5	23	188	0.011	0.103	6.7
E16	煤炭科技	273	0.98	4.0	1.6	17	160	–	0.037	6.5
E16	煤炭科学技术	437	0.96	20.2	3.7	23	172	0.010	0.810	6.0
E16	煤炭学报	420	0.97	22.7	4.8	23	98	0.010	0.960	6.7
E16	煤炭与化工	574	0.99	7.9	1.7	20	321	0.010	0.120	7.1
E16	煤炭转化	74	1.00	19.2	4.6	21	46	0.010	0.720	7.7
E16	煤质技术	116	0.93	10.9	2.5	21	69	–	0.276	7.6
E16	南方能源建设	102	0.93	10.6	2.9	11	44	0.010	0.559	6.8
E16	能源技术与管理	443	1.00	4.4	1.6	21	250	0.009	0.043	6.3
E16	能源研究与利用	103	0.82	3.7	1.8	10	34	–	0.087	7.7
E16	能源研究与信息	42	0.89	13.4	3.0	6	15	–	0.310	9.9
E16	能源与环保	585	1.00	19.0	2.6	25	235	–	0.477	7.6
E16	能源与节能	1092	0.98	4.4	1.3	29	516	0.001	0.031	4.4
E16	燃料化学学报	191	0.99	26.2	5.4	26	102	0.040	0.850	6.8
E16	山东煤炭科技	963	0.99	3.1	1.4	19	443	–	0.013	5.9
E16	山西焦煤科技	177	0.96	5.4	1.5	10	99	–	0.045	5.2
E16	陕西煤炭	253	0.98	5.3	1.7	13	137	–	0.032	7.4
E16	上海节能	168	0.74	3.5	1.9	10	86	–	0.071	7.1
E16	上海煤气	69	0.97	0.1	1.6	11	33	–	–	1.4
E16	水电能源科学	642	1.00	7.1	3.8	29	227	0.000	0.660	7.5
E16	太阳能学报	481	0.98	20.9	4.2	27	169	0.010	0.840	6.8
E16	同煤科技	77	0.91	6.7	1.3	8	52	–	0.026	6.9
E16	新能源进展	71	1.00	24.8	4.7	15	27	0.014	0.859	5.7

学科代码	期刊名称	来源文献量	文献选出率	平均引文数	平均作者数	地区分布数	机构分布数	海外论文比	基金论文比	引用半衰期
E16	选煤技术	145	0.99	11.2	2.5	19	85	–	0.124	7.0
E16	中国煤层气	64	1.00	8.5	3.7	12	32	–	0.219	8.2
E16	中国煤炭	370	0.85	9.3	2.7	23	153	0.011	0.462	5.7
E16	中国煤炭地质	193	0.98	12.8	3.1	24	103	0.010	0.450	8.0
E16	中国能源	110	0.78	10.0	2.5	10	57	0.020	0.180	2.9
E16	中外能源	190	0.88	12.1	2.9	20	113	0.011	0.284	6.1
E17	China Oil & Gas	42	0.68	4.2	1.7	5	31	0.048	0.071	2.7
E17	China Petroleum Processing and Petrochemical Technology	60	0.74	24.0	3.7	14	27	–	0.750	7.1
E17	Journal of Energy Chemistry	160	0.95	51.6	5.1	22	118	0.460	0.560	4.4
E17	北京石油化工学院学报	57	0.97	13.5	4.1	7	13	–	0.544	6.1
E17	测井技术	138	0.92	14.0	4.8	18	62	0.010	0.500	9.5
E17	承德石油高等专科学校学报	140	0.96	6.5	2.8	15	47	–	0.329	6.7
E17	大庆石油地质与开发	174	1.00	20.3	3.8	17	69	–	0.948	7.4
E17	当代石油石化	112	0.75	5.5	1.4	14	44	–	0.062	5.9
E17	东北石油大学学报	74	0.87	26.9	5.4	15	40	0.010	0.890	7.8
E17	断块油气田	191	0.97	17.5	4.3	16	71	0.000	0.890	7.2
E17	非常规油气	115	0.98	16.8	3.7	18	64	0.009	0.487	7.5
E17	广东石油化工学院学报	135	1.00	9.8	2.5	19	52	0.007	0.711	5.7
E17	国际石油经济	203	0.91	7.1	2.5	15	86	0.060	0.040	3.8
E17	海相油气地质	46	0.78	25.9	5.5	13	27	0.020	0.830	9.0
E17	焊管	158	0.95	12.5	3.7	18	77	–	0.184	8.9
E17	江汉石油职工大学学报	209	1.00	3.7	1.2	15	58	–	0.115	6.5
E17	精细石油化工进展	88	0.94	11.8	3.7	16	51	–	0.443	7.6
E17	炼油技术与工程	169	0.94	6.8	2.8	24	82	–	0.154	8.8
E17	炼油与化工	154	1.00	7.8	2.1	17	60	–	0.006	8.5
E17	录井工程	102	0.94	9.0	3.8	15	51	–	0.206	8.0
E17	内蒙古石油化工	513	0.98	6.2	2.3	25	292	0.002	0.191	≥10
E17	能源化工	107	0.87	11.3	3.2	17	59	0.010	0.230	7.5
E17	石化技术	2987	1.00	2.4	1.7	30	1192	0.002	0.015	5.8
E17	石油地球物理勘探	156	0.93	23.0	4.5	20	63	0.000	0.790	8.3
E17	石油地质与工程	193	0.94	11.4	3.7	18	76	–	0.508	8.7
E17	石油工程建设	132	0.99	7.9	3.5	17	82	–	0.212	8.4

学科代码	期刊名称	来源文献量	文献选出率	平均引文数	平均作者数	地区分布数	机构分布数	海外论文比	基金论文比	引用半衰期
E17	石油工业技术监督	214	0.97	6.7	3.1	20	107	–	0.065	7.3
E17	石油规划设计	81	0.88	3.7	3.1	18	42	–	0.025	6.9
E17	石油化工	245	0.96	22.4	4.2	24	95	0.000	0.510	8.1
E17	石油化工安全环保技术	110	0.93	4.9	2.2	19	76	–	0.073	7.5
E17	石油化工腐蚀与防护	97	0.93	5.6	3.2	20	69	–	0.196	8.6
E17	石油化工高等学校学报	103	1.00	16.3	4.2	15	41	0.000	0.780	7.6
E17	石油化工技术与经济	81	0.90	5.0	1.6	14	28	–	–	7.8
E17	石油化工设备	90	0.96	16.8	3.3	22	64	–	0.144	9.8
E17	石油化工设备技术	87	0.88	6.1	2.3	15	48	0.000	0.090	9.0
E17	石油化工设计	79	0.94	5.6	1.9	16	33	–	–	9.6
E17	石油化工应用	432	0.93	7.7	3.9	23	153	0.002	0.220	8.2
E17	石油化工自动化	124	0.95	10.0	2.3	22	86	–	0.089	7.8
E17	石油机械	280	1.00	12.2	4.4	16	120	0.010	0.720	6.9
E17	石油勘探与开发	112	0.95	28.8	6.2	14	48	0.100	0.870	7.3
E17	石油科技论坛	67	0.94	8.3	4.0	12	36	–	0.896	4.2
E17	石油科学通报	51	0.94	26.3	5.1	3	4	–	0.882	8.9
E17	石油库与加油站	69	0.87	4.2	1.9	24	46	0.014	0.029	7.2
E17	石油矿场机械	106	0.95	11.0	4.3	17	63	–	0.660	6.9
E17	石油炼制与化工	240	0.89	9.7	3.8	26	90	0.000	0.350	8.7
E17	石油商技	107	0.97	4.5	2.7	14	42	–	0.009	8.8
E17	石油石化节能	205	0.86	5.8	2.1	20	88	–	0.034	7.2
E17	石油石化绿色低碳	84	0.71	3.5	2.1	15	50	–	0.048	7.4
E17	石油物探	102	0.98	24.8	4.2	18	54	0.040	0.840	≥10
E17	石油学报	145	0.92	35.6	5.7	15	61	0.020	0.940	7.5
E17	石油学报(石油加工)	155	0.96	21.8	4.7	19	57	0.010	0.820	7.7
E17	石油与天然气地质	126	0.92	28.2	5.6	17	51	0.020	0.940	8.0
E17	石油与天然气化工	133	0.98	12.3	4.0	18	85	–	0.436	7.0
E17	石油钻采工艺	139	0.90	15.2	4.8	15	78	0.010	0.640	6.1
E17	石油钻探技术	124	0.95	17.3	3.9	16	64	0.000	0.740	5.3
E17	世界石油工业	59	0.69	–	1.3	1	28	0.339	–	–
E17	特种油气藏	166	0.99	22.3	4.1	18	59	0.010	0.950	6.2
E17	天然气地球科学	198	0.94	28.4	5.7	19	91	0.010	0.940	7.4
E17	天然气工业	214	0.96	21.7	5.2	21	94	0.020	0.770	5.6

学科代码	期刊名称	来源文献量	文献选出率	平均引文数	平均作者数	地区分布数	机构分布数	海外论文比	基金论文比	引用半衰期
E17	天然气技术与经济	126	0.86	8.3	3.2	19	75	–	0.206	5.3
E17	天然气勘探与开发	71	0.95	14.0	4.6	15	50	–	0.563	6.9
E17	天然气与石油	136	0.93	20.7	3.8	21	88	0.030	0.430	6.6
E17	物探装备	106	0.98	3.1	3.3	15	31	–	0.038	6.9
E17	西安石油大学学报(自然科学版)	118	1.00	16.5	4.4	17	52	0.020	0.950	7.3
E17	西南石油大学学报(自然科学版)	126	0.96	23.2	4.2	17	50	0.010	0.850	7.2
E17	新疆石油地质	125	0.99	21.5	5.0	16	60	0.000	0.840	9.5
E17	新疆石油天然气	87	0.96	9.4	3.9	13	54	–	0.322	8.8
E17	岩性油气藏	120	0.98	23.0	4.9	16	59	0.030	0.980	7.3
E17	乙烯工业	62	0.95	2.5	2.5	12	22	–	–	8.9
E17	油气藏评价与开发	88	0.94	15.0	4.3	14	41	–	0.545	7.6
E17	油气储运	235	0.99	23.8	4.5	19	100	0.010	0.730	5.7
E17	油气地质与采收率	118	0.95	20.6	4.6	16	46	0.010	0.900	5.2
E17	油气井测试	130	0.93	8.1	3.8	16	67	–	0.269	≥10
E17	油气田地面工程	309	0.96	7.7	3.0	21	159	0.003	0.162	7.5
E17	油气田环境保护	100	0.89	9.1	3.7	15	62	–	0.250	6.8
E17	油田化学	144	0.99	17.3	5.0	16	60	0.010	0.610	7.5
E17	中国海上油气	135	0.93	17.1	4.9	11	28	0.010	0.670	8.5
E17	中国海洋平台	93	0.98	8.3	3.8	12	51	0.000	0.300	8.0
E17	中国石油大学胜利学院学报	102	0.93	7.1	1.9	13	57	0.010	0.324	7.1
E17	中国石油大学学报(自然科学版)	137	0.98	20.8	5.4	15	36	0.010	0.960	8.1
E17	中国石油和化工	98	0.31	0.0	1.1	17	49	0.061	–	7.0
E17	中国石油和化工标准与质量	1945	0.99	3.9	1.7	30	1056	0.007	0.020	5.7
E17	中国石油勘探	81	0.93	24.6	5.5	15	60	0.020	0.890	5.7
E17	中国石油企业	207	0.44	–	1.8	22	136	0.019	–	–
E17	钻采工艺	221	0.96	9.1	3.9	18	111	0.005	0.534	7.6
E17	钻井液与完井液	139	1.00	13.2	5.0	16	83	0.010	0.550	6.3
E18	Nuclear Science and Techniques	188	0.99	28.1	5.0	16	79	0.207	0.761	8.5
E18	辐射防护	81	0.91	13.1	4.8	18	48	0.000	0.310	8.8
E18	辐射研究与辐射工艺学报	52	0.93	23.8	5.2	16	42	0.000	0.750	6.1
E18	核电子学与探测技术	236	1.00	8.6	5.0	24	94	–	0.631	8.5
E18	核动力工程	230	0.99	6.5	4.7	18	61	0.020	0.200	≥10
E18	核化学与放射化学	67	0.96	21.3	5.3	12	32	0.010	0.510	9.3

学科代码	期刊名称	来源文献量	文献选出率	平均引文数	平均作者数	地区分布数	机构分布数	海外论文比	基金论文比	引用半衰期
E18	核技术	166	0.90	14.2	5.7	18	59	0.010	0.790	8.0
E18	核科学与工程	160	0.96	8.2	4.3	15	47	0.000	0.340	≥10
E18	世界核地质科学	39	0.91	8.6	3.7	10	16	–	0.436	9.8
E18	太阳能	165	0.71	6.5	3.1	26	126	0.018	0.121	5.8
E18	同位素	43	0.98	19.8	4.8	14	28	0.000	0.490	8.8
E18	应用泛函分析学报	56	0.97	13.5	2.3	20	39	–	0.839	≥10
E18	原子能科学技术	370	0.98	13.2	5.2	23	91	0.030	0.530	≥10
E19	Chinese Journal of Electronics	193	0.98	3.0	3.3	22	125	0.060	0.920	6.3
E19	Journal of Semiconductors	209	0.96	28.2	3.8	21	134	0.270	0.530	6.4
E19	Nano–Micro Letters	52	1.00	64.3	5.7	14	41	0.308	0.923	4.9
E19	安徽电子信息职业技术学院学报	168	0.98	5.6	1.6	21	105	–	0.506	6.5
E19	半导体光电	191	1.00	12.6	4.2	21	87	0.000	0.720	6.8
E19	半导体技术	163	0.99	15.7	4.7	24	96	0.000	0.640	6.6
E19	常州信息职业技术学院学报	163	0.99	5.0	1.4	16	76	–	0.656	4.3
E19	传感技术学报	326	1.00	15.9	3.9	26	153	0.000	0.810	5.2
E19	传感器与微系统	537	0.99	12.2	3.7	28	168	0.000	0.700	6.4
E19	灯与照明	60	0.94	7.6	2.5	12	24	0.017	0.383	7.7
E19	电瓷避雷器	226	1.00	16.6	4.3	29	121	–	0.314	8.2
E19	电力电容器与无功补偿	184	0.98	15.6	4.3	28	117	–	0.364	6.3
E19	电声技术	182	0.95	7.1	2.3	25	105	0.016	0.203	7.0
E19	电视技术	252	0.90	9.3	2.8	30	143	–	0.528	4.9
E19	电子测量技术	550	0.99	13.0	3.2	27	204	0.000	0.260	4.3
E19	电子测量与仪器学报	285	0.89	16.7	3.8	26	124	0.010	0.850	4.7
E19	电子测试	1638	0.98	3.6	1.7	30	996	0.001	0.118	5.0
E19	电子产品可靠性与环境试验	85	0.82	6.9	2.7	11	40	–	0.118	8.0
E19	电子产品世界	232	0.76	4.4	2.0	22	119	0.116	0.159	5.5
E19	电子工艺技术	101	1.00	5.7	3.1	15	46	–	0.317	7.9
E19	电子技术	273	0.99	7.1	2.7	25	130	–	0.319	6.4
E19	电子技术应用	457	0.94	9.8	3.5	28	215	0.010	0.530	5.5
E19	电子科技	530	0.99	15.3	2.7	28	151	–	0.364	7.1
E19	电子科技大学学报	148	1.00	19.8	3.9	21	72	0.010	0.950	6.5
E19	电子器件	301	0.98	11.9	3.4	27	146	0.000	0.530	5.7
E19	电子设计工程	1111	1.00	15.8	2.5	30	420	0.000	0.270	5.1

学科代码	期刊名称	来源文献量	文献选出率	平均引文数	平均作者数	地区分布数	机构分布数	海外论文比	基金论文比	引用半衰期
E19	电子世界	3191	0.96	4.2	1.9	31	1685	0.001	0.131	5.3
E19	电子显微学报	91	0.92	18.8	4.8	19	57	0.010	0.800	9.1
E19	电子信息对抗技术	96	0.97	9.6	2.8	14	29	–	0.083	8.3
E19	电子学报	413	1.00	15.7	3.9	26	177	0.000	0.900	6.7
E19	电子与封装	139	0.97	5.9	3.1	12	43	–	0.043	9.9
E19	电子与信息学报	424	1.00	18.7	3.9	24	127	0.010	0.890	4.6
E19	电子元件与材料	213	0.97	18.8	3.9	25	138	0.000	0.650	6.0
E19	电子质量	275	0.92	5.6	2.5	21	120	–	0.105	7.4
E19	固体电子学研究与进展	88	0.93	10.0	4.1	18	44	0.000	0.580	7.2
E19	光源与照明	50	0.91	7.2	2.3	9	32	–	0.120	6.8
E19	桂林电子科技大学学报	99	0.99	11.8	2.9	3	3	–	0.980	6.7
E19	国外电子测量技术	305	0.94	12.4	2.8	23	124	0.000	0.210	4.0
E19	杭州电子科技大学学报	124	1.00	10.0	3.1	1	2	–	0.702	6.0
E19	吉林大学学报(信息科学版)	101	0.95	15.1	3.5	12	27	0.000	0.840	5.4
E19	今日电子	113	0.58	0.1	1.4	12	66	0.487	–	7.0
E19	密码学报	53	0.88	27.7	3.1	14	34	0.040	0.830	6.7
E19	上海电机学院学报	62	0.91	17.5	2.6	4	12	0.016	0.629	4.9
E19	深圳信息职业技术学院学报	73	0.90	8.8	2.0	5	13	–	0.644	7.8
E19	太赫兹科学与电子信息学报	193	0.97	12.1	3.9	22	109	0.010	0.460	7.4
E19	微电子学	192	1.00	8.6	4.2	21	76	0.020	0.710	7.6
E19	微电子学与计算机	357	0.97	9.3	3.2	29	160	0.010	0.610	5.2
E19	微纳电子技术	139	0.99	18.5	5.2	18	52	0.010	0.820	6.4
E19	武汉理工大学学报(信息与管理工程版)	148	0.98	14.6	2.8	18	71	0.010	0.630	6.2
E19	西安电子科技大学学报(自然科学版)	184	0.96	13.5	3.9	15	49	0.010	0.900	4.3
E19	系统工程与电子技术	407	0.99	19.6	3.7	18	86	0.000	0.840	6.0
E19	现代电子技术	1161	0.99	10.0	2.4	31	591	0.000	0.720	4.2
E19	照明工程学报	144	0.80	12.5	3.5	18	98	0.030	0.450	6.8
E19	中国无线电	343	0.54	1.4	1.7	30	178	0.006	0.003	8.4
E19	中国有线电视	352	0.88	2.4	1.5	29	207	–	0.037	4.0
E19	中国照明电器	143	0.91	8.3	2.7	20	93	–	0.385	6.2
E20	Chinese Optics of Letters	251	0.94	24.1	4.6	24	150	0.250	0.720	6.1
E20	Frontiers of Optoelectronics	48	0.94	28.7	3.8	13	38	0.310	0.560	5.9
E20	光电工程	129	0.68	29.3	4.3	19	73	0.090	0.700	5.9

学科代码	期刊名称	来源文献量	文献选出率	平均引文数	平均作者数	地区分布数	机构分布数	海外论文比	基金论文比	引用半衰期
E20	光电技术应用	97	0.97	13.1	2.7	18	37	–	0.196	7.8
E20	光电子・激光	207	0.95	20.4	4.3	27	127	–	0.937	4.7
E20	光电子技术	51	0.94	17.9	4.1	14	37	0.060	0.470	6.8
E20	光学技术	113	1.00	14.2	4.0	20	61	0.000	0.680	8.0
E20	光学与光电技术	111	0.99	12.5	3.4	18	61	0.020	0.550	7.9
E20	红外技术	190	0.99	13.8	4.2	24	100	0.000	0.450	6.9
E20	红外与激光工程	450	0.99	14.6	4.8	25	174	0.010	0.800	5.9
E20	激光技术	183	0.97	18.1	4.4	24	101	0.000	0.730	7.6
E20	激光与光电子学进展	567	0.99	2.5	4.2	27	247	0.010	0.850	5.6
E20	激光与红外	282	0.98	12.0	4.0	24	146	0.000	0.540	6.8
E20	激光杂志	502	0.99	16.9	2.6	29	288	0.010	0.830	3.9
E20	压电与声光	219	0.98	11.6	4.1	24	99	0.000	0.800	7.1
E20	应用激光	153	1.00	14.0	4.6	24	82	0.020	0.680	7.5
E20	中国光学	74	0.90	39.9	5.0	18	38	0.030	0.850	6.9
E20	中国激光	447	0.97	1.7	5.4	25	151	0.020	0.850	5.9
E21	China Communications	208	0.96	27.7	3.4	21	113	0.190	0.740	5.4
E21	北京邮电大学学报	120	0.98	11.5	3.6	20	59	0.010	0.900	5.2
E21	重庆邮电大学学报(自然科学版)	122	0.95	15.3	3.4	22	58	0.010	0.910	5.0
E21	电波科学学报	98	0.94	14.9	4.3	19	59	0.000	0.720	6.2
E21	电信科学	277	1.00	11.5	3.4	22	122	0.010	0.510	3.7
E21	电讯技术	240	0.96	13.0	3.0	23	112	0.000	0.510	5.1
E21	光通信技术	201	0.96	9.1	3.7	23	108	0.010	0.682	5.2
E21	光通信研究	116	1.00	10.0	3.9	21	57	0.009	0.741	5.2
E21	广东通信技术	212	0.95	4.8	2.1	14	56	–	0.038	5.3
E21	广西通信技术	50	0.93	2.7	2.6	1	20	–	–	4.0
E21	湖南邮电职业技术学院学报	170	0.98	6.8	1.4	14	73	–	0.459	2.9
E21	互联网经济	113	0.59	–	1.2	7	52	0.071	–	–
E21	互联网天地	97	0.63	2.6	1.4	15	53	0.010	0.052	3.8
E21	江西通信科技	52	0.93	4.5	1.8	10	32	–	–	6.2
E21	空军预警学院学报	108	0.92	10.3	3.3	6	14	–	0.157	5.6
E21	雷达科学与技术	120	1.00	8.7	3.2	15	49	0.000	0.430	4.4
E21	雷达学报	72	0.99	21.3	4.1	12	29	0.070	0.880	6.6
E21	南京邮电大学学报(自然科学版)	101	0.94	18.6	3.3	8	17	0.030	0.870	5.2

学科代码	期刊名称	来源文献量	文献选出率	平均引文数	平均作者数	地区分布数	机构分布数	海外论文比	基金论文比	引用半衰期
E21	山东通信技术	52	0.93	2.0	2.4	6	22	–	–	3.6
E21	世界电信	55	0.95	5.1	1.7	4	13	–	0.036	2.3
E21	数据采集与处理	142	0.96	23.3	3.7	20	81	0.010	0.900	6.6
E21	数据通信	74	0.97	10.2	2.7	9	20	–	0.338	5.8
E21	通信电源技术	526	0.99	5.6	2.4	30	321	0.002	0.101	6.0
E21	通信管理与技术	96	0.48	1.3	1.5	7	33	–	–	8.8
E21	通信技术	504	0.98	10.1	2.9	27	205	0.004	0.298	6.2
E21	通信学报	239	1.00	21.4	3.9	26	106	0.020	0.950	5.3
E21	通信与信息技术	94	0.44	3.9	1.9	7	33	–	0.053	5.2
E21	微波学报	122	0.98	11.6	3.4	20	80	0.020	0.590	7.4
E21	无线电工程	232	1.00	16.7	3.0	23	78	–	0.815	6.9
E21	无线电通信技术	138	0.99	15.0	2.9	17	46	–	0.725	6.9
E21	无线通信技术	52	0.96	10.0	2.6	8	13	–	0.558	6.1
E21	西安邮电大学学报	132	0.96	15.7	2.9	7	16	0.000	0.830	5.7
E21	现代传输	59	0.45	4.8	3.8	12	41	0.017	0.034	≥10
E21	现代雷达	228	0.95	11.6	3.2	18	80	0.000	0.350	7.7
E21	信号处理	212	0.95	15.1	3.6	20	63	0.000	0.840	5.7
E21	信息通信	1827	1.00	4.8	1.8	31	944	0.002	0.127	5.0
E21	信息通信技术	76	0.92	8.9	2.5	14	49	0.013	0.053	2.3
E21	移动通信	419	0.92	10.7	2.4	25	147	0.002	0.079	3.5
E21	应用科学学报	70	0.91	21.9	3.7	18	45	0.010	0.900	6.5
E21	邮电设计技术	230	0.94	12.8	2.8	21	65	–	0.017	3.3
E21	中国电信业	188	0.56	–	1.3	25	90	0.021	–	–
E21	中国新通信	3225	1.00	3.0	1.4	31	1744	0.001	0.046	3.8
E21	中兴通讯技术	78	0.91	13.7	2.6	14	37	0.030	0.330	3.9
E22	Computional Visual Media	32	1.00	35.3	2.9	7	22	0.406	0.719	7.7
E22	Frontiers of Computer Science	80	1.00	44.1	3.2	14	56	0.310	0.730	8.2
E22	Journal of Computer Science & Technology	95	0.94	38.6	3.7	18	62	0.260	0.850	5.7
E22	办公自动化	341	0.62	4.9	1,5	26	180	0.003	0.258	5.5
E22	传动技术	35	0.97	6.8	3.1	10	17	–	0.257	7.0
E22	传感器世界	75	0.67	9.4	3.1	20	43	0.040	0.333	6.9
E22	大数据	65	0.97	17.6	3.1	13	53	0.015	0.415	4.9
E22	单片机与嵌入式系统应用	224	0.70	8.2	2.7	26	150	0.000	0.200	5.1

学科代码	期刊名称	来源文献量	文献选出率	平均引文数	平均作者数	地区分布数	机构分布数	海外论文比	基金论文比	引用半衰期
E22	电脑编程技巧与维护	806	0.91	4.1	1.7	31	558	–	0.220	4.6
E22	电脑与信息技术	135	0.99	7.4	1.8	27	109	–	0.474	6.3
E22	电脑知识与技术	4121	0.99	5.6	1.8	31	1768	0.001	0.326	4.7
E22	电子政务	164	0.86	17.1	1.8	21	96	0.024	0.707	4.1
E22	福建电脑	1193	0.99	5.2	2.0	29	538	0.009	0.483	4.9
E22	工业控制计算机	845	0.99	6.6	2.7	28	254	–	0.249	6.9
E22	化学传感器	40	0.93	23.8	4.5	18	28	–	0.800	6.2
E22	集成技术	52	1.00	30.8	4.1	3	7	–	0.885	8.8
E22	计算机仿真	1187	0.99	11.4	2.5	31	447	0.000	0.410	3.8
E22	计算机辅助工程	82	0.93	10.7	3.2	18	49	–	0.354	6.8
E22	计算机辅助设计与图形学学报	267	1.00	22.9	3.9	24	131	0.020	0.960	7.2
E22	计算机工程	634	0.99	17.1	3.3	29	246	0.010	0.860	6.1
E22	计算机工程与科学	329	0.98	21.5	3.3	28	143	0.010	0.850	6.4
E22	计算机工程与设计	614	0.99	13.6	3.0	30	284	0.000	0.820	4.3
E22	计算机工程与应用	1096	1.00	18.5	3.1	30	399	0.010	0.850	6.6
E22	计算机集成制造系统	290	1.00	22.1	3.7	24	114	0.010	0.960	6.2
E22	计算机技术与发展	522	0.98	15.9	2.9	29	173	0.010	0.950	6.9
E22	计算机教育	491	1.00	6.4	2.8	29	246	0.006	0.776	3.7
E22	计算机科学	688	0.99	19.3	3.4	28	240	0.010	0.850	6.9
E22	计算机科学与探索	195	0.94	22.5	3.5	28	109	0.020	0.910	6.7
E22	计算机时代	333	0.97	7.1	2.3	31	215	–	0.598	4.8
E22	计算机系统应用	524	0.98	13.4	3.1	27	221	0.000	0.540	6.2
E22	计算机学报	191	0.99	37.1	4.0	22	105	0.030	0.870	6.5
E22	计算机研究与发展	243	0.98	30.3	4.1	25	110	0.030	0.970	5.7
E22	计算机应用	642	0.99	18.2	3.4	27	244	0.010	0.880	5.4
E22	计算机应用研究	863	0.99	17.9	3.2	30	300	0.010	0.880	5.9
E22	计算机应用与软件	709	0.98	14.7	3.0	29	322	0.000	0.680	5.9
E22	计算机与数字工程	532	1.00	12.9	2.7	27	243	0.000	0.470	7.0
E22	计算机与现代化	290	1.00	17.5	2.8	26	149	0.010	0.500	6.1
E22	计算机与应用化学	168	0.93	17.1	3.7	23	86	0.010	0.720	8.3
E22	金融科技时代	223	0.60	2.6	1.3	25	128	0.004	0.013	3.2
E22	卷宗	8538	1.00	3.4	1.2	31	4639	0.003	0.045	4.5
E22	软件	449	0.94	13.8	2.8	29	218	–	0.494	4.8

学科代码	期刊名称	来源文献量	文献选出率	平均引文数	平均作者数	地区分布数	机构分布数	海外论文比	基金论文比	引用半衰期
E22	软件(教育现代化)(电子版)	3597	1.00	2.4	1.0	30	1563	0.010	0.018	7.4
E22	软件导刊	782	1.00	10.3	2.5	30	331	–	0.463	6.1
E22	软件工程	198	1.00	8.1	2.3	28	138	–	0.561	3.5
E22	软件学报	205	0.95	38.4	4.2	25	92	0.050	0.990	6.9
E22	数值计算与计算机应用	25	0.86	21.4	2.8	13	24	–	0.880	≥10
E22	网络安全技术与应用	1123	0.99	5.0	1.6	31	819	0.001	0.105	4.4
E22	网络新媒体技术	61	0.90	14.0	3.3	13	24	0.000	0.720	6.6
E22	网络与信息安全学报	102	0.99	22.9	3.5	18	54	–	0.882	6.8
E22	微处理机	130	0.96	9.6	2.4	17	56	–	0.269	7.9
E22	微型电脑应用	260	0.93	8.4	2.2	24	117	0.000	0.390	5.7
E22	物联网技术	533	0.96	8.5	2.7	31	288	–	0.345	4.9
E22	现代计算机	698	0.99	7.9	2.3	30	303	0.011	0.536	6.1
E22	小型微型计算机系统	511	0.97	21.4	3.5	29	172	0.010	0.960	6.0
E22	信息技术与网络安全	723	0.97	9.3	2.8	28	257	–	0.353	6.1
E22	信息网络安全	175	0.63	16.6	3.2	21	99	0.000	0.830	3.8
E22	智能计算机与应用	268	0.97	10.4	2.7	27	126	–	0.552	6.1
E22	中国金融电脑	218	0.76	–	1.4	20	98	0.005	–	–
E22	中国图象图形学报	180	1.00	22.5	3.5	21	101	0.010	0.940	6.0
E22	中国自动识别技术	28	0.31	0.6	1.3	9	23	0.036	0.036	≥10
E23	China Particuology	111	1.00	42.0	4.2	15	83	0.560	0.460	9.8
E23	Chinese Journal of Chemical Engineering	224	0.95	39.2	4.1	21	142	0.310	0.580	7.6
E23	Journal of Advanced Ceramics	40	0.89	35.9	4.7	11	36	0.475	0.825	9.3
E23	安徽化工	247	0.98	8.6	2.8	23	139	–	0.231	7.6
E23	北京化工大学学报(自然科学版)	122	0.99	14.8	3.9	13	23	0.010	0.680	7.6
E23	纯碱工业	98	0.98	1.8	2.0	12	29	–	–	≥10
E23	大氮肥	116	0.97	2.7	1.9	22	52	–	–	≥10
E23	氮肥技术	99	0.96	1.3	2.1	15	51	–	–	7.0
E23	氮肥与合成气	142	0.95	2.3	2.2	23	81	–	–	6.8
E23	当代化工	715	0.94	13.0	3.4	29	261	0.010	0.270	7.3
E23	当代化工研究	1084	0.99	4.3	1.7	31	756	0.006	0.069	6.2
E23	电镀与精饰	120	0.96	12.0	3.7	24	92	0.010	0.300	7.4
E23	发酵科技通讯	47	0.92	20.5	3.8	10	20	–	0.681	8.7
E23	佛山陶瓷	143	0.74	6.2	2.3	16	86	–	0.217	9.8

学科代码	期刊名称	来源文献量	文献选出率	平均引文数	平均作者数	地区分布数	机构分布数	海外论文比	基金论文比	引用半衰期
E23	高校化学工程学报	192	1.00	23.3	4.7	25	84	0.020	0.790	7.0
E23	工业催化	185	0.98	17.7	4.1	25	111	0.000	0.400	8.7
E23	广东化工	2795	0.99	9.5	3.1	31	1244	0.002	0.440	7.6
E23	广州化工	1760	0.98	10.5	3.5	31	875	0.007	0.585	7.0
E23	硅酸盐通报	729	0.99	17.3	4.3	30	261	0.000	0.730	7.2
E23	硅酸盐学报	252	0.99	27.8	4.9	29	115	0.010	0.920	6.7
E23	过程工程学报	199	0.98	23.6	4.6	23	79	0.010	0.880	7.5
E23	过滤与分离	41	1.00	8.5	3.8	13	26	–	0.195	8.5
E23	杭州化工	44	0.59	11.9	2.8	12	23	–	0.227	8.1
E23	合成技术及应用	48	0.91	11.1	3.2	10	17	0.021	0.104	6.7
E23	河南化工	214	0.79	7.3	2.9	20	110	0.005	0.206	7.3
E23	湖南包装	144	0.85	6.9	1.6	14	69	0.007	0.576	5.5
E23	化肥工业	121	0.95	5.0	2.9	26	91	–	0.174	9.6
E23	化肥设计	96	0.98	5.2	2.7	17	45	0.010	0.042	8.8
E23	化工管理	7083	0.99	2.9	1.5	31	3162	0.003	0.014	4.5
E23	化工机械	153	0.97	11.8	3.6	21	87	0.000	0.410	8.4
E23	化工技术与开发	215	1.00	11.2	3.3	28	124	0.005	0.405	8.5
E23	化工进展	609	0.97	32.6	4.7	28	207	0.000	0.790	6.3
E23	化工科技	97	0.98	20.0	4.2	16	30	0.000	0.640	6.2
E23	化工矿物与加工	214	0.97	9.8	3.6	24	94	0.014	0.500	7.0
E23	化工设备与管道	113	0.96	6.3	2.6	20	86	0.000	0.330	≥10
E23	化工设计	84	0.92	4.9	1.8	17	40	–	0.024	≥10
E23	化工设计通讯	2535	0.99	2.3	1.7	30	1302	0.003	0.022	4.8
E23	化工时刊	201	0.96	10.4	3.4	20	92	–	0.498	7.5
E23	化工学报	577	1.00	32.6	4.8	27	163	0.010	0.920	6.7
E23	化工装备技术	104	0.95	5.4	2.6	19	69	–	0.115	8.9
E23	化工自动化及仪表	290	0.97	7.3	2.9	29	174	–	0.245	7.0
E23	化学反应工程与工艺	80	0.98	17.3	4.4	20	46	0.000	0.540	8.2
E23	化学工程	181	1.00	14.3	4.3	28	84	0.010	0.570	8.0
E23	化学工程师	271	0.95	11.1	3.7	23	111	0.000	0.390	7.1
E23	化学工程与装备	1368	1.00	4.6	1.8	30	686	0.006	0.077	6.6
E23	化学工业与工程	89	0.99	20.1	4.0	2	3	0.010	0.480	7.9
E23	化学世界	136	0.92	19.4	4.3	27	94	0.007	0.632	7.3

学科代码	期刊名称	来源文献量	文献选出率	平均引文数	平均作者数	地区分布数	机构分布数	海外论文比	基金论文比	引用半衰期
E23	吉林化工学院学报	281	1.00	9.9	2.5	15	66	–	0.555	6.3
E23	江苏陶瓷	298	0.92	1.9	1.2	9	31	–	0.037	5.9
E23	江西化工	452	1.00	6.2	2.0	20	176	–	0.122	7.7
E23	景德镇陶瓷	121	0.57	2.7	1.2	5	19	–	0.041	8.5
E23	聚氨酯工业	85	0.82	9.4	3.8	18	62	0.000	0.330	7.2
E23	口腔护理用品工业	84	0.64	6.4	1.9	14	29	–	–	≥10
E23	离子交换与吸附	59	1.00	17.3	4.6	19	45	0.000	0.850	6.3
E23	辽宁化工	426	0.98	8.0	3.0	26	203	0.002	0.216	8.4
E23	林产化学与工业	118	0.96	24.1	4.7	19	42	0.000	0.780	6.6
E23	磷肥与复肥	150	0.64	8.0	3.3	22	93	0.010	0.200	8.5
E23	硫磷设计与粉体工程	76	0.88	4.2	2.2	14	38	–	0.026	7.0
E23	硫酸工业	180	0.93	4.0	2.4	23	105	–	0.022	5.9
E23	轮胎工业	172	0.90	3.4	3.2	19	64	0.012	0.058	9.5
E23	氯碱工业	159	0.93	2.9	2.3	22	79	–	0.019	6.3
E23	膜科学与技术	120	0.97	20.3	4.8	20	70	0.020	0.820	7.0
E23	清洗世界	122	0.98	6.8	2.8	23	90	0.016	0.074	8.1
E23	燃料与化工	135	0.91	2.4	3.0	20	77	–	0.030	9.8
E23	热固性树脂	80	0.93	16.0	4.2	17	48	0.000	0.410	7.0
E23	日用化学工业	146	0.95	18.7	4.2	22	80	0.000	0.600	7.4
E23	山东化工	1834	0.99	8.2	3.1	30	795	0.005	0.365	7.8
E23	山东陶瓷	132	0.90	3.0	1.5	10	25	–	0.045	9.4
E23	山西化工	304	0.98	5.8	1.8	19	167	–	0.053	6.1
E23	沈阳化工大学学报	69	0.99	13.1	3.9	7	10	–	0.667	≥10
E23	生物质化学工程	59	0.95	22.5	4.6	18	33	–	0.915	7.5
E23	四川化工	96	0.94	9.8	2.6	14	55	–	0.115	7.9
E23	炭素	34	0.89	17.1	3.0	11	21	–	0.235	7.9
E23	炭素技术	92	0.84	14.3	4.1	21	62	0.000	0.510	7.4
E23	陶瓷	139	0.76	6.1	2.7	19	71	–	0.165	≥10
E23	陶瓷科学与艺术	433	0.75	1.5	1.1	16	55	0.002	0.032	≥10
E23	陶瓷学报	189	0.94	14.0	4.6	21	73	0.010	0.710	7.6
E23	天津化工	127	0.95	5.3	2.4	11	61	–	0.181	9.7
E23	无机盐工业	257	0.94	12.7	4.2	27	134	0.000	0.470	6.7
E23	现代化工	619	0.97	17.2	4.4	29	249	0.010	0.490	6.0

学科代码	期刊名称	来源文献量	文献选出率	平均引文数	平均作者数	地区分布数	机构分布数	海外论文比	基金论文比	引用半衰期
E23	盐科学与化工	169	0.85	8.0	3.3	20	74	0.000	0.250	9.8
E23	影像技术	182	0.93	5.2	1.9	25	155	–	0.027	3.8
E23	应用化工	594	0.99	18.6	4.6	31	238	0.010	0.930	6.9
E23	有机氟工业	61	0.97	11.0	3.7	10	35	–	0.131	≥10
E23	有机硅材料	94	0.88	18.6	4.0	18	62	0.000	0.170	2.2
E23	浙江化工	162	0.82	12.0	3.1	17	88	–	0.191	8.5
E23	中氮肥	154	0.99	2.0	2.2	24	87	–	–	7.4
E23	中国化工装备	61	1.00	5.2	2.7	17	45	0.016	–	≥10
E23	中国陶瓷	206	0.94	15.6	3.9	25	116	–	0.694	8.3
E23	中国陶瓷工业	78	0.89	10.9	3.2	15	48	–	0.423	9.9
E23	中国洗涤用品工业	96	0.47	6.4	2.4	12	60	0.229	0.042	8.5
E23	中外医疗	2569	1.00	9.9	2.0	31	1255	0.012	0.055	3.0
E24	高科技纤维与应用	65	0.79	14.5	3.8	14	34	0.000	0.310	5.7
E24	工程塑料应用	347	0.79	18.0	4.3	29	190	0.010	0.550	4.9
E24	合成树脂及塑料	143	0.90	14.1	3.8	28	95	0.000	0.290	7.2
E24	合成橡胶工业	93	0.86	13.4	4.7	20	46	0.000	0.430	7.8
E24	聚氯乙烯	139	0.92	6.4	2.9	22	70	–	0.036	7.4
E24	聚酯工业	109	0.95	2.9	2.3	11	41	–	0.028	≥10
E24	上海塑料	39	0.71	14.0	3.4	12	29	–	0.256	8.4
E24	世界橡胶工业	133	0.70	4.4	2.2	18	41	–	0.045	7.6
E24	塑料	194	0.97	15.9	4.2	22	90	0.010	0.520	7.1
E24	塑料工业	410	0.96	13.5	3.9	29	225	0.000	0.470	6.9
E24	塑料科技	232	0.94	15.4	4.1	28	151	0.000	0.550	6.7
E24	塑料助剂	74	0.91	10.4	3.3	19	58	0.000	0.070	9.2
E24	弹性体	96	0.99	17.0	4.4	15	44	0.000	0.530	8.4
E24	特种橡胶制品	102	0.95	8.9	4.0	14	41	–	0.196	9.2
E24	现代塑料加工应用	102	0.87	4.7	3.8	22	59	0.000	0.420	5.3
E24	橡胶工业	145	0.90	10.8	4.0	22	60	0.000	0.340	8.8
E24	橡胶科技	126	0.85	4.9	3.1	21	82	0.008	0.111	≥10
E24	橡塑技术与装备	327	0.91	4.6	2.2	26	146	–	0.015	≥10
E24	橡塑资源利用	38	0.83	5.3	2.0	5	20	0.053	–	≥10
E24	中国塑料	242	0.83	15.1	4.0	27	135	0.000	0.430	6.4
E25	表面技术	507	0.99	23.4	4.5	27	263	0.000	0.660	6.9

学科代码	期刊名称	来源文献量	文献选出率	平均引文数	平均作者数	地区分布数	机构分布数	海外论文比	基金论文比	引用半衰期
E25	电镀与涂饰	245	0.89	11.7	3.8	25	168	0.000	0.270	7.5
E25	化学与粘合	121	0.97	14.9	4.6	15	54	0.000	0.270	8.1
E25	精细化工	226	1.00	22.4	4.8	27	119	0.000	0.790	6.5
E25	精细化工中间体	108	0.94	14.7	4.9	19	60	0.000	0.470	7.3
E25	精细石油化工	104	0.95	17.2	4.4	20	68	0.000	0.570	7.8
E25	精细与专用化学品	142	0.92	10.4	2.9	20	73	0.007	0.197	7.3
E25	上海染料	63	0.72	4.2	1.4	10	31	–	–	≥10
E25	上海涂料	88	0.91	6.9	3.1	18	70	–	0.057	7.1
E25	涂料工业	177	0.93	13.8	4.0	24	128	0.010	0.310	6.5
E25	涂料技术与文摘	130	0.92	7.5	3.8	18	87	0.008	0.023	7.4
E25	现代涂料与涂装	250	1.00	4.7	3.4	23	143	0.020	0.016	7.7
E25	香料香精化妆品	102	0.80	12.0	4.5	19	77	0.010	0.290	8.2
E25	印染助剂	160	0.80	12.1	2.9	21	61	0.010	0.380	7.9
E25	粘接	144	0.99	11.9	4.3	22	86	0.010	0.160	7.8
E25	中国胶粘剂	167	0.93	16.2	4.1	24	114	0.000	0.340	7.8
E25	中国氯碱	196	0.85	3.1	2.3	26	98	–	0.026	7.4
E25	中国生漆	48	0.89	10.2	1.7	17	35	0.042	0.354	≥10
E25	中国涂料	196	0.91	5.5	3.1	21	104	0.010	0.051	8.0
E26	Paper and Biomaterials	28	0.97	28.9	4.5	9	17	–	0.714	5.8
E26	宝石和宝石学杂志	56	0.92	11.9	2.9	14	26	–	0.571	8.1
E26	超硬材料工程	84	0.86	9.3	3.9	17	44	–	0.345	8.3
E26	广东印刷	137	0.53	–	1.6	17	71	–	0.146	–
E26	黑龙江造纸	54	0.95	7.3	2.3	11	23	–	0.241	9.9
E26	混凝土与水泥制品	259	1.00	10.2	3.7	29	167	–	0.579	7.4
E26	科技创新与应用	6899	1.00	4.0	1.6	31	3865	0.001	0.067	5.2
E26	粮食储藏	69	0.96	9.1	4.9	18	47	0.014	0.449	8.2
E26	煤化工	106	0.85	5.7	2.9	22	89	0.000	0.180	7.1
E26	木工机床	46	0.85	5.2	2.3	4	19	0.065	0.435	8.0
E26	皮革科学与工程	90	0.86	13.5	3.5	14	36	0.010	0.500	6.8
E26	皮革与化工	48	0.66	11.7	3.8	16	33	0.000	0.520	7.8
E26	日用化学品科学	145	0.86	10.1	2.6	15	83	0.007	0.103	8.6
E26	石化技术与应用	113	0.94	17.4	3.8	18	65	0.010	0.180	7.0
E26	石油和化工设备	339	0.96	4.3	2.6	26	161	–	0.041	≥10

学科代码	期刊名称	来源文献量	文献选出率	平均引文数	平均作者数	地区分布数	机构分布数	海外论文比	基金论文比	引用半衰期
E26	石油化工建设	117	0.87	2.3	1.6	21	59	0.009	–	≥10
E26	数字印刷	119	0.46	–	1.2	20	93	0.008	–	–
E26	水泥	338	0.97	1.8	2.5	27	186	–	0.071	8.3
E26	水泥工程	205	0.99	3.2	2.4	22	112	–	0.049	9.7
E26	水泥技术	105	0.85	2.1	2.2	22	46	–	0.057	≥10
E26	丝网印刷	88	0.51	–	1.5	12	35	0.011	–	–
E26	四川水泥	3995	1.00	3.7	1.3	31	1980	0.001	0.026	3.9
E26	天津造纸	30	0.73	14.3	3.4	2	3	–	0.233	6.9
E26	天然气化工	149	0.89	17.5	4.1	25	85	0.000	0.480	7.2
E26	文体用品与科技	1696	0.93	5.4	1.4	31	806	0.004	0.097	6.0
E26	西部皮革	2352	0.93	3.8	1.4	31	659	0.003	0.094	7.9
E26	现代面粉工业	87	0.92	4.2	1.7	16	42	–	0.023	8.0
E26	新世纪水泥导报	96	0.89	3.2	1.9	21	59	–	0.010	6.1
E26	蓄电池	65	1.00	8.2	4.4	18	45	–	0.169	8.1
E26	印刷技术	212	0.58	–	1.4	22	145	0.033	–	–
E26	印刷经理人	84	0.34	–	1.0	13	72	0.024	–	–
E26	印刷杂志	183	0.45	0.2	1.3	17	75	0.016	0.027	9.5
E26	造纸科学与技术	106	0.95	16.5	3.8	14	32	0.010	0.760	7.9
E26	造纸装备及材料	25	0.49	5.5	2.8	9	17	–	0.160	8.2
E26	纸和造纸	86	0.78	10.0	3.2	18	52	–	0.384	6.8
E26	中国皮革	152	0.75	11.4	3.5	24	61	0.030	0.420	8.5
E26	中国人造板	144	0.82	2.9	1.9	15	51	0.021	0.111	7.7
E26	中国水泥	292	0.65	1.2	1.9	26	142	0.007	0.031	8.5
E26	中国造纸	166	0.91	14.9	3.8	26	76	–	0.614	6.9
E26	中国造纸学报	46	0.94	19.2	4.4	14	18	0.000	0.720	6.7
E26	中国制笔	19	0.76	1.4	1.3	7	11	–	–	≥10
E26	中华纸业	266	0.45	5.2	2.4	23	143	0.026	0.188	7.6
E27	电测与仪表	511	0.99	14.6	4.3	28	184	–	0.646	6.4
E27	阀门	101	0.99	4.1	3.0	15	61	–	0.050	≥10
E27	分析仪器	155	0.94	10.9	4.1	26	114	0.000	0.390	7.7
E27	工业仪表与自动化装置	179	0.93	9.4	2.9	23	110	0.000	0.310	6.7
E27	光学精密工程	383	0.99	17.9	4.3	26	147	0.010	0.950	5.7
E27	光学仪器	90	1.00	14.7	3.7	18	29	–	0.578	9.3

学科代码	期刊名称	来源文献量	文献选出率	平均引文数	平均作者数	地区分布数	机构分布数	海外论文比	基金论文比	引用半衰期
E27	生命科学仪器	71	0.92	26.3	3.8	20	52	0.000	0.690	6.8
E27	水泵技术	73	0.92	6.4	2.9	20	48	–	0.137	7.4
E27	现代科学仪器	137	0.95	9.1	3.6	22	91	0.010	0.270	8.5
E27	现代仪器与医疗	311	0.99	17.7	3.1	28	257	0.003	0.119	3.0
E27	仪表技术	163	0.98	6.6	2.8	23	90	–	0.288	7.0
E27	仪表技术与传感器	391	1.00	10.1	3.7	27	192	0.010	0.660	6.6
E27	仪器仪表学报	365	0.99	24.5	4.2	24	145	0.030	0.890	5.1
E27	仪器仪表用户	350	0.86	5.4	2.2	25	202	0.006	0.094	8.2
E27	仪器仪表与分析监测	48	0.92	5.7	2.3	19	35	–	0.188	7.1
E27	中国仪器仪表	133	0.64	2.1	2.3	20	96	–	0.038	5.0
E27	自动化仪表	291	0.99	12.1	3.3	28	177	0.000	0.450	5.7
E27	自动化与仪表	209	1.00	8.2	3.0	23	120	0.000	0.390	6.7
E28	Defence Technology	59	0.88	19.2	3.8	7	45	0.660	0.140	≥10
E28	爆破	116	0.97	21.3	4.5	22	65	0.010	0.740	5.1
E28	爆破器材	76	0.99	14.6	4.3	20	41	0.000	0.240	8.0
E28	爆炸与冲击	161	1.00	15.8	4.5	20	60	0.020	0.830	≥10
E28	兵工学报	311	1.00	16.6	4.2	21	104	0.010	0.650	6.8
E28	兵工自动化	280	1.00	8.8	3.4	20	106	0.000	0.190	7.5
E28	兵器材料科学与工程	171	0.97	16.6	4.2	23	90	0.000	0.700	7.3
E28	兵器装备工程学报	510	0.99	13.2	3.5	24	187	0.000	0.290	7.6
E28	弹道学报	63	0.98	12.0	4.1	13	22	0.000	0.520	8.1
E28	弹箭与制导学报	237	1.00	9.8	3.6	20	82	0.004	0.350	8.3
E28	防护工程	77	0.93	15.1	4.2	6	15	–	0.208	9.0
E28	飞航导弹	221	0.95	12.2	3.0	18	90	0.000	0.190	5.4
E28	国防	259	0.82	2.5	1.5	30	145	–	0.027	7.3
E28	国防科技	140	0.99	9.6	2.1	23	70	–	0.093	5.3
E28	含能材料	165	0.90	19.6	5.2	12	27	0.000	0.650	8.5
E28	航空兵器	82	0.92	15.8	3.2	12	29	0.000	0.610	7.7
E28	火工品	89	0.97	9.8	4.4	14	41	–	0.416	8.9
E28	火控雷达技术	81	0.98	7.5	2.9	8	27	–	0.099	8.4
E28	火力与指挥控制	482	0.99	11.6	3.4	24	147	0.000	0.470	7.4
E28	火炮发射与控制学报	75	0.99	9.3	3.8	10	21	–	0.307	8.1
E28	火炸药学报	116	0.96	20.2	5.0	9	28	0.030	0.470	9.2

学科代码	期刊名称	来源文献量	文献选出率	平均引文数	平均作者数	地区分布数	机构分布数	海外论文比	基金论文比	引用半衰期
E28	军民两用技术与产品	2961	0.90	2.8	1.5	31	1466	0.001	0.012	4.8
E28	水雷战与舰船防护	73	1.00	8.6	2.3	10	17	–	0.055	9.6
E28	水下无人系统学报	78	0.96	15.5	3.3	12	29	0.000	0.320	8.5
E28	探测与控制学报	134	0.99	12.5	3.4	16	49	0.000	0.370	7.3
E28	现代防御技术	191	1.00	13.4	3.1	19	76	0.000	0.150	8.0
E28	战术导弹技术	106	0.95	14.1	3.3	18	58	0.000	0.210	7.7
E28	指挥控制与仿真	169	0.97	8.6	3.0	17	86	0.000	0.150	6.7
E28	指挥信息系统与技术	108	0.95	9.8	2.8	8	35	–	0.204	5.7
E28	指挥与控制学报	55	0.93	19.0	3.1	9	28	–	0.455	6.3
E28	装甲兵工程学院学报	130	0.96	9.1	3.8	9	23	0.000	0.210	5.7
E28	装备学院学报	61	0.92	15.2	3.2	7	12	0.000	0.280	6.1
E29	Knitting Industries	240	0.76	5.3	2.7	21	128	0.004	0.312	7.0
E29	产业用纺织品	95	0.87	12.1	3.5	18	43	0.011	0.453	8.0
E29	纺织标准与质量	75	0.82	8.2	2.4	14	43	–	0.107	7.5
E29	纺织导报	233	0.57	6.4	2.8	22	103	0.004	0.502	6.2
E29	纺织高校基础科学学报	88	0.97	17.6	3.0	9	27	0.030	0.900	7.9
E29	纺织科技进展	224	0.77	9.0	2.7	20	86	–	0.549	6.8
E29	纺织器材	106	0.92	4.8	1.8	17	64	–	0.066	≥10
E29	纺织学报	354	1.00	16.1	4.0	18	59	0.030	0.840	6.9
E29	服饰导刊	73	0.90	11.8	2.1	10	22	0.014	0.767	8.6
E29	国际纺织导报	130	0.68	3.9	2.7	19	81	0.315	0.162	8.3
E29	合成纤维	148	0.89	9.6	3.5	19	76	0.000	0.260	7.6
E29	合成纤维工业	102	0.80	11.7	4.1	17	62	0.000	0.410	8.1
E29	黑龙江纺织	61	0.78	3.8	2.1	6	14	–	0.328	5.4
E29	化纤与纺织技术	43	0.81	8.9	2.7	7	23	–	0.349	6.7
E29	检验检疫学刊	118	0.95	10.9	5.0	18	61	–	0.686	7.8
E29	江苏丝绸	31	0.31	4.7	1.8	7	18	–	0.226	6.6
E29	锦绣	1135	0.89	2.3	1.1	31	738	0.004	0.039	4.8
E29	辽宁丝绸	92	1.00	4.1	1.7	7	34	–	0.228	7.8
E29	毛纺科技	220	0.99	11.5	2.9	22	87	–	0.482	6.5
E29	棉纺织技术	247	0.89	7.6	3.0	21	122	0.000	0.310	6.7
E29	轻纺工业与技术	197	0.98	4.9	2.1	22	83	0.005	0.477	6.9
E29	染料与染色	88	0.98	11.0	3.2	9	33	–	0.102	≥10

学科代码	期刊名称	来源文献量	文献选出率	平均引文数	平均作者数	地区分布数	机构分布数	海外论文比	基金论文比	引用半衰期
E29	染整技术	315	0.85	6.8	2.0	26	201	0.006	0.238	5.4
E29	山东纺织经济	262	0.95	5.3	1.5	22	96	–	0.244	5.0
E29	山东纺织科技	102	0.90	6.8	2.2	17	46	–	0.294	6.1
E29	上海纺织科技	235	0.96	8.0	3.3	23	87	0.010	0.510	7.1
E29	丝绸	170	0.98	13.9	3.2	21	72	0.010	0.690	8.0
E29	天津纺织科技	105	0.96	7.6	2.5	18	61	–	0.257	7.6
E29	现代纺织技术	103	0.95	10.6	3.3	16	49	0.020	0.430	6.9
E29	现代丝绸科学与技术	73	0.96	8.1	2.2	8	21	–	0.411	7.1
E29	印染	322	0.84	9.7	3.4	22	139	0.009	0.488	6.9
E29	中国棉花加工	161	0.98	0.5	1.5	11	77	–	0.093	4.3
E29	中国纤检	285	0.54	3.2	2.4	22	110	0.007	0.053	9.0
E30	包装与食品机械	97	0.98	16.9	3.9	28	62	0.000	0.480	5.6
E30	茶业通报	57	0.92	7.3	2.4	7	37	–	0.140	8.3
E30	茶叶通讯	56	0.92	10.7	4.6	10	19	–	0.714	8.8
E30	茶叶学报	40	0.89	21.3	4.9	8	12	–	0.925	7.0
E30	广东茶业	43	0.57	11.3	2.7	13	32	–	0.302	9.0
E30	河南工业大学学报(自然科学版)	131	0.96	18.7	4.6	12	28	0.000	0.520	7.1
E30	江苏调味副食品	47	0.92	10.0	2.3	15	31	–	0.255	8.0
E30	粮食加工	135	0.94	7.7	2.8	20	79	–	0.267	8.9
E30	粮食科技与经济	124	0.89	10.6	3.1	19	72	–	0.508	6.3
E30	粮食问题研究	69	1.00	4.6	1.4	10	43	–	0.101	7.3
E30	粮食与食品工业	113	1.00	8.9	3.4	22	61	–	0.257	7.7
E30	粮食与饲料工业	180	0.95	14.4	4.3	27	125	0.000	0.390	7.5
E30	粮食与油脂	309	1.00	15.8	3.4	28	131	–	0.777	6.7
E30	粮油仓储科技通讯	109	0.99	3.5	3.7	23	82	–	0.037	7.6
E30	粮油食品科技	114	0.94	18.3	4.6	22	70	0.000	0.360	7.6
E30	酿酒	194	0.78	5.9	3.7	23	73	–	0.155	7.9
E30	酿酒科技	296	0.68	13.2	4.5	30	186	0.000	0.330	7.5
E30	肉类工业	161	0.90	11.2	3.4	25	86	–	0.323	8.7
E30	肉类研究	137	0.83	34.3	5.7	25	67	–	0.891	6.0
E30	乳业科学与技术	48	0.59	24.7	3.9	10	29	0.000	0.600	6.4
E30	食品安全质量检测学报	812	0.98	25.1	4.9	30	373	0.000	0.510	6.6
E30	食品工程	70	0.96	8.8	3.4	20	55	–	0.314	7.7

学科代码	期刊名称	来源文献量	文献选出率	平均引文数	平均作者数	地区分布数	机构分布数	海外论文比	基金论文比	引用半衰期
E30	食品工业	961	0.99	16.0	4.1	31	455	0.002	0.737	7.4
E30	食品工业科技	1607	0.90	23.4	5.3	30	484	0.010	0.750	6.4
E30	食品界	660	0.81	0.0	1.6	31	482	0.003	0.056	3.4
E30	食品科技	688	0.96	15.9	4.9	30	339	0.003	0.844	7.3
E30	食品科学	1176	1.00	33.3	5.5	31	299	0.020	0.860	6.5
E30	食品科学技术学报	81	0.93	25.6	4.9	20	51	0.010	0.750	5.7
E30	食品研究与开发	1147	0.98	17.4	4.4	31	550	0.000	0.530	7.1
E30	食品与发酵工业	538	0.99	24.6	5.4	31	178	0.010	0.790	7.1
E30	食品与发酵科技	160	0.97	15.2	4.4	25	87	0.000	0.520	7.7
E30	食品与机械	533	0.97	22.4	4.8	30	239	0.010	0.700	6.0
E30	食品与生物技术学报	204	0.92	20.2	5.1	25	80	0.000	0.870	8.3
E30	食品与药品	113	0.96	15.2	4.2	21	64	0.010	0.370	6.6
E30	现代食品	994	0.97	5.4	2.0	30	631	–	0.122	5.8
E30	现代食品科技	535	1.00	20.2	5.2	29	207	0.010	0.860	7.0
E30	现代盐化工	284	1.00	4.4	1.6	28	175	–	0.183	4.6
E30	盐业史研究	38	0.95	39.2	1.4	17	32	0.026	0.553	≥10
E30	饮料工业	109	0.69	14.2	3.3	26	68	–	0.312	6.2
E30	中国茶叶加工	51	0.80	10.0	3.6	13	36	–	0.529	6.2
E30	中国井矿盐	94	1.00	2.9	2.0	14	49	–	0.011	9.2
E30	中国粮油学报	312	0.96	21.3	5.2	28	128	0.010	0.720	8.1
E30	中国酿造	489	0.97	21.9	5.0	29	225	0.000	0.750	5.9
E30	中国乳品工业	169	0.95	20.1	4.5	28	101	0.020	0.590	7.7
E30	中国乳业	197	0.68	5.4	2.7	22	127	0.015	0.132	7.4
E30	中国食品添加剂	300	0.92	16.3	4.6	30	176	0.000	0.500	7.1
E30	中国食品学报	422	0.97	23.5	5.3	26	113	0.010	0.840	8.6
E30	中国食物与营养	242	0.96	17.3	4.6	29	131	0.000	0.530	6.7
E30	中国甜菜糖业	49	1.00	13.8	3.8	5	25	–	0.449	8.2
E30	中国调味品	475	1.00	15.5	3.8	29	223	0.010	0.510	7.7
E30	中国油脂	429	0.98	16.8	4.7	28	206	0.000	0.590	6.8
E30	中外酒业	143	0.75	3.3	1.9	16	59	–	0.035	≥10
E30	中外葡萄与葡萄酒	126	0.96	12.4	4.9	21	71	–	0.659	7.8
E31	Building Simulation	78	1.00	37.1	3.8	8	66	0.667	0.641	6.8
E31	Frontiers of Architectural Research	42	0.91	40.9	2.4	4	40	0.810	0.238	≥10

学科代码	期刊名称	来源文献量	文献选出率	平均引文数	平均作者数	地区分布数	机构分布数	海外论文比	基金论文比	引用半衰期
E31	安徽建筑	681	0.98	4.6	1.7	27	368	–	0.087	7.5
E31	安徽建筑大学学报	111	0.97	11.3	2.8	7	32	–	0.631	6.6
E31	安装	186	0.56	1.5	2.4	20	85	–	0.022	7.9
E31	北方建筑	123	0.71	4.5	2.0	19	69	–	0.163	4.7
E31	北京规划建设	203	0.85	6.2	1.8	11	68	0.010	0.138	7.3
E31	北京建筑大学学报	58	0.95	11.0	3.0	4	5	–	1.000	7.7
E31	城建档案	488	0.94	3.1	1.1	28	339	–	0.029	3.9
E31	城市发展研究	216	0.77	21.5	2.6	21	100	0.050	0.710	7.4
E31	城市规划	157	0.67	22.0	2.5	22	82	0.070	0.510	≥10
E31	城市规划学刊	80	0.87	19.4	2.5	12	41	0.060	0.360	≥10
E31	城市建筑	2809	0.98	4.0	1.4	30	1597	0.010	0.079	4.9
E31	城市勘测	254	0.94	8.3	2.5	26	107	–	0.323	6.6
E31	城市设计	56	0.89	11.5	2.0	4	21	0.232	0.054	8.3
E31	城市住宅	317	0.82	4.9	2.2	24	186	0.038	0.167	5.4
E31	城乡规划	109	0.96	8.9	1.8	14	52	0.046	0.147	8.2
E31	城乡建设	371	0.50	0.0	1.6	29	245	0.011	0.013	–
E31	城镇供水	125	0.90	5.5	2.4	23	90	–	0.096	9.3
E31	重庆建筑	198	0.68	5.6	2.3	20	91	–	0.202	6.9
E31	低温建筑技术	506	0.98	8.0	2.7	29	222	–	0.340	9.0
E31	粉煤灰综合利用	116	0.99	10.3	3.4	22	66	0.000	0.350	8.0
E31	福建建材	575	1.00	4.1	1.2	16	341	0.010	0.024	6.3
E31	福建建设科技	189	0.99	5.4	1.5	10	92	–	0.116	7.6
E31	福建建筑	375	1.00	5.6	1.5	21	180	0.011	0.120	7.0
E31	工程抗震与加固改造	132	0.99	11.9	3.2	25	80	0.000	0.560	9.3
E31	工业建筑	423	1.00	12.7	3.7	28	165	0.010	0.750	8.7
E31	供水技术	94	0.94	7.8	3.2	20	56	–	0.287	8.5
E31	古建园林技术	77	0.91	8.9	1.9	23	52	–	0.325	≥10
E31	广东建材	322	0.89	5.6	2.1	19	170	0.003	0.093	7.7
E31	广州建筑	63	0.93	12.7	2.6	2	29	–	0.317	6.0
E31	规划师	271	0.95	15.5	2.7	23	118	0.040	0.460	6.0
E31	国际城市规划	105	0.81	33.3	2.2	12	56	0.220	0.500	9.3
E31	河北工程大学学报(自然科学版)	93	0.97	11.6	3.6	14	25	0.000	0.980	7.8
E31	河北建筑工程学院学报	127	0.94	6.3	3.3	10	26	–	0.583	8.4

学科代码	期刊名称	来源文献量	文献选出率	平均引文数	平均作者数	地区分布数	机构分布数	海外论文比	基金论文比	引用半衰期
E31	湖南城市学院学报(自然科学版)	99	1.00	11.4	2.6	13	52	–	0.657	7.1
E31	华中建筑	280	0.93	9.4	2.2	25	98	0.011	0.457	9.7
E31	混凝土	495	0.90	12.8	3.8	29	212	–	0.848	8.1
E31	混凝土世界	142	0.60	6.4	2.8	20	84	0.007	0.148	8.4
E31	吉林建筑大学学报	161	0.88	7.2	2.4	17	39	–	0.416	6.4
E31	给水排水	361	0.93	7.8	3.3	23	221	0.010	0.280	8.4
E31	家具与室内装饰	333	0.73	9.8	2.1	21	109	0.012	0.934	4.3
E31	建材发展导向(上)	3307	1.00	3.3	1.2	30	1853	0.006	0.002	3.2
E31	建材发展导向(下)	2256	0.97	2.8	1.3	30	1352	0.004	0.019	3.8
E31	建材技术与应用	106	0.93	4.5	1.5	17	60	–	0.075	6.8
E31	建材世界	179	0.99	8.2	2.7	25	95	–	0.207	7.5
E31	建井技术	83	0.83	8.6	2.1	17	53	–	0.253	7.0
E31	建设机械技术与管理	174	0.60	3.9	2.2	18	81	–	0.046	9.8
E31	建设监理	283	0.93	0.9	1.5	21	190	–	0.018	5.8
E31	建设科技	1250	0.80	3.2	1.7	29	842	0.006	0.082	4.6
E31	建筑	355	0.46	0.1	1.5	26	225	0.003	0.008	–
E31	建筑・建材・装饰	3951	1.00	2.7	1.2	31	2343	0.001	0.006	3.3
E31	建筑安全	294	0.96	3.7	1.6	28	222	0.003	0.051	7.4
E31	建筑材料学报	167	0.97	14.0	4.1	21	74	0.020	0.890	8.2
E31	建筑电气	175	0.89	10.0	1.9	22	125	0.006	0.091	5.6
E31	建筑钢结构进展	70	0.92	15.0	3.4	15	30	0.010	0.590	8.9
E31	建筑工程技术与设计	124168	1.00	3.1	1.2	31	39269	0.001	0.002	3.5
E31	建筑工人	185	0.44	–	1.3	21	80	0.005	–	–
E31	建筑机械	279	0.76	3.6	1.9	26	113	–	0.061	8.1
E31	建筑机械化	202	0.83	2.5	2.5	20	97	–	0.124	8.3
E31	建筑技术	379	0.99	7.5	2.8	30	214	–	0.485	7.0
E31	建筑技术开发	1603	0.96	5.2	1.5	30	998	0.002	0.039	3.4
E31	建筑技艺	225	0.80	2.3	1.8	22	129	0.062	0.116	8.2
E31	建筑节能	359	0.93	10.0	3.3	27	149	0.010	0.480	7.2
E31	建筑结构	456	0.95	8.8	4.0	27	203	0.010	0.370	7.6
E31	建筑结构学报	229	0.98	17.9	4.1	23	79	0.010	0.920	8.9
E31	建筑经济	253	1.00	8.7	2.6	21	126	–	0.494	4.7
E31	建筑科学	278	0.99	13.5	3.8	28	127	0.020	0.710	8.1

学科代码	期刊名称	来源文献量	文献选出率	平均引文数	平均作者数	地区分布数	机构分布数	海外论文比	基金论文比	引用半衰期
E31	建筑科学与工程学报	99	0.95	20.0	3.8	18	34	0.030	0.940	9.0
E31	建筑砌块与砌块建筑	75	0.82	5.0	1.6	9	29	0.213	0.107	9.3
E31	建筑热能通风空调	322	0.99	7.8	2.9	21	158	–	0.314	8.7
E31	建筑设计管理	278	0.57	3.4	1.4	26	194	0.011	0.076	6.4
E31	建筑师	87	0.92	36.5	1.7	16	37	0.103	0.437	≥10
E31	建筑施工	662	0.98	4.9	2.3	25	247	0.002	0.104	5.5
E31	建筑学报	172	0.72	15.7	2.2	16	75	0.160	0.540	≥10
E31	建筑与预算	134	0.85	7.9	1.7	22	71	–	0.082	6.8
E31	建筑与装饰	1487	0.99	3.0	1.2	31	986	0.001	0.005	3.3
E31	江苏建材	91	0.67	5.8	2.7	15	62	–	0.253	≥10
E31	江苏建筑	206	0.99	6.3	2.6	11	113	–	0.204	8.1
E31	江苏建筑职业技术学院学报	97	0.97	7.0	2.1	16	46	0.072	0.660	6.8
E31	结构工程师	167	0.98	12.9	3.1	27	79	0.020	0.500	9.4
E31	净水技术	235	0.96	15.3	3.9	20	122	0.000	0.540	7.8
E31	居业	1118	0.88	3.0	1.3	31	757	–	0.021	3.4
E31	空间结构	55	0.93	12.7	4.1	18	33	0.018	0.709	8.8
E31	绿色建筑	129	0.86	3.5	2.3	14	77	–	0.225	7.1
E31	门窗	2709	1.00	3.1	1.2	31	1549	0.001	0.012	3.6
E31	南方建筑	126	0.96	19.1	2.3	20	59	0.040	0.570	8.2
E31	暖通空调	314	0.95	11.6	3.5	23	146	0.010	0.340	7.7
E31	山东建筑大学学报	92	0.96	20.0	3.8	8	22	–	0.717	5.9
E31	山西建筑	5157	1.00	4.6	1.6	31	2087	0.000	0.101	6.4
E31	上海城市规划	128	0.80	16.7	2.1	13	67	0.100	0.330	7.6
E31	上海建材	38	0.39	1.5	1.5	14	25	–	–	≥10
E31	上海建设科技	163	1.00	3.2	1.4	6	107	–	0.067	8.2
E31	沈阳建筑大学学报(自然科学版)	136	0.96	20.1	4.1	18	30	0.000	1.000	5.9
E31	施工技术	819	0.96	7.3	3.5	30	403	0.001	0.349	5.9
E31	时代建筑	171	0.93	14.2	1.7	12	72	0.158	0.287	≥10
E31	四川建材	1501	0.99	5.0	1.5	31	821	0.005	0.063	5.9
E31	四川建筑	546	0.97	5.6	2.0	28	257	–	0.117	8.9
E31	四川建筑科学研究	173	0.99	11.1	3.4	27	100	–	0.728	7.8
E31	特种结构	119	0.97	9.1	2.9	20	70	–	0.336	8.2
E31	天津城建大学学报	88	0.99	16.5	3.2	5	9	–	0.659	6.7

学科代码	期刊名称	来源文献量	文献选出率	平均引文数	平均作者数	地区分布数	机构分布数	海外论文比	基金论文比	引用半衰期
E31	天津建设科技	179	0.98	3.0	2.2	9	72	–	0.045	≥10
E31	土工基础	185	1.00	8.8	2.3	25	126	0.005	0.222	9.4
E31	西安建筑科技大学学报(自然科学版)	140	0.96	13.2	3.7	21	36	0.010	0.910	8.0
E31	现代城市研究	226	0.97	21.8	2.7	25	116	0.050	0.700	7.6
E31	消防技术与产品信息	292	0.70	3.9	1.5	27	141	–	0.099	8.5
E31	小城镇建设	177	0.60	8.5	2.1	24	97	0.006	0.305	6.3
E31	新建筑	194	0.94	12.7	2.0	18	77	0.067	0.474	≥10
E31	新型建筑材料	442	0.97	9.2	3.9	31	237	0.010	0.500	7.0
E31	云南建筑	218	0.74	3.5	1.7	12	87	–	0.028	9.7
E31	浙江建筑	89	0.95	4.2	2.3	7	69	–	0.090	7.8
E31	智能建筑	231	0.80	2.2	1.6	20	135	0.009	0.035	5.8
E31	智能建筑电气技术	132	0.88	4.0	2.0	15	70	–	0.008	5.5
E31	智能建筑与智慧城市	241	0.61	3.4	1.4	29	193	0.004	0.058	4.2
E31	中国电梯	444	0.73	1.7	1.9	26	192	0.023	0.063	7.8
E31	中国粉体技术	117	0.91	19.9	4.2	22	78	0.010	0.740	6.1
E31	中国给水排水	724	0.95	7.5	4.1	27	364	0.010	0.460	6.1
E31	中国建材科技	431	0.98	5.3	2.0	27	197	–	0.223	7.0
E31	中国建筑防水	242	0.86	4.0	2.5	22	140	–	0.070	7.5
E31	中国建筑金属结构	163	0.51	0.7	1.3	15	44	–	–	8.3
E31	中国勘察设计	213	0.55	2.5	1.3	17	97	0.005	0.023	≥10
E31	中国市政工程	186	0.96	3.6	1.5	20	75	–	0.081	8.2
E31	中外建筑	582	0.89	6.4	1.7	26	320	0.005	0.163	7.5
E31	住区	111	0.72	8.6	1.7	16	49	0.189	0.315	≥10
E31	住宅科技	156	0.94	5.3	1.9	17	75	0.006	0.301	6.9
E31	装饰装修天地	8807	1.00	3.2	1.2	31	3596	0.000	0.002	3.5
E32	Frontiers of Structural and Civil Engineering	46	1.00	35.8	2.4	6	34	0.720	0.220	8.6
E32	地下空间与工程学报	236	1.00	12.6	3.7	24	124	0.000	0.770	9.4
E32	工程勘察	179	0.94	10.8	3.2	26	123	0.000	0.400	8.4
E32	广东土木与建筑	132	0.98	4.7	1.9	5	64	0.015	0.015	≥10
E32	土木工程学报	166	0.93	21.5	4.0	22	57	0.010	0.920	9.0
E32	土木工程与管理学报	156	0.98	14.9	3.4	23	87	0.030	0.760	7.3
E32	土木建筑工程信息技术	123	0.96	7.4	3.2	20	88	0.008	0.333	3.9
E32	土木建筑与环境工程	121	0.98	19.3	3.9	22	58	0.020	0.920	6.9

学科代码	期刊名称	来源文献量	文献选出率	平均引文数	平均作者数	地区分布数	机构分布数	海外论文比	基金论文比	引用半衰期
E32	岩石力学与工程学报	294	0.96	24.7	4.6	25	98	0.030	0.940	8.8
E32	岩土工程技术	68	0.92	8.3	2.1	21	48	0.000	0.210	9.3
E32	岩土工程学报	281	0.92	20.9	4.2	24	93	0.050	0.900	9.8
E32	岩土力学	454	0.98	20.9	4.3	26	143	0.040	0.940	9.8
E32	砖瓦	214	0.75	4.7	2.1	23	103	0.005	0.107	6.8
E32	砖瓦世界	90	0.45	2.1	1.6	18	54	–	0.011	4.9
E33	Journal of Hydrodynamics	112	0.95	25.8	3.7	11	73	0.380	0.660	7.8
E33	Water Science and Engineering	37	0.88	29.7	3.9	9	30	0.490	0.650	9.1
E33	北京水务	95	0.90	7.0	3.0	4	47	–	0.137	6.6
E33	大坝与安全	91	0.76	4.3	2.6	15	45	0.033	0.088	9.6
E33	东北水利水电	330	0.96	3.2	2.0	24	129	–	0.012	8.7
E33	甘肃水利水电技术	214	0.99	6.0	1.6	17	96	–	0.107	9.2
E33	广东水利水电	190	0.97	6.2	2.4	16	88	–	0.158	7.9
E33	广西水利水电	157	0.97	2.8	1.5	17	77	0.032	0.102	7.4
E33	海河水利	129	0.89	4.2	2.2	10	69	–	0.124	9.0
E33	河北水利	426	0.93	0.1	1.2	9	96	–	–	–
E33	河海大学学报(自然科学版)	82	0.83	22.4	4.3	15	29	0.000	0.900	7.7
E33	河南水利与南水北调	569	0.95	2.3	1.6	22	277	–	0.009	3.6
E33	黑龙江水利	253	0.94	7.2	1.9	24	141	0.063	0.245	8.6
E33	黑龙江水利科技	856	1.00	4.5	1.2	27	455	0.006	0.015	4.7
E33	红水河	175	0.99	3.7	1.7	14	69	–	0.080	≥10
E33	湖南水利水电	214	0.96	3.2	1.5	18	136	–	0.023	6.7
E33	吉林水利	228	0.92	5.1	1.5	23	108	–	0.079	7.1
E33	江淮水利科技	126	0.90	2.6	1.4	2	57	–	–	9.0
E33	江苏水利	198	0.96	6.6	3.1	15	119	–	0.172	7.7
E33	江西水利科技	127	0.99	6.5	2.2	8	50	–	0.110	7.3
E33	南水北调与水利科技	191	0.99	22.8	4.3	26	91	0.000	0.870	7.8
E33	内蒙古水利	497	0.93	0.5	1.7	24	256	–	0.032	6.4
E33	泥沙研究	73	0.96	18.0	3.5	19	39	0.010	0.850	≥10
E33	人民黄河	407	0.96	10.9	3.6	29	188	0.010	0.660	8.8
E33	人民长江	509	0.99	12.7	3.4	28	245	–	0.530	7.8
E33	人民珠江	253	0.96	11.9	2.9	29	155	–	0.466	8.3
E33	三峡大学学报(自然科学版)	137	0.93	12.7	4.1	11	33	0.000	0.880	8.0

学科代码	期刊名称	来源文献量	文献选出率	平均引文数	平均作者数	地区分布数	机构分布数	海外论文比	基金论文比	引用半衰期
E33	山东水利	402	0.99	0.9	2.2	2	174	–	0.045	7.0
E33	山西水利	248	0.70	0.5	1.1	4	107	–	0.004	6.6
E33	山西水利科技	127	0.99	0.9	1.1	3	49	–	0.079	5.9
E33	陕西水利	422	1.00	2.7	1.5	25	229	–	0.036	6.8
E33	水电与抽水蓄能	143	0.98	7.2	3.0	23	71	0.007	0.196	7.9
E33	水电与新能源	246	1.00	5.0	2.5	20	113	–	0.057	8.0
E33	水电站机电技术	301	0.95	3.3	2.2	23	129	–	0.027	≥10
E33	水电站设计	108	0.97	4.3	2.4	5	10	–	0.009	7.5
E33	水动力学研究与进展 A 辑	94	0.98	18.1	3.6	18	51	0.020	0.850	≥10
E33	水科学进展	103	0.99	24.7	4.4	19	54	0.020	0.980	6.3
E33	水科学与工程技术	186	0.97	6.4	1.6	24	119	–	0.027	8.2
E33	水力采煤与管道运输	72	1.00	3.9	1.5	11	43	–	0.042	6.5
E33	水力发电	323	0.97	9.7	3.2	27	134	0.000	0.500	8.9
E33	水力发电学报	152	0.92	24.7	3.9	20	49	0.010	0.860	7.5
E33	水利发展研究	242	0.98	6.5	2.4	28	148	–	0.207	5.3
E33	水利规划与设计	550	0.98	8.7	1.7	30	278	–	0.109	6.1
E33	水利技术监督	286	0.98	8.8	1.4	24	169	–	0.024	4.9
E33	水利建设与管理	259	0.85	3.7	1.6	25	198	–	0.019	6.7
E33	水利经济	92	0.90	14.3	2.7	17	37	0.000	0.600	5.7
E33	水利科技	74	0.96	3.0	1.3	3	48	0.014	0.014	8.5
E33	水利科技与经济	213	0.92	6.8	2.0	29	107	0.005	0.141	9.0
E33	水利水电工程设计	76	0.94	1.9	2.9	12	15	–	–	≥10
E33	水利水电技术	336	0.99	12.7	3.8	29	145	0.010	0.690	8.0
E33	水利水电科技进展	93	0.91	18.2	3.7	21	63	0.000	0.850	8.3
E33	水利水电快报	189	0.95	3.3	2.5	15	54	–	0.153	7.5
E33	水利水运工程学报	94	0.99	16.4	3.9	19	44	0.000	0.950	9.3
E33	水利信息化	89	0.92	8.8	3.4	20	57	–	0.348	5.0
E33	水利学报	165	0.95	23.2	4.2	22	52	0.020	0.960	9.0
E33	水利与建筑工程学报	270	0.99	17.1	3.0	27	162	–	0.578	6.6
E33	水资源保护	113	0.96	21.7	4.0	22	71	0.020	0.860	7.4
E33	水资源与水工程学报	256	1.00	18.7	3.8	26	104	0.010	0.770	6.4
E33	四川水力发电	287	0.96	1.3	1.9	9	69	–	0.003	≥10
E33	四川水利	213	0.99	1.8	1.7	9	62	–	0.005	7.8

学科代码	期刊名称	来源文献量	文献选出率	平均引文数	平均作者数	地区分布数	机构分布数	海外论文比	基金论文比	引用半衰期
E33	西北水电	169	0.98	10.7	2.3	20	54	0.012	0.077	8.1
E33	小水电	143	0.99	2.4	2.0	20	99	–	0.063	6.7
E33	云南水力发电	282	0.90	7.2	2.3	13	63	–	0.018	≥10
E33	长江科学院院报	346	0.97	15.1	3.8	29	145	0.010	0.700	8.4
E33	浙江水利科技	151	0.96	6.2	2.7	9	82	–	0.232	9.1
E33	治淮	415	0.93	–	2.0	13	189	–	–	–
E33	中国防汛抗旱	170	0.89	4.7	2.4	27	107	0.018	0.141	6.1
E33	中国水利	541	0.72	3.0	2.3	31	351	0.004	0.172	5.1
E33	中国水利水电科学研究院学报	72	0.97	15.0	3.9	18	42	0.000	0.640	9.2
E33	中国水土保持	268	0.94	7.0	2.9	28	193	–	0.299	8.8
E34	Journal of Modern Transportation	29	0.97	27.1	3.3	4	18	0.552	0.414	8.0
E34	Journal of traffic and transportation engineering	49	0.83	0.0	3.4	3	48	0.940	0.080	0.0
E34	北方交通	399	1.00	4.6	1.5	27	215	–	0.073	7.6
E34	北京汽车	73	1.00	5.1	3.0	11	33	–	0.082	7.1
E34	车辆与动力技术	51	0.98	7.3	4.0	11	27	–	0.176	8.2
E34	城市道桥与防洪	863	0.97	4.2	1.5	29	390	–	0.043	7.8
E34	重庆交通大学学报(自然科学版)	240	1.00	13.7	3.4	25	114	0.000	0.780	8.0
E34	大功率变流技术	91	0.98	13.1	3.9	13	38	0.044	0.484	5.3
E34	大连交通大学学报	171	0.99	9.9	3.4	16	35	0.010	0.490	7.2
E34	公路交通技术	181	0.96	9.8	2.4	23	78	–	0.475	8.0
E34	公路交通科技	257	0.98	19.0	3.5	25	116	0.004	0.844	7.9
E34	公路交通科技·应用技术版	1282	1.00	6.2	2.2	31	495	–	0.120	9.4
E34	公路与汽运	317	0.99	10.5	2.3	26	183	–	0.300	7.6
E34	广东公路交通	112	0.94	6.4	1.7	4	39	–	0.188	8.2
E34	广东交通职业技术学院学报	117	0.98	6.4	1.7	12	64	–	0.410	5.0
E34	国防交通工程与技术	124	1.00	4.6	1.7	17	62	–	0.097	6.1
E34	黑龙江交通科技	1564	1.00	2.8	1.3	30	593	0.004	0.019	3.9
E34	湖南交通科技	218	1.00	8.1	2.1	20	136	–	0.197	8.6
E34	华东交通大学学报	119	0.97	14.4	3.1	18	36	0.000	0.610	6.7
E34	集装箱化	134	0.76	0.6	1.4	10	52	–	0.007	4.4
E34	减速顶与调速技术	38	1.00	0.4	1.2	8	22	–	–	5.2
E34	建筑与文化	1050	0.96	6.6	1.9	29	180	0.001	0.317	8.5

学科代码	期刊名称	来源文献量	文献选出率	平均引文数	平均作者数	地区分布数	机构分布数	海外论文比	基金论文比	引用半衰期
E34	交通节能与环保	154	0.97	6.7	2.1	24	117	–	0.195	6.0
E34	交通科技	264	0.99	6.4	2.1	26	134	0.004	0.125	7.1
E34	交通科技与经济	102	1.00	14.6	2.5	26	69	–	0.471	6.9
E34	交通科学与工程	66	0.96	11.0	2.9	17	32	–	0.515	6.9
E34	交通信息与安全	96	0.96	21.2	3.4	14	33	0.040	0.810	5.5
E34	交通与运输	119	0.52	–	1.3	15	60	0.092	–	–
E34	交通运输工程学报	96	0.98	27.5	4.4	22	37	0.220	0.990	6.5
E34	交通运输工程与信息学报	84	0.97	12.3	2.6	10	18	–	0.512	8.0
E34	交通运输系统工程与信息	206	0.97	11.8	3.4	23	67	0.020	0.880	6.8
E34	交通运输研究	60	0.91	19.6	2.8	20	43	–	0.600	5.5
E34	军事交通学院学报	250	0.98	6.7	3.1	15	48	–	0.200	5.3
E34	客车技术与研究	113	0.97	9.8	2.8	18	40	–	0.053	7.2
E34	兰州交通大学学报	151	0.97	13.8	2.4	18	39	–	0.629	8.1
E34	辽宁省交通高等专科学校学报	129	0.96	5.9	1.4	24	67	–	0.450	5.6
E34	路基工程	293	0.98	10.1	2.7	26	155	0.003	0.369	8.9
E34	内蒙古公路与运输	96	0.94	9.0	1.8	21	62	–	0.198	7.8
E34	汽车工程师	183	0.93	4.6	2.7	20	76	–	0.197	6.7
E34	汽车工业研究	138	0.86	4.2	2.0	1	1	–	0.123	6.2
E34	汽车工艺师	123	0.47	–	2.1	21	83	0.008	–	–
E34	汽车工艺与材料	193	0.96	3.2	3.4	17	63	–	0.041	8.4
E34	汽车零部件	261	0.81	5.6	2.8	23	135	0.004	0.092	8.7
E34	汽车实用技术	1482	0.98	4.4	2.5	27	305	–	0.073	9.1
E34	汽车维修	212	0.77	1.2	1.3	23	103	–	0.009	7.0
E34	汽车与驾驶维修(维修版)	492	0.66	2.2	1.3	28	304	0.006	0.006	4.0
E34	人民公交	234	0.45	–	1.2	22	119	–	–	–
E34	山东交通科技	228	0.97	5.9	1.8	23	118	–	0.088	9.3
E34	山东交通学院学报	56	0.93	20.7	3.1	13	32	–	0.375	7.9
E34	山西交通科技	184	0.97	4.5	1.1	8	66	–	0.043	7.2
E34	上海公路	82	0.92	5.9	2.1	11	47	–	0.232	8.6
E34	上海汽车	162	0.94	4.5	2.7	10	30	–	0.025	7.8
E34	时代汽车	633	0.95	3.6	1.8	29	386	–	0.047	5.0
E34	世界桥梁	113	0.89	9.4	2.7	21	65	0.009	0.257	4.3
E34	武汉交通职业学院学报	76	1.00	9.6	1.7	13	41	0.013	0.421	4.6

学科代码	期刊名称	来源文献量	文献选出率	平均引文数	平均作者数	地区分布数	机构分布数	海外论文比	基金论文比	引用半衰期
E34	武汉理工大学学报(交通科学与工程版)	212	0.99	11.1	3.7	21	54	0.000	0.720	6.8
E34	西部交通科技	380	0.95	6.2	1.8	21	130	–	0.163	7.4
E34	现代城市轨道交通	208	0.87	6.4	1.8	24	127	–	0.077	6.4
E34	现代交通技术	157	0.98	7.9	2.4	17	84	–	0.217	8.9
E34	浙江交通职业技术学院学报	69	0.97	5.5	2.0	12	33	–	0.609	5.3
E34	中国船检	126	0.42	–	1.4	10	37	0.008	0.008	–
E34	中国海事	226	0.52	1.1	1.7	20	109	0.009	0.004	6.8
E34	中国交通信息化	210	0.85	2.7	1.8	29	135	–	0.052	6.0
E34	重型汽车	97	0.71	–	2.9	14	41	–	–	–
E34	综合运输	242	0.96	8.3	2.5	20	93	–	0.430	5.7
E35	Tunnel Construction	228	0.88	14.7	3.1	23	121	0.000	0.380	5.9
E35	城市交通	76	0.78	12.8	2.4	12	37	0.050	0.280	5.6
E35	公路	758	0.98	9.6	2.9	30	355	0.010	0.420	8.5
E35	公路工程	397	1.00	12.0	2.6	30	230	–	0.703	6.8
E35	交通世界(上旬刊)	1016	0.96	4.5	1.2	27	437	0.003	0.005	4.1
E35	交通世界(下旬刊)	1031	0.96	4.5	1.2	29	466	–	0.003	4.0
E35	交通世界(中旬刊)	955	0.99	5.0	1.3	29	419	–	0.017	3.9
E35	摩托车技术	62	0.38	2.0	2.3	11	26	–	–	≥10
E35	汽车安全与节能学报	54	0.96	22.9	3.8	13	35	0.020	0.670	5.4
E35	汽车工程	220	0.98	14.8	4.3	21	74	0.020	0.810	7.2
E35	汽车工程学报	62	0.98	11.1	3.9	16	40	0.020	0.600	6.6
E35	汽车技术	139	0.94	11.4	3.8	21	74	0.010	0.480	6.9
E35	汽车科技	100	0.94	5.7	3.7	13	36	–	0.050	8.2
E35	现代隧道技术	179	0.97	14.5	3.4	24	115	0.010	0.690	7.9
E35	长安大学学报(自然科学版)	96	0.94	22.3	4.0	15	29	0.050	0.950	7.4
E35	中国公路	609	0.66	0.0	1.5	30	365	0.007	0.007	–
E35	中国公路学报	253	0.98	25.2	4.0	23	66	0.040	0.960	6.9
E35	中外公路	415	0.99	10.3	3.1	30	228	0.030	0.470	8.3
E35	筑路机械与施工机械化	242	0.97	15.0	3.1	27	146	–	0.640	7.1
E35	专用汽车	107	0.34	1.7	1.9	14	54	–	–	9.2
E36	城市轨道交通研究	398	0.86	7.6	2.4	26	180	0.000	0.190	7.2
E36	电力机车与城轨车辆	146	0.97	4.6	2.8	17	60	0.007	0.171	8.9
E36	电气化铁道	110	0.99	6.5	2.0	21	63	–	0.064	7.8

学科代码	期刊名称	来源文献量	文献选出率	平均引文数	平均作者数	地区分布数	机构分布数	海外论文比	基金论文比	引用半衰期
E36	都市快轨交通	150	0.90	10.5	2.6	19	79	0.010	0.400	4.8
E36	高速铁路技术	122	0.95	8.1	1.8	18	41	–	0.074	8.1
E36	轨道交通装备与技术	125	0.98	1.9	2.4	19	44	–	0.032	7.9
E36	国外机车车辆工艺	66	0.99	1.5	1.9	1	1	–	–	≥10
E36	国外铁道车辆	51	0.89	2.7	1.8	4	5	–	–	≥10
E36	国外铁道机车与动车	67	0.81	1.1	1.7	–	–	–	–	5.0
E36	湖北汽车工业学院学报	70	1.00	8.1	3.5	8	16	–	0.700	6.8
E36	机车车辆工艺	119	0.98	1.1	2.6	17	52	–	0.017	8.3
E36	机车电传动	173	0.98	7.8	3.3	22	74	0.000	0.220	7.2
E36	客车技术	89	0.99	5.9	2.3	12	30	–	–	8.8
E36	上海铁道科技	265	0.99	1.8	1.1	8	63	–	–	7.7
E36	石家庄铁道大学学报(自然科学版)	79	0.96	10.5	2.9	11	24	0.000	0.620	7.7
E36	石家庄铁路职业技术学院学报	102	0.98	4.9	1.7	19	54	–	0.294	6.5
E36	铁道标准设计	419	0.98	15.5	2.3	21	99	–	0.504	6.5
E36	铁道车辆	161	0.90	3.0	2.6	19	61	–	0.118	9.0
E36	铁道工程学报	225	0.99	7.2	2.8	21	65	0.020	0.320	8.3
E36	铁道货运	147	0.97	9.5	1.8	23	63	–	0.830	2.8
E36	铁道机车车辆	167	0.97	5.6	2.8	25	79	–	0.234	8.3
E36	铁道机车与动车	181	0.94	2.7	2.4	19	69	–	0.039	9.7
E36	铁道技术监督	159	0.63	3.9	2.2	19	75	–	0.164	≥10
E36	铁道建筑	441	1.00	10.1	2.8	24	162	0.002	0.558	7.1
E36	铁道建筑技术	324	0.99	12.4	1.2	25	122	0.003	0.759	5.8
E36	铁道勘察	200	1.00	9.5	1.4	18	46	–	0.090	8.0
E36	铁道科学与工程学报	359	0.99	15.5	3.6	24	113	0.010	0.820	7.2
E36	铁道通信信号	339	0.96	4.3	1.6	23	137	–	0.206	6.3
E36	铁道学报	235	0.88	17.6	3.9	20	56	0.000	0.780	7.8
E36	铁道运输与经济	230	1.00	9.4	2.2	23	100	–	0.939	3.5
E36	铁道运营技术	89	0.99	2.6	1.5	17	45	–	0.067	7.8
E36	铁路采购与物流	214	0.78	2.2	1.2	24	126	–	0.037	5.9
E36	铁路工程技术与经济	73	0.94	4.6	1.3	11	29	–	0.014	≥10
E36	铁路计算机应用	186	0.96	7.8	2.4	20	70	–	0.624	6.1
E36	铁路技术创新	107	0.91	4.9	1.7	14	50	0.009	0.093	3.8
E36	铁路节能环保与安全卫生	92	0.94	6.7	2.2	16	53	–	0.359	6.7

学科代码	期刊名称	来源文献量	文献选出率	平均引文数	平均作者数	地区分布数	机构分布数	海外论文比	基金论文比	引用半衰期
E36	铁路通信信号工程技术	189	0.99	6.4	1.5	24	75	–	0.095	5.8
E36	郑州铁路职业技术学院学报	120	0.99	4.2	1.5	16	62	–	0.383	3.7
E36	中国铁道科学	116	0.95	14.5	3.4	16	35	0.000	0.670	7.2
E36	中国铁路	219	0.93	7.0	2.3	22	94	0.005	0.379	4.8
E37	Journal of Marine Science and Application	51	0.96	29.5	3.1	6	38	0.780	0.200	9.3
E37	船舶	103	0.82	6.6	2.6	11	40	–	0.126	6.8
E37	船舶工程	239	0.74	10.9	3.6	17	94	0.020	0.420	7.3
E37	船舶力学	161	0.97	16.2	3.6	17	49	0.040	0.700	≥10
E37	船舶设计通讯	36	0.69	2.3	2.5	6	7	–	0.028	6.9
E37	船舶与海洋工程	87	0.99	7.1	3.0	11	45	–	0.391	7.6
E37	船舶职业教育	130	0.96	4.9	1.2	11	36	–	0.362	4.5
E37	船电技术	240	0.92	6.9	2.8	18	87	0.004	0.179	8.5
E37	船海工程	271	0.99	9.6	3.3	14	107	0.000	0.480	7.1
E37	大连海事大学学报	78	0.98	15.4	3.7	9	16	0.000	0.920	6.6
E37	港工技术	166	0.99	6.4	2.8	12	60	–	0.151	≥10
E37	港口科技	123	0.97	2.0	2.2	13	81	–	0.041	7.5
E37	港口装卸	127	0.95	3.5	2.1	15	81	–	0.079	6.8
E37	广船科技	41	0.95	1.4	1.9	2	17	–	–	≥10
E37	广东造船	142	0.69	2.9	2.1	8	51	–	0.092	≥10
E37	广州航海学院学报	82	1.00	6.9	2.0	5	19	–	0.756	7.6
E37	航海	124	0.61	2.4	1.3	11	59	–	0.008	7.7
E37	航海技术	161	0.98	1.1	1.5	14	81	0.050	0.031	6.5
E37	黄河水利职业技术学院学报	110	0.92	7.4	1.9	13	56	–	0.527	7.4
E37	机电兵船档案	187	0.89	2.6	1.3	18	102	–	0.021	5.4
E37	舰船电子工程	434	0.99	12.4	2.5	22	169	0.000	0.100	8.6
E37	舰船科学技术	413	1.00	10.4	3.4	23	127	0.000	0.350	8.4
E37	江苏船舶	81	0.95	3.9	2.2	8	53	–	0.086	8.1
E37	南通航运职业技术学院学报	108	1.00	4.9	1.5	10	45	–	0.389	6.2
E37	桥梁建设	126	0.99	10.7	3.1	20	51	0.020	0.520	4.0
E37	青岛远洋船员职业学院学报	83	0.97	5.4	1.7	10	31	–	0.265	5.7
E37	上海船舶运输科学研究所学报	66	0.96	5.1	2.3	7	21	–	0.121	7.8
E37	上海海事大学学报	70	1.00	15.4	3.3	10	22	0.000	0.790	5.9
E37	世界海运	129	0.91	5.6	1.7	12	72	0.023	0.093	8.4

学科代码	期刊名称	来源文献量	文献选出率	平均引文数	平均作者数	地区分布数	机构分布数	海外论文比	基金论文比	引用半衰期
E37	水道港口	112	0.96	10.9	3.5	12	36	0.000	0.410	9.2
E37	水运工程	437	0.98	8.2	3.1	21	148	0.000	0.260	8.2
E37	水运管理	162	0.87	1.6	1.9	16	62	–	0.142	5.8
E37	天津航海	99	0.96	2.9	1.9	11	52	0.010	0.081	9.5
E37	武汉船舶职业技术学院学报	132	0.98	4.9	1.3	11	42	–	0.348	5.6
E37	造船技术	112	1.00	5.6	2.8	13	57	–	0.223	8.4
E37	中国港口	168	0.53	–	1.5	14	90	–	–	–
E37	中国港湾建设	243	0.97	7.9	3.1	19	107	0.020	0.220	8.7
E37	中国航海	109	1.00	12.5	3.4	11	36	0.010	0.720	5.9
E37	中国舰船研究	120	1.00	16.8	3.2	11	38	0.000	0.420	8.8
E37	中国水运(上半月)	348	0.82	3.3	1.7	24	211	0.006	0.052	6.9
E37	中国水运(下半月)	1366	0.98	5.4	2.0	29	644	0.001	0.118	8.4
E37	中国修船	102	0.90	3.2	2.7	14	65	–	0.118	7.1
E37	中国造船	94	1.00	14.1	3.8	12	41	0.000	0.490	8.2
E37	珠江水运	576	0.57	3.0	1.4	28	331	0.003	0.019	5.0
E38	Aerospace China	31	0.48	8.8	3.4	3	27	0.032	0.065	8.0
E38	Chinese Journal of Aeronautics	175	0.96	32.0	3.8	15	69	0.290	0.580	8.4
E38	Transactions of Nanjing University of Aeronautics and Astronautics	84	0.93	19.9	3.2	12	34	0.070	0.500	8.6
E38	北华航天工业学院学报	120	0.96	6.2	2.7	7	17	–	0.800	6.5
E38	北京航空航天大学学报	314	0.97	19.6	3.8	20	71	0.010	0.780	8.2
E38	测控技术	435	0.97	10.9	3.4	26	197	0.000	0.520	5.9
E38	成都航空职业技术学院学报	106	0.96	7.2	1.9	12	48	–	0.491	6.6
E38	导弹与航天运载技术	143	0.95	9.2	3.9	9	43	0.000	0.100	9.8
E38	导航与控制	111	1.00	10.8	3.6	11	42	0.000	0.220	8.0
E38	电光与控制	269	0.97	11.3	3.5	17	96	0.000	0.590	6.9
E38	飞行力学	128	0.97	8.3	3.3	12	48	0.000	0.460	8.8
E38	飞机设计	104	0.95	9.2	2.8	14	34	–	0.144	≥10
E38	固体火箭技术	135	0.99	15.2	4.5	15	51	0.000	0.460	9.7
E38	桂林航天工业学院学报	97	0.96	10.6	1.7	12	38	–	0.598	7.3
E38	国际太空	130	0.74	0.0	1.9	4	36	0.008	–	–
E38	海军航空工程学院学报	87	0.94	18.5	3.4	7	23	0.000	0.310	7.7
E38	航空材料学报	82	0.95	21.8	4.6	17	40	0.020	0.680	9.2

学科代码	期刊名称	来源文献量	文献选出率	平均引文数	平均作者数	地区分布数	机构分布数	海外论文比	基金论文比	引用半衰期
E38	航空电子技术	42	0.98	4.9	2.8	5	13	–	0.048	6.3
E38	航空动力学报	372	0.97	19.6	4.1	19	81	0.000	0.610	≥10
E38	航空发动机	103	0.91	15.9	3.4	9	36	0.000	0.440	≥10
E38	航空工程进展	72	0.96	15.7	3.2	14	33	–	0.375	9.6
E38	航空计算技术	191	0.97	9.0	2.8	13	47	0.010	0.650	6.7
E38	航空精密制造技术	87	0.91	8.1	3.4	14	45	0.000	0.210	8.4
E38	航空科学技术	181	0.95	8.8	2.7	14	46	–	0.177	8.8
E38	航空维修与工程	299	0.65	2.9	2.2	25	94	–	0.047	9.2
E38	航空学报	323	0.96	27.4	4.0	21	74	0.010	0.770	9.2
E38	航空制造技术	348	0.90	16.4	3.9	21	106	0.000	0.420	7.7
E38	航天电子对抗	92	0.90	7.3	3.3	12	36	–	0.043	6.9
E38	航天返回与遥感	80	0.74	19.7	3.8	12	27	0.000	0.480	8.5
E38	航天工业管理	174	0.81	–	3.5	5	50	–	0.006	–
E38	航天控制	99	0.97	12.0	3.5	14	50	0.010	0.230	8.6
E38	航天器工程	125	0.91	11.6	4.3	10	33	0.000	0.550	7.3
E38	航天器环境工程	114	0.93	12.2	4.7	11	33	0.000	0.520	8.7
E38	航天制造技术	104	0.93	7.3	4.4	14	52	–	0.125	7.6
E38	火箭推进	83	0.95	12.2	3.6	5	19	0.000	0.220	≥10
E38	计测技术	77	0.83	7.5	3.5	18	43	–	0.221	9.2
E38	教练机	47	0.92	4.6	4.0	2	5	–	0.021	≥10
E38	空间电子技术	117	0.99	10.3	3.4	8	30	–	0.120	8.2
E38	空间控制技术与应用	73	0.95	14.2	3.5	9	18	0.000	0.580	9.3
E38	空气动力学学报	121	0.94	26.7	4.1	15	35	0.020	0.590	≥10
E38	民用飞机设计与研究	94	0.91	7.9	2.3	7	14	–	0.074	≥10
E38	南京航空航天大学学报	121	0.99	19.8	3.6	15	35	0.020	0.780	7.6
E38	强度与环境	55	0.98	13.7	4.4	8	20	0.000	0.350	≥10
E38	上海航天	120	0.94	16.7	4.4	13	43	0.020	0.640	9.9
E38	沈阳航空航天大学学报	85	0.99	21.0	3.2	6	16	–	0.682	7.3
E38	实验流体力学	85	1.00	20.8	4.6	15	42	0.000	0.540	≥10
E38	推进技术	354	1.00	20.9	4.3	18	71	0.010	0.630	≥10
E38	卫星应用	92	0.40	3.4	2.3	9	41	0.011	–	3.9
E38	西安航空学院学报	122	0.98	9.4	1.8	17	52	0.008	0.525	6.5
E38	现代导航	98	0.94	6.7	2.0	11	23	–	0.031	8.3

学科代码	期刊名称	来源文献量	文献选出率	平均引文数	平均作者数	地区分布数	机构分布数	海外论文比	基金论文比	引用半衰期
E38	宇航材料工艺	113	1.00	14.4	4.3	17	53	0.000	0.350	8.6
E38	宇航计测技术	102	0.96	5.8	3.9	16	54	0.000	0.110	8.4
E38	宇航学报	168	0.96	19.8	3.8	17	59	0.020	0.660	7.4
E38	载人航天	134	0.99	17.1	4.3	15	62	0.000	0.430	9.3
E38	长沙航空职业技术学院学报	120	0.93	6.3	1.3	23	78	–	0.508	5.6
E38	振动、测试与诊断	180	0.94	10.9	4.1	24	104	0.000	0.920	7.3
E38	郑州航空工业管理学院学报	66	0.90	16.3	1.7	15	39	–	0.727	7.9
E38	直升机技术	57	0.95	6.7	2.7	6	11	–	0.123	≥10
E38	中国航天	101	0.51	–	2.4	9	36	0.010	0.020	–
E38	中国空间科学技术	84	0.94	16.3	4.3	16	41	0.000	0.670	7.7
E38	中国民航大学学报	79	0.99	11.7	3.1	6	16	–	0.835	8.0
E38	中国民航飞行学院学报	111	0.95	7.8	2.0	19	52	–	0.414	8.1
E39	Chinese Journal of Population Resources and Environment	43	0.93	25.2	2.8	12	39	0.186	0.628	7.9
E39	Frontiers of Environmental Science & Engineering	99	0.99	38.2	4.1	17	53	0.141	0.869	7.5
E39	Journal of Environmental Sciences	345	0.96	43.6	4.9	23	225	0.500	0.500	8.4
E39	电镀与环保	124	0.90	7.1	2.9	22	81	0.000	0.240	8.9
E39	电力科技与环保	115	0.99	11.9	3.4	19	77	–	0.235	5.9
E39	干旱环境监测	40	1.00	8.4	3.1	7	23	–	0.200	9.7
E39	干旱区资源与环境	396	0.99	20.7	3.9	28	179	0.008	0.960	8.3
E39	工业水处理	327	0.98	13.8	4.4	29	218	0.010	0.560	7.1
E39	工业用水与废水	125	0.97	12.9	3.8	25	99	0.000	0.340	6.6
E39	海洋环境科学	147	1.00	22.5	5.0	13	69	0.010	0.740	9.5
E39	黑龙江环境通报	113	1.00	5.1	1.5	14	67	–	0.027	8.5
E39	化工环保	129	0.95	22.3	4.4	27	98	0.000	0.630	6.3
E39	环保科技	86	0.99	12.7	3.2	20	62	0.012	0.337	7.1
E39	环境保护科学	143	0.99	17.3	3.8	21	78	0.010	0.510	6.7
E39	环境保护与循环经济	210	0.88	9.3	2.7	27	146	–	0.400	6.5
E39	环境工程	447	0.99	19.7	4.6	28	242	0.010	0.790	6.8
E39	环境工程技术学报	101	0.91	29.0	5.2	20	66	0.060	0.610	7.5
E39	环境工程学报	955	1.00	22.2	4.8	28	324	0.010	0.830	7.7
E39	环境化学	335	1.00	27.1	5.1	28	209	0.030	0.790	6.9

学科代码	期刊名称	来源文献量	文献选出率	平均引文数	平均作者数	地区分布数	机构分布数	海外论文比	基金论文比	引用半衰期
E39	环境技术	118	0.83	7.1	3.4	22	75	0.000	0.080	≥10
E39	环境监测管理与技术	102	1.00	16.3	4.8	24	83	0.010	0.840	6.7
E39	环境监控与预警	96	0.91	15.0	3.8	19	50	–	0.438	6.1
E39	环境经济研究	39	0.85	27.5	2.3	11	29	0.051	0.821	7.4
E39	环境科技	103	0.97	14.4	3.6	16	74	0.020	0.430	6.2
E39	环境科学	626	0.98	34.4	5.8	26	201	0.010	0.910	6.5
E39	环境科学导刊	138	0.97	11.6	3.5	21	95	–	0.355	8.3
E39	环境科学学报	568	0.99	29.6	5.5	30	234	0.020	0.910	7.1
E39	环境科学研究	230	0.98	37.5	5.3	28	142	0.020	0.890	7.3
E39	环境科学与管理	526	0.98	7.5	3.0	31	357	0.000	0.310	4.2
E39	环境科学与技术	410	1.00	25.2	5.0	29	241	0.010	0.870	7.1
E39	环境卫生工程	176	0.98	7.5	3.2	20	92	0.010	0.240	7.2
E39	环境卫生学杂志	93	0.93	13.6	5.3	23	63	0.010	0.510	6.1
E39	环境污染与防治	273	0.96	21.3	4.7	29	202	0.000	0.810	7.2
E39	环境影响评价	130	0.88	9.5	3.5	21	96	0.008	0.462	6.6
E39	环境与可持续发展	369	0.99	9.5	2.9	30	227	0.003	0.287	5.7
E39	能源环境保护	99	1.00	10.3	2.5	18	69	–	0.222	9.0
E39	农业资源与环境学报	76	0.99	31.9	5.0	24	50	0.010	0.700	7.9
E39	青海环境	43	0.83	8.5	2.0	10	31	–	0.116	9.3
E39	上海环境科学	54	0.95	14.5	3.3	13	37	–	0.463	7.5
E39	世界环境	141	0.67	–	1.5	15	69	0.064	0.007	–
E39	水处理技术	376	0.99	1.2	4.4	28	203	0.000	0.700	8.3
E39	四川环境	179	1.00	15.0	3.7	17	99	0.010	0.320	7.4
E39	西部人居环境学刊	103	0.93	19.9	2.5	21	51	0.019	0.777	8.3
E39	消防科学与技术	543	0.97	10.0	2.9	29	238	0.000	0.460	7.2
E39	新疆环境保护	34	0.89	11.9	3.5	4	17	–	0.588	8.3
E39	亚热带资源与环境学报	46	0.88	34.7	4.2	7	18	0.020	0.870	8.2
E39	应用与环境生物学报	179	1.00	32.6	6.1	28	90	0.020	0.930	7.9
E39	再生资源与循环经济	123	0.71	7.6	2.4	20	74	–	0.333	6.7
E39	长江流域资源与环境	230	0.97	28.1	4.2	21	110	0.020	0.940	6.9
E39	植物资源与环境学报	71	0.99	23.2	5.7	16	43	0.000	0.890	8.8
E39	中国环保产业	184	0.90	5.1	2.6	25	122	–	0.152	6.6
E39	中国环境监测	144	0.94	20.7	5.6	26	82	0.030	0.540	6.4

学科代码	期刊名称	来源文献量	文献选出率	平均引文数	平均作者数	地区分布数	机构分布数	海外论文比	基金论文比	引用半衰期
E39	中国环境科学	568	0.99	32.0	5.5	29	219	0.020	0.910	6.9
E39	中国人口·资源与环境	262	1.00	27.2	3.0	24	123	0.020	0.920	6.3
E39	中国特种设备安全	230	0.93	8.0	2.7	27	126	–	0.170	9.5
E39	中国资源综合利用	455	0.82	5.5	1.9	30	351	0.004	0.112	6.3
E39	资源节约与环保	807	0.92	3.5	1.7	31	566	0.001	0.042	5.6
E39	资源科学	215	0.96	35.3	4.0	25	99	0.030	0.930	6.0
E39	资源信息与工程	604	0.99	3.9	1.5	31	326	0.010	0.041	5.1
E39	自然资源学报	178	1.00	33.7	4.3	26	99	0.020	0.920	7.2
E40	International Journal of Disaster Risk Science	40	0.89	45.7	2.3	3	18	0.325	0.400	7.0
E40	安全	244	0.90	5.2	2.3	25	158	–	0.189	6.6
E40	安全、健康和环境	191	0.99	5.3	2.4	22	91	–	0.058	7.8
E40	安全与环境工程	180	0.99	19.1	3.7	23	100	0.006	0.789	6.9
E40	安全与环境学报	462	0.99	19.8	4.1	26	146	0.000	0.760	7.4
E40	城市与减灾	71	0.81	–	1.6	17	58	0.056	0.155	–
E40	电力安全技术	251	0.95	3.1	2.2	29	181	–	0.008	7.0
E40	防灾减灾工程学报	146	0.96	15.3	3.6	24	83	0.007	0.925	9.3
E40	防灾科技学院学报	51	0.96	22.9	3.3	15	33	–	0.824	9.1
E40	工业安全与环保	334	1.00	9.0	3.7	27	171	–	0.746	6.7
E40	火灾科学	34	0.97	16.8	3.6	9	12	–	0.912	8.9
E40	劳动保障世界	1486	0.69	4.6	1.4	31	722	0.003	0.268	5.7
E40	四川劳动保障	224	0.37	–	1.4	9	129	–	–	–
E40	现代职业安全	271	0.57	–	1.5	25	161	0.004	–	–
E40	震灾防御技术	99	1.00	16.1	4.1	17	38	0.020	0.810	9.2
E40	中国安防	183	0.57	0.3	1.3	17	81	–	–	3.4
E40	中国安全科学学报	349	1.00	15.3	3.8	24	111	0.010	0.860	6.1
E40	中国安全生产科学技术	366	0.81	17.1	3.8	25	117	0.010	0.840	5.8
E40	中国减灾	157	0.35	–	1.5	24	70	–	0.025	–
E40	自然灾害学报	144	0.99	20.4	4.0	27	103	0.010	0.880	8.2
F01	Frontiers of Engineering Management	53	0.98	25.8	2.4	8	35	0.415	0.453	6.6
F01	当代经济管理	181	0.99	19.5	1.7	23	120	–	0.801	6.9
F01	工程管理学报	171	0.99	15.5	2.9	23	83	0.020	0.720	5.6
F01	工程研究–跨学科视野中的工程	73	0.95	21.6	2.7	18	47	0.014	0.466	8.5
F01	工业工程与管理	143	0.99	21.2	2.9	20	64	0.020	0.920	6.2

学科代码	期刊名称	来源文献量	文献选出率	平均引文数	平均作者数	地区分布数	机构分布数	海外论文比	基金论文比	引用半衰期
F01	公共管理学报	51	0.86	49.2	1.9	14	35	0.039	0.824	≥10
F01	公共管理与政策评论	36	0.97	30.6	1.6	11	25	0.111	0.639	9.7
F01	管理案例研究与评论	45	0.94	42.9	2.7	17	33	–	0.911	9.3
F01	管理工程师	91	1.00	9.8	1.5	16	54	–	0.484	5.8
F01	管理工程学报	106	0.96	30.8	2.8	20	59	0.010	0.990	≥10
F01	管理观察	2541	0.96	4.5	1.5	31	1680	0.004	0.181	4.3
F01	管理科学	73	0.92	46.0	2.9	19	45	0.000	0.950	5.5
F01	管理科学学报	112	0.90	36.4	3.1	20	61	0.050	0.970	8.3
F01	管理评论	283	0.98	39.2	2.9	26	131	0.020	0.930	7.5
F01	管理世界	242	0.94	36.3	2.4	26	112	0.030	0.750	≥10
F01	管理现代化	207	1.00	11.0	2.3	22	100	0.010	0.980	6.9
F01	管理学报	223	0.99	29.2	2.7	24	96	0.030	0.880	8.5
F01	管理学刊	34	0.85	19.1	1.8	15	27	–	0.853	7.1
F01	国有资产管理	202	0.80	1.4	1.4	28	115	–	–	5.0
F01	技术与创新管理	121	0.96	15.3	2.2	20	53	0.025	0.562	6.8
F01	交通企业管理	208	0.96	–	1.7	23	128	0.005	0.149	–
F01	科技成果管理与研究	201	0.44	3.4	2.8	26	146	0.005	0.169	4.6
F01	科技管理研究	944	1.00	20.7	2.7	29	342	0.010	0.840	6.6
F01	科技进步与对策	561	0.97	24.0	2.5	28	215	0.010	0.900	7.1
F01	科技与管理	105	0.95	19.1	2.3	16	33	–	0.695	6.9
F01	科学管理研究	183	0.99	8.8	2.0	21	123	0.000	0.680	4.7
F01	科学学研究	207	0.98	28.9	2.4	23	102	0.010	0.850	9.0
F01	科学学与科学技术管理	177	0.99	40.1	2.6	21	75	0.020	0.860	8.3
F01	科学与管理	74	0.87	16.3	2.1	22	60	0.027	0.649	6.1
F01	科研管理	213	0.95	28.2	2.7	26	114	0.020	0.880	9.2
F01	科研信息化技术与应用	70	0.90	16.9	4.0	11	38	–	0.800	6.0
F01	南开管理评论	95	0.91	52.4	2.8	17	49	0.040	0.960	9.7
F01	企业改革与管理	4397	1.00	3.3	1.2	31	3322	0.005	0.028	3.6
F01	上海城市管理	119	1.00	7.7	1.4	14	74	–	0.235	4.3
F01	上海管理科学	128	0.96	13.0	2.1	11	37	0.055	0.484	9.7
F01	施工企业管理	477	0.90	–	1.3	27	270	0.004	0.002	–
F01	实验技术与管理	833	1.00	12.6	3.5	30	336	0.001	0.836	4.9
F01	实验室研究与探索	872	0.98	15.3	3.4	31	369	–	0.806	5.4

学科代码	期刊名称	来源文献量	文献选出率	平均引文数	平均作者数	地区分布数	机构分布数	海外论文比	基金论文比	引用半衰期
F01	现代管理科学	468	1.00	7.9	1.9	17	85	0.011	0.647	6.2
F01	项目管理技术	285	1.00	8.8	2.6	25	168	0.004	0.281	6.0
F01	研究与发展管理	86	0.96	38.2	2.6	19	59	0.000	0.930	8.1
F01	云南科技管理	151	0.83	3.1	2.3	14	77	–	0.172	6.0
F01	中国电力企业管理	326	0.74	0.0	1.5	27	191	0.009	0.003	–
F01	中国管理科学	249	0.95	17.9	3.0	24	123	0.020	0.960	6.8
F01	中国环境管理	126	0.82	13.9	2.8	20	75	0.016	0.429	5.4
F01	中国科技成果	704	0.75	2.4	2.0	31	270	–	0.729	7.5
F01	中国科技论坛	294	0.96	19.5	2.4	25	163	0.010	0.830	6.1
F01	中国软科学	209	1.00	30.1	2.5	22	104	0.010	0.790	7.5
F01	中国卫生标准管理	3103	1.00	9.1	1.9	31	1300	0.005	0.055	3.3
H01	北方论丛	166	1.00	15.7	1.2	23	103	0.024	0.578	≥10
H01	北京社会科学	153	0.93	27.2	1.1	21	82	0.013	0.595	≥10
H01	才智	8378	1.00	3.2	1.3	31	3522	0.003	0.158	4.8
H01	重庆社会科学	206	0.92	14.9	1.3	26	133	0.010	0.519	8.3
H01	船山学刊	110	0.91	13.6	1.2	18	68	0.091	0.373	≥10
H01	创新	79	0.93	14.8	1.5	18	53	0.013	0.658	7.3
H01	大科技	9964	1.00	3.4	1.2	31	5178	0.004	0.003	3.6
H01	大庆社会科学	311	0.96	3.0	1.4	18	124	–	0.305	6.0
H01	当代韩国	49	1.00	22.8	1.3	11	31	0.061	0.327	≥10
H01	道德与文明	144	0.97	13.8	1.2	23	90	0.007	0.653	≥10
H01	德国研究	32	0.80	58.7	1.5	8	24	0.094	0.719	≥10
H01	东方论坛	120	0.99	18.7	1.4	18	59	0.042	0.517	≥10
H01	东疆学刊	70	0.89	18.8	1.5	16	40	0.071	0.629	≥10
H01	东南学术	171	0.96	24.6	1.5	18	78	0.030	0.620	≥10
H01	东南亚南亚研究	61	0.88	23.0	1.4	18	40	0.082	0.426	≥10
H01	东岳论丛	308	0.97	25.1	1.4	25	130	0.026	0.672	≥10
H01	发明与创新·小学生	148	0.40	–	1.1	18	110	–	–	–
H01	发明与创新·职业教育	177	0.92	2.9	1.2	9	145	–	0.096	5.5
H01	发明与创新·中学生	239	0.47	–	1.2	23	172	–	–	–
H01	福建论坛(人文社会科学版)	311	0.98	21.6	1.5	26	127	0.010	0.617	≥10
H01	甘肃社会科学	255	0.98	19.8	1.3	26	153	0.020	0.675	≥10
H01	关东学刊	199	0.85	26.1	1.1	25	115	0.035	0.372	≥10

学科代码	期刊名称	来源文献量	文献选出率	平均引文数	平均作者数	地区分布数	机构分布数	海外论文比	基金论文比	引用半衰期
H01	观察与思考	179	0.98	15.3	1.3	21	114	–	0.413	4.8
H01	广东社会科学	173	0.94	24.6	1.4	23	97	0.023	0.601	≥10
H01	广西社会科学	535	0.98	12.0	1.6	30	268	0.002	0.845	8.8
H01	贵州社会科学	299	1.00	18.6	1.5	26	153	0.007	0.686	≥10
H01	桂海论丛	129	0.96	10.8	1.4	22	89	–	0.543	6.4
H01	河北学刊	232	0.97	16.8	1.4	22	95	0.026	0.513	≥10
H01	河南社会科学	235	0.95	13.7	1.4	21	122	0.013	0.728	8.2
H01	黑河学刊	490	0.99	5.2	1.3	30	294	0.010	0.282	7.1
H01	黑龙江社会科学	177	0.94	11.7	1.5	22	93	0.006	0.661	≥10
H01	宏观质量研究	41	0.95	30.6	2.1	13	25	–	0.854	9.2
H01	湖北社会科学	352	0.99	16.3	1.4	28	166	0.003	0.659	≥10
H01	湖南社会科学	180	0.97	14.8	1.5	19	100	0.010	0.580	9.9
H01	湖湘论坛	161	0.96	11.9	1.4	23	96	0.006	0.733	7.8
H01	江海学刊	190	0.81	19.5	1.5	18	93	0.060	0.570	≥10
H01	江汉论坛	275	0.99	16.8	1.4	25	142	0.007	0.658	≥10
H01	江汉学术	98	0.94	23.4	1.3	21	69	0.071	0.592	≥10
H01	江淮论坛	195	0.96	15.3	1.5	21	104	0.021	0.718	≥10
H01	江南论坛	284	0.89	–	1.3	18	223	–	0.120	–
H01	江苏社会科学	206	0.94	25.5	1.5	14	84	0.020	0.540	≥10
H01	江西社会科学	382	0.81	18.1	1.4	27	177	0.010	0.630	≥10
H01	晋阳学刊	108	0.98	25.7	1.4	21	66	0.019	0.583	≥10
H01	荆楚学刊	105	0.97	12.7	1.2	19	60	0.019	0.514	≥10
H01	开发研究	161	0.97	15.5	1.7	24	109	0.012	0.646	6.2
H01	科学·经济·社会	74	0.95	19.9	1.2	15	26	–	0.527	≥10
H01	科学家	700	0.66	3.6	1.5	31	565	0.004	0.043	4.7
H01	科学决策	56	1.00	35.3	2.6	13	44	–	0.821	8.2
H01	科学与财富	10820	1.00	3.0	1.3	31	5428	0.001	0.020	4.7
H01	科学与社会	59	0.95	11.0	1.4	13	34	0.034	0.271	9.3
H01	克拉玛依学刊	84	0.90	9.4	1.5	21	65	–	0.393	4.0
H01	兰州学刊	225	0.95	36.3	1.2	27	129	0.004	0.609	≥10
H01	理论观察	646	0.97	8.0	1.4	30	296	0.015	0.344	8.8
H01	理论界	196	0.99	13.1	1.3	23	88	–	0.526	≥10
H01	理论学刊	142	0.96	17.4	1.4	20	67	–	0.725	≥10

学科代码	期刊名称	来源文献量	文献选出率	平均引文数	平均作者数	地区分布数	机构分布数	海外论文比	基金论文比	引用半衰期
H01	理论与现代化	137	0.99	11.8	1.3	16	63	–	0.365	6.4
H01	理论月刊	385	0.97	16.4	1.4	30	203	0.010	0.730	9.6
H01	岭南学刊	116	0.97	12.5	1.3	20	70	–	0.474	7.8
H01	南都学坛	143	1.00	16.1	1.2	19	77	0.007	0.455	≥10
H01	南海学刊	70	0.97	31.8	1.5	15	43	0.014	0.629	≥10
H01	南京社会科学	247	0.95	23.2	1.5	25	113	0.010	0.620	≥10
H01	南腔北调(周一刊)	56	0.32	13.0	1.0	2	2	–	0.071	≥10
H01	南洋资料译丛	22	0.96	12.2	2.0	6	13	0.136	0.091	≥10
H01	内蒙古社会科学	193	0.95	19.6	1.3	28	120	0.005	0.746	≥10
H01	宁夏社会科学	248	0.99	18.2	1.3	26	144	0.004	0.746	≥10
H01	品牌研究	70	0.92	19.0	2.2	15	45	0.014	0.529	9.4
H01	齐鲁学刊	140	0.99	18.9	1.2	24	77	0.014	0.550	≥10
H01	前沿	249	0.97	10.2	1.3	27	156	–	0.550	9.2
H01	青海社会科学	181	0.94	18.3	1.6	27	110	0.006	0.630	≥10
H01	青藏高原论坛	82	0.93	22.5	1.3	12	30	0.049	0.402	≥10
H01	求是学刊	126	0.95	20.9	1.4	20	65	0.016	0.619	≥10
H01	求索	336	0.99	25.1	1.2	27	164	0.000	0.700	≥10
H01	求知导刊	4271	1.00	3.1	1.3	31	2366	0.003	0.197	5.1
H01	人文杂志	204	0.98	28.5	1.3	19	88	0.005	0.588	≥10
H01	软科学	360	0.97	18.2	2.5	27	161	0.010	0.910	6.9
H01	山东社会科学	359	0.99	20.8	1.5	24	152	0.022	0.571	≥10
H01	山西高等学校社会科学学报	283	0.95	9.3	1.5	23	106	0.004	0.576	7.4
H01	山西青年	5283	1.00	3.9	1.2	31	1873	0.001	0.123	6.1
H01	社会工作与管理	86	0.95	20.1	1.8	21	49	0.012	0.663	5.8
H01	社会科学	227	0.95	42.7	1.3	22	93	0.020	0.670	≥10
H01	社会科学辑刊	164	0.96	20.9	1.1	23	90	0.030	0.549	≥10
H01	社会科学家	343	0.97	13.8	1.3	27	207	0.015	0.764	≥10
H01	社会科学论坛	237	0.91	22.0	1.3	27	140	0.021	0.405	≥10
H01	社会科学研究	153	0.98	28.0	1.4	21	81	0.010	0.580	≥10
H01	社会科学战线	429	0.96	26.7	1.4	25	142	0.030	0.580	≥10
H01	社科纵横	443	1.00	9.0	1.4	29	236	–	0.512	≥10
H01	世界科技研究与发展	75	0.94	31.2	3.3	19	46	0.000	0.810	6.3
H01	丝路视野	5033	0.99	2.9	1.3	31	2119	0.003	0.107	4.0

学科代码	期刊名称	来源文献量	文献选出率	平均引文数	平均作者数	地区分布数	机构分布数	海外论文比	基金论文比	引用半衰期
H01	思想战线	121	0.97	33.9	1.3	23	57	0.020	0.450	≥10
H01	探索与争鸣	296	0.91	10.7	1.1	18	96	0.020	0.294	≥10
H01	唐都学刊	120	0.91	16.7	1.2	21	73	0.017	0.458	≥10
H01	天府新论	111	0.92	31.5	1.3	21	63	–	0.595	≥10
H01	天津社会科学	130	0.98	30.5	1.3	20	60	–	0.700	≥10
H01	天中学刊	180	0.97	14.7	1.2	25	110	–	0.406	≥10
H01	未来英才	6488	0.99	2.6	1.1	31	4389	0.001	0.017	4.5
H01	未来与发展	263	0.99	11.3	1.6	24	84	–	0.597	6.4
H01	文存阅刊	4649	0.99	3.3	1.2	31	2259	0.004	0.077	5.7
H01	文史哲	73	0.87	74.6	1.1	17	43	0.050	0.520	≥10
H01	西部学刊	242	0.94	11.7	1.3	31	164	–	0.388	≥10
H01	西域研究	59	0.87	53.4	1.5	14	36	0.068	0.458	≥10
H01	西藏研究	114	0.96	18.2	1.4	19	54	0.009	0.614	≥10
H01	现代交际	3235	1.00	3.8	1.3	31	1255	0.001	0.201	5.8
H01	新疆社会科学(汉文版)	141	0.96	18.2	1.6	24	84	–	0.716	8.9
H01	新疆社科论坛	141	0.95	8.2	1.4	23	81	0.014	0.454	6.3
H01	新西部(上旬刊)	238	0.52	2.9	1.3	22	150	–	0.210	4.8
H01	新西部(下旬刊)	1169	0.97	4.9	1.4	31	621	0.002	0.267	6.6
H01	学会	121	0.68	5.1	1.7	21	87	–	0.298	6.7
H01	学术交流	443	0.93	12.9	1.3	26	171	0.020	0.578	≥10
H01	学术界	357	0.89	20.5	1.3	27	181	0.031	0.563	≥10
H01	学术论坛	161	0.96	21.1	1.5	25	108	0.012	0.720	9.2
H01	学术探索	291	0.99	16.6	1.5	26	168	0.007	0.643	≥10
H01	学术研究	274	0.87	25.1	1.4	22	99	0.030	0.590	≥10
H01	学术月刊	206	0.94	49.2	1.2	19	78	0.040	0.390	≥10
H01	学习与实践	201	0.94	19.1	1.7	22	96	–	0.721	9.3
H01	学习与探索	303	0.92	13.1	1.4	21	128	0.030	0.600	≥10
H01	阴山学刊(社会科学版)	136	0.93	10.1	1.1	24	57	–	0.243	≥10
H01	殷都学刊	95	0.95	17.9	1.1	25	65	0.011	0.358	≥10
H01	原生态民族文化学刊	92	0.95	16.2	1.4	21	55	0.011	0.630	≥10
H01	阅江学刊	99	0.88	22.1	1.7	15	50	0.030	0.747	≥10
H01	云梦学刊	128	0.95	16.9	1.3	24	82	0.016	0.555	≥10
H01	云南社会科学	163	0.93	28.4	1.5	27	101	0.012	0.669	≥10

学科代码	期刊名称	来源文献量	文献选出率	平均引文数	平均作者数	地区分布数	机构分布数	海外论文比	基金论文比	引用半衰期
H01	长白学刊	141	0.95	13.4	1.5	26	104	–	0.723	8.7
H01	长江丛刊	7370	0.97	3.0	1.2	31	2844	0.003	0.179	5.9
H01	长江论坛	100	0.92	7.2	1.3	19	66	–	0.320	8.9
H01	浙江社会科学	239	0.92	24.9	1.4	20	103	0.010	0.470	≥10
H01	浙江学刊	164	0.94	28.7	1.2	16	67	0.012	0.488	≥10
H01	中国高校社会科学	100	0.92	29.1	1.3	18	46	–	0.540	≥10
H01	中国国情国力	269	0.85	1.0	1.4	25	174	0.004	0.279	3.6
H01	中国社会工作	380	0.32	1.2	1.4	26	249	0.053	0.026	7.9
H01	中国社会科学	123	0.91	59.7	1.5	17	51	0.030	0.590	≥10
H01	中州学刊	350	0.93	17.5	1.3	27	166	0.010	0.640	≥10
H02	Journal of Eastern Liaodong University (Social Sciences)	139	0.95	12.8	1.3	19	56	0.022	0.482	≥10
H02	安徽大学学报(哲学社会科学版)	111	0.96	34.2	1.2	17	43	0.009	0.676	≥10
H02	安徽工业大学学报(社会科学版)	257	1.00	7.9	1.9	15	66	0.004	0.747	7.1
H02	安徽理工大学学报(社会科学版)	122	0.99	14.0	1.6	16	52	–	0.705	9.9
H02	安徽农业大学学报(社会科学版)	144	0.99	15.6	1.8	20	68	0.007	0.799	8.7
H02	安徽商贸职业技术学院学报(社会科学版)	74	0.97	6.9	1.4	17	37	–	0.757	5.0
H02	安康学院学报	167	0.93	10.5	1.5	24	79	–	0.479	≥10
H02	百色学院学报	144	0.91	12.2	1.4	18	62	0.021	0.611	≥10
H02	宝鸡文理学院学报(社会科学版)	150	0.93	11.8	1.2	21	63	0.013	0.600	≥10
H02	保山学院学报	127	0.95	12.5	2.0	17	43	0.008	0.528	≥10
H02	北方民族大学学报(哲学社会科学版)	174	0.98	15.1	1.3	25	74	0.040	0.759	≥10
H02	北华大学学报(社会科学版)	171	0.97	14.0	1.5	26	92	0.029	0.608	≥10
H02	北京大学学报(哲学社会科学版)	100	0.88	37.4	1.2	11	40	0.080	0.340	≥10
H02	北京工商大学学报(社会科学版)	75	0.93	29.1	2.2	20	48	0.000	0.840	7.5
H02	北京工业大学学报(社会科学版)	63	0.93	22.2	1.7	11	30	0.016	0.667	8.2
H02	北京航空航天大学学报(社会科学版)	108	0.97	20.4	1.8	16	51	0.009	0.593	≥10
H02	北京化工大学学报(社会科学版)	69	0.99	15.3	1.7	16	32	0.029	0.507	≥10
H02	北京交通大学学报(社会科学版)	72	0.99	24.2	2.1	20	43	–	0.764	6.9
H02	北京教育学院学报(社会科学版)	85	0.94	13.6	1.2	16	47	–	0.447	≥10
H02	北京科技大学学报(社会科学版)	98	0.99	22.9	1.6	17	57	0.010	0.602	≥10
H02	北京理工大学学报(社会科学版)	130	0.96	28.6	2.2	20	71	–	0.846	8.7
H02	北京联合大学学报(人文社会科学版)	64	0.91	21.2	1.6	13	38	0.016	0.672	≥10

学科代码	期刊名称	来源文献量	文献选出率	平均引文数	平均作者数	地区分布数	机构分布数	海外论文比	基金论文比	引用半衰期
H02	北京林业大学学报(社会科学版)	49	0.96	21.0	2.4	16	26	–	0.653	≥10
H02	北京宣武红旗业余大学学报	69	0.97	5.6	1.3	3	20	–	0.145	6.4
H02	北京邮电大学学报(社会科学版)	88	0.95	17.9	2.2	17	33	0.011	0.636	6.4
H02	滨州学院学报	97	0.96	12.9	1.8	17	41	–	0.536	≥10
H02	渤海大学学报(哲学社会科学版)	223	0.95	8.2	1.5	23	91	0.009	0.565	≥10
H02	常州大学学报(社会科学版)	87	0.99	16.8	1.6	18	56	–	0.793	8.7
H02	常州工学院学报(社会科学版)	151	0.98	11.9	1.2	22	75	–	0.291	≥10
H02	巢湖学院学报	192	0.97	9.6	1.8	15	63	0.005	0.708	8.2
H02	成都大学学报(社会科学版)	125	0.97	13.8	1.5	22	70	–	0.504	≥10
H02	成都理工大学学报(社会科学版)	139	0.99	14.4	1.3	21	91	–	0.453	≥10
H02	城市学刊	114	1.00	12.6	1.8	19	61	–	0.693	6.5
H02	赤峰学院学报(哲学社会科学版)	590	0.99	8.2	1.3	27	229	0.008	0.769	9.8
H02	重庆大学学报(社会科学版)	100	0.93	25.3	1.9	19	51	0.010	0.750	8.4
H02	重庆工商大学学报(社会科学版)	104	0.98	19.4	1.6	20	62	–	0.769	9.1
H02	重庆交通大学学报(社会科学版)	163	0.96	15.8	1.6	22	88	0.006	0.626	9.1
H02	重庆科技学院学报(社会科学版)	440	0.97	9.4	1.6	29	199	0.002	0.641	7.2
H02	重庆理工大学学报(社会科学版)	223	0.98	17.5	1.8	22	95	0.013	0.740	7.7
H02	重庆三峡学院学报	111	0.95	15.7	1.4	20	73	0.027	0.649	≥10
H02	重庆文理学院学报(社会科学版)	137	0.94	12.1	1.6	24	82	0.015	0.584	≥10
H02	重庆邮电大学学报(社会科学版)	131	0.96	19.0	1.4	26	88	0.015	0.824	9.4
H02	滁州学院学报	208	0.97	8.3	1.9	13	87	–	0.764	7.2
H02	大理大学学报	267	0.96	12.1	2.8	20	94	–	0.640	7.0
H02	大连海事大学学报(社会科学版)	122	0.93	17.8	1.5	13	50	–	0.615	≥10
H02	大连理工大学学报(社会科学版)	97	0.96	17.5	2.0	19	56	0.021	0.990	7.8
H02	电子科技大学学报(社会科学版)	112	1.00	17.9	2.0	19	46	0.018	0.634	7.6
H02	东北大学学报(社会科学版)	97	1.00	18.1	1.9	16	44	0.010	0.660	9.3
H02	东北农业大学学报(社会科学版)	88	1.00	20.6	1.9	18	47	0.045	0.568	8.8
H02	东华理工大学学报(社会科学版)	91	0.95	11.0	2.3	12	27	–	0.725	8.3
H02	东南大学学报(哲学社会科学版)	95	0.86	21.6	1.6	17	50	0.010	0.800	≥10
H02	佛山科学技术学院学报(社会科学版)	95	0.99	10.1	1.3	15	60	0.042	0.432	≥10
H02	福建江夏学院学报	88	1.00	17.7	1.5	21	55	0.011	0.591	≥10
H02	福建农林大学学报(哲学社会科学版)	106	1.00	16.1	2.1	18	46	–	0.953	5.2
H02	福建医科大学学报(社会科学版)	58	0.88	9.7	2.4	3	17	0.017	0.655	4.0

学科代码	期刊名称	来源文献量	文献选出率	平均引文数	平均作者数	地区分布数	机构分布数	海外论文比	基金论文比	引用半衰期
H02	福州大学学报(哲学社会科学版)	112	0.98	14.6	1.5	16	46	–	0.714	≥10
H02	复旦学报(社会科学版)	115	0.99	43.2	1.3	16	52	0.080	0.500	≥10
H02	广西大学学报(哲学社会科学版)	105	0.96	17.7	1.5	18	66	0.057	0.686	≥10
H02	广西民族大学学报(哲学社会科学版)	173	0.94	18.7	1.5	23	84	0.040	0.520	≥10
H02	广州大学学报(社会科学版)	164	0.99	18.9	1.7	23	88	0.012	0.768	9.3
H02	贵阳学院学报(社会科学版)	154	0.97	11.0	1.2	21	83	0.045	0.474	≥10
H02	贵州大学学报(社会科学版)	147	0.92	18.3	1.5	22	77	0.014	0.701	≥10
H02	贵州工程应用技术学院学报	156	0.99	10.7	1.7	22	69	0.006	0.622	≥10
H02	贵州民族大学学报(哲学社会科学版)	96	0.97	22.5	1.4	18	53	–	0.542	≥10
H02	哈尔滨工业大学学报(社会科学版)	145	0.99	19.2	2.5	22	76	–	0.724	9.0
H02	哈尔滨商业大学学报(社会科学版)	82	0.96	19.8	2.2	15	36	–	0.805	7.8
H02	哈尔滨师范大学社会科学学报	266	1.00	8.3	1.2	28	172	0.011	0.380	≥10
H02	海军工程大学学报(综合版)	82	0.96	6.6	2.0	15	34	–	0.195	5.9
H02	海南大学学报(人文社会科学版)	127	0.95	24.4	1.4	25	74	–	0.677	≥10
H02	邯郸学院学报	90	0.96	12.3	1.3	21	53	0.078	0.389	≥10
H02	杭州电子科技大学学报(社会科学版)	82	1.00	13.7	1.8	5	11	–	0.841	8.7
H02	合肥工业大学学报(社会科学版)	148	0.99	12.9	1.8	19	59	–	0.628	7.6
H02	河北北方学院学报(社会科学版)	165	0.96	10.2	1.8	25	79	0.006	0.442	≥10
H02	河北大学学报(哲学社会科学版)	132	1.00	16.0	1.6	21	56	–	0.773	≥10
H02	河北工程大学学报(社会科学版)	167	1.00	5.6	1.7	20	81	0.006	0.868	6.0
H02	河北工业大学学报(社会科学版)	64	0.97	15.9	1.9	13	26	–	0.719	7.4
H02	河北经贸大学学报(综合版)	75	0.99	14.6	1.9	18	48	–	0.547	8.0
H02	河北科技大学学报(社会科学版)	68	1.00	14.9	1.7	23	52	–	0.735	9.8
H02	河北科技师范学院学报(社会科学版)	86	0.96	14.3	1.7	21	52	–	0.547	8.0
H02	河池学院学报	136	0.96	11.0	1.7	19	60	–	0.728	8.6
H02	河海大学学报(哲学社会科学版)	90	0.91	19.2	2.0	16	36	–	0.822	6.7
H02	河南大学学报(社会科学版)	113	0.97	34.1	1.6	16	50	0.040	0.650	≥10
H02	河南工程学院学报(社会科学版)	79	0.99	12.0	1.3	13	38	–	0.392	8.8
H02	河南工业大学学报(社会科学版)	117	0.95	12.6	1.4	19	60	–	0.632	7.6
H02	河南教育学院学报(哲学社会科学版)	142	0.97	8.6	1.2	24	94	–	0.465	≥10
H02	河南科技大学学报(社会科学版)	114	0.96	14.2	1.4	22	67	–	0.596	≥10
H02	河南科技学院学报(社会科学版)	253	0.97	9.4	1.5	23	109	0.012	0.545	9.7
H02	河南理工大学学报(社会科学版)	79	0.96	14.4	1.2	16	48	–	0.570	≥10

学科代码	期刊名称	来源文献量	文献选出率	平均引文数	平均作者数	地区分布数	机构分布数	海外论文比	基金论文比	引用半衰期
H02	菏泽学院学报	179	0.99	8.9	1.5	24	120	0.006	0.492	7.4
H02	贺州学院学报	120	0.96	10.2	1.5	15	45	–	0.783	≥10
H02	衡水学院学报	133	0.93	12.1	1.4	22	80	0.023	0.496	≥10
H02	红河学院学报	202	0.98	10.2	1.5	21	107	0.010	0.559	≥10
H02	湖北大学学报(哲学社会科学版)	140	0.93	17.3	1.4	22	69	0.029	0.857	≥10
H02	湖北经济学院学报(人文社会科学版)	665	1.00	8.7	1.4	28	324	0.018	0.460	7.1
H02	湖北理工学院学报(人文社会科学版)	94	0.95	12.8	1.5	16	45	–	0.660	≥10
H02	湖北民族学院学报(哲学社会科学版)	195	0.98	18.1	1.5	28	97	–	0.810	≥10
H02	湖南大学学报(社会科学版)	150	0.98	22.8	1.7	18	59	0.090	0.660	≥10
H02	湖南工程学院学报(社会科学版)	105	0.96	10.9	1.8	18	48	–	0.733	7.2
H02	湖南工业大学学报(社会科学版)	156	0.93	10.6	1.5	23	78	0.006	0.487	9.1
H02	湖南科技大学学报(社会科学版)	167	0.96	14.0	1.6	19	81	0.010	0.700	≥10
H02	湖南农业大学学报(社会科学版)	90	0.95	24.5	2.1	19	54	–	0.911	6.7
H02	湖南人文科技学院学报	157	0.95	9.3	1.6	16	75	0.006	0.484	8.8
H02	华北理工大学学报(社会科学版)	164	1.00	9.4	2.3	22	71	–	0.646	6.3
H02	华北水利水电大学学报(社会科学版)	244	0.98	9.7	1.3	23	107	–	0.455	8.4
H02	华东理工大学学报(社会科学版)	87	0.94	23.7	1.9	12	42	0.057	0.644	9.8
H02	华南理工大学学报(社会科学版)	87	0.93	20.3	1.9	12	31	0.023	0.724	9.1
H02	华南农业大学学报(社会科学版)	80	0.99	29.7	1.4	16	52	–	0.988	7.7
H02	华侨大学学报(哲学社会科学版)	86	0.99	42.7	1.7	18	44	0.012	0.744	≥10
H02	华中科技大学学报(社会科学版)	115	0.96	22.3	1.4	19	57	–	0.678	≥10
H02	华中农业大学学报(社会科学版)	109	0.89	24.0	2.1	17	55	–	0.963	7.1
H02	淮海工学院学报(人文社会科学版)	451	1.00	7.4	1.4	25	203	–	0.579	6.7
H02	吉林大学社会科学学报	115	0.90	30.6	1.6	18	53	0.060	0.700	≥10
H02	吉首大学学报(社会科学版)	119	0.91	18.7	1.6	19	72	0.017	0.832	9.3
H02	集美大学学报(哲学社会科学版)	81	1.00	18.4	1.4	15	42	0.037	0.728	≥10
H02	济南大学学报(社会科学版)	108	0.89	25.9	1.4	14	58	0.074	0.500	≥10
H02	暨南学报(哲学社会科学版)	172	0.89	41.2	1.2	24	76	0.029	0.628	≥10
H02	江汉大学学报(社会科学版)	112	0.93	15.6	1.4	21	69	0.009	0.598	≥10
H02	江南大学学报(人文社会科学版)	109	0.98	19.6	1.4	20	76	0.018	0.477	≥10
H02	江南社会学院学报	57	0.93	16.2	1.2	15	42	–	0.456	3.7
H02	江苏大学学报(社会科学版)	81	0.98	17.5	1.5	13	55	0.025	0.728	≥10
H02	江苏科技大学学报(社会科学版)	60	0.95	22.0	1.5	13	36	0.017	0.583	≥10

学科代码	期刊名称	来源文献量	文献选出率	平均引文数	平均作者数	地区分布数	机构分布数	海外论文比	基金论文比	引用半衰期
H02	金陵科技学院学报(社会科学版)	83	0.95	8.0	1.7	13	32	–	0.759	4.4
H02	锦州医科大学学报(社会科学版)	169	1.00	6.8	1.9	22	73	0.006	0.692	5.7
H02	晋中学院学报	147	0.94	9.4	1.4	20	76	0.014	0.469	≥10
H02	井冈山大学学报(社会科学版)	120	1.00	15.5	1.4	25	70	–	0.775	≥10
H02	景德镇学院学报	166	0.91	8.5	1.5	20	101	0.006	0.645	8.5
H02	九江学院学报(哲学社会科学版)	110	0.97	9.4	1.2	18	66	0.009	0.327	≥10
H02	昆明理工大学学报(社会科学版)	89	0.99	19.2	1.9	18	31	–	0.944	7.4
H02	兰州大学学报(社会科学版)	135	0.96	22.0	1.6	17	67	0.010	0.600	≥10
H02	兰州文理学院学报(社会科学版)	145	0.99	10.2	1.4	23	64	–	0.476	≥10
H02	辽宁大学学报(哲学社会科学版)	134	0.92	16.3	1.6	13	48	0.030	0.672	≥10
H02	辽宁工业大学学报(社会科学版)	255	1.00	6.7	2.1	16	62	–	0.533	5.8
H02	聊城大学学报(社会科学版)	97	0.94	26.0	1.2	22	55	0.010	0.649	≥10
H02	鲁东大学学报(哲学社会科学版)	99	1.00	17.9	1.5	17	55	–	0.485	≥10
H02	洛阳理工学院学报(社会科学版)	94	1.00	11.8	1.2	19	51	–	0.457	9.1
H02	南昌大学学报(人文社会科学版)	121	0.91	19.3	1.5	23	77	–	0.975	≥10
H02	南昌航空大学学报(社会科学版)	76	1.00	13.1	1.8	13	32	–	0.763	8.3
H02	南华大学学报(社会科学版)	109	0.96	16.7	1.7	20	66	0.009	0.725	≥10
H02	南京大学学报(哲学・人文科学・社会科学)	86	0.83	0.0	1.2	16	44	0.070	0.520	0.0
H02	南京工程学院学报(社会科学版)	70	0.97	11.2	1.6	12	34	–	0.686	7.9
H02	南京工业大学学报(社会科学版)	58	0.89	21.7	1.8	16	46	0.086	0.707	7.9
H02	南京航空航天大学学报(社会科学版)	74	0.95	13.2	1.7	13	38	–	0.581	7.9
H02	南京理工大学学报(社会科学版)	99	1.00	12.3	1.4	18	54	0.010	0.424	≥10
H02	南京林业大学学报(人文社会科学版)	56	0.95	23.7	1.5	17	36	–	0.571	≥10
H02	南京农业大学学报(社会科学版)	91	0.92	27.4	1.8	15	38	–	0.890	7.4
H02	南京晓庄学院学报	130	0.96	21.0	1.6	14	52	0.054	0.600	≥10
H02	南京医科大学学报(社会科学版)	128	0.97	11.1	3.0	11	36	–	0.805	4.9
H02	南京邮电大学学报(社会科学版)	50	0.93	18.7	1.8	9	17	0.020	0.780	7.6
H02	南京中医药大学学报(社会科学版)	59	0.95	11.7	2.1	16	28	–	0.559	≥10
H02	南开学报(哲学社会科学版)	93	0.98	39.8	1.4	16	37	0.020	0.680	≥10
H02	南通大学学报(社会科学版)	149	0.96	14.8	1.4	21	78	–	0.644	≥10
H02	内蒙古大学学报(哲学社会科学版)	105	0.97	17.1	1.3	14	26	–	0.400	≥10
H02	内蒙古民族大学学报(社会科学版)	144	0.99	13.4	1.4	22	59	–	0.667	≥10
H02	宁波大学学报(人文科学版)	126	0.95	19.3	1.5	17	48	0.024	0.746	≥10

学科代码	期刊名称	来源文献量	文献选出率	平均引文数	平均作者数	地区分布数	机构分布数	海外论文比	基金论文比	引用半衰期
H02	宁夏大学学报(人文社会科学版)	194	0.97	25.6	1.4	27	96	–	0.438	≥10
H02	齐齐哈尔大学学报(哲学社会科学版)	656	1.00	9.6	1.4	30	312	0.006	0.480	9.9
H02	钦州学院学报	224	0.91	10.3	1.9	24	90	0.009	0.741	8.2
H02	青岛科技大学学报(社会科学版)	78	0.91	15.3	2.0	13	34	–	0.705	7.4
H02	青海民族大学学报(社会科学版)	92	0.97	23.2	1.4	25	54	0.022	0.446	≥10
H02	清华大学学报(哲学社会科学版)	103	0.90	53.5	1.3	16	55	0.060	0.400	≥10
H02	三峡大学学报(人文社会科学版)	147	0.97	14.9	1.6	21	75	–	0.415	≥10
H02	厦门大学学报(哲学社会科学版)	99	0.99	31.1	1.6	17	41	0.040	0.810	≥10
H02	山东大学学报(哲学社会科学版)	113	0.95	30.6	1.7	13	48	0.010	0.600	≥10
H02	山东科技大学学报(社会科学版)	81	0.94	22.2	1.6	20	49	–	0.630	≥10
H02	山东理工大学学报(社会科学版)	120	0.96	12.5	1.6	11	31	–	0.525	9.2
H02	山东农业大学学报(社会科学版)	87	0.92	16.6	2.0	19	53	–	0.644	8.9
H02	山西大同大学学报(社会科学版)	158	0.97	10.0	1.4	21	74	0.006	0.481	≥10
H02	山西大学学报(哲学社会科学版)	131	0.95	19.2	1.4	19	60	0.031	0.565	≥10
H02	陕西理工学院学报(社会科学版)	79	0.96	16.5	1.5	13	27	0.013	0.797	≥10
H02	汕头大学学报(人文社会科学版)	195	0.88	20.6	1.6	19	102	0.128	0.328	≥10
H02	上海财经大学学报(哲学社会科学版)	61	1.00	34.3	1.9	14	39	0.000	0.570	8.2
H02	上海大学学报(社会科学版)	67	0.99	26.6	1.4	16	46	0.090	0.610	≥10
H02	上海交通大学学报(哲学社会科学版)	74	0.86	35.4	1.4	14	26	–	0.797	≥10
H02	上海理工大学学报(社会科学版)	75	0.91	13.9	1.8	13	37	–	0.613	≥10
H02	韶关学院学报	295	1.00	8.4	1.8	20	125	0.007	0.644	7.3
H02	邵阳学院学报(社会科学版)	111	0.97	13.6	1.4	16	53	0.018	0.856	≥10
H02	绍兴文理学院学报	229	0.93	13.4	1.7	21	115	–	0.507	≥10
H02	深圳大学学报(人文社会科学版)	140	0.97	19.5	1.4	22	87	0.057	0.636	≥10
H02	沈阳大学学报(社会科学版)	159	0.95	11.3	1.5	23	91	0.006	0.736	9.4
H02	沈阳工程学院学报(社会科学版)	119	0.99	6.0	1.8	12	51	–	0.622	5.8
H02	沈阳工业大学学报(社会科学版)	94	1.00	18.4	1.8	15	36	–	0.947	5.8
H02	沈阳建筑大学学报(社会科学版)	108	0.95	11.1	2.5	10	25	–	1.000	4.6
H02	沈阳农业大学学报(社会科学版)	152	0.97	14.3	2.0	18	87	–	0.796	5.7
H02	石河子大学学报(哲学社会科学版)	109	0.95	19.7	1.5	21	67	0.018	0.578	≥10
H02	石家庄铁道大学学报(社会科学版)	80	0.98	11.9	1.8	9	20	–	0.538	5.0
H02	四川大学学报(哲学社会科学版)	102	0.97	35.4	1.4	16	45	0.100	0.570	≥10
H02	四川理工学院学报(社会科学版)	42	0.88	31.2	1.6	10	31	–	0.929	7.1

学科代码	期刊名称	来源文献量	文献选出率	平均引文数	平均作者数	地区分布数	机构分布数	海外论文比	基金论文比	引用半衰期
H02	苏州大学学报(社会科学版)	140	0.96	16.7	1.4	22	64	0.010	0.610	≥10
H02	苏州科技大学学报(社会科学版)	95	0.89	20.4	1.3	19	51	0.021	0.484	≥10
H02	太原理工大学学报(社会科学版)	106	1.00	15.7	1.4	23	58	–	0.736	≥10
H02	体育学研究	146	1.00	14.8	1.6	22	90	–	0.568	6.5
H02	天津大学学报(社会科学版)	100	1.00	17.3	2.2	15	36	–	0.760	7.2
H02	天津职业院校联合学报	324	0.99	3.9	1.3	5	64	–	0.306	5.4
H02	同济大学学报(社会科学版)	86	0.99	27.4	1.2	10	42	0.035	0.628	≥10
H02	潍坊学院学报	186	0.99	8.2	1.5	16	75	0.005	0.301	8.9
H02	温州大学学报(社会科学版)	91	0.94	16.4	1.3	16	52	0.011	0.527	≥10
H02	五邑大学学报(社会科学版)	77	0.91	14.3	1.3	14	47	–	0.494	≥10
H02	武汉大学学报(人文科学版)	86	0.97	41.3	1.3	13	31	0.012	0.872	≥10
H02	武汉大学学报(哲学社会科学版)	82	0.96	35.2	1.5	14	31	0.010	0.790	≥10
H02	武汉科技大学学报(社会科学版)	104	0.92	18.7	1.2	20	61	–	0.817	9.3
H02	武汉理工大学学报(社会科学版)	189	0.97	15.1	1.6	22	89	0.021	0.550	9.9
H02	西安建筑科技大学学报(社会科学版)	99	0.97	12.4	1.6	22	56	–	0.606	8.3
H02	西安交通大学学报(社会科学版)	98	0.92	22.4	2.0	11	29	0.020	0.720	8.8
H02	西安石油大学学报(社会科学版)	109	0.96	13.5	1.6	17	51	–	0.495	8.2
H02	西安文理学院学报(社会科学版)	176	0.96	8.6	1.2	22	100	–	0.358	≥10
H02	西北大学学报(哲学社会科学版)	138	0.94	18.7	1.5	19	46	0.010	0.800	≥10
H02	西北工业大学学报(社会科学版)	94	1.00	12.7	2.1	12	24	–	0.628	6.8
H02	西北民族大学学报(哲学社会科学版)	168	0.98	18.1	1.4	26	85	0.006	0.613	≥10
H02	西北农林科技大学学报(社会科学版)	122	0.95	22.5	2.3	20	64	0.008	0.967	6.7
H02	西昌学院学报(社会科学版)	119	0.98	10.0	1.3	22	72	0.017	0.437	≥10
H02	西华大学学报(哲学社会科学版)	118	0.97	17.1	1.5	23	82	0.008	0.653	≥10
H02	西南大学学报(社会科学版)	130	0.96	29.3	1.6	18	63	0.020	0.750	≥10
H02	西南交通大学学报(社会科学版)	117	0.98	20.8	1.6	26	69	–	0.581	≥10
H02	西南科技大学学报(哲学社会科学版)	104	0.95	12.7	1.3	21	55	–	0.567	≥10
H02	西南民族大学学报(人文社科版)	446	1.00	21.2	1.6	28	183	0.030	0.670	≥10
H02	西南石油大学学报(社会科学版)	99	0.95	17.5	1.8	18	61	0.010	0.626	7.8
H02	西藏大学学报(社会科学版)	117	0.93	18.0	1.6	20	51	–	0.709	≥10
H02	西藏民族大学学报(哲学社会科学版)	155	0.94	13.3	1.3	12	32	–	0.574	≥10
H02	湘南学院学报	159	1.00	9.9	1.9	22	74	–	0.535	8.5
H02	湘潭大学学报(哲学社会科学版)	179	1.00	18.5	1.6	16	72	0.000	0.590	≥10

学科代码	期刊名称	来源文献量	文献选出率	平均引文数	平均作者数	地区分布数	机构分布数	海外论文比	基金论文比	引用半衰期
H02	新疆大学学报(哲学·人文社会科学版)	114	0.96	21.0	1.4	21	61	–	0.789	≥10
H02	徐州工程学院学报(社会科学版)	108	1.00	14.4	1.4	20	68	0.019	0.713	≥10
H02	烟台大学学报(哲学社会科学版)	79	0.94	35.2	1.3	18	41	0.013	0.608	≥10
H02	延安大学学报(社会科学版)	146	0.96	12.2	1.4	24	64	–	0.671	≥10
H02	延边大学学报(社会科学版)	109	0.94	22.1	1.5	11	30	0.028	0.587	≥10
H02	盐城工学院学报(社会科学版)	87	0.96	9.4	1.3	14	61	0.011	0.425	≥10
H02	燕山大学学报(哲学社会科学版)	91	0.90	15.7	1.6	20	55	0.022	0.703	≥10
H02	扬州大学学报(人文社会科学版)	90	0.98	22.9	1.4	13	51	0.022	0.756	≥10
H02	应用型高等教育研究	72	0.96	12.5	2.3	19	50	0.278	0.597	5.8
H02	榆林学院学报	185	0.97	8.1	1.6	14	72	–	0.524	8.4
H02	云南大学学报(社会科学版)	88	0.96	20.8	1.2	20	42	0.011	0.534	≥10
H02	云南民族大学学报(哲学社会科学版)	135	0.92	25.3	1.5	24	84	0.010	0.730	≥10
H02	云南农业大学学报(社会科学版)	136	0.96	13.6	2.6	21	50	0.007	0.706	6.0
H02	云南师范大学学报(对外汉语教学与研究版)	61	0.87	29.0	1.5	14	33	0.049	0.508	≥10
H02	云南师范大学学报(哲学社会科学版)	108	0.93	33.1	1.5	21	51	0.028	0.722	≥10
H02	长安大学学报(社会科学版)	101	1.00	21.1	1.8	17	58	0.040	0.723	6.0
H02	长春大学学报(社会科学版)	156	0.96	10.0	1.3	26	101	–	0.872	8.8
H02	长春工程学院学报(社会科学版)	157	0.99	8.1	1.6	26	90	0.006	0.783	5.8
H02	长春理工大学学报(社会科学版)	181	1.00	10.6	1.8	22	77	–	0.530	8.8
H02	长江大学学报(社会科学版)	160	0.96	12.3	1.5	23	96	0.025	0.894	9.8
H02	长沙理工大学学报(社会科学版)	139	1.00	13.0	1.5	21	79	0.007	0.662	8.7
H02	长治学院学报	191	1.00	7.1	1.4	20	57	–	0.482	9.2
H02	肇庆学院学报	130	0.96	9.3	1.7	9	37	0.008	0.438	9.1
H02	浙江大学学报(人文社会科学版)	105	0.83	39.7	1.8	12	36	0.040	0.710	≥10
H02	浙江工业大学学报(社会科学版)	74	0.90	16.1	2.2	6	16	–	0.730	8.2
H02	浙江海洋学院学报(人文科学版)	98	0.99	12.4	1.5	15	42	0.020	0.582	9.6
H02	浙江理工大学学报(社会科学版)	90	1.00	18.9	2.1	13	27	0.011	0.733	9.4
H02	浙江树人大学学报	111	0.92	17.4	1.4	18	66	–	0.631	8.5
H02	郑州大学学报(哲学社会科学版)	172	0.95	17.2	1.2	20	91	0.017	0.674	≥10
H02	郑州航空工业管理学院学报(社会科学版)	135	0.99	15.3	1.3	22	71	0.015	0.407	≥10
H02	郑州轻工业学院学报(社会科学版)	93	0.93	13.0	1.4	18	58	0.043	0.624	8.3
H02	中北大学学报(社会科学版)	135	0.99	12.6	1.4	23	78	–	0.519	≥10
H02	中国地质大学学报(社会科学版)	95	0.92	29.8	1.8	15	48	0.020	0.800	8.2

学科代码	期刊名称	来源文献量	文献选出率	平均引文数	平均作者数	地区分布数	机构分布数	海外论文比	基金论文比	引用半衰期
H02	中国海洋大学学报(社会科学版)	116	0.96	22.9	1.8	17	47	0.009	0.690	8.9
H02	中国矿业大学学报(社会科学版)	75	0.88	21.9	1.5	17	48	0.040	0.760	≥10
H02	中国农业大学学报(社会科学版)	90	0.93	26.1	1.4	20	58	0.089	0.589	9.0
H02	中国人民大学学报	99	0.97	27.6	1.4	11	32	0.040	0.390	≥10
H02	中国人民公安大学学报(社会科学版)	117	1.00	25.7	1.4	21	49	–	0.556	9.6
H02	中国社会科学院研究生院学报	102	0.92	24.7	1.2	19	72	–	0.471	≥10
H02	中国石油大学学报(社会科学版)	115	0.97	15.7	1.6	20	61	0.017	0.609	8.4
H02	中南大学学报(社会科学版)	165	1.00	25.1	1.4	22	68	–	0.770	≥10
H02	中南林业科技大学学报(社会科学版)	95	0.94	16.6	2.3	13	46	–	1.000	5.5
H02	中南民族大学学报(人文社会科学版)	227	0.95	13.8	1.4	26	88	0.010	0.610	≥10
H02	中山大学学报(社会科学版)	122	1.00	52.6	1.2	18	59	0.070	0.580	≥10
H02	中央民族大学学报(哲学社会科学版)	128	0.95	26.4	1.3	22	63	0.016	0.766	≥10
H03	阿坝师范学院学报	111	0.98	10.4	1.4	18	54	–	0.568	≥10
H03	安徽师范大学学报(人文社会科学版)	105	0.95	22.9	1.4	19	53	0.050	0.710	≥10
H03	安庆师范大学学报(社会科学版)	178	1.00	12.2	1.3	22	82	–	0.494	≥10
H03	安阳师范学院学报	225	0.98	9.6	1.5	23	128	0.009	0.427	≥10
H03	鞍山师范学院学报	147	0.97	8.0	1.8	12	41	0.007	0.435	8.8
H03	北京师范大学学报(社会科学版)	96	0.99	38.3	1.8	17	36	0.020	0.660	≥10
H03	沧州师范学院学报	112	0.96	8.3	1.6	12	34	–	0.393	≥10
H03	楚雄师范学院学报	145	0.97	10.3	1.6	21	69	0.014	0.441	≥10
H03	大庆师范学院学报	221	0.99	10.0	1.7	29	112	0.014	0.557	≥10
H03	福建师大福清分校学报	118	0.97	11.9	1.6	10	32	0.008	0.576	7.9
H03	福建师范大学学报(哲学社会科学版)	113	0.87	31.8	1.4	18	52	0.040	0.640	≥10
H03	阜阳师范学院学报(社会科学版)	177	0.99	12.5	1.5	22	71	–	0.633	≥10
H03	赣南师范大学学报	167	0.97	14.8	2.3	17	54	0.006	0.850	≥10
H03	广东技术师范学院学报	117	0.91	9.5	1.6	11	58	–	0.786	5.0
H03	广西科技师范学院学报	207	0.95	8.7	1.4	27	124	0.005	0.580	9.6
H03	广西民族师范学院学报	238	0.99	7.8	1.3	17	114	–	0.798	7.7
H03	广西师范学院学报(哲学社会科学版)	144	0.91	10.9	1.6	21	71	0.014	0.833	≥10
H03	桂林师范高等专科学校学报	226	0.99	8.0	1.3	23	86	–	0.540	≥10
H03	韩山师范学院学报	99	0.95	14.4	1.8	9	34	–	0.586	≥10
H03	汉江师范学院学报	170	1.00	7.4	1.4	25	78	0.006	0.512	≥10
H03	合肥师范学院学报	185	1.00	9.1	1.8	15	64	0.005	0.719	7.9

学科代码	期刊名称	来源文献量	文献选出率	平均引文数	平均作者数	地区分布数	机构分布数	海外论文比	基金论文比	引用半衰期
H03	和田师范专科学校学报	153	0.96	7.6	1.4	24	77	–	0.418	8.9
H03	河北科技师范学院学报	61	0.98	20.4	4.1	10	25	–	0.656	7.7
H03	河北民族师范学院学报	78	0.95	15.2	1.5	12	46	0.051	0.500	≥10
H03	河南师范大学学报(哲学社会科学版)	151	0.93	18.9	1.4	25	76	0.007	0.695	≥10
H03	衡阳师范学院学报	216	0.95	9.7	2.2	24	70	–	0.662	≥10
H03	湖北师范大学学报(哲学社会科学版)	202	1.00	10.8	1.5	14	61	0.005	0.465	≥10
H03	湖南第一师范学院学报	136	0.92	10.2	1.4	21	68	0.007	0.743	8.9
H03	湖南师范大学社会科学学报	127	1.00	21.8	1.4	19	61	0.010	0.720	≥10
H03	湖州师范学院学报	252	0.97	11.9	1.9	16	89	0.004	0.579	9.5
H03	华东师范大学学报(哲学社会科学版)	129	0.95	29.6	1.4	14	49	0.040	0.530	≥10
H03	华南师范大学学报(社会科学版)	153	0.94	25.5	1.7	21	68	0.060	0.590	≥10
H03	华中师范大学学报(人文社会科学版)	121	0.94	30.8	1.5	19	46	0.020	0.690	≥10
H03	淮南师范学院学报	198	0.99	13.0	1.6	17	77	0.005	0.510	≥10
H03	淮阴师范学院学报(哲学社会科学版)	109	0.92	14.7	1.3	18	54	0.018	0.569	≥10
H03	黄冈师范学院学报	178	0.99	8.5	1.6	20	98	0.006	0.506	9.3
H03	吉林工程技术师范学院学报	406	0.97	5.7	1.6	24	204	–	0.534	5.4
H03	集宁师范学院学报	160	0.97	10.0	1.4	24	98	–	0.494	≥10
H03	焦作师范高等专科学校学报	77	0.90	9.9	1.4	20	48	–	0.364	≥10
H03	喀什大学学报	148	1.00	9.5	1.6	17	64	–	0.595	9.3
H03	廊坊师范学院学报(社会科学版)	94	0.96	16.4	1.4	19	52	–	0.574	≥10
H03	乐山师范学院学报	265	0.99	14.3	1.8	26	134	–	0.525	9.9
H03	连云港师范高等专科学校学报	94	0.99	7.4	1.5	19	48	–	0.532	9.0
H03	辽宁师专学报(社会科学版)	347	1.00	4.3	1.3	19	78	–	0.231	7.2
H03	岭南师范学院学报	133	0.94	11.1	1.9	22	64	0.023	0.496	≥10
H03	六盘水师范学院学报	123	0.99	9.4	2.2	16	50	0.398	0.585	8.9
H03	洛阳师范学院学报	276	0.97	9.0	1.5	27	165	0.022	0.507	≥10
H03	绵阳师范学院学报	340	0.99	12.6	1.8	27	142	–	0.479	9.2
H03	闽南师范大学学报(哲学社会科学版)	115	0.99	12.2	1.2	7	28	0.009	0.548	≥10
H03	牡丹江师范学院学报(哲学社会科学版)	158	0.96	12.6	1.7	28	111	–	0.905	≥10
H03	南昌师范学院学报	189	0.99	10.3	1.5	21	104	–	0.757	8.7
H03	南京师范大学文学院学报	126	0.93	16.0	1.1	20	68	0.008	0.516	≥10
H03	内江师范学院学报	307	0.94	14.6	1.7	25	135	0.013	0.612	9.5
H03	宁德师范学院学报(哲学社会科学版)	117	0.99	11.0	1.4	9	38	0.017	0.581	≥10

学科代码	期刊名称	来源文献量	文献选出率	平均引文数	平均作者数	地区分布数	机构分布数	海外论文比	基金论文比	引用半衰期
H03	宁夏师范学院学报	182	0.98	9.6	1.4	23	76	–	0.577	≥10
H03	齐齐哈尔师范高等专科学校学报	367	1.00	6.3	1.2	30	229	–	0.302	7.2
H03	黔南民族师范学院学报	150	0.89	10.7	1.5	22	67	0.007	0.620	≥10
H03	青海师范大学民族师范学院学报	46	1.00	8.9	1.2	9	17	–	0.413	≥10
H03	青海师范大学学报(哲学社会科学版)	168	0.95	13.7	1.2	25	91	–	0.512	≥10
H03	曲靖师范学院学报	158	0.99	9.8	1.6	16	65	0.006	0.595	9.3
H03	泉州师范学院学报	126	1.00	13.9	2.0	10	33	–	0.690	7.5
H03	陕西师范大学学报(哲学社会科学版)	118	0.97	25.4	1.3	20	62	0.080	0.690	≥10
H03	上海师范大学学报(哲学社会科学版)	109	0.95	28.2	1.3	16	55	0.020	0.650	≥10
H03	上饶师范学院学报	123	0.96	14.7	2.0	19	57	0.008	0.618	≥10
H03	太原师范学院学报(社会科学版)	189	0.97	8.3	1.3	30	108	–	0.307	≥10
H03	唐山师范学院学报	222	0.98	10.0	1.8	26	128	–	0.563	8.1
H03	天水师范学院学报	161	0.98	14.5	1.6	17	55	–	0.398	≥10
H03	渭南师范学院学报	363	0.94	12.3	1.3	28	145	0.008	0.689	9.6
H03	咸阳师范学院学报	149	0.94	13.8	1.6	20	54	–	0.604	≥10
H03	忻州师范学院学报	188	0.97	10.4	1.4	23	86	0.016	0.378	≥10
H03	新疆师范大学学报(哲学社会科学版)	104	0.95	12.1	1.5	20	66	0.020	0.760	≥10
H03	信阳师范学院学报(哲学社会科学版)	178	0.94	14.0	1.3	24	74	0.011	0.994	8.7
H03	兴义民族师范学院学报	154	0.96	8.9	1.7	14	66	0.013	0.662	7.9
H03	盐城师范学院学报(人文社会科学版)	172	1.00	8.9	1.2	22	106	–	0.605	≥10
H03	伊犁师范学院学报(社科版)	110	0.96	14.5	1.4	18	53	–	0.527	≥10
H03	玉林师范学院学报	182	0.92	10.3	1.9	17	59	–	0.588	≥10
H03	玉溪师范学院学报	140	0.99	13.8	1.7	19	71	–	0.457	≥10
H03	长江师范学院学报	155	0.96	14.7	1.3	21	78	–	0.542	≥10
H03	周口师范学院学报	213	0.98	10.5	1.6	24	93	0.005	0.469	≥10
H03	遵义师范学院学报	252	0.99	9.7	1.6	20	94	0.016	0.480	≥10
J01	邓小平研究	125	0.97	10.1	1.3	23	74	–	0.352	≥10
J01	高校马克思主义理论研究	61	0.92	16.8	1.3	15	32	0.049	0.492	8.7
J01	理论探讨	184	0.97	13.5	1.6	21	112	0.000	0.760	7.0
J01	理论与改革	138	0.95	20.4	1.3	22	91	0.010	0.570	9.5
J01	马克思主义研究	227	0.92	28.6	1.3	23	122	0.010	0.470	8.6
J01	马克思主义与现实	163	0.97	29.0	1.4	20	78	0.060	0.530	0.0
J01	毛泽东邓小平理论研究	188	0.93	14.4	1.3	18	85	–	0.410	9.2

学科代码	期刊名称	来源文献量	文献选出率	平均引文数	平均作者数	地区分布数	机构分布数	海外论文比	基金论文比	引用半衰期
J01	毛泽东思想研究	171	0.97	12.6	1.4	22	106	0.006	0.520	≥10
J01	毛泽东研究	79	0.93	30.5	1.2	11	38	0.038	0.595	≥10
J01	社会主义核心价值观研究	71	0.92	11.6	1.4	18	53	–	0.662	8.2
J01	社会主义研究	133	0.96	23.0	1.4	20	70	0.010	0.720	6.9
J02	Frontiers of Philosophy in China	46	0.85	28.2	1.1	9	37	0.478	0.217	≥10
J02	第欧根尼	20	0.87	30.2	2.2	–	–	–	–	≥10
J02	管子学刊	89	0.96	17.9	1.2	18	59	0.045	0.483	≥10
J02	科学技术哲学研究	134	0.99	14.8	1.5	22	77	0.007	0.716	≥10
J02	科学与无神论	67	0.88	12.6	1.2	14	44	0.015	0.299	≥10
J02	孔子研究	110	0.89	22.1	1.2	22	65	0.027	0.345	≥10
J02	伦理学研究	146	0.92	13.6	1.4	18	84	0.010	0.620	≥10
J02	世界哲学	100	0.92	19.8	1.4	15	45	0.080	0.460	≥10
J02	系统科学学报	94	0.99	12.8	1.9	21	62	–	0.660	8.5
J02	现代哲学	126	1.00	36.2	1.2	22	66	0.063	0.706	≥10
J02	学海	174	0.98	25.4	1.3	16	85	0.030	0.600	≥10
J02	哲学动态	194	0.95	13.6	1.1	22	80	0.030	0.440	≥10
J02	哲学分析	100	0.94	26.0	1.4	16	59	0.180	0.400	–
J02	哲学研究	181	0.89	16.0	1.1	22	84	0.010	0.480	≥10
J02	中国哲学史	71	0.97	21.6	1.1	18	44	0.014	0.592	≥10
J02	周易研究	67	0.89	26.2	1.1	17	35	0.075	0.448	≥10
J02	自然辩证法通讯	133	0.96	23.0	1.4	23	74	0.045	0.639	≥10
J02	自然辩证法研究	272	0.93	14.5	1.5	26	137	0.010	0.650	≥10
J03	法音	112	0.47	17.0	1.1	21	61	0.089	0.161	–
J03	世界宗教文化	141	0.92	28.3	1.1	22	66	0.030	0.350	≥10
J03	世界宗教研究	114	0.86	46.5	1.2	23	64	0.010	0.350	≥10
J03	五台山研究	51	0.94	9.7	1.1	17	37	–	0.333	≥10
J03	中国道教	81	0.46	5.7	1.1	14	53	0.025	0.111	≥10
J03	中国穆斯林	126	0.82	4.8	1.3	16	57	0.100	0.060	≥10
J03	中国宗教	336	0.77	0.0	1.2	25	156	0.010	0.040	0.0
J03	宗教学研究	155	0.88	32.5	1.1	24	78	0.030	0.520	≥10
K01	辞书研究	80	0.93	13.8	1.3	16	48	0.012	0.312	≥10
K01	当代外语研究	117	0.94	19.8	1.7	17	63	0.009	0.487	≥10
K01	当代修辞学	57	0.97	23.4	1.3	14	35	0.035	0.509	≥10

学科代码	期刊名称	来源文献量	文献选出率	平均引文数	平均作者数	地区分布数	机构分布数	海外论文比	基金论文比	引用半衰期
K01	当代语言学	27	0.57	46.7	1.4	9	16	0.070	0.410	≥10
K01	东北亚外语研究	62	0.97	19.1	1.4	13	33	0.113	0.694	≥10
K01	方言	53	0.91	22.6	1.2	14	38	0.020	0.530	≥10
K01	古汉语研究	44	0.83	27.9	1.3	15	35	0.000	0.640	≥10
K01	海外英语(上)	2581	1.00	7.4	1.3	31	985	0.005	0.322	≥10
K01	海外英语(下)	1389	0.99	7.2	1.2	31	736	0.005	0.325	≥10
K01	汉语学报	47	0.87	25.3	1.1	17	37	0.043	0.681	≥10
K01	汉语学习	68	0.99	24.1	1.2	17	40	0.030	0.530	≥10
K01	汉语言文学研究	75	0.96	27.2	1.4	15	43	0.107	0.187	≥10
K01	汉字文化	123	0.85	11.7	1.2	2	2	–	0.309	≥10
K01	基础教育外语教学研究	139	0.79	7.4	1.3	21	79	0.007	0.173	9.0
K01	课程教育研究	10975	1.00	2.5	1.2	31	7517	0.004	0.083	4.0
K01	课外语文(上)	2140	0.99	2.0	1.0	31	1780	0.003	0.030	3.9
K01	课外语文(下)	2150	0.99	2.2	1.0	31	1833	0.001	0.036	4.1
K01	课外语文(中)	266	0.55	0.0	1.0	18	79	–	–	≥10
K01	满语研究	43	0.96	12.9	1.1	5	18	–	0.558	≥10
K01	民族语文	49	0.94	30.9	1.4	–	–	–	0.673	≥10
K01	山东外语教学	80	0.93	25.2	1.4	16	61	0.038	0.762	≥10
K01	上海翻译	96	0.89	0.0	1.4	19	74	0.020	0.530	0.0
K01	世界汉语教学	35	0.92	51.9	1.3	8	22	0.170	0.540	≥10
K01	外语电化教学	89	0.99	22.7	1.8	20	67	–	0.742	8.6
K01	外语与翻译	65	0.89	19.9	1.5	17	47	–	0.692	≥10
K01	文理导航(上旬)	1156	1.00	2.1	1.0	31	827	0.002	0.029	4.5
K01	文理导航(下旬)	1455	1.00	2.2	1.1	30	1096	0.003	0.033	4.1
K01	文理导航(中旬)	1169	1.00	2.2	1.0	31	921	0.001	0.037	4.4
K01	现代语文(教学研究)	1005	0.97	2.2	1.1	31	655	0.001	0.115	7.4
K01	现代语文(学术综合)	737	0.95	7.9	1.1	30	349	0.001	0.209	≥10
K01	现代语文(语言研究)	567	0.95	11.5	1.3	29	190	0.009	0.305	≥10
K01	学语文	236	0.96	1.5	1.1	23	171	–	0.081	≥10
K01	英语画刊(高级版)	2355	0.82	0.0	1.0	26	1394	–	0.007	5.5
K01	英语学习(教师版)	145	0.76	4.9	1.2	15	103	0.028	0.103	6.9
K01	语文建设	272	0.89	3.0	1.2	26	185	0.004	0.206	≥10
K01	语文教学通讯・A 刊	322	0.99	1.3	1.2	27	254	–	0.081	9.2

学科代码	期刊名称	来源文献量	文献选出率	平均引文数	平均作者数	地区分布数	机构分布数	海外论文比	基金论文比	引用半衰期
K01	语文教学通讯·B 刊	352	0.96	1.7	1.1	27	260	–	0.054	9.5
K01	语文教学通讯·C 刊	373	0.92	–	1.2	22	265	–	0.038	–
K01	语文教学通讯·D 刊(学术刊)	358	0.91	4.1	1.1	29	250	0.006	0.095	8.6
K01	语文教学与研究(大众版)	1567	1.00	0.5	1.1	29	1217	–	0.028	5.4
K01	语文教学与研究(教师版)	458	0.98	2.9	1.1	28	357	0.002	0.048	≥10
K01	语文教学与研究(学生版)	178	0.30	0.5	1.0	18	107	–	–	–
K01	语文教学之友	280	0.96	1.4	1.1	28	245	0.004	0.075	7.1
K01	语文世界(教师之窗)	422	0.97	–	1.0	16	253	–	0.021	–
K01	语文世界(小学生之窗)	193	0.50	–	1.0	22	107	–	–	–
K01	语文世界(中学生之窗)	224	0.61	–	1.0	24	116	0.013	–	–
K01	语文天地(初中版)	683	1.00	–	1.0	26	503	0.001	0.023	–
K01	语文研究	41	1.00	24.0	1.4	17	33	0.024	0.780	≥10
K01	语言教学与研究	65	0.96	31.0	1.3	15	41	0.170	0.510	≥10
K01	语言科学	54	0.87	30.7	1.4	14	40	0.074	0.796	≥10
K01	语言文字应用	61	0.90	22.9	1.7	14	39	0.030	0.620	≥10
K01	语言研究	77	0.97	20.8	1.4	19	57	0.000	0.610	≥10
K01	语言与翻译(汉文版)	60	0.88	16.2	1.6	11	34	0.017	0.700	≥10
K01	中国翻译	130	0.84	16.2	1.4	20	70	0.150	0.440	≥10
K01	中国科技翻译	67	0.88	9.1	1.6	17	58	0.040	0.430	≥10
K01	中国文学研究	94	0.96	19.4	1.1	18	57	–	0.617	≥10
K01	中国语文	71	0.85	37.7	1.3	19	47	0.070	0.730	≥10
K01	中学语文(上旬·教学大参考)	265	0.65	2.4	1.1	21	153	–	0.091	9.3
K01	中学语文(下旬·大语文论坛)	1519	0.99	–	1.0	31	1144	0.002	0.045	–
K01	中学语文(中旬·读写新空间)	250	0.72	–	1.1	22	153	–	0.004	–
K03	北京第二外国语学院学报	58	0.81	30.6	1.4	13	44	0.069	0.724	≥10
K03	基础外语教育	84	0.91	10.9	1.3	15	68	–	0.333	7.4
K03	解放军外国语学院学报	114	0.89	26.1	1.4	19	75	0.010	0.700	≥10
K03	日语学习与研究	88	0.98	27.6	1.2	17	55	0.080	0.386	≥10
K03	天津外国语大学学报	77	0.93	21.0	1.3	16	47	0.013	0.558	≥10
K03	外国语	76	0.89	26.9	1.5	18	46	0.040	0.620	≥10
K03	外国语文	145	0.92	21.9	1.4	19	92	0.020	0.660	≥10
K03	外国语言文学	34	0.89	17.4	1.3	9	24	–	0.559	≥10
K03	外语教学	128	0.95	28.5	1.8	22	82	0.020	0.880	≥10

学科代码	期刊名称	来源文献量	文献选出率	平均引文数	平均作者数	地区分布数	机构分布数	海外论文比	基金论文比	引用半衰期
K03	外语教学理论与实践	52	1.00	32.5	1.6	14	37	0.019	0.788	≥10
K03	外语教学与研究	86	0.75	25.4	1.5	16	48	0.070	0.510	≥10
K03	外语界	69	0.95	26.8	1.7	19	47	0.030	0.720	8.3
K03	外语学刊	136	0.99	21.9	1.6	21	71	0.022	0.772	≥10
K03	外语研究	122	0.92	22.8	1.5	21	80	0.025	0.656	≥10
K03	外语与外语教学	90	0.94	32.7	1.6	18	51	0.070	0.760	≥10
K03	西安外国语大学学报	100	0.97	23.3	1.6	21	77	0.020	0.720	≥10
K03	现代外语	84	0.88	27.4	1.7	19	57	0.012	0.821	≥10
K03	中国俄语教学	63	0.97	16.0	1.3	15	34	0.016	0.413	≥10
K03	中国外语	92	0.95	27.9	1.5	18	57	0.022	0.641	≥10
K04	Frontiers of Literary Studies in China	40	0.91	60.3	1.1	2	37	0.825	–	–
K04	安徽文学(下半月)	804	0.97	6.9	1.2	31	322	0.001	0.259	≥10
K04	北方文学(下旬刊)	2211	0.99	4.1	1.1	31	960	0.004	0.102	≥10
K04	北方文学(中旬刊)	2086	0.99	4.3	1.1	31	908	0.004	0.103	≥10
K04	北京文学・中篇小说月报	55	0.62	0.3	1.0	15	29	0.055	–	–
K04	参花	1621	0.72	2.0	1.1	29	883	0.002	0.076	5.2
K04	曹雪芹研究	66	0.79	23.2	1.0	3	4	–	0.091	≥10
K04	创作与评论	299	0.78	3.8	1.1	22	138	0.007	0.087	≥10
K04	大观	2642	0.99	3.5	1.2	31	1018	0.003	0.092	6.4
K04	大众文艺	5158	0.99	4.0	1.2	31	1759	0.004	0.149	7.0
K04	当代	37	0.55	5.6	1.0	7	16	–	–	≥10
K04	当代文坛	203	0.91	11.2	1.2	25	116	0.010	0.340	≥10
K04	当代作家评论	169	0.95	13.5	1.1	23	83	0.030	0.300	9.8
K04	杜甫研究学刊	72	0.89	21.4	1.1	19	44	0.014	0.222	≥10
K04	芙蓉	36	0.33	–	1.1	11	24	–	0.028	–
K04	广西文学	168	0.62	0.1	1.0	18	87	–	0.006	≥10
K04	国学学刊	49	0.91	59.6	1.1	17	37	0.061	0.388	–
K04	红楼梦学刊	145	0.93	15.4	1.1	22	87	0.030	0.210	≥10
K04	华文文学	100	0.96	19.0	1.1	14	64	0.200	0.220	≥10
K04	黄河之声	2390	0.96	3.3	1.1	30	812	0.005	0.126	6.4
K04	江南诗	65	0.41	1.0	1.1	15	37	0.062	–	≥10
K04	剧本	45	0.30	0.2	1.3	13	35	–	–	≥10
K04	剧作家	64	0.33	8.8	1.1	7	11	–	0.078	≥10

学科代码	期刊名称	来源文献量	文献选出率	平均引文数	平均作者数	地区分布数	机构分布数	海外论文比	基金论文比	引用半衰期
K04	鲁迅研究月刊	131	0.82	20.1	1.1	1	3	0.010	0.270	≥10
K04	芒种	817	0.87	4.8	1.1	31	428	0.005	0.152	8.8
K04	民族文学研究	108	0.99	37.7	1.1	27	72	0.020	0.530	≥10
K04	名作欣赏	324	0.81	4.4	1.1	25	131	0.031	0.065	≥10
K04	明清小说研究	57	0.95	23.6	1.1	20	50	0.040	0.490	≥10
K04	南方文坛	196	0.89	10.5	1.2	24	115	0.080	0.150	≥10
K04	青海湖文学月刊	214	0.66	0.0	1.0	13	95	–	0.005	–
K04	青年文学家	3531	0.88	4.1	1.1	31	1038	0.004	0.053	≥10
K04	三峡论坛(三峡文学・理论版)	130	0.90	11.2	1.6	20	56	0.008	0.623	≥10
K04	散文百家(下)	3085	0.99	1.2	1.0	31	2011	0.005	0.022	4.9
K04	山西文学	69	0.34	–	1.0	14	42	–	–	–
K04	上海采风	127	0.35	–	1.0	5	41	0.039	–	–
K04	神州	9521	0.99	1.9	1.1	31	5655	0.003	0.026	4.4
K04	丝绸之路	443	0.79	4.1	1.1	28	227	0.007	0.099	≥10
K04	文学教育(上)	1048	0.91	4.6	1.1	31	609	0.004	0.200	≥10
K04	文学教育(下)	1295	0.97	1.6	1.2	31	888	0.002	0.161	8.2
K04	文学教育(中)	1652	0.98	2.7	1.1	31	1044	0.002	0.091	7.5
K04	文学评论	144	0.95	35.0	1.0	22	77	0.010	0.440	≥10
K04	文学遗产	112	0.80	43.0	1.0	22	55	0.040	0.380	≥10
K04	文学与文化	63	0.95	29.3	1.2	13	31	0.159	0.286	–
K04	文艺生活・下旬刊	2779	0.99	2.8	1.1	31	1212	0.003	0.084	7.5
K04	文艺生活・中旬刊	2836	1.00	2.8	1.1	31	1259	0.002	0.075	7.4
K04	文艺研究	174	0.84	30.6	1.1	20	83	0.010	0.390	≥10
K04	戏剧文学	283	0.84	6.0	1.1	27	165	0.004	0.265	≥10
K04	小说评论	204	0.94	8.2	1.1	28	102	0.010	0.250	9.9
K04	小说月报	79	0.59	0.0	1.1	19	47	0.025	–	–
K04	小作家选刊	16812	1.00	1.4	1.0	31	9142	0.005	0.014	4.5
K04	新文学史料	97	0.91	12.8	1.0	13	26	0.000	0.200	≥10
K04	扬子江评论	106	0.88	14.1	1.1	20	57	0.047	0.198	≥10
K04	长江学术	48	0.92	39.6	1.3	10	29	0.229	0.417	≥10
K04	中国比较文学	78	0.94	23.9	1.1	19	52	0.080	0.320	≥10
K04	中国现代文学研究丛刊	209	0.83	24.9	1.1	25	116	0.070	0.240	≥10
K04	中国韵文学刊	82	0.95	16.3	1.2	23	65	0.037	0.451	≥10

学科代码	期刊名称	来源文献量	文献选出率	平均引文数	平均作者数	地区分布数	机构分布数	海外论文比	基金论文比	引用半衰期
K04	钟山	54	0.44	6.6	1.0	12	26	0.037	–	–
K04	作家杂志	102	0.37	4.2	1.0	14	34	0.029	0.020	≥10
K05	当代外国文学	90	0.93	15.8	1.3	17	56	0.000	0.620	≥10
K05	俄罗斯文艺	76	0.87	19.4	1.3	16	42	0.070	0.590	≥10
K05	国外文学	68	0.91	35.9	1.0	17	50	0.015	0.721	≥10
K05	世界华文文学论坛	69	0.93	14.0	1.2	11	49	0.174	0.319	≥10
K05	外国文学	98	0.89	22.4	1.0	18	57	0.000	0.490	≥10
K05	外国文学动态研究	68	0.96	15.7	1.0	15	38	0.015	0.309	≥10
K05	外国文学评论	49	0.88	57.1	1.0	10	31	0.160	0.510	≥10
K05	外国文学研究	123	0.92	18.6	1.2	22	81	0.110	0.430	≥10
K05	外文研究	69	0.93	17.2	1.3	19	44	–	0.464	≥10
K06	北方音乐	5006	0.99	3.1	1.1	31	1807	0.006	0.100	5.6
K06	北京电影学院学报	152	0.93	10.4	1.3	15	48	0.240	0.140	≥10
K06	北京舞蹈学院学报	127	0.91	10.5	1.2	25	79	0.039	0.394	≥10
K06	大舞台	140	0.68	2.8	1.1	25	91	–	0.250	≥10
K06	当代电影	567	0.96	12.1	1.2	22	159	0.080	0.220	≥10
K06	当代戏剧	84	0.61	3.1	1.1	22	67	–	0.250	≥10
K06	当代音乐	1069	0.88	4.4	1.2	31	456	0.005	0.157	8.7
K06	电影评介	823	0.96	4.1	1.2	30	378	0.011	0.267	7.4
K06	电影文学	1315	0.97	4.8	1.1	29	565	0.006	0.224	7.4
K06	电影新作	135	0.98	11.0	1.3	24	79	0.015	0.400	≥10
K06	电影艺术	158	0.96	13.1	1.2	13	72	0.150	0.140	≥10
K06	雕塑	131	0.63	3.7	1.1	16	56	0.031	0.084	≥10
K06	歌海	164	0.56	7.7	1.2	19	72	–	0.305	≥10
K06	贵州大学学报(艺术版)	124	0.93	9.9	1.2	24	76	0.040	0.411	≥10
K06	湖北美术学院学报	113	0.88	5.8	1.2	16	39	0.027	0.336	≥10
K06	黄钟—中国·武汉音乐学院学报	78	0.96	14.7	1.1	13	40	0.090	0.180	≥10
K06	吉林艺术学院学报	97	0.99	9.0	1.3	23	64	0.031	0.423	≥10
K06	交响-西安音乐学院学报	96	0.95	10.7	1.1	18	43	0.000	0.210	≥10
K06	解放军文艺	125	0.44	0.4	1.0	22	73	–	–	–
K06	乐府新声	89	0.97	12.4	1.1	12	21	–	0.191	≥10
K06	美术	342	0.79	3.8	1.2	27	165	0.012	0.082	≥10
K06	美术大观	653	0.93	5.0	1.3	26	298	0.009	0.279	9.1

学科代码	期刊名称	来源文献量	文献选出率	平均引文数	平均作者数	地区分布数	机构分布数	海外论文比	基金论文比	引用半衰期
K06	美术观察	525	0.76	3.1	1.1	29	240	0.025	0.200	≥10
K06	美术界	234	0.74	3.4	1.1	27	121	–	0.128	9.1
K06	美术文献	325	0.98	4.4	1.1	29	201	0.003	0.142	5.1
K06	美术学报	95	0.94	30.6	1.2	13	55	0.063	0.305	≥10
K06	美术研究	133	0.92	17.2	1.1	19	65	0.030	0.200	≥10
K06	美与时代(上旬刊)	499	0.95	4.7	1.5	29	256	0.010	0.411	7.0
K06	美与时代(下旬刊)	474	0.96	6.1	1.1	30	227	0.002	0.230	≥10
K06	美与时代(中旬刊)・美术学刊	708	0.92	4.5	1.1	31	334	0.003	0.120	8.9
K06	美与时代・城市	722	0.93	5.2	1.3	29	351	0.001	0.241	7.3
K06	民族艺术	128	0.86	30.5	1.2	18	81	0.100	0.490	≥10
K06	民族艺术研究	150	0.96	13.7	1.2	21	84	0.007	0.420	≥10
K06	民族音乐	228	0.59	2.6	1.1	21	134	0.004	0.154	≥10
K06	南京艺术学院学报(美术与设计版)	225	0.87	16.3	1.2	22	99	0.013	0.493	≥10
K06	南京艺术学院学报(音乐与表演版)	99	0.91	17.9	1.1	20	50	0.030	0.424	≥10
K06	内蒙古大学艺术学院学报	82	0.83	10.3	1.4	17	50	0.098	0.805	≥10
K06	齐鲁艺苑	154	0.96	8.7	1.1	22	73	–	0.292	≥10
K06	人民音乐	279	0.84	5.8	1.1	26	110	0.040	0.110	≥10
K06	人文天下	468	0.93	1.6	1.1	19	211	0.004	0.103	≥10
K06	上海艺术评论	145	0.75	2.6	1.2	15	73	0.083	0.083	≥10
K06	少男少女	958	0.66	0.9	1.0	14	481	–	0.022	6.3
K06	世界电影	37	0.61	24.4	2.3	2	11	0.243	0.054	≥10
K06	世界美术	76	0.90	7.5	1.6	11	33	0.145	0.053	≥10
K06	书画世界	165	0.56	2.9	1.1	17	91	–	0.055	≥10
K06	四川戏剧	548	0.96	6.3	1.2	26	275	0.004	0.403	≥10
K06	苏州工艺美术职业技术学院学报	71	0.85	4.4	1.2	11	35	0.042	0.225	≥10
K06	天工	285	0.66	1.4	1.0	24	163	0.007	0.018	5.8
K06	天津音乐学院学报	49	0.83	19.7	1.2	15	30	0.020	0.245	≥10
K06	文化艺术研究	80	0.91	17.6	1.2	19	56	0.038	0.425	≥10
K06	文艺理论研究	129	0.95	28.5	1.1	21	81	0.080	0.470	≥10
K06	文艺理论与批评	98	0.88	19.7	1.1	17	56	0.010	0.130	≥10
K06	文艺评论	229	0.90	9.6	1.1	25	132	0.010	0.350	≥10
K06	文艺争鸣	440	0.94	16.0	1.1	25	157	0.020	0.260	≥10
K06	西北美术	124	0.86	10.2	1.2	20	55	0.008	0.395	≥10

学科代码	期刊名称	来源文献量	文献选出率	平均引文数	平均作者数	地区分布数	机构分布数	海外论文比	基金论文比	引用半衰期
K06	西藏艺术研究	58	0.87	10.5	1.3	5	30	–	0.241	≥10
K06	戏剧艺术	79	0.88	17.9	1.1	16	42	0.063	0.456	≥10
K06	戏剧之家	2433	1.00	3.3	1.1	31	943	0.003	0.141	6.6
K06	戏剧-中央戏剧学院学报	57	0.88	21.8	1.3	14	32	0.190	0.440	≥10
K06	戏曲艺术	92	0.92	22.3	1.1	17	56	0.033	0.413	≥10
K06	新疆艺术学院学报	66	0.93	18.3	1.2	15	32	–	0.379	≥10
K06	新美术	181	0.83	17.5	1.3	5	24	0.088	0.287	≥10
K06	星海音乐学院学报	62	0.94	23.0	1.1	12	30	0.065	0.258	≥10
K06	演艺科技	157	0.78	1.7	1.6	12	70	0.019	0.013	≥10
K06	艺海	607	0.94	3.7	1.1	28	287	0.002	0.226	8.3
K06	艺术百家	315	0.96	9.6	1.4	24	150	0.020	0.430	≥10
K06	艺术工作	105	0.48	10.1	1.2	11	21	–	0.257	≥10
K06	艺术科技	4559	0.99	3.7	1.2	31	1371	0.004	0.206	6.2
K06	艺术评鉴	1829	0.95	4.7	1.1	31	832	0.003	0.236	6.4
K06	艺术评论	330	0.72	3.9	1.1	25	162	0.012	0.185	≥10
K06	艺术探索	83	0.87	34.8	1.1	18	58	0.024	0.434	≥10
K06	艺术研究	373	0.98	5.4	1.2	25	151	0.013	0.220	8.5
K06	音乐传播	109	0.95	11.9	1.2	21	59	0.028	0.248	≥10
K06	音乐创作	497	0.80	5.5	1.1	28	192	0.008	0.284	≥10
K06	音乐生活	216	0.44	4.1	1.0	12	31	0.005	0.171	≥10
K06	音乐探索	83	0.90	16.0	1.3	18	42	0.024	0.410	≥10
K06	音乐天地	88	0.44	4.0	1.1	17	44	–	0.125	≥10
K06	音乐研究	66	0.93	30.7	1.2	19	41	0.030	0.420	≥10
K06	音乐艺术	65	0.94	19.6	1.2	10	23	0.062	0.215	≥10
K06	云南艺术学院学报	53	0.80	18.2	1.1	14	38	0.038	0.396	≥10
K06	浙江艺术职业学院学报	93	0.89	11.6	1.1	14	60	0.022	0.398	≥10
K06	中国美术	124	0.91	10.3	1.1	15	58	0.040	0.081	≥10
K06	中国美术教育	100	0.79	2.0	1.2	21	83	0.020	0.080	5.7
K06	中国书法	644	0.70	11.2	1.1	28	307	0.014	0.123	≥10
K06	中国书画	182	0.50	10.4	1.0	17	73	0.005	0.033	–
K06	中国音乐	95	0.83	18.6	1.1	20	46	0.030	0.210	≥10
K06	中国音乐学	80	0.91	23.2	1.0	20	48	0.010	0.360	≥10
K06	中央音乐学院学报	61	0.87	27.7	1.3	15	34	0.180	0.210	≥10

学科代码	期刊名称	来源文献量	文献选出率	平均引文数	平均作者数	地区分布数	机构分布数	海外论文比	基金论文比	引用半衰期
K06	装饰	469	0.91	8.0	1.5	24	162	0.060	0.430	≥10
K08	Frontiers of History in China	33	0.89	96.0	1.0	4	33	0.758	0.061	–
K08	The Journal of Ancient Civilizations	49	0.82	73.9	1.1	13	26	0.020	0.367	–
K08	安徽史学	116	0.97	64.9	1.3	20	65	0.009	0.612	≥10
K08	北方文物	77	0.93	24.3	1.5	18	49	0.013	0.390	≥10
K08	草原文物	30	0.94	18.7	1.9	9	21	0.033	0.200	≥10
K08	当代中国史研究	79	0.85	28.6	1.2	14	37	–	0.304	≥10
K08	敦煌学辑刊	75	0.96	32.5	1.3	14	29	0.000	0.520	≥10
K08	敦煌研究	111	0.80	25.5	1.8	16	61	0.090	0.440	≥10
K08	广西地方志	81	0.94	6.0	1.2	14	45	–	0.012	≥10
K08	贵州文史丛刊	70	0.89	33.6	1.2	16	47	0.043	0.357	≥10
K08	郭沫若学刊	57	0.83	11.8	1.0	14	36	0.018	0.298	≥10
K08	海交史研究	26	0.81	19.0	1.3	8	17	0.040	0.310	0.0
K08	黑龙江史志	135	0.79	7.5	1.1	21	81	–	0.089	≥10
K08	华侨华人历史研究	40	0.71	39.7	1.2	7	26	0.050	0.550	≥10
K08	江淮文史	59	0.57	–	1.1	9	48	0.017	0.017	–
K08	近代史研究	61	0.88	110.0	1.0	12	30	0.030	0.340	≥10
K08	军事历史	79	0.95	19.3	1.4	11	29	–	0.089	≥10
K08	历史研究	71	0.89	106.2	1.2	17	44	0.040	0.490	≥10
K08	岭南文史	73	0.83	12.1	1.1	9	50	–	0.068	≥10
K08	南方文物	162	0.98	28.3	1.8	14	76	0.093	0.284	≥10
K08	蒲松龄研究	70	0.92	10.5	1.2	16	54	0.043	0.143	≥10
K08	清史研究	49	0.94	87.5	1.1	15	34	0.102	0.306	≥10
K08	人文地理	125	0.96	39.3	3.1	24	60	0.070	0.930	9.5
K08	史林	122	0.92	78.1	1.1	16	53	0.041	0.508	≥10
K08	史学理论研究	71	0.90	46.6	1.1	18	41	–	0.296	≥10
K08	史学史研究	56	0.93	59.0	1.1	14	32	0.054	0.446	–
K08	史学月刊	181	0.93	49.5	1.1	21	67	0.020	0.310	≥10
K08	史志学刊	93	0.93	20.5	1.2	23	73	0.011	0.258	≥10
K08	世界历史	66	0.90	95.0	1.1	18	41	0.030	0.606	≥10
K08	世界遗产	72	0.41	–	1.4	13	53	0.042	0.014	–
K08	文史	50	0.93	101.8	1.2	12	27	0.040	0.460	–
K08	文史天地	169	0.57	–	1.0	21	97	0.012	–	–

学科代码	期刊名称	来源文献量	文献选出率	平均引文数	平均作者数	地区分布数	机构分布数	海外论文比	基金论文比	引用半衰期
K08	文史杂志	137	0.68	6.7	1.1	11	61	0.007	0.051	≥10
K08	文史知识	212	0.86	0.2	1.0	20	79	0.014	0.038	–
K08	文物鉴定与鉴赏	429	0.93	5.6	1.1	30	268	–	0.037	≥10
K08	西部蒙古论坛	54	0.63	25.7	1.1	13	24	–	0.130	≥10
K08	西夏研究	79	0.96	16.7	1.2	16	34	0.038	0.367	≥10
K08	新疆地方志	61	0.73	4.5	1.1	12	30	–	0.016	≥10
K08	中国地方志	95	0.79	28.7	1.1	24	67	0.000	0.210	≥10
K08	中国历史地理论丛	69	0.82	60.2	1.2	18	40	0.010	0.520	≥10
K08	中国名城	170	0.92	13.4	2.0	25	113	0.012	0.535	8.2
K08	中国史研究	70	0.97	57.3	1.1	20	44	0.014	0.343	–
K08	中国史研究动态	132	0.96	–	1.2	24	77	0.061	0.144	–
K08	中国文物科学研究	40	0.85	9.5	1.8	11	25	–	0.175	≥10
K08	中华文史论丛	53	0.69	102.8	1.0	10	28	0.075	0.321	–
K08	中华医史杂志	85	0.94	15.2	2.1	18	52	0.035	0.424	≥10
K10	华夏考古	66	0.93	29.7	2.1	21	42	–	0.364	≥10
K10	江汉考古	86	0.90	31.1	1.7	15	39	0.012	0.337	≥10
K10	考古	112	0.97	32.3	1.8	14	33	0.020	0.330	≥10
K10	考古学报	24	0.96	70.5	1.5	10	15	0.040	0.170	≥10
K10	考古与文物	91	0.93	30.4	1.7	20	47	0.020	0.380	≥10
K10	民俗研究	103	0.85	35.7	1.3	16	58	0.146	0.534	≥10
K10	农业考古	265	0.98	19.3	1.4	29	140	0.008	0.449	≥10
K10	四川文物	58	0.91	29.4	1.8	11	28	–	0.172	≥10
K10	文物	96	0.90	24.3	1.8	17	41	0.000	0.350	≥10
K10	文物保护与考古科学	92	0.92	17.2	3.7	21	59	–	0.522	9.9
K10	文物春秋	76	0.95	15.6	1.4	19	60	–	0.224	≥10
K10	文物世界	131	0.92	6.6	1.2	15	77	–	0.084	≥10
K10	寻根	107	0.66	–	1.1	22	83	0.009	0.084	–
K10	中国边疆史地研究	65	0.84	57.0	1.2	21	37	0.020	0.370	≥10
K10	中国国家博物馆馆刊	148	0.74	38.8	1.2	21	75	0.007	0.155	≥10
K10	中原文物	96	0.91	24.3	1.4	10	53	0.021	0.208	≥10
L01	Frontiers of Business Research in China	22	0.92	55.0	2.0	4	11	0.227	0.864	≥10
L01	Frontiers of Economics in China	27	0.87	44.2	1.5	3	18	0.444	0.370	≥10
L01	WTO 经济导刊	84	0.30	0.8	1.2	8	41	0.060	0.071	–

学科代码	期刊名称	来源文献量	文献选出率	平均引文数	平均作者数	地区分布数	机构分布数	海外论文比	基金论文比	引用半衰期
L01	办公室业务	3732	0.99	3.0	1.1	30	2716	0.002	0.034	3.5
L01	北方经济	264	0.96	3.1	1.4	27	138	–	0.284	3.6
L01	边疆经济与文化	547	0.97	4.7	1.4	30	216	0.005	0.384	9.0
L01	财经研究	128	1.00	26.8	2.3	19	61	0.030	0.850	8.6
L01	产经评论	71	0.99	30.2	2.0	15	42	0.014	0.789	8.2
L01	产权导刊	157	0.50	1.0	1.2	27	93	–	0.019	7.9
L01	产业与科技论坛	3897	1.00	4.3	1.6	31	1501	0.002	0.316	5.2
L01	城市	161	0.97	8.2	1.9	21	71	–	0.441	4.6
L01	城市观察	85	0.93	19.2	2.0	13	55	0.047	0.635	7.3
L01	城市管理与科技	120	0.70	3.1	1.2	17	81	0.017	0.108	6.4
L01	大陆桥视野	3669	0.95	3.1	1.3	31	1948	0.005	0.064	4.3
L01	当代经济	2109	0.98	6.5	1.5	31	994	0.006	0.316	5.1
L01	当代经济科学	76	0.86	28.5	2.3	17	37	–	0.803	8.8
L01	当代经济研究	134	0.84	16.6	1.7	24	70	0.030	0.490	≥10
L01	发展研究	238	0.99	7.0	1.4	16	101	0.038	0.197	5.9
L01	改革	195	0.90	10.6	1.5	18	106	0.010	0.330	4.5
L01	改革与开放	1587	0.99	6.1	1.4	31	707	0.004	0.335	5.5
L01	改革与战略	550	0.98	9.3	1.4	30	356	0.004	0.591	4.5
L01	广义虚拟经济研究	46	0.92	15.0	2.0	13	28	–	0.674	7.8
L01	国际经济合作	199	0.97	5.2	1.6	20	77	0.020	0.210	4.5
L01	国际经济评论	80	0.89	13.3	1.8	10	36	0.125	0.200	3.3
L01	国外医学·卫生经济分册	51	1.00	8.7	2.7	10	28	–	0.412	4.9
L01	海峡科技与产业	799	0.77	3.8	1.7	31	640	0.005	0.156	4.6
L01	海峡科学	385	0.98	7.5	1.9	13	205	0.055	0.268	7.0
L01	行政事业资产与财务	2056	0.99	3.2	1.1	31	1654	0.001	0.042	2.9
L01	合作经济与科技	1986	0.99	5.0	1.6	31	741	0.006	0.354	4.8
L01	河北企业	1138	0.99	4.2	1.5	31	366	0.001	0.163	4.6
L01	河北职业教育	173	0.98	6.2	1.6	21	112	–	0.694	3.9
L01	宏观经济管理	221	0.78	16.2	1.6	23	111	–	0.217	3.0
L01	华东经济管理	290	0.98	26.4	2.3	25	154	0.007	0.931	7.3
L01	环渤海经济瞭望	945	0.98	3.0	1.3	31	584	0.008	0.141	3.6
L01	价值工程	3874	1.00	6.0	1.9	31	1755	0.001	0.296	6.2
L01	交通与港航	88	0.70	3.4	1.6	7	39	–	0.034	3.9

学科代码	期刊名称	来源文献量	文献选出率	平均引文数	平均作者数	地区分布数	机构分布数	海外论文比	基金论文比	引用半衰期
L01	金融评论	50	0.82	48.4	2.0	12	33	–	0.760	≥10
L01	经济管理	155	0.98	47.5	2.2	18	53	0.030	0.800	9.0
L01	经济界	77	0.79	7.8	1.5	23	66	–	0.234	5.1
L01	经济经纬	162	0.99	16.1	2.0	23	103	0.010	0.850	7.4
L01	经济科学	52	0.87	28.7	2.4	14	33	0.040	0.770	≥10
L01	经济理论与经济管理	100	0.99	29.5	2.2	13	37	0.030	0.680	9.6
L01	经济论坛	431	0.98	9.5	1.6	30	263	0.007	0.538	6.1
L01	经济评论	67	0.91	37.4	2.3	14	41	0.060	0.760	≥10
L01	经济社会史评论	42	0.88	53.2	1.2	12	23	0.048	0.548	≥10
L01	经济社会体制比较	108	0.89	21.3	1.9	18	66	0.060	0.570	9.9
L01	经济师	1846	0.99	5.2	1.5	30	1035	0.004	0.225	4.9
L01	经济数学	72	0.95	13.6	2.3	20	43	–	0.819	6.6
L01	经济问题	270	0.99	14.4	1.9	27	132	0.020	0.660	7.7
L01	经济问题探索	274	1.00	26.4	2.1	26	134	0.010	0.750	8.4
L01	经济学(季刊)	67	0.94	48.4	2.4	11	32	0.030	0.820	≥10
L01	经济学动态	157	0.89	46.3	2.0	21	63	0.030	0.680	≥10
L01	经济学家	155	0.92	19.2	1.7	21	76	0.010	0.720	8.1
L01	经济研究	198	0.97	31.0	2.3	19	64	0.050	0.670	≥10
L01	经济研究导刊	3155	1.00	5.3	1.4	31	848	0.003	0.281	4.6
L01	经济与管理	95	0.91	14.3	1.9	16	56	0.011	0.611	7.5
L01	经济与管理研究	168	0.99	23.5	2.3	22	90	0.010	0.860	8.8
L01	经济资料译丛	45	0.90	16.7	1.7	11	28	0.200	0.067	≥10
L01	经济纵横	239	0.91	10.7	1.8	26	127	0.010	0.510	4.3
L01	经贸实践	6327	1.00	3.5	1.2	31	3573	0.003	0.102	3.8
L01	经营与管理	535	0.89	7.5	1.7	28	214	0.004	0.237	6.0
L01	决策	189	0.52	–	1.2	15	111	–	0.037	–
L01	决策探索	671	0.54	0.9	1.2	30	423	0.006	0.268	4.6
L01	开放导报	148	1.00	7.6	1.5	25	107	0.027	0.520	4.0
L01	开放时代	78	0.87	51.4	1.4	9	40	0.270	0.260	≥10
L01	科技创业月刊	1043	0.99	5.7	2.0	29	441	0.001	0.433	4.8
L01	科技和产业	356	0.98	13.3	2.2	29	188	0.014	0.573	6.1
L01	理财(经论)	179	0.32	0.5	1.4	9	91	–	0.056	4.8
L01	理财(收藏)	92	0.32	–	1.3	8	52	–	–	–

学科代码	期刊名称	来源文献量	文献选出率	平均引文数	平均作者数	地区分布数	机构分布数	海外论文比	基金论文比	引用半衰期
L01	辽宁经济	406	0.83	–	1.6	16	156	–	0.305	–
L01	秘书	203	0.89	1.8	1.1	22	113	–	0.099	≥10
L01	秘书工作	329	0.66	–	1.1	31	260	–	–	–
L01	秘书之友	198	0.88	1.5	1.1	23	125	–	0.040	8.4
L01	南北桥	5018	1.00	0.7	1.0	30	2334	0.009	0.013	5.2
L01	南方经济	100	0.96	38.9	2.2	17	51	–	0.630	≥10
L01	南开经济研究	50	1.00	43.2	2.2	15	34	0.040	0.700	≥10
L01	宁波经济(三江论坛)	161	0.97	1.2	1.5	4	60	–	0.168	6.3
L01	农林经济管理学报	99	0.97	22.7	2.4	19	47	–	0.960	7.6
L01	企业管理	516	0.94	0.7	1.4	29	261	0.029	0.083	3.1
L01	企业技术开发(学术版)	575	1.00	3.8	1.5	27	377	0.012	0.137	4.7
L01	企业科技与发展	640	0.99	5.4	1.7	29	346	–	0.258	5.3
L01	企业文化(上旬刊)	183	0.34	2.1	1.1	30	167	–	0.038	3.6
L01	企业文化(下旬刊)	3006	1.00	2.2	1.2	31	2116	0.001	0.009	3.4
L01	企业文明	356	0.57	–	1.1	25	255	0.003	0.003	–
L01	企业研究(策划与财富)	120	0.59	0.6	1.4	22	83	0.008	0.175	4.9
L01	青海国土经略	94	0.37	1.5	1.8	4	39	–	–	8.3
L01	清华金融评论	341	0.91	–	1.3	20	224	0.062	0.015	–
L01	区域经济评论	175	0.90	9.3	1.4	23	98	–	0.331	7.3
L01	全国流通经济	2068	1.00	3.5	1.2	31	1487	0.005	0.088	3.6
L01	全球化	124	0.75	8.8	1.5	12	65	0.056	0.081	5.1
L01	全球科技经济瞭望	147	0.98	11.9	1.7	11	41	0.000	0.170	1.7
L01	商场现代化	3168	1.00	4.6	1.3	31	1527	0.004	0.144	3.7
L01	商品与质量	14488	1.00	2.6	1.2	31	6698	0.002	0.002	2.1
L01	商情	13388	1.00	2.8	1.3	31	5193	0.003	0.066	4.7
L01	生产力研究	427	0.97	12.3	1.9	26	151	–	0.557	6.5
L01	世界经济	96	0.89	51.2	2.4	13	44	0.060	0.840	≥10
L01	世界经济文汇	39	1.00	45.2	2.2	11	24	–	0.744	≥10
L01	世界经济研究	131	0.84	26.5	2.0	19	66	0.010	0.650	8.8
L01	世界经济与政治论坛	59	0.91	50.1	1.6	15	40	0.000	0.540	7.7
L01	收藏与投资	2068	0.99	3.1	1.2	31	866	0.013	0.055	5.6
L01	特区经济	463	0.88	7.7	1.7	29	227	0.004	0.417	5.7
L01	特区实践与理论	164	0.93	9.5	1.3	18	92	–	0.280	6.5

学科代码	期刊名称	来源文献量	文献选出率	平均引文数	平均作者数	地区分布数	机构分布数	海外论文比	基金论文比	引用半衰期
L01	天津经济	124	0.75	2.2	1.8	6	66	–	0.097	3.9
L01	外国经济与管理	109	0.98	46.2	2.5	20	65	0.040	0.880	8.5
L01	卫生经济研究	240	0.99	7.2	3.3	22	137	–	0.621	4.4
L01	西部论坛	83	0.93	25.2	1.7	23	64	–	0.843	7.1
L01	西藏发展论坛	108	0.90	7.9	1.3	16	53	–	0.157	5.9
L01	现代经济探讨	199	0.97	15.1	1.8	22	126	–	0.779	6.4
L01	现代企业	437	0.90	0.0	1.3	27	225	–	0.174	4.5
L01	现代日本经济	50	0.89	23.2	1.8	16	32	0.020	0.880	7.4
L01	信息资源管理学报	51	0.98	28.9	2.6	8	14	0.020	0.765	5.5
L01	亚太经济	141	0.92	15.4	1.9	22	79	0.000	0.680	5.5
L01	沿海企业与科技	129	0.96	6.9	1.5	18	86	–	0.426	5.7
L01	冶金企业文化	118	0.51	–	1.2	19	85	0.017	–	–
L01	印度洋经济体研究	52	0.85	37.2	1.6	15	39	0.231	0.500	3.9
L01	招标采购管理	199	0.62	0.2	1.5	27	147	–	–	3.1
L01	招标与投标	203	0.60	1.4	1.4	25	115	–	0.025	4.9
L01	浙江经济	604	0.76	0.1	1.3	7	187	0.002	0.081	≥10
L01	政法学刊	89	0.99	20.6	1.4	20	57	0.011	0.607	9.6
L01	政治经济学评论	65	0.74	47.2	1.6	14	32	0.092	0.338	≥10
L01	知识经济	2529	0.99	3.5	1.3	31	1375	0.003	0.204	4.2
L01	知识就是力量	145	0.36	–	1.1	20	83	–	–	–
L01	中国大学生就业(理论版)	81	0.34	6.8	1.8	21	64	–	0.531	5.0
L01	中国大学生就业(综合版)	81	0.34	6.4	1.7	19	67	–	0.519	4.2
L01	中国发展	96	0.91	11.2	1.7	25	72	–	0.271	6.9
L01	中国发展观察	289	0.60	–	1.4	16	120	0.003	0.052	–
L01	中国房地产(市场版)	166	0.46	–	1.1	14	107	0.030	0.006	–
L01	中国房地产(学术版)	118	1.00	7.8	2.2	13	61	0.008	0.449	6.7
L01	中国房地产(综合版)	230	0.68	0.3	1.3	22	130	–	0.078	6.5
L01	中国工程咨询	390	0.76	0.0	1.6	29	216	–	0.008	–
L01	中国工业评论	109	0.61	–	1.3	16	78	0.009	–	–
L01	中国合作经济	116	0.51	–	1.2	26	79	–	0.052	–
L01	中国集体经济	2473	0.98	4.6	1.3	31	1692	0.003	0.140	3.9
L01	中国经济报告	311	0.67	–	1.5	17	176	0.232	0.003	–
L01	中国经济史研究	104	0.95	61.3	1.3	21	61	0.029	0.548	≥10

学科代码	期刊名称	来源文献量	文献选出率	平均引文数	平均作者数	地区分布数	机构分布数	海外论文比	基金论文比	引用半衰期
L01	中国经济问题	66	0.92	30.7	2.2	19	47	–	0.803	≥10
L01	中国科技投资	12863	0.99	2.9	1.2	31	6457	0.002	0.012	3.6
L01	中国科技资源导刊	92	0.95	14.0	3.2	15	51	0.000	0.590	4.2
L01	中国煤炭工业	260	0.81	–	1.2	19	160	0.004	–	–
L01	中国民商	114	0.33	–	1.1	7	36	0.035	–	–
L01	中国社会经济史研究	47	1.00	58.9	1.2	16	35	0.043	0.617	≥10
L01	中国社会组织	275	0.42	–	1.2	26	191	0.033	0.007	–
L01	中国市场	4736	0.99	4.4	1.5	31	2543	0.007	0.219	4.5
L01	中国统计	331	0.84	1.4	1.3	28	179	0.018	0.103	4.5
L01	中国外资	182	0.37	0.0	1.1	24	142	0.022	0.027	–
L01	中国中小企业	113	0.38	–	1.3	14	85	0.115	–	–
L01	中小企业管理与科技	3477	1.00	3.1	1.3	31	2239	0.001	0.086	3.7
L02	保险职业学院学报	116	0.98	8.9	1.4	19	67	0.009	0.241	5.9
L02	北京财贸职业学院学报	90	0.92	6.1	1.5	16	39	–	0.389	4.1
L02	东北财经大学学报	85	0.99	16.1	1.7	8	19	–	0.576	7.6
L02	福建商学院学报	88	0.94	9.9	1.3	6	27	0.011	0.500	6.2
L02	广东财经大学学报	60	0.95	33.1	2.1	21	43	0.020	0.780	8.3
L02	广东农工商职业技术学院学报	78	0.99	8.3	1.4	6	23	–	0.436	7.4
L02	广东外语外贸大学学报	121	1.00	18.2	1.4	19	69	0.017	0.537	≥10
L02	广西财经学院学报	52	0.93	21.2	2.0	13	28	–	0.923	9.4
L02	贵州财经大学学报	66	1.00	27.5	2.2	20	52	0.000	0.850	7.5
L02	贵州商学院学报	45	1.00	12.8	2.0	17	32	–	0.533	7.7
L02	国际商务–对外经济贸易大学学报	80	0.92	26.9	2.1	17	51	0.000	0.750	8.7
L02	海关与经贸研究	68	0.92	19.4	1.2	13	34	–	0.250	≥10
L02	河北地质大学学报	142	0.99	13.6	2.2	23	75	–	0.599	7.9
L02	河北经贸大学学报	90	0.95	19.1	1.9	21	53	–	0.667	7.9
L02	河北旅游职业学院学报	103	0.93	11.6	2.2	26	56	–	0.602	6.4
L02	河南牧业经济学院学报	99	0.93	9.6	1.3	17	55	0.010	0.515	7.2
L02	湖北经济学院学报	106	0.99	17.3	1.6	20	69	0.028	0.651	8.7
L02	湖南财政经济学院学报	90	0.93	20.4	2.0	19	45	–	0.989	6.6
L02	湖南税务高等专科学校学报	116	1.00	4.7	1.1	20	75	0.017	0.147	4.0
L02	吉林工商学院学报	167	1.00	7.7	1.5	19	86	0.006	0.581	5.5
L02	江苏经贸职业技术学院学报	147	1.00	6.3	1.3	19	83	0.007	0.578	4.3

学科代码	期刊名称	来源文献量	文献选出率	平均引文数	平均作者数	地区分布数	机构分布数	海外论文比	基金论文比	引用半衰期
L02	江西财经大学学报	83	0.92	18.2	1.8	19	49	0.000	0.810	9.6
L02	兰州财经大学学报	84	0.95	22.5	1.9	19	41	–	0.667	7.9
L02	南京财经大学学报	73	0.96	23.2	1.9	19	38	–	0.740	8.3
L02	南京审计大学学报	71	0.93	21.5	2.3	18	39	–	0.817	7.4
L02	内蒙古财经大学学报	215	0.97	9.0	1.4	20	84	0.005	0.540	5.7
L02	农银学刊	115	0.91	3.1	1.3	22	42	–	0.009	4.3
L02	山东财经大学学报	78	0.93	23.5	2.3	14	33	–	0.756	6.9
L02	山东工商学院学报	100	0.94	14.9	2.0	18	47	–	0.700	5.8
L02	山东商业职业技术学院学报	170	0.97	5.8	1.4	21	102	–	0.447	5.3
L02	山西财经大学学报	115	0.97	25.4	2.1	20	63	0.010	0.830	8.7
L02	山西财政税务专科学校学报	107	0.95	4.5	1.2	16	37	–	0.159	4.3
L02	上海对外经贸大学学报	51	0.98	31.0	1.8	12	30	–	0.529	≥10
L02	上海立信会计金融学院学报	74	0.92	11.1	1.5	18	54	0.014	0.297	6.7
L02	上海商学院学报	83	0.93	16.1	1.7	16	52	0.012	0.470	7.6
L02	首都经济贸易大学学报	78	0.96	25.7	2.1	20	57	–	0.821	8.7
L02	四川旅游学院学报	145	0.99	9.8	1.8	24	77	–	0.697	7.9
L02	太原城市职业技术学院学报	1038	1.00	5.2	1.3	30	519	0.004	0.472	5.1
L02	天津商务职业学院学报	113	0.96	7.5	1.3	21	57	–	0.531	4.6
L02	天津商业大学学报	65	0.92	17.3	2.0	16	37	–	0.615	7.5
L02	天津中德应用技术大学学报	161	0.87	5.9	1.3	24	101	0.006	0.441	6.0
L02	铜陵学院学报	180	0.97	11.1	1.8	8	51	–	0.711	6.6
L02	无锡商业职业技术学院学报	142	0.95	10.5	1.3	20	77	–	0.549	5.9
L02	武汉商学院学报	130	0.92	10.1	1.4	23	85	0.008	0.554	7.3
L02	西安财经学院学报	117	0.99	17.4	1.7	19	56	–	0.726	8.3
L02	西部经济管理论坛	65	0.94	16.0	1.8	22	50	0.015	0.615	7.1
L02	现代财经-天津财经大学学报	105	0.99	30.3	2.1	22	63	0.020	0.810	8.0
L02	新疆财经大学学报	37	0.92	23.6	1.6	13	20	–	0.757	≥10
L02	云南财经大学学报	88	0.95	26.9	1.9	22	65	0.010	0.720	9.8
L02	长春金融高等专科学校学报	93	0.98	5.8	1.4	14	42	–	0.441	4.4
L02	浙江工贸职业技术学院学报	81	0.98	8.9	1.7	8	29	0.012	0.630	6.0
L02	浙江工商大学学报	86	0.98	25.0	1.5	18	53	0.012	0.779	≥10
L02	浙江工商职业技术学院学报	100	1.00	5.9	1.3	15	61	–	0.460	5.0
L02	中南财经政法大学学报	100	0.94	28.2	2.0	21	57	0.020	0.800	8.7

学科代码	期刊名称	来源文献量	文献选出率	平均引文数	平均作者数	地区分布数	机构分布数	海外论文比	基金论文比	引用半衰期
L02	中央财经大学学报	152	0.94	30.5	2.0	23	86	0.020	0.750	8.4
L04	财会学习	4425	0.98	3.4	1.1	30	3546	0.002	0.026	3.4
L04	财会研究	202	0.89	6.6	1.4	27	159	–	0.158	4.5
L04	财会月刊	786	1.00	8.1	1.8	31	398	0.003	0.576	5.5
L04	城市问题	155	0.94	23.5	2.3	22	93	0.010	0.740	7.3
L04	技术经济与管理研究	289	1.00	15.5	1.7	27	180	0.000	0.790	8.4
L04	交通财会	206	0.60	3.9	1.3	24	147	0.010	0.058	4.6
L04	教育财会研究	101	0.98	7.9	1.6	20	88	0.000	0.350	4.9
L04	教育与经济	70	1.00	27.1	2.0	18	46	0.040	0.910	9.6
L04	经济体制改革	178	0.96	20.4	1.9	24	113	0.010	0.730	7.3
L04	经济与管理评论	114	0.97	23.0	2.1	18	62	0.010	0.790	7.8
L04	经济与社会发展	104	1.00	11.9	1.5	17	70	–	0.500	5.5
L04	企业经济	345	0.94	17.7	2.0	28	202	0.010	0.910	6.6
L04	商业经济	867	0.99	5.5	1.4	29	345	0.001	0.326	3.7
L04	商业经济研究	1606	0.97	7.0	1.5	31	776	0.004	0.491	4.2
L04	商业经济与管理	105	0.97	38.0	2.1	21	67	0.010	0.870	8.3
L04	数量经济技术经济研究	112	0.97	33.7	2.2	20	58	0.040	0.840	9.7
L04	西部财会	291	0.91	4.2	1.3	28	217	–	0.103	4.0
L04	现代商业	3651	0.97	4.8	1.4	31	1936	0.004	0.179	4.4
L04	冶金财会	154	0.63	–	1.2	23	95	–	0.013	–
L04	预测	72	1.00	25.4	2.8	15	42	0.000	0.990	8.5
L04	中国改革	117	0.89	0.2	1.3	5	63	0.150	0.000	0.0
L04	中国资产评估	111	0.81	4.4	1.8	17	53	0.000	0.140	7.4
L05	财务与会计	650	0.75	0.5	1.7	29	403	0.006	0.194	4.1
L05	当代会计	533	0.96	3.6	1.1	30	465	–	0.081	3.4
L05	会计研究	158	0.88	20.0	2.6	21	74	0.040	0.720	9.1
L05	会计与经济研究	49	0.91	36.0	2.3	19	36	0.020	0.960	8.9
L05	会计之友	673	0.94	11.3	1.9	31	356	0.001	0.617	6.6
L05	商业会计	1078	0.95	5.1	1.6	31	566	0.002	0.364	4.3
L05	审计研究	86	0.91	12.2	2.3	20	49	0.010	0.690	6.0
L05	审计与经济研究	72	0.99	25.5	2.2	18	42	–	0.903	8.3
L05	现代审计与经济	108	0.72	–	1.2	13	60	–	–	–
L05	新会计	205	0.81	4.3	1.3	23	154	0.005	0.166	5.5

学科代码	期刊名称	来源文献量	文献选出率	平均引文数	平均作者数	地区分布数	机构分布数	海外论文比	基金论文比	引用半衰期
L05	中国内部审计	260	0.79	3.6	1.5	28	221	0.019	0.096	4.3
L05	中国农业会计	298	0.86	3.0	1.4	27	175	–	0.084	4.6
L05	中国审计	885	0.86	–	1.3	31	485	0.001	0.017	–
L05	中国乡镇企业会计	1658	1.00	2.9	1.2	31	1141	0.003	0.107	3.3
L05	中国注册会计师	306	0.75	5.3	1.6	29	205	0.007	0.281	5.3
L05	中国总会计师	659	0.73	3.4	1.2	29	533	0.006	0.023	3.1
L06	当代农村财经	219	0.79	1.1	1.4	23	140	0.018	0.082	4.2
L06	调研世界	133	0.97	11.5	1.7	22	64	–	0.436	7.1
L06	国土资源信息化	60	0.97	5.8	2.9	16	34	–	0.200	5.2
L06	江苏农村经济	256	0.67	–	1.7	3	165	–	0.008	–
L06	林业经济问题	98	0.94	18.2	2.8	20	54	0.000	0.740	6.0
L06	南方农村	61	1.00	9.0	1.9	8	39	–	0.623	5.1
L06	农场经济管理	251	0.77	0.6	1.4	16	128	–	0.028	3.3
L06	农村工作通讯	277	0.37	–	1.3	26	175	0.004	0.011	–
L06	农村金融研究	178	0.78	5.8	1.8	24	94	0.011	0.326	4.3
L06	农村经济	248	0.93	11.5	2.0	25	135	0.000	0.630	6.0
L06	农村经济与科技	3795	1.00	4.7	1.6	31	1532	0.004	0.252	4.7
L06	农村经营管理	203	0.50	–	1.4	23	145	–	0.010	–
L06	农民科技培训	172	0.52	–	1.6	28	133	–	–	–
L06	农民致富之友	5579	1.00	0.7	1.3	30	3313	0.001	0.004	3.8
L06	农业发展与金融	427	0.67	0.0	1.5	30	170	0.014	–	–
L06	农业技术经济	143	0.99	26.9	2.5	24	65	0.030	0.820	8.7
L06	农业经济	655	1.00	5.0	1.5	30	373	0.002	0.444	4.0
L06	农业经济问题	150	0.90	23.7	2.3	22	79	0.010	0.750	8.6
L06	农业经济与管理	72	1.00	14.7	2.0	19	37	–	0.750	5.7
L06	农业科研经济管理	51	0.91	7.9	2.5	15	29	–	0.353	4.0
L06	上海农村经济	105	0.59	–	1.5	6	78	–	–	–
L06	生态经济	522	0.97	16.9	2.5	31	292	0.000	0.790	6.3
L06	台湾农业探索	98	0.95	10.3	2.5	7	21	–	0.633	5.3
L06	中国农村观察	61	0.95	35.1	2.2	14	34	0.050	0.720	8.2
L06	中国农村金融	1088	0.90	–	1.2	31	603	0.001	0.001	–
L06	中国农村经济	82	0.94	31.2	2.4	18	50	0.020	0.590	8.8
L06	中国土地	246	0.88	–	1.7	23	123	0.016	0.053	–

学科代码	期刊名称	来源文献量	文献选出率	平均引文数	平均作者数	地区分布数	机构分布数	海外论文比	基金论文比	引用半衰期
L06	资源开发与市场	285	0.98	24.0	3.1	24	111	0.010	0.940	6.6
L06	资源与产业	86	0.89	18.8	2.8	24	55	0.010	0.560	5.8
L08	北方经贸	780	0.99	5.2	1.5	29	426	0.003	0.273	4.7
L08	标签技术	53	0.36	–	1.1	11	50	–	–	–
L08	产业经济评论	51	0.93	30.4	2.1	16	40	–	0.627	9.8
L08	产业经济研究	60	0.91	39.6	2.2	18	42	0.020	0.950	8.3
L08	电子商务	525	1.00	5.9	1.7	29	306	–	0.537	3.4
L08	对外经贸	636	0.98	6.2	1.7	28	278	–	0.530	4.5
L08	对外经贸实务	284	0.95	3.7	1.3	25	177	0.014	0.370	2.8
L08	工程经济	223	1.00	5.9	2.0	29	172	–	0.220	4.3
L08	工业技术创新	227	0.86	8.1	2.3	29	192	0.004	0.145	6.5
L08	工业技术经济	244	1.00	18.5	2.4	27	122	0.010	0.780	6.4
L08	工业经济论坛	85	0.99	9.8	1.7	22	58	0.024	0.224	4.9
L08	国际经贸探索	92	1.00	30.2	2.0	21	59	0.010	0.780	9.3
L08	国际贸易	143	0.92	0.0	1.7	14	59	0.000	0.210	0.0
L08	国际贸易问题	179	1.00	22.9	2.2	21	91	0.010	0.870	8.1
L08	国际商务研究	51	0.81	18.4	1.9	17	46	0.060	0.650	8.8
L08	化学工业	63	0.91	3.0	1.9	12	26	–	–	3.1
L08	环球市场	12352	1.00	2.7	1.3	31	6117	0.002	0.017	2.8
L08	技术经济	197	0.95	34.9	2.5	24	92	0.030	0.850	8.2
L08	技术与市场	2189	0.97	2.8	1.4	30	1127	0.001	0.046	4.5
L08	价格理论与实践	491	0.90	7.0	2.1	29	232	0.010	0.530	4.8
L08	价格月刊	230	1.00	10.3	1.8	29	156	0.004	0.783	4.7
L08	江苏商论	336	0.96	8.7	1.6	26	182	0.003	0.485	5.7
L08	科技经济市场	1289	0.99	3.8	1.4	31	843	0.002	0.176	3.9
L08	旅游科学	40	0.95	33.2	2.6	17	34	0.030	0.900	9.3
L08	旅游论坛	73	0.91	25.7	2.2	21	52	0.014	0.740	7.2
L08	旅游学刊	194	0.98	30.8	2.1	23	98	0.090	0.520	9.9
L08	旅游研究	76	0.99	12.4	1.9	20	56	0.013	0.263	8.6
L08	煤炭经济研究	195	0.95	7.1	1.7	17	94	0.010	0.240	3.4
L08	内蒙古煤炭经济	1955	1.00	3.4	1.4	30	900	0.003	0.045	5.9
L08	欧亚经济	72	0.80	11.6	1.3	9	36	0.042	0.292	–
L08	商业评论	149	0.69	0.2	1.8	7	85	0.242	0.013	–

学科代码	期刊名称	来源文献量	文献选出率	平均引文数	平均作者数	地区分布数	机构分布数	海外论文比	基金论文比	引用半衰期
L08	商业研究	285	0.97	17.3	2.1	27	139	0.010	0.790	9.0
L08	上海经济	72	0.92	13.5	1.6	9	29	–	0.403	6.6
L08	上海经济研究	160	0.93	21.1	1.9	19	89	0.010	0.560	9.9
L08	上海商业	101	0.35	1.3	1.1	8	77	–	0.030	3.6
L08	市场观察	84	0.36	1.3	1.3	20	67	0.012	–	4.8
L08	市场论坛	347	0.97	4.7	1.4	28	185	–	0.254	4.3
L08	市场研究	387	0.98	4.0	1.3	24	148	0.008	0.121	4.5
L08	市场周刊	813	0.99	6.3	1.5	29	342	–	0.266	5.6
L08	铁道经济研究	65	0.94	5.1	1.6	14	29	–	0.277	5.3
L08	物流工程与管理	882	1.00	6.7	1.8	30	452	0.003	0.443	5.1
L08	物流技术	504	1.00	9.3	2.2	28	247	–	0.480	5.6
L08	物流技术与应用	144	0.45	–	1.9	22	103	–	0.056	–
L08	物流科技	515	0.94	8.3	2.0	29	223	0.002	0.608	5.0
L08	现代工业经济和信息化	1095	0.98	3.3	1.5	31	774	0.001	0.064	4.7
L08	现代商贸工业	3549	1.00	5.0	1.5	31	1414	0.006	0.275	5.0
L08	现代营销	2176	0.99	3.2	1.2	31	1348	0.002	0.131	3.4
L08	消费经济	85	0.98	19.7	2.1	18	61	0.010	0.590	8.2
L08	新商务周刊	5929	1.00	2.9	1.2	31	3001	0.002	0.047	3.3
L08	冶金经济与管理	91	0.93	4.7	1.8	14	47	0.022	0.044	3.5
L08	债券	176	0.64	2.2	1.6	16	94	0.028	0.006	≥10
L08	中国工业经济	130	0.92	43.9	2.3	17	47	0.030	0.850	9.9
L08	中国化工贸易	8210	0.99	2.3	1.4	31	4004	0.005	0.010	3.8
L08	中国检验检疫	197	0.43	–	1.9	23	95	–	0.005	–
L08	中国经贸	3934	0.93	3.1	1.1	31	3081	0.006	0.015	3.3
L08	中国经贸导刊	788	0.71	3.6	1.4	31	438	0.005	0.175	4.5
L08	中国军转民	202	0.59	0.6	1.6	20	115	–	0.030	3.6
L08	中国流通经济	172	0.94	20.6	1.7	26	112	0.020	0.700	6.2
L08	中国商论	3402	0.99	4.9	1.4	31	1974	0.007	0.190	3.8
L08	中国市场监管研究	228	0.85	2.1	1.2	25	144	0.009	0.026	9.8
L08	中国物价	307	0.96	5.2	1.6	15	57	–	0.248	5.8
L10	保险研究	123	0.97	29.1	2.2	20	60	–	0.789	9.7
L10	北方金融	442	0.98	2.6	1.5	21	142	0.005	0.034	5.6
L10	财经界	3023	0.89	2.6	1.1	31	2505	0.004	0.013	3.6

学科代码	期刊名称	来源文献量	文献选出率	平均引文数	平均作者数	地区分布数	机构分布数	海外论文比	基金论文比	引用半衰期
L10	财经科学	143	0.93	20.3	2.0	23	67	0.010	0.600	8.4
L10	财经理论研究	71	1.00	21.2	1.7	17	45	0.014	0.662	7.6
L10	财经理论与实践	136	1.00	18.9	2.2	23	61	0.000	0.930	8.1
L10	财经论丛(浙江财经学院学报)	141	0.95	26.4	2.1	22	77	0.010	0.870	8.8
L10	财经问题研究	216	0.97	19.6	1.9	20	77	0.020	0.700	9.2
L10	财贸经济	124	0.94	37.9	2.1	16	55	0.010	0.770	9.9
L10	财务研究	55	0.93	33.8	2.3	15	32	–	0.873	9.8
L10	财务与金融	99	0.99	11.7	1.7	24	68	–	0.444	5.5
L10	财讯	4900	0.99	3.5	1.2	31	2452	0.002	0.039	4.3
L10	财政科学	215	0.92	8.7	1.5	17	85	0.014	0.130	7.1
L10	财政研究	117	0.98	22.2	2.0	20	64	0.020	0.560	8.7
L10	大众理财顾问	137	0.31	0.0	1.0	8	57	0.007	–	3.5
L10	当代财经	148	0.95	25.3	2.0	21	76	0.010	0.850	8.5
L10	地方财政研究	194	0.90	15.2	1.6	27	111	–	0.572	7.5
L10	福建金融	173	0.86	6.1	1.4	14	90	0.035	0.081	4.8
L10	甘肃金融	190	0.79	6.6	1.6	23	84	–	0.089	5.1
L10	国际金融研究	110	0.92	28.0	2.2	16	53	0.000	0.650	9.6
L10	国际商务财会	254	0.95	6.1	1.3	26	157	0.012	0.110	5.1
L10	国际税收	192	0.84	8.9	1.8	18	101	0.083	0.188	≥10
L10	海南金融	158	0.97	11.2	1.8	24	103	–	0.196	6.4
L10	河北金融	235	0.95	4.0	1.3	19	115	0.004	0.038	4.6
L10	华北金融	173	0.94	8.8	1.3	20	92	–	0.098	5.7
L10	吉林金融研究	200	0.95	5.7	1.4	24	95	0.005	0.105	5.5
L10	金融电子化	323	0.71	0.6	1.3	26	177	0.022	–	4.0
L10	金融发展研究	168	1.00	14.0	1.9	24	113	0.060	0.310	7.9
L10	金融监管研究	84	0.82	23.5	1.7	14	57	–	0.202	6.6
L10	金融教育研究	74	1.00	15.6	1.7	19	47	–	0.770	6.9
L10	金融经济(理论版)	1073	0.99	4.9	1.3	31	636	0.005	0.118	4.6
L10	金融经济学研究	67	1.00	22.9	2.2	19	51	0.030	0.760	8.3
L10	金融会计	136	0.83	4.4	1.4	18	71	0.037	0.029	8.0
L10	金融理论与实践	252	0.99	12.7	1.9	28	157	0.010	0.500	7.8
L10	金融论坛	82	0.88	27.7	2.0	18	51	0.040	0.520	8.1
L10	金融研究	157	1.00	35.4	2.5	13	53	0.060	0.850	9.9

学科代码	期刊名称	来源文献量	文献选出率	平均引文数	平均作者数	地区分布数	机构分布数	海外论文比	基金论文比	引用半衰期
L10	金融与经济	196	0.93	11.4	1.9	23	114	0.020	0.449	6.1
L10	绿色财会	124	0.90	4.4	1.5	22	70	–	0.153	3.9
L10	南方金融	136	0.93	15.0	1.7	26	98	–	0.390	7.7
L10	农村财务会计	186	0.61	–	1.4	20	136	–	–	–
L10	青海金融	188	0.94	4.2	1.3	20	64	–	0.021	3.7
L10	区域金融研究	217	0.95	7.7	1.9	24	139	0.005	0.152	5.2
L10	上海金融	179	0.93	19.1	1.6	22	109	0.020	0.300	9.3
L10	审计与理财	305	0.87	1.2	1.3	25	170	0.003	0.046	4.3
L10	时代金融(中旬)	2522	1.00	3.9	1.3	31	1393	0.001	0.096	4.3
L10	税收经济研究	87	0.98	11.0	1.5	18	57	0.011	0.207	5.6
L10	税务研究	326	0.97	12.1	1.9	28	149	0.003	0.347	5.5
L10	税务与经济	103	1.00	15.3	1.7	19	58	0.000	0.570	7.9
L10	投资研究	124	0.89	34.9	2.1	20	64	0.008	0.621	9.3
L10	投资与创业	777	1.00	4.4	1.2	30	564	0.006	0.062	3.8
L10	武汉金融	257	0.94	8.3	1.6	26	161	0.012	0.296	5.3
L10	西部金融	252	0.92	7.4	1.6	25	117	0.004	0.052	4.7
L10	西南金融	143	0.98	13.7	1.5	21	93	–	0.294	5.0
L10	新疆财经	54	0.96	19.6	1.8	10	21	–	0.981	6.4
L10	新金融	136	0.94	6.9	1.6	20	83	0.051	0.243	4.0
L10	银行家	410	0.77	–	1.5	27	217	0.012	0.056	–
L10	浙江金融	135	0.92	13.9	1.7	20	101	–	0.326	5.7
L10	证券市场导报	111	0.82	27.5	1.8	15	69	0.040	0.530	≥10
L10	中国保险	154	0.87	–	1.7	18	83	–	0.104	–
L10	中国财政	460	0.59	0.0	1.3	30	242	0.007	0.052	2.5
L10	中国金融	918	0.87	–	1.4	31	432	0.035	0.024	–
L10	中国钱币	59	0.75	15.5	1.4	15	27	–	0.051	≥10
L10	中国信用卡	166	0.56	–	1.3	22	103	0.012	–	–
L10	注册税务师	251	0.65	–	1.2	29	171	–	–	–
M01	北京观察	242	0.66	0.0	1.0	3	83	0.021	–	–
M01	北京青年研究	65	0.96	9.7	1.3	19	50	–	0.462	6.4
M01	重庆行政(公共论坛)	221	0.92	2.9	1.3	12	130	–	0.190	5.1
M01	重庆与世界(学术版)	348	0.69	0.7	1.2	20	209	0.003	0.072	8.2
M01	大连干部学刊	152	0.91	7.6	1.2	22	85	–	0.270	8.2

学科代码	期刊名称	来源文献量	文献选出率	平均引文数	平均作者数	地区分布数	机构分布数	海外论文比	基金论文比	引用半衰期
M01	当代贵州	596	0.30	–	1.3	6	271	0.039	–	–
M01	党的文献	126	0.91	26.0	1.1	20	53	0.000	0.130	≥10
M01	党建	170	0.48	0.5	1.1	26	142	0.006	0.053	2.0
M01	党建研究	132	0.51	–	1.1	28	111	0.008	–	–
M01	党史博采(理论版)	357	0.98	5.8	1.3	30	269	–	0.202	8.3
M01	党史文苑(学术版)	275	0.92	7.5	1.3	27	170	–	0.349	≥10
M01	党史研究与教学	66	0.99	66.5	1.3	19	49	–	0.530	≥10
M01	党政干部论坛	181	0.87	2.1	1.2	23	136	–	0.166	4.0
M01	党政干部学刊	185	0.99	9.0	1.4	22	93	–	0.514	8.7
M01	党政论坛	218	0.83	–	1.3	25	119	–	0.073	–
M01	党政研究	103	0.98	12.8	1.3	18	73	0.010	0.612	7.5
M01	福建党史月刊	82	0.45	0.2	1.1	7	45	–	0.098	≥10
M01	甘肃理论学刊	157	0.94	15.4	1.4	26	104	–	0.433	9.4
M01	国际安全研究	42	0.70	61.5	1.2	13	31	0.024	0.476	8.4
M01	国际政治科学	24	0.75	85.6	1.3	4	13	0.083	0.417	≥10
M01	行政管理改革	164	0.92	2.8	1.3	19	74	–	0.226	3.9
M01	行政科学论坛	125	0.59	5.6	1.4	21	90	–	0.336	5.4
M01	杭州(党政刊)	267	0.38	–	1.1	4	155	0.011	0.011	–
M01	红广角	97	0.87	29.6	1.1	14	57	–	0.155	≥10
M01	科学社会主义	162	0.93	10.5	1.3	24	84	–	0.432	8.4
M01	理论导报	182	0.49	0.1	1.2	22	105	0.005	0.077	2.8
M01	理论导刊	295	0.95	13.5	1.4	27	201	–	0.807	8.3
M01	理论视野	247	0.95	7.4	1.2	26	130	0.008	0.235	8.5
M01	理论探索	121	1.00	13.0	1.3	20	72	–	0.793	7.6
M01	理论学习与探索	210	0.98	0.4	1.0	23	84	–	0.019	2.9
M01	理论研究	83	1.00	8.7	1.2	17	43	–	0.398	8.1
M01	廉政文化研究	82	0.91	13.9	1.4	17	58	–	0.671	6.5
M01	领导科学	698	0.65	1.5	1.3	30	435	0.006	0.352	6.4
M01	民主与科学	114	0.68	–	1.1	16	81	–	0.009	–
M01	内蒙古统战理论研究	74	0.56	2.7	1.2	15	63	–	0.095	4.9
M01	前进	212	0.64	–	1.1	15	152	–	–	–
M01	前线	308	0.63	4.2	1.1	13	136	–	0.075	4.4
M01	求实	104	0.93	18.7	1.4	23	78	0.000	0.720	7.3

学科代码	期刊名称	来源文献量	文献选出率	平均引文数	平均作者数	地区分布数	机构分布数	海外论文比	基金论文比	引用半衰期
M01	求是	483	0.80	0.0	1.0	26	154	0.010	0.000	0.0
M01	人大研究	164	0.83	3.8	1.2	23	110	–	0.091	9.5
M01	山东工会论坛	148	0.97	7.7	1.5	21	92	–	0.405	7.0
M01	上海党史与党建	223	0.84	5.4	1.2	15	97	0.004	0.161	≥10
M01	社会福利(理论版)	144	0.80	12.7	1.6	21	80	0.028	0.431	6.2
M01	社会主义论坛	382	0.83	–	1.2	6	164	–	0.003	–
M01	石油政工研究	98	0.60	–	1.4	19	71	–	–	–
M01	实践(思想理论版)	133	0.34	–	1.3	8	71	–	0.008	–
M01	实事求是	133	0.95	10.3	1.2	21	80	–	0.414	6.4
M01	思想教育研究	334	0.95	7.8	1.5	24	142	0.000	0.620	6.0
M01	四川党的建设	529	0.48	–	1.3	7	298	–	–	–
M01	探求	111	0.97	8.5	1.4	9	52	–	0.405	5.3
M01	探索	155	0.92	19.3	1.3	23	92	0.010	0.730	7.0
M01	天津人大	135	0.42	0.1	1.2	1	45	–	–	–
M01	团结	105	0.73	–	1.1	26	87	–	0.095	–
M01	唯实	297	0.88	0.5	1.3	12	151	–	0.182	5.2
M01	新视野	114	0.97	13.3	1.5	19	69	0.020	0.620	6.6
M01	学习论坛	181	0.98	10.8	1.3	24	106	0.000	0.570	5.1
M01	学校党建与思想教育	733	0.94	4.0	1.5	30	361	0.000	0.510	5.9
M01	预防青少年犯罪研究	78	0.92	16.9	1.6	19	54	0.038	0.192	≥10
M01	政策瞭望	152	0.57	–	1.2	4	104	–	0.013	–
M01	政治学研究	65	0.81	38.3	1.4	12	37	0.020	0.490	≥10
M01	职业	2607	0.92	1.3	1.2	30	825	0.000	0.106	4.9
M01	中共党史研究	155	0.91	52.2	1.1	19	71	0.030	0.370	≥10
M01	中国党政干部论坛	349	0.89	0.0	1.1	30	207	0.000	0.030	0.0
M01	中国机构改革与管理	113	0.43	0.2	1.2	26	92	0.044	0.035	8.5
M01	中国民政	286	0.38	0.0	1.3	28	178	0.003	0.017	3.8
M01	中国青年研究	204	0.97	16.5	1.5	24	127	0.010	0.510	7.3
M01	中国特色社会主义研究	102	0.89	13.3	1.4	19	55	–	0.637	5.2
M01	National Science Review	95	0.74	15.2	3.2	13	63	0.390	0.460	5.0
M02	安徽行政学院学报	113	1.00	12.0	1.4	15	62	0.009	0.451	5.5
M02	北京行政学院学报	99	1.00	22.4	1.4	20	60	0.030	0.630	≥10
M02	北京经济管理职业学院学报	59	0.91	7.4	1.6	15	34	–	0.441	5.8

学科代码	期刊名称	来源文献量	文献选出率	平均引文数	平均作者数	地区分布数	机构分布数	海外论文比	基金论文比	引用半衰期
M02	北京劳动保障职业学院学报	57	0.92	7.4	1.4	5	14	0.018	0.228	5.8
M02	北京石油管理干部学院学报	97	0.78	2.4	1.2	18	60	0.052	0.021	5.6
M02	北京市工会干部学院学报	49	0.91	6.1	1.1	10	28	–	0.082	5.5
M02	兵团党校学报	129	0.99	9.8	1.2	19	70	–	0.302	5.8
M02	成都行政学院学报	129	0.91	8.0	1.4	22	88	–	0.349	5.7
M02	地方治理研究	28	0.93	21.0	1.7	11	22	–	0.893	7.6
M02	东北亚经济研究	115	0.95	9.1	1.4	20	79	0.035	0.287	5.8
M02	福建行政学院学报	79	0.99	20.1	1.4	15	53	–	0.810	7.9
M02	福建金融管理干部学院学报	35	1.00	10.9	1.8	7	14	–	0.229	5.5
M02	福建省社会主义学院学报	108	0.95	7.1	1.1	22	78	0.009	0.259	5.4
M02	福州党校学报	103	1.00	6.0	1.2	19	61	–	0.311	3.8
M02	甘肃行政学院学报	68	0.93	37.6	1.6	21	53	0.029	0.706	8.8
M02	工会理论研究-上海工会管理干部学院学报	60	0.87	6.4	1.3	13	40	0.033	0.217	≥10
M02	广东行政学院学报	84	0.95	14.0	1.5	17	56	–	0.643	7.5
M02	广东青年职业学院学报	66	0.94	8.9	1.4	12	48	0.030	0.591	6.5
M02	广东省社会主义学院学报	90	0.99	7.5	1.1	18	63	–	0.300	≥10
M02	广西经济管理干部学院学报	66	0.93	17.2	1.8	14	43	–	0.561	6.2
M02	广西青年干部学院学报	128	0.96	5.3	1.4	22	85	–	0.539	4.8
M02	广西社会主义学院学报	127	0.95	8.5	1.2	27	99	–	0.504	4.8
M02	广西政法管理干部学院学报	133	0.96	16.2	1.2	22	70	–	0.226	≥10
M02	广州社会主义学院学报	69	0.95	13.3	1.1	18	49	–	0.319	≥10
M02	广州市公安管理干部学院学报	50	0.98	8.0	1.5	10	25	–	0.280	9.1
M02	贵阳市委党校学报	74	1.00	8.0	1.2	15	47	0.014	0.284	6.2
M02	贵州社会主义学院学报	51	0.88	8.3	1.2	13	38	–	0.157	≥10
M02	贵州省党校学报	103	0.95	15.7	1.3	25	70	–	0.689	5.9
M02	国家行政学院学报	138	0.93	11.7	1.5	17	60	0.010	0.440	8.2
M02	国家教育行政学院学报	171	0.94	9.3	1.7	24	107	0.020	0.560	7.0
M02	国家林业局管理干部学院学报	49	0.94	7.2	1.6	14	27	–	0.184	4.3
M02	哈尔滨市委党校学报	77	0.96	6.1	1.2	16	48	–	0.351	5.8
M02	河北青年管理干部学院学报	146	0.99	7.4	1.4	20	87	–	0.459	7.4
M02	河北省社会主义学院学报	85	0.94	6.1	1.4	14	55	–	0.282	6.0
M02	黑龙江省社会主义学院学报	70	0.90	3.8	1.3	18	51	–	0.371	4.6
M02	黑龙江省政法管理干部学院学报	270	0.96	10.6	1.2	25	101	0.007	0.230	9.9

学科代码	期刊名称	来源文献量	文献选出率	平均引文数	平均作者数	地区分布数	机构分布数	海外论文比	基金论文比	引用半衰期
M02	湖北行政学院学报	98	0.98	14.4	1.4	19	68	–	0.510	8.9
M02	湖北省社会主义学院学报	124	0.95	5.1	1.3	24	89	–	0.258	4.8
M02	湖南行政学院学报	139	0.97	7.2	1.5	24	95	–	0.403	6.8
M02	湖南省社会主义学院学报	160	0.96	5.2	1.2	25	102	0.006	0.419	5.9
M02	佳木斯大学社会科学学报	335	0.99	9.3	1.5	28	165	0.003	0.734	≥10
M02	江苏行政学院学报	106	0.92	0.0	1.5	14	53	0.000	0.610	0.0
M02	江苏省社会主义学院学报	78	0.93	7.3	1.4	19	50	–	0.256	5.1
M02	理论学习–山东干部函授大学学报	161	0.64	–	1.2	17	83	0.006	0.199	–
M02	辽宁公安司法管理干部学院学报	78	0.94	9.2	1.4	16	42	0.013	0.359	7.6
M02	辽宁行政学院学报	122	1.00	6.9	1.5	20	74	–	0.418	5.7
M02	辽宁经济职业技术学院·辽宁经济管理干部学院学报	228	1.00	5.9	1.4	26	123	–	0.715	5.2
M02	辽宁省社会主义学院学报	81	0.95	5.2	1.3	11	57	–	0.519	5.8
M02	南京政治学院学报	94	0.87	11.9	1.3	15	57	0.010	0.380	≥10
M02	宁夏党校学报	124	1.00	8.6	1.3	23	76	–	0.476	4.8
M02	青年学报	70	0.85	12.2	1.2	11	38	0.043	0.257	9.2
M02	青少年研究与实践	59	0.92	8.1	1.3	12	43	–	0.559	6.2
M02	山东行政学院学报	116	0.97	14.2	1.4	16	76	–	0.466	7.0
M02	山东青年政治学院学报	127	0.95	11.1	1.4	20	74	0.008	0.535	7.7
M02	山东省社会主义学院学报	64	0.89	5.4	1.2	15	45	0.047	0.172	5.8
M02	山西经济管理干部学院学报	111	0.97	7.2	1.3	20	80	–	0.441	4.8
M02	山西能源学院学报	343	0.99	4.6	1.2	25	217	0.003	0.222	4.8
M02	山西青年职业学院学报	138	0.97	6.1	1.1	23	87	–	0.326	7.8
M02	山西社会主义学院学报	60	0.94	6.2	1.2	18	46	–	0.217	7.3
M02	山西省政法管理干部学院学报	126	0.98	4.9	1.3	20	61	–	0.119	6.4
M02	陕西行政学院学报	98	1.00	11.9	1.6	20	57	0.010	0.571	6.6
M02	陕西青年职业学院学报	90	0.98	5.0	1.4	15	51	–	0.244	5.4
M02	陕西社会主义学院学报	56	0.95	5.4	1.3	20	45	0.018	0.304	5.4
M02	上海行政学院学报	69	0.90	26.1	1.8	17	37	0.000	0.740	8.7
M02	上海市经济管理干部学院学报	48	0.91	11.8	1.1	12	31	–	0.312	5.1
M02	上海市社会主义学院学报	64	0.94	9.1	1.2	21	49	0.016	0.391	6.8
M02	胜利油田党校学报	188	0.99	7.3	1.2	24	113	0.005	0.261	5.0
M02	石油化工管理干部学院学报	95	0.92	2.9	1.1	11	44	–	–	4.0

学科代码	期刊名称	来源文献量	文献选出率	平均引文数	平均作者数	地区分布数	机构分布数	海外论文比	基金论文比	引用半衰期
M02	四川行政学院学报	109	0.92	10.7	1.4	24	74	–	0.440	7.2
M02	四川省干部函授学院学报	157	0.98	5.9	1.3	22	84	–	0.395	5.9
M02	四川省社会主义学院学报	62	0.90	4.6	1.2	17	40	–	0.355	5.3
M02	天津行政学院学报	79	0.93	17.3	1.5	18	60	–	0.823	6.5
M02	天津市工会管理干部学院学报	48	0.92	5.5	1.3	20	40	–	0.083	3.7
M02	天津市社会主义学院学报	52	0.93	7.2	1.3	17	41	–	0.365	4.8
M02	天水行政学院学报	153	0.97	8.1	1.2	21	84	–	0.261	6.4
M02	统一战线学研究	74	0.94	17.4	1.2	19	49	–	0.405	6.6
M02	武汉公安干部学院学报	81	0.95	5.4	1.2	14	30	0.012	0.198	5.6
M02	云南行政学院学报	160	0.96	17.7	1.4	22	95	–	0.588	8.7
M02	云南社会主义学院学报	106	0.94	11.4	1.2	22	78	0.019	0.377	9.5
M02	长春市委党校学报	82	0.74	3.6	1.4	15	43	–	0.293	8.6
M02	长沙民政职业技术学院学报	169	1.00	7.4	1.4	24	88	–	0.450	5.0
M02	中共成都市委党校学报	120	0.92	7.8	1.2	23	81	–	0.292	6.8
M02	中共福建省委党校学报	191	0.93	12.6	1.3	20	85	–	0.508	8.9
M02	中共桂林市委党校学报	72	0.94	4.6	1.2	13	44	–	0.194	4.8
M02	中共杭州市委党校学报	82	0.88	15.8	1.3	17	52	–	0.610	8.8
M02	中共合肥市委党校学报	82	0.96	6.3	1.3	17	57	0.012	0.354	6.8
M02	中共济南市委党校学报	182	1.00	7.7	1.2	24	107	0.005	0.275	6.2
M02	中共乐山市委党校学报	168	0.98	3.9	1.2	22	103	–	0.202	6.1
M02	中共南昌市委党校学报	94	0.94	5.5	1.4	19	55	–	0.245	5.3
M02	中共南京市委党校学报	116	0.97	9.9	1.3	20	73	–	0.353	8.1
M02	中共南宁市委党校学报	70	0.93	9.6	1.2	15	46	–	0.371	5.2
M02	中共宁波市委党校学报	102	0.95	19.5	1.2	19	66	0.020	0.490	≥10
M02	中共青岛市委党校青岛行政学院学报	151	1.00	9.7	1.3	16	75	–	0.305	7.0
M02	中共山西省委党校学报	185	0.97	7.4	1.3	23	107	–	0.400	4.6
M02	中共山西省直机关党校学报	169	0.97	6.1	1.3	23	113	–	0.438	5.7
M02	中共石家庄市委党校学报	131	0.91	6.6	1.4	19	68	–	0.374	4.4
M02	中共四川省委党校学报	88	0.96	12.5	1.2	19	60	–	0.375	6.5
M02	中共太原市委党校学报	132	0.94	4.6	1.2	22	93	–	0.265	6.2
M02	中共天津市委党校学报	87	1.00	11.7	1.4	18	64	–	0.609	8.2
M02	中共乌鲁木齐市委党校学报	50	0.88	7.4	1.3	11	35	–	0.120	3.7
M02	中共伊犁州委党校学报	120	0.92	5.0	1.2	10	69	–	0.158	5.5

学科代码	期刊名称	来源文献量	文献选出率	平均引文数	平均作者数	地区分布数	机构分布数	海外论文比	基金论文比	引用半衰期
M02	中共云南省委党校学报	197	1.00	10.5	1.3	23	138	–	0.396	4.3
M02	中共浙江省委党校学报	96	0.94	26.6	1.4	17	59	0.010	0.770	8.3
M02	中共郑州市委党校学报	155	0.99	5.9	1.2	23	97	–	0.361	6.7
M02	中共中央党校学报	84	0.97	17.1	1.3	12	40	0.000	0.420	≥10
M02	中共珠海市委党校珠海市行政学院学报	82	0.92	6.2	1.2	20	67	0.012	0.354	7.3
M02	中国环境管理干部学院学报	139	0.85	11.3	2.4	23	73	–	0.417	5.3
M02	中国井冈山干部学院学报	119	0.94	10.7	1.3	22	86	–	0.454	8.3
M02	中国劳动关系学院学报	103	0.94	15.1	1.6	22	74	0.010	0.495	7.8
M02	中国青年社会科学	121	0.96	11.0	1.5	23	68	0.020	0.400	8.2
M02	中国延安干部学院学报	108	0.96	12.0	1.1	20	56	–	0.269	≥10
M02	中华女子学院学报	110	0.94	19.3	1.4	24	69	0.018	0.564	≥10
M02	中央社会主义学院学报	131	0.92	10.3	1.2	18	57	–	0.214	≥10
M03	公共行政评论	60	0.75	48.5	1.8	18	38	0.050	0.750	8.5
M03	行政论坛	120	0.93	21.6	1.5	21	69	0.000	0.870	7.6
M03	机构与行政	271	0.84	–	1.2	12	131	–	0.007	–
M03	中国行政管理	337	0.86	15.1	1.6	27	155	0.010	0.600	8.1
M04	Contemporary International Relations	64	0.97	23.7	1.1	8	41	0.109	0.062	1.9
M04	阿拉伯世界研究	48	0.80	49.5	1.4	13	27	0.083	0.729	≥10
M04	当代世界	222	0.79	4.5	1.2	11	68	0.009	0.153	5.4
M04	当代世界社会主义问题	51	1.00	26.5	1.3	13	36	0.020	0.667	≥10
M04	当代世界与社会主义	156	0.98	30.4	1.3	21	75	0.019	0.506	8.3
M04	当代亚太	35	0.71	89.3	1.5	11	25	0.030	0.490	7.7
M04	东北亚论坛	68	0.85	20.8	1.7	12	34	0.120	0.790	5.5
M04	东南亚研究	57	0.88	47.5	1.3	12	32	0.053	0.632	4.3
M04	东南亚纵横	88	0.89	18.3	1.4	13	50	0.080	0.398	5.9
M04	俄罗斯东欧中亚研究	57	0.78	39.5	1.2	14	34	–	0.421	–
M04	俄罗斯研究	46	1.00	58.6	1.3	13	32	0.130	0.457	≥10
M04	法国研究	46	1.00	18.8	1.3	13	28	0.022	0.435	≥10
M04	国际观察	62	0.93	35.5	1.2	9	26	–	0.565	≥10
M04	国际论坛	71	0.87	30.4	1.3	17	46	–	0.535	4.3
M04	国际问题研究	54	0.72	30.4	1.2	7	23	–	0.333	1.8
M04	国际研究参考	120	0.85	26.5	1.3	15	45	0.025	0.175	2.0
M04	国际展望	48	0.80	44.3	1.3	13	28	0.042	0.688	5.3

学科代码	期刊名称	来源文献量	文献选出率	平均引文数	平均作者数	地区分布数	机构分布数	海外论文比	基金论文比	引用半衰期
M04	国际政治研究	46	0.81	80.6	1.0	10	25	0.043	0.391	≥10
M04	国外理论动态	159	0.93	15.7	1.7	15	97	0.365	0.352	≥10
M04	国外社会科学	104	0.80	30.6	1.7	17	69	0.154	0.577	≥10
M04	和平与发展	50	0.81	26.3	1.4	9	31	0.020	0.360	8.5
M04	拉丁美洲研究	55	0.83	36.1	1.5	6	33	0.164	0.364	5.8
M04	美国研究	54	0.82	60.4	1.3	8	31	0.074	0.278	≥10
M04	南亚研究	32	0.80	59.3	1.6	13	25	0.031	0.750	8.8
M04	南亚研究季刊	55	0.87	34.1	1.4	15	34	0.018	0.655	5.3
M04	南洋问题研究	32	0.91	45.4	1.4	14	27	0.062	0.719	5.6
M04	欧洲研究	53	0.84	61.4	1.3	9	31	0.019	0.377	9.6
M04	日本问题研究	58	1.00	19.6	1.4	16	38	–	0.552	≥10
M04	日本学刊	44	0.90	51.1	1.4	12	32	0.068	0.523	5.4
M04	日本研究	45	0.92	26.0	1.5	10	35	0.133	0.578	≥10
M04	世界经济与政治	82	0.76	76.9	1.2	12	35	0.040	0.350	≥10
M04	太平洋学报	112	0.81	46.3	1.4	17	68	0.027	0.741	9.2
M04	外国问题研究	52	0.91	54.2	1.1	11	21	0.038	0.731	≥10
M04	外交评论	38	0.93	96.7	1.2	8	25	0.080	0.340	≥10
M04	西伯利亚研究	102	0.91	9.5	1.3	18	55	0.039	0.490	≥10
M04	西亚非洲	45	0.88	50.8	1.2	11	31	0.111	0.489	6.5
M04	现代国际关系	121	0.82	27.4	1.2	11	48	0.008	0.273	1.7
M05	Frontiers of Law in China	30	0.88	82.6	1.3	5	14	0.267	0.300	–
M05	安徽警官职业学院学报	171	1.00	7.9	1.4	25	72	–	0.281	6.8
M05	北方法学	84	0.97	50.5	1.1	24	62	0.024	0.690	≥10
M05	北京警察学院学报	129	0.95	10.7	1.4	20	45	–	0.442	5.8
M05	北京政法职业学院学报	87	0.98	15.7	1.3	15	41	–	0.287	9.8
M05	比较法研究	77	0.92	69.5	1.1	16	34	0.013	0.506	≥10
M05	当代法学	87	0.94	48.2	1.1	16	47	0.023	0.667	≥10
M05	电子知识产权	107	0.91	29.0	1.4	14	66	0.028	0.327	≥10
M05	东方法学	98	0.96	35.3	1.0	14	47	–	0.459	≥10
M05	法律科学–西北政法大学学报	110	0.94	49.5	1.2	20	56	0.020	0.510	≥10
M05	法律适用	207	0.96	22.6	1.4	18	88	0.014	0.174	≥10
M05	法商研究	117	0.95	44.9	1.0	19	60	0.000	0.600	≥10
M05	法学	191	0.95	50.3	1.1	19	73	0.030	0.500	≥10

学科代码	期刊名称	来源文献量	文献选出率	平均引文数	平均作者数	地区分布数	机构分布数	海外论文比	基金论文比	引用半衰期
M05	法学家	76	0.86	70.1	1.0	17	38	0.040	0.390	≥10
M05	法学论坛	105	0.99	37.8	1.1	20	56	0.020	0.590	≥10
M05	法学评论	108	0.95	42.4	1.0	19	55	0.020	0.500	≥10
M05	法学研究	68	0.96	77.3	1.1	13	30	0.030	0.440	≥10
M05	法学杂志	177	0.89	27.9	1.3	22	98	0.010	0.420	≥10
M05	法制博览	6616	1.00	4.5	1.2	31	2069	0.006	0.087	6.4
M05	法制与社会	4834	0.99	6.0	1.3	31	1721	0.003	0.155	6.6
M05	法制与社会发展	74	0.86	65.4	1.1	15	36	0.000	0.460	≥10
M05	法治研究	87	1.00	40.8	1.2	16	54	0.023	0.391	≥10
M05	犯罪研究	86	1.00	17.9	1.6	17	61	0.023	0.163	9.1
M05	犯罪与改造研究	142	0.89	7.0	1.4	20	82	–	0.127	8.8
M05	福建警察学院学报	79	0.94	13.0	1.4	13	39	–	0.304	6.5
M05	甘肃政法学院学报	81	0.96	39.8	1.3	17	52	0.020	0.490	≥10
M05	公安学刊–浙江警察学院学报	111	0.86	11.7	1.5	15	71	0.009	0.315	6.8
M05	公安研究	156	0.86	8.6	1.4	25	96	–	0.250	6.4
M05	广西警察学院学报	145	0.94	9.4	1.6	24	58	–	0.566	6.3
M05	贵州警官职业学院学报	115	0.99	11.5	1.4	21	64	–	0.487	7.5
M05	国家检察官学院学报	70	0.91	35.1	1.4	17	39	0.030	0.400	≥10
M05	海峡法学	55	1.00	21.8	1.5	10	34	0.127	0.400	9.5
M05	行政法学研究	72	0.94	36.5	1.3	15	49	0.042	0.389	≥10
M05	行政与法	202	1.00	15.8	1.4	24	125	–	0.441	8.6
M05	河北公安警察职业学院学报	80	1.00	7.8	1.6	17	42	–	0.375	4.9
M05	河南财经政法大学学报	111	0.95	29.4	1.3	19	58	–	0.514	≥10
M05	河南警察学院学报	95	0.91	16.7	1.5	20	51	0.074	0.411	9.6
M05	河南司法警官职业学院学报	107	0.96	11.4	1.3	20	66	–	0.206	9.8
M05	湖北警官学院学报	110	0.95	18.1	1.4	19	53	–	0.582	7.5
M05	湖南警察学院学报	103	1.00	12.3	1.4	20	51	–	0.573	8.1
M05	华东政法大学学报	100	0.98	40.8	1.2	11	50	0.050	0.430	≥10
M05	环球法律评论	74	0.86	63.7	1.0	9	36	0.014	0.473	≥10
M05	江苏警官学院学报	141	0.96	9.0	1.3	22	68	–	0.447	7.6
M05	江西警察学院学报	132	0.92	13.1	1.3	18	55	–	0.242	7.6
M05	科技与法律	62	0.90	25.1	1.5	13	41	–	0.468	9.2
M05	辽宁警察学院学报	149	0.97	8.0	1.4	18	40	–	0.376	6.1

学科代码	期刊名称	来源文献量	文献选出率	平均引文数	平均作者数	地区分布数	机构分布数	海外论文比	基金论文比	引用半衰期
M05	清华法学	70	0.93	76.8	1.0	10	30	0.014	0.371	≥10
M05	山东警察学院学报	125	0.99	18.1	1.4	21	56	–	0.640	8.6
M05	山东审判	126	0.91	8.8	1.3	10	59	–	0.063	≥10
M05	上海公安高等专科学校学报(公安理论与实践)	69	0.97	9.8	1.7	6	28	0.029	0.072	6.9
M05	上海政法学院学报	84	1.00	27.0	1.4	14	52	0.012	0.238	9.7
M05	时代法学	82	0.99	30.8	1.3	17	40	–	0.451	≥10
M05	四川警察学院学报	124	0.98	12.0	1.4	20	59	–	0.379	8.0
M05	苏州大学学报(法学版)	57	1.00	58.8	1.2	13	37	0.193	0.421	≥10
M05	天津法学	66	0.93	15.9	1.4	11	36	–	0.288	9.4
M05	铁道警察学院学报	142	1.00	9.2	1.3	19	69	–	0.239	6.6
M05	武警学院学报	249	0.95	7.2	1.5	26	89	–	0.301	5.9
M05	西部法学评论	74	1.00	39.9	1.1	20	54	0.027	0.568	≥10
M05	西南政法大学学报	86	1.00	27.2	1.2	14	30	0.012	0.686	≥10
M05	现代法学	88	1.00	49.6	1.2	15	37	0.000	0.570	≥10
M05	云南警官学院学报	147	0.94	7.9	1.6	18	45	0.007	0.320	7.9
M05	征信	234	1.00	6.6	1.7	28	152	0.004	0.209	4.8
M05	政法论丛	105	0.99	30.6	1.2	21	61	0.010	0.752	≥10
M05	政法论坛	90	0.88	46.1	1.0	15	47	0.000	0.490	≥10
M05	政治与法律	160	0.95	49.2	1.1	19	75	0.020	0.510	≥10
M05	知识产权	161	0.95	31.5	1.3	17	76	0.012	0.466	≥10
M05	职工法律天地	3126	0.87	3.4	1.1	31	1549	0.009	0.035	6.3
M05	中国版权	77	0.78	13.8	1.2	11	48	0.026	0.130	≥10
M05	中国法学	95	0.94	60.2	1.0	14	46	0.000	0.430	≥10
M05	中国公证	186	0.68	3.2	1.1	27	123	0.016	–	≥10
M05	中国刑警学院学报	143	1.00	10.2	2.2	20	62	–	0.545	6.0
M05	中外法学	79	0.93	86.8	1.0	14	38	0.040	0.420	≥10
M07	广东公安科技	101	0.94	4.5	2.4	13	52	–	0.059	9.3
M07	警察技术	135	0.92	4.6	2.5	23	72	–	0.126	6.5
M07	青少年犯罪问题	81	0.87	34.4	1.6	11	47	0.090	0.160	≥10
M07	人民检察	420	0.71	4.3	1.6	28	198	0.020	0.060	5.8
M07	人民论坛	2250	0.95	1.6	1.2	31	731	0.007	0.283	3.0
M07	森林公安	103	0.88	–	1.3	22	66	–	0.117	–

学科代码	期刊名称	来源文献量	文献选出率	平均引文数	平均作者数	地区分布数	机构分布数	海外论文比	基金论文比	引用半衰期
M07	刑事技术	118	0.95	13.4	4.4	19	75	0.000	0.380	6.7
M07	证据科学	52	0.90	56.3	1.7	14	29	0.120	0.330	≥10
M07	中国海商法研究	54	0.92	33.7	1.5	11	31	0.070	0.260	0.0
M07	中国检察官	624	0.98	3.2	1.4	29	358	0.003	0.053	8.3
M07	中国司法	217	0.71	3.4	1.3	26	122	–	0.092	8.8
M07	中国司法鉴定	118	0.96	14.2	2.7	24	79	0.008	0.424	9.1
M07	中国刑事法杂志	55	0.96	36.9	1.2	12	30	0.040	0.350	≥10
M08	当代兵团	350	0.33	–	1.3	6	199	–	–	–
M08	军事运筹与系统工程	53	0.96	9.2	2.1	11	29	0.000	0.250	6.5
M08	抗日战争研究	37	0.69	103.4	1.2	11	22	0.110	0.190	≥10
M08	中国军事科学	114	0.98	14.7	1.6	12	54	–	0.061	≥10
M08	军事历史研究	32	0.91	67.0	1.3	11	22	0.030	0.410	0.0
N01	China International Studies	52	0.90	26.0	1.3	6	32	0.058	–	4.9
N01	八桂侨刊	39	0.91	25.3	1.5	8	26	0.128	0.564	≥10
N01	残疾人研究	57	0.93	13.9	2.3	16	49	0.193	0.509	6.3
N01	柴达木开发研究	85	0.83	2.4	1.3	7	42	–	0.047	4.5
N01	成才之路	3352	0.99	3.0	1.1	31	2063	0.001	0.048	4.8
N01	创意设计源	84	0.97	9.1	1.3	16	63	–	0.488	≥10
N01	创意与设计	92	0.89	13.5	1.7	10	43	0.109	0.554	≥10
N01	大家	97	0.60	0.8	1.0	16	62	0.041	–	6.5
N01	当代青年研究	121	0.96	14.0	1.5	22	94	0.000	0.650	7.5
N01	佛学研究	28	0.82	26.9	1.2	7	20	0.179	0.286	≥10
N01	妇女研究论丛	72	0.87	36.9	1.3	12	49	0.130	0.430	≥10
N01	湖北政协	143	0.54	–	1.1	2	90	0.007	0.007	–
N01	今日海南	200	0.51	–	1.1	4	111	–	0.010	–
N01	科学发展	170	0.98	5.8	2.0	10	79	–	0.482	5.5
N01	魅力中国	15437	0.99	2.4	1.1	31	8272	0.004	0.031	4.3
N01	南方论刊	451	0.89	6.9	1.4	27	245	0.007	0.368	7.3
N01	攀登(汉文版)	145	0.95	12.6	1.2	25	87	–	0.455	≥10
N01	青年探索	77	0.92	18.6	1.6	15	54	0.060	0.360	6.5
N01	青年研究	58	0.84	33.8	1.6	12	35	0.140	0.380	≥10
N01	青少年学刊	75	0.95	12.2	1.7	18	61	–	0.667	6.9
N01	群文天地	79	0.52	3.6	1.1	12	52	–	0.025	≥10

学科代码	期刊名称	来源文献量	文献选出率	平均引文数	平均作者数	地区分布数	机构分布数	海外论文比	基金论文比	引用半衰期
N01	人与生物圈	81	0.64	–	1.2	9	54	0.062	–	–
N01	社会	51	0.93	63.2	1.2	9	27	0.080	0.610	≥10
N01	社会工作	55	0.82	33.9	1.7	14	46	0.091	0.509	≥10
N01	社会学评论	45	0.98	37.8	1.3	14	30	0.044	0.556	≥10
N01	社会学研究	63	0.84	56.2	1.4	9	32	0.050	0.570	≥10
N01	时代青年·视点	176	0.31	0.8	1.1	17	133	–	0.040	6.3
N01	世纪桥	499	0.97	4.8	1.2	29	264	–	0.295	6.5
N01	视听	1495	1.00	3.7	1.2	30	580	0.003	0.140	5.1
N01	台湾研究	65	0.92	21.7	1.4	9	32	0.050	0.450	6.0
N01	台湾研究集刊	72	0.97	22.8	1.4	13	33	0.030	0.710	≥10
N01	同舟共进	100	0.32	–	1.0	11	57	0.110	–	–
N01	无线互联科技	1561	1.00	4.4	1.6	31	944	0.001	0.212	4.3
N01	武陵学刊	138	0.97	16.3	1.3	22	80	0.022	0.768	≥10
N01	新东方	107	0.86	6.9	1.5	14	50	–	0.327	5.8
N01	医学与社会	303	0.99	12.0	4.3	28	153	0.020	0.600	4.2
N01	知与行	390	0.92	7.4	1.3	30	162	0.003	0.367	7.8
N01	中国扶贫	285	0.46	–	1.3	29	240	–	–	–
N01	中国机关后勤	80	0.34	–	1.1	20	61	–	–	–
N01	中国医学伦理学	377	0.95	8.8	3.1	26	164	0.050	0.370	5.0
N02	南方人口	42	0.91	29.3	2.3	16	33	–	0.857	8.8
N02	人才资源开发	1756	0.72	3.5	1.4	31	1255	0.002	0.220	4.1
N02	人口学刊	60	0.94	22.3	2.4	17	32	–	0.967	9.3
N02	人口研究	52	0.95	27.7	1.9	11	26	0.080	0.650	≥10
N02	人口与发展	69	0.96	29.2	2.3	15	41	0.014	0.725	9.2
N02	人口与计划生育	406	0.81	–	1.3	27	318	–	0.007	–
N02	人口与经济	71	1.00	26.5	1.9	23	54	0.010	0.790	9.0
N02	人口与社会	47	0.92	19.8	1.6	14	32	0.043	0.511	8.0
N02	人类居住	45	0.57	1.9	1.5	9	29	0.089	0.022	≥10
N02	人力资源	204	0.47	–	1.0	20	101	0.025	0.010	–
N02	人力资源管理	4035	1.00	3.4	1.3	31	2554	0.005	0.128	4.3
N02	山东青年	1624	0.99	4.0	1.3	31	797	0.006	0.127	6.9
N02	社会保障研究	75	0.93	20.7	1.7	16	57	0.030	0.630	7.1
N02	西北人口	100	1.00	21.0	2.3	22	73	0.020	0.990	7.3

学科代码	期刊名称	来源文献量	文献选出率	平均引文数	平均作者数	地区分布数	机构分布数	海外论文比	基金论文比	引用半衰期
N02	职业技术	534	0.99	3.8	1.5	29	277	–	0.348	4.7
N02	中国劳动	187	0.90	6.8	1.5	24	113	0.010	0.140	7.7
N02	中国人才	158	0.40	–	1.1	27	133	–	0.032	–
N02	中国人口科学	65	0.88	22.0	1.9	17	49	0.050	0.630	8.8
N02	中国人力资源开发	203	0.90	37.6	2.4	25	103	0.050	0.540	8.1
N02	中国社会保障	228	0.42	–	1.3	25	128	–	0.013	–
N04	China Tibetology	12	0.86	45.6	1.2	4	11	0.333	0.167	–
N04	东南文化	95	0.71	22.9	1.6	16	47	0.060	0.230	≥10
N04	俄罗斯学刊	64	1.00	26.7	1.3	5	29	0.172	0.438	≥10
N04	广西民族研究	136	0.94	21.1	1.4	21	75	0.007	0.699	≥10
N04	贵州民族研究	652	0.98	8.3	1.3	30	300	0.006	0.597	6.6
N04	黑龙江民族丛刊	196	0.97	13.7	1.7	23	92	–	0.658	≥10
N04	华夏文化	86	0.86	–	1.1	18	44	–	0.128	–
N04	回族研究	96	0.95	17.1	1.2	14	59	0.042	0.438	≥10
N04	科学文化评论	57	0.93	27.1	1.3	10	32	0.140	0.263	≥10
N04	老龄科学研究	94	0.90	18.7	1.8	20	63	0.011	0.426	7.3
N04	满族研究	76	0.95	22.4	1.3	17	58	–	0.382	≥10
N04	民族大家庭	95	0.53	0.3	1.4	3	55	–	–	–
N04	民族学刊	76	0.94	31.5	1.4	14	32	0.013	0.645	≥10
N04	民族研究	59	0.78	59.2	1.4	16	35	0.030	0.590	≥10
N04	民族艺林	97	0.71	6.7	1.2	23	60	–	0.361	≥10
N04	鄱阳湖学刊	87	0.86	29.1	1.5	19	57	0.161	0.437	≥10
N04	企业文化(中旬刊)	2986	1.00	2.2	1.2	31	2118	0.001	0.008	3.4
N04	青海民族研究	161	0.98	22.3	1.4	25	76	0.025	0.646	≥10
N04	世界民族	65	1.00	48.0	1.3	19	43	0.030	0.620	≥10
N04	文化创新比较研究	2400	0.99	4.4	1.2	31	1572	0.004	0.195	4.8
N04	文化软实力	71	0.90	15.4	1.1	16	53	0.056	0.451	5.6
N04	文化软实力研究	73	0.81	17.8	1.4	14	38	0.041	0.411	5.9
N04	文化遗产	119	0.90	31.5	1.3	18	68	0.084	0.479	≥10
N04	文化纵横	74	0.55	16.6	1.1	8	53	0.230	0.054	≥10
N04	西北民族研究	121	0.92	20.8	1.1	19	41	0.008	0.529	≥10
N04	现代企业文化	4505	0.91	2.0	1.1	31	2808	0.002	0.003	3.5
N04	艺苑	178	0.93	7.1	1.1	18	82	0.034	0.163	≥10

学科代码	期刊名称	来源文献量	文献选出率	平均引文数	平均作者数	地区分布数	机构分布数	海外论文比	基金论文比	引用半衰期
N04	中国文化	45	0.87	71.4	1.1	7	24	0.156	0.067	–
N04	中国文化研究	70	0.97	34.3	1.2	14	45	0.060	0.340	≥10
N04	中国藏学	94	0.95	36.4	1.4	15	39	–	0.372	–
N04	中华文化论坛	354	0.90	14.8	1.3	25	183	0.010	0.410	≥10
N04	中原文化研究	113	0.88	21.9	1.2	18	69	0.009	0.460	≥10
N05	编辑学报	134	0.68	13.2	2.5	21	110	0.010	0.290	3.8
N05	编辑学刊	132	0.80	6.0	1.2	24	90	–	0.265	6.0
N05	编辑之友	248	0.91	13.1	1.4	24	143	–	0.605	7.3
N05	采写编	608	0.94	3.1	1.2	30	329	0.002	0.092	4.2
N05	出版参考	308	0.92	2.4	1.2	23	178	0.003	0.036	3.4
N05	出版发行研究	355	0.96	6.9	1.3	26	205	0.008	0.389	5.0
N05	出版广角	683	0.93	5.3	1.3	29	368	–	0.247	3.9
N05	出版科学	151	0.96	12.5	1.6	22	88	0.033	0.543	5.8
N05	出版与印刷	64	0.80	3.7	1.4	11	34	–	0.062	4.5
N05	传播与版权	873	0.99	5.9	1.3	29	451	0.002	0.166	5.8
N05	传媒	821	0.88	1.1	1.2	30	461	0.006	0.194	3.9
N05	传媒观察	318	0.99	2.1	1.3	20	146	–	0.107	5.7
N05	传媒评论	361	0.90	0.6	1.3	12	190	–	0.022	6.9
N05	当代传播	178	0.96	12.1	1.5	25	87	–	0.607	8.5
N05	电视研究	363	0.96	3.0	1.3	26	153	0.006	0.187	6.4
N05	东南传播	601	0.97	7.8	1.3	28	270	0.013	0.246	6.4
N05	国际新闻界	122	0.98	33.3	1.7	16	57	0.049	0.541	8.7
N05	红旗文稿	289	0.75	–	1.2	27	165	–	0.239	–
N05	今传媒(学术版)	887	0.95	5.5	1.3	30	373	–	0.247	5.8
N05	科技与出版	376	0.95	8.2	1.8	23	222	0.008	0.309	3.2
N05	科普童话・新课堂(上)	667	0.77	–	1.0	23	464	0.001	0.012	–
N05	科普童话・新课堂(下)	1459	0.99	0.0	1.0	30	1050	–	0.012	5.5
N05	科普研究	77	0.89	14.7	2.1	16	45	0.013	0.377	≥10
N05	全球传媒学刊	47	0.92	26.2	1.7	6	35	0.298	0.106	≥10
N05	声屏世界	362	0.85	2.6	1.3	27	167	0.003	0.083	4.5
N05	西部广播电视	4342	1.00	2.9	1.1	31	1718	0.002	0.029	3.1
N05	现代出版	125	0.86	6.4	1.4	19	80	0.008	0.232	7.7
N05	现代传播	357	0.76	16.7	1.6	26	130	0.020	0.480	9.8

学科代码	期刊名称	来源文献量	文献选出率	平均引文数	平均作者数	地区分布数	机构分布数	海外论文比	基金论文比	引用半衰期
N05	新闻爱好者	467	0.97	4.7	1.3	29	241	0.004	0.261	8.1
N05	新闻传播	1644	0.99	4.3	1.1	31	786	0.004	0.082	3.9
N05	新闻春秋	48	0.96	28.9	1.5	14	32	0.062	0.417	≥10
N05	新闻大学	105	0.88	30.2	1.6	17	46	0.010	0.500	9.9
N05	新闻记者	162	0.90	15.4	1.4	19	73	0.043	0.333	8.8
N05	新闻界	215	0.96	17.3	1.5	21	91	0.009	0.447	≥10
N05	新闻前哨	429	0.91	3.0	1.5	25	193	0.005	0.065	5.0
N05	新闻研究导刊	5463	1.00	3.4	1.1	31	1821	0.004	0.083	3.8
N05	新闻与传播研究	89	0.78	60.9	1.7	17	49	0.030	0.400	≥10
N05	新闻与写作	558	0.96	2.7	1.3	25	267	0.002	0.185	4.7
N05	新闻战线	536	0.84	1.6	1.3	27	329	0.004	0.076	4.6
N05	新闻知识	341	0.87	6.3	1.3	28	202	0.003	0.349	6.9
N05	中国报业	885	0.84	3.3	1.1	29	509	0.002	0.105	4.2
N05	中国编辑	193	0.85	8.2	1.3	24	132	–	0.238	7.4
N05	中国出版	467	0.87	6.4	1.3	27	232	0.002	0.445	5.1
N05	中国传媒科技	557	0.83	3.9	1.2	31	417	0.009	0.038	2.7
N05	中国广播电视学刊	550	0.97	2.5	1.3	30	274	–	0.167	5.4
N05	中国记者	558	0.94	1.1	1.3	31	355	0.013	0.065	4.2
N05	中国科技期刊研究	191	0.93	18.1	2.5	26	142	0.000	0.400	3.5
N05	中国期刊年鉴	114	0.72	0.8	1.2	30	97	–	–	3.1
N06	大学图书馆学报	99	0.88	26.2	2.3	22	57	0.020	0.400	5.1
N06	大学图书情报学刊	153	0.99	10.8	1.5	25	111	–	0.503	4.2
N06	高校图书馆工作	130	0.95	11.6	1.7	22	87	0.023	0.423	6.3
N06	古籍整理研究学刊	128	0.91	25.2	1.2	18	63	0.000	0.410	≥10
N06	国家图书馆学刊	81	0.92	23.5	1.8	24	60	0.000	0.620	3.9
N06	河北科技图苑	128	0.95	8.8	1.6	24	103	–	0.305	3.5
N06	河南图书馆学刊	592	1.00	6.7	1.2	29	410	–	0.238	3.8
N06	农业图书情报学刊	589	0.98	8.7	1.6	30	366	–	0.435	4.5
N06	山东图书馆学刊	152	0.95	15.5	1.4	25	98	0.007	0.230	7.1
N06	数据分析与知识发现	127	0.91	26.7	3.0	21	58	0.010	0.730	5.8
N06	数字图书馆论坛	131	0.83	19.9	2.8	20	65	0.010	0.590	3.5
N06	四川图书馆学报	151	0.99	8.8	1.4	23	108	–	0.318	3.6
N06	图书馆	230	0.98	20.1	1.8	26	127	–	0.626	3.9

学科代码	期刊名称	来源文献量	文献选出率	平均引文数	平均作者数	地区分布数	机构分布数	海外论文比	基金论文比	引用半衰期
N06	图书馆工作与研究	281	0.98	13.7	1.5	26	232	–	0.456	3.5
N06	图书馆建设	195	0.94	20.8	1.8	24	135	0.040	0.400	2.6
N06	图书馆界	134	0.94	9.9	1.3	27	105	–	0.351	3.7
N06	图书馆理论与实践	281	0.88	14.8	1.6	29	208	0.004	0.484	4.9
N06	图书馆论坛	228	0.90	18.0	2.0	25	115	0.010	0.560	4.8
N06	图书馆学刊	383	0.97	9.6	1.3	29	273	–	0.266	3.4
N06	图书馆学研究	393	1.00	16.3	2.0	29	193	0.010	0.570	3.7
N06	图书馆研究	141	0.98	10.2	1.4	23	103	–	0.539	3.8
N06	图书馆研究与工作	248	0.98	9.5	1.4	24	154	–	0.327	4.4
N06	图书馆杂志	250	0.94	14.1	1.6	24	146	–	0.312	6.1
N06	新世纪图书馆	241	0.92	12.1	1.5	25	162	–	0.432	4.5
N06	中国图书馆学报	50	0.96	42.5	1.9	12	25	0.040	0.580	7.5
N06	中国图书评论	248	0.87	5.3	1.1	23	132	0.040	0.129	≥10
N07	晋图学刊	93	0.94	10.6	1.5	23	76	–	0.333	4.9
N07	竞争情报	51	0.74	7.0	1.9	8	29	0.059	0.137	4.2
N07	情报工程	73	0.88	19.7	3.3	19	42	0.040	0.580	5.1
N07	情报科学	359	0.99	22.4	2.4	24	151	0.010	0.750	5.3
N07	情报理论与实践	309	0.97	22.1	2.5	26	122	0.020	0.780	5.0
N07	情报探索	295	1.00	13.9	1.8	28	215	–	0.515	4.7
N07	情报学报	136	0.91	30.1	2.8	21	64	0.010	0.850	6.5
N07	情报杂志	402	0.99	21.6	2.5	26	192	0.020	0.720	4.9
N07	情报资料工作	90	0.95	25.2	2.0	23	57	0.000	0.760	3.6
N07	图书情报工作	426	0.95	28.5	2.6	23	152	0.030	0.650	4.0
N07	图书情报知识	78	0.88	31.3	2.2	15	41	0.050	0.600	3.7
N07	图书与情报	127	0.96	23.8	1.9	22	70	0.020	0.610	2.8
N07	文献	100	0.92	40.3	1.2	20	57	0.010	0.490	–
N07	现代情报	341	0.99	21.7	2.3	27	173	0.010	0.710	4.5
N07	医学信息学杂志	239	0.94	9.9	3.4	24	144	0.000	0.360	4.0
N07	智库理论与实践	85	0.91	11.4	2.0	18	56	0.012	0.235	2.3
N07	中国典籍与文化	83	0.95	36.1	1.0	17	49	0.036	0.434	–
N07	中国中医药图书情报杂志	94	0.91	9.1	2.5	22	55	0.011	0.553	4.5
N07	中华医学图书情报杂志	189	0.98	14.3	3.3	24	88	0.010	0.420	3.9
N08	北京档案	214	0.82	4.9	1.5	20	106	–	0.215	6.1

学科代码	期刊名称	来源文献量	文献选出率	平均引文数	平均作者数	地区分布数	机构分布数	海外论文比	基金论文比	引用半衰期
N08	博物院	106	0.99	14.9	1.3	18	69	0.123	0.170	≥10
N08	档案	144	0.74	7.2	1.2	20	74	–	0.160	≥10
N08	档案管理	203	0.93	6.4	1.3	25	122	–	0.222	5.6
N08	档案时空	92	0.43	2.7	1.3	16	75	0.011	0.065	4.4
N08	档案学通讯	130	0.95	16.9	1.6	21	50	0.000	0.460	8.0
N08	档案学研究	132	0.96	12.7	1.8	25	65	0.000	0.430	7.7
N08	档案与建设	323	0.89	6.1	1.5	21	197	–	0.207	7.6
N08	故宫博物院院刊	74	0.91	41.1	1.3	10	30	0.068	0.270	≥10
N08	黑龙江档案	550	0.92	1.4	1.1	26	271	–	0.080	5.7
N08	科学教育与博物馆	93	0.88	6.7	1.6	16	60	0.086	0.129	≥10
N08	历史档案	55	0.77	28.2	1.2	17	35	0.018	0.382	≥10
N08	民国档案	59	0.92	46.0	1.2	15	30	0.017	0.373	≥10
N08	山东档案	163	0.72	2.6	1.3	8	134	0.006	0.012	6.4
N08	山西档案	327	1.00	8.1	1.3	29	220	0.009	0.465	5.9
N08	陕西档案	154	0.66	–	1.2	8	98	–	0.013	–
N08	四川档案	106	0.54	0.6	1.2	9	58	–	0.028	4.3
N08	文博	99	0.92	23.8	1.6	13	48	0.010	0.192	≥10
N08	云南档案	258	0.80	1.8	1.2	22	109	0.004	0.043	8.5
N08	浙江档案	239	0.80	5.4	1.4	20	160	0.004	0.159	≥10
N08	中国档案	292	0.80	0.5	1.4	28	168	–	0.045	5.7
P01	Frontiers of Education in China	37	0.82	28.7	1.1	7	25	0.405	0.162	8.8
P01	安顺学院学报	208	0.99	7.8	1.7	20	89	0.005	0.582	8.5
P01	蚌埠学院学报	245	1.00	10.8	1.9	21	94	–	0.714	8.4
P01	保定学院学报	129	0.99	12.7	1.6	21	65	0.008	0.574	≥10
P01	北京大学教育评论	43	0.84	41.5	1.7	8	19	0.160	0.420	≥10
P01	北京工业职业技术学院学报	116	0.97	6.1	1.8	15	51	–	0.500	5.5
P01	比较教育研究	179	0.99	19.0	1.6	24	82	0.080	0.510	6.0
P01	兵团教育学院学报	93	0.98	12.2	2.0	20	41	–	0.473	6.7
P01	昌吉学院学报	139	0.98	10.2	1.5	23	74	0.007	0.597	≥10
P01	成都师范学院学报	279	0.99	10.4	1.5	26	161	–	0.642	8.9
P01	池州学院学报	255	0.98	9.1	1.6	17	86	0.004	0.663	8.0
P01	重庆第二师范学院学报	155	0.96	12.0	1.5	23	91	0.006	0.542	≥10
P01	创新人才教育	88	0.94	2.4	1.2	15	57	–	0.148	3.9

学科代码	期刊名称	来源文献量	文献选出率	平均引文数	平均作者数	地区分布数	机构分布数	海外论文比	基金论文比	引用半衰期
P01	创新与创业教育	200	0.98	8.9	1.9	27	132	0.005	0.765	4.4
P01	大连大学学报	144	0.95	11.3	2.0	15	50	0.007	0.514	≥10
P01	大连教育学院学报	116	0.94	2.3	1.2	11	62	–	0.164	6.3
P01	大连民族大学学报	149	0.99	9.8	2.6	12	30	0.007	0.805	8.0
P01	当代继续教育	107	0.99	10.5	1.6	25	69	–	0.514	7.1
P01	当代教师教育	58	0.94	13.4	1.7	14	28	0.052	0.500	9.6
P01	当代教育科学	282	0.99	11.3	1.4	28	150	0.004	0.560	9.5
P01	当代教育理论与实践	357	1.00	7.3	2.1	23	143	–	0.751	6.1
P01	当代教育论坛	96	0.96	11.6	1.6	18	60	–	0.719	6.3
P01	当代教育实践与教学研究(电子刊)	9561	1.00	3.0	1.3	31	4612	0.005	0.178	4.7
P01	当代教育与文化	117	0.98	13.5	1.4	25	55	0.026	0.658	9.9
P01	地理教育	309	0.95	1.0	1.5	30	227	0.003	0.065	5.4
P01	电化教育研究	224	0.95	19.9	2.6	24	78	0.004	0.817	4.6
P01	鄂州大学学报	219	1.00	6.2	1.3	28	134	0.009	0.397	7.1
P01	发现	1768	0.98	2.1	1.1	31	1275	0.003	0.032	4.8
P01	纺织服装教育	139	0.99	4.8	2.4	19	58	–	0.784	4.4
P01	福建教育学院学报	527	0.97	4.4	1.2	22	381	0.019	0.321	5.4
P01	复旦教育论坛	95	0.92	20.0	1.9	15	50	0.032	0.705	7.6
P01	工业和信息化教育	212	1.00	6.6	2.3	26	106	0.014	0.642	4.4
P01	广东第二师范学院学报	105	1.00	13.9	1.6	10	41	0.010	0.524	≥10
P01	广西教育学院学报	246	0.98	7.1	1.4	25	131	–	0.512	8.0
P01	贵州教育	363	0.90	0.1	1.1	13	274	0.017	0.014	7.5
P01	贵州师范学院学报	192	1.00	13.3	1.9	25	80	0.010	0.589	9.2
P01	哈尔滨学院学报	407	0.99	10.4	1.3	29	198	–	0.317	≥10
P01	海南热带海洋学院学报	130	0.96	17.5	2.1	24	69	0.015	0.569	≥10
P01	航海教育研究	99	0.96	7.3	2.5	12	26	–	0.646	4.2
P01	河北教育(教学版)	133	0.50	–	1.1	3	104	–	–	–
P01	河北教育(综合版)	129	0.45	–	1.1	5	106	–	0.062	–
P01	河北农业大学学报(农林教育版)	158	0.94	9.3	3.1	18	56	–	0.829	4.3
P01	河北师范大学学报(教育科学版)	137	0.96	13.4	1.5	24	82	0.010	0.580	≥10
P01	河西学院学报	134	0.94	12.8	1.8	17	67	0.022	0.515	≥10
P01	黑河教育	511	0.96	3.1	1.0	17	273	0.059	0.041	6.2
P01	黑河学院学报	1265	0.99	3.6	1.2	30	488	0.028	0.427	4.9

学科代码	期刊名称	来源文献量	文献选出率	平均引文数	平均作者数	地区分布数	机构分布数	海外论文比	基金论文比	引用半衰期
P01	黑龙江工业学院学报(综合版)	390	0.97	9.8	1.5	27	175	0.005	0.503	8.1
P01	黑龙江教育(理论与实践)	465	1.00	3.2	1.6	27	227	–	0.449	5.6
P01	黑龙江教育学院学报	620	0.99	5.8	1.3	31	397	0.005	0.465	5.5
P01	呼伦贝尔学院学报	214	0.96	8.7	1.4	23	80	0.009	0.374	7.8
P01	湖北工业职业技术学院学报	162	0.98	5.3	1.7	23	84	–	0.512	6.1
P01	湖南大众传媒职业技术学院学报	187	0.97	5.7	1.2	21	85	–	0.364	7.2
P01	湖南师范大学教育科学学报	119	0.98	17.8	1.5	20	62	0.080	0.610	≥10
P01	华东师范大学学报(教育科学版)	99	0.86	19.8	1.7	14	49	0.140	0.510	9.6
P01	华文教学与研究	42	1.00	31.0	1.5	12	25	0.071	0.690	≥10
P01	华夏教师	1806	0.98	1.5	1.1	30	1348	0.009	0.032	4.4
P01	化学教育	424	0.99	11.0	2.8	30	273	0.002	0.601	6.7
P01	吉林省教育学院学报	646	0.99	6.4	1.5	30	359	0.002	0.503	6.7
P01	集美大学学报	94	0.94	12.7	2.0	17	43	–	0.798	6.7
P01	继续教育	331	0.97	5.6	2.3	25	190	–	0.381	5.2
P01	继续教育研究	454	1.00	5.9	1.3	29	299	–	0.868	5.1
P01	佳木斯职业学院学报	4051	1.00	4.2	1.2	31	1226	0.004	0.245	6.5
P01	江西教育	1593	0.85	0.3	1.1	29	1115	–	0.016	4.3
P01	江西科技师范大学学报	123	1.00	12.5	1.8	15	62	0.008	0.780	≥10
P01	教师	3456	0.98	1.4	1.1	31	2535	0.029	0.087	4.8
P01	教师博览(科研版)	502	0.99	3.0	1.1	18	391	–	0.072	4.3
P01	教师发展研究	69	0.93	16.3	1.3	21	46	0.029	0.565	≥10
P01	教师教育论坛	274	0.94	6.5	1.4	27	177	0.022	0.420	5.9
P01	教书育人(教师新概念)	830	0.98	–	1.0	27	628	–	0.027	–
P01	教学管理与教育研究	1181	0.84	3.1	1.1	29	964	0.005	0.046	3.4
P01	教学与研究	159	0.98	19.8	1.4	24	76	0.010	0.490	≥10
P01	教育测量与评价	122	0.90	10.4	1.8	24	75	0.033	0.475	6.4
P01	教育导刊(上半月)	227	0.95	10.4	1.6	29	132	0.009	0.498	7.2
P01	教育导刊(下半月)	295	0.95	6.9	1.5	29	196	0.007	0.373	6.9
P01	教育发展研究	278	0.66	15.9	1.6	23	117	0.010	0.640	8.5
P01	教育观察(上半月)	700	0.99	5.0	1.7	30	381	0.001	0.597	5.3
P01	教育观察(下半月)	810	0.99	3.9	1.2	29	556	0.001	0.211	5.8
P01	教育教学论坛	6588	1.00	4.1	2.3	31	1796	0.002	0.596	5.7
P01	教育界	2710	0.98	3.1	1.2	31	1773	0.002	0.126	4.7

学科代码	期刊名称	来源文献量	文献选出率	平均引文数	平均作者数	地区分布数	机构分布数	海外论文比	基金论文比	引用半衰期
P01	教育科学	84	0.98	16.2	1.6	20	51	0.040	0.670	7.0
P01	教育科学论坛	878	0.97	2.3	1.5	25	499	0.001	0.158	5.7
P01	教育科学研究	197	0.90	12.8	1.5	30	83	0.051	0.614	9.3
P01	教育评论	496	1.00	7.4	1.4	31	281	0.006	0.649	6.3
P01	教育生物学杂志	29	0.76	22.8	3.7	8	15	–	0.483	7.7
P01	教育实践与研究	659	0.93	1.7	1.2	29	497	0.002	0.065	7.2
P01	教育探索	166	0.97	9.7	1.6	27	124	–	0.735	4.9
P01	教育文化论坛	168	0.93	11.9	1.5	27	97	–	0.577	9.2
P01	教育现代化	6555	1.00	4.9	1.7	31	2885	0.002	0.370	4.7
P01	教育信息技术	271	0.91	5.4	1.4	13	161	–	0.646	4.8
P01	教育学报	84	0.85	27.3	1.9	17	34	0.070	0.680	≥10
P01	教育学术月刊	159	0.94	21.3	1.7	27	104	0.025	0.717	9.0
P01	教育研究	250	0.94	14.0	1.7	25	110	0.020	0.640	9.0
P01	教育研究与评论	128	0.91	5.5	1.1	12	78	0.008	0.125	≥10
P01	教育研究与实验	101	1.00	14.5	1.8	18	45	0.010	0.710	9.1
P01	教育艺术	840	0.96	0.1	1.0	30	658	0.007	0.021	5.1
P01	教育与教学研究	238	0.98	10.1	1.7	28	142	–	0.706	7.3
P01	教育与考试	95	0.97	13.6	1.3	19	58	0.032	0.421	≥10
P01	金融理论探索	65	0.88	16.2	1.7	21	48	–	0.492	6.5
P01	金融理论与教学	179	0.98	6.4	1.6	24	84	0.011	0.525	5.0
P01	荆楚理工学院学报	94	0.98	11.6	1.9	18	63	–	0.543	7.8
P01	开封大学学报	104	1.00	7.2	1.3	14	36	–	0.413	8.1
P01	凯里学院学报	278	0.97	8.5	1.9	20	108	0.004	0.540	8.9
P01	考试与评价	2363	0.99	2.1	1.1	31	1522	0.010	0.028	5.4
P01	考试周刊	17631	0.99	2.7	1.1	31	8957	0.004	0.069	4.3
P01	科教导刊	3215	0.99	5.2	1.6	31	1420	0.002	0.390	5.5
P01	科教导刊–电子版(上旬)	2286	1.00	2.7	1.3	31	1423	0.002	0.090	5.0
P01	科教导刊–电子版(下旬)	2141	1.00	2.8	1.3	31	1385	0.001	0.110	5.3
P01	科教导刊–电子版(中旬)	2138	1.00	2.8	1.3	31	1322	0.000	0.109	5.2
P01	科教文汇	2955	0.98	5.2	1.6	31	1419	0.002	0.402	6.3
P01	课程教材教学研究(教育研究)	244	0.94	–	1.1	12	218	0.004	–	–
P01	课程教材教学研究(小教研究)	227	0.76	–	1.1	14	190	–	–	–
P01	课程教材教学研究(中教研究)	201	0.74	–	1.0	12	153	–	–	–

学科代码	期刊名称	来源文献量	文献选出率	平均引文数	平均作者数	地区分布数	机构分布数	海外论文比	基金论文比	引用半衰期
P01	昆明学院学报	145	0.92	15.6	2.7	22	71	0.007	0.572	9.6
P01	历史教学	156	0.91	10.6	1.3	21	119	–	0.308	≥10
P01	历史教学问题	140	0.90	34.6	1.2	21	80	0.030	0.290	≥10
P01	辽宁教育	916	0.96	0.8	1.1	26	577	0.001	0.047	7.6
P01	辽宁教育行政学院学报	151	0.99	9.1	1.4	22	80	–	0.623	7.5
P01	临沂大学学报	99	1.00	13.2	1.2	22	59	0.030	0.414	≥10
P01	领导科学论坛	368	0.94	5.8	1.2	28	256	0.003	0.296	6.2
P01	龙岩学院学报	148	0.93	11.6	2.1	15	61	0.014	0.608	9.5
P01	陇东学院学报	194	1.00	13.1	1.7	18	57	0.005	0.418	9.4
P01	逻辑学研究	39	0.95	22.9	1.2	11	26	0.333	0.436	≥10
P01	美术教育研究	2932	0.85	2.9	1.1	31	1412	0.003	0.211	6.4
P01	美育学刊	105	1.00	13.0	1.2	21	68	0.019	0.324	≥10
P01	民族教育研究	127	0.94	13.5	1.8	25	67	0.010	0.650	9.8
P01	牡丹江大学学报	729	1.00	8.0	1.4	31	357	0.005	0.481	≥10
P01	牡丹江教育学院学报	262	0.96	7.1	1.4	28	195	–	0.645	7.5
P01	南昌教育学院学报	235	1.00	5.7	1.3	28	152	0.004	0.404	6.7
P01	内蒙古电大学刊	186	0.99	6.3	1.4	28	97	0.005	0.441	6.6
P01	内蒙古师范大学学报(教育科学版)	448	0.97	8.9	1.6	30	225	0.002	0.634	7.9
P01	宁波大学学报(教育科学版)	151	0.97	12.5	1.9	22	67	–	0.762	8.6
P01	宁波教育学院学报	220	1.00	6.6	1.2	24	147	0.005	0.464	6.3
P01	平顶山学院学报	150	1.00	12.4	1.5	24	85	–	0.460	≥10
P01	普洱学院学报	295	0.99	5.2	1.4	20	146	0.010	0.376	6.3
P01	齐鲁师范学院学报	162	0.96	9.6	1.4	23	81	0.006	0.463	9.0
P01	青海教育	446	0.88	0.6	1.0	12	245	0.002	0.020	4.8
P01	清华大学教育研究	98	0.98	22.4	1.9	17	49	0.080	0.460	9.6
P01	全球教育展望	133	0.96	21.5	1.6	17	55	0.140	0.530	≥10
P01	人民教育	357	0.71	0.7	1.3	22	256	0.011	0.109	7.2
P01	软件导刊·教育技术	432	0.99	5.8	1.9	29	276	–	0.470	4.7
P01	三明学院学报	102	0.90	13.1	2.1	11	37	–	0.608	9.3
P01	厦门城市职业学院学报	72	0.89	8.1	1.3	14	42	0.028	0.583	3.0
P01	陕西学前师范学院学报	379	0.99	10.4	1.5	27	151	0.003	0.512	8.2
P01	商洛学院学报	129	0.98	11.9	1.7	13	26	0.008	0.682	6.8
P01	上海教育科研	262	0.90	6.4	1.4	22	188	0.011	0.355	8.1

学科代码	期刊名称	来源文献量	文献选出率	平均引文数	平均作者数	地区分布数	机构分布数	海外论文比	基金论文比	引用半衰期
P01	设计艺术	102	0.86	9.1	1.3	20	65	0.010	0.353	≥10
P01	设计艺术研究	125	0.95	9.9	1.6	19	57	0.048	0.440	9.2
P01	石家庄学院学报	167	0.98	16.3	1.8	22	102	–	0.599	≥10
P01	时代教育	4462	0.99	2.9	1.3	31	2812	0.004	0.168	4.4
P01	世界教育信息	686	0.93	3.0	1.3	24	149	0.224	0.108	3.4
P01	数码世界	2843	1.00	2.9	1.3	31	1394	0.004	0.070	3.9
P01	双语教育研究	37	0.90	17.0	1.6	7	20	–	0.838	≥10
P01	思想理论教育导刊	419	0.90	6.0	1.4	28	203	0.000	0.450	4.8
P01	思想政治教育研究	191	0.99	10.3	1.5	23	108	0.010	0.885	5.2
P01	思想政治课研究	199	0.99	5.2	1.2	25	147	–	0.422	5.7
P01	四川教育	301	0.85	–	1.1	9	245	–	–	–
P01	四川民族学院学报	117	0.99	12.3	1.2	20	67	–	0.436	≥10
P01	四川文理学院学报	200	1.00	9.0	1.5	20	68	–	0.560	9.4
P01	苏州大学学报(教育科学版)	76	1.00	16.7	1.4	19	47	0.053	0.539	≥10
P01	苏州教育学院学报	99	0.90	18.9	1.3	18	62	0.030	0.384	≥10
P01	绥化学院学报	519	0.99	8.6	1.6	28	224	0.006	0.559	7.5
P01	太原学院学报(自然科学版)	73	1.00	8.2	1.5	10	32	0.027	0.356	6.9
P01	唐山学院学报	110	0.98	11.2	1.5	18	63	–	0.455	≥10
P01	天津教育	285	0.79	–	1.1	10	192	–	0.018	–
P01	天津师范大学学报(基础教育版)	60	0.97	12.4	1.7	21	43	0.017	0.850	6.2
P01	天津市教科院学报	187	0.98	4.9	1.3	25	129	0.011	0.348	6.3
P01	天津职业技术师范大学学报	66	0.90	10.1	2.7	5	8	–	0.803	5.6
P01	铜仁学院学报	312	0.99	10.5	1.8	26	123	0.013	0.538	≥10
P01	外国教育研究	117	0.90	23.4	1.7	21	60	0.030	0.620	6.6
P01	潍坊工程职业学院学报	141	0.98	8.5	1.4	24	104	–	0.404	8.2
P01	文教资料	3600	1.00	6.0	1.3	31	1476	0.001	0.362	7.8
P01	文山学院学报	153	1.00	11.0	1.8	17	57	0.007	0.490	≥10
P01	梧州学院学报	117	0.97	8.1	1.5	13	57	0.009	0.684	6.1
P01	武夷学院学报	264	1.00	9.9	1.7	19	93	0.011	0.561	7.6
P01	物理教师	391	1.00	3.5	1.6	29	290	0.013	0.286	6.0
P01	物理教学	319	1.00	3.6	1.5	26	218	0.006	0.160	5.8
P01	西部素质教育	4907	0.99	3.5	1.3	31	2701	0.003	0.253	4.3
P01	西藏教育	234	0.90	1.9	1.4	17	120	–	0.269	7.0

学科代码	期刊名称	来源文献量	文献选出率	平均引文数	平均作者数	地区分布数	机构分布数	海外论文比	基金论文比	引用半衰期
P01	现代大学教育	89	0.90	32.0	1.7	20	58	0.034	0.764	9.6
P01	现代教育管理	261	0.97	9.8	1.7	26	143	–	0.862	5.9
P01	现代教育技术	218	0.96	12.2	2.5	26	117	0.023	0.812	6.0
P01	现代教育论丛	86	0.96	13.9	1.7	21	58	0.023	0.605	9.6
P01	现代远程教育研究	77	0.99	22.3	2.4	15	32	0.013	0.844	6.1
P01	现代远距离教育	59	0.97	19.9	2.5	21	32	–	0.898	5.2
P01	新疆教育学院学报	89	0.94	6.6	1.4	19	54	–	0.427	7.3
P01	新余学院学报	233	0.97	8.9	1.7	23	127	0.004	0.498	8.0
P01	邢台学院学报	220	1.00	7.3	1.6	27	105	–	0.586	7.6
P01	宿州教育学院学报	515	1.00	4.7	1.2	29	361	–	0.334	5.0
P01	许昌学院学报	197	0.98	12.8	1.5	23	88	0.005	0.574	≥10
P01	学理论	1275	0.99	5.9	1.4	31	562	0.003	0.492	7.3
P01	延边教育学院学报	277	1.00	3.9	1.2	21	164	0.004	0.195	6.6
P01	扬州大学学报(高教研究版)	119	0.95	10.6	1.6	21	73	–	0.714	6.4
P01	扬州教育学院学报	95	0.97	6.3	1.5	9	30	0.011	0.389	7.4
P01	药学教育	127	0.97	9.8	3.6	21	60	–	0.764	4.9
P01	医学教育管理	109	0.97	8.7	3.8	11	43	–	0.688	4.3
P01	宜宾学院学报	228	1.00	14.5	1.7	24	116	0.004	0.518	≥10
P01	艺术设计研究	78	0.92	21.2	1.3	12	33	0.038	0.564	≥10
P01	英语教师	838	0.94	4.6	1.2	30	618	0.004	0.212	7.1
P01	语文学刊	152	0.97	12.9	1.2	23	115	0.053	0.421	≥10
P01	语文学习	296	0.83	1.1	1.0	23	189	0.003	0.020	9.5
P01	远程教育杂志	68	0.97	31.4	2.7	15	41	0.015	0.956	3.4
P01	运城学院学报	129	0.94	11.3	1.7	18	45	–	0.504	≥10
P01	枣庄学院学报	143	0.99	13.5	1.7	23	79	–	0.503	≥10
P01	长沙大学学报	230	1.00	9.4	1.7	24	134	0.009	0.748	7.6
P01	昭通学院学报	163	0.96	8.7	1.5	23	86	0.012	0.393	≥10
P01	浙江传媒学院学报	145	0.94	14.1	1.2	20	62	0.007	0.428	9.5
P01	浙江外国语学院学报	89	0.97	22.3	1.3	19	55	0.011	0.663	≥10
P01	政治思想史	40	0.82	55.8	1.1	11	28	0.100	0.325	–
P01	职大学报	168	0.93	7.5	1.3	24	95	0.012	0.310	≥10
P01	职教通讯	797	0.96	5.1	1.4	26	337	0.001	0.596	4.8
P01	中国地质教育	94	0.96	9.4	3.5	21	47	–	0.777	6.5

学科代码	期刊名称	来源文献量	文献选出率	平均引文数	平均作者数	地区分布数	机构分布数	海外论文比	基金论文比	引用半衰期
P01	中国电化教育	252	0.95	18.9	2.6	25	109	0.012	0.702	4.2
P01	中国电力教育	224	0.69	–	2.1	27	146	–	0.134	–
P01	中国教育技术装备	1634	1.00	4.3	1.8	29	949	0.001	0.340	4.5
P01	中国教育网络	193	0.41	0.6	1.8	18	86	0.047	0.005	5.4
P01	中国教育信息化 · 基础教育	322	1.00	8.2	2.2	28	214	–	0.677	4.6
P01	中国教育学刊	882	0.99	2.7	1.2	30	487	0.001	0.143	6.7
P01	中国考试	134	0.99	9.4	1.7	16	71	0.022	0.366	5.6
P01	中国林业教育	115	0.95	7.5	2.9	16	25	–	0.722	5.4
P01	中国农业教育	99	0.96	9.3	2.3	19	38	–	0.667	4.5
P01	中国轻工教育	132	0.95	7.2	2.2	15	47	–	0.712	4.7
P01	中国特殊教育	197	0.94	24.4	2.5	23	92	0.020	0.560	7.6
P01	中国现代教育装备	671	0.98	5.2	2.1	30	419	0.009	0.434	5.2
P01	中国校外教育(上旬刊)	1451	0.99	2.6	1.1	31	1101	–	0.033	4.4
P01	中国冶金教育	237	0.97	8.5	3.1	19	66	–	0.612	5.1
P01	中国音乐教育	122	0.85	3.7	1.1	19	77	0.008	0.115	≥10
P01	中国远程教育(综合版)	119	0.85	21.5	2.3	20	60	0.109	0.630	5.2
P01	中外交流	20534	1.00	2.5	1.1	31	11402	0.006	0.029	4.5
P01	中文信息	3361	1.00	3.2	1.2	31	2008	0.003	0.060	4.4
P01	中医教育	154	0.95	5.5	3.9	25	56	–	0.682	5.2
P01	中州大学学报	159	0.98	10.1	1.4	19	84	–	0.491	9.5
P03	北京教育(高教版)	308	0.93	3.9	1.7	13	81	–	0.328	5.5
P03	北京教育(普教版)	606	0.86	0.1	1.2	16	306	0.005	0.050	≥10
P03	初中生	244	0.30	–	1.0	18	158	0.004	–	–
P03	初中生世界(八年级)	212	0.52	–	1.0	9	125	–	0.005	–
P03	初中生世界(初中教学研究)	323	0.83	0.3	1.0	6	228	–	0.056	6.1
P03	初中生世界(九年级)	189	0.63	–	1.0	5	107	0.005	–	–
P03	初中生世界(七年级)	218	0.47	0.0	1.0	4	136	0.005	–	–
P03	创新作文(初中版)	256	0.51	–	1.0	23	171	0.008	–	–
P03	创新作文(小学 1、2 年级)	162	0.56	–	1.0	16	117	–	–	–
P03	地理教学	490	0.97	2.4	1.4	27	289	0.004	0.116	6.2
P03	都市家教(上半月)	4155	1.00	2.1	1.1	31	3008	0.005	0.048	4.6
P03	都市家教(下半月)	4156	1.00	2.1	1.1	31	3108	0.010	0.039	4.5
P03	读写算(小学高年级版)	114	0.37	–	1.0	16	81	–	–	–

学科代码	期刊名称	来源文献量	文献选出率	平均引文数	平均作者数	地区分布数	机构分布数	海外论文比	基金论文比	引用半衰期
P03	读写算(小学中年级版)	98	0.30	–	1.0	14	80	–	–	–
P03	读写算–素质教育论坛	2897	1.00	0.7	1.1	29	1718	0.002	0.019	5.5
P03	读与写	8210	0.99	1.3	1.0	31	4725	0.003	0.015	4.5
P03	儿童大世界(上半月)	178	0.99	0.9	1.2	3	158	–	–	9.5
P03	儿童大世界(下半月)	2717	0.99	1.3	1.0	30	1996	0.012	0.006	4.0
P03	福建基础教育研究	684	1.00	3.4	1.1	13	443	0.045	0.231	5.3
P03	福建中学数学	256	0.97	1.5	1.2	20	183	0.031	0.199	5.2
P03	甘肃高师学报	281	0.96	7.9	1.8	17	48	–	0.480	9.8
P03	高师理科学刊	335	0.97	10.6	3.0	29	160	0.006	0.770	6.0
P03	高校后勤研究	302	0.99	4.2	1.8	24	148	–	0.262	5.0
P03	高中生之友(高考版)	185	0.90	–	1.1	14	103	–	–	–
P03	高中生之友(青春版)	115	0.33	–	1.3	12	64	–	–	–
P03	高中数理化	999	0.98	–	1.2	29	620	0.001	0.014	–
P03	广东第二课堂(小学生版)	145	0.44	–	1.0	8	102	0.014	–	–
P03	广东教育(高中版)	265	0.95	0.0	1.1	19	155	0.008	0.008	3.8
P03	广东教育(综合版)	329	0.70	0.1	1.1	9	267	–	0.070	8.5
P03	广西教育(义务教育)	952	0.95	0.3	1.0	15	648	–	0.056	4.7
P03	广西教育(中等教育)	1041	0.96	3.0	1.2	14	363	–	0.165	4.5
P03	河北理科教学研究	83	0.97	1.3	1.3	18	61	0.012	0.084	6.9
P03	河南教育(基教版)	432	0.85	–	1.1	23	357	–	0.046	–
P03	黑龙江教育(小学)	332	0.90	–	1.1	12	204	–	0.018	–
P03	湖北教育(教育教学)	533	0.94	–	1.2	18	345	0.004	0.030	–
P03	湖北教育(科学课)	346	0.95	–	1.2	22	291	–	0.046	–
P03	湖北教育(政务宣传)	425	0.75	–	1.3	10	261	0.002	0.021	–
P03	湖南教育 A	247	0.63	–	1.2	11	186	–	0.040	–
P03	湖南教育 B	239	0.56	0.1	1.1	14	191	–	0.017	≥10
P03	湖南教育 C	284	0.63	0.1	1.1	8	222	0.004	0.063	≥10
P03	化学教学	279	0.97	6.8	1.8	25	193	–	0.366	5.7
P03	化学教与学	396	1.00	3.8	1.5	23	302	–	0.250	5.8
P03	基础教育	79	0.95	18.8	1.7	14	29	0.013	0.810	9.8
P03	基础教育参考	737	0.92	0.7	1.2	27	558	0.005	0.098	6.2
P03	家教世界・现代幼教	349	0.96	0.9	1.2	21	209	0.006	0.074	6.7
P03	江苏高教	307	0.97	9.8	1.5	25	145	0.000	0.600	7.1

学科代码	期刊名称	来源文献量	文献选出率	平均引文数	平均作者数	地区分布数	机构分布数	海外论文比	基金论文比	引用半衰期
P03	江苏教育(教育管理版)	355	0.93	0.1	1.1	8	261	–	0.062	6.2
P03	江苏教育(小学教学版)	373	0.93	1.0	1.0	8	255	–	0.051	6.2
P03	江苏教育(中学教学版)	391	0.94	1.5	1.1	13	238	–	0.146	6.3
P03	教书育人(校长参考)	623	0.95	–	1.1	27	500	0.002	0.019	–
P03	教学研究	142	1.00	11.3	2.0	24	88	–	0.690	6.5
P03	教学与管理(理论版)	460	0.98	6.7	1.4	30	273	0.002	0.522	7.1
P03	教学与管理(小学版)	319	0.98	2.1	1.1	28	260	0.006	0.179	5.7
P03	教学与管理(中学版)	339	0.99	4.8	1.3	28	266	0.003	0.375	6.3
P03	教学月刊(小学版)数学	204	0.96	1.4	1.2	15	168	–	0.078	5.7
P03	教学月刊(小学版)语文	239	0.97	1.1	1.1	14	186	–	0.013	5.1
P03	教学月刊(小学版)综合	221	0.97	1.6	1.1	12	179	–	0.027	5.8
P03	教学月刊・中学版(教学参考)	184	0.99	2.9	1.2	15	168	–	0.147	5.6
P03	教学月刊・中学版(语文教学)	197	0.92	1.4	1.1	16	170	–	0.061	6.6
P03	教学月刊・中学版(政治教学)	214	0.93	1.0	1.1	23	174	0.005	0.112	4.0
P03	教育研究与评论(小学教育教学版)	252	0.85	1.7	1.1	6	193	–	0.075	5.2
P03	教育研究与评论(中学教育教学版)	243	0.85	2.7	1.1	15	170	–	0.263	7.4
P03	课程・教材・教法	230	0.97	13.3	1.6	29	112	0.020	0.520	9.9
P03	课程教学研究	270	0.99	6.4	1.3	24	182	0.048	0.315	7.8
P03	课堂内外(小学版)	99	0.43	–	1.0	18	80	–	–	–
P03	课堂内外・创新作文(初中版)	98	0.31	–	1.2	16	49	–	–	–
P03	课堂内外・创新作文(高中版)	234	0.30	–	1.0	25	168	–	–	–
P03	课堂内外・创新作文(小学版)	256	0.71	–	1.0	22	183	0.008	–	–
P03	课堂内外・教师版	783	0.97	1.5	1.1	26	572	0.001	0.011	4.2
P03	理科考试研究(初中版)	324	0.98	1.7	1.1	24	222	–	0.077	3.7
P03	理科考试研究(高中版)	332	0.97	1.5	1.1	23	184	0.015	0.081	4.3
P03	七彩语文(教师论坛)	426	0.95	0.0	1.1	20	313	–	0.012	5.5
P03	陕西教育(教学)	714	0.96	–	1.0	17	505	–	0.015	–
P03	上海中学数学	210	0.95	2.1	1.3	15	170	–	0.081	5.1
P03	生物学教学	515	0.97	2.4	1.5	28	384	0.002	0.299	7.5
P03	师道・教研	1525	1.00	0.1	1.0	14	1042	–	0.044	4.3
P03	师道・人文	320	0.71	0.1	1.0	24	218	–	0.022	6.8
P03	数理化学习(初中版)	222	0.95	1.5	1.1	21	126	–	0.063	3.7
P03	数理化学习(高一二版)	252	0.95	1.7	1.2	22	154	–	0.079	4.4

学科代码	期刊名称	来源文献量	文献选出率	平均引文数	平均作者数	地区分布数	机构分布数	海外论文比	基金论文比	引用半衰期
P03	数理化学习(教育理论)	580	0.98	3.1	1.0	27	421	–	0.033	3.6
P03	数学建模及其应用	42	0.93	13.5	3.1	11	32	0.048	0.429	8.7
P03	速读(上旬)	3429	1.00	2.3	1.1	31	2396	0.002	0.034	4.7
P03	速读(下旬)	3417	1.00	2.3	1.1	31	2401	0.005	0.028	4.9
P03	速读(中旬)	3386	1.00	2.3	1.1	31	2359	0.007	0.030	4.7
P03	外国中小学教育	135	0.97	15.3	1.6	19	50	0.010	0.520	6.1
P03	文理导航・教育研究与实践	3086	0.99	1.5	1.0	31	2096	0.001	0.019	5.4
P03	现代中小学教育	292	1.00	6.8	1.5	26	215	0.003	0.507	6.5
P03	小学教学参考	2604	0.98	0.3	1.0	27	1617	–	0.013	5.2
P03	小学教学设计(语文)	225	0.95	–	1.3	22	201	–	0.013	–
P03	小学教学研究(教学版)	363	0.95	1.6	1.1	14	264	–	0.033	5.7
P03	小学教学研究(理论版)	619	0.97	1.4	1.1	13	437	–	0.013	5.6
P03	小学科学(教师版)	2264	1.00	–	1.0	31	1434	0.000	0.014	–
P03	小学生时代	91	0.33	–	1.0	5	82	–	–	–
P03	小学生之友(高)	89	0.36	–	1.0	11	69	–	–	–
P03	小学生作文辅导	1042	0.98	1.4	1.0	21	686	–	0.006	3.3
P03	小学生作文辅导(读写双赢)	1087	0.98	1.1	1.0	24	707	–	0.007	2.8
P03	新高考(高二数学)	155	0.68	–	1.1	8	74	–	–	–
P03	新高考(高一数学)	166	0.61	–	1.1	7	83	–	–	–
P03	新教师	545	0.96	0.1	1.1	23	403	0.028	0.037	≥10
P03	新课程・上旬	5649	1.00	1.8	1.0	30	4038	0.001	0.052	4.2
P03	新课程・下旬	5823	1.00	2.0	1.0	31	3502	0.005	0.045	4.4
P03	新课程・小学	6309	1.00	1.9	1.0	31	4716	0.001	0.003	4.0
P03	新课程・中学	5844	1.00	2.0	1.0	31	4219	0.003	0.011	4.3
P03	新课程・中旬	5955	1.00	1.9	1.0	31	4477	0.002	0.037	3.8
P03	新课程导学	3389	0.99	1.4	1.0	30	1924	0.002	0.018	4.2
P03	新课程研究(上旬)	658	0.92	2.6	1.2	29	481	0.003	0.170	4.9
P03	新课程研究(下旬)	788	0.91	3.2	1.1	30	658	–	0.105	4.3
P03	新课程研究(中旬-单)	347	0.96	4.4	1.5	30	280	0.003	0.499	4.7
P03	新课程研究(中旬-双)	341	0.96	4.6	1.6	31	275	–	0.531	4.6
P03	新校园(上旬刊)	1820	1.00	3.0	1.4	30	919	0.001	0.231	4.2
P03	新校园(中旬刊)	2100	1.00	2.0	1.0	31	1601	0.003	0.039	3.5
P03	新一代	4397	0.99	1.7	1.1	31	2567	0.003	0.062	3.8

学科代码	期刊名称	来源文献量	文献选出率	平均引文数	平均作者数	地区分布数	机构分布数	海外论文比	基金论文比	引用半衰期
P03	新作文(初中版)	319	0.71	–	1.0	19	198	–	–	–
P03	新作文(高中版)	292	0.67	–	1.0	21	184	–	–	–
P03	新作文(小学作文创新教学)	206	0.87	0.1	1.1	17	153	–	0.010	2.8
P03	学前教育研究	113	0.90	20.8	2.1	23	92	0.040	0.920	7.6
P03	幼儿教育・教育教学	240	0.80	0.2	1.1	15	153	0.004	0.054	6.2
P03	幼儿教育・教育科学	136	0.96	10.0	2.1	21	63	0.088	0.478	9.5
P03	幼儿教育研究	115	0.99	2.9	1.1	9	81	0.017	0.348	5.9
P03	语文天地(高中版)	664	1.00	–	1.0	29	433	0.005	0.029	–
P03	语文天地(小教版)	1025	1.00	–	1.0	26	768	0.002	0.015	–
P03	早期教育(家教版)	121	0.80	–	1.1	9	79	0.058	–	–
P03	早期教育(教师版)	294	0.96	0.4	1.2	19	245	0.007	0.048	6.0
P03	早期教育(美术版)	194	0.81	0.1	1.2	18	141	0.005	0.026	8.8
P03	中等数学	127	0.93	0.9	1.0	21	46	–	0.016	4.8
P03	中国民族教育	275	0.72	0.9	1.2	27	207	0.004	0.084	6.8
P03	中国数学教育(初中版)	164	0.97	3.2	1.4	21	145	–	0.195	5.0
P03	中国数学教育(高中版)	178	0.97	3.0	1.4	27	135	–	0.174	4.8
P03	中国校外教育(中旬刊)	1607	0.99	2.4	1.1	31	1189	–	0.022	4.0
P03	中小学管理	239	0.79	1.3	1.4	28	170	0.013	0.297	6.2
P03	中小学教师培训	227	0.99	7.3	1.6	25	155	–	0.630	5.6
P03	中小学教学研究	264	0.97	3.3	1.1	18	237	0.023	0.140	6.2
P03	中小学实验与装备	194	0.97	–	1.2	19	148	–	0.129	–
P03	中小学外语教学(中学)	139	0.99	9.9	1.3	19	121	–	0.281	6.1
P03	中小学校长	261	0.95	0.5	1.2	28	232	–	0.061	7.5
P03	中小学信息技术教育	304	0.70	2.4	1.4	24	236	0.016	0.079	4.5
P03	中小学英语教学与研究	221	0.95	8.0	1.2	22	178	–	0.213	7.2
P03	中学地理教学参考	366	0.96	1.4	1.4	29	251	–	0.090	5.3
P03	中学化学教学参考	272	0.96	2.8	1.6	23	197	–	0.213	5.9
P03	中学教学参考	2733	0.99	0.9	1.1	31	1731	0.001	0.069	5.5
P03	中学教研(数学)	166	0.98	2.1	1.3	15	130	–	0.133	3.7
P03	中学课程辅导(教师通讯)	2161	0.99	1.7	1.0	30	1254	0.001	0.040	3.9
P03	中学课程辅导(教学研究)	7010	1.00	1.6	1.0	31	4206	0.002	0.022	5.1
P03	中学课程资源	367	0.96	3.0	1.1	19	243	0.003	0.068	4.6
P03	中学理科园地	161	1.00	1.9	1.1	7	124	0.056	0.224	5.3

学科代码	期刊名称	来源文献量	文献选出率	平均引文数	平均作者数	地区分布数	机构分布数	海外论文比	基金论文比	引用半衰期
P03	中学生天地(A 版)	99	0.37	–	1.0	9	76	0.030	–	–
P03	中学生天地(C 版)	101	0.40	0.2	1.0	5	55	0.010	–	–
P03	中学生物学	401	0.99	2.0	1.3	27	289	–	0.177	6.1
P03	中学数学	863	0.97	2.2	1.1	26	580	–	0.087	3.5
P03	中学数学教学	174	0.97	1.3	1.3	21	133	–	0.098	5.5
P03	中学数学教学参考	261	0.97	2.0	1.2	22	188	–	0.188	5.1
P03	中学数学研究	286	1.00	1.1	1.3	20	178	0.007	0.122	3.6
P03	中学数学月刊	263	0.99	1.2	1.3	19	195	–	0.160	5.8
P03	中学数学杂志(初中版)	149	1.00	2.2	1.4	18	96	–	0.128	5.4
P03	中学数学杂志(高中版)	139	1.00	2.1	1.4	22	110	–	0.173	5.6
P03	中学物理(初中版)	349	0.98	2.2	1.2	27	289	0.003	0.057	5.3
P03	中学物理(高中版)	328	0.98	2.8	1.4	26	245	0.009	0.186	6.4
P03	中学物理教学参考	263	0.94	2.0	1.3	27	220	0.004	0.183	6.0
P03	中学语文教学	273	0.94	2.1	1.1	20	178	0.004	0.117	≥10
P03	中学语文教学参考	374	0.96	0.6	1.1	27	279	–	0.110	5.9
P03	中学政史地(初中适用)	134	0.71	0.0	1.2	17	69	–	0.007	–
P03	中学政史地(高中文综)	140	0.86	–	1.1	19	81	–	0.021	–
P03	中学政史地(教学指导版)	512	0.97	–	1.1	26	396	0.002	0.062	–
P03	中学政治教学参考	431	0.94	0.2	1.1	29	329	–	0.139	2.8
P03	综合实践活动研究	193	0.85	0.1	1.1	20	126	0.005	0.010	9.5
P03	作文(初中)	258	0.47	–	1.0	20	142	–	–	–
P03	作文成功之路(上旬)	1381	1.00	1.5	1.0	29	1003	0.001	0.014	3.9
P03	作文成功之路(下旬)	1383	1.00	1.6	1.0	30	1035	0.001	0.022	4.1
P03	作文成功之路(中旬)	1391	1.00	1.6	1.0	27	1046	0.001	0.014	4.2
P03	作文大王(中高年级)	322	0.83	–	1.0	23	197	0.003	–	–
P03	作文世界(小学版)	180	0.65	–	1.0	20	131	–	–	–
P03	作文新天地(初中版)	223	0.68	–	1.0	19	151	–	–	–
P03	作文新天地(高中版)	153	0.66	–	1.0	10	89	–	–	–
P04	重庆高教研究	96	0.98	15.8	1.7	21	62	0.010	0.823	6.5
P04	大学(研究版)	113	0.74	7.4	1.6	23	81	0.018	0.425	7.7
P04	大学教育	855	1.00	6.6	2.4	31	441	0.001	0.689	5.6
P04	大学教育科学	219	0.97	8.2	1.5	25	147	0.009	0.534	8.1
P04	大学物理实验	230	1.00	8.9	3.5	29	135	–	0.743	6.6

学科代码	期刊名称	来源文献量	文献选出率	平均引文数	平均作者数	地区分布数	机构分布数	海外论文比	基金论文比	引用半衰期
P04	辅导员下旬刊(教学研究)	362	0.84	0.0	1.1	25	238	0.003	0.017	–
P04	高等财经教育研究	76	1.00	9.3	1.6	15	38	–	0.711	6.9
P04	高等工程教育研究	213	0.98	11.8	2.3	21	100	0.010	0.540	7.6
P04	高等继续教育学报	101	0.95	7.9	1.5	23	65	–	0.574	5.7
P04	高等建筑教育	205	1.00	8.1	2.7	27	110	0.005	0.751	6.0
P04	高等教育研究	173	0.89	21.2	1.6	22	80	0.030	0.670	9.8
P04	高等教育研究学报	81	0.99	14.2	2.4	19	41	0.012	0.531	5.1
P04	高等理科教育	121	0.98	13.0	2.2	21	61	–	0.769	6.2
P04	高教发展与评估	88	0.91	14.8	1.8	22	66	0.045	0.534	8.4
P04	高教论坛	408	0.97	5.9	1.8	27	207	0.002	0.757	5.6
P04	高教探索	329	1.00	10.4	1.6	28	190	–	0.635	7.6
P04	高教学刊	1898	1.00	6.3	2.0	31	883	0.003	0.631	4.9
P04	高校辅导员	93	0.89	6.3	1.7	22	60	–	0.548	4.1
P04	高校辅导员学刊	143	0.99	6.0	1.4	24	90	–	0.559	4.9
P04	高校教育管理	103	0.97	15.2	1.7	18	65	0.010	0.883	6.5
P04	高校生物学教学研究(电子版)	59	1.00	8.6	3.6	20	39	–	0.814	4.7
P04	河南教育(高校版)	372	0.70	2.1	1.4	26	164	–	0.401	4.7
P04	黑龙江高教研究	554	0.99	9.7	1.7	30	279	0.004	0.670	5.2
P04	黑龙江教育(高教研究与评估版)	428	0.97	6.1	1.9	31	218	0.002	0.792	5.6
P04	化工高等教育	137	0.95	7.5	3.3	23	61	–	0.664	5.9
P04	教书育人(高教论坛)	548	0.95	5.3	1.8	31	314	–	0.666	6.2
P04	民族高等教育研究	101	0.98	11.6	1.8	23	46	0.020	0.673	7.5
P04	山东高等教育	78	0.89	12.2	1.7	20	51	0.013	0.603	9.0
P04	陕西教育(高教)	507	0.96	5.1	1.3	5	68	–	0.434	6.2
P04	现代教育科学	338	0.99	11.0	1.6	27	198	–	0.541	7.9
P04	学位与研究生教育	171	0.92	11.1	2.4	23	99	0.030	0.430	7.3
P04	研究生教育研究	99	0.93	12.0	2.2	20	61	0.040	0.727	6.5
P04	中国大学教学	223	0.94	6.9	2.0	26	134	0.000	0.280	6.0
P04	中国高等教育	410	0.85	2.3	1.4	27	220	0.002	0.280	4.1
P04	中国高教研究	236	0.83	11.1	1.8	22	116	0.020	0.540	5.2
P04	中国校外教育(下旬刊)	1490	0.99	2.7	1.4	31	1054	0.001	0.156	4.8
P05	安徽广播电视大学学报	111	1.00	12.5	1.7	17	54	–	0.649	9.3
P05	安徽职业技术学院学报	92	0.96	5.6	1.7	14	56	–	0.685	5.1

学科代码	期刊名称	来源文献量	文献选出率	平均引文数	平均作者数	地区分布数	机构分布数	海外论文比	基金论文比	引用半衰期
P05	包头职业技术学院学报	110	0.97	4.9	1.6	16	54	–	0.391	5.1
P05	成人教育	276	1.00	8.1	1.6	28	179	–	0.645	5.5
P05	重庆广播电视大学学报	72	1.00	11.2	1.2	14	41	–	0.500	8.7
P05	滁州职业技术学院学报	126	0.97	5.4	1.4	16	61	–	0.532	6.3
P05	当代职业教育	138	0.99	9.6	1.7	24	98	–	0.667	3.9
P05	福建广播电视大学学报	127	0.95	6.3	1.4	21	63	–	0.362	5.4
P05	阜阳职业技术学院学报	119	1.00	6.4	1.4	15	63	–	0.605	6.2
P05	甘肃广播电视大学学报	122	0.94	12.0	1.4	23	61	–	0.344	≥10
P05	高等职业教育探索	89	0.83	8.1	1.4	20	67	–	0.629	4.7
P05	高等职业教育–天津职业大学学报	123	0.98	7.8	1.6	22	89	–	0.780	4.4
P05	工业技术与职业教育	116	0.99	5.7	1.9	14	46	–	0.647	4.6
P05	广播电视大学学报(哲学社会科学版)	82	0.95	11.1	1.3	20	50	0.012	0.366	≥10
P05	广东教育(职教版)	701	0.95	0.9	1.2	11	248	–	0.141	5.3
P05	广东开放大学学报	120	0.99	12.6	1.4	19	70	–	0.442	≥10
P05	广东职业技术教育与研究	449	1.00	4.1	1.6	16	122	–	0.167	6.0
P05	广西广播电视大学学报	123	0.95	7.0	1.4	18	53	–	0.561	5.2
P05	广西教育(教育时政)	165	0.49	0.1	1.2	7	98	–	0.042	5.8
P05	广州城市职业学院学报	77	0.97	10.1	1.9	8	29	–	0.558	8.2
P05	广州广播电视大学学报	127	0.96	8.5	1.2	20	79	–	0.402	6.9
P05	哈尔滨职业技术学院学报	323	0.98	5.5	1.4	30	198	0.003	0.449	5.2
P05	海南广播电视大学学报	120	0.95	10.2	1.4	20	59	0.008	0.467	9.7
P05	邯郸职业技术学院学报	104	0.97	7.2	1.7	19	59	–	0.346	6.9
P05	河北大学成人教育学院学报	92	0.98	10.5	1.6	15	40	–	0.717	6.3
P05	河北广播电视大学学报	147	1.00	10.4	1.5	23	76	–	0.497	≥10
P05	河北能源职业技术学院学报	140	0.97	4.1	1.3	21	86	–	0.357	5.9
P05	河南广播电视大学学报	106	1.00	6.1	1.2	18	62	–	0.368	7.4
P05	河南教育(职成版)	322	0.82	–	1.1	18	157	0.006	0.109	–
P05	湖北成人教育学院学报	149	0.97	5.6	1.5	20	71	–	0.651	5.4
P05	湖北广播电视大学学报	80	0.91	7.6	1.5	18	55	–	0.625	6.2
P05	湖北函授大学学报	1949	0.99	5.1	1.3	31	807	0.004	0.538	5.4
P05	湖北职业技术学院学报	98	0.96	8.4	1.3	18	54	0.020	0.378	8.3
P05	湖南工业职业技术学院学报	206	0.98	6.6	1.6	24	134	–	0.874	6.0
P05	湖南广播电视大学学报	81	1.00	12.1	1.2	21	47	–	0.395	8.3

学科代码	期刊名称	来源文献量	文献选出率	平均引文数	平均作者数	地区分布数	机构分布数	海外论文比	基金论文比	引用半衰期
P05	湖州职业技术学院学报	96	0.96	6.9	1.3	15	46	–	0.646	5.5
P05	淮北职业技术学院学报	291	1.00	6.4	1.2	29	161	0.003	0.333	6.6
P05	淮南职业技术学院学报	365	1.00	5.3	1.4	28	233	–	0.351	4.9
P05	黄冈职业技术学院学报	197	0.97	6.8	1.3	20	84	–	0.340	5.4
P05	机械职业教育	218	1.00	6.4	1.6	26	119	–	0.674	4.2
P05	吉林广播电视大学学报	870	0.99	5.2	1.3	30	443	0.002	0.405	5.9
P05	济南职业学院学报	246	1.00	5.2	1.3	27	181	–	0.484	5.4
P05	济源职业技术学院学报	125	0.99	6.4	1.5	21	69	0.008	0.304	6.2
P05	江苏教育(职业教育版)	398	0.95	0.4	1.2	15	150	–	0.231	5.2
P05	江西广播电视大学学报	73	0.96	10.0	1.7	18	44	–	0.562	6.9
P05	教师教育学报	92	0.97	16.3	1.7	22	49	0.043	0.620	7.8
P05	教师教育研究	113	0.98	16.2	1.8	23	48	0.040	0.700	9.3
P05	教育与职业	543	0.99	6.9	1.4	30	331	–	0.646	3.6
P05	金华职业技术学院学报	122	0.99	7.8	1.6	16	55	–	0.451	6.2
P05	晋城职业技术学院学报	170	0.97	5.8	1.3	25	105	0.012	0.406	6.9
P05	九江职业技术学院学报	142	0.97	4.3	1.5	19	83	–	0.479	5.3
P05	开放教育研究	79	0.85	26.1	2.4	13	31	0.090	0.560	6.7
P05	开放学习研究	46	0.94	17.9	2.6	10	34	0.260	0.220	5.3
P05	开封教育学院学报	1600	0.99	5.4	1.3	31	736	0.006	0.382	7.0
P05	兰州教育学院学报	858	0.99	5.6	1.3	31	523	0.005	0.411	8.0
P05	兰州石化职业技术学院学报	100	0.93	6.8	1.9	17	40	–	0.630	6.4
P05	黎明职业大学学报	65	0.94	9.1	1.6	7	9	–	0.785	5.5
P05	连云港职业技术学院学报	93	0.96	6.7	1.5	18	56	–	0.570	5.3
P05	辽宁高职学报	440	0.98	6.7	1.4	24	140	0.002	0.607	4.3
P05	辽宁广播电视大学学报	188	0.98	4.1	1.3	22	91	0.005	0.293	6.5
P05	柳州职业技术学院学报	153	0.97	6.2	1.3	23	91	–	0.471	7.4
P05	漯河职业技术学院学报	192	0.97	6.2	1.3	23	116	–	0.354	5.8
P05	闽西职业技术学院学报	113	1.00	7.9	1.3	18	72	0.009	0.425	7.2
P05	南方职业教育学刊	119	0.98	6.8	1.5	16	60	–	0.664	4.5
P05	南京广播电视大学学报	99	0.99	5.2	1.4	5	27	–	0.525	5.2
P05	南宁职业技术学院学报	153	0.91	6.4	1.4	17	71	0.026	0.595	6.2
P05	南通职业大学学报	96	0.95	6.5	2.0	12	51	0.010	0.552	5.5
P05	宁波广播电视大学学报	100	0.93	10.0	1.2	24	73	–	0.420	8.0

学科代码	期刊名称	来源文献量	文献选出率	平均引文数	平均作者数	地区分布数	机构分布数	海外论文比	基金论文比	引用半衰期
P05	宁波职业技术学院学报	148	0.99	8.6	1.6	24	102	0.007	0.527	6.0
P05	濮阳职业技术学院学报	267	0.98	8.2	1.2	29	134	–	0.161	≥10
P05	青岛职业技术学院学报	116	0.94	6.1	1.4	14	56	–	0.440	5.8
P05	青年发展论坛	70	0.92	11.5	1.5	16	51	0.057	0.571	8.7
P05	清远职业技术学院学报	117	0.95	6.8	1.7	16	69	–	0.402	6.8
P05	三门峡职业技术学院学报	114	0.97	11.5	1.2	21	59	–	0.333	≥10
P05	沙洲职业工学院学报	60	1.00	5.3	1.5	3	13	–	0.633	4.3
P05	厦门广播电视大学学报	67	0.96	11.4	1.2	19	48	–	0.418	≥10
P05	山东广播电视大学学报	100	0.98	6.2	1.4	16	53	0.010	0.430	7.2
P05	山西广播电视大学学报	105	0.98	8.5	1.5	21	65	0.010	0.457	6.2
P05	陕西广播电视大学学报	98	0.95	5.2	1.5	10	26	–	0.520	7.7
P05	商丘职业技术学院学报	179	0.99	6.8	1.3	25	101	–	0.402	8.0
P05	深圳职业技术学院学报	88	0.93	9.2	1.5	11	28	0.011	0.511	7.6
P05	石家庄职业技术学院学报	133	0.99	5.3	1.9	18	56	–	0.564	5.2
P05	顺德职业技术学院学报	70	0.95	9.4	1.6	14	35	–	0.429	7.4
P05	四川职业技术学院学报	252	0.98	8.5	1.4	25	129	–	0.353	8.3
P05	苏州市职业大学学报	70	0.93	11.9	1.5	12	35	0.043	0.486	≥10
P05	泰州职业技术学院学报	136	0.99	6.4	1.8	9	50	–	0.265	5.3
P05	天津电大学报	66	1.00	8.1	1.4	16	40	0.015	0.621	3.8
P05	铜陵职业技术学院学报	114	0.97	7.4	1.7	13	66	0.009	0.447	6.6
P05	卫生职业教育	2102	0.99	6.1	2.7	31	667	0.000	0.428	4.9
P05	温州职业技术学院学报	86	0.92	9.5	1.3	15	50	–	0.535	7.5
P05	乌鲁木齐职业大学学报	91	0.99	8.1	1.4	13	42	–	0.516	5.8
P05	无锡职业技术学院学报	147	0.99	6.8	1.4	19	86	–	0.510	5.8
P05	芜湖职业技术学院学报	96	1.00	8.0	1.5	10	42	–	0.677	6.6
P05	武汉职业技术学院学报	152	0.98	8.7	1.6	23	96	–	0.526	5.5
P05	襄阳职业技术学院学报	217	1.00	5.7	1.3	26	113	–	0.488	5.7
P05	新疆广播电视大学学报	64	0.96	7.0	1.6	14	34	–	0.594	5.7
P05	新疆职业大学学报	110	0.97	8.8	1.3	14	46	–	0.455	7.1
P05	新疆职业教育研究	98	0.92	6.7	1.6	21	60	–	0.612	5.0
P05	邢台职业技术学院学报	157	0.99	5.1	2.1	20	71	–	0.561	4.6
P05	烟台职业学院学报	98	0.95	5.2	1.5	17	61	–	0.347	4.2
P05	延安职业技术学院学报	217	0.99	4.4	1.3	28	130	0.005	0.276	5.6

学科代码	期刊名称	来源文献量	文献选出率	平均引文数	平均作者数	地区分布数	机构分布数	海外论文比	基金论文比	引用半衰期
P05	扬州职业大学学报	61	0.94	7.0	1.7	6	16	–	0.344	7.5
P05	杨凌职业技术学院学报	110	1.00	7.1	1.8	17	50	–	0.509	6.1
P05	岳阳职业技术学院学报	155	0.93	7.1	1.6	20	94	–	0.497	4.5
P05	云南开放大学学报	77	1.00	8.0	1.5	18	52	0.013	0.571	6.2
P05	张家口职业技术学院学报	111	1.00	5.5	1.8	23	56	–	0.505	5.9
P05	漳州职业技术学院学报	87	1.00	6.2	1.3	2	24	–	0.379	5.3
P05	长春教育学院学报	293	1.00	7.2	1.4	27	203	0.024	0.406	7.3
P05	职教论坛	694	0.84	7.7	1.6	26	358	0.010	0.750	5.9
P05	职业技术教育	524	0.74	7.9	1.7	27	306	0.008	0.754	4.4
P05	职业教育	309	0.51	3.6	1.3	25	186	0.003	0.265	6.0
P05	职业教育(下旬)	309	0.94	–	1.4	2	93	–	–	–
P05	职业教育研究	247	0.98	7.1	1.6	26	154	0.004	0.595	5.4
P05	中国成人教育	1116	1.00	6.4	1.5	28	494	0.002	0.526	4.7
P05	中国教育信息化·高教职教	311	0.98	8.8	2.3	30	222	–	0.608	5.2
P05	中国职业技术教育	697	0.96	6.8	1.7	30	360	0.010	0.510	5.0
P05	终身教育研究	81	0.98	12.3	1.5	13	45	0.099	0.543	5.9
P07	Journal of Sport and Health Sience (JSHS)	84	0.93	33.9	2.7	3	49	0.548	0.440	7.5
P07	Teaching & Learning of Physical Education	470	0.95	1.3	1.3	23	302	–	0.026	5.8
P07	安徽体育科技	133	1.00	8.2	1.8	21	66	–	0.263	7.0
P07	北京体育大学学报	261	1.00	20.6	2.7	25	132	0.020	0.780	6.0
P07	冰雪运动	129	0.96	17.4	2.1	13	47	–	0.496	5.2
P07	成都体育学院学报	123	0.98	21.2	2.4	19	71	0.041	0.650	8.2
P07	当代体育科技	5138	0.99	4.8	1.4	31	1917	0.003	0.165	6.0
P07	福建体育科技	115	1.00	9.8	2.0	20	64	0.009	0.278	6.6
P07	广州体育学院学报	186	0.97	12.2	2.0	24	118	–	0.478	7.4
P07	哈尔滨体育学院学报	105	0.98	14.4	2.4	19	53	–	0.695	6.4
P07	河北体育学院学报	98	0.95	16.4	2.0	21	68	–	0.571	7.0
P07	湖北体育科技	313	1.00	10.3	1.9	28	147	–	0.444	7.2
P07	吉林体育学院学报	122	1.00	13.7	1.9	25	93	–	0.525	7.1
P07	军事体育学报	147	0.97	5.9	2.1	22	78	–	0.286	6.6
P07	辽宁体育科技	196	0.98	8.7	1.8	25	103	–	0.332	6.8
P07	青少年体育	691	0.74	3.3	1.4	30	445	0.004	0.187	6.4
P07	拳击与格斗	1052	0.79	3.3	1.3	30	289	0.001	0.032	7.5

学科代码	期刊名称	来源文献量	文献选出率	平均引文数	平均作者数	地区分布数	机构分布数	海外论文比	基金论文比	引用半衰期
P07	山东体育科技	119	0.98	11.3	2.1	23	84	0.008	0.471	7.4
P07	山东体育学院学报	126	1.00	15.4	2.2	23	87	0.016	0.667	8.2
P07	上海体育学院学报	89	1.00	23.1	2.5	17	50	0.040	0.810	7.9
P07	沈阳体育学院学报	135	0.92	18.7	2.4	23	74	–	0.881	6.5
P07	首都体育学院学报	118	0.99	17.6	2.5	21	71	0.042	0.517	7.1
P07	四川体育科学	204	1.00	11.1	2.2	30	119	–	0.500	8.0
P07	体育成人教育学刊	139	0.99	9.1	1.8	25	81	0.014	0.683	6.0
P07	体育科技	432	1.00	7.6	2.1	29	237	0.005	0.766	7.0
P07	体育科技文献通报	823	1.00	7.9	1.8	29	358	0.001	0.349	7.4
P07	体育科学	120	0.98	48.0	3.0	22	56	0.040	0.790	7.7
P07	体育科学研究	96	0.95	12.0	2.1	18	43	0.010	0.615	7.3
P07	体育科研	101	0.96	20.5	2.2	15	54	0.030	0.683	8.5
P07	体育师友	184	0.95	5.3	1.3	23	143	0.005	0.163	7.2
P07	体育时空	3745	0.95	3.3	1.2	30	1666	0.002	0.054	6.1
P07	体育文化导刊	515	0.98	9.8	2.0	30	259	0.002	0.695	7.3
P07	体育学刊	156	0.98	18.7	2.4	22	86	0.040	0.720	8.1
P07	体育研究与教育	140	0.96	14.4	1.9	23	74	–	0.521	8.8
P07	体育与科学	92	0.94	22.4	1.9	17	56	0.040	0.540	8.8
P07	天津体育学院学报	84	1.00	19.7	3.1	17	51	0.040	0.860	8.2
P07	武汉体育学院学报	184	1.00	18.8	2.3	22	95	0.010	0.910	7.7
P07	武术研究	605	0.98	8.1	1.6	29	248	0.007	0.307	8.9
P07	西安体育学院学报	113	1.00	18.2	2.4	21	74	0.020	0.770	6.5
P07	运动	1920	0.95	4.5	1.5	29	963	0.002	0.194	6.3
P07	运动精品(学术版)	522	1.00	7.0	1.5	26	239	0.004	0.195	7.8
P07	浙江体育科学	128	0.98	12.6	1.9	22	77	–	0.555	7.6
P07	中国体育教练员	95	0.96	6.8	1.5	17	61	0.021	0.126	8.9
P07	中国体育科技	110	1.00	34.6	3.1	22	71	0.060	0.760	8.0
P07	中国运动医学杂志	188	0.94	28.3	4.3	22	90	0.030	0.710	6.8
Q07	内蒙古统计	133	0.90	2.1	1.3	8	51	–	0.045	6.0
Q07	统计科学与实践	163	0.60	1.2	1.3	5	88	–	0.061	5.8
Q07	统计研究	135	0.95	21.4	2.2	20	62	0.040	0.730	≥10
Q07	统计与管理	968	0.96	4.7	1.5	31	537	0.003	0.253	4.8
Q07	统计与决策	1107	0.98	10.0	2.1	30	404	0.010	0.780	7.5

学科代码	期刊名称	来源文献量	文献选出率	平均引文数	平均作者数	地区分布数	机构分布数	海外论文比	基金论文比	引用半衰期
Q07	统计与信息论坛	210	0.98	15.8	2.2	27	120	0.030	0.810	7.3
Q07	统计与咨询	124	0.95	1.3	1.4	12	48	–	0.169	5.2

7　中国期刊名称

类目索引

中国期刊名称类目索引(续)

中国期刊名称类目索引(续)

期刊名称	学科代码	被引指标页码	来源指标页码
中国交通信息化	E34	136	342
中国胶粘剂	E25	122	328
中国矫形外科杂志	D19	67	273
中国教育技术装备	P01	204	410
中国教育网络	P01	204	410
中国教育信息化·高教职教	P05	214	420
中国教育信息化·基础教育	P01	204	410
中国教育学刊	P01	204	410
中国介入心脏病学杂志	D16	65	271
中国介入影像与治疗学	D28	71	277
中国金融	L10	181	387
中国金融电脑	E22	118	324
中国经济报告	L01	173	379
中国经济史研究	L01	173	379
中国经济问题	L01	173	379
中国经贸	L08	179	385
中国经贸导刊	L08	179	385
中国井冈山干部学院学报	M02	187	393
中国井矿盐	E30	127	333
中国军事科学	M08	191	397
中国军转民	L08	179	385
中国勘察设计	E31	131	337
中国康复	D07	60	266
中国康复理论与实践	D07	60	266
中国康复医学杂志	D07	60	266
中国抗生素杂志	D36	79	285
中国考试	P01	204	410
中国科技成果	F01	145	351
中国科技翻译	K01	162	368
中国科技论坛	F01	145	351
中国科技论文	A01	14	220
中国科技期刊研究	N05	195	401
中国科技史杂志	A01	14	220
中国科技术语	A01	14	220
中国科技投资	L01	174	380
中国科技信息	A01	14	220
中国科技资源导刊	L01	174	380
中国科技纵横	A01	15	221
中国科学(地球科学)	B07	27	233
中国科学(化学)	B05	27	233
中国科学(技术科学)	E01	85	291
中国科学(生命科学)	B13	34	240
中国科学(数学)	B01	23	229
中国科学(物理学 力学 天文学)	B04	25	231
中国科学(信息科学)	B02	23	229
中国科学基金	A01	15	221
中国科学技术大学学报	A02	19	225
中国科学院大学学报	A02	19	225
中国科学院院刊	A01	15	221
中国空间科学技术	E38	141	347
中国口腔颌面外科杂志	D24	69	275
中国口腔医学继续教育杂志	D24	69	275
中国口腔种植学杂志	D24	69	275
中国矿山工程	E11	101	307
中国矿业	E10	99	305
中国矿业大学学报	E10	99	305
中国矿业大学学报(社会科学版)	H02	157	363
中国劳动	N02	193	399
中国劳动关系学院学报	M02	187	393
中国老年保健医学	D07	61	267
中国老年学杂志	D07	61	267
中国历史地理论丛	K08	169	375
中国粮食经济	C03	41	247
中国粮油学报	E30	127	333
中国疗养医学	D07	61	267
中国林副特产	C07	46	252
中国林业教育	P01	204	410
中国林业经济	C07	46	252

中国期刊名称类目索引(续)